Jakob Wöhrle
Die frühen Sammlungen des Zwölfprophetenbuches

Beihefte zur Zeitschrift für die alttestamentliche Wissenschaft

Herausgegeben von
John Barton · Reinhard G. Kratz
Choon-Leong Seow · Markus Witte

Band 360

Walter de Gruyter · Berlin · New York

Jakob Wöhrle

Die frühen Sammlungen des Zwölfprophetenbuches

Entstehung und Komposition

W
DE
G

Walter de Gruyter · Berlin · New York

∞ Gedruckt auf säurefreiem Papier,
das die US-ANSI-Norm über Haltbarkeit erfüllt.

ISBN-13: 978-3-11-018996-4
ISBN-10: 3-11-018996-8
ISSN 0934-2575

Bibliografische Information Der Deutschen Bibliothek

Die Deutsche Bibliothek verzeichnet diese Publikation in der Deutschen Nationalbibliografie;
detaillierte bibliografische Daten sind im Internet über http://dnb.ddb.de abrufbar.

Meinen Eltern
Rosl und Jakob Wöhrle

Vorwort

Die vorliegende Arbeit wurde im Wintersemester 2005/2006 von der Evangelisch-Theologischen Fakultät der Westfälischen Wilhelms-Universität Münster als Dissertation angenommen.

Zu danken habe ich insbesondere meinem Lehrer, Prof. Dr. Rainer Albertz, der seinem Assistenten stets große Freiheiten für eigene Arbeiten gelassen hat und diese mit Engagement und Interesse begleitet und gefördert hat. Er ist ein Doktorvater im besten Sinne des Wortes. Prof. Dr. Karl-Friedrich Pohlmann danke ich sehr für die freundliche Übernahme des Zweitgutachtens.

Den Herausgebern der BZAW, Prof. Dr. Reinhard G. Kratz und Prof. Dr. Markus Witte, danke ich herzlich für die Aufnahme der Arbeit in diese Reihe und Monika Müller vom Verlag Walter de Gruyter für die freundliche und engagierte verlegerische Betreuung.

Zu danken habe ich auch den Wegbegleitern, die mich mit Rat und Tat unterstützt haben. Insbesondere David Bienert, Kerstin Kiehl, Dr. Dirk Schwiderski und PD Dr. Rüdiger Schmitt bin ich für zahlreiche weiterführende Gespräche und wertvolle Hinweise dankbar. Den Angehörigen des alttestamentlichen Doktorandenkolloquiums danke ich für die aufgeschlossene Gesprächsatmosphäre und Dr. Heike Albertz für ihre große Gastfreundschaft. Lars Peter Rilke sei sehr herzlich für seine Hilfe bei den Korrekturarbeiten gedankt.

Mein ganz besonderer Dank gilt sodann meiner Frau, Dr. Stefanie Wöhrle. Ohne ihren Beistand, ihren Rat, ihr Verständnis und ihre guten Worte wäre dieses Buch nie geschrieben worden. Und schließlich möchte ich mich von Herzen bei meinen Eltern, Rosl und Jakob Wöhrle, bedanken, die mich stets mit großem Wohlwollen und Interesse begleitet haben. Ihnen sei dieses Buch gewidmet.

Münster, im März 2006   Jakob Wöhrle

Inhaltsverzeichnis

I. Einleitung

1. Zur Fragestellung

Die Frage nach der Entstehung und Komposition des Zwölfprophetenbuches ist nicht selbstverständlich. Von wenigen Ausnahmen abgesehen
wurde das Zwölfprophetenbuch in der alttestamentlichen Forschung noch
bis vor einigen Jahren als Sammlung von zwölf Einzelbüchern verstanden,
deren literarischer Horizont jeweils nicht über die Grenzen des einzelnen
Buches hinausgeht. So wurde auch redaktionsgeschichtlich meist nur nach
der Entstehung der einzelnen Bücher, nicht aber nach der buchübergreifenden Entstehung des Zwölfprophetenbuches gefragt.

Allerdings wurde schon lange erkannt, daß sich zwischen den Büchern
des Zwölfprophetenbuches zahlreiche thematische und terminologische
Verbindungen finden lassen. Die Kritik an bestimmten kultischen und
sozialen Mißständen, die Ankündigung des Tages Jhwhs, die Ansage eines
Gerichts an der gesamten Völkerwelt oder die Erwartung einer Völkerwallfahrt zum Zion – diese und weitere Themen sind eben nicht auf die einzelnen Bücher beschränkt, sondern finden sich mit teils vergleichbarem
Vokabular in mehreren Büchern des Zwölfprophetenbuches.

Hinzu kommt, daß die Bücher des Zwölfprophetenbuches in den
vorhandenen Texttraditionen stets zusammen überliefert sind. Nicht nur im
masoretischen Text, in der Septuaginta oder der Vulgata, auch in den Handschriften von Qumran, Murabbaʿât oder Naḥal Ḥever sind diese Bücher
Teil einer gemeinsamen Sammlung.[1] Und in zahlreichen antiken Zeugnissen,
von Jesus Sirach bis zu den rabbinischen Texten, werden „die Zwölf" als
zusammengehörige Gruppe von prophetischen Texten erwähnt.[2]

Angesichts der thematischen Verbindungen zwischen den einzelnen
Büchern und angesichts der Tatsache, daß diese Bücher stets gemeinsam
überliefert wurden, ist es also immerhin denkbar, daß das Zwölfpropheten-

---

1   Vgl. zu den Handschriften aus Qumran Fuller, Twelve, 221-318, zur Handschrift aus Murab-
    baʿât Benoit u.a., Grottes, 181-205, und zu der griechischen Zwölfprophetenbuchrolle aus
    Naḥal Ḥever Tov, Scroll, 1-78. Zum Problem der in den verschiedenen Texttraditionen
    abweichenden Reihenfolge der einzelnen Bücher s.u. 14f.
2   Vgl. Sir 49,10; zu den rabbinischen und zu weiteren antiken Erwähnungen des Zwölf-
    prophetenbuches vgl. etwa Nogalski, Precursors, 2f; Redditt, Production, 26-30.

buch das Produkt einer bewußten buchübergreifenden Gestaltung ist. Und
von hier aus gewinnt die in neuerer Zeit vermehrt gestellte Frage nach der
Entstehung dieser Sammlung und nach der buchübergreifenden Komposition der einzelnen Entstehungsstufen an Bedeutung.

Doch ist bei der Betrachtung der buchübergreifenden Zusammenhänge
im Zwölfprophetenbuch auch Vorsicht angebracht. Es handelt sich bei
diesem Korpus schließlich nicht um ein zusammenhängendes Buch, sondern um eine Sammlung von klar gegeneinander abgegrenzten Einzelbüchern.[3] Die Zusammenfassung dieser Bücher zu einer gemeinsamen Sammlung könnte also auch schlicht durch den geringen Umfang der einzelnen
Bücher bedingt sein, und die inhaltlichen und terminologischen Parallelen
wären dann nur als Folge der gemeinsamen Ausrichtung an vergleichbaren
Themen zu erklären.

Anders als bei der Frage nach der Entstehung eines Einzelbuches läßt
sich also beim Zwölfprophetenbuch nicht voraussetzen, daß dieses Werk
einer bewußten literarischen Gestaltung unterzogen wurde, sondern es gilt,
dies allererst zu begründen. Dabei hat die Forschung der vergangenen Jahre
– wie der folgende Überblick zeigen wird – schon zahlreiche wichtige Hinweise vorgelegt, die für eine solche buchübergreifende Gestaltung sprechen.[4]
Es wird sich aber auch zeigen, daß die bisherigen Ansätze noch nicht im
ausreichenden Maße auf einem methodisch gesicherten Fundament aufgebaut sind.

So lohnt sich also ein erneuter Blick auf die Entstehung und Komposition des Zwölfprophetenbuches, wobei im Rahmen dieser Arbeit aus noch
näher auszuführenden Gründen zunächst nur die frühen Sammlungen
betrachtet werden sollen. Die redaktionsgeschichtliche Erforschung des
Zwölfprophetenbuches bietet dabei die Chance, die literarische Bearbeitung
ganz verschiedener Prophetenbücher, die historischen Hintergründe solcher
Fortschreibungsprozesse und die damit verbundenen gesellschaftlichen und
theologischen Problemstellungen und Auseinandersetzungen zu verfolgen.

---

3   Aus diesem Grund wird der etwa von Schart, Entstehung, V; Kessler, Micha, 51; Rendtorff,
     Tag Jhwhs, 1 Anm. 3, vertretenen terminologischen Differenzierung, nach der nur das
     Zwölfprophetenbuch als Ganzes als Buch zu bezeichnen ist, die Einzelbücher hingegen als
     Schriften, in der vorliegenden Arbeit nicht gefolgt.
4   Vgl. hierzu auch die Forschungsberichte bei Schart, Entstehung, 6-21; ders., Redaktions-
     geschichte, 13-33; Redditt, Research, 47-80; ders., Formation, 1-26; Beck, Tag, 1-23.

2. Forschungsüberblick

2.1 Zur Forschung vor 1990

Erste Überlegungen zur Entstehung des Zwölfprophetenbuches wurden bereits 1867 von *Heinrich Ewald* vorgetragen.[5] Aufgrund der Gemeinsamkeiten in den verschiedenen Buchüberschriften geht Ewald davon aus, daß zunächst im 7. Jh. die Bücher Joel, Amos, Hosea, Micha, Nahum und Zefanja zu einem Sechsprophetenbuch zusammengefaßt wurden, und zwar in eben dieser – seiner Meinung nach chronologisch geordneten – Reihenfolge. In nachexilischer Zeit wurden sodann die Bücher Obadja, Jona, Habakuk, Haggai und (Proto-)Sacharja ergänzt, und die Sammlung wurde neu geordnet, bevor schließlich im ausgehenden 5. Jh. die drei Bücher Sach 9-11; 12-14 und Maleachi zugefügt wurden. Beachtenswert ist dabei, daß die Herausgeber der jeweiligen Sammlung nach Ewald nicht nur die vorgegebenen Bücher auf einer gemeinsamen Rolle zusammengefaßt haben, sondern bei einem Teil der Bücher auch allererst die Buchüberschriften hinzugefügt oder zumindest erweitert haben. So geht also schon Ewald, wenn auch nur sehr zurückhaltend und noch ohne weitere Begründungen, von buchübergreifenden Redaktionsprozessen im werdenden Zwölfprophetenbuch aus.

Dies setzt sich in den Ausführungen von *Carl Steuernagel* aus dem Jahr 1912 fort.[6] Auch seine Überlegungen gehen von den Gemeinsamkeiten zwischen den einzelnen Buchüberschriften aus, doch kommt er dabei zu einem wesentlich differenzierteren Ergebnis: So wurden nach Steuernagel im 7. Jh. die Bücher Hosea, Micha und Zefanja zusammengefaßt und zur Exilszeit zunächst um das Amosbuch ergänzt. In frühnachexilischer Zeit kamen die Bücher Haggai und Sacharja und um das Jahr 300 Nah 2-3 hinzu. Kurze Zeit später wurden Nah 1 und das Habakukbuch und in einem weiteren Schritt noch Sach 9-14 und das Maleachibuch ergänzt. Im Rahmen einer siebten und letzten Neuausgabe wurde die Sammlung schließlich um die Bücher Joel, Obadja und Jona erweitert. Ohne genauere Begründung nimmt dabei auch Steuernagel an, daß zumindest ein Teil der Bücher bei der Einarbeitung in die Sammlung redaktionell ergänzt wurde. So geht er etwa davon aus, daß die judäische Überarbeitung des Hoseabuches auf die Herausgeber des ersten Dreiprophetenbuches aus dem 7. Jh. zurückgeht.

Diese ersten beiden Versuche, das vorliegende Zwölfprophetenbuch als Produkt einer bewußten und planvollen redaktionellen Gestaltung zu verstehen, basieren also vor allem auf den Gemeinsamkeiten zwischen den verschiedenen Buchüberschriften, was bis heute in der Diskussion um die

---

5 Vgl. Ewald, Propheten 1, 74-82.
6 Vgl. Steuernagel, Lehrbuch, 669-672.

Entstehung des Zwölfprophetenbuches von großer Bedeutung ist.[7] Doch angesichts der so unterschiedlichen Ergebnisse zeigt sich schon hier, daß ohne weitere Anhaltspunkte kaum gesicherte Erkenntnisse möglich sind.

Erste präzisere Überlegungen zu einer buchübergreifenden Redaktion des Zwölfprophetenbuches hat 1921 *Karl Budde* vorgebracht.[8] Allerdings ging Budde gerade nicht von redaktionellen Erweiterungen aus. Er meinte vielmehr, daß im 4. oder 3. Jh. in verschiedenen Büchern zuvor noch vorhandene Berichte über das Leben des jeweiligen Propheten getilgt wurden. Nur so konnte sich Budde erklären, daß etwa in Hos 1-3 über den in 1,2 erwähnten Ehebruch keine weiteren Ausführungen zu finden sind oder daß der Ausgang der Amos-Amazja-Erzählung in Am 7,10-17 nicht berichtet wird. Nach Budde ist dies Folge einer redaktionellen Überarbeitung, die die vorliegende Sammlung ganz auf das Wort Jhwhs hin ausrichten wollte und deshalb alles Menschliche beseitigte. Angesichts des ausgesprochen spekulativen Charakters dieser Überlegungen und angesichts der Tatsache, daß im Zwölfprophetenbuch eben doch auch zahlreiche narrative Passagen vorhanden sind, blieben diese Überlegungen allerdings zurecht ohne weitere Bedeutung.

Ein erster Gesamtentwurf zur Entstehung des Zwölfprophetenbuches wurde 1933 von *Rolland Emerson Wolfe* vorgelegt.[9] Wolfe geht zum einen davon aus, daß die einzelnen Bücher des Zwölfprophetenbuches in vier Schritten zusammengefaßt wurden.[10] So wurden zunächst die Bücher Hosea und Amos zu einem Zweiprophetenbuch vereinigt. In einem zweiten Schritt wurden in der Exilszeit die Bücher Micha, Nahum, Habakuk und Zefanja ergänzt, bevor in der ersten Hälfte des 3. Jh. die Bücher Joel, Obadja und Jona und schließlich in der zweiten Hälfte des 3. Jh. die Bücher Haggai, Sacharja und Maleachi hinzugefügt wurden. Bedeutend ist an der Arbeit von Wolfe aber vor allem, daß er zum anderen erstmals umfassender auf buchübergreifende Bearbeitungen im Zwölfprophetenbuch eingeht. Er arbeitet ganze 13 Überarbeitungsschichten heraus, die dem werdenden Zwölfprophetenbuch jeweils eine inhaltliche Neuausrichtung verliehen haben.[11] So nimmt er etwa an, daß in persischer Zeit ein „Anti-Neighbour Editor" Worte gegen Judas Nachbarn ergänzte oder daß der Großteil der Tag-Jhwh-Passagen im Zwölfprophetenbuch auf einen im 4. Jh. wirkenden „Day of the Lord Editor" zurückgeht.

7   Siehe hierzu im einzelnen unten 29-50.
8   Vgl. Budde, Redaktion, 218-229.
9   Vgl. Wolfe, Editing. Die folgenden Ausführungen gehen dabei auf die Dissertation aus dem Jahr 1933 zurück. Zu dem 1935 unter gleichem Titel erschienenen Aufsatz s.u. 5 Anm. 13.
10 Vgl. Wolfe, Editing, 281f.
11 Vgl. Wolfe, Editing, 1-281.

Weiterführend und seit Wolfe nie wieder erreicht ist dabei die umfassende Behandlung des gesamten Textbestands des Zwölfprophetenbuches. So legt Wolfe von der Grundschicht des jeweiligen Buches bis zu den späten Zufügungen über die redaktionsgeschichtliche Einordnung jedes einzelnen Verses Rechenschaft ab.[12]

Doch auch die Arbeit von Wolfe wurde nicht weiter aufgenommen. Dies mag zum einen daran liegen, daß seine Dissertation nie gedruckt wurde und deshalb zumeist nur auf die in einem Aufsatz veröffentlichte Zusammenfassung seiner Ergebnisse zurückgegriffen wurde.[13] Zum anderen und vor allem besteht der Schwachpunkt der Arbeit von Wolfe aber darin, daß er seine Erkenntnisse nicht im einzelnen begründet. Es wird deshalb nicht klar, wann und warum er thematisch vergleichbare Passagen verschiedener Bücher einer gemeinsamen Redaktionsschicht zuweist. So wird hier eines der bedeutendsten Probleme bei der redaktionsgeschichtlichen Arbeit am Zwölfprophetenbuch offenbar, das eben darin besteht, daß thematische und terminologische Gemeinsamkeiten zwischen den einzelnen Büchern nicht vorschnell als Produkt einer buchübergreifenden Redaktion erklärt werden können, da sie ebenso auf einseitige Abhängigkeit der einen Stelle von der anderen oder überhaupt nur auf die beiderseitige Orientierung an demselben Thema zurückgehen könnten. Es bedarf daher klarer Kriterien zur differenzierten Erklärung der jeweiligen buchübergreifenden Gemeinsamkeiten.

Ganz im Gegensatz zu Wolfe geht *Dale Allan Schneider* in seiner 1979 vorgelegten Arbeit von der überwiegenden Einheitlichkeit der einzelnen Bücher aus.[14] Er beschreibt ein vierstufiges Wachstum des Zwölfprophetenbuches, bei dem jeweils drei Bücher in die Sammlung aufgenommen wurden, ohne daß dabei in den vorgegebenen Bestand dieser Bücher eingegriffen worden wäre. So wurden nach Schneider zunächst zur Hiskia-Zeit die Bücher Hosea, Amos und Micha zusammengefaßt, noch zu vorexilischer Zeit kamen die Bücher Nahum, Habakuk und Zefanja hinzu, in der Exilszeit die Bücher Joel, Obadja und Jona und schließlich im 5. Jh. die Bücher Haggai, Sacharja und Maleachi. Bedeutend ist dabei, daß Schneider auch auf die buchübergreifende inhaltliche Neuausrichtung der einzelnen Stadien

---

12 Vgl. die Übersicht Wolfe, Editing, xx–xxviii.
13 Vgl. hierzu die Anmerkungen bei Schart, Entstehung, 6 Anm. 28. Nach einem dort zitierten Brief von Wolfe an Schart war die Dissertation bereits zur Veröffentlichung in der Reihe BZAW vorgesehen. Doch angesichts des von den Nationalsozialisten erlassenen Verbots der Publikation fremdsprachiger Literatur in deutschen Verlagen konnte dies nicht mehr realisiert werden. So konnte Wolfe lediglich der Abdruck einer Zusammenfassung seiner Arbeit in der Zeitschrift ZAW ermöglicht werden. Eben deshalb wird bis heute meist nur dieser Aufsatz rezipiert, so daß etwa die oben Anm. 12 erwähnte Übersicht, in der Wolfe den gesamten Textbestand des Zwölfprophetenbuches den verschiedenen von ihm angenommenen Redaktionsschichten zuordnet, bislang noch keine weitere Beachtung gefunden hat.
14 Vgl. zum Folgenden Schneider, Unity, 235–240.

eingeht. Die Zufügung der Bücher Joel, Obadja und Jona sollte etwa im Exil die Gnadenbereitschaft Jhwhs hervorheben.[15] Allerdings läßt auch Schneider noch jegliche Begründungen seiner Hypothesen vermissen. Zudem erklärt er angesichts seiner Annahme, daß die Bücher des Zwölfprophetenbuches in sich literarisch einheitlich sind, die buchübergreifenden Verbindungen allesamt als einseitige Bezugnahmen, was der differenzierten Gestalt des Zwölfprophetenbuches wohl ebensowenig gerecht wird wie der Ansatz von Wolfe, nach dem sämtliche Verbindungen jeweils auf eine gemeinsame Redaktion zurückgehen.

Anders als Schneider geht denn auch 1985 *Andrew Yueking Lee* wieder von einer redaktionsgeschichtlichen Betrachtung der Einzelbücher aus.[16] In bewußter Anlehnung an Brevard S. Childs „canonical approach"[17] fragt er sodann nach dem buchübergreifenden Zusammenhang der redaktionellen Passagen.[18] Dabei verweist Lee auf die durchgängige Hoffnungsperspektive, die durch diese Passagen in das Zwölfprophetenbuch eingebracht wurde.[19] Allerdings geht er über diese doch recht allgemein gehaltene Aussage nicht hinaus. Er fragt weder nach thematischen Differenzierungen zwischen den einzelnen Nachträgen noch nach deren genauerem literarischen Zusammenhang. Da zudem auch seine redaktionsgeschichtlichen Ausführungen zu den Einzelbüchern im wesentlichen am damaligen Forschungsstand orientiert sind, führt die Arbeit von Lee also insgesamt kaum über die vorangehenden Ansätze hinaus.

Ein völliger Neuansatz wurde dagegen 1987 von *Erich Bosshard* vorgelegt.[20] In einem Vorentwurf zu seiner späteren Dissertation[21] weist Bosshard auf kompositorische Gemeinsamkeiten zwischen dem Zwölfprophetenbuch und dem Jesajabuch hin, die er als Folge einer redaktionellen Angleichung des Zwölfprophetenbuches an den Aufbau des Jesajabuches erklärt.[22] So werden etwa in den Buchüberschriften Jes 1,1 und Hos 1,1 dieselben Könige des Südreichs genannt und am Ende des jeweiligen Korpus steht in Jes 66,18ff wie in Sach 14,16ff die Ankündigung einer Völker-

---

15   Vgl. Schneider, Unity, 113f.
16   Vgl. Lee, Unity.
17   Vgl. hierzu Childs, Introduction, 46-83.
18   Zur methodischen Grundlegung vgl. Lee, Unity, 3-37. Dabei grenzt sich Lee im Gegensatz zu anderen Entwürfen zur kanonischen Lektüre des AT bewußt von einer rein endtextorientierten Auslegung ab. Die Bedeutung des „canonical approach" liegt nach Lee gerade darin, daß weder allein die ursprünglichen Partien eines Buches noch die redaktionellen Passagen in deren Vereinzelung, sondern gerade der Text in seiner geschichtlich gewachsenen Gesamtheit zur Sprache kommt.
19   Vgl. Lee, Unity, 217-219.
20   Vgl. Bosshard, Beobachtungen.
21   Vgl. Bosshard-Nepustil, Rezeptionen. Siehe hierzu unten 15f.
22   Vgl. Bosshard, Beobachtungen, 30-36.

wallfahrt zum Zion. Aber auch innerhalb der beiden Korpora lassen sich Gemeinsamkeiten in der thematischen Abfolge erkennen. So sind nach Bosshard etwa in Hos wie in Jes 1-12 Kinder mit Symbolnamen von Bedeutung. Die Tag-Jhwh-Passagen in Joel 1-2 sind sodann nicht nur allgemein thematisch, sondern auch terminologisch mit Jes 13 verbunden. Und die in Am 1-2 auffälligerweise am Beginn eines Prophetenbuches stehenden Völkerworte entsprechen nach Bosshard dem weiteren Aufbau des Jesajabuches, insofern mit Jes 13 die Fremdvölkerworte des Jesajabuches einsetzen.

Ausgehend von diesen und weiteren Beobachtungen gibt Bosshard auch erste Hinweise zur Entstehung des Zwölfprophetenbuches.[23] So werden die kompositorischen Gemeinsamkeiten zwischen dem Jesajabuch und dem Zwölfprophetenbuch seiner Meinung nach vor allem durch die Bücher Joel, Obadja und Zefanja getragen. Die Einfügung dieser Bücher, deren Grundbestand nach Bosshard allererst für den vorliegenden Zusammenhang verfaßt wurde, geht also auf eine buchübergreifende Redaktion zurück. Da nun aber die Bücher Joel, Obadja und Zefanja im Gegensatz zu dem für die Komposition des Zwölfprophetenbuches ebenfalls bedeutenden Wort Sach 14,16ff eher völkerfeindlich ausgerichtet sind, geht Bosshard davon aus, daß das Zwölfprophetenbuch nach der Einfügung dieser Bücher nochmals, und nun eher völkerfreundlich, überarbeitet wurde.

Die Darlegungen von Bosshard gehen mit ihrer Verbindung von redaktionsgeschichtlichen und kompositionsgeschichtlichen Analysen also weit über die vorangehenden Ansätze hinaus. Ja, es handelt sich um den ersten wirklich methodisch durchdachten Zugang zur Erklärung der vorliegenden Gestalt des Zwölfprophetenbuches. Es sind aber auch Bedenken gegen diesen Vorschlag angebracht. So abstrahiert Bosshard bei der Darstellung der kompositorischen Gemeinsamkeiten zwischen dem Jesajabuch und dem Zwölfprophetenbuch doch allzu sehr. Die Fremdvölkerworte des Amosbuches sind etwa in ihrer kompositorischen Funktion nicht ohne weiteres mit Jes 13-23 zu vergleichen, da Am 1-2 ja direkt in ein Wort gegen das eigene Volk mündet (2,6-16). Eben deshalb, und wohl nicht aufgrund einer Angleichung an das Jesajabuch, stehen sie auch am Beginn des Amosbuches.[24] Zudem findet sich bei den Darlegungen von Bosshard im Jesajabuch gerade keine Parallele zu den Gerichtsworten gegen das eigene Volk in Am 3-9.[25] Auf methodischer Ebene ist schließlich gegen Bosshard ein-

---

23 Vgl. Bosshard, Beobachtungen, 37-62.

24 Siehe hierzu unten 98.

25 Vgl. hierzu auch Schart, Entstehung, 10, der gegen Bosshard zurecht darauf hinweist, daß die bedeutendste Übereinstimmung zwischen dem Jesajabuch und dem Zwölfprophetenbuch in der parallel formulierten Ankündigung einer Völkerwallfahrt zum Zion Jes 2,2-4 // Mi 4,1-4 besteht, was aber gerade nicht zu der These paßt, daß das Zwölfprophetenbuch im Anschluß

zuwenden, daß seine redaktionsgeschichtlichen Analysen auf kompositionsgeschichtlichen Erkenntnissen beruhen. Dies ist insofern unzureichend, als
die Gefahr dann groß ist, daß redaktionsgeschichtlich nur noch nachträglich
die a priori herausgearbeitete Komposition begründet wird. Stattdessen
sollte doch vielmehr erst am Ende der redaktionsgeschichtlichen Analyse die
Komposition eines Korpus in seinen Entstehungsstufen betrachtet werden.[26]

Schon bei diesen ersten Ansätzen zur buchübergreifenden Gestalt des
Zwölfprophetenbuches wurden also bereits zahlreiche bedeutende Beobachtungen vorgetragen, die nahelegen, daß das Zwölfprophetenbuch
tatsächlich Produkt einer planvollen redaktionellen Gestaltung ist und somit
die Bücher des Zwölfprophetenbuches nicht nur in ihrer Vereinzelung,
sondern auch in ihrem Zusammenhang verstanden werden wollen. Doch
zeigt sich bei all diesen Arbeiten die methodische Schwierigkeit, daß ohne
klare Kriterien, nach denen die buchübergreifenden Zusammenhänge in ein
Gesamtmodell eingeordnet werden können, kaum gesicherte Erkenntnisse
möglich sind. Dieses Problem prägte auch die weitere Forschung.

2.2 Neuere Ansätze

Ihre eigentliche Blüte erlebte die Zwölfprophetenbuch-Forschung ab den
90er Jahren des vergangenen Jahrhunderts. Dabei lassen sich seit dieser
Zeit – der alttestamentlichen Forschungslandschaft insgesamt entsprechend
– noch deutlicher als bei den zuvor dargestellten Ansätzen zunächst zwei
methodische Zugänge zur Erklärung der buchübergreifenden Gestalt des
Zwölfprophetenbuches unterscheiden: Die am Endtext orientierten Modelle
einerseits und die redaktionsgeschichtlichen Modelle andererseits.

2.2.1 Am Endtext orientierte Modelle

Die erste dezidiert endtextorientierte Arbeit zur buchübergreifenden Gestalt
des Zwölfprophetenbuches wurde 1990 von *Paul R. House* vorgelegt.[27] Er
liest das Zwölfprophetenbuch in seinem vorliegenden Bestand bewußt als
Einheit mit in sich schlüssigem Aufbau und einer das gesamte Korpus
umgreifenden Aussageabsicht. Nach House folgt das Zwölfprophetenbuch

an die Komposition des Jesajabuches gestaltet wurde, da dieses Wort in der Komposition der
beiden Korpora jeweils an ganz unterschiedlicher Stelle steht.
26 Siehe hierzu unten 24-27.
27 Vgl. House, Unity; siehe auch ders., Character.

in der Abfolge der einzelnen Bücher der Grundkonzeption der prophetischen Verkündigung überhaupt: Schuldaufweis (Hos bis Mi) – Bestrafung (Nah bis Zef) – Restauration (Hag bis Mal).[28] Mit diesem Ablauf kann das Zwölfprophetenbuch seiner Meinung nach als differenzierte Darstellung der Beziehung Jhwhs zu seinem Volk und zur gesamten Schöpfung verstanden werden.[29] Nun mag an den Darlegungen von House richtig sein, daß eine gewisse Bewegung vom Gericht zum Heil im Zwölfprophetenbuch durchaus erkennbar ist. Allerdings bleibt die Frage, was mit einer solchen Beschreibung gewonnen ist. Denn House reduziert die Aussage der Einzelbücher zu unrecht auf eine ausgesprochen allgemein gehaltene Gesamtaussage, um sie so in den von ihm vorgestellten Aufbau des Zwölfprophetenbuches einordnen zu können. Doch ist schon den meisten Einzelbüchern das Nebeneinander von Schuldaufweis, Strafankündigung und Ansage erneuten Heils zu eigen. Und das Nebeneinander der verschiedenen konkreten Themen, die in den einzelnen Büchern verhandelt werden, kann in der nur sehr oberflächlichen Beschreibung des Zwölfprophetenbuches von House erst recht nicht gewürdigt werden.

Die weiteren am Endtext orientierten Modelle sind denn auch gegenüber House eher an einzelnen Themen ausgerichtet, die das gesamte Zwölfprophetenbuch bestimmen und es so zu einer Einheit zusammenbinden. *Rolf Rendtorff* hat etwa 1997 erstmals vorgeschlagen, den Tag Jhwhs als das bestimmende Thema des Zwölfprophetenbuches zu verstehen.[30] Dieser Tag wird im Joelbuch zunächst in ganz unterschiedlichen Facetten beschrieben, als Tag des Gerichts am eigenen Volk in Joel 1-2, als Tag, der mit der Ausgießung des göttlichen Geistes verbunden ist, in Joel 3 und schließlich als Tag des Gerichts an den Völkern in Joel 4. In Am 5,18-20 wird sodann nach Rendtorff demjenigen, der den Tag Jhwhs von Joel 4 her als für das eigene Volk heilvollen Tag erwartet, die dunkle Seite dieses Tages vor Augen gehalten. In den folgenden Büchern Obadja bis Zefanja wird das mit dem Tag Jhwhs verbundene Gerichtshandeln in seinen Konsequenzen für das eigene Volk wie für die Fremdvölker dargestellt, bevor in Mal 3,1-2 und 3,23-24 – mit vergleichbaren Formulierungen wie im Joelbuch – nochmals zur Hinwendung zu Jhwh vor dem kommenden Tag aufgerufen wird.

Gegenüber dem Ansatz von House werden die Darlegungen von Rendtorff der konkreten Gestalt des Zwölfprophetenbuches viel eher gerecht. Denn der Tag Jhwhs gehört tatsächlich zu den wiederkehrenden Themen in

---

28 Vgl. House, Unity, 67-72.
29 Vgl. House, Unity, 162.
30 Vgl. Rendtorff, Book of the Twelve; siehe auch ders., Tag Jhwhs. Dabei wurde die Bedeutung des Tages Jhwhs für die buchübergreifende Gestalt des Zwölfprophetenbuches im Anschluß an Rendtorff immer wieder betont; vgl. etwa Petersen, Book, 9; House, Endings, 337f; Nogalski, Day(s), 212f.

diesem Korpus, und die Überlegungen von Rendtorff zur vorliegenden Abfolge der einzelnen Tag-Jhwh-Passagen geben wichtige Einsichten in das buchübergreifende Profil des Zwölfprophetenbuches. Dennoch ist auch dieser Ansatz nicht frei von Vereinseitigungen. Denn der Tag Jhwhs ist eben nicht in jedem Buch des Zwölfprophetenbuches belegt.[31] Vor allem ist bemerkenswert, daß gerade im Hoseabuch, das ja am Beginn der Sammlung steht, keine Ausführungen über den Tag Jhwhs zu finden sind.[32] Aber selbst in den Büchern, in denen der Tag Jhwhs belegt ist, ist dies doch meist nur eines der bestimmenden Themen.

Nicht umsonst wurden auch immer wieder andere Themen zur Beschreibung der buchübergreifenden Einheit des Zwölfprophetenbuches herangezogen. So beschreibt *Laurie J. Braaten* in seinen Darlegungen aus dem Jahr 2000 das Motiv des Landes als das durchgängige Thema des Zwölfprophetenbuches.[33] Denn die Sammlung beginnt in Hos 1,2 mit der Bemerkung, daß das Land von Jhwh weghurt, sie endet in Mal 3,24 mit der Drohung, daß Jhwh das Land mit dem Bann schlagen könnte, und zwischen diesem äußeren Rahmen werden etwa in Joel 1,2.14; 2,1 gerade die Bewohner des Landes angesprochen, und in dem Freudenaufruf Joel 2,21-22 wird sogar direkt der Erdboden zum Jubel aufgefordert. Gegenüber den Ausführungen von Rendtorff sind die von Braaten aufgezeigten Verbindungen allerdings viel zu allgemein und tragen deshalb kaum zum Verständnis der buchübergreifenden Zusammenhänge des Zwölfprophetenbuches bei.

Auf die im Zwölfprophetenbuch erkennbaren unterschiedlichen Konzepte zum Umgang mit der Theodizee-Problematik geht 2001 *James L. Crenshaw* ein.[34] Seiner Meinung nach sind in diesem Korpus drei verschiedene Positionen erkennbar: Das Problem wird geleugnet (Zef 3,1-5; Hos 14,10), die Gerechtigkeit Jhwhs wird in Frage gestellt (Mal 2,17; 3,13-15), oder das Wesen Jhwhs wird neu bestimmt (Hab 1,13). Die Ausführungen von Crenshaw sind dabei auf einer systematischen Ebene sicherlich interessant und weiterführend. Da die einzelnen Konzepte jedoch nur nebeneinandergestellt werden, trägt auch dieser Ansatz kaum zum Verständnis des Zwölfprophetenbuches als Ganzem bei.

---

31 Direkt erwähnt ist der „Tag Jhwhs" im Zwölfprophetenbuch in Joel 1,15; 2,1.11; 3,4; 4,14; Am 5,18.20; Obd 15; Zef 1,7.8.14.18; 2,2.3; Mal 3,23.

32 Auf diese Problematik geht Rendtorff in seinen Ausführungen nicht weiter ein. Beachtenswert ist dabei, daß Rendtorff bei der Wiederaufnahme von Motiven aus dem Joelbuch in Mal 3,1-2 und 3,23-24 von einer „inclusio" spricht; vgl. Rendtorff, Book of the Twelve, 430. Es ist dann aber doch erklärungsbedürftig, warum durch die Tag-Jhwh-Passagen am Ende des Zwölfprophetenbuches eine inclusio zum zweiten und nicht zum ersten Buch der Sammlung geschaffen wird.

33 Vgl. Braaten, God.

34 Vgl. Crenshaw, Theodicy, 8-18.

Dies ist bei dem 2002 von *Ruth Scoralick* vorgelegten Ansatz anders. Scoralick verfolgt die im Zwölfprophetenbuch mehrfach belegte Aufnahme der gerne als Gnadenformel bezeichneten Reflexion Ex 34,6-7 über die Güte, Barmherzigkeit, aber auch den Zorn Jhwhs.[35] Ausgehend von den direkten Aufnahmen dieser Formel in Joel 2,13; Jona 4,2; Mi 7,18-20; Nah 1,2-3a liest sie das gesamte Zwölfprophetenbuch als prophetische Theologie, die von der Dialektik von Gericht und Gnade bestimmt ist. So sieht Scoralick etwa die Bedeutung des Michabuches darin, daß hier die Barmherzigkeit Jhwhs auch im Gegenüber zu den Völkern reflektiert wird, die die Möglichkeit haben, sich auf dem Zion Jhwh zuzuwenden, die diese Möglichkeit aber auch verspielen können.[36]

Angesichts der zahlreichen Hinweise auf terminologische und thematische Verknüpfungen zwischen den einzelnen Büchern des Zwölfprophetenbuches erreichen die Ausführungen von Scoralick dabei eine in den vorangehenden Ansätzen noch nicht vorhandene Tiefe. Doch gerade aufgrund der Tatsache, daß Scoralick von den Aufnahmen der Gnadenformel ausgeht, ist ihre Darstellung des inhaltlichen Gepräges des Zwölfprophetenbuches auch recht abstrakt. Das gesamte Zwölfprophetenbuch wird so auf einer theologischen Metaebene ausgelegt, wobei sich in das von der Gnadenformel her angelegte sehr allgemeine Gegenüber von Gnade und Zorn letztlich jede Aussage einordnen läßt. Daß eine solch abstrakte Sicht auf das Zwölfprophetenbuch der Intention der genannten Stellen, an denen die Gnadenformel aufgenommen wird, entspricht, ist dabei sicher richtig. Die Frage ist aber, ob dies dem Zwölfprophetenbuch insgesamt mit seinem Nebeneinander der verschiedenen doch auch sehr konkreten Themen entspricht.

Die am Endtext orientierten Modelle geben also wichtige Einblicke in die buchübergreifenden Zusammenhänge des Zwölfprophetenbuches. Sie weisen durchgängige Strukturen und Themen auf und zeigen so, daß es sich bei diesem Korpus tatsächlich um eine bewußt gestaltete Sammlung handelt. Doch neigen diese Ansätze angesichts der komplexen Gestalt des Zwölfprophetenbuches zur Vereinfachung. Das Zwölfprophetenbuch ist eben nicht auf ein bestimmendes Thema oder einen durchgängigen theologischen Diskurs zu reduzieren. Das Nebeneinander der verschiedenen Themen, die im Zwölfprophetenbuch ineinander verwoben sind, läßt sich dann aber am ehesten mit einem redaktionsgeschichtlichen Modell erklären.

---

35 Vgl. Scoralick, Güte, 131-207; siehe hierzu auch dies., Auch jetzt noch.
36 Vgl. Scoralick, Güte, 192.

2.2.2 Redaktionsgeschichtliche Modelle

Einer der bislang bedeutendsten Entwürfe zur Entstehung des Zwölfprophetenbuches wurde 1993 von *James Nogalski* vorgelegt.[37] Nogalski geht
zunächst von den Rändern der einzelnen Bücher aus. Er entdeckt dabei
zahlreiche Stichwortverbindungen zu den jeweils angrenzenden Buchrändern, aber auch zahlreiche Verbindungen zu weiter entfernt liegenden
Büchern.[38] Auf Grundlage einer redaktionsgeschichtlichen Analyse der
einzelnen Buchränder kann Nogalski sodann die Stichwortverbindungen auf
verschiedenen literarischen Ebenen einordnen und so ein insgesamt dreistu-
figes Wachstum des Zwölfprophetenbuches begründen.

So wurden nach Nogalski zunächst zwei Teilsammlungen geschaffen. In
der Exilszeit wurden die Bücher Hosea, Amos, Micha und Zefanja zu einem
Vierprophetenbuch zusammengefaßt, wofür das durchgängige Datierungssystem in den Überschriften dieser vier Bücher, aber auch der dtr. Charakter
der etwa in Hos 2*; Mi 1,2-7; 6* erkennbaren Nachträge spricht.[39] Zudem
geht Nogalski davon aus, daß die Bücher Haggai und (Proto-)Sacharja
bereits vor deren Aufnahme in das werdende Zwölfprophetenbuch zu
einem Zweiprophetenbuch verbunden waren.[40]

Diese beiden Sammlungen wurden nach Nogalski in spätpersischer Zeit
zusammen mit den Büchern Joel, Obadja, Nahum, Habakuk und Maleachi
zu einem Elfprophetenbuch verbunden.[41] Dafür sprechen seiner Meinung
nach die bei all diesen Büchern erkennbaren Stichwortverbindungen zwischen den jeweils aneinander angrenzenden Buchrändern, wobei diese
Stichwortverbindungen stets an mindestens einer Stelle erst sekundär in den
vorliegenden Kontext eingebracht wurden. Dies deutet nach Nogalski
darauf hin, daß die einzelnen Bezüge tatsächlich auf eine buchübergreifende
Redaktion zurückgehen, durch die eben diese elf Bücher zu einer gemeinsamen Sammlung zusammengebunden wurden. Da nun die sekundären
Passagen zumeist auch eine gewisse inhaltliche und terminologische Nähe
zum Joelbuch erkennen lassen, spricht Nogalski hier von einem „Joel-
oriented layer". Später als das „Joel-oriented layer" setzt Nogalski lediglich
noch die Einfügung von Sach 9-14 sowie des Jonabuches an, da diese
Textbereiche nicht in die Verkettung der einzelnen Buchränder eingebunden
sind.

---

37   Vgl. Nogalski, Precursors; ders., Processes.
38   Nogalski spricht hier von „catchword phenomenon"; vgl. hierzu im einzelnen Nogalski,
     Precursors, 20-57.
39   Vgl. Nogalski, Precursors, 176-178.
40   Vgl. Nogalski, Precursors, 278.
41   Vgl. zum Folgenden die Zusammenfassung Nogalski, Processes, 275-279.

Insgesamt gehen die Darlegungen von Nogalski also weit über die vorangehende Forschung hinaus. Bedeutend ist vor allem, daß er seine Hypothesen durch eine redaktionsgeschichtliche Bearbeitung der Buchränder untermauert. Er kann so begründen, daß die Stichwortverknüpfungen zwischen den einzelnen Buchrändern tatsächlich als Produkt einer bewußten buchübergreifenden Redaktion verstanden werden können.

Allerdings sind mit dem redaktionsgeschichtlichen Modell von Nogalski auch einige Probleme verbunden. So sind zunächst nicht alle von ihm aufgezeigten Stichwortverbindungen zwischen den einzelnen Büchern gleich aussagekräftig. Während etwa die Ansage der Eroberung Edoms in Am 9,12 tatsächlich das Ende des Amosbuches mit dem folgenden Obadjabuch verbindet, kann Nogalski bei Obd 15-21 und Mi 1,1-7 nur auf die sehr allgemeinen und teils auch noch in unterschiedlichem Zusammenhang gebrauchten Begriffe הר, יעקב, אש, שדה und שמרון hinweisen,[42] und bei Zef 3,18-20 und Hag 1,1-4 findet sich an konkreteren Bezügen sogar nur der Begriff עת,[43] der wiederum an beiden Stellen recht unterschiedlich gebraucht wird. Zudem sind die redaktionellen Eigenformulierungen, die Nogalski dem „Joel-oriented layer" zuweist, inhaltlich doch recht verschieden ausgerichtet. Es ist etwa nicht ganz klar, weshalb im Rahmen ein und derselben Redaktion gleichermaßen die Einnahme Edoms (Am 9,12; Obd), die Geduld Jhwhs (Joel 2,13; Nah 1,3a), die Rückkehr der Diaspora (Zef 3,18-20), agrarisches Gelingen (Am 9,13*; Hag 2,19*), Theophanie (Nah 1*; Hab 3*) und eventuell sogar die Völkerwallfahrt zum Zion (Sach 8,20-23)[44] von Bedeutung ist. Nicht umsonst geht Nogalski auch nicht weiter auf die Intention dieser buchübergreifenden Bearbeitung ein. Und schließlich ist zu beachten, daß die thematischen und terminologischen Verbindungen im Zwölfprophetenbuch, wie auch Nogalski immer wieder ausführt, nicht nur zwischen den einzelnen Buchrändern, sondern auch in das Innere der übrigen Bücher verlaufen.

Die beschriebenen Mängel dürften nun darauf zurückgehen, daß Nogalski eben nur von den Buchrändern ausgeht, ohne die hier gewonnenen Erkenntnisse noch durch eine genauere Analyse weiterer Textbereiche zu untermauern. Eben deshalb ist er gezwungen, auch sehr allgemeine Stichwortverbindungen auszuwerten, eben deshalb erklärt er nahezu alle buchübergreifenden Bezugnahmen auf einer Ebene, und eben deshalb kann er die buchübergreifenden Verbindungen, die nicht an den Buchrändern

---

42 Vgl. Nogalski, Precursors, 31f; siehe hierzu auch die Kritik von Ben Zvi, Books, 140.
43 Vgl. Nogalski, Precursors, 212-215.
44 Bei der Zuweisung von Sach 8,20-23 zu der buchübergreifenden Redaktion des Zwölfprophetenbuches ist Nogalski, Precursors, 271, sehr zurückhaltend.

verlaufen, nur schwer in sein Modell integrieren. So ist gegenüber Nogalski also vor allem von einer breiteren Textgrundlage auszugehen.

Auf einen zuvor meist vernachlässigten Gesichtspunkt hat *Barry Alan Jones* mit seinem 1995 erschienenen Entwurf zur Entstehung des Zwölfprophetenbuches aufmerksam gemacht: Die einzelnen Bücher sind in den verschiedenen Texttraditionen in unterschiedlicher Reihenfolge belegt.[45] So ist für die ersten sechs Bücher neben der in MT belegten Abfolge Hosea, Joel, Amos, Obadja, Jona, Micha in LXX die Folge Hosea, Amos, Micha, Joel, Obadja, Jona belegt. In 4QXII[a] hatte das Jonabuch seinen Platz vermutlich sogar am Ende der Sammlung, im Anschluß an das Maleachibuch.[46] Nach Jones sind die unterschiedlichen Texttraditionen nun ein Indiz dafür, daß die Bücher Joel, Obadja und Jona erst relativ spät in das werdende Zwölfprophetenbuch aufgenommen wurden, da die Schreiber bei spät hinzugekommenen Büchern wohl noch eher die Freiheit zu Umstellungen hatten.[47] Dabei wurde das Jonabuch, aufgrund des noch unbestimmteren Ortes in den vorliegenden Texttraditionen, nach Jones sogar noch später als die Bücher Joel und Obadja ergänzt. Da nun das Jonabuch thematische Verbindungen zum Maleachibuch erkennen läßt, und da die Bücher Joel und Obadja ebenfalls thematisch und terminologisch nahe beieinander liegen, geht Jones sodann davon aus, daß 4QXII[a] den ursprünglichen Ort des Jonabuches und LXX den ursprünglichen Ort der Bücher Joel und Obadja bewahrt hat.[48]

Die Überlegungen von Jones zur späten Einfügung der Bücher Joel, Obadja und Jona sind dabei wohl allzu spekulativ, um zur Frage nach der Entstehung des Zwölfprophetenbuches Entscheidendes beizutragen. Doch hält seine Arbeit zurecht in Erinnerung, daß nicht vorschnell vernachlässigt werden darf, daß neben MT noch andere Texttraditionen vorhanden sind und daher allererst zu begründen ist, welcher Text die ursprüngliche Reihenfolge bietet. Dabei werden allerdings gegen Jones die thematischen und terminologischen Verbindungen zwischen den benachbarten Büchern kaum ausreichen, um die LXX-Reihenfolge als die ursprüngliche zu begründen. Denn hier halten sich seine Beobachtungen und die Darlegungen von Nogalski zu den Verbindungen zwischen den Buchrändern nach der MT-

---

45   Vgl. hierzu Jones, Formation, bes. 129-242; siehe auch ders., Book of the Twelve, 65-74.
46   Vgl. Fuller, Twelve, 222; siehe hierzu auch Steck, Abfolge, 249.
47   Vgl. Jones, Formation, 49-59.
48   Vgl. Jones, Formation, 191-242. Daß die LXX-Reihenfolge als ursprünglich anzusehen ist, wurde auch schon mehrfach von Sweeney betont; vgl. Sweeney, Sequence, 49-64; ders., Twelve Prophets 1, xxvii-xxxv; ders., Place, 135.

Reihenfolge die Waage.[49] Es bedarf also weiterer Kriterien zur Begründung, an welcher Stelle die fraglichen Bücher ihren ursprünglichen Ort hatten.[50]

In seinem 1997 erschienen Entwurf führt *Erich Bosshard-Nepustil* seine vorangehenden Überlegungen zu den kompositorischen Gemeinsamkeiten zwischen dem Zwölfprophetenbuch und dem Jesajabuch weiter aus.[51] Bosshard-Nepustil legt hier zunächst umfangreiche redaktionsgeschichtliche Analysen zum Jesajabuch vor.[52] Bedeutend sind dabei vor allem die von ihm als Assur/Babel-Schicht bezeichnete Redaktion, die unter anderem in Jes 13*; 21*; 22* erkennbar ist, sowie die darauf folgende Babel-Schicht.[53] Bosshard-Nepustil fragt sodann nach vergleichbaren Prozessen im Zwölfprophetenbuch. Paralleltexte zur Assur/Babel-Schicht des Jesajabuches findet er im Zwölfprophetenbuch zu Jes 13* in Joel 1,1-2,11; zu Jes 21* in Hab 1,1-2,4* und zu Jes 22* in Zef 1,1-3,8*.[54] Die Einarbeitung dieser Textbereiche in eine Vorstufe des Zwölfprophetenbuches, die nach Bosshard-Nepustil bereits die Bücher Hosea, Amos, Micha und Nahum umfaßt hat, weist er nun einer gemeinsamen Bearbeitungsschicht zu, der Assur/Babel-Redaktion des Zwölfprophetenbuches (Assur/Babel-Red.[XII]), wobei die Bücher Joel und Zefanja seiner Meinung nach überhaupt erst für diesen Zusammenhang geschaffen wurden. Im Anschluß an die Assur/Babel-Red.[XII] wurden im Rahmen einer der Babel-Redaktion des Jesajabuches vergleichbaren Überarbeitung weitere Texte ergänzt sowie das Sacharjabuch in die Sammlung aufgenommen (Babel-Red.[XII]).[55]

Wie bei seinen Darlegungen zum Jesajabuch fragt Bosshard-Nepustil von diesen Erkenntnissen ausgehend nach früheren und späteren Überarbeitungen, wobei er hier wiederum vergleichbare Redaktionsprozesse wie im Jesajabuch aufzeigt.[56] So wurden seiner Meinung nach vor der Assur/Babel-Red.[XII] zunächst die Bücher Hosea, Amos und Micha verbunden und sodann um das Nahumbuch erweitert. Nach der Babel-Red.[XII] wurde im Rahmen einer von Bosshard-Nepustil als Völker-Redaktion bezeichneten Bearbeitung der Grundbestand des Obadjabuches sowie Mi 4,1-4 und Sach 8,20-22 nachgetragen. In einem weiteren Schritt wurden

---

49 Nicht umsonst äußert sich Jones in seinem 2000 erschienenen Aufsatz Book of the Twelve, 69, auch schon bedeutend zurückhaltender und meint nun, daß eher nicht von einer ursprünglichen Reihenfolge im Zwölfprophetenbuch gesprochen werden sollte, sondern daß vielmehr die verschiedenen Reihenfolgen der einzelnen Texttraditionen in ihrem Nebeneinander wahrgenommen werden sollten.

50 Siehe hierzu unten 26 sowie zur ursprünglichen Stellung des Joelbuches unten 448f.

51 Vgl. Bosshard-Nepustil, Rezeptionen.

52 Vgl. Bosshard-Nepustil, Rezeptionen, 17-267.

53 Vgl. hierzu die Übersicht Bosshard-Nepustil, Rezeptionen, 470f.

54 Vgl. Bosshard-Nepustil, Rezeptionen, 269-359.

55 Vgl. Bosshard-Nepustil, Rezeptionen, 360-407.

56 Vgl. Bosshard-Nepustil, Rezeptionen, 408-431.

neben einigen Überarbeitungen in den bereits in die Sammlung aufgenommenen Büchern das Jona- und das Maleachibuch ergänzt, bevor schließlich noch einige Ergänzungen in der nun alle zwölf Bücher umfassenden Sammlung vorgenommen wurden.

Der Ansatz von Bosshard-Nepustil basiert also angesichts der breit angelegten Ausführungen zu den redaktionsgeschichtlichen Prozessen im Jesajabuch und im Zwölfprophetenbuch gegenüber den sonstigen Entwürfen auf einer wesentlich umfangreicheren Textgrundlage. Doch sind auch gegen Bosshard-Nepustil methodische Bedenken angebracht. Denn seine redaktionsgeschichtlichen Analysen zum Zwölfprophetenbuch bauen zumeist auf den am Jesajabuch erworbenen Erkenntnissen auf, ohne daß sie nochmals im erforderlichen Maße am Zwölfprophetenbuch selbst überprüft werden.

So kommt Bosshard-Nepustil etwa allein aufgrund der genannten Assur/Babel-Texte im Jesajabuch dazu, die Textbereiche Joel 1,1-2,11; Hab 1,1-2,4*; Zef 1,1-3,8* derselben Schicht zuzuordnen. Er weist zwar darauf hin, daß diese Texte unter anderem auch dadurch verbunden sind, daß im Joelbuch ein Gerichtsheer am Tag Jhwhs, im Habakukbuch ein Gerichtsheer und im Zefanjabuch der Tag Jhwhs geschildert wird.[57] Doch sind dies nur sehr allgemeine Charakterisierungen. Denn in ihrer konkreten Ausrichtung zeigen sich bei diesen Texten doch auch deutliche Unterschiede, die eher dagegen sprechen, daß sie allesamt auf dieselbe Redaktion zurückgehen. So ist etwa nur in Joel 1,1-2,11 eine agrarische Not von größerer Bedeutung, und der in Joel 1,1-2,11 und in Zef 1-2* dargestellte Tag Jhwhs ist in Hab 1,1-2,4* überhaupt nicht belegt. Zudem müßte allererst noch begründet werden, daß die durchaus vorhandenen Gemeinsamkeiten zwischen den Tag-Jhwh-Schilderungen in Joel 1,1-2,11 und in Zef 1 tatsächlich auf eine gemeinsame Redaktion zurückgehen und nicht, wie zumeist angenommen, als einseitige Bezugnahme auf Seiten des Joelbuches zu erklären sind. Die am Jesajabuch gewonnenen Erkenntnisse werden von Bosshard-Nepustil also doch etwas unvorsichtig auf das Zwölfprophetenbuch übertragen.

Einen weiteren Fortschritt für die redaktionsgeschichtliche Erforschung des Zwölfprophetenbuches erbrachte die 1998 erschienene Arbeit von *Aaron Schart*.[58] Dabei baut Schart seine Darlegungen auf einem doppelten Fundament auf: Zum einen untersucht er in der Tradition der frühen Entwürfe von Ewald und Steuernagel die Buchüberschriften auf buchübergreifende Gemeinsamkeiten und nimmt von hier aus eine erste Gruppierung der einzelnen Bücher vor. Zum anderen legt Schart aber auch eine vollständige redaktionsgeschichtliche Analyse des Amosbuches vor und ordnet

---

57   Vgl. Bosshard-Nepustil, Rezeptionen, 337.
58   Vgl. Schart, Entstehung.

den einzelnen literarischen Schichten die im Rahmen der Betrachtung der
Buchüberschriften herausgearbeiteten Buchgruppen zu.

Er kommt so zu einem sechsstufigen Wachstum des Zwölfprophetenbuches.[59] Demnach wurde im Rahmen der von ihm als Tradentenschicht
bezeichneten Bearbeitung bereits das Amosbuch mit dem Hoseabuch
verbunden. Auf der Ebene der D-Schicht des Amosbuches, die die zuvor
gerne als dtr. bezeichneten Nachträge umfaßt, wurde seiner Meinung nach
zunächst das Michabuch und sodann das Zefanjabuch zugefügt. Auf einer
weiteren Stufe bringt Schart die Amos-Hymnen in Am 4,12-13; 5,8-9; 9,5-6
mit der Aufnahme der Bücher Nahum und Habakuk in Verbindung. Zusammen mit dem Heilswort in Am 9,11-15* wurden sodann die Bücher
Haggai und Sacharja zugefügt und zusammen mit dem kurzen Nachtrag in
Am 9,12-13* die Bücher Joel und Obadja. Zuletzt wurden schließlich noch
die Bücher Jona und Maleachi ergänzt. Bedeutend ist dabei, daß Schart stets
auch in den bereits zuvor in die Sammlung aufgenommenen Büchern nach
buchübergreifenden Bearbeitungen sucht und diese den einzelnen Stadien
zuordnet.[60]

Auf methodischer Ebene handelt es sich bei der Arbeit von Schart also
sicherlich um einen der durchdachtesten Entwürfe, die bislang zur Entstehung des Zwölfprophetenbuches erschienen sind. Die doppelte Grundlegung seiner Analysen in der Betrachtung der Buchüberschriften und in der
redaktionsgeschichtlichen Bearbeitung des Amosbuches führt zu einem
differenzierten und transparenten Modell, das der vorliegenden Gestalt des
Zwölfprophetenbuches gerecht zu werden scheint. Dennoch bleiben auch
bei dem von Schart gewählten Vorgehen noch einige Bedenken. Denn
zunächst erkennt Schart ja nur diejenigen redaktionsgeschichtlichen Prozesse, die sich auch im Amosbuch niedergeschlagen haben. Gerade bei den
spätesten Schichten kann er aber nur noch auf jeweils zwei bis drei Verse
oder − bei der Zufügung der Bücher Jona und Maleachi − sogar auf gar
keine Parallelen im Amosbuch verweisen.

Zudem hängt bei seinem Modell alles davon ab, daß seiner redaktionsgeschichtlichen Analyse des Amosbuches gefolgt werden kann. Dabei ist
etwa beachtenswert, daß Schart gegen die sonstige Forschung die Amos-
Hymnen später als die D-Schicht ansetzt.[61] Wenn sich dies nun aber nicht
halten ließe, dann stünde damit sein gesamtes Modell zur Entstehung des
Zwölfprophetenbuches in Frage.

Hinzu kommt schließlich noch, daß Schart nicht immer klare Kriterien
benennen kann, weshalb die einzelnen Bearbeitungen des Amosbuches mit

---

59 Vgl. Schart, Entstehung, 304-306.
60 Vgl. hierzu die Übersicht Schart, Entstehung, 316f.
61 Siehe hierzu unten 119 Anm. 240.

der Einfügung der von ihm aufgezeigten Buchgruppen in Verbindung zu
bringen sind. So erscheint es wiederum auf der Ebene der Amos-Hymnen
eher ungewiß, daß diese Hymnen tatsächlich von derselben Hand stammen,
die in den Büchern Nahum und Habakuk die Textbereiche Nah 1,2-8 und
Hab 3 ergänzt haben soll,[62] handelt es sich doch im Amosbuch um Schöp-
fungshymnen und in Nah 1 und Hab 3 um Theophaniepsalmen, wobei sich
zudem kaum bedeutende Stichwortbeziehungen zwischen den Amos-Hymnen und Nah 1; Hab 3 finden lassen.[63]

So ist also wie bei Nogalski nun auch bei dem von Schart vorgelegten
Entwurf zu fragen, ob die von ihm gewählte Textgrundlage tatsächlich
schon breit genug ist. Denn wie bei Nogalski – und letztlich auch bei
Bosshard-Nepustil – ist auch bei Schart zu bemängeln, daß die an einer
Stelle erworbenen Erkenntnisse – sei es an den Buchrändern, sei es im
Jesajabuch oder sei es im Amosbuch – nicht ohne weitere Überprüfung auf
andere Textbereiche übertragen werden können. So kann letztlich nur die
redaktionsgeschichtliche Bearbeitung mehrerer oder am besten sogar aller
Einzelbücher die mit diesen Modellen verbundenen methodischen Schwierigkeiten umgehen, da dann überprüft werden kann, ob sich die an dem
einen Buch erarbeitete Schichtung mit den redaktionsgeschichtlichen Erkenntnissen in den übrigen Büchern deckt.

Der bislang neueste redaktionsgeschichtliche Entwurf, der das gesamte
Zwölfprophetenbuch behandelt, wurde 2000 von *Kyu-Sang Yu* vorgelegt.[64]
Yu geht erneut von einer Betrachtung der Buchüberschriften aus. Er kommt
dabei zu dem Ergebnis, daß zunächst die Bücher Hosea, Amos, Micha,
Zefanja, Haggai und Sacharja zu einer gemeinsamen Sammlung verbunden
wurden, da diese Bücher im Gegensatz zu den anderen eine Datierung in der
Überschrift enthalten. In einem zweiten Schritt wurden die Bücher Joel,
Jona und Nahum ergänzt, bei denen in der Überschrift immerhin noch
nähere Angaben zur Person des Propheten zu finden sind, und schließlich
wurden die Bücher Obadja, Habakuk und Maleachi aufgenommen. Auch
wenn Yu im folgenden noch einige buchübergreifende Gemeinsamkeiten
aufzeigt, die sein an den Überschriften aufgewiesenes Modell untermauern
sollen, fällt sein Ansatz doch weit hinter die sonstigen seit Beginn der 90er
Jahre erschienenen Entwürfe zurück. Denn eigentlich hatten ja schon die
frühen Überlegungen von Ewald und Steuernagel gezeigt, daß sich allein auf

---

62 Schart, Entstehung, 242-245, geht davon aus, daß zur Einbindung der Bücher Nahum und
    Habakuk in das bereits bestehende Vierprophetenbuch die Psalmen in Nah 1,2-8 und Hab
    3 von den Redaktoren dieser Neuausgabe aus vorgegebenem Gut übernommen und über die
    Eigenformulierungen in Nah 1,4b; Hab 3,2 eingebaut wurden.
63 Vgl. hierzu auch die Kritik an Schart bei Kessler, Nahum-Habakuk, 157f; Baumann, Gewalt,
    236f.
64 Vgl. Yu, Entstehungsgeschichte, 136-300.

Grundlage der Buchüberschriften noch kein Gesamtmodell zur Entstehung des Zwölfprophetenbuches erheben läßt.

Insgesamt wurden durch die redaktionsgeschichtlichen Modelle seit 1990 aber doch erhebliche Fortschritte bei der Erklärung der buchübergreifenden Zusammenhänge erreicht. So kristallisiert sich etwa ein schmaler Konsens heraus, daß die Bücher Hosea, Amos, Micha und eventuell auch das Zefanjabuch einmal zu einer gemeinsamen Sammlung zusammengebunden waren. Zudem wurden wichtige Beobachtungen zu den Stichwort-verbindungen zwischen den einzelnen Büchern oder zur besonderen Bedeutung des Joelbuches für die buchübergreifenden Zusammenhänge des Zwölfprophetenbuches vorgebracht. Dennoch ist noch vieles unklar. Insbesondere sind die weiteren Entstehungsstadien, nach der Zusammenfassung der Bücher Hosea, Amos, Micha und Zefanja, noch völlig offen. Zudem sind auch die inhaltlichen Konturen der angenommenen Sammlungen noch nicht im ausreichenden Maße bestimmt, da den einzelnen buchübergreifenden Bearbeitungen doch zum Teil auch sehr unterschiedlich ausgerichtete Texte zugewiesen wurden. Der von den redaktionsgeschichtlichen Modellen gegenüber den am Endtext orientierten Ansätzen erhoffte Vorteil, daß das Nebeneinander der verschiedenen buchübergreifenden Themen aus der Entstehung der Sammlung heraus erklärt werden kann, kommt derzeit also noch nicht voll zum Tragen. Und schließlich stehen die bisherigen Entwürfe noch nicht im erforderlichen Maße auf einem methodisch gesicherten Fundament. So wird im folgenden vor allem darauf zu achten sein, daß nicht unüberprüft von Erkenntnissen, die nur an einem begrenzten Textbereich erworben wurden, auf die Entstehung des gesamten Zwölfprophetenbuches zurückgeschlossen wird.

2.2.3 Ansätze zu Teilaspekten

Das zunehmende Interesse an den buchübergreifenden Zusammenhängen im Zwölfprophetenbuch führte auch zu einer wahren Flut an Einzeldarstellungen, die nur an einer Teilsammlung oder nur an einzelnen, auf einen bestimmten Textbereich oder ein bestimmtes Thema begrenzten Redaktionsprozessen orientiert sind. Die wichtigsten dieser Ansätze seien im folgenden noch summarisch erwähnt.

So wurde etwa von *Rainer Albertz* die bereits von Nogalski und Schart vorgetragene These, daß die Bücher Hosea, Amos, Micha und Zefanja einst zu einem Vierprophetenbuch zusammengebunden waren, aufgenommen und weiter ausgearbeitet.[65] Dabei geht Albertz insbesondere auf das in dieser

---

65 Vgl. Albertz, Exilszeit, 164-185; ders., Exile, 232-251.

Sammlung bestimmende Motiv des Reinigungsgerichts ein (Hos 3,1-5; Am 9,7-10; Mi 5,9-13; Zef 1,4-6; 3,11-13) und liest das Vierprophetenbuch von hier aus als exilische Deutung des göttlichen Gerichtshandelns als fortwährenden Reinigungsakt. *Rainer Kessler* hat vorgeschlagen, daß die Bücher Nahum und Habakuk noch vor deren Aufnahme in das Zwölfprophetenbuch zu einer gemeinsamen Sammlung verbunden waren.[66] Seiner Meinung nach wurden die ursprünglich selbständig überlieferten Gerichtsankündigungen gegen Ninive in Nah 2-3 und gegen die Chaldäer in Hab 1-2 von derselben Hand um die Theophaniepsalmen Nah 1 und Hab 3 erweitert und so zu einem chiastisch aufgebauten Zweiprophetenbuch zusammengebunden. *Rüdiger Lux* hat schließlich die zuvor schon häufiger aufgestellte These, daß die Bücher Haggai und (Proto-)Sacharja einmal eine gemeinsame Sammlung bildeten, weiter ausgeführt.[67] Nach Lux wurden die beiden Bücher in einem zweistufigen Redaktionsprozeß aufeinander bezogen und dabei gegenüber deren vorgegebenem Bestand vor allem um die Forderung zur Umkehr erweitert.

Neben diesen Überlegungen zu ursprünglich selbständigen Teilsammlungen wurden auch Vorschläge zu einzelnen redaktionellen Prozessen in den bereits bestehenden Vorstufen des Zwölfprophetenbuches vorgebracht. So kommt etwa *Burkhard M. Zapff* im Rahmen seiner redaktionsgeschichtlichen Studien zum Michabuch zu dem Ergebnis, daß die von ihm als „Fortschreibungsschicht Micha" bezeichnete Redaktion auf einen Ausgleich der widerstreitenden Aussagen über das Geschick der Völker in den an das Michabuch angrenzenden Büchern Jona und Nahum zielte. Deshalb wurde etwa in Mi 1,2 das Gericht auf diejenigen Völker eingeschränkt, die nicht bereit sind zu hören.[68] *Erich Bosshard* und *Reinhard Gregor Kratz* haben die Verbindungen der einzelnen von ihnen herausgearbeiteten Entstehungsstufen des Maleachibuches zum sonstigen Zwölfprophetenbuch betrachtet.[69] Ihrer Meinung nach wurde die Grundschicht des Maleachibuches ursprünglich als Abschluß des bereits in das werdende Zwölfprophetenbuch integrierten Proto-Sacharjabuches geschaffen, im Rahmen einer ersten Überarbeitung auf den mittlerweile ergänzten Textbereich Sach 9-14 hin fortgeschrieben und schließlich in Mal 3,22-24 um einen Rückverweis auf den Beginn des Prophetenkanons in Jos 1 ergänzt. Diese Ergebnisse aufneh-

---

66   Vgl. Kessler, Nahum-Habakuk, 149-158; siehe hierzu auch Baumann, Gewalt, 240-242.
67   Vgl. Lux, Zweiprophetenbuch, 210-213. Siehe hierzu im einzelnen unten 287.
68   Vgl. Zapff, Studien, 241-279; ders., Perspective, 298-312. Dabei geht Zapff davon aus, daß von dieser Redaktion neben den Nachträgen im Michabuch auch Jona 2,3-10 und Nah 1,2b.3a eingebracht wurde.
69   Vgl. Bosshard / Kratz, Maleachi, 27-46.

mend hat *Odil Hannes Steck* einen mehrstufigen Entstehungsprozeß von Sach 9–Mal 3 im Kontext des Zwölfprophetenbuches vorgestellt.[70]

Schließlich wurden immer wieder Überlegungen vorgebracht, die an der redaktionellen Einbindung oder an den verschiedenen Ausformungen eines bestimmten Themas orientiert sind. *Raymond C. van Leeuwen* meint etwa, daß die Aufnahmen der Gnadenformel in Hos 14,10; Joel 2,12-14; Mi 7,18-20; Nah 1,2b.3a sowie das gesamte Jonabuch auf eine weisheitliche Endredaktion des Zwölfprophetenbuches zurückgehen.[71] Nach *Byron G. Curtis* wurden die beiden Freudenaufrufe an die Tochter Zion in Zef 3,14-20 und Sach 9,9-10 von derselben Hand eingebracht, um so jeweils einen Übergang zwischen den Propheten des 7. und des 6. Jh. sowie zwischen den Propheten des 6. und des 5. Jh. zu markieren.[72]

Die verschiedenen Ausformungen gleich dreier Themen hat *Gerlinde Baumann* in ihren Arbeiten zum Zwölfprophetenbuch untersucht. So geht Baumann auf die Verwendung prophetischer Ehemetaphorik und die Bewertung der Prophetie im Zwölfprophetenbuch ein.[73] Und in ihrem jüngst erschienenen Ansatz zur Darstellung von göttlicher Gewalt in Nah 1,2-8 führt sie auch die unterschiedlichen Konzepte solcher Gewaltschilderungen im sonstigen Zwölfprophetenbuch aus.[74] *Martin Beck* hat sodann eine detaillierte redaktions- und traditionsgeschichtliche Bearbeitung der Tag-Jhwh-Passagen des Zwölfprophetenbuches vorgelegt.[75] *Martin Leuenberger* hat die unterschiedlichen Herrschaftsdarstellungen, von den königskritischen Worten über die Verheißungen eines weltlichen Herrschers bis hin zu den Aussagen über das Königtum Jhwhs, sowie deren kompositorische Einbindung in das Zwölfprophetenbuch untersucht.[76] Und schließlich hat *Martin Roth* umfassend die verschiedenen Konzepte zum Verhältnis zwischen Israel und den Völkern im Zwölfprophetenbuch dargestellt.[77] Dabei werden in den genannten Ansätzen stets auch einige Überlegungen zum redaktionsgeschichtlichen Zusammenhang der unterschiedlichen Ausformungen des jeweils untersuchten Themas vorgebracht.

All diese Arbeiten zu Teilaspekten der buchübergreifenden Zusammenhänge im Zwölfprophetenbuch geben wichtige Hinweise zur Erklärung der differenzierten Gestalt der vorliegenden Sammlung. Allerdings kommt all diesen Ansätzen gleichermaßen auch ein Moment der Vorläufigkeit zu.

---

70 Vgl. Steck, Abschluß, bes. 30-72.
71 Vgl. van Leeuwen, Wisdom, 31-49.
72 Vgl. Curtis, Zion-Daughter, 181-184.
73 Vgl. Baumann, Ehemetaphorik, 217-230.
74 Vgl. Baumann, Gewalt, 185-230.
75 Vgl. Beck, Tag.
76 Vgl. Leuenberger, Herrschaftsverheißungen, 75-111.
77 Vgl. Roth, Israel, bes. 291-302.

Denn die einzelnen Hypothesen bedürfen allererst noch der Überprüfung
im Kontext des gesamten Zwölfprophetenbuches. Erst wenn sich die
aufgezeigten Teilsammlungen, die dargestellten Redaktionsschichten und die
ausgeführten thematischen Zusammenhänge in ein redaktionsgeschichtliches Gesamtmodell integrieren lassen, können sie als stichhaltiger Beitrag
zur Erklärung der vorliegenden Gestalt des Zwölfprophetenbuches gelten.

2.3 Zur Kritik an der Zwölfprophetenbuch-Forschung

Die große Zahl der seit Beginn der 90er Jahre erschienenen Beiträge darf
nun aber nicht darüber hinwegtäuschen, daß die Frage nach den buchübergreifenden Zusammenhängen im Zwölfprophetenbuch nicht nur in ihrer
konkreten Durchführung, sondern auch von ihrem prinzipiellen Ansatz her
der Kritik ausgesetzt ist. Am profiliertesten wurden die Einwände gegen die
Zwölfprophetenbuch-Forschung bislang von *Ehud Ben Zvi* vorgebracht.[78]
    So weist Ben Zvi darauf hin, daß oft allzu leichtfertig buchübergreifende
Verbindungen angenommen werden, auch wenn keine wirklich markanten
Gemeinsamkeiten bestehen. Die insbesondere im Ansatz von Nogalski so
bedeutenden Stichwortverbindungen basieren eben teils auch auf sehr
weitverbreiteten Worten. Wenn aber schon solche Worte genügen, um einen
buchübergreifenden Zusammenhang anzunehmen, dann ließe sich nach Ben
Zvi auch ein literarischer Zusammenhang zwischen dem Obadjabuch und
Ps 78 nachweisen, oder es könnte behauptet werden, daß das Amosbuch
ursprünglich hinter dem Obadjabuch stand, da sich auch zwischen Obd 15-
21 und Am 1,1-9 einige Stichwortverbindungen finden.
    Doch selbst die markanteren Bezüge zwischen den verschiedenen
Büchern reichen nach Ben Zvi nicht aus, um das Zwölfprophetenbuch als
buchübergreifende Einheit zu verstehen. Denn dagegen spricht seiner
Meinung nach die Tatsache, daß sich auch zwischen den Büchern des
Zwölfprophetenbuches und anderen Büchern des Alten Testaments markante Parallelen finden lassen. Thematische und terminologische Gemeinsamkeiten können also auch schlicht auf die Kenntnis bereits vorhandener
Schriften zurückgehen, wenn sie nicht überhaupt nur durch die beiderseitige
Ausrichtung an vergleichbaren Sachverhalten bedingt sind.
    Gegen die Zwölfprophetenbuch-Forschung sprechen aber nach Ben Zvi
nicht nur methodische Vorbehalte. Auf einer noch grundlegenderen Ebene
betont er, daß das Zwölfprophetenbuch eben nicht als zusammenhängendes
Korpus, sondern als Sammlung von Einzelbüchern gestaltet ist. Bezeich-

---

78 Vgl. Ben Zvi, Books, 125-156; siehe hierzu auch Rudnig-Zelt, Genese, 358f; Perlitt, ATD
    25,1, XIV-XVI.

nenderweise hat das Zwölfprophetenbuch nämlich keine gemeinsame
Überschrift, sondern jedes einzelne Buch wird je für sich eingeleitet. Dies
spricht nach Ben Zvi nun endgültig dagegen, daß das Zwölfprophetenbuch
über die Einzelbücher hinaus als zusammengehörige Einheit verstanden
werden will.

Ben Zvi gibt also zahlreiche wichtige Hinweise zu methodischen und
prinzipiellen Problemen, die mit der Arbeit am Zwölfprophetenbuch verbunden sind. Insbesondere ist dabei seiner Kritik an einer allzu unvorsichti-
gen Auswertung von Stichwortverbindungen recht zu geben. Zudem ist Ben
Zvi zuzugestehen, daß auch sehr markante Verbindungen nicht unbedingt
als bewußte literarische Bezugnahmen verstanden werden müssen. Es wird
also im folgenden darauf zu achten sein, wie methodisch zwischen eher
zufälligen Gemeinsamkeiten und bewußten literarischen Verbindungen
unterschieden werden kann.

Unrecht hat Ben Zvi dagegen mit seinem Hinweis, daß angesichts der
ebenso vorhandenen Parallelen zwischen den Büchern des Zwölfprophet-
buches und den sonstigen Büchern des Alten Testaments auf die buchübergreifenden Verbindungen im Zwölfprophetenbuch kein größerer Wert
gelegt werden dürfte. Es ist doch ein Unterschied, ob literarische Verbindungen in ein und demselben Großkontext oder aber in verschiedenen,
schon material gegeneinander abgegrenzten Werken zu finden sind. Denn
innerhalb des Zwölfprophetenbuches ist eine durchgängige Leseabfolge
zumindest möglich. Dann ist es aber auch nicht auszuschließen, daß die
buchübergreifenden Verbindungen bewußt für den Kontext einer mehrere
Bücher umfassenden Großkomposition geschaffen wurden.

Auch das von Ben Zvi vorgebrachte Argument, daß die einzelnen
Bücher des Zwölfprophetenbuches jeweils eigens eingeleitet werden, überzeugt nur teilweise. Dies spricht lediglich dagegen, das Zwölfpropheten-
buch in demselben Sinne als Einheit zu bezeichnen wie etwa das Jesajabuch,
handelt es sich doch hierbei tatsächlich nicht um ein Buch, sondern um eine
Sammlung von Einzelbüchern.[79] Damit ist aber noch nicht gesagt, daß das
Zwölfprophetenbuch nicht als Produkt einer bewußten buchübergreifenden
Gestaltung verstanden werden kann und die einzelnen Bücher somit auch
nicht in ihrem buchübergreifenden Zusammenhang gelesen werden sollten.
Schon die Reihenfolge der einzelnen Bücher, und dabei etwa die in MT
belegte Stellung des Joelbuches zwischen den viel eher zusammengehörigen
Büchern Hosea und Amos, ist doch zumindest erklärungsbedürftig. Zudem
werden die einzelnen Bücher über die Buchüberschriften nicht nur gegeneinander abgegrenzt, sondern aufgrund der teils vergleichbaren Gestaltung
der Überschriften auch aufeinander bezogen. Daß die Abfolge der einzelnen

---

79 Siehe hierzu auch oben 2 mit Anm. 3.

Bücher auf Zufall beruht oder die vergleichbaren Überschriften lediglich durch literarische Konventionen bedingt sind und beides nicht vielmehr auf buchübergreifende Redaktionsprozesse zurückgeht, sollte jedenfalls nicht vorschnell entschieden werden.[80]

Trotz der von Ben Zvi vorgebrachten Bedenken ist und bleibt die Frage nach den buchübergreifenden Zusammenhängen des Zwölfprophetenbuches also legitim und geboten. Es ist lediglich darauf zu achten, daß die Arbeit am Zwölfprophetenbuch auf einem soliden methodischen Fundament aufgebaut wird.

3. Methodische Konsequenzen

Bei den bislang erschienenen Ansätzen zur Entstehung des Zwölfprophetenbuches zeigt sich vor allem das Problem, daß die an einer Stelle erworbenen Erkenntnisse häufig unüberprüft auch auf andere Textbereiche übertragen werden. Dieses Problem läßt sich nun aber nur umgehen, indem die Textgrundlage, auf der ein Modell zur Entstehung des Zwölfprophetenbuches entwickelt wird, möglichst groß gehalten wird. Das heißt aber letztlich, daß gesicherte Ergebnisse nur dann möglich sind, wenn der komplette Textbestand des Zwölfprophetenbuches einer redaktionsgeschichtlichen Analyse unterzogen wird.

Dabei ist zudem darauf zu achten, daß die einzelnen Bücher zunächst je für sich, also noch ohne Berücksichtigung der buchübergreifenden Gemeinsamkeiten, bearbeitet werden. Ansonsten würde nämlich allzu schnell von eben diesen Gemeinsamkeiten ausgehend auf die Entstehung der einzelnen Bücher zurückgeschlossen, und es würde somit bei der redaktionsgeschichtlichen Bearbeitung der Einzelbücher in einem methodischen Zirkelschluß doch wieder nur nachgewiesen, was schon von anderer Seite her vermutet wurde.

Ausgangspunkt bei der Frage nach der Entstehung des Zwölfprophetenbuches dürfen also nicht die buchübergreifenden Gemeinsamkeiten sein, sondern es muß bei der Entstehung der Einzelbücher angesetzt werden. Erst in einem zweiten Schritt kann dann gefragt werden, ob sich zwischen den in den einzelnen Büchern herausgearbeiteten Redaktionsschichten

---

80 Mit Blick auf die Abfolge der einzelnen Bücher reicht es jedenfalls nicht aus, daß Ben Zvi, Books, 134, nur darauf hinweist, daß die einzelnen Bücher in den verschiedenen Texttraditionen des Zwölfprophetenbuches in unterschiedlicher Reihenfolge belegt sind. Dies muß nicht dafür sprechen, daß die Abfolge der einzelnen Bücher beliebig wäre, sondern könnte genausogut dafür sprechen, daß die bewußt gestaltete Abfolge einer Texttradition später ebenso bewußt nach anderen Kriterien umgestaltet wurde.

Verbindungen finden lassen, wobei hier markante thematische und terminologische Parallelen aufweisbar sein müssen.[81] Idealerweise müßte sich so
nachweisen lassen, daß die einzelnen Bücher jeweils ab einem gewissen
Stadium – und ab dann in derselben Abfolge – vergleichbaren Bearbeitungen unterzogen wurden.[82]

Ein solches Vorgehen hat gegenüber den bisherigen Ansätzen mehrere
Vorteile: Vor allem können die an einem Buch erworbenen Erkenntnisse an
den übrigen Büchern überprüft werden. Zudem lassen sich so nicht nur
diejenigen buchübergreifenden Redaktionsprozesse erkennen, die sich auch
in dem der Untersuchung zugrundeliegenden begrenzten Textbereich niedergeschlagen haben. Desweiteren läßt sich so zeigen, ob die einzelnen
buchübergreifenden Verbindungen jeweils auf dieselbe Hand zurückgehen
oder ob es sich um einseitige Bezugnahmen handelt. Auf der Grundlage
einer redaktionsgeschichtlichen Analyse der Einzelbücher läßt sich nämlich
jeweils nachweisen, ob solche Verbindungen an beiden Stellen im Rahmen
derselben buchübergreifenden Redaktion eingebracht wurden oder ob dabei
die eine Stelle früher als die andere anzusetzen ist. Und schließlich besteht
ein weiterer Vorteil noch darin, daß so über die redaktionsgeschichtliche
Einordnung des gesamten Textbestands des Zwölfprophetenbuches Rechenschaft abgelegt wird und somit das vorgelegte Modell nicht allein schon
deshalb in Frage steht, weil sich größere Textbereiche nicht in dieses Modell
integrieren lassen. Das beschriebene Vorgehen bietet also ein Maximum an
Transparenz.

Nun bleibt aber auch bei diesem Vorgehen noch ein Problem: Selbst
wenn sich in verschiedenen Büchern in gleicher Abfolge vergleichbare
Redaktionsschichten aufzeigen lassen, so muß dies ja noch nicht heißen, daß
diese Bearbeitungen auf dieselbe Hand zurückgehen, und es muß schon gar
nicht heißen, daß diese Bearbeitungen für einen buchübergreifenden Zusammenhang geschaffen wurden, um etwa mehrere Bücher zu einer gemeinsamen Sammlung zusammenzubinden. Es könnte ja ebensogut sein, daß
sich – etwa aufgrund der zu den verschiedenen Zeiten jeweils bestimmenden
Themen – in den einzelnen Büchern unabhängig voneinander vergleichbare
Bearbeitungen niedergeschlagen haben.

---

81 Von einer markanten Parallele ist insbesondere dann zu sprechen, wenn mehrere eher seltene
    Begriffe verwandt werden und am besten in einer Kombination, die sich nur an den zu
    vergleichenden Stellen finden läßt. Weniger markante Stichworte sind dann allenfalls als
    unterstützendes Argument zu nennen.
82 Dabei muß sich natürlich nicht jede Bearbeitung in jedem Buch niedergeschlagen haben.
    Wichtig ist aber, daß jeweils ab einem bestimmten Punkt in der Entstehung eines Buches die
    hier erkennbaren Überarbeitungen nicht mehr nur auf dieses Buch beschränkt sind, sondern
    daß sich auch in weiteren Büchern vergleichbare Redaktionsschichten in identischer Abfolge
    finden lassen.

Diesem Problem läßt sich aber begegnen, indem die redaktionsgeschichtlichen Erkenntnisse mit kompositionsgeschichtlichen Überlegungen
verbunden werden.[83] Wenn sich nämlich nachweisen läßt, daß einige Bücher
nicht nur eine vergleichbare Bearbeitungsschicht aufweisen, sondern daß sie
durch diese Bearbeitungen auch noch zu einer buchübergreifenden Komposition zusammengebunden werden, dann dürfte endgültig deutlich sein, daß
diese Bearbeitungen von denselben Redaktoren für den Kontext einer
buchübergreifenden Sammlung geschaffen wurden.

Auf derselben methodischen Grundlage ist schließlich auch die Frage zu
beantworten, welche der in den Texttraditionen belegten unterschiedlichen
Reihenfolgen der einzelnen Bücher als die ursprüngliche anzusehen ist.[84]
Dies sollte nicht vorab beantwortet werden, sondern aus der Entstehung der
Einzelbücher und aus den kompositorischen Zusammenhängen der buch-
übergreifenden Bearbeitungen heraus.

Angesichts der komplexen Gestalt des Zwölfprophetenbuches ist es nun
aber kaum möglich, im Rahmen nur einer Arbeit ein Modell zur Entstehung
des Zwölfprophetenbuches vorzulegen, das die redaktionsgeschichtliche
Bearbeitung aller zwölf Bücher umfaßt, ohne daß dabei der Umfang der
Arbeit gesprengt würde oder die Genauigkeit der Analyse leiden müßte. Es
sind daher zwei Einschränkungen angebracht: Zum einen wird in der vorliegenden Arbeit zunächst nur die Entstehung und Komposition der frühen
Sammlungen des Zwölfprophetenbuches verfolgt. Es werden dabei das
exilische Vierprophetenbuch mit den Büchern Hosea, Amos, Micha und
Zefanja, das Zweiprophetenbuch mit den Büchern Haggai und (Proto-)
Sacharja sowie die Einarbeitung des Joelbuches in das exilische Vierprophetenbuch betrachtet. Die redaktionsgeschichtliche Bearbeitung der noch
verbleibenden fünf Bücher des Zwölfprophetenbuches sowie des Textbereichs Sach 9-14 und damit verbunden die weitere Entwicklung der
genannten Teilsammlungen müßte in einer zweiten Arbeit weiter ausgeführt
werden. Neben dieser Einschränkung ist zum anderen aus noch näher
auszuführenden Gründen eine redaktionsgeschichtliche Bearbeitung des
gesamten Hoseabuches, das unter den Büchern des Zwölfprophetenbuches
mit ganz besonderen Problemen behaftet ist, kaum realisierbar, aber, wie
sich noch zeigen wird, auch nicht notwendig.[85]

Als Einstiegspunkt bietet sich dabei im folgenden zunächst eine erneute
Betrachtung der Überschriften der einzelnen Bücher an, die in der bisherigen Forschung eine so bedeutende Rolle spielen. Von hier aus ergeben sich

---

83 Zur Verbindung von redaktionsgeschichtlichen und kompositionsgeschichtlichen Überlegun-
    gen vgl. schon Albertz, Exile, 235f; siehe hierzu auch Werlitz, Redaktion, 1-14.
84 Zum Problem siehe die Ausführungen zu Jones oben 14f.
85 Siehe hierzu unten 54-58 und 450-453.

bereits einige Hinweise auf die ersten buchübergreifenden Sammlungen, auf die diese Arbeit dann beschränkt bleiben wird. Doch dient die Betrachtung der Buchüberschriften – im Gegensatz zu den bisherigen Entwürfen – nur zum Aufweis von ersten Arbeitshypothesen. Im weiteren Verlauf sind die frühen Sammlungen allein auf Grundlage der redaktionsgeschichtlichen Erkenntnisse zu den Einzelbüchern nachzuweisen.

Die redaktionsgeschichtliche Bearbeitung der Einzelbücher wird dabei der besseren Übersichtlichkeit wegen stets im Rahmen der Betrachtung derjenigen Sammlung vorgestellt, bei der diese Bücher erstmals in das werdende Zwölfprophetenbuch integriert wurden.[86] Dem oben aufgestellten methodischen Ansatz entsprechend soll dabei jeweils allein aus den buch-internen Zusammenhängen heraus der gesamte Textbestand der einzelnen Bücher erklärt werden, also von der Grundschicht bis zur Endredaktion, inklusive der die einzelnen Schichten jeweils bestimmenden inhaltlichen Ausrichtung. Zudem ist darauf zu achten, daß sich die einzelnen Entstehungsstufen durch einen klaren Aufbau auszeichnen. Denn nicht nur für den Nachweis buchübergreifender Bearbeitungen, auch mit Blick auf die Überarbeitungen in den Einzelbüchern gilt, daß die Betrachtung der Komposition zur Bestätigung der redaktionsgeschichtlichen Erkenntnisse herangezogen werden kann.[87]

Was im Forschungsüberblick zu den Ansätzen, die nur an Teilsammlungen und nicht an der Entstehung des gesamten Zwölfprophetenbuches orientiert sind, gesagt wurde,[88] gilt nun auch für die vorliegende Arbeit: Angesichts der Beschränkung auf die frühen Sammlungen kommt auch dieser Arbeit ein Moment der Vorläufigkeit zu. Die hier aufgezeigten Erkenntnisse müßten allererst noch an den verbleibenden Büchern überprüft und so in ein Gesamtmodell zur Entstehung des Zwölfprophetenbuches überführt werden. Um die Forschung am Zwölfprophetenbuch weiter voranzutreiben und methodisch über die bisherigen Ansätze hinauszukommen, erscheint es aber sinnvoll, die Vorläufigkeit, die mit einer solchen Einschränkung auf die frühen Sammlungen verbunden ist, bis zur weiteren Ausarbeitung des hier vorgestellten Modells in Kauf zu nehmen.

---

86 Ebenfalls der besseren Übersichtlichkeit wegen werden bei den jeweils am Ende der redaktionsgeschichtlichen Bearbeitung der Einzelbücher dargestellten Zusammenfassungen diejenigen Schichten, die sich später als Teil einer buchübergreifenden Redaktion herausstellen werden, im Vorgriff auf die weiteren Erkenntnisse bereits stets mit der gleichen Bezeichnung versehen (z.B. Joel-Schicht). Dies wird auch schon bei den Bearbeitungen so gehalten, die bei den hier betrachteten Büchern erst nach den frühen Sammlungen eingebracht wurden und deren Zusammenhang im Rahmen dieser Arbeit noch nicht im einzelnen begründet werden kann (z.B. Fremdvölker-Schicht I).
87 Der Betrachtung der Komposition auf den verschiedenen Entstehungsstufen kommt so geradezu die Funktion einer Gegenprobe zu den redaktionsgeschichtlichen Analysen zu.
88 S.o. 21f.

II. Die Überschriften

Jedes Buch des Zwölfprophetenbuches beginnt mit einer Überschrift oder Einleitung, die das Folgende nach Eigenart und Herkunft kennzeichnet. Dabei fällt auf, daß zwischen den einzelnen Überschriften Gemeinsamkeiten bestehen, die verschiedene Bücher gegenüber anderen miteinander in Verbindung bringen. So ist es nicht verwunderlich, daß aufgrund eben dieser Gemeinsamkeiten schon mehrfach versucht wurde, die einzelnen Bücher zu gruppieren und daraus Rückschlüsse auf die Entstehung des Zwölfprophetenbuches zu ziehen. Es wurden Sammlungen rekonstruiert, die der heutigen Zusammenstellung vorausgegangen sein könnten, oder Bücher zusammengeordnet, deren gemeinsame Aufnahme in das werdende Zwölfprophetenbuch angenommen wurde.[1]

Für die Frage nach der Entstehung des Zwölfprophetenbuches ist es deshalb angebracht, vor aller Betrachtung der redaktionsgeschichtlichen Vorgänge innerhalb der einzelnen Bücher die Überschriften in ihrem Verhältnis zueinander genauer zu betrachten. Denn tatsächlich sind gerade an den Anfängen am ehesten buchübergreifende Verknüpfungen zu erwarten.

Doch ist bei der Betrachtung der Buchüberschriften auch Vorsicht angebracht.[2] Denn Gemeinsamkeiten in den Buchüberschriften können genausogut auf formale Konventionen in der Gestaltung prophetischer Bücher zurückgehen, ohne daß hier eine Verankerung in einem gemeinsamen Großkontext vorliegt.[3] Wie soeben dargelegt, sollen die folgenden Ausführungen daher nur zum Aufweis von Arbeitshypothesen dienen, die sich im Rahmen der redaktionsgeschichtlichen Bearbeitung der Einzelbücher allererst noch zu bestätigen haben.

---

1   Vgl. v.a. Ewald, Propheten 1, 74-82; Steuernagel, Einleitung, 671f, etwas zurückhaltender Eißfeldt, Einleitung, 517, in neuerer Zeit Koch, Profetenbuchüberschriften, 184; Schart, Entstehung, 31-49; Watts, Superscriptions, 120-122; Yu, Entstehungsgeschichte, 151-162. Dabei geht Schart gegenüber den übrigen Ansätzen differenzierter vor: Auch er legt zunächst eine Einteilung der einzelnen Bücher anhand der Überschriften in mehrere Gruppen vor, deren sukzessive Aufnahme in das werdende Zwölfprophetenbuch er annimmt. Doch verifiziert er diese vorläufige Annahme anhand einer redaktionsgeschichtlichen Betrachtung des Amosbuches und der Verbindungen der einzelnen Schichten des Amosbuches zu den aufgrund der Überschriften aufgewiesenen Buchgruppen; siehe hierzu oben 16-18.
2   Vgl. Nogalski, Precursors, 4f.
3   Vgl. etwa die Gemeinsamkeiten aufgrund der Wendung PN-דבר zwischen Jer 1,1; Am 1,1 und Koh 1,1.

1. Überschrift und Einleitung

Eine erste Gruppierung ergibt sich durch die schon häufiger geäußerte Erkenntnis, daß bei den zwölf kleinen Propheten zwischen Überschriften und Einleitungen zu unterscheiden ist.[4] Während nämlich in den meisten Fällen am Anfang des Buches eine vom Folgenden unabhängige nominale Fügung steht, beginnen die Bücher Jona, Haggai und Sacharja mit einem einleitenden Satz, an den das Folgende anschließt.[5] So ist nur im ersteren Falle von einer Überschrift zu sprechen, während der einführende Satz der zuletzt genannten Bücher besser schlicht als Einleitung zu bezeichnen ist.[6]

1.1 Elemente der Überschriften

Die Überschriften im engeren Sinne zeichnen sich durch wiederkehrende Elemente aus, die zum Teil in allen Überschriften vorkommen, zum Teil aber auch fehlen können.[7]

Als festes Element ist zunächst in jeder Überschrift eine Gattungsbezeichnung zu finden (דבר; חזון; משא), und zwar stets zu Beginn. Sie kennzeichnet das Folgende in seiner Eigenart gegenüber anderen Literatursorten. Zudem ist in allen Überschriften der Name des Propheten genannt.[8]

---

4   So unterscheidet Watts, Superscriptions, 112, zwischen „superscription" und „incipit". Schart, Entstehung, 31f, spricht hingegen von Büchern mit und ohne Überschriften; vgl. auch Koch, Profetenbuchüberschriften, 170f. Da dem ersten Satz des Buches aber auch dann, wenn nicht von einer Überschrift im engeren Sinne gesprochen werden kann, eine einführende Funktion zukommt, wird man im Anschluß an Watts wohl eher zwischen Überschriften und Einleitungen zu unterscheiden haben.

5   Daß sich Überschriften gerade dadurch auszeichnen, daß sie mit dem Folgenden grammatisch nicht verbunden sind, also gewissermaßen außerhalb des eigentlichen Textkorpus stehen, haben etwa Tucker, Superscriptions, 58; Schart, Entstehung, 32; Watts, Superscriptions, 112, zurecht betont.

6   Ben Zvi, FOTL 21B, 3, weist mit Blick auf Mi 1,1 zurecht darauf hin, daß es zumindest zu Mißverständnissen führen kann, wenn dieser Vers, obgleich eine vom Folgenden unabhängige nominale Fügung, als Überschrift bezeichnet wird. Zur Verdeutlichung, daß es sich hierbei um einen integralen Bestandteil des gesamten Buches und nicht um eine über diesem Buch stehende Anmerkung handelt, verwendet er deshalb auch für Mi 1,1 den Begriff der Einleitung. Um aber die sinnvolle Unterscheidung zwischen grammatisch vom Folgenden unabhängigen einerseits und mit dem Folgenden verbundenen Buchanfängen andererseits terminologisch vornehmen zu können, sei hier dennoch von Überschrift und Einleitung die Rede. Für eine über dem Text stehende Kennzeichnung eines Buches würde sich eher der Begriff „Titel" anbieten.

7   Vgl. zur Beschreibung der Überschriften Tucker, Superscriptions, 60-65; Andersen / Freedman, AncB 24, 143-149; Schart, Entstehung, 33-36.

8   Inwiefern מלאכי in Mal 1,1 tatsächlich als Eigenname zu verstehen ist, kann hier zunächst offenbleiben; s.u. 42 Anm. 51.

Während sich in Obd nur eben diese beiden Angaben finden, weisen die anderen Überschriften noch optionale Elemente auf.[9] So kommen in immerhin sieben Büchern nähere Angaben zum Propheten vor, sei es dessen Abstammung (Hos; Joel; Zef), Herkunftsort (Am; Mi; Nah) oder Beruf (Am), oder sei es die genauere Kennzeichnung als נביא (Hab). In vier Überschriften findet sich eine Datierung über die Angabe der zur Wirkungszeit des Propheten herrschenden Könige in Süd- und Nordreich (Hos; Am; Mi; Zef), die Überschrift des Amosbuches weist zudem eine weitere Datierung über den Hinweis auf ein Erdbeben auf. Schließlich werden in drei Überschriften die Adressaten des folgenden Buches genannt, nämlich Israel (Am; Mal) oder Samaria und Jerusalem (Mi).

1.2 Die Gestalt der Einleitungen

Ihrer Funktion als einführendem Satz entsprechend unterliegen die Einleitungen, wie sie in Jona 1,1, Hag 1,1 und Sach 1,1 belegt sind, einer weniger strengen Gestaltung. Ganz anders als bei den Prophetenbüchern mit einer Überschrift steht hier nie eine Gattungsbezeichnung zu Beginn.

Dennoch finden sich auch bei den Einleitungen durchgehende Elemente: Der Name des Propheten ist sowohl bei Jona als auch bei Hag und Sach genannt. Bei allen drei Büchern findet sich der Hinweis, daß das Wort Jhwhs (דבר־יהוה) zu dem jeweiligen Propheten erging. Während allerdings im Jonabuch lediglich noch der Vatername angegeben ist, findet sich bei Hag und Sach zudem auch eine Datierung über die Regierungszeit des persischen Königs Darius sowie die Kennzeichnung der beiden als נביא. Bei Hag werden zusätzlich die Adressaten Serubbabel und Jeschua genannt, bei Sacharja die familiäre Herkunft des Propheten.

Ebenfalls unter die Einleitungen ist Hos 1,2a zu fassen. Die Formulierung תחלת דבר־יהוה בהושע in 1,2a ist aufgrund ihrer Verbindung eines Nomens im status constructus mit einem Verb im Perfekt allerdings grammatisch schwierig. Da schon vor den Masoreten α' דבר als Perfekt aufgefaßt und mit ἀρχὴ ἦν ἐλάλησεν wiedergegeben hat, sollte hier jedoch nicht zum Nomen דְּבַר abgeändert werden.[10] Zudem kommt die Verbindung von Nomen im status constructus mit einer finiten Verbform häufiger vor, vor

---

9 Die Einteilung folgt hierbei Tucker, Superscriptions, 61, dessen Aufteilung nach festen (Gattungsbegriff und Name des Propheten) und optionalen Elementen präziser erscheint als die Einteilung von Schart, Entstehung, 33f, in Gattungsbegriff, Name (evtl. mit Zusätzen) und Datierung, da letztere eben nur in einigen der Überschriften belegt ist.

10 Gegen Watts, Superscriptions, 121.

allem bei zeitlichen Bestimmungen,[11] und ist im Deutschen wohl am besten als temporaler Nebensatz wiederzugeben. Dann ist aber auch Hos 1,2a als Einleitung zu verstehen und der Vers etwa mit „Als Jhwh anfing durch Hosea zu reden, da sprach Jhwh zu Hosea ..." zu übersetzen.[12]

2. Gruppierung der Überschriften

Unter den oben genannten Elementen der Überschriften empfiehlt sich zur Gruppierung zunächst eine Einteilung mittels der jeweils verwendeten Gattungsbezeichnung. Ihre Voranstellung und durchgängige Erwähnung in den Überschriften im engeren Sinne zeichnet sie als das schlechthin Bestimmende aus. Die optionalen Elemente, die ja innerhalb der Überschriften auch erst an späterer Stelle erwähnt sind, dürften demgegenüber zur Einteilung weniger geeignet sein. Die Gefahr wäre groß, wichtige Gemeinsamkeiten zu übersehen.

Es ist daher bemerkenswert, daß in der Forschung immer wieder vorschnell nach anderen Kriterien gruppiert wird. So teilen Wahl und Schart zunächst nach Überschriften mit und ohne Datierung ein,[13] Yu unterscheidet zwischen Überschriften mit Angaben zur Zeit und Person des Propheten, solchen, die nur nähere Angaben zur Person enthalten, und schließlich denen ohne Angaben zu Person und Zeit.[14] In keinem dieser Ansätze finden sich jedoch genauere Überlegungen, warum die Einteilung gerade anhand dieser Kriterien vorgenommen wird.

Demgegenüber dürfte man mit einer Gruppierung nach dem Gattungsbegriff auf sichererem Boden stehen. Die Datierungen der einzelnen Überschriften sind dagegen, ihrem Status als optionales Element entsprechend, erst für eine weitere Unterscheidung innerhalb der Gruppen mit gleichlautender Gattungsbezeichnung heranzuziehen.

---

11 Vgl. etwa Ex 6,28; Lev 25,48; 1 Sam 5,9; Jer 6,15; 36,2; Ps 102,3; siehe hierzu auch Ges-K, §130d; J-M, §129p; Rudnig-Zelt, Hoseastudien, 88 mit Anm. 346.

12 Obwohl Hos 1,2a textlich und grammatisch meist wie beschrieben erklärt wird, wird dieser Teilvers dennoch häufig vom Folgenden abgerückt und als Überschrift verstanden. Dabei wird zumeist darauf hingewiesen, daß ansonsten die erneute Nennung des Namens Hosea in 1,2b unverständlich wäre; vgl. etwa Wolff, BK 14,1, 12; Rudolph, KAT 13,1, 37. Doch verweist Macintosh, Hosea, 7, demgegenüber zurecht auf die Parallele Ex 6,28-29, wo ebenfalls nach einer constructus-Verbindung mit einem finiten Verb zur zeitlichen Bestimmung, die auch hier am ehesten als temporaler Nebensatz wiederzugeben ist, das Subjekt im folgenden Satz nochmals wiederholt wird.

13 Vgl. Wahl, Überschriften, 91; Schart, Entstehung, 39, siehe auch Rendtorff, Theologie, 245.

14 Vgl. Yu, Entstehungsgeschichte, 154.

Mit Koch lassen sich nach den Gattungsbezeichnungen drei Muster von Überschriften unterscheiden: Das Dabar-Muster, das Hazon-Muster und das Maśśa-Muster.[15]

2.1 Das Dabar-Muster

Zum Dabar-Muster gehören die Überschriften Hos 1,1; Joel 1,1; Am 1,1; Mi 1,1; Zef 1,1. Dabei fällt zunächst auf, daß die Amos-Überschrift nicht wie die anderen die Gattungsbezeichnung דבר־יהוה enthält, sondern דברי עמוס, was diese Überschrift von vornherein von den anderen abhebt. Auch im weiteren Ablauf unterscheidet sich die Amos-Überschrift. Während bei Hos; Joel; Mi und Zef in einem אשר-Satz der Prophetenname genannt wird, unter Beifügung dessen familiärer oder örtlicher Herkunft, weist die Amos-Überschrift zwei אשר-Sätze auf, wobei im ersten Beruf und Herkunft des Propheten, im zweiten Adressat und Datierung genannt werden. Ein zweiter Relativsatz findet sich einzig nochmals am Ende der Micha-Überschrift, dort allerdings nur mit der Angabe der Adressaten – die Datierung ist in Mi 1,1 bereits im ersten Relativsatz genannt. Singulär ist schließlich auch, daß die Amos-Überschrift am Ende neben der Datierung über die regierenden Könige des Süd- und Nordreichs auch eine Datierung über ein zeitgeschichtliches Ereignis – ein Erdbeben – bietet.

In einem weiteren Element stimmt nun allerdings die Amos-Überschrift mit Hos; Mi; Zef gegen Joel überein: Nur bei diesen vier Überschriften findet sich die erwähnte Datierung über die Regierungszeit der Könige Judas und Israels. Dabei stehen zumindest die Datierungen der ersten drei Bücher in einer Beziehung zueinander:[16]

---

15   Vgl. Koch, Profetenbuchüberschriften, 166-170. Auch Watts, Superscriptions, 121f, teilt die Überschriften v.a. nach ihren Gattungsbegriffen ein.

16   Jahreszahlen nach Gunneweg, Geschichte, 234f. Vgl. zum Zusammenhang der Datierungen dieser vier Überschriften Nogalski, Precursors, 85f; Schart, Entstehung, 42-46; Albertz, Exilszeit, 167.

	Hosea	Amos	Micha	Zefanja
Nordreich	Jerobeam II. (786-746)	Jerobeam II. (786-746)		
Südreich	Usia (786-746)	Usia (786-746)		
	Jotam (756-741)		Jotam (756-741)	
	Ahas (742-725)		Ahas (742-725)	
	Hiskia (725-696)		Hiskia (725-696)	
				Josia (639-608)

Es zeigt sich hier zunächst, daß die bei Hosea erwähnten Südreichkönige die Regierungszeit Jerobeams II. von Israel bei weitem überschreiten. Eine schlichte Gleichsetzung von Jerobeam II. und Usia, wie im Amosbuch, oder aber die Nennung weiterer Nordreichkönige wäre eher zu erwarten gewesen.

Und gerade dies hat schon Anlaß zu einigen Mutmaßungen gegeben: So nahm man an, daß die Herausgeber des Hoseabuches über die genaue zeitliche Einordnung des Propheten einfach nicht mehr Bescheid wußten,[17] oder man meinte, die Nachfolger Jerobeams II. wurden nicht erwähnt, da es sich um Usurpatoren handelte.[18] In neuerer Zeit geht Freedman davon aus, daß Hosea zunächst zur Zeit Jerobeams II. im Nordreich wirkte, allerdings während dessen Regierung ins Südreich übersiedelte, wo er noch bis zur Zeit Hiskias verkündete.[19]

All diese historisierenden Auslegungen sind jedoch in hohem Maße spekulativ. Beachtenswert ist aber, daß die Datierung in Hos 1,1 exakt den Datierungen entspricht, die die beiden Überschriften der Bücher Amos und Micha zusammengenommen bieten. Dann könnte die Datierung in Hos 1,1 doch aber auf literarischer Ebene verstanden werden – und zwar so, daß hier ein bewußter Bezug zu den folgenden beiden Überschriften hergestellt werden soll. Dies könnte darauf hinweisen, daß diese Bücher einmal zu einer gemeinsamen Sammlung zusammengefaßt waren.

17 Vgl. Nowack, HK 3,4, 12.
18 Vgl. Weiser, ATD 24, 16. Hiergegen hat schon Rudolph, KAT 13,1, 36, eingewandt, daß dann zumindest noch der Sohn Jerobeams, Sacharja, genannt worden wäre.
19 Vgl. Freedman, Headings, 18. Diesen Gedanken nimmt auch Schart, Entstehung, 43, auf, obwohl er andererseits die kompositionelle Bedeutung der Hosea-Überschrift erkannt hat.

Der Zusammenhang der drei Überschriften wäre dabei so zu deuten, daß eine bestimmte zeitliche Epoche als von dem durchgängigen Wirken eben dieser drei Propheten begleitet dargestellt werden soll. Hierzu paßt auch der Singular in der Gattungsbezeichnung דבר־יהוה.[20] Dies zeigt – theologisch gesprochen – an, daß das eine Wort Gottes durch diese drei Propheten zusammenhängend verkündet worden ist.[21]

Die lange Wirkungszeit in Hos 1,1, die diejenige der Bücher Amos und Micha umfaßt, könnte dann in diesem buchübergreifenden Kontext so verstanden werden, daß diesem Buch eine hervorragende und umfassende Bedeutung gegenüber den anderen beiden beigelegt werden soll. Für diese Sonderstellung Hoseas könnte neben der Datierung auch sprechen, daß das Buch entgegen der allgemein vertretenen historischen Abfolge vor das Amosbuch gestellt wurde.[22]

Nun reiht sich aber neben Hos; Am und Mi auch das Zefanjabuch in das beschriebene buchübergreifende Datierungssystem mit ein. Zunächst ist bedeutend, daß in Zef 1,1 die Regierungszeit Josias als Wirkungszeit des Propheten angegeben wird. Daß dies den realen Gegebenheiten entspricht, wurde in der Forschung aber schon häufiger problematisiert. Denn was auch immer man von der Kultkritik in Zef 1,4-6 halten mag,[23] ob diese in das Umfeld der josianischen Reform gehört oder aber überhaupt erst auf eine spätere Redaktion zurückgeht, so weist Williams doch mit Recht darauf hin, daß die im Zefanjabuch erwähnte Ansage der Zerstörung Jerusalems zu den eher friedlichen Zeiten Josias ohne rechten Anhaltspunkt bleibt.[24] Denkbar wäre also, daß auch die Datierung des Zefanjabuches in die Zeit Josias auf literarischer Ebene zu verstehen ist und daß das Zefanjabuch so mit den übrigen Büchern, deren Überschriften Datierungen über die Regierungszeiten der Könige enthalten, in Verbindung gebracht wird: Das Zefanjabuch wird in der Zeit des Reformers Josia angesetzt wie die Bücher Hosea und Micha in der Zeit des Reformers Hiskia.[25]

---

20   Zum Problem der von diesem Muster abweichenden Amos-Überschrift s.u. 37f.

21   Kessler, Micha, 74, spricht in diesem Zusammenhang sogar von einer „Worttheologie", nach der das eine Wort Gottes in unterschiedlichen Situationen durch die verschiedenen Propheten als unterschiedliche Einzelworte ergeht; vgl. auch Albertz, Exilszeit, 167; Gerstenberger, Israel, 240.

22   Das Hoseabuch stünde dann also nicht an erster Stelle des Dodekapropheton, weil es die umfassendste Datierung hat, wie etwa Freedman, Headings, 17, annimmt. Vielmehr hätte das Hoseabuch wegen seiner besonderen Bedeutung eben diese Überschrift erhalten, und aus eben diesem Grund wäre es auch an die erste Stelle gesetzt worden; vgl. Schart, Entstehung, 43; Albertz, Exilszeit, 181.

23   Siehe hierzu unten 201-203.

24   Vgl. Williams, Date, 83, siehe auch Nogalski, Precursors, 179f.

25   Vgl. Nogalski, Precursors, 86f; Schart, Entstehung, 44f.

Die Zefanja-Überschrift läßt sich aber noch in einer zweiten Hinsicht mit den ersten drei Büchern in Verbindung bringen. Die ungewöhnliche und für Schriftpropheten singuläre Angabe von vier Vorfahren endet bei dem Namen Hiskia. Dabei ist bemerkenswert und bislang noch zu wenig beachtet, daß die Erwähnung von vier oder mehr Vorfahren, die im AT überhaupt nur 23 Mal vorkommt, meist bei einem besonders bedeutenden Menschen endet.[26] Dies legt den Schluß nahe, daß in Zef 1,1 tatsächlich der König Hiskia gemeint ist,[27] auch wenn der Königstitel hier nicht genannt wird.[28] Da das Zefanjabuch sonst aber keinen Hinweis bietet, der eine familiäre Verbindung des Propheten mit dem Königshaus nahelegt, wird es sich hierbei um eine literarische Fiktion handeln. Von den vergleichbaren Überschriften in Hos; Am und Mi her gesehen, könnte der Grund für diese Verbindung mit dem König Hiskia darin zu erkennen sein, daß das Zefanjabuch auf diesem Wege den chronologischen Angaben der ersten drei Bücher zugeordnet werden soll, obwohl es einer späteren Zeit angehört.[29]

Die Datierungen der Überschriften nach dem Dabar-Muster weisen also jeweils über sich hinaus auf die anderen Bücher mit vergleichbarer Datierung, was die Annahme einer diese Bücher umfassenden Sammlung, also

---

26 Vgl. etwa Num 27,1; Jos 17,3 (Manasse); Esr 7,1-5 (Aaron); Neh 11,11; 1 Chr 9,11 (Tempelvorsteher Ahitub); 1 Chr 6,18-23 (Israel); 1 Chr 6,29-32 (Levi); 1 Chr 9,4 (Juda).

27 Schon Marti, KHC 13, 361, und in neuerer Zeit Rice, Roots, 21, führen die ungewöhnliche Erwähnung von vier Vorfahren darauf zurück, daß es sich bei dem letztgenannten um eine bedeutende Persönlichkeit handeln müsse, allerdings ohne dies an weiteren Stellen zu belegen. Auch Seybold, ZBK.AT 24,2, 96; Nogalski, Precursors, 182f; Schart, Entstehung, 42; Irsigler, Zefanja, 86, u.a. gehen davon aus, daß in Zef 1,1 der König Hiskia gemeint ist.

28 Dies ist etwa für Roberts, Nahum, 166, das wichtigste Argument, den in Zef 1,1 genannten Hiskia nicht mit dem König Hiskia in Verbindung zu bringen.

29 Auch Seybold, ZBK.AT 24,2, 96, und noch pointierter Irsigler, Zefanja, 86, betonen, daß die Verbindung von Zefanja mit dem König Hiskia auf die für die Überschrift verantwortlichen Redaktoren und nicht auf die tatsächlichen Verwandtschaftsverhältnisse des Propheten zurückzuführen ist. Aber einzig Nogalski, Precursors, 86, erkennt hierin eine kompositionelle Verbindung zur Überschrift in Mi 1,1.
   Doch wäre eine solche kompositionsgeschichtliche Erklärung wesentlich stichhaltiger als die immer wieder vertretene Annahme, daß eine ursprünglich nur „Zefanja ben Kuschi" enthaltende Überschrift um die weiteren drei Vorfahren mit dem König Hiskia als letztem Glied ergänzt wurde, um dem Mißverständnis vorzubeugen, daß es sich bei Kuschi um das Gentilicium für Kuschiter handelt. So meinte schon Sellin, KAT 12, 371, daß Zefanja über eine solche Ergänzung als „waschechter Jude" dargestellt werden sollte. In neuerer Zeit wird diese These etwa noch von Heller, Ahnenreihe, 102-104; Deissler, NEB.AT 21, 238; Irsigler, a.a.O., 86, vertreten. Demgegenüber hat aber Vlaardingerbroek, Zephaniah, 11f, zurecht darauf hingewiesen, daß schon die Erwähnung eines Großvaters gereicht hätte, um klarzustellen, daß Kuschi ein Personenname und kein Gentilicium ist. Gegen die von den Befürwortern dieser Kuschiter-These immer wieder vorgebrachte Parallele Jer 36,14, wo ebenfalls in einer viergliedrigen Ahnenreihe ein Kuschi erwähnt ist, hat Roberts, Nahum, 166, zutreffend darauf hingewiesen, daß besagter Kuschi dort am Ende der Liste steht und diese Stelle somit gerade nicht als Parallele zu gebrauchen ist.

eines Vierprophetenbuches, durchaus nahelegt. Dabei könnte die analoge Formulierung von Hos 1,1; Mi 1,1; Zef 1,1 dafür sprechen, daß diese Überschriften erst auf die Hand der für diese Sammlung verantwortlichen Redaktoren zurückgehen.[30] Dafür könnte zudem sprechen, daß das Hoseabuch in Hos 1,2a bereits eine Einleitung hatte.[31] Dieser Einleitung wäre dann in 1,1 eine Überschrift nach dem Dabar-Muster vorangestellt worden, um das Hoseabuch so in die buchübergreifende Komposition mit Am; Mi und Zef einzuordnen.[32]

Wenn nun aber die Überschriften tatsächlich auf eine bewußte Redaktion zurückgehen sollten, so ist noch das bereits erwähnte Problem zu klären, warum das Amosbuch, obwohl es aufgrund der Datierung in den buchübergreifenden Zusammenhang von Hos; Mi und Zef zu gehören scheint, eine ansonsten von den übrigen drei Prophetenbüchern abweichende Überschrift aufweist. Dies dürfte dann wohl darauf zurückgehen, daß den Redaktoren der Sammlung, wie in Hos 1,2, bereits eine ursprüngliche Überschrift vorlag, die aber anders als bei Hos nicht einfach als zweite Über-

---

30 Gegen Nogalski, Precursors, 127.181-187, der in Mi 1,1 und Zef 1,1 jeweils eine ursprüngliche Überschrift PN-אל היה אשר דבר־יהוה annimmt, die von den Redaktoren der Sammlung v.a. um die Datierung erweitert wurde, wäre also eher davon auszugehen, daß die gesamten Überschriften dieser drei Bücher Produkt der buchübergreifenden Redaktion sind. Denn seine Annahme hätte ja zur Konsequenz, daß die Redaktoren Bücher zusammengestellt haben, die allesamt bereits Überschriften mit derselben Gattungsbezeichnung trugen, was doch eher unwahrscheinlich ist; vgl. hierzu Kessler, Micha, 73, der ebenfalls davon ausgeht, daß Mi 1,1 insgesamt auf die Redaktoren der Sammlung zurückgeht.
Es bleibt dann allerdings die Frage, woher die Redaktoren die in den Überschriften verarbeiteten Angaben über den Propheten, seine familiäre und örtliche Herkunft und evtl. die Zeit seines Wirkens nahmen, sofern sie nicht aus dem Buch selbst zu entnehmen waren. Bei den Fällen, in denen es sich um rein literarische Bildungen handelt, sind hierfür die Ausführungen von Gevaryahu, Colophons, 47-50, interessant, der auf eine assyrische Autorenliste verweist, in der sich biographisches Material über Autoren und deren familiäre Herkunft findet. Seine weitergehende These, daß die biographischen Angaben der Überschriften zunächst in Kolophonen am Ende der Prophetenschriften standen, muß demgegenüber als nicht beweisbar bezeichnet werden, zumal, wie Tucker, Superscriptions, 66, betont, in den altorientalischen Kolophonen Angaben über die Schreiber, nicht über die Autoren der Schriften gemacht wurden.

31 Allerdings meint neuerdings Rudnig-Zelt, Hoseastudien, 88-95, daß gerade Hos 1,1 die ältere Überschrift sei und Hos 1,2a demgegenüber erst später zugefügt wurde, um zusammen mit dem עוד in Hos 3,1 sicherzustellen, daß die beiden Textbereiche über Hoseas Ehe in Hos 1 und Hos 3 als Abfolge zweier verschiedener Ereignisse gelesen werden. Doch dagegen spricht, daß kaum verständlich ist, warum eine solche Notiz in 1,2a als zweite Überschrift nach 1,1 formuliert worden sein sollte, hätte dies doch auch auf andere Weise in die folgenden Darstellungen eingebunden werden können. Demgegenüber wäre aber gut erklärlich, warum Hos 1,1 vor eine bereits bestehende Überschrift in 1,2a gestellt wurde: Dies diente eben der buchübergreifenden Verbindung der Bücher Hosea, Amos, Micha und Zefanja.

32 Schon Wolff, BK 14,1, 2, führte Hos 1,1, dessen sekundären Charakter gegenüber 1,2 er erkannte, aufgrund der Verbindungen zu Mi 1,1 und Zef 1,1 auf einen gemeinsamen Bearbeiterkreis einer Prophetenbuchsammlung zurück; vgl. auch Jeremias, ATD 24,1, 23.

schrift stehengelassen werden konnte, da sie den von den Redaktoren
geschaffenen Überschriften mit דבר־יהוה zu ähnlich war.[33] Den weiteren
Erkenntnissen vorgreifend dürfte die vorgefundene Überschrift bereits den
Umfang דברי עמוס אשר־היה בנקדים מתקוע אשר חזה על־ישראל שנתים
לפני הרעש gehabt haben[34] und wurde lediglich um die Datierung über die
Regierungszeiten der Könige des Süd- und Nordreichs ergänzt.[35]

Zumindest in einer ersten Annäherung bestätigt die Betrachtung der
Überschriften nach dem Dabar-Muster, die Datierungen über die Regierungszeiten der Könige des Süd- und Nordreichs enthalten, also die in den
letzten Jahren schon häufiger vorgebrachte Annahme, daß die Bücher
Hosea, Amos, Micha und Zefanja einst zu einem Vierprophetenbuch zusammengebunden waren.[36] Wie gezeigt, erklären sich die Schwierigkeiten
innerhalb dieser Überschriften besser, wenn sie auf ihre buchübergreifende
Funktion hin befragt werden.

Unter den Überschriften nach dem Dabar-Muster ist bislang aber noch
eine Betrachtung von Joel 1,1 offengeblieben. Diese Überschrift ist mit ihrer
Formulierung דבר־יהוה אשר היה אל-PN wörtlich gleichlautend mit
denen von Hos; Mi und Zef. Allerdings fehlt hier eine Datierung. Da sich
aber gerade in den Datierungen buchübergreifende Verbindungen gezeigt
haben, scheint es ausgeschlossen zu sein, daß Joel 1,1 auf dieselbe Hand
zurückgeht wie die übrigen Überschriften.[37] Doch die gleichlautende Formu-

---

33   So auch Schart, Entstehung, 50; Albertz, Exilszeit, 167.
34   S.u. 90-92.
35   Diese Erklärung dürfte dem Textbefund wesentlich besser gerecht werden als die These von
     Watts, Superscriptions, 121, der aufgrund der Unterschiede in den Gattungsbezeichnungen
     eine erste Sammlung mit Hos; Joel; Mi und Zef annimmt, der das Amosbuch erst in einem
     zweiten Schritt hinzugefügt wurde. Denn das in sich geschlossene Datierungssystem der
     Bücher Hos; Am; Mi und Zef läßt sich doch eher mit einer von vornherein zusammenhän-
     genden Komposition erklären.
     Auch der an sich berechtigte Einwand gegen die Annahme einer Sammlung dieser vier
     Prophetenbücher von Rudnig-Zelt, Genese, 359, daß die Amos-Überschrift von den übrigen
     abweicht, dürfte über die Annahme einer den Redaktoren bereits vorgegebenen Überschrift
     in Am 1,1* entkräftet werden. Wenn sie zudem meint, daß die in den sonstigen Überschriften so
     bedeutende Gleichsetzung von Jhwh- und Prophetenwort in Am 1,1 nicht vorhanden ist, so
     übersieht sie, daß im zweiten Relativsatz (wohl schon vor der buchübergreifenden Redaktion,
     s.o.) das Verb חזה steht. Dies kann doch sicherlich nicht untheologisch verstanden werden,
     sondern ist im Gegenteil ebenso terminus technicus für den prophetischen Offenbarungs-
     empfang von Gott her wie die Wendung היה דבר־יהוה; vgl. Jepsen, Art. חזה, 825; Fuhs,
     Sehen, 300f. Eben deshalb dürfte für die Redaktoren kein weiterer Zusatz, in dem die
     Botschaft des Buches als Wort Jhwhs gekennzeichnet wird, notwendig gewesen sein.
36   Vgl. Nogalski, Precursors, 176-178; Schart, Entstehung, 156-233; Albertz, Exilszeit, 164-185.
37   So werden also die Ausführungen von Watts, Superscriptions, 121, und Koch, Profetenbuch-
     überschriften, 184, die das Joelbuch aufgrund der vergleichbaren Überschriften gleich auf der
     ersten Sammlungsstufe einordnen, dem Textbefund nicht gerecht.

lierung könnte darauf hinweisen, daß die Überschrift bewußt nach den
übrigen gestaltet wurde.

Denn zu beachten ist, daß dieser Überschriften-Typ sonst nicht belegt
ist. Ja, noch nicht einmal innerhalb von alttestamentlichen Büchern, etwa als
Zwischenüberschrift, findet sich etwas Entsprechendes. Die Formulierung
דבר־יהוה steht, was bislang nicht beachtet wurde, nur in Hos 1,1; Mi 1,1;
Zef 1,1 und eben Joel 1,1 am Satzanfang. Vergleichbar wäre allenfalls die im
Jeremiabuch gebräuchliche Formulierung הדבר אשר היה אל, wobei dort
allerdings charakteristischer Weise das göttliche Subjekt durch die Formulie-
rung מאת יהוה nachgestellt wird.[38] Außerdem ist gegenüber den meisten
Überschriften von Prophetenbüchern der Name des Propheten bei Hos; Mi;
Zef und Joel in einem Nebensatz genannt, was so nur noch in Hab 1,1
vorkommt.[39] So kann es als nahezu sicher gelten, daß die Überschrift des
Joelbuches nach derjenigen von Hos; Mi; Zef gestaltet worden ist.

Dies könnte nun dafür sprechen, daß das Joelbuch einer vorgegebenen
Sammlung mit den Büchern Hosea, Amos, Micha und Zefanja zugefügt
wurde, noch bevor weitere Bücher ergänzt worden waren, weshalb sich für
die damit befaßten Redaktoren eine vergleichbare Überschrift anbot. Hätten
der Sammlung hingegen auch schon andere Bücher angehört, so wäre es
wohl eher nicht zu der vorliegenden Überschrift gekommen, zumal bei
späteren Prophetenbüchern, zu denen ja auch das Joelbuch zu zählen ist,
eher das Maśśā- oder das Ḥazon-Muster bevorzugt wurde.

Die Möglichkeit, daß das Joelbuch noch vor anderen Büchern einer
Sammlung mit den Büchern Hosea, Amos, Micha und Zefanja zugefügt
wurde, ist bislang so noch nicht gesehen worden. Dies ist die direkte Folge
davon, daß meist vorschnell zwischen datierten und undatierten Überschriften unterschieden wurde. Dabei wird die weitere redaktions- und
kompositionsgeschichtliche Bearbeitung der einzelnen Bücher diese Annahme erst noch zu bestätigen haben. Für den Moment handelt es sich um
nicht mehr als eine Arbeitshypothese, die aber dazu anhält, das Joelbuch in
seinen Bezügen zu eben diesen vier Büchern genauer zu bearbeiten.

Insgesamt ergibt sich also aus der Betrachtung der Überschriften nach
dem Dabar-Muster, daß es vermutlich einmal eine Sammlung mit den vier
Büchern Hosea, Amos, Micha und Zefanja gab, die eventuell noch vor der
Zufügung weiterer Bücher um das Joelbuch ergänzt worden ist. Alles weitere wird die redaktionsgeschichtliche Analyse der einzelnen Bücher zu zeigen
haben.

---

38 Vgl. Jer 7,1; 11,1; 18,1; 21,1; 30,1; 32,1; 34,1.8; 35,1; 40,1; ohne Nennung des göttlichen
    Subjekts findet sich die Wendung הדבר אשר היה אל in Jer 44,1.
39 Ansonsten steht der Name des Propheten in einer constructus-Verbindung mit der Gat-
    tungsbezeichnung.

2.2 Das Maśśa-Muster

Überschriften mit מׁשׁא finden sich an fünf Stellen des Zwölfprophetenbuches: In Nah 1,1; Hab 1,1; Mal 1,1 und auch an den hier hinzuzunehmenden Stellen Sach 9,1 und Sach 12,1.[40] Dabei lassen sich zwei Typen unterscheiden: Die einfache Nennung von מׁשׁא als Gattungsbezeichnung und die umfangreichere Formulierung מׁשׁא דבר־יהוה.

Die einfache Nennung findet sich in Nah 1,1 und Hab 1,1, wobei in Nah 1,1 in einer constructus-Verbindung mit der Gattungsbezeichnung מׁשׁא der Adressat des Folgenden, also Ninive, genannt und durch eine weitere Gattungsangabe ספר חזון, gefolgt von dem Namen des Propheten und dessen Herkunft, ergänzt wird. In Hab 1,1 folgt dagegen auf המׁשׁא ein Relativsatz, in dem der Prophet als Subjekt der Schauung (חזה) angegeben wird. Zudem wird Habakuk in diesem Relativsatz als נביא gekennzeichnet.

Vergleicht man die beiden Stellen, so fällt auf, daß sie sich nicht in gleicher Weise entsprechen wie die Überschriften des Dabar-Musters. Außer der Gattungsbezeichnung מׁשׁא läßt sich allenfalls noch darauf verweisen, daß beide Überschriften Derivate der Wurzel חזה enthalten. Doch schon der Name der beiden Propheten ist an ganz unterschiedlicher Stelle erwähnt, und nur in Nah 1,1 finden sich Adressat und Herkunft des Propheten, nur bei Hab 1,1 dagegen der נביא-Titel.

Erklärungsbedürftig ist allerdings die doppelte Gattungsbezeichnung der Nahum-Überschrift. Man könnte fast meinen, daß hier zwei Überschriften nebeneinandergestellt wurden: מׁשׁא נינוה einerseits und ספר חזון נחום האלקׁשי andererseits.[41]

Dabei wurde schon oft vermutet, daß es sich bei Nah 1,1 um die Zusammenstellung zweier Überschriften von ursprünglich getrennt überlieferten Einzelsammlungen handelt, die erst in einem zweiten Schritt im Nahumbuch zusammengefügt wurden.[42] Ebenso wird die These vertreten, daß der erste Teil der Überschrift später ergänzt wurde, ist doch der Name des

---

40   Die Abtrennung von Sach 9-14 ist seit Stade, Deuterozacharja, geradezu Allgemeingut der alttestamentlichen Forschung und muß hier zunächst nicht eigens begründet werden.

41   Spronk, Nahum, 30, spricht sich mit Blick auf die Bileam-Inschrift von Deir ʿAllā gegen die Annahme der Zusammenstellung zweier Überschriften in Nah 1,1 aus; vgl. zum Text Schwiderski, Inschriften, 187f. Die Überschrift der Bileam-Inschrift beginnt mit der Wendung יסר ספר ׁבׁלעם (Warnung des Buches Bileams), enthält also nach Spronk ebenso wie Nah 1,1 mit יסר einen Hinweis auf den Inhalt (bei Nah מׁשׁא) und mit ספר einen Hinweis auf die äußere Gestalt. Doch ist gegen Spronk zu sagen, daß die beiden Begriffe in der Inschrift verbunden sind, während sie in Nah 1,1 in zwei voneinander unabhängigen Wendungen vorliegen.

42   Vgl. Sellin, KAT 12, 312; Seybold, ZBK.AT 24,2, 17; ders., Profane Prophetie, 19; Hieke, Anfang, 15f.

Propheten fest mit der zweiten verbunden.[43] Dabei wäre denkbar, daß dann mit מַשָּׂא נִינְוֵה das Folgende schon in der Überschrift als Fremdvolkprophetie[44] kenntlich gemacht werden sollte, zumal Ninive im weiteren Verlauf des Buches erst in 2,9 erwähnt wird.[45]

Demgegenüber meint nun aber Nogalski, daß es sich bei מַשָּׂא נִינְוֵה gerade um die ursprüngliche Überschrift des Nahumbuches handelt, eben weil Ninive ansonsten erst in 2,9 erwähnt, andererseits aber schon in der Grundschicht von Nah 1 vorausgesetzt wird.[46] Nah 1,1b erklärt er sodann im Rahmen des Zwölfprophetenbuches als eine Angleichung an die Überschrift in Hab 1,1, bei der die gegenüber der Habakuk-Überschrift fehlenden Elemente nachgetragen wurden.[47]

Schart wiederum siedelt Nah 1,1 und Hab 1,1, zumindest in ihrer vorliegenden Gestalt, auf einer Ebene an und bringt sie mit der Einfügung dieser beiden Bücher in das werdende Zwölfprophetenbuch in Verbindung. Da nämlich der Gattungsbegriff מַשָּׂא nur über diesen beiden Büchern steht, ansonsten aber vor allem Fremdvölkerworten innerhalb von Prophetenbüchern vorbehalten ist, kennzeichnet dieser Begriff nach Schart die Bücher Nahum und Habakuk im Zwölfprophetenbuch von vornherein als Teilabschnitte eines über diese Bücher hinausgehenden Kontexts.[48]

Die unterschiedlichen Deutungen zeigen nun aber, daß sich aus einer Betrachtung der beiden Überschriften allein noch keine klaren Konsequen-

---

43   So schon Marti, KHC 13, 307, sodann Horst, HAT 14, 156; Elliger, ATD 25, 3; Rudolph, KAT 13,3, 148; Perlitt, ATD 25,1, 5.

44   Es ist allerdings nicht ganz klar, wie מַשָּׂא genau zu verstehen ist. Sicher dürfte sein, daß es sich um ein Derivat der Wurzel נשׂא handelt. Dabei hat Müller, Art. מַשָּׂא, 20-25, gute Gründe vorgelegt, zwischen zwei Bedeutungen zu unterscheiden. מַשָּׂא I wäre dann als „das, was man trägt", also die Last, zu verstehen, so etwa in Ex 23,5; Jer 17,21.27 u.ö. מַשָּׂא II wird dagegen am ehesten von der Wendung נשׂא קול „die Stimme erheben" abzuleiten und so mit der allgemeinen Bedeutung „Ausspruch" zu verbinden sein. Für eine solche Unterscheidung spricht v.a., daß מַשָּׂא Spr 30,1; 31,1 ganz allgemein im Sinne von „Spruch" gebraucht wird. Dem würde der negativ konnotierte Begriff „Last" sicherlich nicht gerecht. So ist auch im prophetischen Kontext zunächst ganz allgemein von מַשָּׂא II „Ausspruch" auszugehen und gerade in den Überschriften und Zwischenüberschriften in etwa analog zu דָּבָר zu verstehen; vgl. Tucker, Superscriptions, 64.
Dabei wird es kein Zufall sein, daß gerade in Nah 1,1 und Hab 1,1 dieser Begriff gewählt worden ist, wird er doch oft geradezu als terminus technicus für ein Fremdvölkerwort gebraucht; vgl. v.a. Jes 13,1; 15,1; 17,1; 19,1; 21,1 u.ö. Daß מַשָּׂא aber nicht ausschließlich in dieser Verwendung gebraucht wird, zeigt etwa 2 Kön 9,25; Jes 22,1; Ez 12,10, wo Angehörige des eigenen Volkes oder dieses im Ganzen Adressat eines als מַשָּׂא bezeichneten Ausspruchs sind.

45   Vgl. Marti, KHC 13, 307.

46   Vgl. Nogalski, Processes, 99f; ihm folgt Kessler, Nahum-Habakuk, 154. Schon Jeremias, Kultprophetie, 50f, vertrat ein Modell, nach dem Nah 1,1a die ursprüngliche Überschrift und 1,1b demgegenüber eine Erweiterung darstellt.

47   Vgl. Nogalski, Processes, 137f.

48   Vgl. Schart, Entstehung, 47.247f.

zen für die Entstehung des Zwölfprophetenbuches ableiten lassen. Es ist
denkbar, daß die Nahum-Überschrift, in welchem Teil auch immer, nach
Hab 1,1 gestaltet worden ist. Daß beide Überschriften auf dieselbe Hand
zurückgehen, erscheint demgegenüber angesichts der unterschiedlichen
Gestalt weniger wahrscheinlich, aber unter der Voraussetzung etwaiger
Vorstufen doch nicht unmöglich. Die Abweichungen der Überschriften von
Nahum und Habakuk könnten aber schließlich auch dafür sprechen, daß sie
auf unterschiedliche Verfasser zurückgehen und die beiden Bücher dann
gerade aufgrund der gleichen Gattungsbezeichnung משא und weiterer
Gemeinsamkeiten nebeneinandergestellt wurden. Bei all diesen Lösungen
wäre sodann noch weiter zu fragen, ob die beiden Bücher zunächst zu einem
Zweiprophetenbuch zusammengestellt wurden[49] oder allererst im Rahmen
der Aufnahme in das Zwölfprophetenbuch nebeneinander Platz fanden.[50]
     All diese Fragen lassen sich nicht ohne eine genaue redaktionsgeschicht-
liche Analyse der Einzelbücher beantworten. Erst auf deren Grundlage
lassen sich der Zusammenhang der Überschriften mit dem jeweiligen Ge-
samtbuch und die literarische Beziehung von Nah und Hab insgesamt
genauer einordnen. Jede Vorfestlegung könnte allzu schnell auf den falschen
Weg führen. Anders als bei den Überschriften nach dem Dabar-Muster sind
Nah 1,1 und Hab 1,1 also zu unterschiedlich, als daß sich auch nur eine
Arbeitshypothese für das weitere Vorgehen ableiten ließe.
     Der zweite Typ des Maśśa-Musters ist in Sach 9,1; 12,1 und Mal 1,1
belegt, hier nun in der auffälligen Verbindung משא דבר־יהוה. Während in
Sach 9,1 nur diese Formel vorkommt, findet sich in Sach 12,1 und Mal 1,1
ein Hinweis auf den Adressaten Israel, allerdings bei Sach 12,1 mit der
Präposition על, in Mal 1,1 mit der Präposition אל angeschlossen. Die
Maleachi-Überschrift enthält zudem den Namen des Propheten.[51] Da nun
die Wendung משא דבר־יהוה nur an diesen drei Stellen im AT belegt ist und

---

49   So Kessler, Nahum-Habakuk, 155-158; Macchi, Prophètes, 381; Baumann, Gewalt, 240-242.
50   Vgl. Nogalski, Processes, 181; Schart, Entstehung, 246.
51   Die Frage, ob es sich bei מלאכי wirklich um den Namen des Propheten handelt, ist sehr
      umstritten. Da ein solcher Name sonst nicht belegt ist und aufgrund der LXX-Lesart mit
      ἀγγέλου αὐτοῦ, wird bis heute immer wieder die Meinung vertreten, es handele sich um einen
      aus Mal 3,1 gewonnenen Titel; vgl. Sellin, KAT 12, 540; Horst, HAT 14, 265; Petersen,
      Zechariah 9-14, 165. Demgegenüber wird aber betont, daß Namensbildungen wie Maleachi
      gut denkbar sind und in 3,1 ein zukünftiger Bote erwartet wird, weshalb eine Entlehnung des
      Namens von dort her nicht nahe lag; vgl. etwa Deissler, NEB.AT 21, 315; Reventlow, ATD
      25,2, 133; Hill, AncB 25D, 15-18. Doch wie immer man sich zu dieser letztlich wohl kaum zu
      entscheidenden Frage verhalten mag – für die vorliegende Fragestellung genügt es fest-
      zustellen, daß מלאכי in Mal 1,1 zumindest die Funktion des Namens einnimmt, wäre doch
      eine Überschrift zu Beginn eines Prophetenbuches ohne Namensnennung völlig singulär. Ob
      dieser erst sekundär erschlossen wurde oder wie auch immer geartete historische Anhalts-
      punkte bietet, ist demgegenüber ohne Belang.

diese drei Belege im Zwölfprophetenbuch unmittelbar aufeinander folgende Textkomplexe einleiten, drängt sich die Frage nach deren literarischem Zusammenhang auf.

Zunächst wäre der Gedanke naheliegend, daß die drei Überschriften aufgrund ihrer singulären Gestalt auf dieselbe Hand zurückgehen.[52] Doch müßte hierfür ausgeschlossen werden, daß die Überschrift nicht an einer oder zwei Stellen ihren ursprünglichen Ort hatte und von dort her der oder den anderen im Rahmen einer Sammlung zugefügt wurde. Die Tatsache, daß in der Maleachi-Überschrift eine andere Präposition als in Sach 12,1 verwendet wird und daß nur hier, zumindest der Funktion nach, ein Prophetenname genannt ist,[53] könnte dabei ein erster Anhaltspunkt sein, daß Sach 12,1 und Mal 1,1 tatsächlich auf unterschiedlichen literarischen Ebenen anzusetzen sind, wobei dann immer noch zu fragen wäre, in welcher Richtung die Abhängigkeit verläuft.[54] Es wäre aber letztlich sogar denkbar, wenn auch aufgrund der eigentümlichen Form nicht wahrscheinlich, daß die Überschriften in Sach 9-14 und Mal völlig unabhängig voneinander entstanden sind und die beiden Textkomplexe erst aufgrund der bereits vorhandenen Überschriften zusammengestellt wurden.[55]

Hinzu kommt, daß Sach 9-14, zumindest in der vorliegenden Gestalt des Zwölfprophetenbuches, mit Sach 1-8 verbunden ist, so daß für diesen Buchteil ohnehin keine weiteren Rückschlüsse auf die literarischen Zusammenhänge und die Einordnung in das Werden des Zwölfprophetenbuches möglich sind, bevor nicht Sach 1-8 wie auch Sach 9-14 redaktionsgeschichtlich bearbeitet worden sind. Erst auf Grundlage einer solchen Bearbeitung kann die Frage beantwortet werden, ob Sach 9-14 und Mal schon als eigenständige Sammlung vorgelegen haben und en bloc dem werdenden Zwölfprophetenbuch zugefügt wurden oder ob Sach 9-14 – evtl. sogar unabhängig voneinander Sach 9-11 und 12-14 – und Mal erst sukzes-

---

52 So schon Marti, KHC 13, 392.460; Fohrer, Einleitung, 511; Hanson, Dawn, 292, neuerdings Watts, Superscriptions, 122.

53 S.o. 42 Anm. 51.

54 Sellin, KAT 12, 541, und Mason, Haggai, 139, gehen davon aus, daß die Überschrift von Mal 1,1 nach Sach 9,1; 12,1 gestaltet worden ist. Nogalski nimmt hingegen gerade die Abhängigkeit der Überschriften in DtSach von Mal 1,1 an, da Sach 9,1 Teil des folgenden Satzes ist und Sach 12,1 den vorliegenden Kontext unterbricht. Doch sind seine Beobachtungen nicht unproblematisch und bedürften allererst einer genaueren Einzelanalyse, die v.a. mit Blick auf Sach 9,1 bei Nogalski noch fehlt.

55 Aufgrund der unterschiedlichen Präpositionen und der Nennung des Namens in Mal 1,1 meinen Childs, Introduction, 492; Glazier-McDonald, Malachi, 24-27, und Redditt, Zechariah, 320, daß die Überschriften in Sach 9-14 und Maleachi getrennt voneinander entstanden sind. Diese Argumente können jedoch allenfalls gegen eine gemeinsame Autorschaft sprechen. Um eine gegenseitige Abhängigkeit zu widerlegen, müßten noch weitere Hinweise gefunden werden.

sive in eine bereits bestehende Prophetenbuchsammlung aufgenommen wurden. So sind also insgesamt aus der Betrachtung der Überschriften nach dem Maśśa-Muster noch keine weiteren Schlüsse auf die Entstehung des Zwölf-prophetenbuches möglich. Gemeinsamkeiten und Unterschiede dieser Überschriften geben noch keine klaren Hinweise auf eine gemeinsame Entstehung oder eine gegenseitige Abhängigkeit. Der Zusammenhang dieser Überschriften läßt sich vielmehr erst auf Grundlage der redaktionsgeschicht-lichen Betrachtung der Einzelbücher zeigen.

2.3 Das Ḥazon-Muster

Das Ḥazon-Muster findet sich im Zwölfprophetenbuch in Obd 1 und Nah 1,1, wobei allerdings in Obd 1 die Überschrift nur aus der schlichten Gat-tungsbezeichnung חזון und dem Prophetennamen besteht, während sich in Nah 1,1 die singuläre Verbindung zweier Elemente findet, nämlich משא נינוה einerseits und ספר חזון mit Nennung des Namens und der Herkunft des Propheten andererseits.

Die Tatsache, daß die Gattungsbezeichnung hier in zwei grundver-schiedenen Zusammenhängen vorliegt und daß auch das Jesajabuch mit einer vergleichbaren Überschrift beginnt, so daß es sich um eine auch außerhalb der Bücher des Zwölfprophetenbuches gebräuchliche Formulie-rung handelt, spricht nun eher dagegen, die Gemeinsamkeiten in Obd 1 und Nah 1,1 redaktionsgeschichtlich auszuwerten. Es scheint sich vielmehr um eine rein formale Parallele zu handeln, die nicht auf buchübergreifende Redaktionsprozesse hinweist. So läßt sich also auch für das Obadjabuch erst nach der redaktionsgeschichtlichen Bearbeitung des Buches näheres über dessen Einordnung in das Werden des Zwölfprophetenbuches sagen.[56]

---

56 Es ist also nicht unproblematisch, daß Schart, Entstehung, 47, wenn auch nur in einer ersten Annäherung, nach der Bearbeitung der Überschriften Obd mit Joel zusammenordnet, weil beide weder eine Zeitangabe noch den Gattungsbegriff משא enthalten. Dabei handelt es sich um ein reines argumentum e silentio, das vom Befund der Überschriften überhaupt nicht positiv gedeckt wird. Schart nennt zwar als weiteren Hinweis, daß beide Bücher vom Thema des Tages Jhwhs beherrscht sind, doch kommt gerade der Tag Jhwhs im Zwölfprophetenbuch auch an weiteren herausgehobenen Stellen vor. Es empfiehlt sich also, nach der Betrachtung der Überschriften überhaupt keine weiteren Hypothesen über die Stellung von Obd im Zwölfprophetenbuch aufzustellen.

3. Die Einleitungen

Einleitungen, das heißt einführende Sätze, die mit dem Folgenden verbunden sind, finden sich in Hos 1,2a; Jona 1,1; Hag 1,1; Sach 1,1.

Die Einleitung in Hos 1,2a ist dabei singulär. Die oben beschriebene schwierige Wendung ב דבר־יהוה תחלת findet sich in keinem anderen Prophetenbuch. Vermutlich handelt es sich hierbei um eine alte Einleitung, der im Rahmen der Zusammenfassung der Bücher Hosea, Amos, Micha und Zefanja zu einem Vierprophetenbuch in Hos 1,1 eine neue Überschrift vorangestellt wurde.[57] Hos 1,2a steht jedenfalls in keiner erkennbaren Verbindung zu buchübergreifenden Redaktionsprozessen im Zwölfprophetenbuch.[58]

Während nun das Jonabuch mit einer Wortereignisformel, unter Erwähnung des Prophetennamens, beginnt, was so ebenfalls nur bei diesem Buch vorkommt, finden sich am Beginn der Bücher Haggai und Sacharja erstaunlich gleichlautende Formulierungen: Beide Male folgt auf eine Datierung über die Regierungszeit des persischen Königs Darius die Wendung היה דבר־יהוה, gefolgt von dem durch eine, wenn auch unterschiedliche, Präposition angeschlossenen Prophetennamen und dem Titel נביא. Bei Hag 1,1 sind zudem noch Serubbabel und Jeschua als Adressaten genannt.

Aufgrund dieser Übereinstimmungen erscheinen Hag 1,1 und Sach 1,1 also eng miteinander verbunden. Es ist demnach nicht verwunderlich, daß mit Blick auf diese beiden Bücher in der Forschung schon lange eine dem Zwölfprophetenbuch vorausgehende Sammlung angenommen wird, die auf eben die Kreise zurückgeführt wird, von denen die Einleitungen stammen.[59] Gerade das durchgängige Datierungssystem, das ja nicht nur die Bucheinleitungen, sondern das gesamte Textkorpus der beiden Bücher umfaßt (Hag 1,1.15; 2,1.10.20; Sach 1,1.7; 7,1), macht diese Annahme durchaus wahrscheinlich. So zeigt sich hier nach der Betrachtung der Überschriften von Hos; Am; Mi und Zef zum zweiten Mal ein deutlicher Hinweis auf eine dem Zwölfprophetenbuch vorausgehende Sammlung.

---

57 S.o. 37 mit Anm. 31.

58 Wenn Watts, Superscriptions, 121, für Hos 1,2 aufgrund der Wendung דבר־יהוה eine literarische Beziehung zu Sach 9,1; 12,1; Mal 1,1 annimmt, so begeht er zum einen den Fehler, דבר in Hos 1,2 gegen die Masoreten mit דְּבַר statt mit דְּבַר zu vokalisieren, was nach den obigen Darlegungen ohne Anlaß sein dürfte (s.o. 31f). Zudem übersieht er, daß in Sach 9,1; 12,1; Mal 1,1 die charakteristische Wendung משא דבר־יהוה steht. Und schließlich ist zu beachten, daß es sich bei Hos 1,2 anders als bei den anderen drei Stellen gar nicht um eine Überschrift, sondern um eine Einleitung handelt, eine Unterscheidung, die Watts auch selbst zu Beginn seines Aufsatzes trifft.

59 Vgl. schon Klostermann, Geschichte, 213, sodann etwa Ackroyd, Book, 152; Beuken, Haggai-Sacharja, 331f; Meyers / Meyers, AncB 25B, XLIV; Tollington, Tradition, 47; siehe hierzu im einzelnen unten 285-287.

Dabei ist aber zu beachten, daß diese Einleitungen doch nicht so einheitlich sind, wie gerne angenommen wird.[60] So ist etwa schon auffällig, daß in Hag 1,1 zunächst das Jahr, gefolgt von Monat und Tag angegeben ist, während bei Sach 1,1 erst der Monat und dann das Jahr genannt werden; der genaue Tag wird bei Sach überhaupt nicht angegeben. Zudem wird Darius in Sach 1,1 anders als in Hag 1,1 nicht mit המלך tituliert. Und schließlich wird der Prophetenname in Hag 1,1 mit der Präposition ביד, in Sach 1,1 jedoch mit אל eingeführt.

Nimmt man aber die beiden Bücher insgesamt in den Blick, relativiert sich dieses Bild wieder ein wenig. Denn auch unter den einleitenden Sätzen innerhalb desselben Buches finden sich zum Teil beachtliche Unterschiede.[61] Es bleibt aber erstaunlich, daß gerade die Buchanfänge, denen ja für die Verknüpfung der beiden Bücher eine besondere Bedeutung zukommt, doch beträchtlich auseinandergehen.[62]

Ein literarischer Zusammenhang der Bücher Haggai und Sacharja ist also angesichts der vergleichbaren Einleitungen und angesichts des die beiden Bücher insgesamt bestimmenden Datierungssystems wahrscheinlich. Aufgrund der erkennbaren Differenzen wird bei der redaktionsgeschichtlichen Betrachtung der Einzelbücher aber genau darauf zu achten sein, wie die Abhängigkeiten einzuordnen sind. Ob die beiden Bücher tatsächlich, wie gerne behauptet, einer gemeinsamen Redaktion unterzogen wurden, ist mit Blick auf die beschriebenen Unterschiede kritisch zu überprüfen. Ebensogut wäre es denkbar, daß das eine Buch schon mit den einleitenden Sätzen versehen war und das andere auf dies hin redigiert wurde, um so einen buchübergreifenden Zusammenhang zu schaffen.[63]

4. Die Überschriften der großen Propheten

Ein kurzer Seitenblick sei schließlich auf die Bezüge der Überschriften und Einleitungen im Zwölfprophetenbuch zu den Überschriften der großen Propheten geworfen.

---

60 Darauf weisen auch Reventlow, ATD 25,2, 36, und Willi-Plein, Art. Sacharja, 539, hin.
61 So wird einerseits auch in Hag 2,10.20 der Prophetenname mit אל statt ביד eingeführt, andererseits wird auch in Sach 7,1 Darius mit dem Titel המלך genannt.
62 Hinzu kommt noch, daß im Rahmen der Datierungen nur bei Sach 1,7; 7,1, nicht aber im Haggaibuch, babylonische Monatsnamen angegeben sind. Dies ist für Kessler, Haggai, 56f, das Hauptargument, eine gemeinsame Redaktionsgeschichte der Bücher Haggai und Sacharja abzulehnen.
63 So gehen etwa Rudolph, KAT 13,4, 22; Deissler, NEB.AT 21, 254, davon aus, daß die Datierungen im Haggaibuch den entsprechenden Datierungen des Sacharjabuches nachgebildet wurden, um so die zeitliche Priorität Haggais gegenüber Sacharja zu betonen.

Das Jesajabuch bietet eine Überschrift nach dem Ḥazon-Muster, wobei auf die Gattungsbezeichnung der Name des Propheten mit Vatername, die Adressatenangabe in einem mit אשר חזה eingeführten Nebensatz und schließlich eine Datierung über die judäischen Könige folgt. Während die Gattungsbezeichnung dieses Buch aufgrund der sonstigen Unterschiede nur lose mit Nah und Obd verbindet, finden sich erstaunliche Gemeinsamkeiten mit den datierten Überschriften nach dem Dabar-Muster. Zunächst werden auch in Am 1,1 und Mi 1,1 die Adressaten in einem mit אשר חזה eingeleiteten Nebensatz genannt. Da sich die Wendung אשר חזה sonst nur noch in Jes 2,1; 13,1; Hab 1,1 findet, könnte ein Bezug zwischen der Jesaja-Überschrift und denen des Amos- und Michabuches durchaus naheliegen.

In Jes 1,1 wird zudem als Regierungszeit Jesajas „in den Tagen von Usia, Jotam, Ahas, Hiskia, der Könige von Juda" angegeben. Es werden also exakt dieselben judäischen Könige zur Datierung genannt wie in der Überschrift des Hoseabuches, bzw. in den Überschriften der beiden folgenden Bücher Amos und Micha zusammengenommen. Dies ist bedeutend, da nach den obigen Erkenntnissen ja gerade aufgrund der Datierungen ein buchübergreifender Zusammenhang zwischen Hos; Am; Mi und Zef vermutet wurde.[64]

Wie genau die Beziehung zwischen Jes und den anderen Büchern mit vergleichbaren Datierungen zu beurteilen ist, erscheint allerdings fraglich. Es gibt zunächst keinerlei Hinweise im Schriftbefund, daß das Jesajabuch und Bücher des Zwölfprophetenbuches jemals auf einer gemeinsamen Rolle gestanden haben. Vor allem ist aber zu beachten, daß das entscheidende formale Merkmal, also die Gattungsbezeichnung, bei Jes von den anderen vier Büchern abweicht, es findet sich hier eben חזון und nicht דבר. Diese beiden Argumente sprechen entschieden dagegen, daß auch das Jesajabuch einst Teil einer Großkomposition zusammen mit den Büchern Hos; Am; Mi und Zef war.[65] Wenn wirklich ein Zusammenhang zwischen Jes und den genannten vier Büchern des Zwölfprophetenbuches gesehen werden soll, so kann allenfalls ein einseitiger Bezug angenommen werden. Da die Datierung in Jes 1,1 – anders als etwa bei Hos 1,1 – zum historischen Setting des

---

64 S.o. 33-38.
65 Freedman, Headings, 16-19, geht aufgrund der Buchüberschriften davon aus, daß die Prophetenbücher des 8. Jahrhunderts, also Am; Hos; Jes und Mi, in genau dieser Reihenfolge einmal in einer eigenen Sammlung zusammengestellt waren. Er weist hierfür v.a. auf die unverbundene Reihung der Königsnamen in diesen Datierungen hin, was seines Erachtens auf einen gemeinsamen Redaktor schließen läßt; vgl. a.a.O., 12. Doch sprechen die genannten Gründe eher gegen eine solche Sammlung. Die ungewöhnliche Aufzählung der Königsnamen kann ebensogut mit einer einseitigen Bezugnahme erklärt werden, wie im folgenden vorgestellt, und muß nicht für die Annahme gemeinsamer Redaktoren sprechen.

sonstigen Buches paßt,[66] wäre die Abhängigkeit dabei wohl auf Seiten der
genannten Bücher des Zwölfprophetenbuches zu sehen. Das Datierungssystem der Bücher Hos; Am; Mi könnte demnach seinen Ausgangspunkt bei
der Datierung von Jes 1,1 genommen haben. Eventuell sollte über die
Datierungen nicht nur das Hoseabuch in seiner Bedeutung gegenüber Amos
und Micha hervorgehoben werden,[67] sondern der Zusammenhang dieser
drei Bücher sollte womöglich zudem von seiner Bedeutung her als dem
Jesajabuch gleichgeordnet dargestellt werden, insofern diese denselben
Zeitraum umfassen. Doch gehen diese Überlegungen nahe an den Bereich
der Spekulation.

Die lange Überschrift Jer 1,1-3 steht nun derjenigen von Am 1,1 nahe.
Da beide mit der sonst nicht gebräuchlichen Wendung PN-דברי beginnen
und beide jeweils zwei Relativsätze und eine zweifache Datierung enthalten,
faßt Koch sie sogar als demselben Muster folgende Überschriften zusammen.[68] Doch zeigen sich bei genauerem Hinsehen beträchtliche formale
Unterschiede: So ist der Inhalt der Relativsätze keineswegs parallel: Während
der erste in Jer 1,1-3 die örtliche Herkunft des Propheten enthält, gibt dieser
bei Am 1,1 den Beruf des Propheten an, und während der zweite den Wortempfang bei Jeremia mit היה דבר־יהוה angibt, findet sich bei Amos die
Formulierung חזה mit Nennung des Adressaten. Schließlich ist auch die
zweite Datierung verschieden: Während in Jer 1,1-3 die Datierung über die
Regierungszeiten der judäischen Könige mit genauen Jahresangaben präzisiert wird, nennt Am 1,1 ein zeitgeschichtliches Ereignis, ein Erdbeben. So
überwiegen also bei allen Gemeinsamkeiten doch insgesamt die Unterschiede zwischen den beiden Überschriften.

Das Ezechielbuch bietet schließlich keine Überschrift im engeren Sinne,
sondern eine mit ויהי eingeführte, bis 1,3 reichende Einleitung. Wie bei Hag
1,1 und Sach 1,1 folgt hier auf eine Datierung die Wendung היה דבר־יהוה,
gefolgt von dem über eine Präposition angeschlossenen Prophetennamen,
der bei Ez mit dessen Vaternamen und dem Titel כהן ergänzt wird.[69] Aber
angesichts der Tatsache, daß nur in der Einleitung Ez 1,1, nicht aber bei Hag
und Sach ויהי vorwegsteht und daß es sich bei der Wendung היה דבר־יהוה
um eine sehr gebräuchliche Formulierung handelt, kann wohl kein weiterer
Zusammenhang zwischen Ez und Hag; Sach angenommen werden.

---

66 Usia ist auch in Jes 6,1 genannt, Ahas in 7,1.3.10.12; 14,28, Hiskia schließlich in Jes 36-39; vgl.
    zur Bedeutung von Jes 1,1 für den zeitlichen Rahmen des gesamten Protojesajabuches
    Bosshard-Nepustil, Rezeptionen, 129f.
67 S.o. 35.
68 Vgl. Koch, Profetenbuchüberschriften, 166.
69 Zur schwierigen literarischen Gestalt der Ezechiel-Einleitung und den verschiedenen Lösungsversuchen vgl. Pohlmann, ATD 22,1, 47-49.

Die Betrachtung der Überschriften und der Einleitung der drei großen
Propheten führt also allenfalls zu einem möglichen einseitigen Bezug der
Bücher mit datierten Überschriften nach dem Dabar-Muster auf die Überschrift in Jes 1,1. Für buchübergreifende Kompositionen fanden sich hingegen keine Anhaltspunkte.[70]

5. Fazit

Die Betrachtung der Überschriften und Einleitungen zeigt deutlich, daß
über die formale Gestaltung dieser Buchanfänge nur eine allererste Annäherung an die Entstehung des Zwölfprophetenbuches möglich ist. Die
immer wieder unternommenen Versuche, allein auf Grundlage der Überschriften und Einleitungen ein redaktionsgeschichtliches Gesamtmodell für
das Wachstum des Zwölfprophetenbuches vorzulegen,[71] müssen als zu
spekulativ bezeichnet werden. In den meisten Fällen sind die einzelnen
Überschriften doch zu unterschiedlich, als daß sich hieraus konkrete Aussagen über dem Zwölfprophetenbuch vorgegebene Sammlungen oder über
die gleichzeitige Aufnahme mehrerer Bücher in eine bestehende Zusammenstellung treffen ließen.

So sind für die Bücher Obadja und Jona aufgrund der singulären Gestalt
der jeweiligen Überschrift/Einleitung noch überhaupt keine weiteren Erkenntnisse über deren Stellung im Zwölfprophetenbuch möglich. Aber auch
bei den Überschriften nach dem Maśśa-Muster zeigte sich, daß sich weder
für die Bücher Nahum und Habakuk noch für Deuterosacharja und Maleachi wirklich klare Aussagen über deren literarischen Zusammenhang treffen
lassen. Denn bei Nah 1,1 und Hab 1,1 finden sich neben dem gemeinsamen
Gattungsbegriff מַשָּׂא kaum wirkliche Gemeinsamkeiten. Und auch bei Sach
9,1; 12,1 und Mal 1,1, die sich durch die ansonsten nicht belegte Kombination zweier Gattungsbegriffe מַשָּׂא דְּבַר־יהוה auszeichnen, ist angesichts der

---

70 Bosshard-Nepustil, Rezeptionen, 7, erkennt eine kompositionelle Gemeinsamkeit zwischen
    den großen und den kleinen Propheten darin, daß beide Großkomplexe in Hos 1,1 und Jes
    1,1 mit der Angabe des gleichen Wirkungszeitraums für den je ersten Propheten beginnen
    und mit Ez und Hag; Sach beide im 6. Jh. enden. Doch während die Verbindung zwischen
    Jes und Hos durchaus als (wenn auch nur einseitiger) bewußter Bezug verstanden werden
    könnte, ist gegen die Verbindung zwischen Ez und Hag; Sach einzuwenden, daß hier etwas
    vorschnell eine Epocheneinteilung in Jahrhunderte vorausgesetzt wird. Daß Ez und Hag;
    Sach im selben Jahrhundert angesetzt werden können, ist aber letztlich nur der christlichen
    Zeitrechnung zu verdanken. Für die Autoren und Redaktoren der Texte dürften aber die
    Grenzen zwischen vorexilischer, exilischer und nachexilischer Zeit die eigentlichen Epochen-
    marker dargestellt haben, so daß sich von hier aus kein Zusammenhang zwischen den großen
    und den kleinen Propheten erkennen läßt.
71 S.o. 29 Anm. 1.

durchaus vorhandenen Differenzen nicht deutlich, ob diese Überschriften
nun auf einen gemeinsamen Redaktorenkreis zurückzuführen sind, ob eine
Überschrift nach der anderen gestaltet wurde oder ob die Gemeinsamkeiten
nicht doch auf geprägte, wenn auch nur hier vorkommende Wendungen
zurückgehen, die allererst dazu geführt haben, daß DtSach und Mal nebeneinandergestellt wurden. Zudem läßt sich die Stellung von DtSach im Werden des Zwölfprophetenbuches ohnehin erst beurteilen, wenn die Zusammenhänge dieses Buchteils mit Sach 1-8 erarbeitet worden sind.

Demgegenüber lassen sich aus den datierten Überschriften, die dem
Dabar-Muster folgen (Hos 1,1; Am 1,1; Mi 1,1; Zef 1,1), wenn auch noch
unter gewissem Vorbehalt, genauere Erkenntnisse über deren redaktionellen
Zusammenhang erschließen. Denn hier zeigt sich eine buchübergreifende
Komposition, ohne deren Kontext etwa die Datierung in Hos 1,1, aber auch
die lange Ahnenreihe in Zef 1,1 nicht wirklich verständlich werden. So
liegen bei diesen Büchern sicherere Anzeichen für eine dem Zwölfprophetenbuch vorausgehende Sammlung vor, was allerdings noch durch die
redaktionsgeschichtliche Bearbeitung der Einzelbücher bestätigt sein will.

Erste Hinweise auf einen buchübergreifenden Zusammenhang ergaben
sich auch bei den Büchern Haggai und (Proto-)Sacharja. Zwar weisen die
Einleitungen in Hag 1,1 und Sach 1,1 auch Differenzen auf. Allerdings
lassen die vergleichbaren Datierungen eine bewußte kompositorische Verknüpfung vermuten, wobei aber noch zu fragen sein wird, ob sich diese
Verbindung einer gemeinsamen Redaktion oder einer redaktionellen Angleichung des einen Buches an das andere verdankt.

Die Betrachtung der Joel-Überschrift ergab sodann einen ersten Hinweis auf das weitere Wachstum der Sammlung mit Hos; Am; Mi und Zef.
Da nämlich Überschriften nach dem Muster PN-אל היה אשר דבר־יהוה
neben Hos 1,1; Mi 1,1; Zef 1,1 und eben Joel 1,1 nicht mehr belegt sind,
kann zumindest vermutet werden, daß das Joelbuch dieser Sammlung noch
vor anderen Büchern zugefügt wurde. Doch auch diese Annahme hat sich
erst noch in der weiteren redaktions- und kompositionsgeschichtlichen
Bearbeitung der Einzelbücher zu bewähren.

Aus der Betrachtung der Überschriften läßt sich also noch nicht die
gesamte Entstehung des Zwölfprophetenbuches erschließen. Doch immerhin scheint der Weg vorgezeichnet, anhand dessen die frühen Sammlungen
erkennbar werden. Es ist deshalb sinnvoll, die weitere Arbeit zunächst auf
eben diese frühen Sammlungen zu beschränken, also auf die Sammlung der
Bücher Hos; Am; Mi und Zef, die Zusammenstellung von Hag und Sach,
sowie, als ersten Hinweis auf das weitere Wachstum dieser Sammlungen, auf
den Zusammenhang der Bücher Hos; Am; Mi und Zef mit dem Joelbuch.

III. Das exilische Vierprophetenbuch
(Hos; Am; Mi; Zef)

1. Ausgangspunkt

Die in der Forschung schon häufiger vertretene Annahme eines Vierprophetenbuches, das die Bücher Hosea, Amos, Micha und Zefanja umfaßt,[1]
basiert im wesentlichen auf zwei Beobachtungen: Zum einen fallen die
Überschriften der einzelnen Bücher, wie soeben dargestellt, durch ihre
vergleichbare Formulierung und das durchgängige Datierungssystem auf,
wobei Zef 1,1 zudem über den am Ende des Stammbaums genannten Hiskia
auf die Überschriften des Hosea- und des Michabuches zurückweist.

Zum anderen wurde gerade bei diesen vier Büchern schon mehrfach die
These vertreten, daß sie eine dtr. Bearbeitung erfahren haben.[2] Da dabei
meist auch die Buchüberschrift der jeweiligen dtr. Redaktion zugewiesen
wurde, lag im Rahmen der Erforschung des Zwölfprophetenbuches die
Vermutung nahe, daß die dtr. Bearbeitungen der einzelnen Bücher auf ein
und dieselbe Hand zurückgehen. Demnach wären die Bücher Hosea, Amos,
Micha und Zefanja also nicht nur in eine Sammlung zusammengefaßt und
durch die Überschriften in einen geschichtlichen Ablauf gebracht worden.
Sie wären zudem einer auch das jeweilige Buchkorpus betreffenden Überarbeitung unterzogen worden, durch die die Sammlung eine der Intention
der Redaktoren entsprechende Gesamtaussage erhalten hätte.

Allerdings wurde in den vergangenen Jahren immer wieder vor einem
inflationären Gebrauch der Bezeichnung „deuteronomistisch" bei der
redaktionsgeschichtlichen Arbeit gewarnt.[3] Während Nogalski noch ohne

---

1   Vgl. Nogalski, Precursors, 176-178; Schart, Entstehung, 156-233; Albertz, Exilszeit, 164-185;
     ders., Exile, 232-251, sowie deren Aufnahme bei Zenger, Einleitung, 520; Macchi, Prophètes,
     381; Schmitt, Arbeitsbuch, 366. Zur neuerdings von Beck, Tag, 119-122.316, vorgetragenen
     Kritik an der Existenz eines solchen Vierprophetenbuches s.u. 271 Anm. 100.
2   Vgl. etwa zum Hoseabuch: Yee, Composition; Nissinen, Prophetie; zum Amosbuch:
     Schmidt, Redaktion; zum Michabuch: Jeremias, Deutung; zum Zefanjabuch: Seybold,
     Satirische Prophetie.
3   Dabei weisen Coggins, Deuteronomistic, 34f, und Wilson, Deuteronomist, 78-82, auf das
     methodische Problem hin, daß bei der Bestimmung von dtr. Texten gleichermaßen und oft
     undifferenziert über sprachliche, inhaltliche und traditionsgeschichtliche Kriterien argumen-
     tiert wird. Lohfink, Bewegung, 70f, wendet gegen die neueren redaktionsgeschichtlichen

weitere Zurückhaltung das von ihm herausgearbeitete Vierprophetenbuch als „deuteronomistic corpus" bezeichnet,[4] wird denn auch in den beiden neueren Ansätzen von Schart und Albertz das Label „deuteronomistisch" bewußt vermieden: Schart spricht dabei – noch in erkennbarer Nähe zur gängigen Terminologie – von einem D-Korpus und einer D-Redaktion.[5] Albertz hält sich – konsequenterweise – von jedweder Einordnung zurück und verwendet schlicht die Bezeichnung „Vierprophetenbuch-Redaktion" (VPR), wobei er darauf hinweist, daß bei den von den Redaktoren des Vierprophetenbuches eingebrachten Nachträgen nicht nur Bezüge zu DtrG und JerD erkennbar sind, sondern auch zu Jes und Jer.[6]

Es ist aber fraglich, ob ein solches „Umetikettieren" der zuvor als dtr. bezeichneten Bearbeitungen wirklich sinnvoll ist. Denn letztlich gehen auch die redaktionsgeschichtlichen Einordnungen von Schart und Albertz – zumindest vor allem – auf einen Sprachvergleich mit der dtn.-dtr. Literatur zurück. Methodisch ist gegen einen solchen Sprachvergleich nichts einzuwenden, zumindest wenn er sich auf aussagekräftige terminologische Parallelen stützt.[7] Denn der Befund, daß einige Passagen im Gegensatz zu anderen Anklänge an gerade diese Literaturwerke aufweisen, ist ja tatsächlich erklärungsbedürftig. Genau dies lassen die Gegner einer Argumentation über dtr. Sprache außer Acht und verweigern sich so einer Erklärung dieses Befunds.[8] Das angewandte Verfahren des Sprachvergleichs sollte dann aber über die Beibehaltung des Begriffs „deuteronomistisch" methodisch transparent gehalten werden.[9]

Ansätze ein, daß beim Sprachkriterium nicht mehr nur im Sinne von Wellhausen, Composition, 117, nach terminologischen Übereinstimmungen mit dem Dtn gesucht wird, sondern der Sprachvergleich darüber hinaus auch auf andere zuvor als dtr. erkannte Werke, also v.a. DtrG, ausgedehnt wird. Ben Zvi, Redaction, 248, lehnt eine Argumentation über den Sprachvergleich insgesamt ab, da sich nicht beweisen läßt, daß die terminologische Nähe zweier Texte nicht einfach nur darauf zurückgeht, daß die beiden Autoren gleichermaßen das „lexical repertoire", das ihnen zur Verfügung stand, benutzten.

4   Vgl. Nogalski, Precursors, 176-178.
5   Vgl. Schart, Entstehung, 46.
6   Vgl. Albertz, Exilszeit, 166.
7   Angesichts der oben Anm. 3 dargestellten methodischen Vorbehalte von Coggins und Wilson ist also darauf zu achten, daß die Zuweisung von redaktionellen Texten zu einer dtr. Bearbeitung nur dann vorgenommen wird, wenn eindeutige sprachliche Kriterien vorhanden sind. Dies ist insbesondere dann gegeben, wenn es sich um markante Worte oder ganze Wortverbindungen handelt, die zudem neben der zu untersuchenden Stelle ganz oder doch überwiegend auf den Bereich der dtn.-dtr. Literatur beschränkt sind.
8   Die oben Anm. 3 dargestellten Einwände von Ben Zvi greifen also insofern zu kurz, da eben nicht für alle Passagen ein dtr. Gepräge aufweisbar ist. Und eben deshalb gilt es, sich einer redaktionsgeschichtlichen Erklärung an diesen Stellen nicht einfach zu entziehen.
9   Dabei ist die oben Anm. 3 aufgeführte Kritik von Lohfink, daß das Sprachkriterium in neuerer Zeit (wie auch bei den folgenden redaktionsgeschichtlichen Analysen) aufgeweicht ist, da nicht mehr nur das Dtn, sondern auch das DtrG zum Vergleich herangezogen wird,

Eine andere Frage wird sein, was der Grund dafür ist, daß diese Nachträge ein gemeinhin als dtr. bezeichnetes Gepräge aufweisen – ob sie etwa auf bestimmte, am Deuteronomium geschulte Trägerkreise zurückgehen, ob sie vielleicht nur auf ganz allgemeiner Ebene die Sprache ihrer Zeit sprechen oder ob sie aus noch ganz anderen Gründen terminologische und inhaltliche Parallelen zur dtn.-dtr. Literatur erkennen lassen. Dies läßt sich jedoch erst am Ende der redaktionsgeschichtlichen Bearbeitung beantworten.[10] Und bis dahin sei, trotz aller berechtigter Vorbehalte, die Bezeichnung „deuteronomistisch" beibehalten.

Die vergleichbare Gestalt der Überschriften und die immer wieder festgestellten dtr. Bearbeitungen der Bücher Hosea, Amos, Micha und Zefanja führen also zu der Arbeitshypothese, daß diese vier Bücher einmal eine gemeinsame Sammlung gebildet haben. Deshalb werden nun zuerst diese vier Bücher redaktionsgeschichtlich bearbeitet, und zwar, dem oben dargestellten methodischen Ansatz entsprechend, zunächst je für sich. Erst in einem zweiten Schritt ist dann nach buchübergreifenden Zusammenhängen zu fragen, um so auf gesicherter Grundlage die Annahme eines diese vier Bücher umfassenden Mehrprophetenbuches zu überprüfen. Einzig beim Hoseabuch muß von diesem Ansatz abgewichen werden, was im folgenden noch näher begründet wird.

---

an sich berechtigt. Doch trifft seine Kritik, und darauf ist sie auch ausgerichtet (Lohfink, Bewegung, 65-70), v.a. die Annahme einer homogenen dtr. Gruppe, die gleichermaßen für die Überarbeitung der verschiedensten Literaturwerke verantwortlich gemacht werden kann. Gegen diese Vorstellung sprechen auch die Erkenntnisse von Albertz, Deuteronomisten, 279-301, der die Trägerkreise von DtrG und JerD in zwei sehr unterschiedlichen Lagern verortet. Unter diesem Vorbehalt ist dann aber eine breitere Textgrundlage, auf der der Sprachvergleich beruht, legitim, da eben einige Texte bei einem solchen Vergleich im Gegensatz zu anderen eine besondere Nähe zur dtn.-dtr. Literatur erkennen lassen, was durchaus als Indiz für die Zuweisung zu einer gemeinsamen Schicht verwandt werden kann. Vielleicht wäre es angebracht, für die auf Grundlage dieses breiter angelegten Sprachvergleichs ausgesonderten Texte eine neue Bezeichnung zu verwenden, z.B. „dtr²". Es kann aber auch einfach die gängige Etikettierung beibehalten werden, wenn denn im voraus klargestellt wird, unter welchen Prämissen die Analysen durchgeführt werden.

10 S.u. 271.

2. Zur Redaktionsgeschichte der Einzelbücher

2.1 Das Problem der Redaktionsgeschichte des Hoseabuches

Die Frage nach der Entstehung des Hoseabuches gehört zu den schwierigsten Problemen der alttestamentlichen Wissenschaft.[1] Die Trennung zwischen Tradition und Redaktion oder gar die Zuweisung etwaiger Überarbeitungen zu verschiedenen, klar gegeneinander abgrenzbaren Schichten stellt für die Forschung, so scheint es, eine kaum lösbare Herausforderung dar.

Dies hat seinen sachlichen Anhalt in der besonderen Gestalt des Hoseabuches, die sich doch deutlich von anderen Prophetenbüchern unterscheidet. Denn schon eine Gliederung des Buches bereitet Probleme.[2] Einzig die mit der Ehe, bzw. den Ehen,[3] des Propheten befaßten Kapitel Hos 1-3 können als inhaltlich klar abgrenzbarer Teil vom sonstigen Buch abgehoben werden. Im übrigen Textbereich Hos 4-14 hingegen ist kaum noch eine deutliche Unterteilung in thematische, chronologische oder an verschiedenen Adressaten orientierte Blöcke möglich.[4]

Doch nicht nur die Makrostruktur des Buches ist undurchsichtig. Auch die Abgrenzung kleinerer Einheiten ist an vielen Stellen kaum möglich. Denn zum einen fehlen im Hoseabuch fast gänzlich die sonst für prophetische Schriften so typischen Redeformeln.[5] Zum anderen wechseln Themen

---

1 Vgl. zum Folgenden neben den Kommentareinleitungen auch die Forschungsüberblicke bei Wacker, Figurationen, 5-13; Pfeiffer, Heiligtum, 15-24; Rudnig-Zelt, Genese, 351-386; dies., Hoseastudien, 5-31; Vielhauer, Werden, 4-7.

2 Vgl. hierzu Nowack, HK 3,4, 10; Weiser, ATD 24, 14; Rudolph, KAT 13,1, 26; Andersen / Freedman, AncB 24, 58f; Smend, Entstehung, 169.

3 Zum Zusammenhang der beiden Darstellungen über die Ehe des Propheten in Hos 1 und Hos 3 s.u. 230f.

4 Demgegenüber erkennt Jeremias, ATD 24,1, 18, im Anschluß an Wolff, BK 14,1, XXV, im Hoseabuch durchaus eine inhaltliche und chronologische Ordnung; vgl. auch Bons, NSK.AT 23,1, 15. Auf inhaltlicher Ebene verweist Jeremias insbesondere auf den vergleichbaren Aufbau der jeweils aufeinander folgenden Textbereiche 4,4-19 // 5,1-7 und 5,8-7,16 // 8,1-13 sowie auf die Geschichtsrückblicke in 9,10-11,11. Doch zum einen können diese Beobachtungen noch nicht die Komposition des gesamten Buches erklären, und zum anderen handelt es sich bei den einzelnen Blöcken um so disparate Sammlungen, daß auch hier allenfalls von losen Zusammenstellungen in vergleichbaren Mustern und noch nicht von wirklich thematisch zusammenhängenden Buchteilen gesprochen werden kann. Die zudem angenommene chronologische Gliederung ist angesichts der wenigen direkt auswertbaren zeitgeschichtlichen Bezüge nur möglich, indem von einzelnen Worten auf den ursprünglichen geschichtlichen Hintergrund ganzer Textbereiche geschlossen wird, was wiederum angesichts der thematischen Disparatheit des Materials kaum angemessen sein dürfte.

5 Die Botenformel ist im Hoseabuch überhaupt nicht belegt, die Wortereignisformel nur in der Überschrift 1,1. Im Buchkorpus selbst ist lediglich auf das viermalige Vorkommen der Gottesspruchformel נְאֻם־יְהוָה in Hos 2,5.18.23; 11,11 zu verweisen.

und Sprechrichtung oft und unvermittelt, bisweilen sogar von Vers zu Vers.[6] So hat das Hoseabuch, zumindest im Bereich Hos 4-14, also weniger die Form einer durchgestalteten Komposition, sondern erinnert eher an eine Logiensammlung.[7]

Hinzu kommt noch, daß das Sprachkriterium im Zusammenhang mit der Frage nach der Entstehung des Hoseabuches umstritten ist. Terminologie und thematische Ausrichtung des Buches erinnern zwar immer wieder an die dtn.-dtr. Literatur. Während vergleichbare Phänomene aber für das Jeremiabuch, wie auch für die Bücher Amos, Micha oder Zefanja, schon seit längerer Zeit zur Annahme einer dtr. Überarbeitung geführt haben, wird das Hoseabuch häufig als Vorläufer des Deuteronomismus verstanden, so daß also die Abhängigkeit bei terminologischen und inhaltlichen Parallelen eher auf Seiten von Dtn und DtrG gesehen wird.[8]

Die beschriebenen Schwierigkeiten spiegeln sich nun in den Unsicherheiten der Forschung wieder. Einzig die Auffassung, der Prophet selbst sei als Autor des Buches anzusehen, wird heute kaum noch vertreten. Doch schon über die methodisch grundlegende Entscheidung, ob die Gestalt des Hoseabuches eher überlieferungsgeschichtlich als Sammlung vorgegebener mündlicher Worte oder aber eher redaktionsgeschichtlich als Produkt eines sukzessiven, schriftlichen Wachstumsprozesses zu verstehen ist, herrscht noch keinerlei Konsens.

Dabei ist der Vorteil der überlieferungsgeschichtlichen Hypothesen, daß sie die differenzierte Gestalt mit einem relativ überschaubaren Modell erklären können. Das Buch wird dabei, etwa nach dem bestimmenden Ansatz von Jeremias, von vereinzelten Zusätzen abgesehen als das Werk von Schülern des Hosea verstanden, die die Worte des Propheten gesammelt, geordnet und mit eigenen Kommentaren versehen herausgegeben haben.[9] Die buchinternen Divergenzen werden also auf das Nebeneinander von vorgegebener Tradition und Eigenbeitrag der Schüler in Sammlung und Kommentierung zurückgeführt. Gegen das überlieferungsgeschichtliche Modell ist aber einzuwenden, daß die Grenzen, bis zu welchem Maße thematische und stilistische Disparatheit innerhalb ein und desselben Schüler-

---

6   De Regt, Genre Feature, 232-247, nimmt gerade anhand der Wechsel der Sprechrichtung eine Gliederung des Hoseabuches vor, was so aber im einzelnen kaum nachvollziehbar ist.

7   Vgl. hierzu schon die häufig zitierte Anmerkung von Hieronymus, Praefatio, 1071, zur Gestalt des Hoseabuches: „Osee commaticus est, et quasi per sententias loquens."

8   Vgl. etwa Wolff, BK 14,1, XXVI; Jeremias, Art. Hosea, 594; Naumann, Hoseas Erben, 15f.

9   Vgl. Jeremias, ATD 24,1, 18f; vergleichbare Ansätze, bei denen die vorliegende Buchgestalt v.a. als Werk der Schüler des Propheten verstanden wird, finden sich etwa bei Wolff, BK 14,1, XXIII-XXVI; Naumann, Hoseas Erben, 155-160.

kreises noch denkbar ist und was demgegenüber als sekundärer Zusatz anzusehen ist, nicht wirklich transparent sind.[10] Die redaktionsgeschichtlichen Modelle führen demgegenüber die erkennbaren inhaltlichen und stilistischen Brüche auf literarische Überarbeitungen zurück und versuchen, diese verschiedenen Schichten zuzuweisen.[11] Während dies vordergründig der Gestalt des Buches eher Rechnung zu tragen scheint, ist die konkrete Durchführung eines solchen Verfahrens aber mit großen Problemen behaftet. Das Nebeneinander der verschiedenen Themen und die zahlreichen Brüche lassen sich nämlich nur mit einem äußerst vielschichtigen Modell erklären, ja, wie von Rudnig-Zelt neuerdings vorgestellt, eigentlich sogar nur mit der Hypothese eines „rolling corpus", wonach eine Überarbeitung eine Vielzahl von weiteren kleinen Überarbeitungen nach sich zieht.[12] Im Gegensatz zur Schülerhypothese kann dann aber kein klares sozialgeschichtliches Milieu mehr benannt werden, in dem die Entstehung des Buches erklärbar ist. Zudem lassen sich solche Modelle nur für einen relativ überschaubaren Textbereich plausibel machen, da der Grad der Hypothesenbildung so hoch ist, daß eine genaue Darstellung für das gesamte Buch kaum noch zu überblicken und eigentlich noch nicht einmal zu erarbeiten ist. Nicht umsonst wurde bislang mit dem Entwurf von Yee erst ein einziges Modell zur Redaktionsgeschichte des Hoseabuches vorgelegt, das wirklich das gesamte Buch umfaßt,[13] wobei aber gerade diesem Entwurf, der von einem vierstufigen Wachstum ausgeht, zurecht vorgeworfen wird, daß die einzelnen Schichten noch nicht wirklich kohärent bestimmt sind.[14]

Die redaktionsgeschichtliche Erforschung des Hoseabuches ist also mit kaum zu überwindenden methodischen Schwierigkeiten belastet. Doch die Probleme werden noch schwerwiegender, wenn die Frage nach der Entstehung des Buches im Zusammenhang des Zwölfprophetenbuches gestellt wird. Aufgrund der vergleichbaren Buchüberschrift wurde zwar schon lange eine gewisse Nähe zu den Büchern Amos, Micha und Zefanja erkannt,[15] was

---

10 Vgl. zur Kritik an den überlieferungsgeschichtlichen Modellen auch Pfeiffer, Heiligtum, 16f; Rudnig-Zelt, Genese, 371f; dies., Hoseastudien, 17.

11 Redaktionsgeschichtliche Beiträge zum Hoseabuch wurden etwa von Yee, Composition; Nissinen, Prophetie; Wacker, Figurationen; Pfeiffer, Heiligtum; Vielhauer, Werden, oder Rudnig-Zelt, Hoseastudien, vorgelegt.

12 Vgl. zum methodischen Ansatz Rudnig-Zelt, Hoseastudien, 33-36, sowie zum Begriff des „rolling corpus" a.a.O., 71. Sie folgt damit den am Jeremiabuch vorgeführten Modellen von Levin, Verheißung, 63-67, und McKane, Relations, 220-228; ders., Jeremiah 1, L-LXXXII, wobei auf den letztgenannten auch der Begriff „rolling corpus" zurückgeht.

13 Yee, Composition.

14 Vgl. zur Kritik an Yee etwa Naumann, Hoseas Erben, 13f; Nogalski, Precursors, 62f mit Anm. 26; Wacker, Figurationen, 11; Rudnig-Zelt, Hoseastudien, 26.

15 S.o. 33-38.

sich auch durch inhaltliche Übereinstimmungen noch erhärten läßt. Zu den übrigen Büchern des Zwölfprophetenbuches bestehen allerdings kaum noch besondere thematische Beziehungen. So sind etwa die sonst so bestimmende Auseinandersetzung mit den Fremdvölkern oder der Tag Jhwhs im Hoseabuch nicht präsent.[16]

Deshalb ist es auch nicht weiter erstaunlich, daß in den bisherigen Ansätzen zur Entstehung des Zwölfprophetenbuches das Hoseabuch gerade im Rahmen der späteren Stufen kaum noch eine Rolle spielt. Nogalski erkennt nur eine kleine Verknüpfung zwischen Hos 14,8a und dem folgenden Joelbuch,[17] und auch bei Bosshard-Nepustil und bei Schart werden nur wenige Verse oder zumindest nur einige Einheiten späteren buchübergreifenden Schichten des Zwölfprophetenbuches zugewiesen.[18] Bedenkt man, daß bei anderen Büchern teils recht große Textbereiche als Bestandteil buchübergreifender Redaktionsprozesse verstanden werden, ist es schon erstaunlich, daß gerade das Hoseabuch, das die Sammlung immerhin eröffnet, von solchen Prozessen ausgenommen worden sein soll.[19]

Die dargestellten Schwierigkeiten haben nun Konsequenzen für den Verlauf dieser Arbeit: Angesichts der besonderen Gestalt des Hoseabuches und der damit verbundenen Unsicherheiten in der Forschung ist ein redaktionsgeschichtlicher Entwurf, der das gesamte Buch umfaßt, nicht möglich. Die Entstehung des Hoseabuches läßt sich, wenn überhaupt, nur in einer Einzeldarstellung zureichend bearbeiten. Somit ist an dieser Stelle von den oben aufgestellten methodischen Forderungen abzuweichen, wonach die Redaktionsgeschichte des Zwölfprophetenbuches auf der Bearbeitung sämtlicher Einzelschriften beruhen muß.[20] Vielmehr ist hier nur ein Rückschluß von den an den Büchern Amos, Micha und Zefanja erworbenen Erkenntnissen möglich, deren Zusammenhang mit dem Hoseabuch über die vergleichbare Überschrift zunächst naheliegt. Von den redaktionsgeschichtlichen Erkenntnissen dieser drei Bücher herkommend soll dann auf vergleichbare redaktionsgeschichtliche Prozesse im Hoseabuch geschlossen

---

16 Vgl. Rudnig-Zelt, Genese, 359 Anm. 25.

17 Vgl. Nogalski, Precursors, 69-73.

18 Vgl. hierzu die Übersichten Bosshard-Nepustil, Rezeptionen, 474f; Schart, Entstehung, 316f, wobei Schart immerhin noch die Heilsworte Hos 2,1-2a.3.18-25; 3,5*; 14,5-9 mit einer Redaktion in Verbindung bringt, die seiner Meinung nach die Bücher Haggai und (Proto-) Sacharja in das werdende Zwölfprophetenbuch integriert hat. Dennoch bleibt auch bei dem Ansatz von Schart zu fragen, warum das Amosbuch weit umfangreichere Bearbeitungen erfahren hat als das vorangehende Hoseabuch.

19 So ist es letztlich auch verständlich, daß Rudnig-Zelt, Genese, 359 mit Anm. 25, vom Hoseabuch herkommend die bisherige Zwölfprophetenbuchforschung aufgrund der fehlenden thematischen Verbindungen zwischen Hosea und den sonstigen Schriften des Zwölfprophetenbuches überhaupt ablehnt.

20 S.o. 24-27.

werden. Ein solches Vorgehen ist zwar methodisch unzureichend. Im Falle des Hoseabuches ist derzeit aber kein anderer Weg realisierbar.

Um dennoch Zirkelschlüsse zu vermeiden, wonach die Entstehung des Hoseabuches in ein a priori feststehendes Muster gedrängt wird, sind dabei aber stets auch buchinterne Kriterien aufzuzeigen. Es sollen also nur diejenigen Textbereiche, die auch aus dem Hoseabuch selbst heraus als sekundär verstanden werden können, für die weitere Betrachtung im Rahmen des Zwölfprophetenbuches herangezogen werden. Damit werden zwar eventuell nicht alle Texte, die einer etwaigen buchübergreifenden Schicht zuzuordnen wären, aufgedeckt. Es wird sich vielmehr um ein kritisches Minimum handeln. Doch nur so steht die gesamte Analyse noch auf einem methodisch zu rechtfertigenden Fundament.

Aber auch das zweite dargestellte Problem, die inhaltliche Sonderstellung gegenüber den übrigen Büchern des Zwölfprophetenbuches, ist im weiteren Verlauf zu beachten. Es gilt, eine Erklärung dafür zu finden, warum das Hoseabuch eben weit weniger thematisch in die sonstige Sammlung eingebunden ist, als dies für die übrigen Bücher der Fall ist.[21] Erst dann ist den mit dem Hoseabuch verbundenen Schwierigkeiten in ausreichendem Maße genüge getan.

---

21 S.u. 450-453.

2.2 Das Amosbuch

Das Amosbuch läßt sich in die Völkerwortsammlung Am 1-2, die Wortsammlung 3-6 und die Sammlung der Visionsberichte 7-9 untergliedern. So
schließt sich auch die folgende redaktionsgeschichtliche Betrachtung des
Buches an diese Dreiteilung an, wobei zunächst die Wortsammlung Am 3-6
bearbeitet werden soll.

2.2.1 Die Wortsammlung Amos 3-6

2.2.1.1 Die „Ringkomposition" in Amos 5,1-17

Ein geeigneter Einstiegspunkt für die Betrachtung der Redaktionsgeschichte
des Amosbuches ist die sogenannte „Ringkomposition" in Am 5,1-17. Denn
in dieser kurzen Sammlung sind die verschiedensten Worte zusammengestellt, deren literarischer Zusammenhang auch für die Frage nach der
Entstehung des gesamten Buches aufschlußreich sein wird.

Eingeleitet und vom Vorangehenden abgetrennt wird die Komposition
über einen Höraufruf in 5,1 (vgl. 3,1; 4,1). Die erste Untereinheit, schon in
V.1 als Leichenklage eingeführt, umfaßt die Verse 5,1-3. Hierauf folgt in 5,4-
6 der Aufruf, Gott zu suchen, um zu leben, woran in 5,7-13 eine vor allem
durch Rechtskritik bestimmte Einheit anschließt. Letztere wird in 5,8-9
nochmals durch einen Hymnus unterbrochen. Am 5,14-15 ist sodann durch
den Aufruf, Gutes zu suchen, um zu leben, bestimmt, bevor in der abschließenden Untereinheit 5,16-17 allerorts erhobenes Klagen beschrieben
wird.

Während nun bei Am 5,1-17 in früherer Zeit häufig ein gestörter Zusammenhang ursprünglich zusammengehöriger Einheiten angenommen
wurde, eventuell als Folge eines Abschreiberversehens,[1] hat sich seit den
70er Jahren die Erkenntnis durchgesetzt, daß es sich hierbei um eine bewußt
komponierte Ringstruktur handelt. Diese wird zumeist mit dem folgenden
Aufbau beschrieben:[2]

---

1 So meinte schon Marti, KHC 13, 187, Am 5,4-17 biete ein „schlimmes Durcheinander", und
versuchte, ursprünglich zusammengehörige Einheiten zu rekonstruieren; vgl. Wolff, BK 14,2,
271; Westermann, Amos, 116, u.a.
2 Grundlegend war hierfür der Aufsatz von de Waard, Structure, 170-177, vgl. auch Coulot,
Structuration, 179f; Tromp, Amos, 56-84.
Die folgende Skizze lehnt sich dabei im wesentlichen an die Gliederungen an, wie sie z.B. von
de Waard, a.a.O., 176; Jeremias, ATD 24,2, 62; Fleischer, NSK.AT 23,2, 189, vorgelegt
worden sind. Wenn demgegenüber etwa Coulot, a.a.O., 179; Rottzoll, Studien, 218; Schart,
Entstehung, 74f; Lang, Gott, 123, die Gliederung um ein weiteres Element erweitern, indem

A 5,1-3	Klage	
	B 5,4-6	Aufruf: Gott suchen (יוסף; חיה; דרשׁ)
		C 5,7　　　　Rechtskritik
		D 5,8-9　　　Hymnus
		C' 5,10-13　　Rechtskritik
	B' 5,14-15	Aufruf: Gutes suchen (יוסף; חיה; דרשׁ)
A' 5,16-17	Klage	

Am 5,1-17 erweist sich also in der Tat als durchdacht gestaltete Komposition. Doch weisen einige Auffälligkeiten darauf hin, daß es sich dabei nicht um einen ursprünglichen, sondern um einen gewachsenen Zusammenhang handelt.[3] So ist allein schon bemerkenswert, daß nur die Glieder B und B' durch Stichwortbezüge miteinander verbunden sind. Alle anderen Teile der Komposition entsprechen sich lediglich auf thematischer Ebene. Zu beachten ist auch, daß der Hymnus in 5,8-9 nicht nur von zwei thematisch verbundenen Teilen umgeben ist, sondern eine ursprünglich zusammengehörige Einheit zu unterbrechen scheint.[4] Und schließlich finden sich in dieser Komposition einzelne Verse, die einfach in die grobe Untergliederung mit hineingenommen wurden, sich aber in Wirklichkeit kaum in die beschriebene Ringstruktur einfügen, da sie keinen Pendanttext aufweisen (v.a. 5,11.13).[5]

Nun ist zunächst nahezu unwidersprochen, daß der Hymnus 5,8-9 sekundär im vorliegenden Kontext steht.[6] Er unterbricht, wie bereits er-

---

sie aufgrund des in Am 5,3 und 5,15 belegten Restmotivs auch diese beiden Verse einander gegenüberstellen, so wird übersehen, daß zwischen diesen beiden Versen über den rein lexikalischen Bezug שאר / שארית hinaus kein thematischer Zusammenhang erkennbar ist. Denn bei Am 5,3 kann von einem wirklichen Rest ja überhaupt nicht die Rede sein (s.u. 66 Anm. 26), bei 5,15 wird jedoch über die Aufforderung, das Gute zu suchen, gerade eine Rettungsmöglichkeit aufgezeigt. Zudem ist Am 5,15 inhaltlich und formal mit 5,14 verbunden (s.u. 64f) und so zusammen mit diesem Vers in der Ringkomposition wesentlich schlüssiger als Pendanttext zu 5,4-6 zu verstehen.

3　Daß es sich bei Am 5,1-17 um eine gewachsene Komposition handelt, wird, sofern die redaktionsgeschichtliche Frage überhaupt gestellt wird, allgemein gesehen; vgl. Tromp, Amos, 64; Jeremias, Tod, 218; Schart, Entstehung, 75; Fleischer, NSK.AT 23,2, 189f, u.a.

4　Siehe im einzelnen unten 60f.

5　Vgl. etwa Rottzoll, Studien, 241; Schart, Entstehung, 77-79.

6　Schon Wellhausen, Propheten, 81, sah Am 5,8-9 als Nachtrag an. Daneben wurde, egal, ob 5,8-9 nun zusammen mit den übrigen Hymnen des Amosbuches für sekundär gehalten wurde oder nicht, in früheren Ansätzen häufig angenommen, daß 5,8-9 ursprünglich einen anderen Ort im Amosbuch hatte und erst durch einen Fehler an die vorliegende Stelle geraten ist; vgl.

wähnt, den soliden Zusammenhang zwischen der Rechtskritik in 5,7 und 5,10. Seine Position an der vorliegenden Stelle ist dann aber nur so zu verstehen, daß die Redaktoren, die für die Einfügung des Hymnus verantwortlich sind, einen Zusammenhang vorgefunden haben, der bereits eine chiastische Struktur aufgewiesen hat, und der Hymnus dann als neues Zentrum dieser Komposition ergänzt wurde.[7] Denn anders wäre wohl kaum zu erklären, warum die beiden Verse derart mechanisch mitten in eine zusammenhängende Einheit gestellt worden sein sollten.

Innerhalb von Am 5,8-9 wird nun gerne angenommen, daß 5,9 gegenüber 5,8 sekundär ist.[8] Und in der Tat unterscheidet sich dieser Vers vom vorangehenden durch seine Länge, vor allem aber auch durch seinen Inhalt. Die Bedrückung des Starken und der befestigten Stadt paßt eher schlecht zu den kosmologischen Aussagen von 5,8. Außerdem wird bereits V.8 mit der Wendung יהוה שמו abgeschlossen, die sich auch am Ende der beiden vergleichbaren Hymnen des Amosbuches in 4,13; 9,5-6 findet. Da sich aber die Position des Hymnus an der vorliegenden Stelle nur so verstehen läßt, daß hier bewußt ein neues Zentrum einer Ringkomposition geschaffen werden sollte, spricht doch gerade die Stellung des יהוה שמו am Ende des ersten der beiden Verse für die ursprüngliche Zugehörigkeit von Am 5,9, zumindest im vorliegenden Kontext.[9] Denn diese für die Hymnen so charakteristische Wendung steht damit im Zentrum von 5,8-9. Die beiden Verse bilden also schon für sich eine chiastische Struktur, und die Wendung יהוה שמו ist, noch über die obige Skizze hinaus, insgesamt das Zentrum der gesamten Ringkomposition.[10]

Ohne 5,8-9 ergibt sich nun ein klarer Zusammenhang der beiden um die Frage des Rechts kreisenden Worte 5,7 und 5,10. Beide zeichnen sich auch durch ihre syntaktische Struktur als zusammengehörig aus, steht doch jeweils im ersten Stichos das Verb zu Beginn, im zweiten Stichos hingegen am Ende.

---

etwa Marti, KHC 13, 191; Rudolph, KAT 13,2, 184; Wolff, BK 14,2, 273, in neuerer Zeit noch Noble, Structure, 215.

7 Daß 5,8-9 bewußt in die Mitte einer bereits bestehenden Ringkomposition gestellt worden ist, betonen v.a. Jeremias, Mitte, 199; Rottzoll, Studien, 288; Schart, Entstehung, 76.

8 Vgl. Wolff, BK 14,2, 283f; Willi-Plein, Vorformen, 33; Fleischer, Menschenverkäufer, 111.

9 Aufgrund der genannten Unterschiede zwischen 5,8 und 5,9 ist es gut denkbar, daß es sich bei 5,9 um einen vorgegebenen Hymnus handelt, der im Rahmen der Aufnahme in das Amosbuch für seine Stellung im Zentrum der Ringkomposition um 5,9 erweitert worden ist. Während Jeremias, Tod, 216, eine solche Lösung noch für denkbar hält, bringt er Am 5,9 in ATD 24,2, 68, mit einem späteren Redaktor in Verbindung. Rottzoll, Studien, 248f, und Schart, Entstehung, 76f, gehen aber doch wohl zurecht davon aus, daß Am 5,9 im Rahmen der Einfügung des Hymnus in den vorliegenden Kontext ergänzt wurde.

10 Schon de Waard, Structure, 176, und Coote, Amos, 82, erkennen in der Wendung יהוה שמו das Zentrum der Ringkomposition in ihrer vorliegenden Gestalt.

Der folgende Vers 5,11 scheint aber noch nicht die ursprüngliche Fortsetzung von 5,7.10 zu sein. Denn zum einen wird hier mit der Kritik an Getreideabgaben das Thema der Rechtskritik verlassen, zum anderen ist dieser Vers in direkter Anrede der 2.m.pl. gestaltet, während die Rechtskritik zuvor in 3.m.pl. vorgebracht wird. Und schließlich geht die Anklage in V.11 direkt in eine Gerichtsankündigung über, was angesichts der erneuten Rechtskritik in V.12 als zu früh erscheint.[11]

Doch auch Am 5,12a kehrt noch nicht zur Rechtskritik zurück, sondern ist ein recht allgemein gehaltener Ausruf über die Sünden des Volkes, der zudem wie 5,11 in 2.m.pl. gestaltet ist.[12] Erst 5,12b schließt inhaltlich wie syntaktisch an 5,10 an. Denn auch hier geht es um die Frage der Gerechtigkeit vor Gericht und auch hier steht das Verb im ersten Stichos zu Beginn und im zweiten Stichos am Ende. Gerade diese formale Gestaltung erweist 5,7.10.12b als kohärenten Zusammenhang:[13]

	Stichos 1 - Verb am Anfang	Stichos 2 - Verb am Ende
5,7	ההפכים ללענה משפט	וצדקה לארץ הניחו
5,10	שנאו בשער מוכיח	ודבר תמים יתעבו
5,12b	צררי צדיק לקחי כפר	ואביונים בשער הטו

Nach der Rechtskritik in 5,7.10.12b folgt in V.13 noch eine, gerne als weisheitlich bezeichnete, Reflexion über das Verhalten des Verständigen, der in dieser bösen Zeit schweigt. Diese Anmerkung steht innerhalb von Am 5,1-

---

11   Vgl. etwa Fey, Amos, 25; Fleischer, Menschenverkäufer, 113; Rottzoll, Studien, 239; Schart, Entstehung, 77f. Demgegenüber hält Reimer, Recht, 104-109, Am 5,11 für ursprünglich. Doch selbst wenn seine Darlegungen zu einer gewissen inhaltlichen Nähe zwischen 5,11 und dessen Kontext berechtigt sein sollten, insofern auch die hier genannten Abgaben mit rechtlichen Entscheidungen verbunden sind, so bleiben die übrigen Argumente, die gegen die ursprüngliche Zugehörigkeit sprechen, doch bestehen.

12   So auch Fey, Amos, 25; Reimer, Recht,104f; Rottzoll, Studien, 241; Schart, Entstehung, 78.

13   Auch Rottzoll, Studien, 239, weist darauf hin, daß sich Am 5,7.10.12b gerade durch ihre gemeinsame Struktur auszeichnen, wobei er v.a. auf deren Gestaltung in Bikola hinweist und noch nicht die gemeinsame Stellung der Verben an den Rändern der einzelnen Bikola entdeckt. Wenn Rottzoll jedoch darüber hinaus Am 5,12a quasi als Überschrift vor 5,7 stellen will, so muß dies als zu spekulativ abgelehnt werden, zumal 5,12a zur Rechtskritik von 5,7.10.12b überhaupt keinen inhaltlichen Bezug hat.
     Die gemeinsame Struktur von Am 5,7.10.12b mit Blick auf die Stellung der Verben spricht nebenbei auch gegen die Annahme von Levin, Amosbuch, 427, der Am 5,10 gegenüber 5,7 als sekundär versteht, da in diesem Vers ein finites Verb und kein Partizip zu Beginn steht.

17 – wie überhaupt im gesamten Amosbuch – isoliert und wird nahezu unwidersprochen als Nachtrag verstanden.[14]

Geht man nun von Am 5,7-13 in der Ringkomposition weiter nach außen zum Glied B/B' in 5,4-6.14-15, so scheint es zunächst mit Blick auf die erste Teileinheit 5,4-6 ein in der Forschung unhinterfragtes Postulat zu sein, daß hier Am 5,6 gegenüber 5,4-5 sekundär ist.[15] Der Aufruf, Gott zu suchen, ist in 5,4-5 als Gottesrede gestaltet, in 5,6 jedoch als Prophetenrede. In 5,4-5 wird das Gott-Suchen gegen das Aufsuchen von Bethel, Gilgal und Beerscheba[16] abgegrenzt und das künftige unheilvolle Geschick eben dieser Orte beschrieben. Am 5,6 enthält demgegenüber die weit allgemeinere Aussage, daß Jhwh zu suchen ist, damit das Haus Josef nicht vom Feuer verzehrt werde.

Aus den genannten Gründen sind Am 5,4-5 und 5,6 also tatsächlich auf zwei unterschiedlichen literarischen Ebenen anzusetzen. Doch reichen die Argumente nicht aus, um wirklich behaupten zu können, daß Am 5,6 gegenüber 5,4-5 sekundär ist.[17] Es spricht nämlich einiges dafür, daß gerade umgekehrt Am 5,4-5 gegenüber 5,6 sekundär ist.

So fällt zunächst לבית־אל am Ende von V.6 auf. Die Einschränkung des Gerichts auf Bethel kollidiert mit der allgemeinen Wendung „Haus Josefs" und dürfte sicherlich sekundär sein. Dies wird auch oft so gesehen,[18] allerdings wird dieser Verweis auf Bethel dann schlicht als isolierte Glosse ohne größeren literarischen Zusammenhang verstanden, die 5,6 nachträglich mit 5,4-5 harmonisiert.[19]

---

14 Vgl. etwa Wolff, BK 14,2, 274; Willi-Plein, Vorformen, 35f; Fleischer, Menschenverkäufer, 115; Rottzoll, Studien, 242; Schart, Entstehung, 78f.

15 Vgl. nur Weiser, ATD 24, 161; Wolff, BK 14,2, 272; Fleischer, Menschenverkäufer, 108; Jeremias, ATD 24,2, 67; Rottzoll, Studien, 228f; Schart, Entstehung, 75.

16 Die Erwähnung von Beerscheba in Am 5,5a wird häufig für sekundär gehalten, da dieser Ort in den folgenden Unheilsansagen 5,5b nicht erwähnt ist; vgl. etwa Wolff, BK 14,2, 269; Fleischer, Menschenverkäufer, 107f; Jeremias, ATD 24,2, 66f; Rottzoll, Studien, 227f. Demgegenüber ist aber zu beachten, daß Bethel und Gilgal in V.5b in umgekehrter Reihenfolge genannt sind. Dies ist besser erklärlich, wenn man Am 5,5 mit de Waard, Structure, 172; Tromp, Amos, 65; Stuart, WBC 31, 344, als in sich chiastisch aufgebaut versteht (Bethel – Gilgal – Beerscheba – Gilgal – Bethel) und daher Beerscheba dem Grundbestand dieses Verses zurechnet.

17 Neben den genannten Argumenten führt Rottzoll, Studien, 228f, noch weitere Beobachtungen an, die ihn zu dem Schluß führen, daß 5,6 gegenüber 5,4-5 sekundär ist. Doch bei genauerem Hinsehen sprechen all diese Gründe eigentlich nur dafür, die beiden Texte auf unterschiedlichen Ebenen anzusetzen.

18 Vgl. Willi-Plein, Vorformen, 32; Fleischer, Menschenverkäufer, 108f; Jeremias, ATD 24,2, 59 Anm. 2; Rottzoll, Studien, 229.

19 Dabei sollte, gegen Jeremias, ATD 24,2, 59 Anm. 2, u.a., לבית־אל in 5,6 nicht ohne weiteres mit לבית ישראל am Ende von Am 5,3 zusammengenommen werden. Denn die Wendung in 5,3 bewirkt, anders als לבית־אל in 5,6, keinen Adressatenwechsel und schon gar keine Einschränkung auf einen bestimmten Adressatenkreis. So verfolgen die beiden Wendungen

Wenn nun aber, entgegen der verbreiteten Meinung, 5,4-5 gegenüber 5,6 sekundär sein sollte, so kann לבית־אל von vornherein im Rahmen eben dieser Überarbeitung verstanden werden. Die allgemeine Aufforderung, Gott zu suchen, aus 5,6* erhielt dann in 5,4-5 eine sekundäre Zuspitzung mit Blick auf das Wallfahrtswesen, indem das Suchen Gottes gegenüber dem Aufsuchen von Bethel, Gilgal und Beerscheba abgegrenzt wird. Und genau diesem Zweck dient auch der Verweis auf Bethel am Ende von 5,6, der hier die Aussage von 5,4-5 nochmals in Erinnerung ruft.

Der literarische Zusammenhang von Am 5,4-5 und 5,6* läßt sich aber allein schon aus rein inhaltlichen Gründen nur in dieser Richtung verstehen. Es konnte nämlich nie wirklich erklärt werden, warum Am 5,6* denn überhaupt ergänzt worden ist, bringt dieser Vers doch eigentlich gegenüber 5,4-5 keinen inhaltlichen Mehrwert ein.[20] Gerade im Anschluß an 5,4-5 wird das Suchen Gottes in 5,6* doch wohl ebenso im Gegenüber zum Wallfahrtswesen und so genau auf der Linie des Vorangegangenen verstanden. Demgegenüber ist 5,4-5 aber gut als nachträgliche Präzisierung von 5,6*, bei der das Suchen Gottes im Wallfahrtswesen ausgeschlossen wird, erklärbar.

Der in der Ringkomposition gegenüberliegende Text Am 5,14-15 wird nun sicherlich mit Am 5,6* auf einer literarischen Ebene anzusetzen sein, obgleich hier im Unterschied zu Am 5,6* (wie auch zu Am 5,4-5) zum Suchen des Guten und nicht zum Suchen Gottes aufgerufen wird.[21] Denn anders als Am 5,4-5 sind sowohl 5,6* als auch 5,14-15 als Prophetenrede formuliert und beide enthalten einen Verweis auf Josef. Zudem sind Am 5,6* und 5,14-15 auch formal miteinander verbunden: Beide nennen im Anschluß an die Aufforderung, Jhwh, bzw. das Gute zu suchen, neben der allgemeinen Folge „und lebt" auch konkrete Konsequenzen, in 5,6 für den

---

nicht dieselbe Intention. Zudem wird sich zeigen, daß לבית ישראל in 5,3 nicht sekundär ist, wird dies doch von dem ursprünglich angrenzenden Vers 5,7 vorausgesetzt; s.u. 65 mit Anm. 24.

20 Jeremias, ATD 24,2, 67, meint im Anschluß an Wolff, BK 14,2, 272, daß die vorangehenden Verse durch Am 5,6 zu einer „ultimativen Warnung" umgestaltet werden, bei der betont wird, daß es sich bei diesem Aufruf zur Umkehr um die letzte Chance handelt. Aber ein solch drohender Charakter ist doch sicherlich auch schon in der Wendung „sucht Jhwh, so werdet ihr leben" (5,4) enthalten. So kann auch auf diese Weise nicht wirklich begründet werden, inwiefern Am 5,6 als Fortschreibung von 5,4-5 zu verstehen sein sollte.

21 Jeremias, Tod, 225f, und Schart, Entstehung, 75f, setzen Am 5,6 und 5,14-15 auf unterschiedlichen Ebenen an und halten dabei 5,6 für später als 5,14-15. Dies ist in ihrem Modell verständlich, da sie 5,14-15 mit den Redaktoren der Erstverschriftung in Verbindung bringen, die für 5,4-5 ein Amoswort aus dem mündlichen Bereich aufgenommen und 5,14-15 als Pendant hierzu verfaßt haben. In einem solchen Modell hätte eine gleichzeitige Fortschreibung um 5,6 keinen Platz. Faßt man allerdings umgekehrt 5,4-5 als Fortschreibung von 5,6 auf, so spricht nichts mehr dagegen, angesichts der im folgenden ausgeführten Gemeinsamkeiten Am 5,6 und 5,14-15 auf einer Ebene anzusetzen. Auch Fleischer, Menschenverkäufer, 117, führt Am 5,6.14-15 auf dieselbe Redaktion zurück.

Fall des Nichtbefolgens das Verbrennen des Hauses Josef, in 5,14 für das Befolgen das Mit-Sein Jhwhs und schließlich in 5,15 das mögliche Erbarmen Jhwhs.[22] In 5,4-5 wird demgegenüber nur das künftige Geschick der Orte Bethel und Gilgal genannt, was aber nicht mit dem Suchen Gottes in Verbindung gebracht, sondern als ohnehin schon beschlossen dargestellt wird.

Aufgrund der genannten inhaltlichen und stilistischen Gemeinsamkeiten dürften also Am 5,6* und Am 5,14-15 auf einer literarischen Ebene anzusetzen sein. Das heißt nun aber nicht, daß 5,6*.14-15 der Grundschicht des vorliegenden Kapitels zugeordnet werden kann.[23] Im Gegenteil: Am 5,14-15 nimmt über die Stichworte שער (5,15 // 5,10.12) und משפט (5,15 // 5,7) deutlich auf die vorangehende Einheit Bezug, wobei hier die von dort aufgenommene Rechtsthematik als Explikation des Suchens des Guten eingebunden wird. Zudem steht Am 5,6* sekundär im Kontext: Denn das pluralische Partizip ההפכים zu Beginn von V.7 schließt eher an בית ישראל am Ende von V.3 als an V.6* an, in dem Jhwh Subjekt ist und der auch sonst keine Anschlußmöglichkeit für das folgende Partizip bietet.[24] So dürfte es sich also bei Am 5,6*.14-15 um einen sekundären Rahmen um die Rechtskritik 5,7.10.12b handeln, der unter Aufnahme eben dieser Kritik mit der Aufforderung, Jhwh, bzw. das Gute zu suchen, eine Rettungsmöglichkeit vor dem drohenden Gericht aufzeigt.

---

22 V.a. die zuletzt genannten formalen Gemeinsamkeiten sprechen nebenbei auch dagegen, V.14 und 15 auf unterschiedlichen literarischen Ebenen anzusetzen, wie Rottzoll, Studien, 231, vorschlägt.

23 An dieser Stelle ist es besonders wichtig, daß die ursprüngliche Zugehörigkeit von Am 5,6.14-15 zu seinem Kontext nicht darüber begründet wird, inwiefern der Aufruf, Gott zu suchen, zum Propheten Amos paßt. Denn selbst wenn über das vorliegende Buch ein Weg zurück zum Propheten führen sollte, so kann dieser doch nur über die redaktionsgeschichtliche Analyse des Buches laufen. Wenn demgegenüber Tromp, Amos, 72, oder Barstad, Polemics, 78, meinen, daß Am 5,4-6.14-15 nicht für sekundär gehalten werden kann, weil man sich den Propheten durchaus auch als Warner und Umkehrrufer und nicht nur als Propheten des Gerichts vorzustellen habe, so ist ihre redaktionsgeschichtliche Analyse von einem bestimmten Prophetenbild geleitet und nicht umgekehrt ihr Verständnis des Propheten erst Folge der redaktionsgeschichtlichen Analyse, was methodisch angemessener wäre.

24 Bis in die neueste Zeit wird allerdings die erstmals von Smith, Prophets, 166 Anm. 4, vorgelegte These aufgenommen, daß vor dem Partizip in Am 5,7 ein הוי zu ergänzen sei; vgl. etwa Wolff, BK 14,2, 284; Willi-Plein, Vorformen, 33; Levin, Amosbuch, 426; Kratz, Worte, 77. Andersen / Freedman, AncB 24A, 461-465, verstehen sogar die gesamte Komposition Am 5-6 als „Book of Woes", indem sie gleich vor mehreren Partizipien in diesem Textbereich ein הוי ergänzen. Doch sind solche Ergänzungen zu spekulativ, so daß der hier vorgeschlagene ursprüngliche Anschluß von Am 5,7 an 5,3 wohl als die wahrscheinlichere Lösung zu gelten hat.

Daß das בית ישראל am Ende von 5,3 in 5,7 vorausgesetzt wird, spricht dann auch gegen die oben 63 Anm. 19 dargestellte Annahme von Jeremias, nach der es sich hierbei um einen sekundären Nachtrag handelt, der zusammen mit לבית־אל am Ende von 5,6 in den vorliegenden Zusammenhang eingebracht wurde.

Bei den äußeren Gliedern der Ringkomposition A/A' dürfte die Leichenklage in Am 5,1-2 aufgrund der kompositionellen Bedeutung des Höraufrufs zu Beginn von 5,1 zunächst dem Grundbestand des Kapitels zuzuweisen sein.[25] Der folgende Vers 5,3, der die Dezimierung der Heereskraft einer Stadt bis zur Kampfunfähigkeit beschreibt, weshalb dieser Vers als uneigentliches Restwort bezeichnet werden kann,[26] ist dabei thematisch zwar von der Qinah in 5,1-2 abzuheben.[27] Er dient auch im vorliegenden Textzusammenhang nicht als Begründung der Qinah, wie gerne angenommen wird,[28] sondern eher als weitere Konkretisierung des in der Qinah zunächst noch allgemein beschriebenen Falls der Jungfrau Israel.[29] Da aber, wie oben dargestellt, das Partizip zu Beginn von Am 5,7 בית ישראל am Ende von V.3 als Anschluß voraussetzt, ist dieser Vers im vorliegenden Kontext zwar etwas sperrig, dürfte aber dennoch dem Grundbestand zuzurechnen sein. Zudem wird sich zeigen, daß noch mehrere uneigentliche Restworte wie Am 5,3 untrennbar in die Komposition der Grundschicht des Amosbuches verwoben sind.[30]

Der Am 5,1-3 gegenüberliegende Text Am 5,16-17 läßt sich ebenfalls der Grundschicht des Kapitels zuordnen. Die beiden Verse schließen gut an das Vorangehende an und über die Klagemotivik stehen sie in einer gewissen Verbindung zu 5,1-2.

Doch kann der Zusammenhang zwischen 5,1-3 und 5,16-17 noch nicht wirklich als Ringkomposition bezeichnet werden. Es ist nämlich zu beachten, daß sich in 5,1-3 keine einzige Stichwortverbindung zu 5,16-17 findet.[31] Die beiden Einheiten sind allenfalls ganz allgemein thematisch verbunden, indem sie beide auf Klageterminologie zurückgreifen, wobei allerdings in

---

25   Vgl. etwa Jeremias, ATD 24,2, 63; Rottzoll, Studien, 218f.
26   Auch wenn Am 5,3 immer wieder als Restwort verstanden wird, so haben doch neben anderen Wolff, BK 14,2, 278, oder Mays, Amos, 86, zurecht die Pointe dieses Verses darin gesehen, daß ein Heer, das Verluste von 90 Prozent hinnehmen muß, nicht mehr einsatzfähig ist und somit das Volk insgesamt keine Überlebenschance mehr hat.
27   Vgl. etwa Kratz, Worte, 75.
28   Köhlmoos, Tod, 67, hat gegen Jeremias, ATD 24,2, 64; Rottzoll, Studien, 219; Kratz, Worte, 72, u.a. zurecht darauf hingewiesen, daß Am 5,3 die Unheilsansage von V.2 nicht begründet, sondern diese vielmehr verdoppelt. Daß dies allerdings schon ein hinreichendes Kriterium sein soll, diesen Vers gegenüber 5,1-2 als sekundär anzusetzen, leuchtet nicht ein. Selbst wenn die beiden Worte überlieferungsgeschichtlich aus unterschiedlichen Kontexten stammen sollten, wofür Kratz, a.a.O., 75, gute Gründe vorgelegt hat, so sind sie doch auf literarischer Ebene dem Grundbestand dieses Kapitels zuzuordnen, wie die folgende Argumentation zeigt.
29   Auch Fleischer, Menschenverkäufer, 98, versteht Am 5,3, zumindest im vorliegenden Kontext, als Erläuterung von 5,1-2.
30   S.u. 127f.
31   Die einzige Gemeinsamkeit zwischen Am 5,1-3 und 5,16-17 ist in der vorliegenden Gestalt die Botenformel in 5,3 und 5,16.

5,1-2 speziell von Totenklage (קינה) über die hier bereits als Verstorbene dargestellte Jungfrau Israel,[32] in 5,16-17 dagegen von Klage (מספד) in wesentlich unspezifischerem Sinne die Rede ist.[33]

Zudem ist die kompositionelle Bedeutung von 5,16-17 nicht auf 5,1-3 zu beschränken. Zu beachten ist nämlich das zweimalige הו־הו in 5,16. Es dürfte kein Zufall sein, daß ausgerechnet auf 5,16-17 zwei הוי-Worte (5,18-20; 6,1-8) folgen.[34] So ist Am 5,16-17 also nicht nur als Pendant-Text zu 5,1-3 zu verstehen, sondern vielmehr auch als Scharnier zwischen dem vorangehenden und dem folgenden Kontext, indem mit der Klagemotivik an 5,1-2 erinnert, mit dem הו־הו aber zugleich auch zum Folgenden übergeleitet wird.[35]

Insgesamt zeigt sich also bei Am 5,1-17 eine Grundschicht, die eine Totenklage mit uneigentlichem Restwort in 5,1-3, die Rechtskritik in 5,7.10.12b und die Klagebeschreibung in 5,16-17, die zugleich als Überleitung zur folgenden Großeinheit dient, umfaßt.

Bei 5,6*(ohne לבית־אל).14-15 dürfte es sich um einen ersten Nachtrag handeln, der die Rechtskritik in 5,7-12* aufnimmt, mit der allgemeinen Aufforderung, Jhwh zu suchen, verbindet und so eine Rettungsmöglichkeit aufzeigt, wie sie in der Grundschicht, die die Verfehlungen des Volkes einfach nur nennt, noch nicht vorhanden war. Erst ab diesem Stadium kann eigentlich von einer Ringkomposition gesprochen werden, da es nun wirk-

---

32 Die Besonderheit von Am 5,2 besteht gerade im fiktiven Gebrauch des Begriffs קינה. Denn hier wird die Totenklage ja nicht über einen einzelnen Menschen, sondern gleich über eine ganze Nation erhoben, und diese Nation ist zum Zeitpunkt der Totenklage noch gar nicht tot. So nimmt die Qinah hier geradezu die Totenklage für den künftigen Untergang Israels voraus und ist so eher Gerichtswort als wirkliche Totenklage; vgl. hierzu etwa Hardmeier, Texttheorie, 280f; Jeremias, ATD 24,2, 64; Köhlmoos, Tod, 69.

33 Im Gegensatz zu קינה ist מספד nicht auf die Totenklage einzuschränken, sondern wird auch für Klagen angesichts anderer Anlässe verwandt; vgl. etwa Jes 22,12; Joel 2,12; Ps 30,12; siehe hierzu Scharbert, Art. ספד, 905. Wenn nun Fleischer, Art. קינה, 22, recht haben sollte, der im Anschluß an Hardmeier, Texttheorie, 333-339, davon ausgeht, daß der Unterschied zwischen קינה und dem auch in Am 5,16 verwandten Begriff נהי gerade darin besteht, daß נהי nicht auf fremden Tod, sondern auf das eigene Unheil der Überlebenden einer Katastrophe zu beziehen ist, so wird auch von dieser Seite her die Differenz in der Perspektive von Am 5,1-2 und 5,16-17 deutlich. Die beiden Sprüche haben also, v.a. da die Qinah in 5,2 ja fiktiv verwandt wird (s.o. Anm. 32), mit ihrem Bezug auf eine nationale Katastrophe unter Verwendung von Klageterminologie sicherlich Gemeinsamkeiten, sind aber neben den fehlenden Stichwortbeziehungen auch durch diese unterschiedliche inhaltliche Perspektive zu verschieden gestaltet, um von zwei gegenüberliegenden Gliedern einer Ringkomposition sprechen zu können.

34 Daß in Am 5,16 (הו) und 5,18; 6,1 (הוי) unterschiedliche Schreibungen vorliegen, dürfte bei einem onomatopoetischen Wort unproblematisch sein. So gibt auch LXX beide gleichermaßen mit οὐαί wieder; vgl. hierzu Zobel, Art. הוי, 382, und Wolff, BK 14,2, 286.

35 Auch Lang, Gott, 123, sieht Am 5,16-17 als Überleitung zum Folgenden, allerdings noch ohne dies weiter zu begründen.

lich gegenüberliegende Worte gibt, die auch terminologisch aufeinander bezogen sind.

In einer zweiten Überarbeitung wurde die Aufforderung, Gott zu suchen, sodann in 5,4-5.6*(לבית־אל) gegenüber dem Wallfahrtswesen abgegrenzt. Dieser kultkritischen Schicht wird, weiteren Erkenntnissen vorausgreifend, auch 5,12a zuzuweisen sein.[36]

Die Redaktoren, die den Hymnus 5,8-9 eingebracht haben, haben wohl die Ringstruktur erkannt und ihren Nachtrag daher bewußt in der Mitte dieser Komposition plaziert. So setzt dieser Nachtrag die Zufügung in 5,6*.14-15 voraus, durch die ja allererst eine wirkliche Ringstruktur entstanden ist.

Die noch verbleibenden Nachträge Am 5,11 und 5,13 sind von den sonstigen in 5,1-17 aufzuweisenden Redaktionen unabhängig. Dabei dürfte 5,11 aufgrund des hier belegten Nichtigkeitsfluches,[37] der an die dtn. Fluchformulierungen in Dtn 28,30-31.39-41 erinnert, einer dtr. Überarbeitung des Amosbuches zuzuschreiben sein, die im folgenden noch häufiger zu erkennen sein wird. Am 5,13 ist hingegen als vereinzelter Nachtrag anzusehen.

2.2.1.2 Die Worte gegen Samaria in Amos 3,9-4,13

Geht man nun von Am 5,1-17 innerhalb des Buchkorpus Am 3-6 weiter zurück, so findet sich ein erster Einschnitt nach den eher einleitenden Worten 3,1-8[38] in Am 3,9. Wie bei 5,1-17 zeigt sich auch bei 3,9-4,13 wieder eine Sammlung von Einzelworten, zunächst aber ohne denselben klaren Zusammenhang wie bei der soeben besprochenen Ringkomposition.

Diese Sammlung beginnt in 3,9 mit einer Heroldsinstruktion,[39] in der die Nachbarn Ägypten und Aschdod dazu aufgerufen werden, sich auf den Bergen Samarias zu versammeln. Die von diesem Ruf eingeleiteten Verse 3,9-15 sind dabei im wesentlichen durch die Anklage der Unterdrückung und die Ansage der Zerstörung der luxuriösen Bauten bestimmt. Es folgt eine mit Höraufruf eingeleitete Rede gegen die unsozialen Machenschaften der als „Kühe Baschans" bezeichneten Frauen in 4,1-3. Nach der „Parodie einer Priestertora"[40] mit der Aufforderung, nach Bethel und Gilgal zu kommen, um zu sündigen, in 4,4-5 findet sich schließlich in 4,6-13 ein Wort über

---

36 S.u. 101 Anm. 172.
37 Vgl. zu Begriff und Belegen des „Nichtigkeitsfluches" Podella, Notzeit-Mythologem, 427-454.
38 S.u. 79-83.
39 Vgl. hierzu Crüsemann, Studien, 50-55.
40 Wolff, BK 14,2, 250.

die verweigerte Umkehr des Volkes und eine daran angeschlossene Doxologie.

Die Erwähnung von Samaria in der Überschrift 3,9 scheint nun für die Komposition des Amosbuches von zentraler Bedeutung zu sein. Denn auch in den Überschriften in 4,1; 6,1 ist jeweils der „Berg Samaria"[41] genannt. So wird hier eine über die einzelne Einheit hinausgehende, das gesamte Buchkorpus Am 3-6 umfassende Orientierung an der Hauptstadt des Nordreiches, Samaria, erkennbar.

Um so auffälliger ist es aber, daß sich schon innerhalb von 3,9-4,13 zwei Worte finden, die gerade an anderen Orten orientiert sind, nämlich die in die Einheit 3,9-15 verwobenen Verse 3,13-14 an Bethel und Am 4,4-5 an Bethel und Gilgal.

Dabei wurde Am 3,13-14 schon häufiger als ein den vorliegenden Kontext unterbrechender sekundärer Einschub verstanden.[42] Denn der nach der Überschrift 3,9 unerwartete Höraufruf in 3,13 stellt einen deutlichen Neueinsatz dar. Zudem paßt die Zuspitzung auf den Kult Bethels und die dabei vorgebrachte Aussage, daß die Sünden Israels eben am kultischen Leben heimgesucht werden, nicht zu der zuvor in 3,12 dargestellten Verwerfung der Oberschicht Samarias.[43] Und zuletzt schließt die Ansage der Zerstörung von Sommerhaus und Winterhaus in 3,15 eher schlecht an die Kultkritik in 3,13-14, wohl aber an die Luxuskritik in 3,12 an. Die Verse 3,13-14 sind also als Einschub zu verstehen, der ein vorliegendes Wort auf die Ansage der Zerstörung des Heiligtums von Bethel hin fortschreibt und somit einem sozialkritischen Wort einen kultkritischen Aspekt zufügt.

Im verbleibenden Textbestand fällt sodann noch der mehrfache Personenwechsel innerhalb von 3,9-11 auf: In 3,9 werden, noch im Rahmen der Heroldsinstruktion, Aschdod und Ägypten mit einem Imperativ m.pl. angeredet, wobei von Samaria hier in der 3.f.sg. die Rede ist. Im folgenden

---

41 Anders als in Am 4,1; 6,1 ist in 3,9 allerdings der Plural שמרון הרי belegt. Dabei wird bei 3,9 in Angleichung an die anderen beiden Stellen und im Anschluß an LXX gerne eine Konjektur zur singularischen Form vorgenommen; vgl. etwa Marti, KHC 13, 175; Robinson, HAT 14, 82; Wolff, BK 14,2, 228. Doch wird der Plural in 3,9 eher mit der gegenüber 4,1; 6,1 unterschiedlichen Szenerie zu erklären sein, werden doch hier die Nachbarvölker zum Versammeln auf den Bergen Samarias aufgerufen. Dabei sind wohl die Berge um die Hauptstadt herum gemeint, von denen aus das Treiben in der Stadt zu beobachten ist; vgl. Rudolph, KAT 13,2, 159; Jeremias, ATD 24,2, 39. Der Deutung von Fleischer, Menschenverkäufer, 203, auf das ganze Land, im Anschluß an die Rede vom Feindangriff gegen das Land in 3,11, widerspricht hingegen die erneute Fokussierung auf Samaria in 3,12.

42 Vgl. etwa Schmidt, Prophet, 49; Mittmann, Amos, 151; Jeremias, ATD 24,2, 39; Rottzoll, Studien, 132-134; Schart, Entstehung, 68; Kratz, Worte, 72. Auch wenn demgegenüber immer wieder nur Teile von Am 3,13-14 als Zusatz betrachtet worden sind, vgl. die Übersicht bei Mittmann, a.a.O., 151 Anm. 9, sprechen die im folgenden genannten Gründe doch dafür, die beiden Verse insgesamt als sekundär zu betrachten.

43 Zum sekundären Charakter von ישראל בני in 3,12 s.u. 70f.

Vers finden sich nun aber, wohl mit Blick auf das eigene Volk, Formen der
3.m.pl., woraufhin die Ansage in 3,11, daß ein Feind das Land umgeben
wird, mit direkter Anrede in 2.f.sg. gestaltet ist. Dabei wäre der Wechsel von
der 3.f.sg. in V.9 zur 2.f.sg. in V.11 noch gut zu erklären, da nach der Heroldsinstruktion, die ja ohnehin eher als rhetorisches Element und deshalb
ihrerseits schon als an das eigene Volk gerichtet verstanden werden muß, ein
Wechsel hin zur direkten Anrede gut zu passen scheint. Die Rede vom
eigenen Volk in der 3.m.pl. in 3,10 ist demgegenüber, zumal hier kein Subjekt genannt ist, eher ungewöhnlich, da der direkte Anschluß für die pluralischen Verbformen zunächst Aschdod und Ägypten wäre.[44] So wird also
3,10 ein Nachtrag sein, der die Anklage der Bedrückung von 3,9 noch
dahingehend zuspitzt, daß das Volk das Rechte, das zu tun ist, überhaupt
nicht mehr kennt.

Die Verse 3,9.11-12.15 ergeben dann mit ihrer durchgängigen Luxuskritik einen soliden Zusammenhang. Dabei scheint das uneigentliche Restwort in 3,12 zunächst den Zusammenhang zwischen den Versen 3,11 und
3,15, die beide von der Zerstörung von Gebäuden bestimmt sind, zu unterbrechen.[45] Da das Bildwort allerdings wie sein Kontext in Luxuskritik übergeht und ebenso an Samaria orientiert ist, dürfte hier literarkritisch keine
weitere Scheidung vorzunehmen sein. Festzuhalten ist allerdings, daß – wie
schon bei 5,3 – auch dieses uneigentliche Restwort im vorliegenden Kontext
etwas sperrig wirkt, ohne daß es wirklich als sekundär bezeichnet werden
könnte.[46]

Allerdings ist innerhalb von Am 3,12, wie schon häufiger gesehen, die
Wendung בני ישראל als sekundär zu betrachten.[47] Denn im gesamten
Kontext ist nur von Samaria die Rede und im Rahmen der Luxuskritik wohl

---

44   Es genügt hier also nicht, mit Gitay, Study, 306, den Personenwechsel als rhetorischen Effekt
     zu erklären. Denn gegen Gitay handelt es sich ja nicht nur um einen Wechsel von der 3. zur
     2. Person, sondern darüber hinaus auch um einen Wechsel zwischen Formen in f.sg. (3,9.11)
     und Formen in m.pl. (3,10).
45   Daß es sich bei Am 3,12 um ein uneigentliches Restwort handelt, ist oft gesehen worden; vgl.
     nur Wolff, BK 14,2, 235f; Jeremias, ATD 24,2, 41. Im Hintergrund steht dabei das Hirten-
     recht, wonach der Hirte einen Beweis für ein gerissenes Tier benötigt, um nicht selbst dafür
     aufkommen zu müssen (vgl. Ex 22,12). So liegt die Pointe in diesem Bildwort gerade darin,
     daß das aus dem Munde des Löwen Gerettete kein eigentlicher Rest, sondern nur ein Beweis
     für den Tod des Gerissenen ist. Wie bei den zehn verbliebenen Kriegsmännern in Am 5,3
     (s.o. 66 Anm. 26) geht es also auch hier darum, daß das Übriggebliebene gerade nicht mehr
     überlebensfähig ist.
46   Zu Am 5,3 s.o. 66.
47   Vgl. Rottzoll, Studien, 135; Schart, Entstehung, 69.

eigentlich auch nur die Oberschicht angesprochen.[48] Es verbleibt also insgesamt in 3,9-15 ein Grundbestand, der die Verse 3,9.11.12*.15 umfaßt.

Die redaktionsgeschichtliche Analyse von Am 3,9-15 hat nun Konsequenzen für die Einschätzung der folgenden Worte. Wenn nämlich das
gegen Bethel gerichtete Wort Am 3,13-14 sekundär ist und da sich nach den
obigen Ausführungen auch die gegen Bethel, Gilgal und Beerscheba[49]
gerichteten Verse Am 5,4-5 gegenüber 5,6* als Nachtrag erwiesen haben,
liegt die bislang eher selten gezogene Konsequenz nahe, auch das an Bethel
und Gilgal orientierte Wort Am 4,4-5 als sekundär gegenüber der Grundschicht des Amosbuches zu verstehen.[50] Denn zunächst schließen diese
Verse aufgrund ihrer geographischen Ausrichtung ohnehin nur schlecht an
die vorangehenden beiden Samariaworte 3,9-15* und 4,1-3 an.[51] Zudem hat
sich ja mit 5,4-5 nicht nur der Verweis auf Bethel, Gilgal und Beerscheba,
sondern überhaupt die Kultkritik in diesem Textbereich als sekundär erwiesen. Nachdem sich nun auch in 3,13-14 ein kultkritischer Nachtrag gefunden
hat, liegt die Frage auf der Hand, ob die Grundschicht des Amosbuches
nicht überhaupt ohne jegliche kultkritischen Worte bestanden hat.[52] Und
schließlich ist die Nennung der drei Wallfahrtsorte über die genannten drei
Einheiten so verteilt, daß sich ein klarer, steigernder Zusammenhang ergibt,
nach dem von Wort zu Wort jeweils eine Stätte mehr genannt wird:

---

48 Dabei sollte gegen Loretz, Vergleich, 124f, nicht Am 3,12b im Ganzen als sekundär ver-
    standen werden, geht doch dann die Überleitung zur Luxuskritik und damit der Anschluß für
    3,15 verloren; vgl. hierzu Fleischer, Menschenverkäufer, 249 Anm. 13.
49 Zur Zugehörigkeit von Beerscheba in Am 5,5 s.o. 63 Anm. 16.
50 Auch Vermeylen, Isaïe 2, 550f; Fleischer, Menschenverkäufer, 44; Weimar, Schluß, 97; Coote,
    Amos, 48-53; Kratz, Worte, 72, halten Am 4,4-5 für sekundär. Dabei spielen die Bezüge zu
    Am 3,13-14; 5,4-5 stets eine wichtige Rolle für die redaktionsgeschichtliche Beurteilung von
    4,4-5. Allerdings wurde der sekundäre Charakter dieser Verse noch nie eingehend begründet,
    und auch der kompositionelle Zusammenhang der genannten drei Stellen wurde noch nicht
    aufgezeigt.
    Rottzoll, Studien, 186f, weist Am 4,4-5, anders als 3,13-14; 5,4-5, jedoch dem Grundbestand
    des Amosbuches zu, da es hier nicht um die Kultstätten, sondern um das frevelhafte Verhal-
    ten der Israeliten ginge. Doch baut Rottzoll hiermit falsche Fronten auf. Natürlich hat auch
    Am 4,4-5 die Kultstätten als solche im Blick, und natürlich warnt auch 5,4-5 vor falschem
    Verhalten. Wenn Rottzoll seine These damit untermauert, daß 4,4-5 dazu aufruft, nach
    Bethel zu kommen, während in 5,4-5 gerade zum Fernbleiben aufgefordert wird, so scheint
    die Ironie von 4,4-5 noch nicht genügend berücksichtigt zu sein.
51 Auch Jeremias, Amos 3-6, 148, hat erkannt, daß Am 4,4-5 eher schlecht an die Samariaworte
    3,9-4,3 anschließt. Dennoch spricht er dieses Wort dem Grundbestand des Amosbuches zu
    und vermutet, daß es in einem früheren Überlieferungsstadium des Buches vielleicht an
    anderer Stelle gestanden haben könnte. Die oben genannten Argumente scheinen demgegen-
    über aber viel eher dafür zu sprechen, daß es sich um einen Nachtrag handelt.
52 So hat jüngst auch Kratz, Worte, 72, die gesamte Kultkritik dem Grundbestand des Amos-
    buches abgesprochen.

3,13-14	4,4-5	5,4-5
Bethel	Bethel Gilgal	Bethel Gilgal Beerscheba

Dabei sind die ersten beiden Worte noch zusätzlich über den Begriff der
Sünde (‏*פשׁע‎) verbunden (3,14; 4,4). So spricht also alles dafür, Am 4,4-5
gegenüber der Grundschicht von 3,9ff als sekundär und auf einer Ebene mit
den genannten kultkritischen Worten anzusetzen.

Demgegenüber wird aber Am 4,1-3 nach 3,9.11.12*.15 zur Grundschicht des vorliegenden Textbereichs zu rechnen sein.[53] Denn beide Worte
sind an die Bewohner Samarias gerichtet, beide sozialkritisch gefärbt, indem
sie die Unterdrückung der Niederen gepaart mit eigenem Wohlleben an-
prangern,[54] und beide kündigen einen feindlichen Übergriff als Gericht an.

Im vorliegenden Textverlauf folgt nun nach Am 4,4-5 ein Rückblick auf
in der Vergangenheit verweigerte Umkehr in Am 4,6-11 mit einer über 4,12
angeschlossenen Doxologie in 4,13. Dabei wird zunächst in 4,6-11 in fünf
Strophen dargestellt, wie das Volk immer wieder von Gott mit Strafen
belegt worden ist, mit Hunger, Dürre, Mißernte, Pest und Umsturz, aber auf
eben diese Strafen nicht reagiert hat. So endet jede der fünf Strophen mit
der gleichlautenden Bemerkung: „Aber ihr habt euch nicht zu mir bekehrt."

---

53 Dabei dürfte Am 4,1-3 in sich literarisch einheitlich sein. Levin, Amosbuch, 424f, erkennt
    allerdings im Bedrücken der Geringen in 4,1 einen Nachtrag, da hier zu früh das Bild der
    Kühe Baschans verlassen wird, das am Ende des Verses aber wieder aufgenommen wird, wo
    die Herren aufgefordert werden, zu saufen zu bringen. Doch müßte hierfür allererst sicher
    nachgewiesen werden, daß das schwer verständliche Ende des Verses wirklich das Bild der
    Kühe voraussetzt. Denn Levins Übersetzung von ‏התש‎ mit „saufen" suggeriert hier eine
    eindeutige Verbindung, die so nicht gegeben ist.
    Daß der mit Imperativ m.pl. gestaltete Höraufruf nicht zum femininen Nomen paßt, wie
    Levin, ebd., zudem meint, wird auf die geprägte Form eines solchen Höraufrufes zurück-
    zuführen sein und dürfte noch kein Anlaß sein, an dieser Stelle einen ursprünglichen We-
    heruf anzunehmen.
    Allerdings erstaunen die drei maskulinen Suffixe in Am 4,1b.2. Dabei dürfte es sich aber eher
    um in der Textgeschichte hinzugekommene Fehler handeln, sind doch alle Verbalformen
    eindeutig feminin. So können diese Suffixe auch nicht als Hinweis genommen werden, daß
    in 4,1-3 neben den Frauen auch die Männer angesprochen sind, wie Fleischer, Menschen-
    verkäufer, 81f; Andersen / Freedman, AncB 24A, 420f, meinen.
54 Am 4,1-3 wurde immer wieder als kultkritisches Wort verstanden, indem die Bezeichnung
    der Frauen als Kühe in irgendeiner Form mit kanaanäischem Kult in Verbindung gebracht
    wurde; vgl. Koch, Profeten 1, 130; Barstad, Polemics, 41-44; Jacobs, Cows, 109f. Doch hat
    die Anklage in 4,1 mit dem Vorwurf, die Geringen zu bedrücken, wie auch das Gerichtswort
    4,2-3, überhaupt keine kultische Ausrichtung. So sprechen sich auch Fleischer, Menschen-
    verkäufer, 87 Anm. 36; Jeremias, ATD 24,2, 44; Kleven, Cows, 219, u.a. betont gegen
    derartige Deutungen aus.

Während Am 4,6-11 früher noch gerne der Grundschicht des Amosbuches zugeschrieben wurde,[55] herrscht in neuerer Zeit nahezu Konsens,
daß es sich hier um einen Nachtrag handelt.[56] Die Einheit ist über וגם־אני an
den vorangehenden Vers 4,5 angeschlossen und stellt somit dem Verhalten
des Volkes an den Heiligtümern von Bethel und Gilgal das Verhalten Gottes
gegenüber, der das Volk in seiner Pädagogik immer wieder zur Umkehr
bringen wollte, nimmt dabei aber eben die kultkritische Thematik des vorangehenden Wortes nicht mehr auf. So setzt Am 4,6ff die Einheit 4,4-5
voraus, ist ihr gegenüber aber als Nachtrag einzustufen.

Die literarische Einheitlichkeit dieses Strophengedichts selbst ist eher
unumstritten. Es wird lediglich auf einige kleinere Einschübe hingewiesen,
meist mit Blick auf die Verse 7-8 und 10.[57] Doch hat zum einen schon Wolff
darauf aufmerksam gemacht, daß alle hier vorgenommenen Rekonstruktionsversuche letztlich von der Annahme ausgehen, daß sich eine klare
poetische Struktur rekonstruieren ließe, was aber angesichts der Textgestalt
von Am 4,6-11 nicht wirklich gelingen kann.[58] Da die eventuellen Einschübe
zum anderen keinerlei Verbindungen zum sonstigen Amosbuch haben, also
wenn überhaupt, dann nur vereinzelte Nachträge ohne wirkliche Bedeutung
für die Redaktionsgeschichte des Gesamtbuches sind, können sie hier außer
Acht bleiben.

Das bedeutendere Problem ist demgegenüber das ursprüngliche Ende
des Strophengedichts. Am 4,12 schließt mit לכן und der Aussage, daß Jhwh
auch weiterhin so[59] am Volk handeln wird, an das Vorangehende an. Der
Wechsel in der Anrede von der 2.m.pl. in 4,6-11 zur 2.m.sg. in 4,12 sowie

---

55 Vgl. Marti, KHC 13, 180-185; Weiser, ATD 24, 154; Rudolph, KAT 13,2, 173-175; Markert,
   Struktur, 124, in neuerer Zeit etwa noch Paul, Amos, 141-143; Andersen / Freedman, AncB
   24A, 439; Paas, Seeing, 269.
56 Vgl. nur Wolff, BK 24,2, 256-258; Melugin, Formation, 385; Jeremias, ATD 24,2, 49-52;
   Rottzoll, Studien, 205f; Schart, Entstehung, 71.
57 Einen guten Überblick über die verschiedenen Rekonstruktionsversuche bietet Rottzoll,
   Studien, 200-205.
58 Vgl. Wolff, BK 14,2, 250f, siehe auch Jeremias, ATD 24,2, 53, der nur sehr zurückhaltend ein
   mögliches Wachstum des Textes erwägt, sowie Schart, Entstehung, 71, der zwar 4,7aβ-8a für
   einen Nachtrag hält, aber auch zugibt, daß hierdurch kein ebenmäßiger Text entsteht und
   sich ein solcher auch kaum wirklich herstellen läßt.
59 Über das rechte Verständnis des כה zu Beginn von V.12 wurde lange gerätselt. Wolff, BK
   14,2, 262, bezieht das כה auf die Zerstörung des Heiligtums von Bethel, in dessen Ruinen
   seiner Meinung nach Am 4,6ff zur Zeit Josias zum Vortrag gebracht wurde. Doch gibt es
   hierfür keinen Beleg im Text. Die zweite, etwa von Rudolph, KAT 13,2, 181, vorgebrachte
   Deutung, wonach das כה auf das folgende Gericht zu beziehen sei, ließe demgegenüber
   4,12bα als überschüssige Dublette zu 4,12a erscheinen. Nicht umsonst meint etwa Willi-Plein,
   Vorformen, 29, das כה beziehe sich auf ein nach 4,12a abgebrochenes Drohwort. Demgegenüber wird aber wohl eher die von Jeremias, Mitte, 205f, vertretene Position die richtige
   sein, wonach sich das כה nur auf die vorangehenden Verse 6-11 beziehen und mit „(weiterhin) so" wiedergeben läßt; siehe auch Berg, Hymnenfragmente, 242f.

die Tatsache, daß die Thematik der Umkehr in 4,12-13 nicht mehr wirklich aufgenommen wird, könnten nun dafür sprechen, daß es sich bei Am 4,12-13 um einen Nachtrag handelt.[60] Das Problem ist nur: Ohne Am 4,12 fehlt dem Strophengedicht 4,6-11 ein Abschluß. Nicht umsonst wird zumeist die Ankündigung, daß Jhwh auch weiterhin so am Volk handeln will, in 4,12a noch zu 4,6-11 hinzugenommen und als Zielpunkt der gesamten Einheit verstanden.[61] Doch auch 4,12a dürfte noch nicht das ursprüngliche Ende der Einheit sein, fehlt doch dann die Konsequenz aus dem hier angesagten weiteren Gerichtshandeln. Deshalb wird bei den Ansätzen, die 4,12a als Ende auffassen, auch oft davon ausgegangen, daß die ursprüngliche Fortsetzung weggebrochen ist.[62] Sieht man allerdings von solchen Hilfskonstruktionen ab, so kann eigentlich nur der gesamte Vers Am 4,12, inklusive der Aufforderung an das Volk, sich zur Begegnung mit Jhwh bereit zu machen, in 4,12b, als ursprüngliche Fortsetzung von 4,6-11 angesehen werden.[63]

Der Sinn von 4,12 wäre dann, daß nach der zuletzt in 4,11 genannten Strafe, die wohl auf die Exilierung des Volkes zu deuten ist und deshalb einen gewissen Höhepunkt unter den in 4,6-11 genannten Strafen darstellt,[64] das Volk noch immer nicht zur Umkehr bereit war und es sich deshalb jetzt auf ein erneutes Eingreifen Gottes gefaßt zu machen hat.

Dann läßt sich aber auch der hieran anschließende Hymnus Am 4,13 am besten im Rahmen des vorangegangenen Strophengedichts und der Ansage erneuten Strafhandelns verstehen, und zwar als die in 4,12 geforderte Reaktion des Volkes.[65] Denn die alte und kaum überbotene These von Horst hat doch immer noch den höchsten Erklärungswert für die Amos-Hymnen, wonach diese Hymnen als Gerichtsdoxologien die Funktion haben, daß das Volk in ihnen seine Schuld vor Gott anerkennt.[66] Die Doxologien können demnach als Folge einer gottesdienstlichen Bearbeitung angesehen werden. Eine gewichtige Stütze hat die These von Horst dabei durch die Beobachtung von Jeremias erfahren, der darauf hinweist, daß in 1 Kön 8,33, im Rahmen des Tempelweihgebetes, in dem sich ohnehin zahlreiche Parallelen

60   So schon, wenn allerdings unsicher mit Blick auf 4,12, Wellhausen, Propheten, 80, in neuerer Zeit Rösel, Studien, 95f; Schart, Entstehung, 73f.
61   So bezeichnete schon Brueggemann, Amos, 7, Am 4,12a als „climax" der vorangehenden Verse; vgl. auch Markert, Struktur, 123.
62   Vgl. etwa Marti, KHC 13, 181, sodann Willi-Plein, Vorformen, 29; Markert, Struktur, 116; Reventlow, Amt, 77.
63   Vgl. etwa Mays, Amos, 78; Wolff, BK 14,2, 253f; Jeremias, ATD 24,2, 52.
64   Auch Jeremias, ATD 24,2, 53, erkennt in Am 4,11 eine letzte Steigerung im Verlauf der einzelnen Strafen und deutet diesen Vers auf die Exilierung; vgl. auch Rottzoll, Studien, 207f. Dabei ist der deutlichste Hinweis, daß hier tatsächlich die Exilierung im Blick ist, die zu Am 4,11 parallele Formulierung אוד מצל מאש in Sach 3,2.
65   Zu den Doxologien vgl. den informativen Überblick von Jeremias, ATD 24,2, 56-58.
66   Vgl. Horst, Doxologien, 53.

zu Am 4,6ff finden, das Volk dazu aufgefordert wird, nach einer Verschuldung den Namen Jhwhs anzurufen.[67] Denn nichts anderes geschieht in den
Amos-Doxologien mit ihrem abschließenden יהוה אלהי־צבאות שמו.[68] So
ist der Hymnus Am 4,13 also tatsächlich als Reaktion auf die erneute Ansage
des göttlichen Gerichtshandelns in 4,12 und somit auch literarisch als
schlüssige Fortsetzung des vorangehenden Verses zu verstehen.

Dabei ist bedeutend, daß Am 4,13, wie überhaupt die Amos-Hymnen,
durchaus von negativen Gottesprädikationen bestimmt ist, daß also neben
dem Schöpfungshandeln auch das vernichtende, die Schöpfung angreifende
Verhalten Gottes genannt wird.[69] Das bedeutet für die Funktion der Amos-
Hymnen, daß sie nicht einseitig auf die Hoffnung auf erneute gnadenhafte
Zuwendung Gottes hin gelesen werden dürfen, sondern vielmehr, sozusagen nach der letzten vertanen Chance auf Umkehr, als schlichtes Einver-
ständnis in das Gerichtshandeln Gottes.

Die Nähe zu 1 Kön 8 sollte nun allerdings nicht dazu führen, Am 4,6-11
oder 4,6-13 als deuteronomistisch zu bezeichnen.[70] Neben 1 Kön 8 finden
sich nämlich auch enge Parallelen in den Fluchkapiteln Dtn 28 und Lev 26.
Ja, sowohl terminologisch als auch inhaltlich ist die größte Nähe zum Heilig-
keitsgesetz in Lev 26 gegeben. Denn hierzu bestehen nicht nur die meisten
Wortparallelen,[71] sondern in Lev 26 findet sich auch der Gedanke eines

---

67 Vgl. Jeremias, Mitte, 201; ders., ATD 24,2, 55.
68 Crüsemann, Studien, 96-106.152f, und in dessen Gefolge etwa van der Woude, Art. שם, 960f,
    erkennen in der Wendung יהוה צבאות שמו die typische Unterschrift eines partizipialen
    Hymnus, in dem in der Umwelt belegte Gottesprädikationen auf Jhwh übertragen werden,
    so daß die Funktion dieser Hymnen ihrer Meinung nach überhaupt in der Auseinander-
    setzung zwischen Jhwh und den Göttern der Umwelt besteht. Doch selbst wenn dies auf der
    Ebene eines dem Amosbuch vorgegebenen Hymnus stimmen mag, so ist dessen Funktion
    im Kontext des Amosbuches hiervon nochmals zu unterscheiden. Denn hier finden sich
    keinerlei Hinweise auf eine Auseinandersetzung mit fremden Göttern. Die anderslautenden
    Darlegungen von Ramsey, Amos, 187-191; Youngblood, לקראת, 98; Rottzoll, Studien, 209,
    die אלהיך in V.12 pluralisch als „deine Götter" verstehen wollen, sind nur mit einer, von
    Youngblood und Rottzoll auch vorgenommenen, textkritischen Änderung des לקראת zu
    לקראת את möglich, zu der kein Anlaß besteht. So sind die Hymnen im vorliegenden Kontext
    also, wie dargelegt, eher auf die Thematik von unterlassener Umkehr, anhaltendem Gericht
    und Schuldeingeständnis zu deuten.
69 Bei 4,13 ist das Umkehren des Morgenlichts in Dunkelheit oder das Treten auf den Höhen
    zu nennen. So spricht in diesem Zusammenhang auch Koch, Rolle, 515, von einer „Ver-
    nichtungstheophanie", Möller, Word, 514, verweist auf „God's destructive power" innerhalb
    der Amos-Hymnen; siehe auch Crenshaw, Conflict, 81f; Lang, Gott, 108-111. Wenn dem-
    gegenüber Brueggemann, Amos, 11, (und mit Einschränkungen auch Jeremias, ATD 24,2,
    XXII) meint, der Hymnus solle v.a. zur Umkehr motivieren, und in dessen Gefolge Berg,
    Hymnenfragmente, 260, hier eine „positive Wendung" erkennen will, wird dies dem Inhalt
    der Hymnen sicherlich nicht gerecht.
70 So v.a. Schart, Entstehung, 72. Jeremias, ATD 24,2, 52, spricht demgegenüber zurückhalten-
    der von einer gewissen Nähe zur dtr. Theologie.
71 Vgl. die Übersicht bei Wolff, BK 14,2, 252.

fortwährenden Gerichtshandelns bei nicht erfolgter Umkehr.[72] So kann von einer alleinigen Abhängigkeit von 1 Kön 8 nicht die Rede sein.[73] Dabei wird wohl aber auch zu Lev 26 nicht von einer wirklich literarischen Abhängigkeit auszugehen sein. Vielmehr dürfte Am 4,6-13 traditionsgeschichtlich mit den genannten drei Texten zusammenhängen, also auf eine geprägte Umkehrtheologie zurückgehen, mit der all diese Parallelen verbunden sind.

Innerhalb von Am 4,13 ist nun aber doch ein kleiner literarischer Nachtrag zu nennen. Die Wendung וּמַגִּיד לְאָדָם מַה־שֵּׂחוֹ paßt so gar nicht zu den kosmologischen Aussagen, die die Hymnen des Amosbuches in 4,13; 5,8-9;[74] 9,5-6 sonst bestimmen. Sie ist jedoch gut im Zusammenhang mit einer ganzen Reihe von Nachträgen im Amosbuch zu verstehen, die sich mit dem prophetischen Wort auseinandersetzen und die sich allesamt als Teil der dtr. Redaktion des Amosbuches erweisen werden (2,11-12; 3,7; 8,11-12).

Bei Am 4,6-12.13*(ohne וּמַגִּיד לְאָדָם מַה־שֵּׂחוֹ) handelt es sich also um einen zusammenhängenden Nachtrag, der im Rahmen einer gottesdienstlichen Bearbeitung des Buches als Reflexion über die letzte vertane Chance auf Umkehr zu verstehen ist.[75] Der durchaus vorhandene Bruch zwischen 4,11 und 4,12 sowie der in 4,13* angeschlossene Hymnus könnten dafür sprechen, daß für diese Einheit auf ursprünglich selbständiges Gut zurückgegriffen wurde.[76] Da jedoch 4,11 nicht als Ende einer Einheit verstanden werden kann und da 4,13* von seiner Funktion her mit dem Vorangehenden verbunden ist, dürfte 4,6-12.13* im Kontext des Amosbuches schon immer als zusammenhängende Einheit gestanden haben. Die mangelnde Kohärenz des Textes ist also rein überlieferungsgeschichtlich und nicht literarkritisch zu erklären.[77]

---

72   Vgl. den steigernden Aufbau der Drohungen, wonach stets eine weitere Strafe angekündigt wird für den Fall, daß nach den einzelnen Strafen immer noch kein Gehorsam folgt (Lev 26,14.18.21.23.27); vgl. hierzu auch Jeremias, Mitte, 203.

73   Schart, Entstehung, 72, will eine besondere Nähe zwischen Am 4,6-11 und 1 Kön 8 gegenüber Lev 26; Dtn 28 darin erkennen, daß nur diese beiden Texte von einer besonderen Nähe zum Tempel geprägt sind. Doch kann er dies für Am 4,6-11 nur indirekt durch den Anschluß an die an den Nordreichsheiligtümern Bethel und Gilgal orientierten Verse Am 4,4-5 belegen. In 4,6-11 selbst spielt der Tempel oder ein sonstiges Heiligtum aber überhaupt keine Rolle, so daß Scharts Argumentation kaum gefolgt werden kann.

74   Zur andersartigen inhaltlichen Ausrichtung von 5,9 s.o. 61 mit Anm. 9.

75   So auch Wolff, BK 14,2, 253f; Jeremias, ATD 24,2, 49-56; Albertz, Exilszeit, 177.

76   Daß es sich bei dem Hymnus um aufgenommenes Gut handelt – evtl. sogar aus einem zusammenhängenden Psalm –, wurde schon oft gesehen; vgl. nur Budde, Text, 106; Horst, Doxologien 46; Crüsemann, Studien, 99-103; Wolff, BK 14,2, 254f; Jeremias, ATD 24,2, 57.

77   Auf diese Weise dürfte sich auch der unterschiedliche theologische Hintergrund zwischen dem geschichtstheologisch geprägten Strophengedicht Am 4,6-11 und dem schöpfungstheologisch bestimmten Hymnus Am 4,13 erklären, was also gegen Schart, Entstehung, 73f, auf der Ebene des Amosbuches kein Grund sein dürfte, hier zwei verschiedene Schichten anzunehmen.

Für den Textbereich 3,9-4,13 ergibt sich nun also insgesamt eine Grundschicht, die die Worte 3,9.11.12*(ohne בני ישראל).15; 4,1-3 umfaßt. Diese
Texte passen dabei inhaltlich und formal zur Grundschicht von Am 5,1-17:
Inhaltlich finden sich hier wie dort sozialkritische Anklagen, zugespitzt auf
die Unterdrückung der sozial niedrig Gestellten: Dies kommt bei 3,9-15*
noch im recht allgemeinen Ausdruck der Bedrückung (עשוקים) zur
Sprache,[78] wobei die gleiche Wurzel עשק in 4,1 mit Blick auf die Bedrückung
des Geringen aufgenommen wird.[79] In 5,12b wird sodann die Rechtskritik
gerade auf das Zurückweisen des Armen im Tor zugespitzt. Dabei findet
sich der hier verwandte Begriff des אביון auch schon in 4,1. So sind die drei
Einheiten 3,9-15*; 4,1-3 und 5,1-12* durch ihre sozialkritische Ausrichtung
verbunden und dabei mit für diese Anklage zentralen Begriffen untereinander verzahnt:

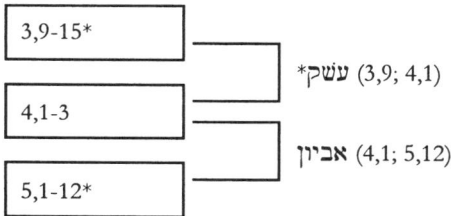

Doch gehen die inhaltlichen Übereinstimmungen noch darüber hinaus: Mit
der Qinah in Am 5,1-2, die den Fall der Jungfrau Israels beschreibt, findet
sich hier wie in 3,11-12*.15 und 4,2-3 eine Gerichtsankündigung. Und
schließlich steht wie schon in 5,3 nun auch in Am 3,12 ein uneigentliches
Restwort.[80]

---

78 Es ist unklar, ob unter עשוקים in Am 3,9 die Unterdrückten selbst oder aber als Abstrakt-
    plural die Unterdrückung im allgemeinen zu verstehen ist; vgl. hierzu Wolff, BK 14,2, 229;
    Gerstenberger, Art. עשק, 445. Daß es bei diesem Begriff um wirtschaftliche Ausbeutung und
    somit in Am 3,9 um den Bereich der Sozialkritik geht, ist aber unbestritten; vgl. Gersten-
    berger, a.a.O., 443f; Sahm, ʿāšaq, 335-353.
79 Rottzoll, Studien, 129, scheidet im Anschluß an Markert, Struktur, 95, ועשוקים בקרבה in
    Am 3,9 aus metrischen Gründen aus und sieht hier eine sekundäre Bezugnahme zu 4,1. Doch
    sind Argumentationen, die allein auf der metrischen Struktur aufbauen, für sich genom-
    men noch kein ausreichender Hinweis auf eine Fortschreibung, zumal der mögliche Anlaß für eine
    solche sekundäre Bezugnahme zu 4,1 hier ganz im Dunkeln bleibt.
80 Zu Am 3,12 als uneigentliches Restwort s.o. 70 Anm. 45.

Neben diesen inhaltlichen Gemeinsamkeiten der Grundschicht von 3,9-
4,13 und der Grundschicht von 5,1-17 ist schließlich auch auf die formale
Übereinstimmung zwischen den Höraufrufen in 4,1 und 5,1 zu verweisen:[81]

4,1	שמעו הדבר הזה
5,1	שמעו את־הדבר הזה

Dabei wird allerdings meist eine größere Nähe zwischen den Höraufrufen
in 3,1 und 5,1 angenommen, die durch einen Relativsatz fortgeführt werden
und das Buchkorpus Amos 3-6 in zwei Teile unterteilen.[82] Der Höraufruf
4,1 wird demgegenüber in seiner kompositionellen Bedeutung geringer
bewertet und nur auf das folgende Wort bezogen. Da die bisherige redaktionsgeschichtliche Analyse allerdings ergeben hat, daß gerade die beiden
Höraufrufe in 4,1 und 5,1 ursprünglich aufeinander folgende Worte einleiten, und da beide im Gegensatz zu dem als Gottesrede gestalteten Höraufruf 3,1 als Prophetenrede formuliert sind, ist die kompositionelle Verbindung dieser beiden Verse nun ebensogut denkbar und wird sich noch weiter
bestätigen.[83]

Nach dem Grundbestand 3,9.11.12*(ohne בני ישראל).15; 4,1-3 sind die
Nachträge in 3,13-14 und 4,4-5 als erste Überarbeitung anzusetzen. Sie
erweitern den vorgegebenen Grundbestand um kultkritische Worte mit
Blick auf die Wallfahrtsorte in Bethel und Gilgal und stehen daher mit der
kultkritischen Überarbeitung in 5,4-5.6* in Verbindung. Hierzu dürften
vorläufig auch der sekundäre Vers 3,10 sowie der Einschub בני ישראל in
3,12* zu rechnen sein.[84]

Eine weiterer Nachtrag, der nun seinerseits Am 4,4-5 voraussetzt, zeigt
sich in der Bußliturgie mit abschließendem Hymnus in Am 4,6-12.13*(ohne
ומגיד לאדם מה־שחו). Diese Überarbeitung wird wiederum mit dem Hymnus in 5,8-9 auf einer Stufe anzusetzen sein.

---

81 Ein vergleichbarer Höraufruf mit einem Imperativ von שמע und der Wendung הדבר הזה
    ist im AT nur noch Am 3,1 belegt. Zu nennen wäre allenfalls noch Jer 28,7, wo der Imperativ
    allerdings im Singular steht.
82 Vgl. Jeremias, Amos 3-6, 149f; ders., ATD 24,2, XX; Schart, Entstehung, 62.
83 Jeremias, Amos 3-6, 149, stützt seine Gliederung des Buchkorpus Am 3-6 anhand der beiden
    Höraufrufe in 3,1; 5,1 mit der in der Tat erstaunlichen Beobachtung, daß das Volk in Am 3-4
    ausnahmslos mit בני ישראל (3,1.12; 4,5), in Am 5-6 hingegen ausnahmslos mit בית ישראל
    (5,1.3.4.25; 6,1.14) bezeichnet wird. Dies wird sicher kein Zufall sein. Da sich nun aber die
    Wendung בני ישראל in 3,12, wie auch 4,4-5 insgesamt, als sekundär gegenüber dem Grund-
    bestand erwiesen hat, wird im folgenden genau darauf zu achten sein, auf welche Redaktions-
    schicht die von Jeremias aufgezeigte Komposition zurückzuführen ist.
84 Zur Zuweisung von Am 3,10 zu dieser Überarbeitungsschicht s.u. 101 Anm. 173 und zu
    בני ישראל in 3,12 s.u. 81 Anm. 94.

Der kurze Einschub in den Hymnus 4,13 וּמַגִּיד לְאָדָם מַה־שֵּׂחוֹ wird schließlich der dtr. Bearbeitung des Amosbuches zuzuweisen sein.

2.2.1.3 Die Einleitung zur Wortsammlung in Amos 3,1-8

Die Einleitung der Wortsammlung Am 3-6 beginnt in 3,1-2 zunächst mit einem Höraufruf mit anschließendem Gerichtswort, bei dem aus der Erwählung Israels gerade die besondere Verantwortung vor Jhwh gefolgert wird. In den folgenden Versen 3,3-8 folgt eine Reihe von Fragen, die in der offenen Frage ihren Höhepunkt findet, wer angesichts des ergehenden Gotteswortes nicht prophetisch reden wird.

Dabei ist für Am 3,1-2 mittlerweile nahezu unumstritten, daß es sich bei 3,1b um einen Nachtrag handelt.[85] Nach dem Höraufruf in 3,1a geht 3,1b bereits vor dem eigentlichen Gerichtswort in 3,2 zur Gottesrede über. Zudem wird hier der Adressat des Folgenden, der in 3,1a zunächst nur recht allgemein mit עֲלֵיכֶם angegeben ist, mit „jede Sippe, die ich aus Ägypten heraufgeführt habe" näher bestimmt. Und schließlich nimmt 3,1b bereits die Erwählungsthematik aus 3,2 vorweg und schränkt diese auf das Exodusgeschehen ein.[86]

Dabei wird 3,1b seit den für die Redaktionsgeschichte des Amosbuches so bedeutenden Analysen von Schmidt gerne als deuteronomistisch bezeichnet.[87] Und in der Tat weist die geschichtstheologische Ausrichtung im allgemeinen und die Fokussierung auf das Exodusgeschehen im besonderen auf ein im weitesten Sinne dtr. Milieu. Zu beachten ist aber, daß sich auch Unterschiede zeigen lassen, wird hier das Exodusgeschehen doch charakte-

---

85 Vgl. nur Marti, KHC 13, 172; Schmidt, Redaktion, 172f; Wolff, BK 14,2, 212; Melugin, Formation, 381f; Reimer, Recht, 72; Jeremias, ATD 24,2, 32; Rottzoll, Studien, 108-111; Schart, Entstehung, 63.

86 Rottzoll, Studien, 111, ordnet Am 3,2 nicht auf derselben Ebene wie 3,1a ein, sondern versteht diesen Vers als gegenüber 3,1b nochmals später anzusetzenden Nachtrag, da Am 3,2 in 6,13-14 einen Pendanttext in der von Rottzoll angenommenen, das gesamte Buch umgreifenden Ringkomposition hat und deshalb seiner Meinung nach vom Redaktor dieser Ringkomposition an dieser Stelle zugefügt wurde. Nun ist es aber methodisch fragwürdig, die redaktionsgeschichtliche Analyse auf einer angenommenen Komposition aufzubauen, ist doch die Gefahr groß, daß eine solche Analyse nur noch nachweist, was a priori festgesetzt worden ist. Im Falle von Am 3,2 zeigt sich nämlich ganz deutlich, daß Rottzoll hier gegen den Textbefund argumentiert, da Am 3,1a als Einleitung einer Gottesrede nicht wirklich vor 3,3ff paßt. Wenn Rottzoll, a.a.O., 123, dies mit der kompositorischen Bedeutung des Höraufrufes 3,1a, der eine Sammlung von Gottesworten einleiten will, erklärt, so dürfte dies eher eine Verlegenheitsauskunft sein.

87 Vgl. Schmidt, Redaktion, 172f; siehe zur gängigen Charakterisierung der dtr. Überarbeitung des Amosbuches etwa auch Wolff, BK 14,2, 137f; Jeremias, ATD 24,2, XXI.

ristischerweise mit עלה hi. und eben nicht, wie für die dtn.-dtr. Literatur
üblich, mit יצא hi. beschrieben.[88]

Nun bleibt aber die Frage nach der redaktionsgeschichtlichen Einordnung des Grundbestands 3,1a.2. Dabei wurde gegen eine allzu schnelle
Verbindung von Am 3,1 mit dem weiteren Höraufruf in Am 5,1 ja bereits
darauf hingewiesen, daß Am 5,1 durch seine Gestaltung als Prophetenrede
eher mit 4,1 in Verbindung steht.[89] Zudem wäre darauf hinzuweisen, daß
Am 3,1 im Gegensatz zu Am 4,1; 5,1 nicht direkt mit dem folgenden Wort
verbunden ist.[90] Während nämlich der Höraufruf in Am 4,1 unmittelbar zur
Anklage gegen die Baschanskühe übergeht und in Am 5,1 bereits das Folgende als Qinah gekennzeichnet wird, findet sich eine solch direkte Einleitung des Folgenden in Am 3,1 nicht. So dürfte der Höraufruf in Am 3,1
also auf einer anderen Stufe als Am 4,1; 5,1 und somit eben nicht auf der
Ebene der Grundschicht des Buches anzusetzen sein.

Für die redaktionsgeschichtliche Einordnung von Am 3,1a.2 ist sodann
bedeutend, daß es sich hier nicht, wie häufig angenommen, um eine einleitende Zusammenfassung der folgenden Botschaft handelt,[91] spielt doch
weder das Thema der Stellung Israels unter den Völkern noch das Thema
der Erwählung im weiteren Verlauf des Buches eine besondere Rolle. Zu
beachten ist aber, daß Am 3,1a.2 gleich mehrfach mit den als sekundär
erkannten Versen 3,13-14 verbunden ist. Auch dort kommt der Begriff der
Heimsuchung vor (פקד),[92] auch dort ist ganz allgemein vom Heimsuchen
der Sünden die Rede, wenngleich in Am 3,14 פשע und nicht עון steht, und
schließlich ist auch Am 3,13-14 mit einem Höraufruf eingeleitet, der wie 3,1,
aber eben im Unterschied zu 4,1; 5,1, nicht mit dem Folgenden verbunden
ist.

Am 3,1a.2 kann also mit der Schicht in Verbindung gebracht werden,
auf die bislang vor allem die kultkritischen Nachträge zurückgeführt wurden.

---

88   Gerade die Darstellung des Exodusgeschehens mit עלה hi. statt יצא ist für Krause, Verhält-
      nis, 76; Lohfink, Bewegung, 80f, der Hauptgrund, Am 3,1b nicht als dtr. zu bezeichnen.
      Doch zum einen ist im DtrG durchaus auch die Formulierung mit עלה hi. belegt (Dtn 20,1;
      Jos 24,17.32; Ri 2,1; 6,8.13; 1 Sam 8,8; 10,18; 12,6; 2 Sam 7,6; 1 Kön 12,28; 2 Kön 17,7.36),
      zum anderen wird sich noch zeigen, warum die Redaktoren des Amosbuches gerade diese
      Wendung aufnehmen; s.u. 260.

89   S.o. 78.

90   Hierauf hat schon Schmidt, Redaktion, 173, aufmerksam gemacht, der Am 3,1a deshalb
      ebenfalls gegenüber den Höraufrufen in Am 4,1; 5,1 als sekundär betrachtet. Wenn er aber
      3,1a zusammen mit 3,1b der dtr. Schicht zuweist, so widerspricht dies den von ihm selbst
      aufgezeigten Schwierigkeiten in diesem Vers.

91   Schon Wellhausen, Propheten, 75, bezeichnete Am 3,1-2 als „Motto" des ganzen Buches; vgl.
      etwa auch Reimer, Recht, 72; Jeremias, ATD 24,2, 32; Rottzoll, Studien, 110.

92   Auf den Bezug zwischen Am 3,2 und 3,14 über פקד wurde schon häufig aufmerksam
      gemacht; vgl. etwa Gitay, Study, 301; Dorsey, Architecture, 310f; Schart, Entstehung, 63;
      Möller, Word, 502.

Da auf eben diese Schicht, wie sich noch zeigen wird, auch der Grundbestand der Fremdvölkerworte in Am 1-2* zurückgeht,[93] ist Am 3,1a.2, wo
das Verhältnis zu den Völkern wieder aufgenommen wird, als Überleitung
von den Völkerworten hin zur Wortsammlung Am 3-6 zu verstehen. Dabei
wird die Wortsammlung durch diese Überleitung neu strukturiert, indem der
Höraufruf aus Am 5,1 in 3,1a aufgenommen und so eine Zweiteilung in Am
3-4; 5-6 geschaffen wird.[94]

Die folgende Einheit Am 3,3-8 verfolgt mit ihren Schulfragen, die
allesamt schlichte Selbstverständlichkeiten nennen, die Intention, in der
abschließenden Frage das prophetische Reden ebenso als Selbstverständlich-
keit, ja als geradezu zwingende Notwendigkeit darzustellen. So handelt es
sich hier um eine Rechtfertigung der folgenden prophetischen Botschaft:
Der Prophet konnte gar nicht anders als das von Jhwh Vernommene zu
verkündigen.

Eine solche Reflexion, die sich quasi auf einer Metaebene über den
sonstigen Worten befindet, ist ein Unikum im Rahmen des gesamten Amosbuches. Es finden sich zwar noch weitere Verse, die sich mit dem prophetischen Wort an sich beschäftigen (Am 2,11-12; 8,11-12), aber in diesen
Worten geht es eher um die prophetische Botschaft im Gegenüber zu ihren
Adressaten, während hier das Verhältnis zwischen Prophet und Jhwh im
Blick ist. So wird es sich also bei Am 3,3-8 um eine von diesen Bearbeitungen unabhängige Redaktion handeln, die das Folgende als Wort Gottes und
gewissermaßen als Konsequenz eines göttlichen Zwangs legitimieren will.[95]

Innerhalb von 3,3-8 werden nun häufig noch weitere redaktionelle
Scheidungen vorgenommen. Während dies in den meisten Fällen ohne

---

93 S.u. 100-102.
94 Die von Jeremias, Amos 3-6, 149f; ders., ATD 24,2, XX, zurecht erkannte Zweiteilung der
    Wortsammlung Am 3-6 in die beiden Teile 3-4; 5-6 ist also nicht schon im Rahmen der
    Erstverschriftung anzusetzen, sondern wurde erst in Folge einer Bearbeitung geschaffen, die
    der Wortsammlung Am 3,1a als neue Einleitung vorangestellt hat. Auch die von Jeremias
    genannte, mit dieser Zweiteilung verbundene Verteilung der Bezeichnungen בני ישראל
    (3,1.12; 4,5) und בית ישראל (5,1.3.4.25; 6,1.14) auf die beiden Teile der Wortsammlung (s.o.
    78 Anm. 83) geht erst auf diese Überarbeitung zurück, hat sich doch nun sowohl Am 3,1a als
    auch Am 4,5 als Teil dieser Redaktion erwiesen, so daß auch das sekundäre בני ישראל in Am
    3,12 sicherlich dieser Schicht zuzuordnen ist.
95 Während Am 3,3-8 häufig auf den Propheten zurückgeführt wird, weisen auch Jeremias,
    Rolle, 277; Kratz, Worte, 71f, u.a. dieses Wort der Rezeptionsgeschichte der Amosverkündi-
    gung zu. Allerdings gehen beide davon aus, daß es schon im Rahmen der Erstverschriftung
    seinen Weg in das Buch gefunden hat; vgl. Jeremias, ebd.; ders., ATD 24,2, 34; Kratz, a.a.O.,
    84. Da aber die bislang rekonstruierte Grundschicht wohl bereits schriftlich vorgelegen ist,
    wie die engen Verknüpfungen der einzelnen Worte dieser Schicht zeigen, dürfte es sich bei
    Am 3,3-8 doch eher um eine erste Fortschreibung der Erstverschriftung handeln.

wirklichen Anhalt am Text ist,[96] dürfte es sich bei Am 3,7 tatsächlich um einen Nachtrag handeln.[97] Der Hinweis, daß Jhwh nicht handelt, ohne es zuvor seinen Propheten mitzuteilen, verläßt die Frageform der umliegenden Verse, ist prosaisch gestaltet und hat auch eine andere Pointe: Denn hier geht es nicht um das Verhalten des Propheten angesichts des ergehenden Gotteswortes, sondern es geht vielmehr um die Prophetie an sich, die hier als Vorausschau künftiger Geschehnisse verstanden wird.[98] So steht hier im Gegensatz zu Am 3,8 ein Prophetenbild im Hintergrund, das die Propheten als Umkehrmahner versteht.[99] Sie erfahren, noch bevor Jhwh handelt, dessen Vorhaben, was doch zumindest implizit bedeutet, daß deshalb noch die Möglichkeit besteht, eben diese Vorhaben abzuwenden.

Es zeigt sich hier also ein Prophetenbild, wie es vor allem für das DtrG, aber auch für JerD kennzeichnend ist.[100] Dabei ist bedeutend, daß insbesondere in diesen beiden Textbereichen die Propheten wie in Am 3,7 mehrfach als Knechte Jhwhs bezeichnet werden.[101] So kann auch Am 3,7, wie schon 3,1b, der dtr. Schicht des Amosbuches zugewiesen werden.

Am 3,1-8 steht also insgesamt nicht mit der bislang erkannten Grundschicht des Amosbuches in Verbindung. Hierzu paßt, daß für diese Grundschicht die Heroldsinstruktion in Am 3,9 gut als Einleitung vorstellbar wäre.

---

96 Dabei ist insbesondere die ursprüngliche Zugehörigkeit von 3,8 umstritten, wobei v.a. darauf verwiesen wird, daß die Fragen in diesem Vers nach dem Schema Ursache-Wirkung und nicht wie zuvor nach dem Schema Wirkung-Ursache aufgebaut sind und daß zudem die Fragen nun mit „niemand" und nicht mehr mit „nein" zu beantworten sind. Am 3,3-6 wird dann als eigenständige Einheit aufgefaßt, die mit ihrem Höhepunkt in V.6b davon überzeugen möchte, daß geschehenes Unheil auf Jhwh zurückzuführen ist; vgl. etwa Smend, Nein, 412 Anm. 42; Schmidt, Redaktion, 184f; Willi-Plein, Vorformen, 21; Markert, Struktur, 88; Renaud, Genèse et théologie, 359-361; Rottzoll, Studien, 112. Doch ist demgegenüber zu sagen, daß Am 3,6 überhaupt nicht als Höhepunkt einer angenommenen Einheit 3,3-6 gestaltet ist. Am 3,6b scheint sich in die vorangehenden Fragen ganz selbstverständlich einzuordnen. Davon abgesehen hat schon Marti, KHC 13, 174, darauf hingewiesen, daß die Tatsache, daß Unheil auf Jhwh zurückzuführen ist, eine allgemeine Annahme war, wovon die Adressaten nicht erst überzeugt werden mußten. So kann also Am 3,8, gerade wegen der formalen Unterschiede, die diesen Vers als eigentlichen Höhepunkt kennzeichnen, als ursprüngliches Ende von 3,3ff verstanden werden; vgl. auch Gese, Beiträge, 427; Wolff, BK 14,2, 221; Mittmann, Gestalt, 136f; Schenker, Prophet, 83-90.
97 Vgl. nur Marti, KHC 13, 174; Schmidt, Redaktion, 185f; Wolff, BK 14,2, 218f; Willi-Plein, Vorformen, 21f; Melugin, Formation, 381f; Reimer, Recht, 72; Jeremias, ATD 24,2, 36f; Rottzoll, Studien, 112; Schart, Entstehung, 65-68.
98 Hierfür ist das Zeitverhältnis der beiden Teilverse zu beachten. Während יעשה als Imperfekt formuliert ist, steht גלה im Perfekt. Dies kann doch nur heißen, daß die Offenbarung an den Propheten dem Handeln Gottes vorausgeht.
99 Vgl. Schmidt, Redaktion, 187; Jeremias, ATD 24,2, 37.
100 Zum dtn.-dtr. Verständnis der Propheten als Umkehrmahner siehe etwa Dtn 18,15; 2 Kön 17,13; Jer 18,7-10; vgl. zur letztgenannten Stelle Albertz, Exilszeit, 254f.
101 Vgl. 2 Kön 17,13.23; 21,10; 24,2; Jer 7,25; 26,5; 35,15; 44,4; siehe hierzu Schmidt, Redaktion, 187; Mays, Amos, 61; Jeremias, ATD 24,2, 37, u.a.

Dabei wurde vermutlich zunächst die Reflexion über den prophetischen Wortempfang in 3,3-6.8 zugefügt, da ein solches Wort wohl am ehesten am Beginn der ursprünglichen Wortsammlung seinen Platz hatte.

In einem zweiten Schritt wurde mit 3,1a.2 erneut eine Einleitung für das Folgende geschaffen, die dabei, wie sich zeigen wird, als Überleitung von den Völkerworten zur Wortsammlung Am 3-6 verstanden werden kann. Diese Überarbeitung steht mit der Redaktion in Verbindung, die bislang vor allem durch ihre kultkritischen Nachträge erkennbar war (Am 3,10.12*.13-14; 4,4-5; 5,4-5.6*.12a).

In einem dritten Schritt wurden schließlich die beiden dtr. Nachträge Am 3,1b.7 zugefügt.

2.2.1.4 Die Weherufe in Amos 5,18-6,14

Der Textbereich Am 5,18-6,14 läßt sich zunächst durch die beiden Weherufe in 5,18; 6,1 in zwei Teile untergliedern. Dabei folgt im ersten Teil auf den Weheruf in 5,18-20 an die, die den Tag Jhwhs herbeisehnen, ein kultkritisches Wort in 5,21-27, das sich vor allem gegen den Opferkult richtet. Der zweite Teil beginnt in 6,1-8 mit einem Weheruf gegen die Hochmütigen, wobei die folgenden Verse vor allem von Luxuskritik bestimmt sind und in eine Exilierungsansage übergehen. Daraufhin finden sich in 6,9-14 ein uneigentliches Restwort in 6,9-10 und um das Recht kreisende Anklagen mit abschließender Exilierungsansage in 6,11-14.

Der erste Weheruf 5,18-20 schließt an den Grundbestand der vorangehenden Einheit an. Es wurde ja schon darauf hingewiesen, daß die Darstellung der allerorts erhobenen Klage in 5,16-17 mit dem הו־הו in 5,16 nicht nur auf die Qinah in 5,1-2 zurückverweist, sondern auch zu den folgenden Weherufen überleitet.[102] Außerdem findet sich innerhalb dieses Weherufes in 5,19 erneut ein Wort, das im weiteren Sinne als uneigentliches Restwort bezeichnet werden kann.[103] Dabei ist dieser Vers mit dem uneigentlichen Restwort von Am 3,12 formal und terminologisch verbunden.[104] Denn beide sind als Vergleich gestaltet (כאשר) und bei beiden spielen Tiere eine Rolle, wobei insbesondere in beiden Versen ein Löwe (ארי)

---

102 S.o. 67.
103 Gegenüber den bislang als uneigentliche Restworte bezeichneten Versen Am 3,12; 5,3 ist hier von einem Rest oder einer Rettung allerdings nicht wirklich die Rede. Dennoch steht Am 5,19 den anderen beiden Einheiten insofern nahe, als hier von mehrfacher und zunächst erfolgreicher Flucht vor wilden Tieren die Rede ist, die das Überleben aber doch nicht sichern kann. So geht es also auch hier um letztlich erfolglose Rettung vor Feinden.
104 Vgl. hierzu Rottzoll, Studien, 213, der ebenfalls auf die große inhaltliche Nähe zwischen Am 3,12 und 5,19 hinweist.

genannt wird.[105] In diesem Zusammenhang ist zudem bedeutend, daß – wie schon 3,12 und 5,3 – auch dieses uneigentliche Restwort wieder etwas sperrig im Kontext steht, insofern es die eigentliche Thematik des Tages Jhwhs unterbricht, daß aber auch dieses Wort nicht wirklich aus dem Kontext isoliert werden kann.[106] So ist Am 5,18-20 aufgrund der Anknüpfung an 5,16-17 sowie aufgrund des uneigentlichen Restworts in 5,19 zum bislang erkannten Grundbestand hinzuzunehmen.

Die Frage ist allerdings, ob die hierauf folgenden Verse 5,21-27 ebenfalls diesem Grundbestand angehören.[107] Denn zum einen findet sich hier ein abrupter Wechsel von Prophetenrede zur Gottesrede. Zum anderen läßt nach den bisherigen Erkenntnissen zu Am 3,13-14; 4,4-5; 5,4-5.6* die kultkritische Ausrichtung dieser Verse ohnehin an deren Zugehörigkeit zum Grundbestand zweifeln. Vor allem aber unterbricht Am 5,21-27 den Zusammenhang der beiden Wehenworte. Die Stellung von 6,1 direkt hinter 5,18-20 wäre eher zu erwarten, treten doch Weherufe meist in Gruppen auf.[108] Damit ergäbe sich hier zudem eine Parallelstruktur zu den beiden direkt aufeinander folgenden Höraufrufen in 4,1; 5,1, die dann mittels der Überleitung in 5,16-17 direkt mit den beiden Weherufen verbunden wären:[109]

---

105 Beachtenswert ist in diesem Zusammenhang auch, daß für den Löwen in beiden Fällen das Wort ארי verwandt wird und nicht, wie in 3,4.8, אריה.

106 Wenn Am 5,19 aus dem Kontext entfernt wird, entsteht eine Dublette von 5,18bβ zu 5,20a. Deshalb wurde schon häufiger vermutet, daß es sich bei 5,18bβ oder dem gesamten Teilvers 5,18b um einen sekundären Einschub handelt, über den 5,19 in den vorliegenden Kontext eingebunden worden ist; vgl. schon Duhm, Anmerkungen, 10, in neuerer Zeit Kratz, Worte, 79. Dies hätte aber zur Folge, daß die Einheit nach dem einführenden Wehe nur noch aus Fragen besteht und dabei vor allem die Fragen von 5,20 in ihrer Funktion unklar würden. Denn diese zielen ja auf eine positive Antwort und somit auf die Zustimmung der Adressaten. Da die Adressaten aber nach 5,18a den Tag Jhwhs herbeisehnen, kann keineswegs davon die Rede sein, daß die Erwartung dieses Tages als finsterer Tag eine allgemeine Annahme war. So wird also erst nach der Gegenthese 5,18bβ und wohl auch erst nach 5,19 die Funktion von 5,20 deutlich, da erst dann die eigentliche Argumentation für den Tag Jhwhs als Gerichtstag vorgetragen ist und erst dann die auf Zustimmung zielenden Fragen ihren Platz haben. So mag es sich also bei 5,18.20 und 5,19 um überlieferungsgeschichtlich aus verschiedenen Kontexten stammende Worte handeln. Literarkritisch zu trennen sind diese allerdings nicht. Vgl. zur Frage der Einheitlichkeit von Am 5,18-20 auch die jüngst von Beck, Tag, 49-52, vorgestellten Ausführungen.

107 Auch Weimar, Schluß, 98, und Kratz, Worte, 79, fassen 5,21-27 insgesamt als Nachtrag auf.

108 Vgl. nur Jes 5,8-24; 28-33; Hab 2,6-19.

109 Zur umfassenden Darstellung der Komposition der Grundschicht des Amosbuches s.u. 126-128.

4,1-3	5,1-12*	5,16-17	5,18-20	6,1-8*
שמעו	שמעו	Überleitung: ← Klage הו־הו →	הוי	הוי

Innerhalb von Am 5,21-27 dürfte, neben der allseits anerkannten Glosse in 5,22aα,[110] zunächst Am 5,25 sekundär sein. Der Verweis auf die opferlose Zeit des Exodus unterbricht den strengen Parallelismus der vorangehenden Verse, wechselt das Subjekt von der 1.sg. zur 2.pl. und fällt auch inhaltlich aus dem Rahmen der bisherigen, rein am gegenwärtigen kultischen Handeln der Adressaten ausgerichteten Argumentation. Aufgrund des gleichen Adressaten in 5,26 und der Tatsache, daß das Perfekt consecutiv kaum an 5,24 anschließt, ist nun auch dieser Vers zur Überarbeitung in 5,25 hinzuzurechnen, zumal Am 5,26 aufgrund seiner inhaltlichen Orientierung am Götzen- statt am Opferdienst ohnehin aus dem Kontext von 5,21-27 fällt.[111] Dabei wird Am 5,25-26 auf der Ebene der oben als dtr. bezeichneten Redaktion anzusetzen sein, wofür die erneute Erwähnung des Exodusgeschehens (vgl. 3,1b) und die Kritik am Götzendienst sprechen.[112]

Es wurde nun aber schon häufig bemerkt, daß der abschließende Vers Am 5,27 nicht wirklich an Am 5,24 anknüpft. Denn die Gottesrede in Am 5,27 paßt eher schlecht zu dem unpersönlich formulierten Vers 5,24. Dies sollte nun aber nicht dazu führen, eine vor 5,27 ausgefallene Einleitung

---

110 Am 5,22aα verfolgt das Ziel, das עלה von der folgenden Opferkritik auszunehmen. Da dieser Teilvers zudem gegenüber dem Kontext von der 1.sg. zur 2.pl. wechselt und die Nennung des Opfers nur hier ohne Suffix steht, dürfte der sekundäre Charakter deutlich sein; vgl. nur Marti, KHC 13, 195; Wolff, BK 14,2, 303; Willi-Plein, Vorformen, 37; Markert, Struktur, 158f; Reimer, Recht, 131f; Jeremias, ATD 24,2, 74; Rottzoll, Studien, 194f; Schart, Entstehung, 81. Sämtliche Versuche, die in eine andere Richtung gehen, versuchen das כי אם nicht konzessiv, sondern kausal („denn wenn ihr mir Brandopfer darbringt") aufzufassen; vgl. Weiser, ATD 24, 172; Rudolph, KAT 13,2, 205f; Mays, Amos, 105. Doch ist dies grammatisch sicherlich nicht möglich; vgl. Ges-K, §163c; J-M, §173b.

111 Der genaue Zusammenhang von Am 5,25.26 ist schwierig zu bestimmen. Häufig wurde ונשאתם zu Beginn von Am 5,26 futurisch und dabei als Strafansage gedeutet, die ankündigt, daß die Adressaten fremde Götter verehren müssen; vgl. etwa Mays, Amos, 112; Rudolph, KAT 13,2, 207. Demgegenüber weist aber Jeremias, ATD 24,2, 74 Anm. 4, zurecht darauf hin, daß der eindeutig perfektisch formulierte Relativsatz gegen ein solches Verständnis spricht. So ist Am 5,26 also insgesamt perfektisch und somit als Schuldaufweis zu verstehen, der das Verehren fremder Gottheiten anprangert. Doch gegen Wolff, BK 14,2, 303f; Jeremias, a.a.O., 74, u.a. dürfte dieser Teilvers im Gegensatz zu 5,25 nicht als Frage-, sondern als Aussagesatz zu verstehen sein, da der Sinn einer Frage hier kaum wirklich verständlich wäre. Auf jeden Fall aber setzt Am 5,26 syntaktisch V.25 voraus und wird auch mit diesem auf einer literarischen Ebene anzusetzen sein; so auch Wolff, a.a.O., 303f; Markert, Struktur, 160; Rottzoll, Studien, 188-192; Schart, Entstehung, 81f; Kratz, Worte, 79.

112 So auch Schmidt, Redaktion, 188-191; Wolff, BK 14,2, 306; Melugin, Formation, 386; Weimar, Schluß, 98; Rottzoll, Studien, 198.

dieses Gerichtswortes anzunehmen.[113] Es ist nämlich vielmehr die Frage, ob nicht Am 5,23-24 sekundär ist. Denn nicht nur Am 5,27, auch die sekundären Verse Am 5,25-26 schließen ja nicht wirklich an Am 5,24, sondern viel eher an die Gottesrede in Am 5,22 an. Auch inhaltlich ist der Bezug von 5,25 auf die gleichermaßen auf die Opfer ausgerichteten Verse 5,21-22 viel besser zu verstehen als auf die an der Musik im kultischen Handeln und am Recht orientierten Verse 5,23-24.[114] So wird man sich das literarische Wachstum in diesem Textbereich am ehesten so vorzustellen haben, daß zu Am 5,21.22*.27 zunächst die dtr. Verse Am 5,25-26 nachgetragen wurden, woraufhin als letzte Ergänzung Am 5,23-24 zugefügt wurde. Dabei wird der Grundbestand dieser Einheit in Am 5,21.22*.27 am ehesten auf der Ebene der bislang vor allem durch ihre kultkritische Ausrichtung hervorgetretenen Nachträge anzusetzen sein. Denn zum einen erinnert die Opferkritik deutlich an Am 4,4-5, zum anderen mündet schon das vorausgehende kultkritische Wort 5,4-5.6* in eine, ebenfalls mit dem Verb גלה beschriebene, Exilierungsansage (5,5.27), wenngleich die Exilierung dort noch auf Gilgal beschränkt ist.

Bei der auf den zweiten Weheruf in 6,1-8 folgenden Einheit ist nun zunächst relativ unumstritten, daß die Erwähnung des Zion in V.1 kaum zur Erwähnung des Berges Samaria paßt. Da sich alle vorgeschlagenen Konjekturen oder Umdeutungen nicht wirklich bewährt haben,[115] wird es sich bei השאננים בציון und der folgenden Kopula wohl am ehesten um einen Nachtrag handeln, durch den dieses Wort sekundär auch auf Jerusalem bezogen wird.[116]

Um einen Nachtrag handelt es sich sodann auch bei dem an der Verhältnisbestimmung zwischen Israel und den Völkern orientierten Textbereich

113 Gegen Wellhausen, Propheten, 84; Willi-Plein, Vorformen, 39; Rottzoll, Studien, 193, u.a.
114 So auch Fleischer, Menschenverkäufer, 150f Anm. 258, der zurecht erkennt, daß Am 5,27 gut an 5,22 anschließt. Allerdings übersieht Fleischer, daß der Nachtrag Am 5,25-26 ebenfalls besser an 5,22 als an 5,24 anknüpft, weshalb er die Bearbeitung von 5,25-26 später als 5,23-24 ansetzt.
115 Einen Überblick über die verschiedenen Konjekturvorschläge bietet Rottzoll, Studien, 153f. Wenn Mays, Amos, 115; Roberts, Amos, 157; Paul, Amos, 200, davon ausgehen, daß hier schon immer Samaria und Jerusalem gleichzeitig angesprochen sind, so hat dies keinen Anhalt am folgenden Textverlauf, wo Zion oder Jerusalem ohne weitere Bedeutung ist.
116 So auch Marti, KHC 13, 198; Wolff, BK 14,2, 314f; Markert, Struktur, 164; Fleischer, Menschenverkäufer, 254; Blum, Amos, 28f; Jeremias, ATD 24,2, 83; Rottzoll, Studien, 153-155. Demgegenüber meint Schart, Entstehung, 82f, daß schon die Erwähnung der Sorglosen auf dem Berg Samaria in Am 6,1a nur vor dem Hintergrund der Zionstheologie mit ihrer Vorstellung der Uneinnehmbarkeit der Stadt zu erklären ist. Er versteht deshalb auch diesen Teil als Nachtrag und schließt erst 6,1b an das anfängliche הוי an. Doch ist diese Argumentation keineswegs zwingend. Die Sorglosigkeit der Nordreichbewohner kommt etwa auch schon in Am 5,18-20 vor und ist hier so allgemein formuliert, daß für 6,1a keinesfalls zionstheologische Vorstellungen vorauszusetzen sind.

Am 6,1b.2. Dabei wurde mit Blick auf den Aufruf an das Volk in 6,2, sich mit Kalne, Hamat und Gat zu vergleichen, schon lange, allein schon aufgrund der historischen Hintergründe, angenommen, daß dieser Vers erst sekundär in den vorliegenden Kontext gelangt ist.[117] Nun kann eine solche Argumentation leicht zirkelschlüssig sein, da sie ja schon von einer vorgegebenen Datierung des Grundbestands ausgeht, noch bevor dieser rekonstruiert ist. Aber Am 6,2 fällt ohnehin als Nachtrag auf, da die Partizipienkette ab 6,3 nur an Am 6,1 anschließt. Wenn nun aber die Aufforderung zum Vergleich mit den Nachbarstaaten in Am 6,2 sekundär ist, so dürfte der allgemeine Verweis auf die Völker in 6,1b ebenfalls sekundär sein, zumal das Partizip zu Beginn von 6,1b – anders als die folgenden Partizipien – in einer constructus-Verbindung steht, so daß die Partizipienreihe in Am 6,3ff ohnehin besser an Am 6,1aβ anschließt.[118]

Die Verhältnisbestimmung zwischen Israel und den Völkern wird nun in Am 6,7-8 weiter ausgeführt. Wenn es hier nämlich heißt, daß Israel an der Spitze der Exilierten ins Exil gehen wird, so knüpft dies doch direkt an die Thematik aus Am 6,1b.2 an, wo Israel zunächst in 6,1b als Erstling unter den Völkern bezeichnet wird, woraufhin in 6,2 aber klargestellt wird, daß Israel den anderen nichts voraus hat.[119] Diese Verhältnisbestimmung wird in 6,7 bitter ironisch wieder aufgenommen, wird hier Israel doch gerade auf dem Weg ins Exil ein Vorrang gegenüber den anderen eingeräumt.[120] So dürfte also auch 6,7 als sekundärer Einschub zu verstehen und auf derselben Ebene wie 6,1b.2 einzuordnen sein. Und auch die anschließende Gottesrede in 6,8 wird, da sie ebenso wie schon der vorangehende Vers von der Exilierungsansage bestimmt ist, auf eben dieser Ebene anzusetzen sein.[121]

---

117 Vgl. nur Wellhausen, Propheten, 85; Wolff, BK 14,2, 318; Willi-Plein, Vorformen, 40f; Fleischer, Menschenverkäufer, 226-228; Reimer, Recht, 137f; Blum, Amos, 31-34; Jeremias, ATD 24,2, 89; Schart, Entstehung, 83, die darauf hinweisen, daß Kalne und Hamat 738 von den Assyrern erobert wurden.

118 So auch schon Rottzoll, Studien, 158, im Anschluß an eine noch unentschiedene Bemerkung von Dahmen, Text- und Literarkritik, 9 Anm. 11.

119 Dabei wird dem seit Wellhausen, Propheten, 85, weithin anerkannten Vorschlag, nach dem in Am 6,2 bei אם־רב נבולם מגבלכם von einem Vertauschen der beiden Suffixe auszugehen ist, zu folgen sein, da dieser Teilvers nur so auf der Linie des Vorangegangenen steht und erst so wirklich verständlich ist; vgl. auch Fleischer, Menschenverkäufer, 229; Jeremias, ATD 24,2, 83, u.a.

120 Unterstrichen wird dieser Zusammenhang zwischen 6,1b.2 und 6,7 noch über die wortspielartige Aufnahme von ראשית הגוים aus 6,1b durch ראש הגלים in 6,7. Dieser Zusammenhang wurde schon häufig gesehen; vgl. etwa Wolff, BK 14,2, 317; Fleischer, Menschenverkäufer, 240; Jeremias, Jakob, 264, was aber bislang nur bei Rottzoll, Studien, 158, zu literarkritischen Konsequenzen führte.

121 Auch Rottzoll, Studien, 168-170, hält Am 6,8 für sekundär, wenngleich er diesen Vers nicht auf derselben Ebene ansetzt wie 6,1b.2.7.

Es verbleibt also ein Grundbestand Am 6,1a*.3-6, der sich durch seine
nahezu durchgängige partizipiale Gestaltung und die inhaltliche Ausrichtung
auf das Luxusleben auszeichnet. Diese Verse sind dabei nicht nur über das
anfängliche הוי, sondern auch über die Wendung יום רע, die im vorliegenden Kontext sicherlich auf den Tag Jhwhs zu deuten ist, mit Am 5,18-20
verbunden und somit insgesamt dem bislang erkannten Grundbestand
zuzuordnen.[122]

Die Nachträge in 6,1b.2.7-8 sind demgegenüber auf der Stufe der
Grundschicht von 5,21-27 und somit im Rahmen der zuvor vor allem durch
ihre Kultkritik bestimmten Überarbeitung anzusetzen. Denn obgleich sich
in diesen Versen keine direkt kultkritische Ausrichtung findet,[123] sind sie
doch mit den vorangehenden Worten dieser Schicht über die – beide Male
mit גלה beschriebene – Exilierungsansage verbunden, und ein ebenfalls
dieser Schicht zugeordnetes Wort, bei dem es um das Verhältnis zwischen
Israel und den Völkern ging, fand sich ja schon in Am 3,1a.2.[124]

Zu Beginn der noch verbleibenden Verse der Wortsammlung Am 6,9-14
steht erneut ein uneigentliches Restwort in 6,9-10. An dieser Stelle ist dies
uneigentliche Restwort nun überhaupt nicht mit dem Kontext verbunden,
dürfte aber aufgrund seiner thematischen Verbindung mit den vergleichbaren Worten in 3,12; 5,3; 5,19 ebenfalls dem bislang erkannten Grundbestand zuzuordnen sein.[125] Dabei fällt auf, daß hier gerade von zehn Men-

---

122 Fleischer, Menschenverkäufer, 231f, erkennt zwischen dem יהוה יום in 5,18-20 und dem יום
     רע in 6,3 darin eine Differenz, daß der eine herbeigesehnt, der andere aber verdrängt wird.
     Dies führt bei Fleischer dazu, Am 6,3 als sekundär anzusetzen. Doch dürfte eine solche
     Differenzierung leicht überinterpretiert sein. Die unterschiedliche Wendung in den beiden
     Versen ist vielmehr als unterschiedliche Perspektive zu verstehen. In 5,18 geht es darum, daß
     die Adressaten einen heilvollen Tag Jhwhs erwarten, in 6,3 darum, daß sie verdrängen, daß
     es überhaupt einen unheilvollen Tag Jhwhs geben könnte, was von der Sache her genau
     dasselbe ist; vgl. hierzu etwa Wolff, BK 14,2, 319f.
123 Ob sich in Am 6,7 eine kultkritische Spitze findet, hängt wesentlich davon ab, was unter
     מרזח zu verstehen ist, das meist mit bestimmten kultischen Mahlfeiern in Verbindung
     gebracht wird. Dabei wurden hierzu schon zahlreiche Untersuchungen vorgelegt, die aber
     letztlich alle auf Vergleichsmaterial aus ganz unterschiedlichen Zeiten und geographischen
     Räumen beruhen; vgl. den Exkurs bei Jeremias, ATD 24,2, 85f. Dabei hat jüngst Schorch,
     Propheten, 411-414, eine interessante Deutung vorgelegt, nach der hinter מרזח nicht eine
     bestimmte religiöse Praxis, sondern eher ein in der Volkskultur beheimatetes „karnevali-
     stisches" Gelagefeiern zu sehen ist, weshalb Schorch, a.a.O., 413, die Ausrichtung der
     prophetischen Kritik auch eher dem Bereich der Sozialkritik zuschreibt. Doch sind letztlich
     auch seine Deutungen mit zahlreichen Kombinationen verschiedener parallel gebrauchter
     Ausdrücke aus Quellen verschiedenster Zeiten verbunden, so daß letzte Sicherheit in dieser
     Frage noch immer nicht erreicht ist.
124 S.o. 80f.
125 Am 6,9-10 wird häufig für sekundär gehalten, da es nicht an die vorausgehende Gottesrede
     von 6,8 anschließt; vgl. etwa Wolff, BK 14,2, 325f; Willi-Plein, Vorformen, 43; Markert,
     Struktur, 173f; Rottzoll, Studien, 170-173; Jeremias, ATD 24,2, 91. Doch erledigen sich solche
     Annahmen von selbst, wenn erkannt wird, daß es sich bei 6,8 um einen Nachtrag handelt.

schen ausgegangen wird, die in einem Haus übriggeblieben sind und von denen doch keiner überlebt. Zehn war aber eben die Zahl der nach Am 5,3 von den Kriegsleuten einer Stadt Verbliebenen. So stehen sich die beiden Restworte nicht nur allgemein thematisch nahe, sondern sind auch noch direkt inhaltlich verbunden.

Die folgende Einheit 6,11-12 sagt zunächst in V.11 die Zerstörung der großen und kleinen Häuser durch Jhwh an. Dabei erinnert die Wortwahl deutlich an den zur Grundschicht gerechneten Vers 3,15 (נכה; 2x בית), wobei hier allerdings, wohl als Steigerung gegenüber 3,15, von der Zerstörung aller Häuser und nicht mehr nur von Sommer- und Winterhaus, also den königlichen Residenzen, die Rede ist.[126] Bei Am 6,12 wird sodann Am 6,12a sekundär sein. Dieser kaum wirklich verständliche Teilvers unterbricht den Zusammenhang zwischen 6,11.12b, da 6,12b doch nur als Begründung der in 6,11 angesagten Zerstörungen verstanden werden kann.[127] Dabei findet sich, wie schon zu 6,11, nun auch zu 6,12b über den Vorwurf, das Recht zu Gift zu wenden, wieder eine deutliche Parallele im Rahmen des Grundbestands, und zwar in 5,7, wobei die beiden Verse sogar gleich über vier Stichworte verbunden sind (לענה; צדקה; משפט; הפך). So wird also Am 6,11.12b wiederum zu der bislang herausgearbeiteten Grundschicht hinzuzurechnen sein.

Am 6,13-14 fällt mit dem Zitat über das hochmütige Verweisen auf die militärischen Erfolge bei der Rückeroberung einst verlorener Gebiete in V.13 und der anschließenden erneuten Exilierungsansage in V.14 gegenüber dem Vorangehenden auf. Die beiden Verse sind erneut viel eher auf der Ebene der als sekundär erkannten Worte 6,1b.2.7-8 zu verstehen, die sich ebenso mit dem Verhältnis zwischen Israel und den Völkern auseinandersetzen und ebenso in eine Exilierungsansage münden.[128] So werden sie der gleichen Überarbeitungsschicht zuzuweisen sein, zumal Am 6,11.12b aufgrund der deutlichen Stichwortbeziehungen zu den vorangegangenen Worten des Grundbestands, insbesondere zu dessen erster Einheit 3,9-15*, einen guten Abschluß für eben diesen Grundbestand, zumindest im Rahmen der Wortsammlung Am 3-6, darstellen würde.

Insgesamt sind also im Textbereich Am 5,18-6,14 die Verse 5,18-20; 6,1a*(ohne ו השאנים בציון).3-6.9-11.12b der Grundschicht zuzuweisen.

---

126 Die steigernde Aufnahme von Am 3,15 in 6,11 hat schon Jeremias, ATD 24,2, 90, erkannt.

127 Über die Bedeutung des allein schon textkritisch schwierigen Teilverses Amos 6,12a ist viel gerätselt worden; vgl. nur Cooper, Absurdity, 725-727. Dabei ist der sekundäre Charakter dieses Verses bislang noch nicht wirklich erkannt worden.

128 Der sekundäre Charakter von Am 6,13-14 und dessen Zusammenhang mit den Überarbeitungen in 6,1-8 ist so noch nicht gesehen worden. Doch sind die Texte klar über die durchgängige Verhältnisbestimmung zwischen Israel und den Völkern und über die immer wiederkehrende Exilierungsansage verbunden.

Die beiden Weherufe 5,18-20; 6,1-6* knüpfen gut an die der Grundschicht zugewiesenen Verse Am 5,16-17 an. Auch das uneigentliche Restwort in 6,9-10 und die Feindansage mit begründender Rechtskritik in 6,11.12b sind terminologisch und formal mit den übrigen Worten, die bislang dem Grundbestand zugewiesen worden sind, verbunden.

Im Rahmen einer ersten Überarbeitung wurde sodann Am 5,21.22aβb.27; 6,1b.2.7-8.13-14 zugefügt. Diese Verse stehen auf derselben Ebene wie die zuvor vor allem durch ihre Kultkritik bestimmten Nachträge. Dabei sind diese Überarbeitungen neben der Kultkritik auch davon bestimmt, daß sie, wie schon die ebenfalls dieser Schicht zugeordneten Verse Am 3,1a.2, das Verhältnis zwischen Israel und den Völkern thematisieren. Und wie das kultkritische Wort Am 5,4-5 münden auch diese Nachträge in 5,27; 6,7-8; 6,14 in Exilierungsansagen.

Eine zweite Bearbeitung, die aufgrund ihrer geschichtstheologischen Ausrichtung der dtr. Schicht des Amosbuches zugeordnet werden kann, findet sich in Am 5,25-26.

Bei Am 5,22aα.23-24; 6,1a*(וּ בְצִיּוֹן הַשַּׁאֲנַנִים); 6,12a dürfte es sich um vereinzelte Nachträge handeln, die mit den sonstigen Überarbeitungen des Amosbuches in keiner Verbindung stehen.

2.2.2 Die Völkerwortsammlung Amos 1-2

2.2.2.1 Die Überschrift Amos 1,1

Die Überschrift des Amosbuches Am 1,1 besteht aus mehreren Teilen. Auf die Wendung דִּבְרֵי עָמוֹס folgen zwei Relativsätze, wobei im ersten die örtliche und berufliche Herkunft des Propheten angegeben wird und im zweiten eine Beschreibung des Folgenden als Schauung über Israel und eine Datierung seines Auftretens folgt. Dabei fällt im zweiten Relativsatz auf, daß hier gleich zwei Datierungen genannt sind, einmal über die Regierungszeit der Könige des Süd- und Nordreichs und einmal über ein Erdbeben.

Im zweiten Relativsatz wird nun sicherlich die Datierung über die Regierungszeit der Könige sekundär sein.[129] Denn die Zeitangabe „zwei Jahre vor dem Erdbeben" setzt doch eine wesentlich kürzere Wirkungszeit des Propheten voraus. Dabei ist der redaktionsgeschichtliche Weg eher so zu verstehen, daß diese Datierung, als die zeitgeschichtlichen Umstände nicht mehr bekannt waren, um eine weitere, dann auch vom Zeitrahmen her wesentlich weiter gefaßte Datierung ergänzt wurde, als daß die Datierung

---

129 Vgl. nur Wolff, BK 14,2, 147; Mays, Amos, 18f; Rudolph, KAT 13,2, 111; Fuhs, Amos, 274; Jeremias, ATD 24,2, 1f; Schart, Entstehung, 51.

über die Könige sekundär auf eben dieses Ereignis hin zugespitzt worden
wäre.

Die Datierung über die Regierungszeit der Könige wird nun zurecht
schon seit langem mit der dtr. Bearbeitung des Amosbuches in Verbindung
gebracht.[130] Denn neben der allgemeinen Verbindung zu den synchronisti-
schen Datierungen des DtrG erinnert gerade die Tatsache, daß in Am 1,1
für einen im Nordreich wirkenden Propheten auch die Südreichkönige
angegeben werden, und zwar an erster Stelle, an die ebenfalls am Südreich
orientierte Perspektive des DtrG.

Schließt man nun die Datierung über die Könige als sekundär aus, so
bleibt aber noch immer das Problem, daß in Am 1,1 zwei Relativsätze
nebeneinanderstehen, die sich auf unterschiedliche Anschlußworte beziehen,
der erste auf עמוס, der zweite auf דברי.[131] Dabei wird eher der zweite Relativsatz sekundär sein, da nur für diesen Versteil erklärt werden kann, warum
er ergänzt worden ist.[132] Die an dieser Stelle verwendete Formulierung אשר
חזה על-ישראל trägt nämlich nicht nur den Adressaten nach, sondern über
das Verb חזה wird die folgende Botschaft auch als Folge prophetischer
Schau gekennzeichnet.[133] Da diese Botschaft zu Beginn der Überschrift nur
auf die Person des Amos bezogen ist (דברי עמוס), ohne diese Worte in
irgendeiner Form mit Jhwh in Verbindung zu bringen, kann der zweite
Relativsatz gut als sekundäre „Theologisierung" der Überschrift verstanden
werden. Ob die Datierung über das Erdbeben im zweiten Relativsatz diesem
Nachtrag vorausgeht und direkt an den ersten Relativsatz angeschlossen war
oder eben erst mit dem zweiten Relativsatz eingebracht worden ist, läßt sich
demgegenüber nicht sicher sagen.[134]

---

130 Vgl. Schmidt, Redaktion, 171; Wolff, BK 14,2, 150f; Rottzoll, Studien, 12f; Schart, Entstehung, 50f, u.a.
131 Andersen / Freedman, AncB 24A, 189, versuchen diese Scheidung zu umgehen, indem sie
   חזה im zweiten Relativsatz absolut verstehen und so auch diesen auf Amos beziehen („der
   sah"). Doch geben Andersen / Freedman selbst zu, daß חזה, wenn überhaupt, dann nur
   selten absolut gebraucht wird. Bei den von ihnen genannten Parallelen Jes 30,10; Hi 27,12;
   34,32; Prov 23,32 ist denn auch stets ein impliziter Bezugspunkt für חזה gegeben, weshalb
   diese Stellen nicht wirklich für einen absoluten Gebrauch des Wortes herangezogen werden
   können. Zudem sprechen auch die sonstigen Überschriften mit חזה אשר (Jes 1,1; 2,1; 13,1;
   Mi 1,1; Hab 1,1), bei denen sich der Relativsatz stets auf den vorausgehenden Gattungsbegriff und eben nicht die Person des Propheten bezieht, gegen diese These.
132 Vgl. zum Folgenden v.a. Schart, Entstehung, 51.
133 Zu חזה s.o. 38 Anm. 35.
134 Häufig wird die literarkritische Scheidung der Amosüberschrift noch detaillierter vorgenommen. Neben der vollständigen Abtrennung des zweiten Relativsatzes, bei dem sodann „die
   er schaute über Israel" und die beiden Datierungen auf unterschiedlichen Ebenen angesetzt
   werden, wird meist auch vom ersten Relativsatz אשר-היה בנקדים für sekundär gehalten,
   wobei das verbleibende מתקוע als direkte Fortsetzung des Prophetennamens zur Herkunftsangabe verstanden wird; vgl. etwa Marti, KHC 13, 156; Weiser, ATD 24, 131; Wolff, BK

So ist bei Am 1,1 ein ursprünglicher Bestand mit dem Umfang דברי
עמוס אשר־היה בנקדים מתקוע (שנתים לפני הרעש) zu erkennen. Dieser ist
gut als Überschrift des Grundbestands der Wortsammlung Am 3-6* vorstellbar.[135]

Als erster Nachtrag wurde der zweite Relativsatz mit der Kennzeichnung als Schauung und Adressatenangabe ergänzt. Dieser Nachtrag wird
eventuell der bislang als kultkritische Bearbeitung bezeichneten Schicht
zuzuschreiben sein.[136]

In einem zweiten Schritt wurde sodann die Datierung über die Könige
des Süd- und Nordreichs ergänzt, die sicherlich der dtr. Redaktion des
Amosbuches zuzuweisen ist.

2.2.2.2 Der Mottovers Amos 1,2

Der auf die Überschrift folgende Vers Am 1,2, der das Brüllen Jhwhs vom
Zion und die Konsequenzen dieses Geschehens beschreibt, wird gerne als
Motto des folgenden Buches verstanden. Und in der Tat kommt dieser
kurzen Passage eine besondere Bedeutung zu, insofern sie mit den folgenden Fremdvölkerworten nicht weiter verbunden ist. Am 1,2 scheint also
eher eine Funktion in Bezug auf das gesamte Amosbuch zu haben.

Bei der redaktionsgeschichtlichen Einordnung dieses Verses bereitet
nun vor allem die Erwähnung des Zion Schwierigkeiten. Eine solche Orientierung an Jerusalem fand sich weder in der Grundschicht von Am 3-6*
noch in der darauf folgenden kultkritischen Bearbeitung. Die Aufnahme von
Traditionen aus dem Bereich der Theophanieschilderungen bringt den Vers
allerdings in die Nähe der Hymnenschicht.[137] Dies wurde auch schon häufig
erkannt und mit den Stichwortbezügen über אבל zum Hymnus in Am 9,5

14,2, 146; Rudolph, KAT 13,2, 109f; Jeremias, ATD 24,2, 1; Rottzoll, Studien, 8-16; Schart,
Entstehung, 51. Doch besteht zu dieser letzten Scheidung kein wirklicher Anlaß. Es ist
nämlich kaum einsehbar, warum מתקוע, wenn es denn als Herkunftsangabe des Propheten
denkbar ist, nicht auch als Herkunftsangabe für die Schafzüchter, bei denen er sich aufgehal-
ten hatte, möglich ist. Daß ansonsten eher die Präposition ב zur Angabe des Aufenthaltsortes
von Amos und seinen Kollegen zu erwarten gewesen wäre, ist keineswegs zwingend; vgl.
hierzu Willi-Plein, Vorformen, 15; Koch, Amos 2, 1, die der gängigen Scheidung von Am
1,1a ebenfalls nicht folgen.

135 Siehe zur Bedeutung der Überschrift für diesen Grundbestand unten 123.
136 Dafür könnte sprechen, daß von dieser Bearbeitung, wie sich zeigen wird, auch die Völkerworte in Am 1,3-2,16* eingebracht wurden, so daß dann angesichts der nun am Beginn des
Buches stehenden Völkerworte die Adressatenangabe על־ישראל in der Buchüberschrift
notwendig wurde.
137 Vgl. etwa Wolff, BK 14,2, 152; Koch, Rolle, 530-534; Jeremias, ATD 24,2, 3f; Rottzoll,
Studien, 18-21; Fleischer, NSK.AT 23,2, 129.

sowie über הכרמל ראש zur diesem Hymnus vorausgehenden „fünften Vision"[138] in 9,3 untermauert.[139] Dabei gewinnt die letztgenannte Verknüpfung noch dadurch an Bedeutung, daß die „Spitze des Karmel" neben Am 1,2; 9,3 nur noch in 1 Kön 18,42 belegt ist.

Am 1,2 paßt nun aber auch auf kompositioneller Ebene in die Hymnenschicht. Da nämlich der letzte der Hymnen Am 9,5-6, wie sich zeigen wird, einmal einen Buchschluß gebildet hat, ist Am 1,2 gut als das Buch eröffnendes Gegenstück hierzu verständlich.[140] So ist Am 1,2 der Hymnenschicht des Amosbuches zuzuweisen.

2.2.2.3 Die Völkerworte Amos 1,3-2,16

Die Völkerwortsammlung des Amosbuches in Am 1,3-2,16 besteht aus insgesamt acht Einzelsprüchen, die sich alle durch ihren vergleichbaren formalen Aufbau auszeichnen.[141] Dabei sind nur die ersten sechs Worte in 1,3-2,3 wirklich gegen Fremdvölker gerichtet, in Am 2,4-5 findet sich dagegen ein Wort gegen Juda, in 2,6-16 gegen Israel.

Bei den eigentlichen Fremdvölkerworten Am 1,3-2,3 ist nun zurecht schon seit langem ein gewisser Konsens erreicht, daß die Worte an Tyros (1,9-10) und Edom (1,11-12) gegenüber den anderen sekundär sind.[142] Dabei

---

138 S.u. 114-117.
139 Vgl. Wolff, BK 14,2, 151f; Jeremias, ATD 24,2, 3f; Schart, Entstehung, 55f; Fleischer, NSK.AT 23,2, 141.
140 So schon Koch, Rolle, 534; Fleischer, NSK.AT 23,2, 129. Wenn also Melugin, Formation, 384, aufgrund der Stichwortverbindung zwischen Am 1,2 und Am 9,5 den zuerst genannten Vers später als die Hymnen ansetzen will, so übersieht er den kompositionellen Zusammenhang der beiden Stellen.
141 Zur Beschreibung der formalen Gestalt der einzelnen Worte mit Botenformel, Zahlenspruch, Schuldaufweis und Strafankündigung vgl. etwa Schmidt, Redaktion, 174; Wolff, BK 14,2, 164-170; Jeremias, ATD 24,2, 9f, sowie die übersichtliche Tabelle bei Fleischer, NSK.AT 23,2, 144f.
142 Vgl. nur Marti, KHC 13, 161f; Weiser, ATD 24, 138f; Schmidt, Redaktion, 174-178; Wolff, BK 14,2, 170f; Willi-Plein, Vorformen, 16f; Melugin, Formation, 384; Coote, Amos, 112-117; Gese, Komposition, 86f; Fritz, Fremdvölkersprüche, 27; Reimer, Recht, 70f; Rottzoll, Studien, 22f; Schart, Entstehung, 56f.
Demgegenüber haben v.a. Paul, Pattern, 397-403, und Rösel, Studien, 88f, darauf hingewiesen, daß alle sechs Fremdvölkerworte mit den jeweils benachbarten Worten verkettet sind, was ihrer Meinung nach für die Zugehörigkeit des Tyros- und des Edomwortes spricht. Doch gerade zwischen Edom- und Ammonspruch findet sich keine nennenswerte Stichwortverbindung, so daß Paul und Rösel hier nur auf die syntaktisch gleich formulierte Strafankündigung verweisen können, die so aber in jedem der Fremdvölkerworte vorkommt.
Auch die Erklärung von Steinmann, Order, 684f; Noble, Structure, 218f, daß gerade durch die andere Form dieser beiden Einheiten eine konzentrische Struktur der Fremdvölkerworte entsteht (AABBAA), kann letztlich nicht als redaktionsgeschichtliches Argument dienen, da dann ja immer noch zu fragen wäre, ob es sich um eine ursprüngliche oder eine gewachsene

ist vor allem auffällig, daß hier die Strafansage auf die stereotype Formulierung „ich schicke Feuer an … und es frißt die Paläste von …" reduziert ist, während diese Strafansage bei allen anderen Worten noch weiter ausgeführt wird. Außerdem fehlt nur bei diesen beiden Worten die abschließende Redeformel אמר יהוה. Auf inhaltlicher Ebene ist zudem bedeutsam, daß die Anklage gegen Tyros in V.9bα, daß Gefangene an Edom ausgeliefert wurden, nahezu wörtlich der Anklage im vorhergehenden Philisterwort in 1,6b entspricht,[143] wobei in V.9bβ allerdings noch zusätzlich betont wird, daß dabei des Bruderbundes nicht gedacht wurde. Und gerade an dieser Anmerkung ist ein weiterer Unterschied zwischen Tyros- und Edomspruch und den übrigen Fremdvölkerworten zu erkennen. Denn bei diesen beiden Sprüchen werden nicht nur schlicht die Verfehlungen des jeweiligen Fremdvolks genannt, sondern diese Vergehen werden zudem noch auf einer prinzipielleren Ebene reflektiert.[144] So wird auch im Edomspruch in Am 1,11 das Opfer der Gewalt gerade als „Bruder" bezeichnet und es wird zudem erwähnt, daß das zornige Wüten Edoms kein Ende findet. Solche vom konkreten Vorfall abgehobenen allgemeinen Anklagen sind den übrigen Fremdvölkerworten in Am 1,3-2,3 fremd.

Während also Tyros- und Edomspruch im Kontext der übrigen Fremdvölkerworte sicherlich sekundär sein dürften, bieten sich für die verbleibenden vier Einheiten keine weiteren literarkritischen Scheidungen an.[145] Erst

---

Struktur oder gar um Zufall handelt. Zur Stellung der beiden sekundären Worte gerade an der vorliegenden Stelle s.u. 97.

143 Wagner, Überlegungen, 670 Anm. 28, spricht sich dagegen aus, die Tyrosstrophe aufgrund der Übereinstimmungen mit dem vorangehenden Wort als sekundär einzustufen, da ja auch die Vernichtung der Bewohner der Stadt und des Zepterträgers bei der Damaskus- (1,5) und der Gazastrophe (1,8) gleich seien. Doch liegt hier ein anderer Fall vor: Philister- und Tyrosstrophe haben die gleiche Anklage, nicht wie die anderen beiden die gleiche Strafansage. Dabei ist es zumindest erstaunlich, daß die Philister und Tyros gleichermaßen für das Ausliefern von Gefangenen an Edom verantwortlich gemacht werden, ohne daß dies miteinander in Verbindung gebracht wird. Daß zwei Völker eine vergleichbare Strafe ereilen wird, ist demgegenüber wesentlich unproblematischer.

144 Wolff, BK 14,2, 170, spricht davon, daß hier im Gegensatz zu den anderen Strophen auch „innere Verhaltensweisen" beschrieben werden; Jeremias, ATD 24,2, 11, bezeichnet dies als „emotional geprägte Begrifflichkeit".

145 Marti, KHC 13, 160, und Dietrich, JHWH, 317, halten zudem die Philisterstrophe für sekundär, Niemann, Theologie, 187f, nimmt sogar ein mehrstufiges Wachstum an, nach dem vor das Israelwort zunächst die Sprüche gegen Damaskus und Ammon, sodann gegen Gaza und Edom und in einem dritten Schritt die Sprüche gegen Tyros und Moab ergänzt worden sind. Während die zuletzt genannten Ausführungen schon deshalb eher abzulehnen sind, weil sie die Gemeinsamkeiten der Tyros- und Edomstrophe nicht berücksichtigen, handelt es sich bei all diesen Ansätzen um v.a. historisch argumentierende Analysen, die voraussetzen, daß ein Grundbestand der Fremdvölkerworte, und sei es auch nur die Israelstrophe, in die Zeit des Amos angesetzt werden kann, während andere Worte eine spätere Zeit voraussetzen. Aber zum einen sind die historischen Hintergründe der einzelnen Worte keineswegs so deutlich zu bestimmen. Zum anderen wird sich im folgenden schon für den Grundbestand

der in 2,4-5 anschließende Judaspruch ist wieder als Nachtrag anzusehen.[146] Denn auch dieser Spruch unterscheidet sich formal von den als Grundbestand erkannten Fremdvölkerworten und zwar in genau derselben Weise wie die Worte gegen Tyros und Edom: Auch hier findet sich nur eine verkürzte Anklage, und auch hier fehlt die abschließende Redeformel אמר יהוה.

Dabei wurde für diesen Spruch schon lange die sprachliche und inhaltliche Nähe zur dtn.-dtr. Literatur erkannt.[147] Und in der Tat zeigen sich zahlreiche terminologische Parallelen: So werden תורה und חק in diesen Literaturwerken einige Male nebeneinander genannt.[148] Das Bewahren der Satzungen (שמר) ist eine überwiegend im dtn.-dtr. Bereich gebrauchte Formulierung,[149] genau wie die Rede vom „Hinterherlaufen" (הלך אחרי).[150]

Zudem paßt die Ablehnung der Tora zur sonst in den dtr. Nachträgen des Amosbuches vorgebrachten Ablehnung des prophetischen Wortes, zumal an diesen Stellen deutlich die Herkunft des prophetischen Wortes von

---

der Fremdvölkerworte eine gegenüber der Grundschicht des Amosbuches spätere Ansetzung nahelegen, was auf historischen Argumenten basierende Textscheidungen ohnehin erübrigt. Da sich für die genannten Scheidungen keine wirklich literarkritischen Anhaltspunkte finden lassen, kann von diesen also abgesehen werden.

146 Vgl. schon Duhm, Theologie, 119, und wiederum Marti, KHC 13, 165; Weiser, ATD 24, 140; Schmidt, Redaktion, 174-178; Wolff, BK 14,2, 170f; Willi-Plein, Vorformen, 17f; Melugin, Formation, 384; Coote, Amos, 112f; Gese, Komposition, 86f; Fritz, Fremdvölkersprüche, 27; Reimer, Recht, 70f; Rottzoll, Studien, 22f; Schart, Entstehung, 56f.

147 Schon Marti, KHC 13, 165, meinte zu Am 2,4-5: „Es wird dem Leser dieser Verse bei Inhalt und Form ganz deuteronomisch zu Mute." Seit Schmidt, Redaktion, 174-178, ist die dtr. Einordnung der Judastrophe Konsens; vgl. nur Mays, Amos, 41f; Wolff, BK 14,2, 198f; Willi-Plein, Vorformen, 17; Melugin, Formation, 386; Jeremias, ATD 24,2, 28f; Fleischer, NSK.AT 23,2, 157f.
Wenn Rottzoll, Studien, 23-26, und Schart, Entstehung, 56f, eine Zuweisung der vorliegenden Stelle in ein dtr. Milieu problematisieren, weil etwa מאס + תורה im dtr. Bereich sonst nicht belegt ist oder das Herlaufen hinter fremden Göttern nie mit dem Begriff כזב beschrieben wird, so steht dahinter ein zu enges Verständnis des Phänomens Deuteronomismus, das von exakt identischen Wendungen ohne mögliche Abweichungen in den verschiedenen Ausformungen ausgeht, anstatt allgemein nach vergleichbarer Sprache zu suchen. Letztlich erkennen ja auch Rottzoll und Schart an, daß Am 2,4-5 im weitesten Sinne dtr. ist, wobei aber Schart angesichts der oben 51-53 beschriebenen Schwierigkeiten das Kürzel D verwendet und Rottzoll von einer priesterlich-dtr. Schicht spricht. Doch entgeht man auch mit solchen Etiketten nicht der Problematik, daß es sich bei Deuteronomismus um ein differenziertes Phänomen handelt, das sich in verschiedenen Textbereichen durch Gemeinsamkeiten aber auch Verschiedenheiten auszeichnet, so daß hier letztlich nur ein vorsichtiger terminologischer und inhaltlicher Vergleich weiterhelfen kann.

148 Vgl. Dtn 4,8; 17,19; 2 Kön 17,37, wobei die Kombination der beiden Worte allerdings auch sonst häufig belegt ist.

149 Vgl. Dtn 4.6.40; 5,1; 6,17; 7,11; 11,32; 12,1; 16,12; 17,19; 26,16-17; 1 Kön 3,14; 8,58; 9,4; 2 Kön 17,37.

150 Vgl. Dtn 4,3; 6,14; 8,19; 11,28; 13,3; 28,14; Ri 2,12.17.19; 9,4; 1 Kön 11,5.10; 18,18.21; 21,26; 2 Kön 17,15.

Jhwh betont wird (vgl. 2,11; 3,7). So geht es hier wie dort eben darum, daß die Kundgabe des göttlichen Willens nicht angenommen worden ist. Dabei wird der Zusammenhang von Prophetie und Gesetz im dtr. Bereich besonders bei 2 Kön 17,13 deutlich. Dort fordern gerade die Propheten in ihrem Umkehrruf zum Bewahren von Tora und Satzungen (שׁמר; תורה; חקה) auf.

Aufgrund der gemeinsamen Form, die in charakteristischer Weise von den übrigen Fremdvölkerworten abweicht, werden nun die Worte gegen Tyros, Edom und Juda meist kurzerhand derselben Schicht zugeordnet und somit auch die ersten beiden als dtr. bezeichnet. Doch wurde bislang kaum wirklich gefragt, was genau die beiden Fremdvölkerworte aus sich heraus als dtr. kennzeichnet, und noch weniger wurde der Frage nachgegangen, ob sie im Rahmen der dtr. Bearbeitung des Amosbuches wirklich Sinn machen.

Für die dtr. Anlage von Am 1,9-12 wird, wenn überhaupt, dann nur auf die Bezeichnung Edoms als Bruder in 1,11 verwiesen. So nennt Schmidt in diesem Zusammenhang Dtn 23,8a: „Du sollst den Edomiter nicht verabscheuen, denn er ist dein Bruder."[151] Doch kann die Tradition, nach der Edom als Israels Brudervolk verstanden wird, sicherlich nicht als dtr. bezeichnet werden, da sie in den verschiedensten Textbereichen vorkommt.[152] Zudem spielt diese Tradition im gesamten DtrG überhaupt keine Rolle.[153] Wäre also Am 1,9-12 nicht formal mit der Judastrophe verbunden, so würden diese Verse wohl kaum als dtr. bezeichnet.

Gegen eine solche Einschätzung spricht auch der Zusammenhang der dtr. Passagen des Amosbuches selbst, in die sich die Tyros- und Edomstrophe kaum einordnen lassen. Denn weder das Verhältnis zu den Nachbarvölkern im allgemeinen,[154] noch zu Tyros und Edom im besonderen spielt sonst in dieser Schicht eine Rolle.

Vor allem aber wird die Intention von Am 1,9-12 im Rahmen der dtr. Überarbeitung der Fremdvölkerworte nicht wirklich klar. Schon die übrigen Fremdvölkerworte zielen auf die Israelstrophe und verfolgen so das Ziel, auf die besondere Schuld Israels hinzuweisen.[155] Die gesamte Komposition hat

---

151 Vgl. Schmidt, Redaktion, 176.
152 Neben Dtn 2,4.8; 23,8 ist hier auf die Vätergeschichte in Gen 25-36 selbst, aber auch auf Num 20,14; Obd 10.12; Mal 1,2 zu verweisen.
153 Edom kommt im DtrG als geographische Bezeichnung, zur Bestimmung der Herkunft oder mit Blick auf das Volk Edom oder dessen Herrscher vor (Jos 15,1.21; Ri 5,4; 11,17-18; 1 Sam 14,47; 21,8; 22,9.18.22; 2 Sam 8,14; 1 Kön 9,26; 11,1.14-17; 22,48; 2 Kön 3,8-9.12.20.26; 8,20-22; 14,7.10), doch an keiner Stelle wird das besondere Verhältnis Israels zu Edom reflektiert.
154 Allenfalls in der Einheit Am 9,7-10, die sich im weiteren Verlauf als Teil der dtr. Schicht erweisen wird, sind die Völker von Bedeutung. Doch werden in der Verhältnisbestimmung in Am 9,7 gerade Philister und Aramäer genannt, die beide schon im Grundbestand der Fremdvölkerworte aufgeführt sind.
155 S.u. 98.

ihre Pointe darin, daß Israel noch viel mehr Verschuldungen auf sich geladen hat und deshalb ebenso dem Gericht verfallen wird wie die Nachbarvölker. Die sekundäre Judastrophe nimmt nun, unter Aufnahme dtr. Kategorien zur Formulierung der spezifischen Schuld, auch das Südreich in diese Komposition mit hinein. Das Grundproblem der gängigen redaktionsgeschichtlichen Ansätze, die die Judastrophe auf einer Ebene mit der Tyros- und Edomstrophe ansetzen, ist dabei: Warum werden neben dem Judaspruch noch Worte gegen weitere Fremdvölker hinzugefügt? Das Verhältnis des eigenen Gerichts zum Gericht an den Völkern ist doch schon mit dem Grundbestand der Fremdvölkerworte thematisiert.

Zudem ist nicht ganz klar, warum die Sprüche gegen Tyros und Edom nicht direkt vor die Judastrophe gestellt worden sind, wenn sie doch mit dieser zusammenhängen sollen. Die Stellung der beiden Worte in der Mitte der Fremdvölkerworte dürfte eigentlich nur mit dem thematischen Anschluß an die Philisterstrophe (1,6-8) zu erklären sein. Von dort wurde das Ausliefern von Gefangenen und der Bezug zu Edom übernommen, der auch die beiden Nachträge bestimmte. Doch diese Thematik wird in der Judastrophe, wie überhaupt in der dtr. Bearbeitung des Amosbuches, nicht weiter aufgenommen.

So spricht also alles dafür, daß es sich bei den Worten gegen Tyros und Edom in Am 1,9-12 und bei dem Wort gegen Juda in Am 2,4-5 um zwei Nachträge handelt, die auf verschiedenen redaktionellen Ebenen anzusetzen sind und von denen eben nur die Judastrophe als dtr. bezeichnet werden kann.[156] Der gemeinsame formale Aufbau dürfte dabei auf Zufall oder vielleicht noch eher auf die Orientierung der Redaktoren der beiden sekundären Fremdvölkerworte an der Judastrophe zurückgehen. Jedenfalls ist diese formale Übereinstimmung angesichts der mit der These einer gemeinsamen Herkunft der beiden Passagen verbundenen Probleme kein ausreichendes Indiz, daß es sich um dieselbe literarische Ebene handeln könnte.

Die abschließende Israelstrophe Am 2,6-16 weicht nun in ihrem Aufbau einmal mehr von den vorangehenden Worten ab. Allerdings wird hier die Gestaltung der übrigen Strophen sogar gänzlich verlassen.[157] Nach dem

---

156 Diese Möglichkeit wurde bislang nur selten in Betracht gezogen. Wagner, Überlegungen, 670 Anm. 29, stellte immerhin die Frage, ob von der Annahme einer dtr. Redaktion in Am 2,4-5 auch auf die Zugehörigkeit von 1,9-12 zur dtr. Schicht geschlossen werden dürfe. Aufgenommen und umfassender begründet wurde dies daraufhin nur von Rottzoll, Studien, 22-35, der seine Argumentation auf einer umfassenden Untersuchung der Terminologie von Am 1,9-12 aufbaut, die sich auch seiner Meinung nach nicht als dtr. auszeichnet. Die hier dargestellten mangelnden Zusammenhänge mit den sonstigen dtr. Passagen des Amosbuches und die fehlende gemeinsame Intention von Tyros- und Edomstrophe einerseits und Judastrophe andererseits können nun Rottzolls These weiter untermauern.
157 Vgl. hierzu Wolff, BK 14,2, 171-174; Fleischer, NSK.AT 23,2, 144f.

einleitenden Zahlenspruch findet sich ein wesentlich längerer Schuldaufweis
(2,6-8) und auch die abschließende Strafansage (2,13-16) ist zum einen
deutlich umfangreicher, zum anderen wird das zuvor stets genannte Senden
des Feuers, das die Paläste verzehrt, hier gerade nicht erwähnt.

Doch sollte dies kein Anlaß sein, eine Sammlung von Völkerworten
ohne die abschließende Israelstrophe anzunehmen.[158] Denn zumindest im
Kontext des Amosbuches macht die gesamte Komposition Am 1-2 eigentlich nur Sinn, wenn sie in einem Gerichtswort gegen Israel endet. Ansonsten
wäre die Stellung zu Beginn des Buches, das im weiteren Verlauf von Worten gegen das eigene Volk geprägt ist, überhaupt nicht verständlich. So
zielen die Fremdvölkerworte geradezu auf die Israelstrophe.[159] Sie verfolgen
den rhetorischen Effekt, daß nach der bei den Adressaten vorausgesetzten
Zustimmung in das Gerichtshandeln Jhwhs an den fremden Völkern
schließlich auch in das Gericht am eigenen Volk eingestimmt werden muß,
zumal hier noch in wesentlich umfassenderem Maße Vergehen aufgezählt
werden. Neben diesen kompositionellen Hinweisen führt auch der Zahlenspruch, der jedes der Worte in Am 1-2 einleitet, zu dem Schluß, daß die
Israelstrophe das von Anfang an vorausgesetzte Ziel der Sammlung ist.
Denn erst in dieser Strophe werden ja wirklich vier Vergehen erwähnt.[160]

Innerhalb der Israelstrophe sind nun die den Zusammenhang von
Schuldaufweis und Strafansage unterbrechenden Verse 2,9-12 sekundär.[161]
Dabei wurde insbesondere zu 2,10-12 schon oft darauf hingewiesen, daß es

---

158 Gegen Würthwein, Amos-Studien, 96; Koch, Amos 2, 68; Coote, Amos, 11f; Fritz, Fremdvölkersprüche, 27; Rösel, Studien, 89f. Zur gerade umgekehrten Annahme eines ursprünglich
eigenständigen Israelwortes, dem die Fremdvölkerworte erst sekundär vorangestellt worden
sind, s.u. 101 Anm. 174.
159 Vgl. etwa Jeremias, ATD 24,2, 8; Rottzoll, Studien, 71.
160 Vgl. nur Wolff, BK 14,2, 200-204; Jeremias, ATD 24,2, 8.
161 So, wenn auch mit Unterschieden im Detail, Fleischer, Menschenverkäufer, 34-37; Dietrich,
JHWH, 320f; Rottzoll, Studien, 52-61, wobei letzterer allerdings 2,12a noch zum Grundbestand der Israelstrophe hinzurechnet, als Parallelstichos zu 2,8bα, was aber doch als zu
spekulativ bezeichnet werden muß. Wolff, BK 14,2, 172; Reimer, Recht, 70f; Jeremias, ATD
24,2, 25; Schart, Entstehung, 60, u.a. sehen demgegenüber nur in den Versen 2,10-12 einen
Nachtrag, während ihres Erachtens 2,9 noch zum Grundbestand der Israelstrophe gehört;
vgl. hierzu die weiteren Ausführungen.
Zudem werden in 2,6-16 häufig noch weitere Zusätze entdeckt, v.a. in 2,7aα(עַל־עֲפַר־אֶרֶץ)bβ.
8αββ.14b.15aβ; vgl. etwa Wolff, a.a.O., 163f; Fleischer, Menschenverkäufer, 27-41; Jeremias,
a.a.O., 18f; Rottzoll, Studien, 61-80; Schart, a.a.O., 58-62. Dabei werden jedoch meist nur
metrische Gründe genannt, die für sich allein noch kein ausreichendes Kriterium sein
dürften. Einzig der eher unklare Teilvers 2,7aα* könnte ein kurzer Einschub sein, der die
Gewalt gegenüber den Geringen noch verschärfen will. Die übrigen Stellen für sekundär zu
halten, ist demgegenüber eher beliebig. Da diese zudem ohnehin nur als vereinzelte Nachträge ohne Zusammenhang mit den sonstigen Überarbeitungen des Amosbuches betrachtet
werden könnten, kann eine weitere Betrachtung außer Acht bleiben.

sich hierbei um einen im weiteren Sinne dtr. Einschub handelt.[162] Und tatsächlich finden sich in diesen Versen gleich drei Themen, die schon an anderen Stellen des Amosbuches der dtr. Schicht zugewiesen werden konnten und deren gemeinsame Erwähnung in 2,10-12 gerade die Richtigkeit der Zuordnung dieser Nachträge zur selben Schicht unterstreicht. In 2,10 findet sich, wie auch schon in 3,1b, ein Verweis auf den Exodus, wobei hier erneut das Verb עלה hi. verwandt wird.[163] Die in 2,10 in diesem Zusammenhang erwähnte Wüstenzeit war auch schon im dtr. Vers 5,25 genannt und auch dort mit der expliziten Angabe der 40 Jahre. Am 2,11-12 geht nun vom Exodus über zur Prophetie, wobei in diesem Zusammenhang auch die Nasiräer erwähnt werden. Dabei hat Köckert zurecht darauf hingewiesen, daß die Erwähnung der Propheten, die Jhwh erweckt hat, im unmittelbaren Anschluß an das Exodusgeschehen doch nur bedeuten kann, daß damit auch die Propheten als Heilsgabe Jhwhs verstanden werden.[164] So ist also auch hier ein Verständnis von Prophetie vorausgesetzt, das die Propheten als Umkehrmahner sieht, was wiederum zum dtr. Vers Am 3,7 paßt. Am 2,10-12 ist also insgesamt von Themen, Gedanken und Formulierungen bestimmt, die aufgrund ihrer heilsgeschichtlichen Ausrichtung, ihrer Terminologie und ihren konkreten Inhalten ganz auf der Linie der bislang der dtr. Schicht zugeordneten Passagen liegen.

Obwohl nun bereits Am 2,9 den Zusammenhang von Schuldaufweis und Strafankündigung in 2,6-8.13-16 unterbricht, wurde dieser Vers bislang noch nicht auf derselben literarischen Ebene wie 2,10-12 eingeordnet, sondern wird entweder noch zum Grundbestand der Israelstrophe gerechnet[165] oder aber als gegenüber 2,10-12 nochmals späterer Nachtrag angesehen.[166] Denn das in 2,9 erwähnte Vertilgen der Amoriter wird in seiner Stellung gegenüber dem in 2,10 erwähnten Exodusgeschehen als zu früh aufgefaßt, da dies doch schon in den Bereich der Landnahme gehöre. Doch ist demgegenüber zu sagen, daß, wenn 2,10-12 später als 2,9 sein sollte, unklar bleibt, warum diese Verse nicht um 2,9 herum gruppiert worden sind. Wenn aber 2,9 später als 2,10-12 sein sollte, so bleibt ebenso die Frage, warum die Redaktoren von V.9 diesen Nachtrag an die falsche Stelle gestellt haben. Eine redaktionsgeschichtliche Aufteilung auf zwei Schichten vermag das Problem einer angeblich falschen Reihenfolge also nicht zu lösen. So ist viel eher davon auszugehen, daß die vorliegende

---

162 Vgl. nur Schmidt, Redaktion, 178-183; Wolff, BK 14,2, 205-207; Fleischer, Menschenverkäufer, 36-38; Reimer, Recht, 71; Jeremias, ATD 24,2, XXI; Rottzoll, Studien, 56-61; Schart, Entstehung, 61.
163 Siehe hierzu oben 80 Anm. 88.
164 Vgl. Köckert, Gesetz, 148f.
165 Siehe hierzu oben 98 Anm. 161.
166 Vgl. Fleischer, Menschenverkäufer, 36-38; Rottzoll, Studien, 52-61.

Reihenfolge gewollt ist. Die Erwähnung der Vernichtung der Amoriter noch vor dem Exodus hätte dann das Ziel, die Landnahme noch viel mehr als in der sonstigen Tradition üblich auf die Initiative Jhwhs zurückzuführen. Denn Jhwh hätte demnach die vormalige Bevölkerung des Landes vertilgt, noch bevor Israel überhaupt aus Ägypten gezogen war. Dieser Gedanke ist eine Steigerung der dtr. Vorstellung, daß Jhwh es war, der die Amoriter, wie auch die anderen Völker des Landes, im Rahmen der Landnahme „vor ihnen her" vertilgt hat.[167] So ist Am 2,9 durchaus auf einer Ebene mit 2,10-12 zu verstehen, und es zeigt sich einmal mehr, daß hier Gedankengut vorliegt, das der dtr. Tradition zumindest nahesteht.

Als Grundbestand der Fremdvölkersammlung verbleibt somit Am 1,3-8.13-15; 2,1-3.6-8.13-16. Diese Komposition wird meist mit dem Grundbestand des sonstigen Buches auf eine Stufe gestellt,[168] oder es wird zumindest angenommen, daß auch die Fremdvölkersammlung auf den Propheten Amos zurückgeht, zunächst aber getrennt überliefert wurde und erst in einem zweiten Schritt ihre Stellung vor dem Buchkorpus Am 3-6 erhalten hat.[169] Demgegenüber ist aber zu bedenken, daß sich zwischen dieser Sammlung und dem Grundbestand des Buchkorpus Am 3-6 kaum Verbindungen – weder terminologisch noch inhaltlich – finden lassen.[170] Die einzigen wirklichen Stichwortverknüpfungen zum Grundbestand zeigen sich bei der Ansage des Gerichts an den Palästen (ארמנות; Am 1,4.7.14; 2,2 // 3,9.11)[171] und bei den Bezeichnungen für die gesellschaftlich niedrig Gestellten in Am 2,6-7, wobei דל auch in 4,1, אביון auch in 4,1; 5,12b belegt ist. Inhaltlich ist

---

167 Die Vorstellung, daß Jhwh die Amoriter, zusammen mit der übrigen Vorbevölkerung, „vor den Israeliten her" (מפני) vertrieben oder vertilgt hat, findet sich neben Ex 34,11 nur noch in Dtn und DtrG (Dtn 7,1; Jos 3,10; 24,8.18; Ri 11,23; 1 Kön 21,26).
168 Vgl. nur Willi-Plein, Vorformen, 15-20.62; Reimer, Recht, 70f; Rottzoll, Studien, 285.
169 Vgl. Wolff, BK 14,2, 130f; Jeremias, ATD 24,2, XIX-XX; ders., Völkersprüche, 170; Schart, Entstehung, 98.
170 Schon Melugin, Formation, 383f; Fritz, Fremdvölkersprüche, 26-38; Kratz, Worte, 69f, haben sich dagegen ausgesprochen, den Grundbestand der Fremdvölkerworte auf derselben literarischen Ebene anzusetzen wie den Grundbestand des Buchkorpus 3-6. Dabei sollte allerdings gegen Fritz nicht auf Grundlage der in den Fremdvölkerworten vorausgesetzten historischen Hintergründe argumentiert werden. Denn die wenigen verwertbaren Angaben im diesem Textbereich sind keineswegs so eindeutig, daß sie nicht in der für den Propheten Amos angenommenen Wirkungszeit in der Mitte des 8. Jh. angesetzt werden könnten; vgl. die Kritik an Fritz von Vieweger, Herkunft, 103-119. Allerdings ist gegen die gegenteilige Annahme, wie sie eben von Vieweger vorgetragen wurde, der auf Grundlage historischer Überlegungen gerade die Zugehörigkeit zum Grundbestand der sonstigen Amosworte nachweisen will, zu sagen, daß auf diese Weise ja nur ein terminus a quo festgestellt werden kann, was noch nichts über die tatsächliche Datierung dieser Worte und schon gar nichts über die literarische Verbindung zum Grundbestand des Buchkorpus aussagt. So lassen sich Melugin und Kratz auch zurecht nicht auf historische Argumentationen ein.
171 Siehe hierzu die weiteren Ausführungen.

bedeutend, daß das Thema Israel und die Völker im Grundbestand von Am 3-6 überhaupt nicht vorkommt.

Demgegenüber finden sich aber Beziehungen zu den Überarbeitungen der Grundschicht, die vor allem durch ihre kultkritische Ausrichtung aufgefallen sind. So kommt der für die Völkerwortsammlung so wichtige Begriff der Sünde (פשע) auch in Am 3,14; 4,4 vor.[172] מזבח ist neben 2,8 nur noch in 3,14 belegt. Überhaupt zeichnen sich die Anklagen von Am 2,6-8 durch ihre Verbindung von Kult- und Sozialkritik aus, und genau dies ist ja auch die Intention der besagten Überarbeitung im Buchkorpus: Sie erweitert hier die sozialkritischen Worte des Grundbestands um kultkritische Anklagen und stellt so Sozial- und Kultkritik nebeneinander. Aber auch das generelle Anliegen der Völkerwortsammlung, die Schuld und das Gericht des eigenen Volkes vor dem Hintergrund der Völker darzustellen, fand sich im Rahmen des Buchkorpus nur in den dieser Überarbeitung zugewiesenen Passagen, vor allem in 3,1a.2; 6,1b.2.7-8.

Dabei ist nicht ausgeschlossen, daß für die Völkerwortsammlung vorgegebenes Gut aufgenommen wurde. Doch die Tatsache, daß nach den eigentlichen Fremdvölkerworten das Gericht gerade an den ארמנות der Völker vollstreckt wird, könnte auch dafür sprechen, daß die Sammlung auf das Amosbuch hin komponiert ist. Denn dieser Begriff ist ja gleich im ersten Wort des Grundbestands in 3,9.11 genannt, wobei hier gerade nicht die Paläste der in 3,9 erwähnten Völker, wohl aber nach 3,11 die Paläste des eigenen Volkes Ziel des Gerichts sind.[173] Die Fremdvölkerworte mit der Zerstörung der Paläste der Völker hätten dann also nicht nur in der Israelstrophe, sondern erneut in Am 3,9.11, in der Zerstörung der Paläste Israels, einen Zielpunkt.[174]

Insgesamt ist in den Fremdvölkerworten also ein Grundbestand in Am 1,3-8.13-15; 2,1-3.6-8.13-16 zu erkennen, der terminologisch und inhaltlich

---

172 Aufgrund der betonten Erwähnung der vielen Sünden (פשע) des Volkes kann von hier aus dann auch der Vers Am 5,12a, der bereits vorläufig der kultkritischen Bearbeitung zugeschrieben wurde, nun begründet zu dieser Schicht gerechnet werden.

173 Der sekundäre Vers Am 3,10, der ארמנות aus 3,11 aufnimmt und so das folgende Gericht an den Palästen nochmals verstärkt, könnte dann von hier aus gut der kultkritischen Bearbeitung des Buches zugewiesen werden.

174 Da also gleichermaßen die Fremdvölkerworte wie auch die Israelstrophe mit der kultkritischen Schicht des Buchkorpus verbunden und mit dieser auf einer literarischen Ebene anzusetzen sind, ist die etwa von Niemann, Theologie, 178; Jeremias, ATD 24,2, 8; Fleischer, NSK.AT 23,2, 147, vertretene These, daß die Fremdvölkerworte einer ursprünglich eigenständigen Israelstrophe erst sekundär vorangestellt worden sind, eher abzulehnen. Allenfalls wäre, wie bereits erwähnt, eine überlieferungsgeschichtliche Lösung erwägenswert, nach der für die Fremdvölkerworte und die Israelstrophe jeweils auf vorgegebenes Gut zurückgegriffen wurde. Literarkritisch ist der vorliegende Zusammenhang von Fremdvölkerworten und Israelstrophe hingegen nicht zu trennen.

mit der vor allem kultkritisch bestimmten Überarbeitung verbunden ist und deshalb wohl ebenfalls dieser Schicht zugeordnet werden kann. Dabei wurde eventuell vorgegebenes Gut aufgenommen, doch ist die Völkerwortsammlung deutlich auf das folgende Buchkorpus hin verfaßt.

Die Judastrophe Am 2,4-5 und die Überarbeitungen der Israelstrophe Am 2,9-12 können als Teil der dtr. Schicht des Amosbuches verstanden werden.

Die Tyros- und Edomstrophe Am 1,9-12 sind entgegen der gängigen Meinung von dieser Schicht abzuheben und einer weiteren Überarbeitung zuzuweisen, die bislang noch nicht erkennbar gewesen ist.

2.2.3 Die Visionssammlung Amos 7-9

2.2.3.1 Die Amos-Visionen in Amos 7,1-8; 8,1-2

Die eigentlichen Amos-Visionen[175] in Am 7,1-8; 8,1-2 gliedern sich in die beiden Visionspaare Am 7,1-6 und 7,7-8; 8,1-2. Dabei sind die ersten beiden Visionen, in denen eine drohende Heuschreckenplage und eine Dürrenot geschildert werden, von dem fürbittenden Einschreiten des Amos für den „kleinen Jakob" geprägt. Bei den folgenden Visionen, die vermutlich beide als Wortspielvisionen zu verstehen sind,[176] kommt eine solche Fürbitte nicht mehr vor. Im Gegenteil: Auf die Gerichtsankündigung folgt hier beide Male die Aussage Jhwhs, daß er dies nicht mehr abwenden wird (עוד לא־אוסיף עבור לו).

Es ist nun ein in der Forschung noch immer kaum hinterfragtes Postulat, daß die Amos-Visionen auf den historischen Propheten Amos selbst zurückgehen. Aber mehr noch: Die Amos-Visionen werden auch meist direkt auf dessen Biographie gedeutet. Während dabei Spekulationen über die physischen und psychischen Hintergründe mittlerweile kaum noch eine

---

175 Zur sogenannten „fünften Amos-Vision" s.u. 114-117.

176 Die Probleme des אנך in der dritten Vision können hier nicht umfassend erörtert werden. Bedeutend ist die von Beyerlin, Bleilot, 18-22, vorgelegte und breit rezipierte Deutung auf Zinn. Für das Bild der Vision in Am 7,7 mag dies auch überzeugen, doch kann Beyerlin letztlich nicht erklären, was es heißt, daß nach der folgenden Deutung des Visionsbildes in 7,8 Zinn in die Mitte des Volkes gelegt wird. Viel eher dürfte es sich also auch hier um ein Wortspiel handeln, bei dem in der Deutung אנך als „Stöhnen" zu verstehen ist, was sonst als אנחה / אנקה (Jes 21,2; 35,10; 51,11; Jer 45,3; Mal 2,13; Ps 6,7; 12,6; 31,11; 38,10; 79,11; 102.6.21; Hi 3,24; 23,2; Klgl 1,22) belegt ist; vgl. hierzu Gese, Komposition, 81f. Nur diese Erklärung als Wortspielvision fügt sich schließlich auch in den paarweisen Aufbau der Amos-Visionen ein.

Rolle spielen,[177] wird in neueren Ansätzen vor allem nach ihrem Ort im Leben des Amos und nach ihrer Bedeutung für den Propheten gefragt. Dabei wird insbesondere davon ausgegangen, daß die Visionen, wenn auch nicht als Berufungsvisionen, so doch am Beginn oder noch vor dem Auftreten des Propheten anzusetzen sind.[178] In ihnen wurde er sich, vermutlich nach und nach, bewußt über das Unheil, das seinem Volk widerfahren wird.

Gegenüber solchen Deutungen ist nun aber zu sagen, daß der vorliegende Text über die biographische Einordnung der Visionen überhaupt nichts sagt. Er schweigt über den genauen Zeitpunkt der Visionen, es scheint auch nicht wichtig zu sein, ob die Visionen in kurzem Zeitraum oder über ein Jahr verteilt an den Propheten ergangen sind, und auch die Konsequenzen, die ein solches Widerfahrnis für den Propheten hatte, werden nicht genannt. Zudem möchte man fragen, warum die Visionen denn am Ende des Buches eingeordnet sind, wenn sie Informationen über die Zeit vor dem prophetischen Auftreten des Amos enthalten.

So setzen die gängigen Ansätze an der falschen Stelle an: Bei den Amosvisionen steht nämlich überhaupt nicht der Prophet im Mittelpunkt. Vielmehr steht Jhwh im Zentrum der Darstellung. Die Visionen wollen also gar nicht biographisch, sondern im Wortsinne theo-logisch ausgelegt werden. Es geht hier darum, daß Jhwh als ein Gott präsentiert wird, bei dem Fürbitte auf Gehör stößt, bei dem Vergebung möglich ist und der sich sogar beschlossenen Gerichts gereuen läßt. Aber diese Vergebungsbereitschaft, so die Aussage des zweiten Visionspaares, hat auch Grenzen. Es gibt einen „point of no return", an dem das Gericht unausweichlich ist.[179]

---

177 In früheren Ansätzen befaßte sich etwa Hölscher, Profeten, 36, mit den körperlichen Prozessen, die zu den Visionserlebnissen führten, wobei er sogar toxische Einwirkungen auf die Hirnrinde des Propheten zur Erklärung heranzog. Demgegenüber führte Weiser, Profetie, 11f, die Visionen auf reale Sinneswahrnehmungen zurück, bei denen sich dem Propheten größere Zusammenhänge erschlossen.

178 Vgl. etwa Wolff, BK 14,2, 341f; Rudolph, KAT 13,2, 248f; Jeremias, ATD 24,2, 95f.

179 Auch Steins, Amos, 589.602, spricht sich gegen biographische Auslegungen und für eine theologische Sicht der Amos-Visionen aus. Allerdings hat er dabei, seinem bewußt kanonischen Ansatz entsprechend, den gesamten Buchteil Am 7-9 im Auge und sieht die theologische Diskussion für diesen Teil zurecht unter dem Stichwort „Reue Gottes und Rettung Israels". Daß sich die Visionen selbst jedoch eher um das theologische Verhältnis von Gnade und Gericht drehen, gerät dabei aus dem Blick. Becker, Prophet, 149, der ebenfalls den theologischen Charakter der Amos-Visionen erkennt, kommt dem schon näher, wenn er davon spricht, daß nach dem zweiten Visionspaar die im ersten geschilderte Geduld Gottes zu Ende ist. Doch werden die Visionen dabei zu sehr als Entwicklung des Verhältnisses zwischen Gott und seinem Volk gelesen. Da aber keine äußeren Vorkommnisse in den Visionen genannt sind, die eine solche Entwicklung erklären könnten, liegt der Schwerpunkt eher darauf, daß die beiden Visionen auf einer noch prinzipielleren Ebene zu verstehen sind, daß sie also gerade in ihrem Nebeneinander das Verhältnis von Gnade und Gericht, das „ja, aber" im Blick auf die göttliche Vergebungsbereitschaft theologisch fassen wollen.

Fragt man nun von dieser Auslegung her nach der Stellung der Visionen im Buch, so wird deutlich, daß die Visionen sehr bewußt erst am Ende stehen.[180] Sie bilden im Anschluß an die vorangehenden Gerichtsworte eine abschließende theologische Reflexion mit Blick auf das Verhältnis von Gnade und Gericht. Sie setzen also das Vorangehende voraus und heben dies geradezu auf eine theologische Metaebene.

Es bleibt dann aber die Frage nach dem literarischen Ort der Amos-Visionen. Meist werden sie auf einer Ebene mit dem Grundbestand gedeutet, eventuell, wie schon bei den Völkerworten,[181] als ursprünglich selbständige Sammlung, die erst in einem zweiten Schritt dem Buchkorpus 3-6* zugefügt wurde.[182] Diesen Konsens haben jüngst Becker und Steins angezweifelt.[183] Dabei argumentieren beide vor allem traditionsgeschichtlich. Sie verweisen darauf, daß der im Rahmen der Fürbitte gebrauchte Terminus סלה, bei 46 Belegen im AT, sonst durchweg in nachexilischen Texten vorkommt, und stellen inhaltliche Parallelen im Pentateuch dar, die ebenfalls eher als späte Texte zu verstehen sind.

Nun sind solche traditionsgeschichtlichen Argumentationen stets mit dem Problem behaftet, daß sie zur Datierung einer Stelle Hypothesen über die Datierung anderer voraussetzen. Außerdem kann zumindest nicht ausgeschlossen werden, daß die untersuchte Passage gerade traditionsbildend gewirkt hat und deshalb früher als die anderen zu datieren ist. Und schließlich bietet das AT ja nur einen knappen Ausschnitt der Überlieferung, der keine vollständige Traditionsgeschichte einer bestimmten Vorstellung zuläßt.

Konzentriert man sich daher auf den Zusammenhang zwischen den Visionsberichten und dem Buchkorpus Am 3-6, so fällt aber ebenso auf, daß sich keine nennenswerten Parallelen zum Grundbestand dieses Textbereichs finden. Auf der Wortebene kann eigentlich nur auf קום in Am 7,2.5 und der damit verbundenen Frage, wer Jakob aufhelfen wird, verwiesen werden, was ein wenig an Am 5,2 erinnert, wo gesagt wird, daß niemand der Jungfrau Israel aufhilft.

---

180 So zurecht auch Becker, Prophet, 158f.
181 S.o. 100 mit Anm. 169.
182 Vgl. nur Marti, KHC 13, 207; Wolff, BK 14,2, 130f; Willi-Plein, Vorformen, 59; Rudolph, KAT 13,2, 100f; Jeremias, Völkersprüche, 161-165; ders., ATD 24,2, XIX; Rottzoll, Studien, 106f.285; Schart, Entstehung, 85; Fleischer, NSK.AT 23,2, 125f. Dabei weist insbesondere Jeremias, Völkersprüche, 161-165, auf enge terminologische Verbindungen zwischen den beiden Zyklen hin. Doch diese Verbindungen finden sich v.a. zwischen der Israelstrophe und der sogenannten „fünften Vision", die sich im folgenden aber als nicht zum ursprünglichen Zyklus gehörig erweisen wird (s.u. 114-117).
183 Vgl. Becker, Prophet, 150-158; Steins, Amos, 596-602.

Aber auch zu den Bearbeitungen von Am 3-6* finden sich kaum Parallelen. Allenfalls wäre die Bezeichnung „Jakob" für das Volk in Am 7,2.5 zu nennen, die im Buchkorpus nur im Rahmen der als kultkritisch bezeichneten Überarbeitung belegt ist (3,13; 6,8). Überhaupt zeichnen sich die Amos-Visionen, wie Rüterswörden zurecht festgestellt hat,[184] durch ein Vokabular aus, das eher an die Urgeschichte erinnert, was die Visionen vom übrigen Amosbuch abhebt.[185]

Da sich also kein direkter Bezug der Amos-Visionen zum sonstigen Buch finden läßt, kann letztlich nur die Komposition des Amosbuches die Frage nach der Herkunft der Visionsberichte klären. Dabei ist zunächst bedeutend, daß die Grundschicht des Buchkorpus schon aufgrund der bereits dargestellten Wiederaufnahme von 3,15 in 6,11.12b einen in sich geschlossenen Aufbau aufweist,[186] was sich im folgenden noch genauer zeigen läßt.[187] Nach dieser Grundschicht wären die Amos-Visionen ein unvermittelter Anhang, der in die Gesamtkomposition des Buches überhaupt nicht integriert ist. So kann also nur die weitere Betrachtung des Buchteils Am 7-9 die Frage nach der redaktionsgeschichtlichen Einordnung dieser Visionsberichte klären, wobei insbesondere die Betrachtung der direkt angeschlossenen Wortsammlung Am 8,3-14 aufschlußreich sein dürfte.

2.2.3.2 Der Buchschluß Amos 8,3-14

Am 8,3-14 umfaßt nach dem die vierte Vision abschließenden Vers 8,3 vier Einheiten. Dabei werden in 8,4-8 zunächst Betrug im Handel und das Versklaven der Geringen angeprangert, woraufhin in 8,9-10 das Umwenden der Festfreude in Klage, in 8,11-12 die erfolglose Suche des Wortes Gottes und schließlich in 8,13-14 das Umkommen von Wallfahrern angesagt wird.

Bei den Einheiten 8,4-8.9-10.13-14 wurde nun schon lange erkannt, daß all diese Worte enge terminologische und inhaltliche Bezüge zu den vorangehenden Worten in Am 1-6 aufweisen.[188] So knüpft Am 8,4-8 mit der Kritik an denen, die sich die Armen schon wegen geringer Schulden als

---

184 Vgl. Rüterswörden, Dominium, 43-48.
185 Gerade aufgrund der Terminologie, die an die Schöpfungsberichte erinnert, zeigt sich die größte Nähe zu den Amos-Visionen in den Hymnen des Amosbuches, wobei sich mit יצר (4,13 // 7,1) und קרא mit Jhwh als Subjekt (5,8; 9,6 // 7,4) sogar wörtliche Parallelen finden. Doch angesichts des ansonsten so unterschiedlichen Gepräges dürfte sich kaum ein literarischer Zusammenhang zwischen Visionen und Hymnen aufzeigen lassen.
186 S.o. 89.
187 S.u. 126f.
188 Vgl. hierzu Wolff, BK 14,2, 373f; Jeremias, Am 8,4-7, 232f; ders., ATD 24,2, 114; Rottzoll, Studien, 258-269; Schart, Entstehung, 88-93; Fleischer, NSK.AT 23,2, 248-258.

Sklaven zu eigen machen, deutlich an Am 2,6, mit dem folgenden Gottesschwur aber auch an 6,8 an.[189] Am 8,9-10 erinnert an die Tag-Jhwh-Schilderung in 5,18.20, nimmt aber mit Blick auf die Erwähnung der Festfreude
auch Worte aus 5,21.23 auf.[190] Am 8,13-14 ist mit dem Thema der Wallfahrten im allgemeinen,[191] wie auch mit der Erwähnung von Beerscheba im
besonderen mit 5,4-5 verbunden, wobei die abschließende Gerichtsansage
auch an 5,2 erinnert.[192] Es scheint hier also eine vergleichbare Redaktionstechnik vorzuliegen, was letztlich auch gleich dafür spricht, diese Einheiten
auf derselben literarischen Ebene einzuordnen.[193] In diesen Zusammenhang
dürfte schließlich auch der Vers 8,3 einzuordnen sein, da sich auch hier enge
Verbindungen zum vorangehenden Buch finden.[194] Da Am 8,3 als Abschluß
der vierten Vision gestaltet wurde, setzen die Worte in Am 8,3-14* dann
aber ingesamt die Amos-Visionen in 7,1-8; 8,1-2 bereits voraus.

Die beschriebenen terminologischen und thematischen Aufnahmen
kennzeichnen nun Am 8,3-7.9-10.13-14 als zusammenfassende Wiederholung der Botschaft aus Am 1-6. Es wurde allerdings noch nie wirklich
gefragt, was die Intention dieser redaktionellen Zusammenfassung ist und
warum sie gerade hier, im Anschluß an die vierte Vision, ihren Ort hat.

Hierfür ist zunächst ein genauerer Blick auf die erste Einheit Am 8,4-7
notwendig: Diese Verse werden aufgrund der engen Bezüge zu 2,6-7 meist
als aktualisierende Aufnahme mit Blick auf einen neuen historischen Hinter-

---

189 Zu 2,6-7 bestehen Bezüge über שְׂאָף (8,4 // 2,7); אֶבְיוֹן (8,4.6 // 2,6); עֲנֵו (8,4 // 2,7); כֶּסֶף
(8,6 // 2,6); דַּל (8,6 // 2,7); בַּעֲבוּר נַעֲלַיִם (8,6 // 2,6), zu 6,8 über שֶׁבַע; גָּאוֹן; יַעֲקֹב (8,7 //
6,8).
190 Die Verbindungen zu 5,18.20 zeigen sich über אוֹר; חֹשֶׁךְ (8,9 // 5,18.20) und zu 5,21-23 über
חַג (8,10 // 5,21); שִׁיר (8,10 // 5,23). Zudem könnte hier noch auf die Aufnahme der
Klagetermini aus 5,1-2.16-17 verwiesen werden: קִינָה (8,10 // 5,1); אֵבֶל (8,10 // 5,16).
191 Daß alle drei in Am 8,14 belegten Schwüre Ortsnamen enthalten, ist ein sicherer Hinweis,
daß in diesem Vers Wallfahrten im Blick sind. Dabei werden die nur schwer zu verstehenden
Schwüre häufig mit der Verehrung fremder Götter in Verbindung gebracht; vgl. Barstad,
Polemics, 143-201; Jeremias, ATD 24,2, 121. Allerdings dürfte eher Olyan, Oaths, 141-149,
recht zu geben sein, der bei Am 8,14 an verschiedene lokale Jhwh-Kulte denkt und somit das
Wort als Kritik am Wallfahrtswesen an sich und eben nicht an Abgötterei versteht. Hierfür
spricht letztlich auch die Verbindung zur Wallfahrtskritik in Am 5,4-5 über den Ortsnamen
Beerscheba.
192 Vgl. נָפְלָה לֹא־תוֹסִיף קוּם (5,2) mit וְנָפְלוּ וְלֹא־יָקוּמוּ עוֹד (8,14).
193 Ähnlich argumentiert etwa Rottzoll, Studien, 269. So ist die Aufteilung dieser Einheiten auf
mehrere Schichten, wie sie etwa von Willi-Plein, Vorformen, 48-52, oder Schart, Entstehung,
88-93, vorgestellt wird, von vornherein eher unwahrscheinlich.
194 So ist הֹם auch in 6,10 belegt, und die Rede von den vielen Leichen erinnert ebenfalls an 6,9-
10. Und selbst wenn die allgemein angenommene Konjektur in 8,3 von שִׁירוֹת zu שָׁרוֹת
richtig sein sollte, wozu einiger Anlaß besteht, kann hierin immer noch ein Bezug zu שִׁיר in
5,23 gesehen werden.

grund verstanden.[195] Es ist jedoch fraglich, ob es sich hier tatsächlich um eine Aktualisierung handelt.

Denn die bedeutendste Abweichung gegenüber Am 2,6-7 zeigt sich bei Am 8,4-7 in dem Verweis auf die betrügerischen Machenschaften beim Kornverkauf in 8,5. Doch entgegen der gängigen Forschungsmeinung dürfte gerade Am 8,5 sekundär sein.[196] Beim Zusammenhang von 8,5 und 8,6 wurde nämlich schon oft erkannt, daß die beiden Verse nicht wirklich zusammenpassen, da kaum erklärbar ist, wie der Betrug im Kornhandel (8,5) und das Kaufen der Armen als Schuldsklaven schon wegen geringer Schulden (8,6) zusammenpassen.[197] Auch die an sich aufschlußreichen und weiterführenden Überlegungen von Kessler, der Am 8,5 statt auf Kornhandel auf Darlehensgeber bezieht, die mit ihren betrügerischen Praktiken ihre Schuldner in die Schuldknechtschaft zwingen wollen,[198] scheitert letztlich daran, daß die Geringen nach V.6 ja für Silber gekauft werden und eben nicht aufgrund ihrer Schulden in den Besitz der Gläubiger übergehen.

Wenn nun aber Am 8,5 und 8,6 keinen schlüssigen Zusammenhang bilden, legt dies eine literarkritische Lösung nahe. Doch entgegen früheren Vermutungen ist nicht Am 8,6a aufgrund der Bezüge zu 2,6 als sekundär zu betrachten.[199] Da der gesamte Textbereich 8,3-7.9-10.13-14 durch enge Bezüge zu den Worten aus Am 1-6 geprägt ist, spricht die Verbindung zu 2,6 gerade für die ursprüngliche Zugehörigkeit von 8,6a und für den sekundären Charakter von 8,5, der ja zwischen 8,4 und 8,6a auch dadurch auffällt, daß hier eben keine Bezüge zum sonstigen Amosbuch erkennbar sind.

Ist aber Am 8,5 sekundär, und mit diesem Vers wohl auch die Wiederaufnahme der Wir-Rede in 8,6b,[200] so schwindet auch die Differenz zwischen Am 2,6-7 und Am 8,4-7*. Denn beide Male geht es nun darum, daß die gesellschaftlich niedrig Gestellten ausgebeutet und schließlich in Schuldknechtschaft gebracht werden. Daß dabei einmal von Kaufen und einmal von Verkaufen die Rede ist, hat letztlich nur zwei Seiten derselben Medaille

---

195 Vgl. Wolff, BK 14,2, 374; Jeremias, Am 8,4-7, 242f; ders., ATD 24,2, 114; Rottzoll, Studien, 258-269; Schart, Entstehung, 88-93.
196 Dies hat bislang nur Weimar, Schluß, 98, vorgeschlagen, allerdings noch ohne weitere Begründung.
197 So schon Wellhausen, Propheten, 92, sodann Marti, KHC 13, 216; Markert, Struktur, 181. Vgl. auch Rudolph, KAT 13,2, 261f, der die beiden Anklagen auf zwei verschiedene Gruppen aufteilt.
198 Vgl. Kessler, Kornhändler, 17-20.
199 Am 8,6a oder den gesamten Vers 8,6 halten etwa Wellhausen, Propheten, 92; Marti, KHC 13, 216f; Robinson, HAT 14, 101f; Markert, Struktur, 180-182; Gese, Amos, 62, für sekundär.
200 Am 8,6b wird auch von Willi-Plein, Vorformen, 50; Fleischer, Menschenverkäufer, 180; Jeremias, ATD 24,2, 113, u.a. für sekundär gehalten.

im Blick. So liegt in Am 8,4-7* also keine Aktualisierung, sondern vielmehr eine Wiederholung der vorangegangenen Anklage vor.

Für die Intention einer solchen Wiederaufnahme ist nun der Höraufruf in 8,4 beachtenswert: Bei der von den bisherigen Höraufrufen abweichenden Formulierung „hört dies", kann das זאת eigentlich nur auf die vorangegangenen Worte, also besonders auf die Visionsberichte mit ihrer abschließenden Ansage vom Ende Israels (Am 8,2), bezogen werden.[201] Das heißt doch aber, daß die, die nach 8,4.6a.7 dasselbe Verhalten an den Tag legen, das schon in 2,6-7 angeprangert worden ist, sich „dies" genau anhören sollen, denn auch sie könnte das in der vorangehenden letzten Amos-Vision beschriebene Geschick treffen. Am 8,4 wäre demnach als Überleitung zu einem neuen Adressatenkreis zu verstehen, dem die vorhergehenden Worte angesichts ihres eigenen Tuns vor Augen gehalten werden.

Eine weitere Beobachtung, die bislang stets übersehen wurde, unterstützt diese Deutung: In Am 8,7 schwört Jhwh beim Hochmut Jakobs,[202] daß er ihre Taten nie vergeben wird. Nach der direkten Anrede im Höraufruf verwundert das Suffix der 3.m.pl. bei מעשיהם. Und dies ist um so erstaunlicher, da im folgenden Wort Am 8,9-10 wieder zur direkten Anrede übergegangen wird, wie die Suffixe der 2.m.pl. in 8,10 deutlich zeigen. Das bedeutet doch aber, daß in Am 8,7 mit „ihre Taten" eben nicht die Taten der Angeredeten gemeint sind, sondern die Taten Jakobs, also doch wohl des Nordreichs Israel,[203] dessen Ende in 8,2 angesagt war und von dem die in 8,4 Angeredeten somit zu unterscheiden sind.

Am 8,4-14* kann dann insgesamt als Anwendung der vorangehenden Gerichtsworte von Am 1-6 auf einen neuen Adressatenkreis verstanden

---

201 Häufig wird das זאת auf den Gottesschwur in 8,7 bezogen; vgl. etwa Marti, KHC 13, 216; Markert, Struktur, 181; Fleischer, Menschenverkäufer, 174f. Doch ist dies eher unwahrscheinlich. Denn der gegenüber Am 3,1; 4,1; 5,1 anders formulierte Höraufruf erklärt sich doch am besten dadurch, daß diesem Höraufruf eine andere, nun eben zurückweisende Funktion zukommen soll. Dafür spricht auch, daß זאת an allen übrigen Stellen im Amosbuch ebenfalls zurückweisend aufzufassen ist (Am 2,11; 4,12; 7,3.6). So ist dies, mit Jeremias, Am 8,4-7, 234, auch für Am 8,4 anzunehmen.
202 Über das Verhältnis von גאון יעקב in Am 6,8 und 8,7 herrscht keine Klarheit. Insbesondere Jeremias, Jakob, 260-265, hat dabei in einer umfangreichen Darlegung darauf hingewiesen, daß bei 8,7, da Gott sonst stets bei sich selbst schwört, גאון יעקב auf die Hoheit Jakobs und somit letztlich auf Jhwh selbst, nämlich auf die „Erfahrungen des Gottesvolkes mit seiner Weltlenkung zugunsten Israels" (a.a.O., 263) zu beziehen ist. Doch legt sich ein solches Verständnis angesichts von 6,8 nicht nahe, da dort ja unmißverständlich der Hochmut Jakobs gemeint ist, was für 8,7 eine andere Deutung doch eher ausschließt. So wird eher Wolff, BK 14,2, 377, den richtigen Sinn treffen, der hier einen ironischen Gebrauch der Wendung annimmt: „Jahwes Schwur gilt ebenso unabänderlich, wie die freche Anmaßung Israels unverbesserlich erscheint."
203 Im bisherigen Verlauf des Amosbuches stand Jakob stets für das Nordreich (3,13; 6,8; 7,2.5), so daß sich auch hier nur eine solche Deutung nahelegt.

werden: Nachdem diese Botschaft in der folgenden Visionssammlung mit der Ankündigung des Endes Israels (8,2) ihren Höhepunkt gefunden hat, wird in Am 8,4ff zunächst eine Brücke zurück zur allerersten Anklage an Israel in 2,6-7 geschlagen, und es wird denen, die sich genauso verhalten, gesagt, daß auch ihnen dasselbe Schicksal bevorsteht. Auch sie erwartet ein finsterer Tag (8,9), auch ihre Festfreude wird ein Ende haben (8,10), und auch die Anhänger ihrer Wallfahrten werden umkommen (8,13-14). Anhand der Botschaft des Amosbuches wird also einer späteren Leserschaft vor Augen gehalten, daß auch sie das dort angesagte Unheil ereilen kann, da die dort angeklagten Mißstände auch bei ihnen anzutreffen sind.

Fragt man nun nach dem literarischen Ort dieser Verse, so bietet sich die Schicht an, die zuvor vor allem durch ihre kultkritischen Überarbeitungen aufgefallen ist. Denn erstaunlich viele der für Am 8,3-14* dargestellten Bezüge zu Am 1-6 führen gerade zu den dieser Schicht zugewiesenen Textbereichen (2,6-7; 5,5.21; 6,8). Außerdem hat Am 8,3-14* seinen Zielpunkt ja gerade in der Kritik am Wallfahrtswesen, wobei hier die Erwähnung von Beerscheba auffällt. Beerscheba wurde aber in 5,4-5 neben Bethel und Gilgal als einer der Orte genannt, zu dem eben nicht gewallfahrtet werden soll. Aber im Gegensatz zu Bethel und Gilgal fand sich in 5,5 keine Strafansage gegen Beerscheba. Eben deshalb dürfte in Am 8,14 abschließend Beerscheba genannt sein.

Von Am 8,3-14* her klärt sich nun auch die Einfügung des Visionszyklus. Der die vierte Vision sekundär abschließende Vers Am 8,3, der ja aufgrund der Aufnahme von Worten aus Am 1-6 auf dieselbe Schicht wie 8,4-14* zurückgehen dürfte, zeigt, daß Am 8,3-14* die Visionsberichte 7,1-8; 8,1-2 bereits voraussetzt. Da Am 8,4-14* andererseits aufgrund der oben dargestellten Intention eigentlich nur verständlich ist, wenn es sich hierbei um einen ursprünglichen Buchschluß handelt, so daß also Am 9 insgesamt später als Am 8,4-14* anzusetzen ist, wurden die Amos-Visionen dem Buch aber zusammen mit Am 8,3-14* zugefügt. Denn ohne 8,3-14* wären die Visionsberichte nur ein unvermittelter Anhang zu den vorangehenden Prophetenworten. Erst über diesen zusammenfassenden Abschluß sind die Visionen in die Gesamtbotschaft des Amosbuches sinnvoll eingebunden. Die kultkritische Schicht, der Am 8,3-14* zugewiesen werden konnte, ist also auch für die Einfügung der Visionsberichte verantwortlich. Da sich zu den Visionsberichten in dieser Schicht aber kaum terminologische Parallelen finden, wurde hierbei vermutlich auf vorgegebenes Gut zurückgegriffen.

Innerhalb von Am 8,4-14 sind neben der allgemein anerkannten Zufügung in Am 8,8[204] die Verse 8,11-12 sekundär. Denn zum einen finden sich

---

204 Vgl. nur Willi-Plein, Vorformen, 50; Markert, Struktur, 180f; Fleischer, Menschenverkäufer, 174f; Jeremias, ATD 24,2, 118; Schart, Entstehung, 89.

in 8,11-12 gerade keine bedeutenden Bezüge zu Am 1-6. Zum anderen wurde schon oft gesehen, daß das Bild des Hungers in 8,11 auf ganz andere Art und Weise aufgenommen wird als in der folgenden Einheit 8,13-14.[205] Dabei dürfte Am 8,11-12 der dtr. Schicht des Amosbuches zuzuweisen sein.[206] Denn in diesen Versen geht es darum, daß einst das Wort Jhwhs, also wohl das prophetische Wort, gesucht werden wird, dann aber nicht zu finden ist. Das heißt doch aber, daß es zuvor eben nicht gesucht wurde. So steht Am 8,11-12 auf einer Ebene mit dem dtr. Einschub in 2,12, wo gerade die Ablehnung des prophetischen Wortes angeprangert wird. Zudem spricht für die Zuweisung von Am 8,11-12 zur dtr. Schicht die schon häufig genannte Parallele in Dtn 8,3.[207]

So wurde bei Am 8,4-14 zunächst 8,3.4.6a.7.9-10.13-14 nachgetragen, als abschließende Zusammenfassung der Botschaft mit Blick auf einen neuen Adressatenkreis. Diese Verse, über die vermutlich auch der Visionszyklus 7,1-8; 8,1-2 dem Amosbuch zugefügt wurde, können der als kultkritische Bearbeitung bezeichneten Schicht zugewiesen werden.

Am 8,11-12 wird Teil der dtr. Bearbeitung sein. Evtl. ist dieser auch Am 8,5.6b zuzuordnen, da das Fälschen der Waage sowie die Sabbatobservanz gerade auch im Deuteronomium von Bedeutung sind.[208]

Am 8,8 ist schließlich noch später anzusetzen. Es dürfte sich um einen vereinzelten Nachtrag handeln, der den Gottesschwur in 8,7 unter Aufnahme von Am 9,5 verlängert.[209]

2.2.3.3 Die Amos-Amazja-Erzählung Amos 7,9-17

Zwischen der dritten und vierten Vision findet sich die einzige Erzählpassage des Amosbuches. Nach dem Überleitungsvers Am 7,9 folgt hier auf eine kurze Einleitung, in der von einer Anzeige des Priesters Amazja beim König

---

205 So schon Wellhausen, Propheten, 93, sodann Wolff, BK 14,2, 374f; Jeremias, ATD 24,2, 119; Schart, Entstehung, 91f.

206 So auch Wolff, BK 14,2, 375; Jeremias, ATD 24,2, 119; Rottzoll, Studien, 264f; Schart, Entstehung, 91f. Wenn Gese, Amos, 60f, den gesamten Textbereich 8,11-14 als dtr. bezeichnet, so werden die Unterschiede zwischen 8,11-12 und 8,13-14 und der Zusammenhang von 8,3-7*.9-10.13-14 durch dieselbe Redaktionstechnik aufgrund der durchgängigen Aufnahme vorausgehender Worte übersehen.

207 Vgl. etwa Wolff, BK 14,2, 380; Jeremias, ATD 24,2, 119; Schart, Entstehung, 92.

208 Vgl. nur Dtn 5,12-15; 25,13-16. Wenn Schart, Entstehung, 89-91, aufgrund dieser Nähe Am 8,4-7 insgesamt der dtr. Schicht zuschreibt, so übersieht er den oben dargestellten sekundären Charakter von 8,5, wobei allein an diesem Vers die dtr. Zuordnung hängt, er übersieht aber auch die enge Verbundenheit aufgrund der gleichen Redaktionstechnik von 8,4.6a.7 mit 8,9-10.13-14 und eben nicht mit den dtr. Versen 8,11-12.

209 Vgl. Horst, Doxologien, 45; Willi-Plein, Vorformen, 50; Jeremias, ATD 24,2, 118.

Jerobeam berichtet wird (7,10-11), eine Auseinandersetzung zwischen Amazja und Amos am Heiligtum von Bethel (7,12-17).

Die Stellung dieser Einheit zwischen dem zweiten Visionspaar hat die Forschung schon lange beschäftigt. Dabei wurde früher meist davon ausgegangen, daß die Erzählung ursprünglich an einem anderen Ort des Amosbuches oder im Rahmen einer getrennten Überlieferung, vielleicht sogar in einer noch umfangreicheren Prophetenbiographie gestanden hat und erst sekundär, wegen der Stichwortverbindungen zu Am 7,9, ihren jetzigen Platz erhalten hat.[210] Doch hat sich in neueren Untersuchungen weitgehend die Erkenntnis durchgesetzt, daß Am 7,10-17 bewußt für den vorliegenden Kontext konzipiert worden ist.

Dafür sprechen zunächst einige Bezüge zu den beiden die Erzählung umgebenden Visionsberichten:[211] Zur dritten Vision findet sich als Bezug בקרב עמי ישראל // בקרב בית ישראל (7,10 // 7,8) und zur vierten Vision die Wendung אל־עמי ישראל (7,15 // 8,2), wobei die Formulierung עמי ישראל im Amosbuch neben Am 9,14 ohnehin nur an diesen beiden Stellen vorkommt. Ein weiterer markanter Bezug besteht in der Wendung לא־אסיף עוד // לא־תסיף עוד (7,13 // 7,8; 8,2).

Aber auch der chiastische Aufbau von Am 7,10-17 weist in diese Richtung:[212] So wird in der Mitte der Erzählung dem לך ... לא־תוסיף עוד להנבא des Amazja (V.12-13) das לך הנבא Jhwhs (V.15) gegenübergestellt. Die Formulierung וישראל גלה יגלה מעל אדמתו (V.11.17) bildet zudem eine Klammer um die gesamte Einheit. Es scheint also, als sei auch dieser Aufbau bewußt entsprechend der Stellung zwischen den beiden Visionsberichten geschaffen worden.

Die Kontextbezogenheit von Am 7,10-17 wird letztlich auch daran deutlich, daß die Einheit kaum wirklich historisch-biographisch orientiert ist.[213] Denn vieles, was in diesem Zusammenhang von Interesse wäre, wird

---

210 Vgl. nur Wellhausen, Propheten, 90; Botterweck, Authentizität, 188; Rudolph, KAT 13,2, 252; Loretz, Entstehung, 190, in neuerer Zeit noch Stoebe, Amos, 343; Paul, Amos, 238. Daß Am 7,10-17 ursprünglich Teil einer umfangreicheren Prophetenbiographie gewesen ist, meinte Budde, Redaktion, 221f. Er ging davon aus, daß diese Biographie ihren Platz zunächst am Anfang des Buches hatte. Daraus wurden von einem Redaktor, der nur an den Gottesworten der Amosüberlieferung interessiert war, die noch erhaltenen Verse abgetrennt und aufgrund der thematischen Nähe an 7,9 angehängt; vgl. hierzu auch Budde, Geschichte, 66-71.

211 Vgl. Utzschneider, Amazjaerzählung, 81-85; Jeremias, ATD 24,2, 107; Werlitz, Amos, 244; Behrens, Visionsschilderungen, 90f.

212 So auch Behrens, Visionsschilderungen, 89-91.

213 Daß Am 7,10-17 nur unzureichend historisch-biographisch orientiert ist, wurde schon häufig erkannt. Bei Budde führte dies zu der bereits erwähnten Annahme, daß es sich hier um ein Bruchstück einer ursprünglich umfassenderen Prophetenbiographie handelt, s.o. Anm. 210. Wolff, BK 14,2, 354, ging demgegenüber davon aus, daß Am 7,10-17 als Apophthegma zu betrachten ist, das sein Ziel im abschließenden Gotteswort hat. Erst Werlitz, Amos, 250f, zog

gar nicht genannt. Vor allem wird nicht berichtet, ob Amos, wie von Amazja gefordert, Bethel verläßt. Aber auch das weitere Ergehen des Priesters und seiner Familie sowie das Schicksal von König und Volk bleiben im Dunkeln.

Da Am 7,10-17 also einerseits kaum an den historischen Ereignissen oder der Biographie des Propheten interessiert ist, andererseits aber inhaltlich und kompositionell mit den Visionsberichten verbunden ist, wird die Intention von Am 7,10-17 eben im Kontext dieser Visionsberichte zu bestimmen sein. Die Auseinandersetzung mit Amazja kann dann als Begründung des im zweiten Visionspaar dargestellten Gerichts verstanden werden. Gerade deshalb ist die Szene ganz auf das Vergehen des Amazja beschränkt und das weitere Geschick des Propheten ohne Bedeutung. Da nun aber das Vergehen des Amazja nach Am 7,13 gerade in der Ablehnung des prophetischen Wortes besteht, kann Am 7,10-17 geradezu als Lehrstück über den Umgang mit dem prophetischen Wort zur Begründung des in den Amos-Visionen angesagten Gerichts verstanden werden.

Von hier aus legt sich dann eine Zuweisung von Am 7,10-17 zur dtr. Bearbeitung des Amosbuches nahe.[214] Denn das prophetische Wort und Amt an sich waren bereits in den Versen 2,11-12; 3,7; 8,11-12 Thema dieser Bearbeitung. Dabei ist die auffällige wörtliche Übereinstimmung zwischen Am 2,12 und 7,16 in der Wendung לא תנבא / לא תנבאו bemerkenswert. An beiden Stellen besteht demnach die Schuld der Angeredeten gerade im Verbot, prophetisch zu reden. So dürfte also Am 7,10-17 wie schon Am 2,11-12 der dtr. Redaktion des Amosbuches zuzurechnen sein.[215]

Dafür sprechen auch einige Verbindungen zur dtn.-dtr. Literatur. So ist die Wendung גלה מעל אדמה, die die gesamte Erzählung rahmt (Am 7,11.17), sonst nur in dtr. Texten belegt (2 Kön 17,23; 25,21 // Jer 52,27). Desweiteren zeigt sich eine besondere Nähe zu 2 Kön 17,13-14, handelt es sich doch bei Am 7,10-17 um nichts anderes als die erzählerische Aus-

---

aus den fehlenden historischen Angaben, wie auch aus den zahlreichen Bezügen zum Kontext der Visionsberichte, die Konsequenz, daß Am 7,10-17 allererst für eben diesen Kontext verfaßt worden ist.

214 Eine gewisse Nähe zur dtr. Literatur wurde für Am 7,10-17 schon häufig gesehen; vgl. etwa Utzschneider, Amazjaerzählung, 99f; Jeremias, Rolle, 277f. Doch erstaunlicherweise führte dies bislang bei Vermeylen, Isaïe 2, 565-567; Coote, Amos, 60; Werlitz, Amos, 246-249, dazu, die Einheit der dtr. Schicht des Amosbuches zuzuweisen.

215 Dagegen spricht auch nicht der viel diskutierte Vers Am 7,14, der ja häufig so verstanden wurde, daß Amos hier den נביא-Titel für sich ablehnt, was der positiven Aufnahme dieses Titels in Am 2,11-12 widersprechen würde. Denn gegen eine solche Deutung hat Bach, Erwägungen, 208-213, mit überzeugenden Argumenten darauf hingewiesen, daß die Nominalsätze in Am 7,14 lediglich als Nebensätze aufzufassen sind, die nur die Hintergrundinformationen angeben. Es geht hier also nur darum, daß Amos zu der Zeit, als Jhwh ihn von seiner Herde wegnahm, kein Prophet war. Der Text gibt dagegen keine Auskunft darüber, ob sich Amos nun vor Amazja als Prophet versteht oder eben nicht.

führung der dort beschriebenen Ablehnung der Propheten, was an beiden Stellen als Begründung für den Untergang des Nordreichs angeführt wird. Zudem finden sich ohnehin im DtrG wie in Am 7,10-17 einige Erzählungen über den Umgang mit dem prophetischen Wort.[216] Und schließlich ist in diesem Zusammenhang auch auf das Prophetengesetz Dtn 18,9-22 hinzuweisen. Dabei ist besonders interessant, daß dort nach V.19 derjenige, der nicht auf die Worte des Propheten hört, von Jhwh heimgesucht wird. Gerade diese individualisierte Ausrichtung erinnert an Am 7,10-17, wo ja in V.17, neben der Wiederholung des auf Volk und König bezogenen Gerichtswortes aus V.11, auch ein individuelles Gerichtswort gegen Amazja vorgetragen wird.

Die Überleitung Am 7,9 dürfte demgegenüber später als Am 7,10-17 sein.[217] Dieser Vers zeichnet sich zwar durch zahlreiche Stichwortbezüge zu Am 7,10-17 aus.[218] Es finden sich aber auch Unterschiede zur folgenden Erzählung. Vor allem ist hier vom Haus Jerobeam und eben nicht von Jerobeam selbst die Rede, was schon häufig als Korrektur gegenüber Am 7,11 verstanden wurde, da ja nicht Jerobeam selbst, wohl aber sein Sohn Sacharja durch das Schwert umgekommen ist (2 Kön 15,10).[219]

Insgesamt kann also Am 7,10-17 der dtr. Schicht zugewiesen werden. Es handelt sich um ein auf den vorliegenden Kontext hin verfaßtes Lehrstück über den Umgang mit dem prophetischen Wort, das sowohl der dtn.-dtr. Literatur an sich wie auch den anderen dtr. Passagen des Amosbuches nahesteht.

Bei Am 7,9 handelt es sich um einen sekundären Überleitungsvers. Dieser Vers steht gegenüber den sonstigen Bearbeitungen des Amosbuches eher isoliert und dürfte als vereinzelte Redaktion einzustufen sein.

---

216 Vgl. etwa 1 Kön 22; 2 Kön 5; 20 oder auch 1 Kön 13, über dessen Zusammenhang mit Am 7,10-17, wenn auch bislang ohne befriedigendes Ergebnis, viel gerätselt wurde; vgl. etwa Ackroyd, Narrative, 78-80; Utzschneider, Amazjaerzählung, 92-97; Williamson, Prophet, 119f; Levin, Amos, 311-313; Werlitz, Gottesmann, 109-123; siehe hierzu unten 260f Anm. 74.

217 Vgl. zum Folgenden etwa Weiser, ATD 24, 185; Wolff, BK 14,2, 340f; Jeremias, ATD 24,2, 111f; Fleischer, NSK.AT 23,2, 243-245.

218 Vgl. v.a. במות ישחק (7,9) mit בית ישחק (7,16), wobei die seltene Schreibung ישחק sonst nur noch Jer 33,26; Ps 105,9 belegt ist; vgl. aber auch מקדשי ישראל (7,9) mit מקדש־מלך (7,13) sowie בית ירבעם (7,9) mit ירבעם (7,11).

219 Vgl. etwa Weiser, ATD 24, 185; Wolff, BK 14,2, 341; Fleischer, NSK.AT 23,2, 244.

2.2.3.4 Die sogenannte „fünfte Vision" mit Hymnus in Amos 9,1-6

In Am 9,1 folgt erneut ein Visionsbericht, der sich jedoch im Aufbau von den vorangehenden deutlich unterscheidet: Die Vision wird hier mit ראיתי eingeleitet. Anschließend folgt recht kurz die Beschreibung des Visions-bildes (9,1aα), das aber im folgenden nicht weiter ausgedeutet wird, schon gar nicht in einem Gespräch mit dem Propheten. Den größten Umfang nimmt hingegen die folgende Jhwh-Rede ein (9,1aβ-4), in der zunächst eine Handlung Jhwhs[220] (9,1aβ) und deren Konsequenz (9,1b) angekündigt wird, was schließlich strophenartig ausgemalt wird (9,2-4). An die Vision an-geschlossen ist ein Hymnus (9,5-6).

Häufig wird die fünfte Vision trotz ihrer formalen Unterschiede als ursprünglicher Bestandteil des Visionszyklus aufgefaßt.[221] In neuerer Zeit wird dabei meist auf die vergleichbare Fünferstruktur im Grundbestand der Völkerspruchsammlung Am 1-2* verwiesen:[222] Ähnlich wie die abschließen-de Israelstrophe Am 2,6-16*, die ebenfalls gegenüber den vorangehenden vier Strophen einige formale Eigenheiten aufweist, sei auch die fünfte Vision als Höhepunkt des Zyklus aufzufassen. Die Unterschiede im Aufbau dieser Vision seien daher, wie bei Am 2,6-16*, mit der herausgehobenen Stellung der jeweils abschließenden Einheit zu erklären.

Der Vergleich mit dem Völkerspruchzyklus ist jedoch bei genauerem Hinsehen mit Problemen behaftet:[223] Auch wenn die Israelstrophe gegen-über den vorangehenden Strophen einige Besonderheiten aufweist, sind hier dennoch übereinstimmende Strukturmerkmale unter allen fünf Völkersprü-chen zu finden. So ist die Einleitung in 2,6a vollkommen parallel zu den vorangehenden Strophen mit einem Zahlenspruch formuliert. Auch der folgende Schuldaufweis wird, wie in den übrigen Strophen, mit על + Inf. angeschlossen. Überhaupt sind auch in dieser Strophe alle Bestandteile wie

---

220 Der Text von Am 9,1 ist unklar. In der vorliegenden Textgestalt beginnt die Gottesrede mit zwei an den Propheten gerichteten Imperativen, geht dann aber unvermittelt zur 1.c.sg. über. Da der in den Imperativen ausgedrückte Auftrag an den Propheten im folgenden überhaupt keine Rolle spielt, wird den immer wieder vorgetragenen Änderungen der Imperative zu folgen sein. Ob dabei der erste Imperativ הך eher mit Jeremias, ATD 24,2, 122, unter Annahme einer Haplographie des ה vom Beginn des folgenden Wortes in einen Infinitiv הכה oder eher mit Reimer, Recht, 203f, in eine apokopierte Imperfekt-Form אך zu ändern ist, darf dabei offenbleiben. Beim zweiten Imperativ wird wohl am ehesten der von Jeremias, ebd., vorgeschlagenen Konjektur des בראש וּבְצֵעָם zu וּבְצֵעָם בְּרֵעַשׁ zu folgen sein.
221 Vgl. nur Marti, KHC 13, 220-222; Weiser, ATD 24, 187; Wolff, BK 14,2, 387; Mays, Amos, 151; Rudolph, KAT 13,2, 243; Jeremias, ATD 24,2, 123; Schart, Entstehung, 84f; Fleischer, NSK.AT 23,2, 258.
222 Vgl. Gese, Komposition, 83f; Jeremias, ATD 24,2, 123; Schart, Entstehung, 84f.
223 Vgl. hierzu Waschke, Vision, 436f; Bergler, Mauer, 450; Becker, Prophet, 147; Behrens, Visionsschilderungen, 100-104; Köhlmoos, Amos, 169f.

in den vorangehenden Strophen enthalten: Einleitung (2,6a), Schuldaufweis (2,6b-8) und Strafankündigung (2,13-16).

Betrachtet man nun vor diesem Hintergrund den fünften Visionsbericht, so finden sich derart markante Verbindungen zu den vorangehenden Visionen eben nicht. Es ist kaum verständlich, warum hier, anders als im Völkerspruchzyklus, nicht einmal die Einleitung mit den übrigen Visionsberichten übereinstimmt und sich auch sonst keine Gemeinsamkeiten mit den übergreifenden Strukturmerkmalen der vier vorangehenden Visionen zeigen.[224] Auch die poetische Gestalt der Gottesrede 9,1aβ-4 verwundert gegenüber den durchweg prosaisch verfaßten übrigen Visionsberichten. Zudem fällt bei der fünften Vision auf, daß das Visionsbild – Jhwh auf dem Altar stehend – im Gegensatz zu den vorangegangenen Visionen kaum von Bedeutung ist und sich auch kein Gespräch zwischen Jhwh und dem Propheten über dieses Bild findet.

Der Vergleich mit dem Völkerspruchzyklus spricht also gerade gegen eine ursprüngliche Zugehörigkeit von Am 9,1-4 zum Visionszyklus.[225] In dieselbe Richtung weisen einige Bezüge zum sonstigen Amosbuch: So ist die Wendung ראש הכרמל (9,3) nur noch in Am 1,2, הרג in Verbindung mit חרב (9,1.4) nur noch in 4,10 und שבי (9,4) ebenfalls nur noch in 4,10 belegt. Auffälligerweise führen all diese Bezüge nach den obigen Erkenntnissen gerade zur Hymnenschicht.[226] Dies könnte also dafür sprechen, auch Am 9,1-4, über die bisherige Forschung hinaus, eben dieser Schicht zuzuschreiben.[227] Zwar könnten die genannten Verbindungen auch auf eine einseitige Abhängigkeit, etwa der Hymnenschicht von der fünften Vision, hinweisen.[228] Dagegen spricht aber, daß sich neben diesen terminologischen auch formale Gemeinsamkeiten zwischen der fünften Vision und der zur Hymnenschicht gehörenden Bußliturgie in Am 4,6-11 zeigen lassen: Mit dieser Bußliturgie ist Am 9,1-4, neben den Wortbezügen zu 4,10, durch ihr

---

224 Die schon von Budde, Text, 100, vorgeschlagene und in neuerer Zeit von Rottzoll, Studien, 94-100, übernommene textliche Anpassung von Am 9,1-4 an die vorangehenden Visionsberichte in 7,1-8; 8,1-2 ist dabei ohne jeden Anhalt am Text und sichtlich von dem Anliegen geprägt, auch die fünfte Amosvision auf den Propheten selbst zurückzuführen.

225 So auch Maag, Text, 46f; Waschke, Vision, 443; Bergler, Mauer, 450; Becker, Prophet, 147; Behrens, Visionsschilderungen, 100-104; Köhlmoos, Amos, 169f.

226 Zur Zuweisung der Bußliturgie Am 4,6-11 zur Hymnenschicht s.o. 72-76.

227 Die Zuweisung von Am 9,1-4 zur Hymnenschicht wurde bislang nur sehr vorsichtig von Waschke, Vision, 445, angedeutet, wenn er am Ende seiner Ausführungen schreibt: „Es ist deshalb keineswegs ausgeschlossen, daß Hymnus und Vision von Anfang an als Schlußstück des Buches zusammengestellt worden sind. Daß damit die Frage nach der Redaktion, vor allem der Bezug zu den Hymnen 4,13 und 5,8 f. neu gestellt wird, kann nur angemerkt werden."

228 So erkennt etwa auch Jeremias, ATD 24,2, 4, den Bezug zwischen Am 1,2 und 9,3 über die Wendung ראש הכרמל. Er meint jedoch, daß hiermit einseitig, von Am 1,2 her, ein Bogen zur fünften Vision geschlagen wird.

strophenartiges Durchdeklinieren des immer gleichen Sachverhalts unter Verwendung von stereotypen Formulierungen verwandt. Dabei ist auffällig, daß es beide Male gerade fünf Strophen sind.[229] Und schließlich enden beide Textbereiche gerade beim Thema Exilierung (4,11; 9,4).

Auch inhaltlich paßt der Visionsbericht eher zu dieser Redaktionsschicht: Wie die Hymnen Jhwhs Schöpfungshandeln im gesamten Kosmos beschreiben, wird in der fünften Vision betont, daß alle Orte des Kosmos dem Zugriff Jhwhs unterworfen sind. Zudem erinnert die Sprache der fünften Vision, wie die Sprache der Hymnen, in ihrer kosmologischen und mythischen Dimension weniger an das sonstige Amosbuch als vielmehr an die Psalmen.[230]

Und schließlich kann die Zuweisung von Am 9,1-4 und dem folgenden Hymnus 9,5-6 auch die gesamte Anlage der Hymnenschicht besser erklären. Denn die schon häufiger vorgenommene Ansetzung der Bußliturgie 4,6-11 im Rahmen der Hymnenschicht ließ bislang stets die Frage offen, warum nur an dieser Stelle von den gleichen Bearbeitern mehr als nur ein Hymnus eingefügt worden ist. Wenn aber auch Am 9,1-4 zu dieser Schicht gehört, so ergibt sich eine schlüssige Komposition, die das gesamte Amosbuch in die beiden Teile 1-4; 5-9 unterteilt. Diese beiden Teile werden nun von der Hymnenschicht gerahmt, wobei jeweils am Anfang ein nur recht kurzer Einschub (1,2; 5,8-9), am Ende jedoch ein je längerer Nachtrag steht (4,6-13; 9,1-6):

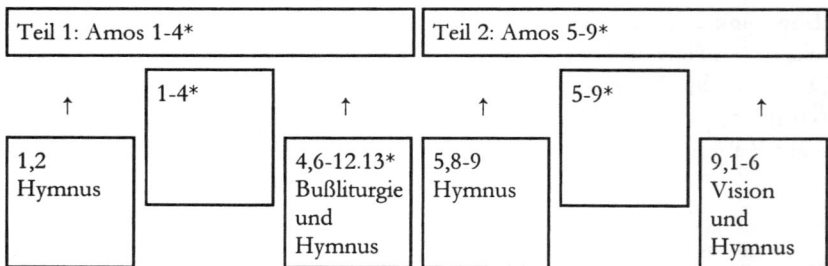

Teil 1: Amos 1-4*			Teil 2: Amos 5-9*		
↑	1-4*	↑	↑	5-9*	↑
1,2 Hymnus		4,6-12.13* Bußliturgie und Hymnus	5,8-9 Hymnus		9,1-6 Vision und Hymnus

So ist die sogenannte „fünfte Vision" des Amosbuches sowohl über Stichwortverbindungen, als auch inhaltlich und kompositionell mit der Hymnen-

---

229 Der jeweils fünfstrophige Aufbau zeigt sich bei Am 4,6-11 durch das fünffach wiederkehrende ולא־שבתם עדי, bei Am 9,1-4 durch das fünffache משם ... אם.

230 Dabei wurde etwa schon von Waschke, Vision, 444, und Rottzoll, Studien, 101f auf die enge Verwandtschaft zwischen Am 9,1-4 und Ps 139,7-10 hingewiesen. Bei diesem Psalm fallen nicht nur terminologische Parallelen zu Am 9,1-4 auf (שמים; שאול; ים; יד), auch die formale Gestaltung mit der Konstruktion אם ... שם ist bemerkenswert.

schicht verbunden, was dafür spricht, den gesamten Textbereich Am 9,1-6 eben dieser Schicht zuzuweisen.[231]

2.2.3.5 Das Reinigungsgericht Amos 9,7-10

Im Anschluß an die „fünfte Vision" mit Hymnus folgt in Am 9,7-10 eine Einheit, die in 9,7 mit zwei rhetorischen Fragen über das Verhältnis Israels zu den Völkern eingeleitet wird, woran, jeweils mit כי הנה abgegrenzt, ein Gerichtswort an Königtum (9,8) und Volk (9,9-10) angeschlossen ist.

Diese Einheit macht nun zunächst angesichts der Tatsache, daß das Thema von 9,7 im folgenden nicht weiter aufgenommen wird, aber auch aufgrund der genannten Einleitungsformeln sowie aufgrund des Wechsels von Prophetenrede zu Gottesrede in V.8 einen disparaten Eindruck. So wurde auch immer wieder angenommen, daß es sich hier um einen gewachsenen Text handelt.[232]

Gegen solche literarkritischen Scheidungen sprechen aber die durchgängigen Bezüge zu Am 9,1-4.[233] So steht in 9,8 wie in 9,3.4 ein Verweis auf die Augen Gottes (עיני אדני יהוה bzw. עיני). צוה ist sowohl in 9,9 als auch in 9,3.4 belegt, חרב in 9,10 und 9,1.4. Ebenso verweist das letzte Wort in 9,10 הרעה zurück auf לרעה am Ende von 9,4. Zudem könnte in der Ortsbezeichnung כפתר in 9,7 ein Wortspiel zum gleichlautenden Ausdruck in 9,1 vorliegen.[234]

---

231 Für Am 9,1-4 wurde schon häufig vorgeschlagen, die Verse 9,2-4a als sekundär gegenüber 9,1.4b zu betrachten; vgl. etwa Willi-Plein, Vorformen, 52-54; Weimar, Schluß, 66; Reimer, Recht, 209f; Rottzoll, Studien, 101f. Dabei wird v.a. darauf hingewiesen, daß diese Verse mit den fünffach aneinandergereihten אם-Sätzen und ihrem mythischen Vorstellungshintergrund nicht zur sonstigen Botschaft des Amos passen. Doch ist eine solche Argumentation, die a priori davon ausgeht, daß ein Grundbestand der Einheit auf Amos zurückzuführen ist, methodisch nicht gerechtfertigt. Da sich in der Einheit keine klar erkennbaren Brüche finden und sich die Zuweisung zur Grundschicht des Amosbuches ohnehin nicht bewährt hat, ist Am 9,1-4 vielmehr insgesamt auf ein und derselben redaktionellen Ebene anzusetzen.

232 So erkannte etwa schon Marti, KHC 13, 223f, in Am 9,7 ein ursprüngliches Amoswort, das in den folgenden Versen sekundär erweitert worden ist. In neuerer Zeit wurden noch weiter differenzierte Vorschläge vorgebracht. So sieht Willi-Plein, Vorformen, 55f, in Am 9,7 ein ursprüngliches Amos-Fragment, und Am 9,8-10 entstand ihrer Meinung nach aus einem weiteren Fragment in 9,9, um das in 9,8.10 ein sekundärer Rahmen gelegt worden ist. Weimar, Schluß, 71-77, erkennt demgegenüber sogar drei Fortschreibungen, wobei er v.a. auf das Nebeneinander von allgemeinem und eingeschränktem Gericht in 9,8 hinweist. Nach ihm folgten auf einen Grundbestand 9,8a.9*-10 zunächst 9,7 und schließlich 9,8b.9aβ. Aus demselben Grund nimmt Nogalski, Precursors, 99-104, an, daß zunächst 9,7-8a und in einem zweiten Schritt 9,8b-10 zugefügt worden sind.

233 Vgl. hierzu etwa Wolff, BK 14,2, 397; Jeremias, ATD 24,2, 129f; Rottzoll, Studien, 275.

234 So Nogalski, Precursors, 101.

Diese durchgehenden Bezüge zur fünften Vision sprechen deutlich gegen literarkritische Operationen. Gegen eine Abtrennung von V.7 ist zudem einzuwenden, daß dieser Vers ohne den Zusammenhang von 9,8-10 noch keinen eindeutigen Sinn ergibt.[235] So dürfte es sich bei Am 9,7-10 also um einen einheitlichen Text handeln.[236]

Für den literarischen Ort dieser Verse im Kontext des Amosbuches ist zunächst bedeutend, daß sie angesichts der Bezüge zu Am 9,1-4 die fünfte Vision voraussetzen. Da die einzelnen Stichworte stets in einem neuen Kontext aufgenommen werden, wodurch die allumfassende Gerichtsansage der vorangehenden Verse nun auf ein Reinigungsgericht hin eingeschränkt wird, dürfte es sich um eine aktualisierende Fortschreibung der fünften Vision handeln.[237]

Dabei wird diese Fortschreibung der dtr. Schicht des Amosbuches zuzuweisen sein.[238] Auf terminologischer Ebene zeigt sich eine besondere Nähe zur dtn.-dtr. Literatur in der Wendung שמד מעל פני האדמה, die neben Am 9,8 nur noch in Dtn 6,15; 1 Kön 13,34 belegt ist. Für eine Zuweisung zur dtr. Bearbeitung spricht aber auch der erneute Bezug auf das Exodusgeschehen, der schon bei den dtr. Versen Am 2,10; 3,1b aufgefallen ist, wobei dies hier wie dort charakteristischerweise mit עלה hi. beschrieben wird. Und schließlich ist auf die Aussage von Am 9,10 zu verweisen, wonach das Gericht gerade diejenigen treffen wird, die geleugnet haben, daß das Unheil an sie herankommen wird. Eine solche Ablehnung setzt doch die Kenntnis einer Botschaft des drohenden Gerichts voraus. So geht es letzt-

235 So auch Jeremias, ATD 24,2, 130. Zudem hat schon Budde, Geschichte, 70, darauf hingewiesen, daß Am 9,7 kein geeigneter Buchschluß ist.
236 Gegen den bereits oben 117 Anm. 232 genannten Vorschlag von Weimar und Nogalski, einen Bruch zwischen Am 9,8a und 9,8b anzunehmen, da hier ein allgemeines in ein eingeschränktes Gericht übergeht, ist einzuwenden, daß sie den Wechsel des Objekts in diesem Vers übersehen. Während dem „sündigen Königtum" der Untergang angesagt wird, ist innerhalb der Größe „Jakob" Rettung möglich. So liegen in diesem Vers also nicht zwei gegensätzliche Gerichtsvorstellungen vor, sondern vielmehr eine differenzierte Darstellung, wer von eben diesem Gericht betroffen sein wird.
237 Vgl. hierzu Wolff, BK 14,2, 396f; Jeremias, ATD 24,2, 129f, die bei Am 9,7-10 von einer Diskussion um die fünfte Vision sprechen. Der aktualisierende Charakter dieser Verse ist daran zu erkennen, daß die Augen Jhwhs nach 9,8 eben nicht wie in 9,4 uneingeschränkt auf das Volk gerichtet sind, sondern auf das sündige Königtum. Der Befehl Gottes bezieht sich in 9,9 auf einen als Siebevorgang dargestellten Reinigungsprozeß und nicht wie in 9,3.4 auf ein allgemeines Gerichtshandeln. Und das Schwert wird in 9,10 nicht wie in 9,1.4 in einer universalen Gerichtsansage, sondern in einer auf die Sünder, die die Gerichtsbotschaft nicht annehmen, bezogenen Ansage genannt.
238 Für V.7 wurde schon häufig eine Zuweisung zur dtr. Überarbeitung angenommen; vgl. nur Vermeylen, Isaïe 2, 544-547; Gese, Problem, 36f; Weimar, Schluß, 88f; Rottzoll, Studien, 270-272. Demgegenüber haben Schart, Entstehung, 95f, und Albertz, Exilszeit, 177, diese Einordnung zurecht auf den gesamten Textbereich ausgeweitet.

lich auch hier um nichts anderes als die Ablehnung der Gerichtsprophetie,[239] was aber wiederum eines der bestimmenden Themen der dtr. Passagen des Amosbuches ist (2,12; 7,10-17; 8,11-12).

Neben den oben genannten Argumenten spricht also auch das durchgängige dtr. Gepräge von Am 9,7-10 dagegen, diese Verse auf unterschiedlichen literarischen Ebenen zu verorten. Vielmehr handelt es sich um einen in sich einheitlichen Nachtrag, der insgesamt der dtr. Bearbeitung des Amosbuches zuzuweisen ist.[240]

2.2.3.6 Der Heilsschluß Amos 9,11-15

Das Amosbuch wird abgeschlossen durch das Heilswort Am 9,11-15. Dabei folgt auf eine politische Zusage in 9,11-12 eine vor allem auf den agrarischen Erfolg ausgerichtete Verheißung in 9,13-15.

Daß diese letzten Verse des Amosbuches aufgrund ihrer Heilsperspektive nicht dem Grundbestand des Amosbuches zugewiesen werden können, ist schon seit langem eher unumstritten.[241] Auch die literarkritische Scheidung gegenüber der vorangehenden, vor allem durch die Ansage des Reinigungsgerichts bestimmten Einheit 9,7-10 ist in neuerer Zeit nahezu

---

239 Hierauf hat bereits Schart, Entstehung, 96, aufmerksam gemacht.
240 Schart, Entstehung, 95, weist in diesem Zusammenhang darauf hin, daß Am 9,7-10, das auch er der dtr. Schicht des Amosbuches zuweist, die Hymnenschicht in 9,5-6 nicht voraussetzt. Dies führt bei ihm zu der Annahme, daß die dtr. Schicht den Hymnen vorausgeht. Doch zum einen kann dieses Argument für sich allein noch nicht dazu verwandt werden, um eine relative Chronologie der beiden Schichten zu begründen. Zum anderen macht die Stellung des Hymnus Am 9,5-6 angesichts der Komposition des Hymnenschicht nur dann wirklich Sinn, wenn es sich hier um einen Buchschluß handelt. Sollte zudem die obige These richtig sein, daß die „fünfte Vision" auf einer Ebene mit dem folgenden Hymnus anzusetzen ist, so dürfte endgültig deutlich sein, daß die dtr. Schicht aufgrund der Bezüge von 9,7-10 zur fünften Vision in 9,1-4 zeitlich nach der Hymnenschicht einzuordnen ist.
Dafür sprachen ja nebenbei auch schon die Erkenntnisse zu 4,6-13; siehe hierzu oben 72-76. Gegen Schart, a.a.O., 70-74, wurde dort eben nicht eine der dtr. Bearbeitung zuzuweisende Bußliturgie 4,6-11 über 4,12 um den Hymnus 4,13 erweitert, was dafür sprechen würde, daß die Hymnen nach der dtr. Schicht eingebracht wurden. Vielmehr ist der Textbereich 4,6-12.13* insgesamt der Hymnenschicht zuzuweisen, und der auf das prophetische Wort bezogene Nachtrag ומגיד לאדם מה־שׂחו in 4,13, der wohl im Rahmen der dtr. Redaktion des Buches eingebracht wurde, spricht gerade im Gegenteil auch dort dafür, daß die Hymnenschicht eben der dtr. Überarbeitung vorausgeht.
241 Seit dem immer wieder zitierten Ausspruch von Wellhausen, Propheten, 96, hier würden „Rosen und Lavendel statt Blut und Eisen" angesagt, wird die Einheit nahezu einhellig als Nachtrag verstanden; vgl. nur Marti, KHC 13, 224; Wolff, BK 14,2, 405; Mays, Amos, 165f; Willi-Plein, Vorformen, 57; Jeremias, ATD 24,2, 130; Rottzoll, Studien, 276-283; Fleischer, NSK.AT 23,2, 267.

Konsens.[242] Lediglich die genauere Einordnung der einzelnen Bestandteile dieser Einheit ist noch unklar.

Während nämlich früher, wenn überhaupt, aufgrund der unterschiedlichen Ausrichtung an politischen und agrarischen Themen eine Unterteilung in die Einheiten 9,11-12 und 9,13-15 üblich war,[243] wird in neuerer Zeit zurecht darauf hingewiesen, daß gerade die Verse 9,12-13 aus dem Kontext der Einheit fallen.[244]

Denn die Verheißung in 9,11, daß die zerfallene Hütte Davids wieder aufgerichtet wird und ihre Risse vermauert werden, blickt, was immer auch genau unter der Davidshütte zu verstehen sein mag,[245] eher auf eine Situation staatlicher Schwäche in der Erwartung erneuter Restauration. Der folgende Vers 9,12 geht über diese Erwartung weit hinaus, wird doch hier mit der Einnahme Edoms und weiterer Völker nicht nur Restauration, sondern eine Erweiterung des eigenen Gebietes angesagt. Und während in 9,14-15 schlicht das erneute Gelingen beim Aufbau der Städte und der landwirtschaftlichen Arbeit sowie das dauerhafte Verbleiben im eigenen Land im Blick ist, werden in 9,13 Ernteerfolge in utopischer Dimension in Aussicht gestellt, bei denen nicht einmal mehr die natürlichen Grenzen der Jahreszeiten eine Rolle spielen, sondern Ernte und Aussaat geradezu nahtlos ineinander übergehen.

So kann Am 9,12-13 als Steigerung der politischen und landwirtschaftlichen Ansagen von Am 9,11.14-15 verstanden werden und ist daher im vorliegenden Kontext als sekundär einzustufen. Daß die Verse 9,12-13 dabei auf dieselbe Hand zurückgehen, liegt angesichts der vergleichbaren steigernden Tendenz nahe. Da sie allerdings an ganz unterschiedlichen Themen ausgerichtet sind, läßt sich hier zunächst keine wirklich gesicherte Entscheidung treffen.[246]

---

242 Während etwa noch Wellhausen, Propheten, 96, und Marti, KHC 13, 224, Am 9,8-15 ohne weitere Differenzierung als Nachtrag zum Amosbuch betrachteten, erkennen alle sonst oben 119 Anm. 241 Genannten, daß mit Am 9,11 eine vom Vorangehenden zu unterscheidende Fortschreibung beginnt.

243 Vgl. etwa Weiser, ATD 24, 203f; Mays, Amos, 165f; Willi-Plein, Vorformen, 57.

244 Vgl. Nogalski, Precursors, 104-110; Jeremias, ATD 24,2, 130; Schart, Entstehung, 96f; Albertz, Exilszeit, 178; Fleischer, NSK.AT 23,2, 268.

245 Vgl. hierzu Wolff, BK 14,2, 406f, der darauf hinweist, daß mit der Hütte Davids gleichermaßen Jerusalem, die davidische Dynastie, aber auch das davidische Großreich gemeint sein könnten. Dabei kommt er allerdings zu der zuletzt genannten Deutung aufgrund der in 9,12 erwähnten Gebietserweiterungen. Angesichts des sekundären Charakters von 9,12 dürften sich die möglichen Deutungen also auf Jerusalem und die Davididen eingrenzen lassen.

246 Für eine Zuweisung von Am 9,12-13* zur selben Schicht wird häufig darauf verwiesen, daß diese beiden Verse, im Gegensatz zu 9,11.14-15, buchübergreifende Bezüge zu anderen Schriften des Zwölfprophetenbuches erkennen lassen, wobei Am 9,12 an Obd 17-21 erinnert und Am 9,13 eine Parallele in Joel 4,18 hat; vgl. Nogalski, Precursors, 113-122; Jeremias, ATD 24,2, 136f; Schart, Entstehung, 97; Albertz, Exilszeit, 178. Doch sind nach dem oben

Nun hat Nogalski zurecht darauf hingewiesen, daß die Formel נאם־יהוה
עשׂה זאת in 9,12b eher als ursprünglicher Abschluß von 9,11 denn als Teil
der Redaktion in 9,12 verstanden werden kann.[247] Denn im Gegensatz zu
Am 9,11 ist 9,12a überhaupt nicht als Gottesrede gestaltet und auch von
einem in 9,12b vorausgesetzten Handeln Jhwhs ist nicht in 9,12a, wohl aber
in 9,11 die Rede.

Über Nogalski hinaus kann dann aber auch die Formel הנה ימים באים
נאם־יהוה in 9,13aα als ursprüngliche Einleitung von 9,14-15 verstanden
werden.[248] Denn auch 9,13 ist nicht als Gottesrede gestaltet, und zudem ist
diese Formel, vor allem wenn 9,12.13 wirklich auf dieselbe Hand zurückgehen sollten, zwischen den beiden Worten eher verständlich, wenn sie
bereits vorgegeben war und die Redaktoren sozusagen vor und nach den
Formeln 9,12b und 9,13aα ihre Nachträge zu 9,11.14-15 zugefügt haben.

Beim verbleibenden Grundbestand 9,11.12b.13aα.14-15 ist nun aber die
Frage, ob 9,11.12b wirklich derselben Schicht zugeordnet werden kann wie
die folgenden Verse 9,13aα.14-15.[249] Denn die früher häufig geäußerte
Ansicht, daß die Worte 9,11-12 und 9,13-15 angesichts ihrer so unterschiedlichen Anliegen eher zwei Händen zuzuweisen sind,[250] bleibt auch dann
richtig, wenn 9,12-13* als sekundär erkannt ist. Da nämlich 9,11.12b eher
auf staatliche Restauration blickt, während 9,13aα.14-15 eher an der gelin-
genden Arbeit des Volkes und deren sicherem Verbleiben im Land orientiert
ist, wobei diese beiden Themenbereiche nicht miteinander verbunden sind,
wird es sich hier eher um zwei Nachträge zum Amosbuch handeln, die auf
verschiedene Redaktoren zurückgehen. Daß die Formeln in 9,12b und
9,13aα wohl zu 9,11 und 9,14-15 gehören und diese Verse somit schon
immer gegeneinander abgegrenzt waren, spricht zudem noch dafür, daß
9,11.12b und 9,13aα.14-15 eher unterschiedlichen Bearbeitungen zuzuweisen
sind.

So wurden also in Am 9,11-15 zunächst die beiden voneinander unabhängigen Nachträge 9,11.12b und 9,13aα.14-15 ergänzt, wobei die genaue
Reihenfolge dieser beiden Bearbeitungen allein vom vorliegenden Text her

---

24-27 ausgeführten methodischen Ansatz allererst diese Schriften für sich zu bearbeiten,
   bevor über eventuelle sekundäre Bezugnahmen entschieden wird. So kann auch erst nach
   einer eingehenden Betrachtung der übrigen Bücher des Zwölfprophetenbuches gezeigt
   werden, ob das Nebeneinander von Gebietserweiterungen in Am 9,12 und agrarischem
   Erfolg in 9,13 einer gemeinsamen Schicht zugeordnet werden kann.
247 Vgl. Nogalski, Precursors, 105.
248 Dies wurde schon von Westermann, Heilsworte, 91; Rottzoll, Studien, 280f; Schart, Entstehung, 97; Albertz, Exilszeit, 178, vorgeschlagen, allerdings stets ohne weitere Begründung.
249 Daß Am 9,11 und 9,14-15 auf verschiedene Bearbeitungen zurückgehen, wurde bislang erst
   von Rottzoll, Studien, 280f, vermutet, wobei er seine These vor allem mit den in 9,14-15,
   nicht aber in 9,11 aufweisbaren Bezügen zum Jeremiabuch begründet.
250 S.o. 120 mit Anm. 243.

nicht entschieden werden kann. Zu beiden Bearbeitungen lassen sich keine weiteren Verbindungen zu den bislang erkannten Schichten des Amosbuches aufzeigen.[251]

Die Zufügungen Am 9,12a.13aβb setzen die Nachträge in 9,11.12b und 9,13aα.14-15 voraus, wobei hier erst die weitere Betrachtung des Zwölfprophetenbuches, vor allem der Bücher Joel und Obadja, zeigen kann, ob 9,12a und 9,13aβb auf dieselbe Hand zurückgehen. Die Erwähnung von Edom in 9,12a könnte zudem darauf hinweisen, daß diese Bearbeitungen mit den Nachträgen in 1,9-12 in Verbindung stehen, wobei aber auch hier erst die weitere Analyse des Zwölfprophetenbuches genauere Hinweise geben kann.

2.2.4 Zur Gottesrede in der Grundschicht des Amosbuches

Betrachtet man abschließend den erkennbaren Grundbestand des Amosbuches genauer, so fällt auf, daß sich hier einerseits zahlreiche Redeformeln finden (3,11.12.15; 4,2.3; 5,3.16.17),[252] daß aber nur 3,15 und 5,17b wirklich als Gottesrede in 1.sg. formuliert sind. Ansonsten fehlt diese Perspektive völlig, ab Am 5,18 findet sich innerhalb der Grundschicht sogar noch nicht einmal mehr eine Redeformel.

Besonders auffällig ist die Stellung dieser Formeln dabei vor den beiden uneigentlichen Restworten in 3,12; 5,3. Es handelt sich beide Male um Bildworte, die recht allgemein die völlige Vernichtung ansagen. Jegliche Konkretion, wie dieses Unheil geschehen wird, fehlt in diesen Worten. Es findet sich schon gar keine weitere Reflexion auf die Rolle Gottes in diesem Geschehen. Dennoch sind beide Worte im vorliegenden Kontext als Gottesrede eingeleitet.

Dies allein mag noch nicht weiter bedeutend sein. Erklärungsbedürftig wird dieser Befund erst, wenn man ihn mit den beiden anderen uneigentlichen Restworten in Am 5,19; 6,9-10 vergleicht. Diese Verse stehen thematisch wie inhaltlich in enger Beziehung zu den genannten Worten in 3,12;

---

251 Kellermann, Amosschluß, 178-183, bezeichnet die von ihm als Grundschicht von Am 9,11-15 erkannten Verse 9,11-12.14-15 als dtr. Allerdings kann er neben einer gewissen Nähe von Am 9,15 zur Nathanverheißung in 2 Sam 7,10 kaum ein terminologische Parallelen im Bereich der dtr. Literatur verweisen und auch seine inhaltlichen Ausführungen sind nur sehr allgemeiner Art. Zudem hat Wolff, BK 14,2, 405f, zurecht darauf hingewiesen, daß gegen Kellermanns These die mangelnden Bezüge zu den sonstigen dtr. Passagen des Amosbuches sprechen. So wurde diese These zurecht nicht weiter aufgenommen.

252 Unter Redeformeln werden in ganz allgemeinem Sinne die geprägten Wendungen verstanden, die die einzelnen Worte als Gottesrede kennzeichnen. Eine weitere Unterteilung in Botenformel, Gottesspruchformel u.a. kann hier unterbleiben.

5,3: Wie Am 3,12 greift auch Am 5,19 auf einen Tiervergleich zurück; wie
Am 5,3 wird auch in Am 6,9-10 eine Dezimierung der Bevölkerung dargestellt. Es zeigt sich also ein klarer Zusammenhang zwischen diesen vier
Worten, der sich auf kompositioneller Ebene sogar noch weiter erhärten
wird.[253] Um so erstaunlicher ist es nun, daß die uneigentlichen Restworte in
5,19; 6,9-10 eben nicht als Gottesrede eingeleitet sind. Im Gegenteil: Bei
5,19 ist im Kontext 5,18.20 eindeutig von Jhwh in der 3. Person die Rede
und in 6,11 folgt auf das letzte der uneigentlichen Restworte ebenfalls ein
Wort mit Jhwh in der 3. Person. So dürften auch die uneigentlichen Restworte in 3,12; 5,3 ursprünglich als Prophetenrede zu verstehen sein, weshalb
die Botenformeln in 3,12; 5,3 wohl als sekundär zu betrachten sind.[254]

Neben 3,12; 5,3 ist nun auch die Redeformel נשבע אדני יהוה בקדשׁו
in 4,2 auffällig. Denn mit כי הנה findet sich hier gleich noch eine zweite
Einleitungsformel. Mag dies auch an sich denkbar sein, so ist der Befund
doch auffällig, daß bei 42 Belegen im AT der Wendung כי הנה nur an
dieser Stelle eine Redeformel vorausgeht. Zudem steht die Formulierung
נשבע יהוה in engem Bezug zu den Gottesschwüren in Am 6,8; 8,7, die sich
beide als Teil der kultkritischen Überarbeitung herausgestellt haben.[255]

In diesem Zusammenhang ist auch bedeutend, daß in der Überschrift
des Amosbuches, in charakteristischer Abweichung von den vergleichbaren
Überschriften in Hos 1,1; Mi 1,1; Zef 1,1, eben nicht דבר־יהוה, sondern
דברי עמוס steht.[256] Hierzu paßt die schon lange erkannte Beobachtung, daß
der Höraufruf in Am 5,1, wie auch der parallele Höraufruf in 4,1, als Prophetenrede gestaltet ist.

Nimmt man den Befund aus Am 1,1; 5,1 ernst, was bislang kaum wirklich geschehen ist, und erkennt zudem die diesem Befund entgegenstehende
auffällige Häufung von Redeformeln im Grundbestand von 3,9-4,3*; 5,1-
12*, so läßt sich fragen, ob diese Formeln nicht erst das Produkt einer
bewußten nachträglichen Theologisierung der Prophetenworte des Amosbuches sind.

Dabei wäre allerdings noch zu klären, warum doch an zwei Stellen
innerhalb der aufgezeigten Grundschicht von Am 3-6 scheinbar Gottesrede

---

253 S.u. 127f.
254 Diesen Vorschlag hat in neuerer Zeit auch Kratz, Worte, 75-78, vorgebracht. Auch er meint,
     daß es sich bei den Worten in 3,12; 5,3 eher um allgemeine Beschreibungen eines drohenden
     Unheils handelt, die erst durch ihren Kontext als göttliches Gericht erscheinen. Allerdings
     sieht Kratz in dieser Vorstufe bereits das Stadium der mündlichen Vorlage erreicht und
     bringt die Botenformeln mit der Erstverschriftung in Verbindung, während sich im folgen-
     den zeigen wird, daß diese Entwicklungen durchaus schon im Bereich der schriftlichen
     Überlieferung stattgefunden haben.
255 S.o. 88 und 109.
256 Zur Amosüberschrift s.o. 90-92.

in der 1.sg. vorkommt, nämlich in Am 3,15 und 5,17b. Für 5,17b hat aber schon Fleischer darauf aufmerksam gemacht, daß die in diesem Teilvers vorkommende Anrede in der 2.m.sg. keinen wirklichen Bezugspunkt hat.[257] Denn Am 5,16-17a ist sonst durchweg mit pluralischen Verbformen gestaltet. Dies dürfte neben der überraschenden Gottesrede dafür sprechen, 5,17b gegenüber dem Grundbestand für sekundär zu halten.

Die Gottesrede Am 3,15 dürfte demgegenüber anders einzuschätzen sein. Die vorangehenden Verse Am 3,13-14, die ebenfalls als Gottesrede gestaltet sind, haben sich oben klar als sekundär erwiesen. An Am 3,12 schließt die 1.sg. von Am 3,15 allerdings nicht wirklich an, auch wenn die Thematik der Luxuskritik weitergeführt wird. Nun ist zu beachten, daß schon in 3,11 wie dann in 3,15 die Zerstörung von Gebäuden angesagt wird, was in 3,11 aber einem in der 3. Person genannten Feind zugeschrieben ist. So ist gut denkbar, daß 3,15 ursprünglich nicht in der 1.sg., sondern in der 3.sg. formuliert war, daß hier also statt והכיתי einmal והכה stand und über 3,12 hinweg auf den in 3,11 genannten Feind bezogen war. Zur bewußten oder unbewußten Umgestaltung könnte es dann gekommen sein, als nach der Einfügung der Gottesrede von 3,13-14 der Anschluß des והכה nicht mehr klar war.[258]

Beachtenswert ist in diesem Zusammenhang, daß sich in Am 6,11 eine Parallele zu 3,15 findet. Hier wird gesagt, daß Jhwh das große und das kleine Haus zerstört (והכה). Dies muß nun nicht dafür sprechen, daß auch die Ereignisse von 3,15 direkt auf Jhwh bezogen und somit doch als Gottesrede verstanden werden sollten. Vielmehr ist zu beachten, daß die Parallele in 6,11 als Prophetenrede und eben nicht als Gottesrede formuliert ist und somit die Annahme einer Grundschicht ohne Gottesrede erneut stützt. Am 6,11 kann dann als Steigerung gegenüber 3,9-15* verstanden werden: Während in 3,15 die Zerstörung noch auf Sommer- und Winterhaus, also die königlichen Residenzen, beschränkt war, sind nun alle Häuser, große und kleine, im Blick. Und während in 3,15 zunächst noch an einen äußeren

---

257 Vgl. Fleischer, Menschenverkäufer, 118.
258 Auch Kratz, Worte, 78, erkennt, daß die Gottesrede in 3,15 nicht wirklich an Am 3,12 anschließt. Er faßt diesen Vers daher schon als Nachinterpretation von 3,12 auf, in der die allgemeine Unheilsschilderung von 3,12 bereits als göttliches Gericht gedeutet wird. Diese Nachinterpretation bringt er mit der Erstverschriftung des Amosbuches in Verbindung, Am 3,12 hingegen mit dem vorgegebenen mündlichen Gut, s.o. 123 Anm. 254. Doch selbst wenn Am 3,15 erst im Stadium der Erstverschriftung hinzugekommen sein sollte, bleibt das Problem bestehen, daß die 1.sg. von 3,15 nicht an 3,12 anschließt. Da Am 3,13-14 sicherlich gegenüber 3,12.15 sekundär sein dürfte, was ja auch Kratz, a.a.O., 84, annimmt, bedarf es auch für den Bereich der schriftlichen Überlieferung einer Erklärung für den Zusammenhang von 3,12 und 3,15. Und hierbei dürfte am plausibelsten die Annahme einer ursprünglichen 3.sg. in 3,15 sein, die über 3,12 hinaus an den Feind in 3,11 anschließt.

Feind gedacht werden konnte, wird die Zerstörung nun auf Jhwh selbst zurückgeführt.

Es spricht also vieles dafür, daß die Redeformeln in 3,11.12.15; 4,2.3; 5,3.16 nicht zum Grundbestand des Amosbuches gehört haben. In diesem Zusammenhang legt es sich zudem nahe, über die bisherigen Erkenntnisse hinaus auch Am 5,17b für sekundär zu erachten und bei 3,15 von einem ursprünglichen והכה statt והכיתי auszugehen. Die Grundschicht des Amosbuches wäre demnach noch frei von jeglicher Gottesrede.

2.2.5 Zusammenfassung der Redaktionsgeschichte des Amosbuches

2.2.5.1 Die Grundschicht

Bei der redaktionsgeschichtlichen Betrachtung des Amosbuches ergab sich ein Grundbestand, der die Verse 1,1*; 3,9.11.12*(ohne בני ישראל).15; 4,1-3; 5,1-3.7.10.12b.16-17a.18-20; 6,1a*(ohne השאננים בציון ו).3-6.9-11.12b umfaßt, allerdings wohl noch ohne die Redeformeln in 3,11.12.15; 4,2.3; 5,3.16.[259] Diese Grundschicht zeichnet sich durch eine durchgängige Thematik aus, die in der Kritik an den unsozialen Machenschaften der Oberen gegenüber den gesellschaftlich niedrig Gestellten besteht. Gegenstand dieser Kritik sind etwa das ausbeuterische Verhalten der vornehmen Frauen Samarias (4,1-3*), die Unterdrückung der Armen im Gerichtswesen (5,1-12*) sowie das Wohlleben der Oberschicht (6,1-6*). Aber auch die Selbstsicherheit der Adressaten mit Blick auf den Tag Jhwhs wird angeprangert (5,18-20).

Die Gerichtsvorstellung dieser Grundschicht ist nun ebenfalls an den Oberen der Gesellschaft orientiert. So wird vor allem die Zerstörung der Prunkbauten des Landes – der königlichen Sommer- und Winterresidenz sowie der Paläste und Elfenbeinhäuser – durch einen Feind angesagt (3,11-15*). Doch daneben finden sich auch weniger differenzierte Gerichtsworte: Zum einen wird die soeben beschriebene Zerstörung der Bauten am Ende des Grundbestands auf sämtliche Häuser ausgeweitet und nun auf Jhwh selbst zurückgeführt (6,11), zum anderen finden sich in der Grundschicht

---

259 Der hier dargestellte Umfang der Grundschicht hat bedeutende Übereinstimmungen mit der von Kratz, Worte, 67-84, vorgestellten Analyse. Kratz, a.a.O., 84, geht von einer Erstverschriftung aus, die die Texte 1,1a(bß); 3,1aα.3-6(.8).12.15; 4,1aαb.2(-3); 5,1aα.2.3.7.10-12*.16-17*.18-20; 6,1-7*.13-14* umfaßt. Allerdings begründet Kratz, dem grundlegenderen Anliegen seiner an der Unterscheidung zwischen mündlicher und schriftlicher Tradition orientierten Untersuchung entsprechend, diesen Bestand noch nicht umfassend. Zum anderen weicht die hier vorgelegte redaktionsgeschichtliche Analyse in einigen entscheidenden Details von Kratz ab, wodurch eine in sich noch kohärentere Grundschicht aufgezeigt werden kann.

vier uneigentliche Restworte (3,12*; 5,3*; 5,19; 6,9-10), die allesamt davon
ausgehen, daß bei der drohenden Katastrophe keiner übrigbleiben wird.
Angesichts des Zustands der Gesellschaft ist nach der Aussage der Grundschicht des Amosbuches keine Rettung denkbar.

Wenn die obigen Überlegungen zur Gottesrede in der Grundschicht
richtig sein sollten, so zeichnet sich dieser Textbereich auch dadurch aus,
daß er noch durchgängig als Prophetenrede gestaltet ist. Die Botschaft ist
jedoch nicht profan oder untheologisch, da Jhwh sowohl bei der Rede vom
Tag Jhwhs in 5,18-20, aber auch nach der Gerichtsankündigung 6,11 durchaus in dieser Grundschicht vorkommt. Es wäre auch fraglich, ob eine un-
theologische Weltsicht für die damalige Zeit überhaupt denkbar ist, wird
doch der hinter diesen Worten erkennbare Zusammenhang von Tat und
Folge, von Tun und Ergehen gerade von Gott zusammengehalten.

Profan ist hier also nicht die Botschaft, profan ist vielmehr der Prophet.
Er erscheint als Betrachter und Analytiker der gesellschaftlichen Verhältnisse, der Mißstände aufdeckt und Konsequenzen ansagt.[260] Aber er erscheint hier eben noch nicht als Sprachrohr Gottes.[261]

Die vorgelegte redaktionsgeschichtliche Analyse des Amosbuches
ermöglicht nun, über den Forschungsstand hinaus, eine genauere Beschreibung der Komposition schon der Grundschicht des Buches.[262] So folgen auf

---

260 Bedeutend ist, daß auch Kratz, Worte, 81, wenn auch ohne eine genaue Einzelanalyse, zu
einem vergleichbaren Ergebnis kommt: „Der Amos der älteren Einzelworte war offenbar ein
genauer Beobachter seiner Zeit, der mehr beschreibt als prophezeit."

261 Die Frage, ob Amos dann überhaupt noch als Prophet bezeichnet werden kann, hängt davon
ab, was denn einen Propheten kennzeichnet. Dabei muß dieser einzig an Etiketten orientierten Frage hier nicht weiter nachgegangen werden. Bedeutend ist vielmehr, daß in der Grundschicht des Amosbuches eine Art von Botschaft begegnet, die sich von dem Prophetenbild
der späteren Überlieferung wie auch von dem heute bestimmenden Bild prophetischer
Botschaft unterscheidet.

262 Natürlich wurde schon öfter eine Beschreibung der Komposition des Amosbuches vorgelegt,
wobei insbesondere die Dreiteilung in Völkerworte (1-2); Wortsammlung (3-6) und Visionsberichte (7-9) und bei der Wortsammlung auf die Untergliederung durch die beiden Höraufrufe in 3,1; 5,1 verwiesen wurde. Doch gerade bei der Komposition der Wortsammlung
3-6 mehren sich in letzter Zeit die Stimmen, daß hinter der Schicht, durch die die genannte
Komposition eingebracht wurde, noch eine weitere Vorstufe erkennbar ist. So unterscheidet
Jeremias, ATD 24,2, XIX, zwischen den für den Aufbau der Wortsammlung verantwortli-
chen Redaktoren, die er als Tradenten bezeichnet, und dem mündlich vorgegebenen Gut.
Schart, Entstehung, 98, erkennt als Vorläufer der Tradentenschicht sogar eine schriftliche
Vorstufe. Doch arbeitet er für diese Vorstufe keine klare Komposition heraus, was angesichts
der so verschiedenen und nicht immer aneinander anschließenden Worte, die Schart dieser
Schicht zuweist, auch nicht möglich sein dürfte. Einzig Kratz, Worte, 84, hat bislang eine
Komposition für die Grundschicht des Amosbuches vorgestellt, die noch hinter die sonst
üblichen Modelle zurückgeht. Doch außer der Zusammenordnung der beiden Weherufe in
5,18-20; 6,1ff gelingt es auch Kratz noch nicht, seine Komposition durch inhaltliche und
formale Merkmale im einzelnen zu begründen, da er die einzelnen Worte in einer Weise
zusammenstellt, bei der deren Zusammenhänge nicht erkennbar werden.

Überschrift (1,1*) und Einleitung (3,9-15*) zwei mit Höraufruf eingeleitete Worte (4,1-3*; 5,1-12*) und nach einer Überleitung (5,16-17a*) zwei mit הוי eingeleitete Worte (5,18-20; 6,1-6*) sowie ein weiteres Wort als Abschluß der gesamten Schicht (6,9-12*). Dabei ist bedeutend, daß Einleitung und Schluß miteinander über die Ansage des Gerichts an den Häusern verbunden sind und so eine große Klammer um die gesamte Komposition legen. Zudem sind Einleitung und Schluß über markante Stichwortverbindungen mit dem jeweils gegenüberliegenden Hauptteil verbunden:

Einleitung (3,9-15*)	3,9-15*: Sammlungsruf an die Völker Klammer zum Schluß: נכה; 2x בית Klammer zu IIb: ערש; מטה; שׁן	
Teil I (4,1-3*; 5,1-12*)	a: 4,1-3*: Sozialkritik שׁמעו הדבר הזה	b: 5,1-12*: Rechtskritik שׁמעו את־הדבר הזה
Überleitung (5,16-17*)	5,16-17*: Klage (5,1) und Wehe (5,18; 6,1)	
Teil II (5,18-20; 6,1-6*)	a: 5,18-20: Tag Jhwhs הוי	b: 6,1-6*: Luxuskritik הוי
Schluß (6,9-12*)	6,9-12*: Abschließende Zerstörungsansage Klammer zur Einleitung: נכה; 2x בית Klammer zu Ib: צדקה; משׁפט; הפך; לענה	

Zusätzlich kann auf die Verteilung der vier uneigentlichen Restworte verwiesen werden. In Einleitung, den beiden Hauptteilen und Schluß steht jeweils ein solches uneigentliches Restwort. Dabei ist auch die Abfolge dieser Worte von einem klaren Schema bestimmt, insofern das erste und dritte als Vergleich gestaltet (כאשׁר) und von Tiermetaphorik bestimmt ist, wobei sich über ארי ein klarer Stichwortbezug findet. Das zweite und vierte uneigentliche Restwort beschreibt jeweils die Dezimierung der Bevölkerung, wobei gerade die Zahl der zunächst Überlebenden, also zehn (עשׂרה), im letzten Wort aufgenommen wird. In der dort gemachten Ansage, daß keiner überleben wird, findet die Folge der uneigentlichen Restworte ihren Höhepunkt und Abschluß:

Einleitung (3,9-15*)	3,12*: uneigentlicher Rest – Tiermetaphorik Bezugsworte: ארי; כאשר
Teil I (4,1-3*; 5,1-12*)	5,3*: uneigentlicher Rest – von hundert bleiben zehn übrig Bezugswort: עשׂרה
Teil II (5,18-20; 6,1-6*)	5,19: uneigentlicher Rest – Tiermetaphorik Bezugsworte: ארי; כאשר
Schluß (6,9-12*)	6,9-10: uneigentlicher Rest – von zehn bleibt keiner übrig Bezugswort: עשׂרה

Die Tatsache, daß der Grundbestand einer derart klaren Komposition folgt, spricht nun zum einen für die Zuverlässigkeit der vorgelegten redaktionsgeschichtlichen Analyse.[263] Zum anderen zeigt sich hierdurch aber auch, daß schon der Grundbestand der Amosworte schriftlich überliefert worden ist. Da nun auch die Grundschicht noch von leichten Divergenzen geprägt ist, insofern etwa die uneigentlichen Restworte stets etwas sperrig im Kontext stehen und insofern sich hier sowohl Worte in direkter Anrede (3,11*; 4,1-3*; 5,18; 6,12*) als auch in der 3. Person gestaltete Worte (3,12*; 5,1-3*.7-12*.16*; 6,1-6*.9-11) finden, kann es sein, daß diese Grundschicht auf vorgegebenes Gut, etwa aus dem Bereich der mündlichen Überlieferung zurückgreift. So könnte hinter dieser Grundschicht gut die ursprüngliche Botschaft des Propheten Amos stehen. Doch ist dies mit literarkritischen Methoden nicht mehr weiter aufzulösen.

Für eine Datierung dieser Grundschicht bietet sich am ehesten die zweite Hälfte des 8. Jh. an. Die Grundschicht ist zum einen deutlich an das Nordreich gerichtet, wie die durchgängige Samaria-Orientierung (3,9.12; 4,1; 6,1) zeigt. Sie ist zudem geprägt von gesellschaftlichen Mißständen, wie sie gut als Folge der Entwicklungen der außenpolitischen Ruhephase der ersten Hälfte des 8. Jh. erklärbar sind.[264] Allerdings ist auch schon eine akute Feindbedrohung erkennbar, so daß eher an die letzten Jahre vor dem Untergang des Nordreichs zu denken sein wird, also wohl erst nach der Zeit des in der Überschrift angegebenen Jerobeam II.

---

263 Zur Bedeutung kompositionsgeschichtlicher Analysen als Gegenprobe der redaktionsgeschichtlichen Hypothesen s.o. 25-27.
264 Vgl. hierzu die immer noch grundlegende Darstellung von Schottroff, Prophet, 44-49.

2.2.5.2 Die ersten Überarbeitungen

Auf den Grundbestand folgen erste kleinere, wohl voneinander zu unterscheidende Überarbeitungen in 3,3-6.8 und 5,6*.14-15.

Dabei schafft die Überarbeitung in 3,3-6.8 eine neue Einleitung und verfolgt damit die Intention, die folgende Botschaft als prophetische Rede zu kennzeichnen, die geradezu als Folge eines göttlichen Zwangs angesehen werden kann. Der Prophet konnte demnach gar nicht anders als prophetisch zu reden. Die Tatsache, daß hier gleich zu Beginn eine Reflexion über den göttlichen Ursprung der folgenden Worte angebracht wird, könnte die Folge davon sein, daß die dieser Redaktion vorliegende Überlieferung noch nicht als Gottesrede gestaltet war. Vielleicht gehen dann auch die zahlreichen Redeformeln, die dem Grundbestand nach den obigen Erkenntnissen erst sekundär zugefügt worden sind,[265] auf eben diese Schicht zurück.

Die Überarbeitung in 5,6*.14-15 ergänzt die Rechtskritik in 5,7-12* um die Aufforderung, Gott, bzw. das Gute, zu suchen. So wird gerade in der Mitte des Amosbuches neben die harten Gerichtsanklagen erstmals eine Handlungsanweisung gesetzt und so auch ein Ausweg aufgezeigt, der „vielleicht" (5,15) vor dem drohenden Gericht bewahrt.

Während der zuerst genannte Nachtrag 3,3-6.8 nur schwer zu datieren ist, wird 5,6*.14-15 wohl kurz nach 722 anzusetzen sein. Die Rede vom „Rest Josefs" in 5,15 dürfte den Untergang des Nordreichs voraussetzen. Da aber 5,6.15 ausdrücklich an eine als „Josef" bezeichnete Größe gerichtet ist, könnte es sich gut um eine noch im Nordreich entstandene Redaktion handeln. Sie läßt sich aus der unter den Überlebenden aufgekommenen Diskussion, welche Konsequenzen aus dem Untergang zu ziehen sind, verstehen. Dies führte zu einer Aufnahme der Gerichtsbotschaft des Amosbuches, die 722 ihre Bestätigung gefunden hatte, und zu deren Erweiterung unter der Frage nach möglicher Rettung vor dem künftigen Gericht.

2.2.5.3 Die kultkritische Überarbeitung

Als erste umfassendere Redaktion hat sich die Bearbeitung erwiesen, die vor allem durch ihre kultkritischen Nachträge aufgefallen ist. Ihr konnten die Textbereiche 1,1*.3-8.13-15; 2,1-3.6-8.13-16; 3,1a.2.10.12*(בני ישׂראל).13-14; 4,4-5; 5,4-5.6*(לבית־אל).12a.21.22aβb.27; 6,1b.2.7-8.13-14; 7,1-8; 8,1-2; 8,3-4.6a.7.9-10.13-14 zugewiesen werden.

Im Rahmen der Wortsammlung Am 3-6* wurden von dieser Redaktion nach der neuen Einleitung 3,1a.2 zunächst drei Nachträge eingefügt, die

---

265 S.o. 122-125.

gegen die Heiligtümer Bethel, Gilgal und Beerscheba gerichtet sind (3,13-14; 4,4-5; 5,4-5). Dabei findet die Reihe dieser drei Worte ihren Höhepunkt in der Ansage von Am 5,5, daß Bethel untergehen und Gilgal ins Exil gehen wird.

Von einer solchen Exilierungsansage sind nun auch die folgenden Worte dieser Schicht geprägt, wobei Am 5,21-22*.27 noch kultkritisch, mit Blick auf Opfer und Feste, orientiert ist, während die beiden weiteren Nachträge in 6,1b.2.7-8 und 6,13-14 das Verhältnis von Israel und den Völkern verhandeln und damit zum Thema der von dieser Redaktion eingebrachten Einleitung der Wortsammlung in 3,1a.2 zurückkehren. Dem Hochgefühl der Israeliten wird hier entgegengestellt, daß ihnen allenfalls auf dem Weg ins Exil ein Vorrang gegenüber den anderen Völkern zukommt.

Auf diese Bearbeitung geht auch die Einfügung der Völkerwortsammlung 1,3-2,16* und der Visionssammlung 7,1-8,2* zurück. Dabei ist schon die Völkerwortsammlung an der Verhältnisbestimmung zwischen Israel und den Völkern orientiert, wie ja dann auch die von dieser Redaktion am Ende der Wortsammlung 3-6* eingebrachten Nachträge (6,1b.2.7-8.13-14). Die Visionssammlung fügt demgegenüber der vorausgehenden Botschaft eine theologische Reflexion hinzu, bei der das Verhältnis von Gnade und Gericht behandelt wird.

Als neuen Buchschluß bringt die Redaktion den Textbereich Am 8,3-14* ein, der zahlreiche Themen aus den vorangehenden Worten wieder aufnimmt. Dabei ist bedeutend, daß die Angeredeten in 8,4 von der in 8,7 genannten Größe „Jakob" unterschieden werden.[266] So wendet sich dieser Buchschluß also an einen neuen Adressatenkreis: Sie sollen sich nach 8,4 die vorangegangene Botschaft des Amos genau anhören. Da sich nämlich auch bei ihnen nach den folgenden Ausführungen dieselben Verschuldungen finden, gilt auch ihnen die dem Nordreich angesagte Gerichtsbotschaft.

So zeigt sich also eine durchgängige Intention dieser Schicht: Sie geht der Frage nach, wie es zu dem in 8,2 genannten Ende Israels kommen konnte. Dabei wird hier klargestellt, daß neben den sozialen auch kultische Vergehen zum Untergang geführt haben, daß zudem eine angebliche Vorrangstellung gegenüber den Völkern nicht vor diesem Gericht bewahren konnte und daß schließlich die göttliche Vergebungsbereitschaft Grenzen hat und auch von hier aus kein dauerhaftes Verschonen möglich war. Dies alles wird von dieser Redaktion herausgestellt, um den Nachgeborenen vor Augen zu halten, daß sie sich genauso verhalten wie die Israeliten zu Zeiten des Amos und daß deshalb auch sie das Gericht erwartet.

Die redaktionsgeschichtliche Analyse läßt sich nun auch bei dieser Bearbeitung durch die Komposition dieser Schicht untermauern. So geht

---

266 Siehe im einzelnen oben 108.

zum einen die das Buch bestimmende Dreiteilung in Völkerwortsammlung
(1-2), Wortsammlung (3-6) und Visionssammlung (7-9) und darin der
zweiteilige Aufbau der Wortsammlung in 3-4; 5-6 über den als Pendant zu
5,1 geschaffenen Höraufruf 3,1 auf eben diese Redaktion zurück.[267] Zum
anderen zeichnet sich die Überarbeitung der Wortsammlung Am 3-6*
dadurch aus, daß zunächst die kultkritischen und sodann die am Verhältnis
Israel und die Völker orientierten Worte eingebracht wurden. Dabei wird
der Zusammenhang dieser Nachträge besonders daran deutlich, daß die
jeweils aneinander angrenzenden Nachträge zur Wortsammlung durch
bedeutende Stichwortbezüge verbunden sind und so eine durchgängige
Gedankenreihe über das gesamte Buch legen:

---

267 Diese v.a. von Jeremias, ATD 24,2, XIX-XX, vorgestellte Gliederung ist also nicht schon im
    Rahmen der Erstverschriftung, sondern erst im Rahmen einer umfassenden redaktionellen
    Bearbeitung des Amosbuches entstanden. Auch die von Jeremias in diesem Zusammenhang
    dargestellte Verteilung der Bezeichnungen בני ישראל und בית ישראל auf die beiden Teile
    Am 3-4 und 5-6 geht auf eben diese Schicht zurück (s.o. 81 Anm. 94).

Überschrift: 1,1*

← 1,3-2,16*: Völkerwortsammlung

← 3,1a.2: Einleitung der Wortsammlung
Israel und die Völker — פקד

Einleitung: 3,3-15*

← 3,10.12*.13-14: Kult: Bethel — פקד / בית־אל

Teil Ia: 4,1-3

← 4,4-5: Kult: Bethel und Gilgal — בית־אל / גלגל; בית־אל

Teil Ib: 5,1-12*

← 5,4-5.6*.12a: Kult: Bethel; Gilgal; Beerscheba
Exilierungsansage — גלגל; בית־אל / גלה

Überleitung: 5,16-17a

Teil IIa: 5,18-20

← 5,21-22*.27: Kult: Feste und Opfer
Exilierungsansage — גלה / שׂנא; גלה

Teil IIb: 6,1-6*

← 61b.2.7-8: Israel und die Völker
Exilierungsansage — שׂנא; גלה / גוי

Schluß: 6,9-12*

← 6,13-14: Israel und die Völker
Exilierungsansage — גוי

← 7,1-8,2*: Visionssammlung

← 8,3-14*: Abschließende Zusammenfassung

Als historischen Ort bieten sich für diese Schicht die letzten Jahre der staatlichen Existenz des Südreichs an. Die immer wiederkehrende Exilierungsansage dürfte bereits das Auftreten der Babylonier voraussetzen. Außerdem könnte die eingebrachte Kultkritik, bei der vor allem das Wallfahrtswesen eine wichtige Rolle spielt, als Folge der josianischen Reform verstanden werden. Und schließlich könnte die Tatsache, daß in 5,4-5 die Zerstörung von Bethel angesagt ist, trotz aller hiermit verbundenen historischen und archäologischen Schwierigkeiten,[268] mit den Übergriffen Josias auf das Nordreich verbunden werden (2 Kön 23,15-19). Sicherere Erkenntnisse zur Datierung dieser Schicht sind nicht möglich, aber gerade die Verbindung von Exilierungsansage und Kultkritik ließe sich vor diesem historischen Hintergrund gut verstehen.[269]

2.2.5.4 Die Hymnenschicht

Die Redaktion, auf die die Hymnen des Amosbuches zurückgehen, brachte insgesamt die Textbereiche Am 1,2; 4,6-12.13*(ohne ומגיד לאדם מה־שחו; 5,8-9; 9,1-6 ein. Es dürfte sich hier, wie in der Forschung allgemein angenommen, um eine gottesdienstliche Bearbeitung handeln, die mit den hymnischen Passagen vor allem die Intention verfolgt, die Allmacht Gottes und damit auch das göttliche Gerichtshandeln anzuerkennen.[270]

Dabei kann auch für diese Schicht eine solide Komposition nachgewiesen werden, insofern das Buch nun an dem Höraufruf 5,1 in zwei Teile zerfällt, wobei beide Teile jeweils am Anfang mit einem kurzen Nachtrag, am Ende mit einer längeren Reflexion versehen wurden:

268 Zur Problematik der josianischen Reform und der Zerstörung von Bethel vgl. Koenen, Bethel, 52-59, der nach einer abwägenden Darstellung zu dem Schluß kommt, daß die josianischen Übergriffe ins Nordreich zumindest gut denkbar sind.
269 Olyan, Oaths, 147f, geht davon aus, daß der Vers Am 8,14, der nach der vorgelegten Analyse die kultkritische Schicht abschließt, angesichts der Bezeichnung „dein Gott, Dan", noch vor 722 zu datieren ist, als der Kultbetrieb in Dan nach Olyan noch aktiv war. Doch haben archäologische Funde auf dem Tell Dan eine griechisch-aramäische Bilingue hervorgebracht, die noch für die hellenistische Zeit die Wendung ΘΕΩΙ ΤΩΙ ΕΝ ΔΑΝΟΙΣ belegt; vgl. Biran, Biblical Dan, 223. Überhaupt haben die Grabungen ergeben, daß in Dan entgegen den Ausführungen von Olyan noch bis in die römische Zeit eine Kultstätte genutzt wurde; vgl. Biran, Dan I, 32-49.
270 S.o. 74f.

Teil 1: Amos 1-4*	Teil 2: Amos 5-9*

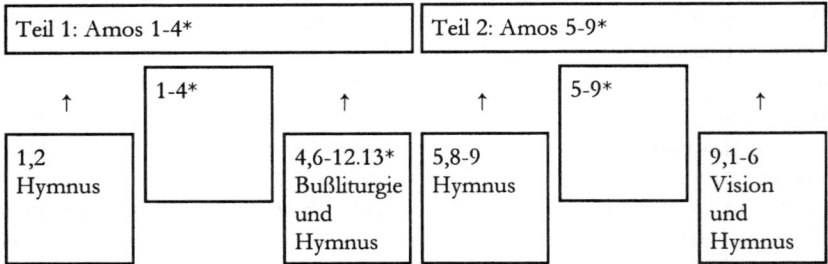

↑	1-4*		↑	↑	5-9*		↑
1,2 Hymnus			4,6-12.13* Bußliturgie und Hymnus	5,8-9 Hymnus			9,1-6 Vision und Hymnus

Da sowohl die Bußliturgie 4,6-11 als auch die „fünfte Vision" 9,1-4 beim Thema Exil enden und da gerade aus der Exilssituation heraus die gottesdienstliche Verarbeitung von Schuld und deren Anerkennung verständlich werden, dürfte die schon häufiger vorgeschlagene Datierung dieser Redaktion in die Exilszeit wohl im Recht sein.[271]

2.2.5.5 Die deuteronomistische Schicht

Die dtr. Überarbeitung ist sicherlich später als die Hymnenschicht anzusetzen.[272] Ihr konnten die Textbereiche 1,1*; 2,4-5.9-12; 3,1b.7; 4,13*(ומגיד מה־שׂחו לאדם); 5,11.25-26; 7,10-17; 8,5.6b.11-12; 9,7-10 zugewiesen werden.

Dabei zeichnen sich diese Texte vor allem durch ihre heilsgeschichtliche Orientierung aus, wobei das Exodusgeschehen und die Prophetie eine besondere Rolle spielen. Die Herausführung aus Ägypten wird dabei in vergleichbarer Terminologie in 2,10; 3,1b; 9,7 genannt, wobei zum einen darauf hingewiesen wird, daß die Israeliten dieser Heilsgabe nicht gerecht geworden sind (2,10; 3,1b; 5,25), zum anderen wird aber sogar soweit gegangen, daß diese Heilsgabe keine besondere Stellung vor Gott bedeutet, daß sie also keineswegs als Sicherheitsgarantie vor drohendem Gericht verstanden werden kann (9,7).

Das bestimmende Thema der dtr. Überarbeitung ist aber die Ablehnung der Prophetie. Schon in 2,11-12 wird angeprangert, daß die Israeliten den Propheten den Mund verboten haben. Die Amos-Amazja-Erzählung (7,10-17) ist sodann nichts anderes als die erzählerische Ausführung eben dieser Anklage. In 8,11-12 wird angesagt, daß, wenn die Israeliten einst nach dem Wort Gottes suchen werden, es dann eben nicht mehr finden werden. Und schließlich wird auch die abschließende Strafansage der dtr. Schicht an die

---

271 Vgl. etwa Albertz, Religionsgeschichte 2, 389f; Jeremias, ATD 24,2, XXI-XXII; Fleischer, NSK.AT 23,2, 127f.
272 S.o. 119 Anm. 240.

gerichtet, die die Botschaft des kommenden Gerichts abgelehnt haben, die also gerade nicht auf die Propheten gehört haben (9,10).

Neben diesen Nachträgen können noch zwei kleinere Fortschreibungen der dtr. Schicht zugewiesen werden, die vorgegebene Worte auf die Thematik des Betrugs im Handel hin ergänzen (5,11; 8,5.6b).

Die dtr. Redaktion gestaltet das vorgegebene Amosbuch nun nicht mehr zu einer neuen Komposition um. Die Struktur des Amosbuches wird erhalten und lediglich um einzelne Worte ergänzt, die die Anliegen dieser Schicht einbringen. Vor allem wird über die dtr. Bearbeitung ein neues Ende geschaffen, das nun ein Reinigungsgericht ansagt, wonach das sündige Königtum und diejenigen, die die Gerichtsprophetie abgelehnt haben, nicht aber ganz „Jakob" dem Gericht verfallen sind.

Bei der Datierung der dtr. Redaktion wird nun der gängigen Ansetzung in die Exilszeit zu folgen sein.[273] Die Anliegen dieser Bearbeitung sind noch ganz der Schuldbewältigung verhaftet und noch nicht auf einen Neuanfang hin ausgerichtet, wie es bei Nachträgen aus der nachexilischen Zeit zu erwarten wäre. Genaueres hierzu wird aber die Betrachtung dieser Schicht im Zusammenhang des Zwölfprophetenbuches ergeben.[274]

2.2.5.6 Die Joel-Schicht

In Am 9,13aα.14-15 findet sich ein kleiner Nachtrag, der über die Aussagen der bisherigen Schichten hinausgeht. Hier wird nun erstmals Heil verkündigt, wenn auch nur sehr zurückhaltend. Denn diese Bearbeitung ist ganz auf existenzielle Nöte hin ausgerichtet: Den Erfolg beim Aufbau zerstörter Städte und beim landwirtschaftlichen Handeln sowie das Verbleiben im Land ohne neuerliche Exilierung.

Als Datierung bietet sich hier die frühnachexilische Zeit an. Der Aufbau der zerstörten Städte und vor allem die Ansage in V.15, daß die Angeredeten von erneuter Exilierung verschont bleiben werden, setzt das Ende des Exils voraus, wobei diese Erfahrung aber noch nicht lange zurückzuliegen scheint. Im Vorgriff auf die weiteren Ausführungen sei diese Bearbeitung schon hier als Joel-Schicht bezeichnet.

---

273 Vgl. nur Wolff, BK 14,2, 185; Jeremias, ATD 24,2, XXI; Albertz, Exilszeit, 178.
274 S.u. 272-275.

2.2.5.7 Die Davidsverheißung

Ein weiterer nur recht kurzer Nachtrag steht in Am 9,11.12b. Dabei ist auch hier mit der Rede vom Aufbau der zerfallenen Hütte Davids[275] wohl das Ende der Exilszeit vorausgesetzt, wobei der Wiederaufbau noch in vollem Gange zu sein scheint. So dürfte auch dieser Nachtrag in persischer Zeit anzusetzen sein.

2.2.5.8 Die Fremdvölkerschicht II

Eine letzte Bearbeitung ist in den Versen 1,9-12; 9,12a.13aβb zu erkennen. Die Fortschreibung der Völkerwortsammlung um die Tyros- und Edomstrophe (1,9-12) ist dabei zunächst nur über die schlichte Erwähnung von Edom mit dem Nachtrag in 9,12a verbunden. Auch der Zusammenhang des an der Einnahme von Edom und weiterer Völker orientierten Verses 9,12a mit dem folgenden, auf utopischen Ernteerfolg gerichteten Nachtrag 9,13aβb wird aus der Betrachtung des Amosbuches allein noch nicht deutlich. Doch den Erkenntnissen aus der weiteren Bearbeitung des Zwölfprophetenbuches vorgreifend können alle drei Bearbeitungen einer gemeinsamen Schicht zugewiesen werden, die als Fremdvölkerschicht II bezeichnet werden soll.

Aufgrund der Rede vom Rest Edoms bietet sich hierfür zunächst eine Datierung in der fortgeschrittenen nachexilischen Zeit an, als Edom bereits durch feindliche Übergriffe dezimiert war.[276]

2.2.5.9 Vereinzelte Nachträge

Neben den genannten Überarbeitungen des Amosbuches fanden sich noch einige kleinere Nachträge in 5,13.17b.22aα.23-24; 6,1a*(וֹ בְּצִיּוֹן הַשַּׁאֲנַנִּים). 12a; 7,9; 8,8, die aber ganz auf ihren jeweiligen Nahkontext beschränkt sind und so weder im Rahmen der Redaktionsgeschichte des Amosbuches noch für die Entstehung des Zwölfprophetenbuches von weiterer Bedeutung sind.

---

275 Zum Problem der Deutung der Hütte Davids s.o. 120 Anm. 245.
276 Vgl. hierzu Bartlett, Rise, 35-37.

2.2.5.10 Überblick über die Redaktionsgeschichte des Amosbuches

Grundschicht	1,1* 3,9.11.12*(ohne בני ישראל).15 [ohne Redeformeln] 4,1-3 [ohne Redeformeln] 5,1-3.7.10.12b.16-17a.18-20 [ohne Redeformeln] 6,1a*(ohne השאננים בציון ו).3-6.9-11.12b
Erste Überarbeitungen	3,3-6.8 [und Redeformeln?] 5,6*(ohne לבית־אל).14-15
Kultkritische Bearbeitung	1,1*.3-8.13-15] evtl. aus Tradition 2,1-3.6-8.13-16 3,1a.2.10.12*(בני ישראל).13-14 4,4-5 5,4-5.6*(לבית־אל).12a.21.22aßb.27 6,1b.2.7-8.13-14 7,1-8 8,1-2] vermutl. aus Tradition 8,3-4.6a.7.9-10.13-14
Hymnenschicht	1,2 4,6-12.13*(ohne ומגיד לאדם מה־שׂחו) 5,8-9 9,1-6
Dtr. Schicht	1,1* 2,4-5.9-12 3,1b.7 4,13*(ומגיד לאדם מה־שׂחו) 5,11.25-26 7,10-17 8,5.6b.11-12 9,7-10
Joel-Schicht	9,13aα.14-15
Davidsverheißung	9,11.12b
Fremdvölkerschicht II	1,9-12 9,12a.13aßb
Vereinzelte Nachträge	5,13.17b.22aα.23-24 6,1a*(השאננים בציון ו).12a 7,9 8,8

2.3 Das Michabuch

Für das Michabuch werden die verschiedensten Gliederungen vorgeschlagen.[1] Dabei wird das Buch meist nach inhaltlichen Kriterien, insbesondere anhand der Abfolge von Gericht und Heil, in größere Einheiten unterteilt. Da sich aber bei diesen Aufteilungen stets einige Ungereimtheiten finden, insofern gerade das Nebeneinander von Gericht und Heil noch differenzierter als in diesen Gliederungen zu beurteilen ist,[2] orientiert sich die folgende Betrachtung zunächst an der rein formalen Einteilung des Buches in die Teile 1-3; 4-5; 6-7. Denn nach der mit Höraufrufen gegliederten Sammlung 1-3 sind durch die Formel והיה באחרית הימים in 4,1 und durch den erneuten Höraufruf in 6,1 klare Einschnitte markiert.

2.3.1 Die erste Wortsammlung Micha 1-3

2.3.1.1 Die Überschrift Micha 1,1

Die Überschrift des Michabuches folgt dem Dabar-Muster.[3] Dabei sind im Anschluß an die Gattungsbezeichnung דבר־יהוה in einem ersten Relativsatz Name, Herkunft und Wirkungszeit des Propheten angegeben, in einem zweiten Relativsatz sind die Adressaten, Samaria und Jerusalem, genannt.

Nun wurde schon häufig vorgeschlagen, den zweiten Relativsatz für eine sekundäre Zufügung zu halten.[4] Allerdings konnten hierfür noch keine wirklich überzeugenden Gründe vorgetragen werden. Anders als beim Amosbuch ist die vorliegende Gestalt der Überschrift grammatisch problemlos und jeder Eingriff wäre daher etwas beliebig.[5]

Demgegenüber wurde aber zurecht schon häufiger vermutet, daß die Überschrift mit einer dtr. Redaktion des Michabuches in Verbindung steht.[6] Denn schon die Datierung über die Regierungszeiten der Südreichkönige Jotam, Ahas und Hiskia erinnert an das DtrG. Beim zweiten Relativsatz

---

1 Vgl. nur die Übersicht über die verschiedenen Gliederungsmöglichkeiten bei Zenger, Einleitung, 554-556.
2 So ist etwa Mi 4-5 angesichts des Reinigungsgerichts in 5,9-13 kaum als Sammlung von Heilsworten zu charakterisieren. Auch die so unterschiedlichen Worte über das Verhältnis zu den Völkern, die über das gesamte Buch verteilt sind, fügen sich nicht in die gängigen Gliederungen.
3 S.o. 33.
4 Vgl. etwa Jeremias, Deutung, 352f; Willi-Plein, Vorformen, 70; Rudolph, KAT 13,3, 31; Nogalski, Precursors, 127; Wagenaar, Judgement, 57.
5 So auch Kessler, Micha, 73. Siehe hierzu auch oben 37 Anm. 30.
6 Vgl. Jeremias, Deutung, 352f; Wolff, BK 14,4, 2; Nogalski, Precursors, 127f; Schart, Entstehung, 44f; Albertz, Exilszeit, 167.

spricht für die Zuweisung zu einer dtr. Redaktion die auffällige Erwähnung Samarias, die im sonstigen Buch nur an Mi 1,5b-7 einen Anhalt hat. Und gerade für diese Verse wird sich im folgenden die Zuweisung zu einer dtr. Redaktion des Michabuches nahelegen.[7]

So ist die Michaüberschrift also insgesamt als einheitlich zu beurteilen und am ehesten auf eine dtr. Redaktion des Buches zurückzuführen.

2.3.1.2 Die Einleitung Micha 1,2-16

Nach der Überschrift Mi 1,1 findet sich in 1,2-16 eine Sammlung mehrerer Einzelworte. Dabei folgt auf einen an die Völker gerichteten Höraufruf in 1,2 eine kurze Theophanieschilderung in 1,3-4. Nach einem vor allem an Samaria orientierten Gerichtswort in 1,5-7 steht eine Klage des Propheten in 1,8-9. Am Ende dieser einleitenden Sammlung findet sich schließlich in 1,10-15 ein umfassender Aufruf zur Klage, der an mehrere judäische Orte gerichtet ist, bevor ein allgemeiner Klageaufruf in 1,16 diesen Textbereich abschließt.

Gleich der anfängliche Höraufruf an die Völker in 1,2 verwundert. Denn dieser Vers ist deutlich völkerfeindlich ausgerichtet. Jhwh wird hier als Zeuge beschrieben, der gegen sie (בכם) auftritt.[8] Eine solche völkerfeindliche Perspektive ist den folgenden Kapiteln 1-3 und somit der ersten Großeinheit des Michabuches jedoch fremd. Erst im zweiten Teil, in Mi 4-5, werden die Völker wieder zum Thema, und insbesondere finden sich erst hier wieder gegen fremde Völker gerichtete Worte. Dabei fällt besonders der Bezug von Mi 1,2 zu Mi 5,14 auf.[9] Die dortige Aussage, daß die Völker, die nicht gehört haben, das Gericht treffen wird, scheint sich unmittelbar auf den Höraufruf in Mi 1,2 zurückzubeziehen. Da sich Mi 5,14 im folgenden

---

7   S.u. 141f.

8   Ob es sich bei Mi 1,2 tatsächlich um ein gegen die Völker gerichtetes Wort handelt, ist allerdings umstritten; vgl. zu den verschiedenen Deutungsversuchen etwa Willis, Suggestions, 375-379, oder Ben Zvi, Micah 1.2-16, 105-109, wobei sich letzterer nicht auf eine Deutung festlegt, sondern von gewollter Mehrdeutigkeit ausgeht. Doch dürfte entgegen den anderslautenden Vorschlägen der völkerfeindliche Charakter dieses Verses klar sein. Es geht hier nämlich keinesfalls darum, daß die Völker nur als Zuhörer in einem Prozeß Jhwhs mit seinem eigenen Volk aufgerufen werden, wie etwa Weiser, ATD 24, 234; Fohrer, Micha 1, 61; Rudolph, KAT 13,3, 39f, meinen, und was Ben Zvi, a.a.O., 107, immerhin für eine der möglichen Deutungen hält. Denn im Zusammenhang mit עד wird die Präposition ב stets für „Zeuge gegen" gebraucht (Ex 20,16; Num 5,13; Dtn 5,20; 19,15.16.18; 31,19.26; Jos 24,22; 1 Sam 12,5; Jer 42,5; Mal 3,5; Ps 27,12; Spr 24,28; 25,18); vgl. hierzu etwa Willis, a.a.O., 377f; Wolff, BK 14,4, 24; Hillers, Micah, 17; Kessler, Micha, 85, u.a.

9   Der Bezug zwischen Mi 1,2 und 5,14 wurde schon häufig erkannt; vgl. nur Lescow, Micha 1-5, 58; Metzner, Kompositionsgeschichte, 137; Schart, Entstehung, 177; Kessler, Micha, 82.

gegenüber seinem Kontext als sekundär erweisen wird,[10] dürfte dies auch für
Mi 1,2 anzunehmen sein.[11] Dieser Vers ist ein erster Hinweis darauf, daß das
Michabuch einer Redaktion unterzogen wurde, durch die Worte gegen die
Völker eingebracht wurden, wie sie dem Grundbestand des Michabuches
noch nicht zu eigen waren.

Die folgende Theophanieschilderung Mi 1,3-4 wurde nun ebenfalls
schon häufig als Nachtrag aufgefaßt.[12] Und in der Tat findet sich im sonstigen Michabuch nichts Vergleichbares. Bleibt man jedoch zunächst beim
unmittelbaren Kontext von Mi 1,3-4, so kann die Theophanieschilderung
zumindest nicht später angesetzt werden als Mi 1,5a. Denn das כל־זאת zu
Beginn von 1,5a ist doch nur als Rückverweis auf die Theophanieschilderung verständlich.[13] So setzt die redaktionsgeschichtliche Beurteilung von
Mi 1,3-4 allererst die Betrachtung der folgenden Verse voraus.

Dabei findet sich innerhalb von Mi 1,5-7 ein deutlicher Bruch. Denn
zwischen den beiden Vershälften von Mi 1,5 ist eine klare Verschiebung in
der Bezeichnung der angeklagten Gruppen zu erkennen:[14]

1,5a	יעקב	בית ישראל
1,5b	יעקב שמרון	יהודה ירשלים

In Mi 1,5a sind zunächst Jakob und das Haus Israel einander gegenübergestellt. Nichts deutet darauf hin, daß hiermit unterschiedliche Gruppierungen
gemeint sein sollten. Vielmehr dürfte es sich um einen einfachen Parallelismus handeln, so daß in beiden Teilen dieselbe Größe angesprochen ist. In
1,5b findet sich jedoch eine ganz andere Gegenüberstellung. Auch hier ist
von Jakob die Rede, was angesichts der Erwähnung von Samaria nur auf das
Nordreich gedeutet werden kann. Dem wird nun aber im folgenden nicht
das Haus Israel, sondern Juda und Jerusalem gegenübergestellt. Da also in

---

10 S.u. 167.

11 So auch schon Stade, Streiflichter, 163; Marti, KHC 13, 266, sodann etwa Mays, Micah, 40;
    Lescow, Micha 1-5, 58f; Wolff, BK 14,4, 14; Hillers, Micah, 19; Metzner, Kompositions-
    geschichte, 137f. Daß nur 1,2a sekundär sein sollte und in 1,2b ein ursprünglicher Buch-
    anfang vorliegt, wie Schart, Entstehung, 177, meint, ist zum einen ohne Anhalt am Text, und
    zudem wäre damit das Suffix bei בכם ohne konkreten Anschluß.

12 Vgl. etwa Stade, Streiflichter, 163; Wolff, BK 14,4, 20f; Metzner, Kompositionsgeschichte,
    134-137; Schart, Entstehung, 177.

13 Dies wurde schon häufig erkannt; vgl. nur Mays, Micah, 44; Wolff, BK 14,4, 15; Nogalski,
    Precursors, 130f. Dies schließt also von vornherein aus, Mi 1,3-4 mit Schart, Entstehung,
    177, später als 1,5a anzusetzen.

14 Vgl. hierzu etwa Jepsen, Beiträge, 97; Jeremias, Deutung, 332; Kessler, Micha, 87; Albertz,
    Exilszeit, 168f; Wagenaar, Judgement, 55f.

1,5b an der Stelle, an der nach 1,5a die Erwähnung Israels zu erwarten gewesen wäre, nun Juda angeführt wird, und da eine solche Zusammenschau der Verschuldungen des Nord- und Südreichs in Mi 1,5a noch nicht angelegt scheint, dürfte es sich bei Mi 1,5b um eine sekundäre Interpretation von 1,5a handeln, bei der die dortige Anklage auf zwei unterschiedliche Größen verteilt wird.[15]

Nun werden im weiteren Verlauf des Michabuches Jakob und Israel noch häufiger nebeneinander genannt (2,12; 3,1.8.9). An all diesen Stellen dürfte aber das Südreich Juda gemeint sein, was vor allem im Rahmen des Höraufrufes 3,9 unzweifelhaft ist, der ein gegen Jerusalem gerichtetes Wort einleitet. So wird also auch Mi 1,5a ursprünglich nur gegen Juda gerichtet sein und 1,5b kann damit noch präziser als sekundäre Erweiterung der an Juda ausgerichteten Perspektive des Michabuches auf das Nordreich hin aufgefaßt werden.[16]

Wenn also die Nordreichorientierung erst durch Mi 1,5b nachgetragen worden ist, dann kann aber der gesamte an Samaria gerichtete Textbereich Mi 1,5b-7 nur als Zufügung verstanden werden.[17] Dabei wurde, wenn auch im einzelnen mit unterschiedlicher Abgrenzung, schon häufiger vermutet, daß dieser Nachtrag als Teil einer dtr. Redaktion aufgefaßt werden kann, der das Michabuch unterzogen wurde.[18] Und tatsächlich finden sich einige

15 So auch Mays, Micah, 44f; Jeremias, Deutung, 332; Fritz, Wort, 324; Kessler, Micha, 87; Albertz, Exilszeit, 168.

16 Auch Jepsen, Beiträge, 97; Mays, Micah, 44f; Albertz, Exilszeit, 168; Wagenaar, Judgement, 55, sehen in 1,5b einen Nachtrag, der ein ursprünglich gegen das Südreich gerichtetes Wort auf das Nordreich hin ausweitet. Demgegenüber verstehen aber Renaud, Formation, 49-51; Jeremias, Deutung, 332; Fritz, Wort, 324; Kessler, Micha, 87, Mi 1,5a als am Nordreich orientiertes Gerichtswort, das gerade umgekehrt in 1,5b auf das Südreich hin erweitert wird. Doch spricht dagegen eindeutig der sonstige Gebrauch von Jakob und Israel im Michabuch.

17 Wenn demgegenüber Jeremias, Deutung, 332, und Wolff, BK 14,4, 16, nur Mi 1,7a für sekundär halten oder wenn Schart, Entstehung, 178, und Kessler, Micha, 87f, nach dem sekundären Vers 1,5b den gesamten Textbereich 1,6-7 als ursprüngliche Fortsetzung von 1,5a einschätzen, so sind diese Annahmen die direkte Folge davon, daß Jakob und Israel in 1,5a zu unrecht auf das Nordreich bezogen werden und 1,6-7 dann mit diesem Teilvers in Verbindung gebracht wird. Doch neben der bereits dargestellten Problematik, daß sich 1,5a eben nur auf das Südreich beziehen läßt, ist dagegen einzuwenden, daß Schart, a.a.O., 180f, und Kessler, a.a.O., 79, aufgrund der Tatsache, daß 1,6-7 erkennbar aus dem Rahmen des sonstigen Michabuches fällt, den gesamten Textbereich 1,2-9 als sekundär betrachten müssen. Dies führt dann aber dazu, daß es nach Schart vor der Zufügung von 1,2-9* überhaupt kein Michabuch gegeben hat, oder daß nach Kessler das ursprüngliche Michabuch mit Mi 1,10 begonnen hat, was aber eher schlecht als Bucheinleitung verstanden werden kann. All diese Probleme lösen sich aber von selbst, wenn 1,5a eben auf das Südreich bezogen und 1,5b-7 dann insgesamt als Ergänzung verstanden wird, wie dies zurecht auch Mays, Micah, 44f; Mittmann, Totenklage, 33; Albertz, Exilszeit, 168f; Wagenaar, Judgement, 55, annehmen.

18 Vgl. etwa Jeremias, Deutung, 351; Wolff, BK 14,4, 21f; Albertz, Exilszeit, 168f. Nogalski, Precursors, 137-140, hält sogar den gesamten, in seiner Sicht einheitlichen Textbereich Mi

Hinweise, die eine solche Einschätzung rechtfertigen. So entspricht schon die Erwähnung der Höhen in 1,5b der durchgängigen Kritik des DtrG an den Kulthöhen.[19] Auch die Ansage der Zerstörung der Götzenbilder hat in der Kritik an Götzenbildern im Bereich der dtn.-dtr. Literatur seine Entsprechung.[20] Dabei kommt insbesondere der in Mi 1,7 verwandte Begriff פסיל häufig in dtr. Texten vor,[21] wobei vor allem der Beleg in 2 Kön 17,41 von Bedeutung ist, wird doch hier gerade in der Reflexion über den Untergang des Nordreichs die Verehrung von Götzenbildern angeführt. Und schließlich hat schon Marti das Verbrennen der Bilder im Feuer mit Dtn 7,5.25 in Verbindung gebracht.[22] Dabei ist, über Marti hinaus, darauf hinzuweisen, daß שׂרף, אשׁ und פסיל überhaupt nur in Dtn 7,5.25; 12,3 und Mi 1,7 zusammen belegt sind.[23]

Die folgende Klage des Propheten in Mi 1,8-9 scheint nun direkt an Mi 1,5a anzuschließen. Denn das einführende על־זאת ist nur als Rückverweis auf eine zuvor gemachte Aussage zu verstehen[24] und kann gut als Aufnahme des כל־זאת aus 1,5a verstanden werden.[25] Zudem ist Mi 1,8 wie 1,5a, aber im Gegensatz zu 1,5b-7, als Prophetenrede gestaltet, so daß es auch von hier aus wahrscheinlich ist, daß 1,8 ursprünglich direkt an 1,5a anschloß. Und letztlich bildet der Textbereich 1,3-5a.8 auch inhaltlich einen geschlossenen Zusammenhang: Die anfängliche Theophanieschilderung 1,3-4 wird in 1,5a mit den Sünden Israels begründet und eben dieses Geschehen wird im folgenden Vers 1,8 beklagt.[26]

1,3-9 für dtr., wobei allerdings auch seine Argumentation v.a. die Verse 1,5b-7 im Blick hat, was einmal mehr deren eigenständigen Charakter zeigt.

19   Vgl. 1 Kön 11,7; 12,31; 13,32; 14,23; 15,14; 22,44; 2 Kön 12,4; 14,4; 15,4.35.

20   Vgl. etwa Dtn 7,5.25; 12,3; 1 Kön 14,9; 2 Kön 17,16.41.

21   Neben Dtn 7,5.25; 12,3; Ri 3,19.26; 2 Kön 17,41 auch Jer 51,47.52; vgl. zur Zuweisung dieser Verse zu JerD Albertz, Exilszeit, 169.

22   Vgl. Marti, KHC 13, 268.

23   Daß in Mi 1,7 שׂרף anders als in den dtn. Texten nicht direkt auf פסיל, sondern auf den folgenden Begriff אתנן bezogen ist, hängt mit der Aufnahme hoseanischer Begrifflichkeit zusammen (s.u. 247), was hier zu einer „Mischterminologie" aus hoseanischen und dtr. Formulierungen führt.

24   Den rückverweisenden Charakter des על־זאת hat Renaud, Formation, 39f, umfassend begründet.

25   Vgl. Donner, Israel, 95; Hagstrom, Coherence, 55.

26   Daß auch die Klage Mi 1,8 über die Wendung על־זאת auf die Theophanie in 1,3-4 bezogen ist, hat v.a. Albertz, Exilszeit, 169, betont.

Mi 1,9 dürfte demgegenüber sekundär sein.[27] Zunächst setzt das Suffix der 3.f.sg. bei מכותיה die Erwähnung Samarias in 1,6-7 voraus[28] und schließt direkt an die Reihe der femininen Suffixe in eben diesen beiden Versen an. Aber auch inhaltlich ist Mi 1,9 eigentlich nur vor dem Hintergrund des Nachtrags in 1,5b-7 verständlich. Denn hier ist von einem unheilbaren Schlag die Rede, der nun nach Juda und nach Jerusalem gekommen ist. Das setzt doch voraus, daß das Gericht, das mit der Rede von dem unheilbaren Schlag gemeint ist, eben noch nicht gegen Juda und Jerusalem gerichtet war, was letztlich nur im Anschluß an das sekundäre Samariawort 1,5b-7 zu erklären ist. Mi 1,9 geht dann davon aus, daß sich das göttliche Gerichtshandeln geradezu vom Nordreich aus auf das Südreich zubewegt und nun auch bei diesem vor der Tür steht. Dabei spricht neben den genannten Argumenten für den sekundären Charakter dieses Verses, daß Juda und Jerusalem im Michabuch ohnehin nur in 1,5b.9 nebeneinander genannt sind. So ist also Mi 1,9 gegenüber 1,8 sekundär und wird angesichts der Verbindungen zu 1,5b-7 ebenfalls der dtr. Redaktion des Michabuches zuzuweisen sein.[29]

In Mi 1,10-16 folgt schließlich ein Aufruf zur Klage, der nach und nach an verschiedene judäische Orte gerichtet ist und jeweils wortspielartig das drohende Gericht benennt. Auch wenn der Text dieser Verse schwer zu verstehen ist und eigentlich nur durch extreme Überlieferungsfehler zu

---

27 Mi 1,9 ist textkritisch schwierig. Denn an die Pluralform מכותיה schließen die folgenden singularischen Verbformen nur schlecht an. Dabei ist entweder mit Kessler, Micha, 90, davon auszugehen, daß es sich hier um einen Kollektivplural handelt, oder es ist mit Hillers, Micah, 22, eine ursprüngliche Singularform מכתה anzunehmen. Jedenfalls ist die von Budde, Rätsel, 94; Elliger, Heimat, 87; Wolff, BK 14,4, 12, u.a. vorgenommene Konjektur zu מכת יהוה ohne jede Grundlage. Im folgenden paßt sodann die maskuline Verbform נגע nicht zum femininen Subjekt des Satzes. Die schon von Rudolph, KAT 13,3, 34, und neuerdings wieder von Kessler, Micha, 91, vorgeschlagene Deutung Jhwhs als implizites Subjekt ist wiederum ohne Anhalt, so daß die seit Wellhausen, Propheten, 136, übliche Konjektur zur femininen Form נגעה wohl wahrscheinlicher sein dürfte.
28 Darauf haben etwa schon Donner, Israel, 95; Hagstrom, Coherence, 55; Moor, Micah 1, 173, hingewiesen.
29 Der Zusammenhang zwischen 1,5b-7 und 1,9 wurde bei den Ansätzen, die 1,5b-7 für sekundär halten, noch nicht ausreichend gesehen. Einzig Albertz, Exilszeit, 169, hat bislang eine Verbindung zur dtr. Redaktion erkannt. Allerdings bringt er diese nur mit den gemeinhin textkritisch gedeuteten Problemen dieses Verses in Verbindung (s.o. Anm. 27). So nimmt er für die dtr. Redaktion die Änderung des Suffix bei מכותיה von ursprünglich 3.m.sg. in 3.f.sg. und evtl. eine Änderung dieses Wortes von einer singularischen in die vorliegende pluralische Form an, so daß in Mi 1,9 ursprünglich von „seinem Schlag" die Rede war, was dann von der Redaktion über die genannten Eingriffe an das Samaria-Wort 1,5b-7 angepaßt wurde. Doch auch diese Lösung kann nicht erklären, warum mit נגע noch immer eine maskuline Verbform in diesem Vers steht, was letztlich doch eher auf ein textkritisches Verderbnis weist. Vor allem aber spricht die Tatsache, daß Mi 1,9, wie dargelegt, insgesamt mit 1,5b-7 verbunden ist, eher dafür, den gesamten Vers auf die Hand der Redaktion zurückzuführen.

erklären sein dürfte, was im einzelnen kaum mehr zu rekonstruieren ist, dürfte die beschriebene Anlage dieser Einheit doch klar sein.[30]

Unklar ist hingegen das genaue Verhältnis dieser Verse zu den vorangehenden Stücken. So wurde immer wieder vermutet, daß Mi 1,10-16 vom Vorangehenden zumindest überlieferungsgeschichtlich zu trennen und auf unterschiedliche Verkündigungsphasen des Propheten zurückzuführen ist[31] oder daß die Grundschicht des Michabuches überhaupt erst in Mi 1,10 begonnen hat und 1,2-9 demgegenüber insgesamt als Nachtrag zu verstehen ist.[32] Doch beide Annahmen setzen im wesentlichen voraus, daß die Samaria-Orientierung von 1,3-9 zum ursprünglichen Bestand dieser ersten Einheiten gehört. Da nun aber Mi 1,5b-7.9 und somit auch die Ausrichtung an Samaria eben nicht zum ursprünglichen Bestand dieser Verse zu rechnen ist, erscheint auch die Frage nach der Zusammengehörigkeit von 1,3-8* und 1,10-16 in einem neuen Licht.

Dabei ist zunächst beachtenswert, daß der gesamte Textbereich 1,3-5a.8.10-16 als Prophetenrede gestaltet ist.[33] Zudem ist schon die erste Einheit in 1,8, wie dann 1,10-16 insgesamt, von Klagemotivik bestimmt. Dabei fällt insbesondere der Bezug von 1,8 zu 1,16 auf.[34] Diese beiden, den jeweiligen Textbereich abschließenden Verse sind zwar einmal als Klage des Propheten, einmal als allgemeiner Aufruf zur Klage an eine feminine Größe gestaltet. Doch zeigt sich ein deutlicher Zusammenhang darin, daß beide Verse auf Trauerrituale verweisen – das Barfuß- und Nacktgehen in 1,8 und das Glatze Scheren in 1,16 –, und zudem noch darin, daß in beiden Versen Tiermetaphorik aufgenommen ist. Mi 1,8.16 sind also inhaltlich und terminologisch auf das engste miteinander verbunden, was dafür spricht, daß die Textbereiche Mi 1,3-8* und 1,10-16 wohl insgesamt auf derselben Ebene angesetzt werden können.

Innerhalb von Mi 1,10-16 sind nun allerdings noch zwei kleinere Nachträge zu erkennen. Zum einen wurde bei Mi 1,13b zurecht schon häufiger

---

30 Der Text von Mi 1,10-16 hat schon zu zahlreichen Rekonstruktionsversuchen geführt; vgl. nur die mehrfach rezipierte These von Elliger, Heimat, 84, daß die umfangreichen textkritischen Schwierigkeiten auf eine Beschädigung des rechten Blattrands zurückzuführen sind. Doch mit Kessler, Micha, 99, wird eher davon auszugehen sein, daß eine vollständige Rekonstruktion des Textes kaum mehr möglich ist.

31 Vgl. etwa Weiser, ATD 24, 230; Moor, Micah 1, 184f; Metzner, Kompositionsgeschichte, 152f.

32 So, mit Unterschieden im Detail, Nogalski, Precursors, 129-141; Kessler, Micha, 79, u.a.

33 Die einzige Stelle, an der evtl. eine 1.sg. vorkommt, ist אבי in Mi 1,15. Da der Text an dieser Stelle jedoch ohnehin beschädigt sein dürfte und eine 1.sg. im vorliegenden Kontext kaum verständlich ist, wird hier zurecht meist zur 3.m.sg. יבוא geändert; vgl. nur Wolff, BK 14,4, 13; Metzner, Kompositionsgeschichte, 24; Kessler, Micha, 99.

34 Auf die Verbindung zwischen Mi 1,8 und 1,16 haben schon Renaud, Formation, 36f, und Hagstrom, Coherence, 47, hingewiesen.

darauf hingewiesen, daß dieser an Zion orientierte Teilvers, der auch kein Wortspiel und keine konkrete Gerichtsdrohung enthält, sekundär ist.[35] Zudem dürfte auch Mi 1,12b als Nachtrag zu bewerten sein.[36] Denn auch in diesem an Jerusalem orientierten Teilvers finden sich weder Wortspiel noch konkrete Gerichtsdrohung. Zudem erinnert die Rede vom Tor Jerusalems, wie überhaupt die Aussage, daß das Unheil nun in Jerusalem angelangt ist, an den als sekundär erkannten Vers 1,9. Aufgrund der Nähe zu Mi 1,9 kann dann auch 1,12b der dtr. Redaktion des Michabuches zugewiesen werden. Ob dies auch für 1,13b gilt, wie immer wieder vermutet wurde,[37] ist demgegenüber fraglich, da sich dieser Vers weder terminologisch als dtr. auszeichnet noch mit den vorangehenden dtr. Versen, vom allgemeinen Jerusalem-Bezug abgesehen, erkennbar auf einer inhaltlichen Linie steht.[38]

Insgesamt ist also in Mi 1,2-16 ein Grundbestand zu erkennen, der die Verse 1,3-5a.8.10-12a.13a.14-16 umfaßt. Dabei ist insbesondere mit Blick auf die Theophanieschilderung in 1,3-4 gut denkbar, daß hier auf vorgegebenes Gut aus unterschiedlichen Überlieferungen zurückgegriffen wurde. Da allerdings Mi 1,3-4 von den folgenden Teilversen 1,5a.8 vorausgesetzt wird und diese wiederum inhaltlich auf einer Linie mit 1,10-16 wie überhaupt mit dem sich im weiteren Verlauf ergebenden Grundbestand des Buches anzusetzen sind, lassen sich hier literarkritisch keine weitergehenden Scheidungen vornehmen.

Eine dtr. Überarbeitung zeigt sich in den Versen 1,5b-7.9.12b. Hier wird zunächst in 1,5b-7 eine im Grundbestand noch nicht vorhandene Gerichtsankündigung gegen das Nordreich ergänzt. Und in den folgenden Nachträgen in 1,9.12b wird geradezu eine Bewegung des göttlichen Gerichtshandelns von Norden nach Süden hin beschrieben.

Ein weiterer Nachtrag wurde in Mi 1,2 ergänzt. Der einleitende Höraufruf läßt eine völkerfeindliche Tendenz erkennen, wie sie dem sonstigen

---

35 Vgl. etwa Jeremias, Deutung, 338f; Willi-Plein, Vorformen, 74; Lescow, Micha 1-5, 55; Wolff, BK 14,4, 18f; Metzner, Kompositionsgeschichte, 131; Schart, Entstehung, 182.
36 Dies wurde bislang erst von Metzner, Kompositionsgeschichte, 131, und Schart, Entstehung, 182f, vorgeschlagen.
37 Vgl. Jeremias, Deutung, 351; Wolff, BK 14,4, 31; Schart, Entstehung, 183; Albertz, Exilszeit, 169.
38 Schart, Entstehung, 183, und Albertz, Exilszeit, 169, weisen darauf hin, daß in Mi 1,13b auf Begriffe aus 1,5 zurückgegriffen wird. Genaugenommen finden sich die in 1,13b aufgenommenen Begriffe חטאת und פשע aber schon in dem Teilvers 1,5a, der auch nach Schart, a.a.O., 177, und Albertz, a.a.O., 168f, noch zum Grundbestand des Buches zu rechnen ist. In dem dtr. Teilvers 1,5b ist dagegen nur der Begriff פשע belegt. Die in diesem Zusammenhang von Schart, a.a.O., 178, vorgetragene Annahme, daß in 1,5b ein ursprüngliches חטאת erst sekundär durch במות ersetzt wurde, ist wohl kaum zu halten. Vor allem spricht aber die Bezeichnung „Tochter Zion" in Mi 1,13b dagegen, diesen Vers als dtr. zu bezeichnen, da diese Wendung weder in Dtn oder DtrG noch in den Passagen des Michabuches, die sich im weiteren Verlauf als dtr. erweisen werden, belegt ist.

Grundbestand des Michabuches noch fremd ist, in den Kapiteln 4-7 jedoch noch mehrfach zu finden sein wird.

Eine unklare Zufügung, die wohl als vereinzelter Nachtrag verstanden werden kann, findet sich schließlich in 1,13b.

2.3.1.3 Die Gerichtsworte in Micha 2-3

Die Sammlung Mi 2-3 besteht aus mehreren Einzelworten, die anhand des Weherufs in 2,1 und der Höraufrufe in 3,1.8 in drei Untergruppen eingeteilt werden können. Dabei findet sich in 2,1-5 zunächst ein sozialkritisches Wort, das die Landanhäufung anprangert, in 2,6-11 geht es sodann vor allem um Angriffe gegen die prophetische Rede, und in 2,12-13 schließt ein Wort, das von der Sammlung eines Rests handelt, den ersten Teilbereich ab. In Mi 3,1-4 ist wieder das unsoziale Verhalten der Führungsschicht im Blick, in 3,5-8 die Bestechlichkeit der Propheten. Durch einen erneuten Höraufruf eingeleitet und so bewußt als Höhepunkt der Gerichtsworte gestaltet schließt die Sammlung mit der Ansage der Zerstörung des Zion in 3,9-12.

Das erste Gerichtswort gegen die Landhäufung Mi 2,1-5 ist, durch לכן und Botenformel in 2,3 markiert, klar in Schuldaufweis (1-2) und Strafankündigung (3-5) unterteilt. Dabei finden sich, wie häufig gesehen, deutliche Entsprechungen zwischen den beiden Teilen, ja es scheint hier auf die angeklagte Gruppe geradezu dem Talionsprinzip entsprechend das zurückzukommen, was sie selbst den von ihnen Ausgebeuteten angetan haben.[39] Dafür spricht zum einen der deutliche Bezug zwischen 2,1 und 2,3 über חשב und רע(ה). Zum anderen wird in der Strafankündigung in 2,4, die auf den Landbesitz zielt, die Anklage der Landanhäufung aus 2,2 wieder aufgenommen.[40] Dieser Zusammenhang spricht also zunächst dagegen, mit Kessler 2,4-5 als Nachtrag aufzufassen, wird doch damit die genannte enge Verbindung zwischen Anklage und Strafansage über das Motiv des Landverlusts aufgelöst.[41] Aber überhaupt ist gegen eine derartige literarkritische

---

39 Vgl. hierzu etwa Willis, Structure, 14f; Renaud, Formation, 69f; Wolff, BK 14,4, 43; Hagstrom, Coherence, 48; Wagenaar, Judgement, 215.

40 Dabei findet sich neben der allgemein inhaltlichen Entsprechung auch eine Stichwortbeziehung zwischen 2,2 und 2,4 über שדה.

41 Vgl. Kessler, Micha, 113, der mit der Abtrennung von 2,4-5 die zahlreichen kleineren literarkritischen Eingriffe, die häufig kaum wirklich begründet sind, zu umgehen versucht. Daß er hierfür 2,4-5 gegenüber 2,1-3 für sekundär erachtet, hängt v.a. mit den beiden ungewöhnlich aneinander angrenzenden Zeitbestimmungen am Ende von V.3 und zu Beginn von V.4 zusammen, die er als Folge eines redaktionellen Nachtrags ansieht. Doch wird sich im folgenden zeigen, daß Kesslers Bedenken gegen die üblichen kleinräumigen literarkritischen Eingriffe auch dann noch berücksichtigt sind, wenn 2,1-5 insgesamt als Einheit verstanden wird.

Operation zu sagen, daß Mi 2,3 für sich allein noch eine recht blasse Strafankündigung darstellt, bei der die entscheidende Frage offen bleibt, was
Jhwh denn als Böses gegen die angeklagte Gruppe plant.

Nun wurden bei Mi 2,1-5 aber auch schon häufig mehrere kleinere
Überarbeitungen angenommen.[42] So wurde etwa הזאת על־המשפחה in 2,3
und die Rede vom Anteil meines Volkes, der vertauscht wird, in 2,4 als
nachträgliche Ausweitung des Wortes auf das gesamte Volk verstanden und
die Formel ההוא ביום in 2,4 als sekundäre Deutung auf eine fernere Zukunft. Zudem wird meist der gesamte Vers 2,5 als Nachtrag angesehen, da
der Ausdruck יהוה קהל angeblich ein später Begriff sei und die Rede vom
Werfen des Loses die erneute Landverteilung nach dem Exil im Blick habe.
Doch besteht zu all diesen Annahmen kaum wirklich Anlaß. משפחה ist in
diesem Zusammenhang keineswegs generalisierend, da hier doch deutlich
die Angeredeten im Blick sind.[43] Die Rede von „meinem Volk" in 2,4 findet
sich im Zitat der Angeklagten, ist also gerade aus deren Perspektive formuliert und so ebenfalls nicht als Verallgemeinerung zu verstehen.[44] Daß ביום
ההוא zu Beginn von 2,4 sekundär sein sollte, hat seinen Grund einzig in der
Annahme, daß solche Formeln den Textfluß stören und gerne sekundäre
Elemente einleiten, wozu hier aber kein Anlaß besteht. Im Gegenteil: Die
Vorstellung in 2,3, daß Jhwh gegen die angeklagte Gruppe Böses plant, setzt
doch geradezu voraus, daß das eigentliche Gericht erst in späterer Zukunft
stattfindet, so daß die Formel ההוא ביום zu Beginn von V.4 durchaus in
den vorliegenden Kontext paßt. Und schließlich dürften die wenigen Parallelen für die Wendung יהוה קהל kaum ausreichen, um V.5 zeitlich einzuordnen.[45] Es ist also insgesamt zwar nicht ausgeschlossen, daß das vorlie-

---

42 Vgl. nur Marti, KHC 13, 272-274; Mays, Micah, 62; Jeremias, Deutung, 333-335; Willi-Plein,
    Vorformen, 75f; Wolff, BK 14,4, 39f; Metzner, Kompositionsgeschichte, 114-116; Schart,
    Entstehung, 183f; Wagenaar, Judgement, 215-218.
43 Hierauf hat v.a. Kessler, Micha, 118, zurecht hingewiesen.
44 Bei dem Zitat der Angeredeten in 2,4 wurde schon häufiger darauf hingewiesen, daß hier in
    1.sg. und in 1.pl. formulierte Aussagen nebeneinanderstehen, was meist dazu führt, daß die
    im Singular gehaltenen Teilverse als Nachtrag verstanden werden. Da aber nicht klar ist,
    warum ein solcher Nachtrag gerade zwischen die beiden pluralischen Teilverse gesetzt
    worden wäre, und da Mi 2,5 mit der Anrede in 2.sg. gerade die singularische Anrede voraus-
    setzt, wird hier mit Kessler, Micha, 121, eher von bewußter chiastischer Strukturierung (Wir
    – Ich – Ich – Wir) als von sekundärem Nachtrag auszugehen sein.
45 יהוה קהל ist neben Mi 2,5 in Num 16,3; 20,4; Dtn 23,2.3.4.9; 1 Chr 28,8 belegt. Nimmt man
    die Stellen in Dtn 23 zusammen, so kommt die Wendung also letztlich überhaupt nur noch
    vier Mal im AT vor, was kaum ausreicht, um von hier aus eine zeitliche Einordnung vor-
    zunehmen. Auch die für Mi 2,5 bedeutende Vorstellung der Landverteilung im Losverfahren
    kann wohl kaum zur genaueren zeitlichen Einordnung herangezogen werden. So basiert denn
    auch die Datierung bei Kessler, Micha, 123, einzig auf der Wendung יהוה קהל, und erst von
    hier aus deutet er die Rede vom Losverfahren auf die nachexilische Neuverteilung des
    Landes.

gende Wort kleinere Überarbeitungen erfahren hat, doch lassen sich keine klaren Kriterien für derart kleinräumige Operationen finden. Und schon gar nicht lassen sich diese eventuellen Nachträge als dtr. bezeichnen, da sie terminologisch viel zu unspezifisch wären und die Intention der vorliegenden Stelle kaum wirklich verändern würden.[46]

Vergleichbares gilt nun auch für die Auseinandersetzung um die prophetische Rede in Mi 2,6-11. Bei diesem Wort wurde immer wieder vermutet, daß der Zusammenhang zwischen den an Anfeindungen gegen den Propheten orientierten Versen 2,6-7.11 und den sozialkritisch ausgerichteten Versen 2,8-10 erst sekundär hergestellt wurde, wobei insbesondere 2,6-7.11 als nachträglich hinzugefügter Rahmen um ein bestehendes Gerichtswort verstanden wird.[47] Doch können die Verse 2,8-10 sicherlich nicht als eigenständiges Wort bestanden haben, wie insbesondere der abrupte Beginn in 2,8 zeigt. Im vorliegenden Kontext dient die Sozialkritik zur Begründung der Position des Propheten gegen die Angriffe seiner Gegner. Die hier genannten Mißstände belegen, warum anders als von den Gegnern gefordert eben keine Heilsprophetie möglich ist. Dieser Zusammenhang mag sekundär sein. Da sich aber kein wirklich eigenständiges Wort mehr herausarbeiten läßt, wird eher von einer überlieferungsgeschichtlichen Lösung auszugehen sein, wonach hier vorgegebenes Gut neu zusammengestellt worden ist, was sich literarkritisch nicht mehr weiter auflösen läßt.

Die folgenden beiden Verse Mi 2,12-13 gehören zu den am schwersten zu interpretierenden Texten des Michabuches. Es herrscht zwar ein gewisser Konsens, daß es sich bei der Rede vom Sammeln des Restes Israels um ein Heilswort handelt.[48] Doch gerade damit sind einige Probleme verbunden.

---

46   Im Anschluß an Jeremias, Deutung, 33, bezeichnen Wolff, BK 14,4, 45; Otto, Techniken, 129; ders., Art. Micha, 698, und mit Blick auf 2,3 auch Schart, Entstehung, 183f.317, die vermeintlichen Nachträge הזאת המשפחה-על und היא רעה עת כי in V.3 sowie ההוא ביום und die singularischen Teile der Klage in V.4 als dtr. Nachträge. Doch, wie Wagenaar, Judgement, 218, zurecht anmerkt, zeichnen sich diese Textfragmente auf keine Weise als deuteronomistisch aus. So ist denn auch die einzige wirkliche Parallele, die Wolff nennen kann, die Wendung המשפחה-כל in dem gemeinhin der dtr. Redaktion des Amosbuches zugewiesenen Vers Am 3,1b. Doch davon abgesehen, daß dieses eine Wort noch keine seriöse literarische Einordnung ermöglicht, zeigt sich gerade bei Am 3,1b ein signifikanter Unterschied zur Michastelle, der bislang nur von Kessler, Micha, 118, wirklich erkannt wurde: In Am 3,1b ist betont von „jeder Sippe" die Rede, gemeint ist dort also wirklich das ganze Volk. Demgegenüber ist die Rede von „dieser Sippe" in Mi 2,3 doch eher nur auf die angeklagte Gruppe zu beziehen, so daß die Wendung an dieser Stelle nicht nur schlecht als dtr. bezeichnet werden kann, sondern überhaupt nicht als Nachtrag verstanden werden muß.

47   So Otto, Techniken, 129; Metzner, Kompositionsgeschichte, 117f; Wagenaar, Judgement, 227f.

48   Vgl. nur Marti, KHC 13, 276f; Rudolph, KAT 13,3, 63-65; Wolff, BK 14,4, 55f; Hillers, Micah, 38f; Zapff, Studien, 38f; Kessler, Micha, 138-142; Ben Zvi, FOTL 21B, 67f; Wagenaar, Judgement, 230-240.

Zunächst konnte nie wirklich geklärt werden, warum ein solches Heilswort inmitten der Gerichtswortsammlung Mi 2-3 steht. Die etwa von Willis vorgeschlagene Gliederung des Michabuches in die Abschnitte 1-2; 3-5; 6-7, bei der die einzelnen Teile stets von Heilsworten abgeschlossen werden (2,12-13; 4-5; 7,8-20), so daß sich ein alternierender Aufbau des gesamten Michabuches ergibt,[49] ist sicherlich eine Hilfskonstruktion. Denn gegenüber den folgenden von Willis genannten heilvollen Buchteilen 4-5; 7,8-20 ist 2,12-13 nur ein vergleichsweise kurzer Abschnitt, der denn auch deutlich den Anschein eines Fremdkörpers zwischen den umgebenden Gerichtsworten hat.[50] Zudem ist auch die Sammlung 4-5 keineswegs so eindeutig als heilvoller Abschnitt gestaltet, da ja gerade am Ende in 5,9-14 ein Reinigungsgericht steht.[51] Die Komposition des Michabuches ist also differenzierter einzuschätzen als dies bei Willis der Fall ist.

Nun bereitet aber die Auslegung von Mi 2,12-13 als Heilswort ohnehin Schwierigkeiten, so daß die Minderheitenposition, die hier von einem Gerichtswort ausgeht, zumindest zu prüfen ist.[52] So erinnert die anfängliche Rede von der Sammlung Jakobs und des Rests Israels zwar tatsächlich an die zahlreich belegte Rede von der Sammlung der Zerstreuten, die von Jhwh zurück ins Land geführt werden sollen.[53] Aber: Im Gegensatz zu diesen Texten fehlt in Mi 2,12 gerade der Hinweis auf die Zerstreuung, und vor allem ist hier nicht, wie meist, ein Ziel der Sammlung genannt. Zudem ist das Motiv des Sammelns durchaus auch negativ belegt.[54]

Auch der Vergleich mit einer Herde, die in einem Pferch versammelt wird, ist bei Mi 2,12 noch kein ausreichender Hinweis auf ein Heilswort.[55]

---

49 Vgl. Willis, Structure, 11-13. Daß Mi 2,12-13 einen ersten Buchteil abschließen will, wurde etwa auch von Rudolph, KAT 13,3, 63; Kessler, Micha, 37, angenommen.

50 So gibt denn auch Hillers, Micah, 39, zu: „the position of these verses in the book remains unexplained". Vgl. zur Kritik an der kompositionsgeschichtlichen Analyse von Willis auch Hagstrom, Coherence, 52.

51 Zu Mi 4-5 s.u. 156-171.

52 Dies wurde bislang, wenn auch im einzelnen mit Unterschieden, v.a. von Mays, Micah, 75f; Hagstrom, Coherence, 53f; Brin, Micah 2,12-13, 118-124; Metzner, Kompositionsgeschichte, 119-129, vorgeschlagen. Eine dritte Interpretation neben der Deutung als Heils- oder Unheilswort wurde von van der Woude, Micah, 256f, vertreten, der 2,12-13 als Zitat der in 2,6-11 angeklagten Gegner des Propheten versteht, was allerdings ohne jeglichen Anhalt am Text ist; vgl. zur Kritik an van der Woude Metzner, Kompositionsgeschichte, 125f; Kessler, Micha, 137.

53 Vgl. etwa Jes 11,12; 40,11; 43,5; 54,7; 56,8; Jer 23,3; 29,14; 31,8.10; 32,37; Ez 11,17; 20,34.41; 28,25; 29,13; 34,13; 36,24; 37,21; 39,27; Zef 3,19.20; Sach 10,8.10. Siehe hierzu Mommer, Art. קבץ, 1146-1149.

54 Vgl. v.a. Jes 24,22; Jer 8,13.14 (אסף) und Ez 22,19.20; Hos 8,10; 9,6; Joel 4,2 (קבץ). Diese Verwendung wird oft vorschnell übergangen, so etwa bei Sawyer, Art. קבץ, 586, der hierauf überhaupt nicht eingeht. Vgl. aber Brin, Micah 2,12-13, 121; Mommer, Art. קבץ, 1149.

55 Vgl. hierzu Metzner, Kompositionsgeschichte, 119f, die die sonst mit der Rede vom Sammeln des Volkes verbundenen Wortfelder im einzelnen mit Mi 2,12-13 vergleicht.

Denn die damit häufig verbundene Vorstellung von Jhwh als Hirte, die in den zum Vergleich herangezogenen Heilsworten immer wieder vorkommt, ist in Mi 2,12 überhaupt nicht explizit genannt, sondern wird nur aus eben diesen vermeintlichen Parallelen an den Text herangetragen.[56]

Demgegenüber ist aber die Wendung תהימנה מאדם ein erster Hinweis auf den unheilvollen Charakter dieser Verse. Denn die schwer zu deutende Form תהימנה dürfte wohl von der Wurzel המה abzuleiten sein,[57] was „tosen, lärmen" bedeutet und sehr häufig gerade bei Notschilderungen belegt ist.[58]

Der folgende Vers 2,13 wurde bislang überhaupt nur unzureichend erklärt. Unklar ist hier vor allem die Deutung des Verbs עלה. Gegen eine Deutung von Mi 2,12-13 als Unheilswort, das auf die Sammlung und Exilierung des Volkes zielt, wird häufig eingewandt, daß bei der Rede vom Hinaufgehen des פרץ, der meist mit Jhwh gleichgesetzt wird, עלה nur auf den Weg nach Jerusalem hinauf und eben nicht, wie man für ein Unheilswort zunächst annehmen müßte, auf den Weg aus Jerusalem heraus bezogen werden kann.[59] Es wird deshalb in Mi 2,13 bisweilen sogar das Motiv eines erneuten Exodus aus der Verbannung zurück nach Jerusalem erkannt. Das Problem an einer solchen Deutung ist nur: Nach dem Hinaufziehen des פרץ ist im folgenden gerade vom Hinausgehen des Volkes (יצא) die Rede, was in der beschriebenen Deutung meist stillschweigend übergangen wird.[60] Das heißt doch aber, daß das Hinaufgehen eben nur auf den פרץ zu beziehen ist und es daraufhin zu einem Auszug des Volkes kommt. Dann ist לפניהם auch nicht, wie meist angenommen, so zu verstehen, daß der פרץ „vor ihnen her" hinaufzieht, was angesichts des später genannten Auszugs des Volkes überhaupt keinen Sinn machen würde. Vielmehr ist לפניהם, wie meist im Zusammenhang mit עלה, als Ziel des Hinaufsteigens, also als „vor sie hin" zu verstehen.[61] So spricht also das Verb עלה keineswegs gegen eine

---

56   So auch Metzner, Kompositionsgeschichte, 119.

57   Vgl. etwa Willi-Plein, Vorformen, 80; Rudolph, KAT 13,3, 62f; Andersen / Freedman, AncB 24E, 340; Zapff, Studien, 23f; Kessler, Micha, 137.

58   Vgl. Ez 7,16; Ps 42,6.12; 43,5; 46,7; 55,18; 77,4; siehe hierzu auch Metzner, Kompositionsgeschichte, 120.

59   Vgl. Rudolph, KAT 13,3, 64; Wolff, BK 14,4, 56; Kessler, Micha, 140f; Wagenaar, Judgement, 236.

60   So deutet Wolff, BK 14,4, 56, sowohl עלה als auch יצא auf einen neuen Exodus, ohne auf die im Nebeneinander dieser beiden Begriffe liegende Spannung weiter einzugehen. Kessler, Micha, 140f, der עלה ebenfalls auf einen neuen Exodus deutet, erkennt in dem im weiteren Verlauf von Mi 2,13 genannten Tor sogar erstaunlicherweise das Tor Jerusalems, ohne sich daran zu stören, daß gerade hier יצא steht, daß also das Volk nach dem Exodus aus dem Tor Jerusalems bei seiner Deutung hinaus- und eben nicht durch dieses hineinziehen würde.

61   Vgl. Ex 40,25; Jes 53,2; Jona 1,2 und schließlich auch die Rede vom Opfer, das „vor Jhwh (hin)" aufsteigt (Ri 20,26; 2 Sam 6,17). Letztlich ist עלה mit לפני nur in 1 Sam 9,19 im Sinne von „vor jemandem hinaufgehen" sicher belegt; siehe hierzu auch Brin, Micah 2,12-13, 124.

Deutung als Gerichtswort, da von der Richtung, in die das Volk geht, überhaupt nicht die Rede ist. Im Gegenteil: Gerade im Rahmen eines Heilswortes kann das Hinaufziehen des פרץ eigentlich kaum verstanden werden,
da kaum zu erklären ist, warum dieses Hinaufziehen den Auszug des Volkes
zur Folge hat, es sei denn, es geschieht in feindlicher Absicht.

Zu beachten ist dabei auch die Zeitstruktur des Verses: Das Hinaufziehen des פרץ ist im Perfekt formuliert, das Hinausgehen des Volkes
dagegen als Narrativ, was aber im vorliegenden Kontext sicherlich als
ן+Imperfekt zu vokalisieren sein wird.[62] Das Hinaufziehen geht dem Hinausgehen des Volkes also zeitlich voraus. Geht man nun für פרץ von der
Grundbedeutung „eine Bresche schlagen" aus,[63] dann geht es in Mi 2,13 also
darum, daß einer, der eine Bresche schlägt, bereits vor das Volk hinaufgezogen ist und dies zur Folge hat, daß das Volk hinausziehen wird.

Ein letztes Problem besteht noch in dem Wort פרצו. Das pluralische
Verb kann wie die folgenden Pluralformen im vorliegenden Kontext eigentlich nur auf das Volk bezogen werden. Dabei wird häufig davon ausgegangen, daß nach dem Durchbrecher Jhwh nun auch das Volk aus der Stadt, in
der es festgehalten ist, heraus durchbricht.[64] Doch kann diese Deutung zum
einen die Perfektformen zu Beginn von V.13 nicht erklären. Zum anderen
stellt sich die Frage, warum das Volk dann im folgenden noch durch das Tor
gehen muß, wenn es denn bereits durchgebrochen ist. Daß sich dieser
Durchbruch eben auf das Tor bezieht, ist in Mi 2,13 nicht gesagt und wäre
zudem auch eine singuläre Verwendung des Verbs פרץ. Eine einfachere
Lösung liegt dann in der Änderung des Textes in eine Singularform פרץ, die
zum einen textlich gut erklärbar wäre, insofern das ו am Ende als Dittogra-
phie des ו vom Beginn des folgenden Wortes vorstellbar wäre.[65] Zum anderen stünden dann die beiden im Perfekt formulierten Verben gleichermaßen
im Singular, was einen unvermittelten Subjektwechsel vermeiden würde.
Und schließlich ergibt sich so, und angesichts der Probleme der vorliegenden Stelle eigentlich nur so, ein guter Sinn: Der die Bresche schlägt, ist
bereits vor das Volk hinaufgezogen, und er hat die Bresche bereits geschlagen, und deshalb wird das Volk die Stadt durch das Tor verlassen, was nun

---

62 So schon Willi-Plein, Vorformen, 80. Mays, Micah, 73, schlägt demgegenüber bei diesen
    Formen eine Streichung des ersten ו und somit eine Änderung in Imperfekt-Formen vor, was
    inhaltlich zu demselben Ergebnis führt. Ohnehin werden diese Verben meist präsentisch
    oder futurisch verstanden, meist jedoch ohne daß die dafür erforderliche Umvokalisierung
    überhaupt thematisiert wird.
63 Vgl. Conrad, Art. פרץ, 765f.
64 Vgl. etwa Wolff, BK 14,4, 56; Rudolph, KAT 13,3, 65; Conrad, Art. פרץ, 767; Wagenaar,
    Judgement, 236. Dabei streichen Willi-Plein, Vorformen, 80; Lescow, Micha 1-5, 81, u.a.
    sogar ויעברו in 2,13 und beziehen פרצו so direkt auf שער.
65 Dies wurde bislang nur von Renaud, Formation, 106, vorgeschlagen.

gut in den Zusammenhang paßt, da die Bresche bei dieser Deutung als Weg des Feindes in die Stadt verstanden werden kann.

Wenn diese Deutung richtig sein sollte, dann ist aber die abschließende Bemerkung, daß Jhwh an ihrer Spitze gehen wird, sekundär. Es wurde ja schon häufig darauf hingewiesen, daß die Rede von Jhwh in der 3. Person nach der Ich-Rede in 2,12 verwundert, was bisweilen dazu führte, den gesamten Vers 2,13 für sekundär zu erachten.[66] Vermutlich handelt es sich aber nur bei ויהוה בראשם um einen Zusatz. Mit dem zuvor genannten König wäre dann also ursprünglich nicht Jhwh, sondern der König des Volkes gemeint, wobei dessen Auszug insgesamt in die Szenerie von Mi 2,12-13 paßt, wenn es denn als Gerichtswort verstanden wird.[67] Der Anlaß dieses Zusatzes ויהוה בראשם dürfte wohl darin zu sehen sein, daß das vorliegende Wort 2,12.13*, vermutlich als die übrigen Worte von einem Rest Israels, die nun auch positiv konnotiert sind, im Michabuch integriert waren (Mi 4,6-7; 5,6-7), mißverständlich war und über ויהוה בראשם an diese angeglichen wurde, wobei die Vorstellung von Jhwh als König aus 4,6-7 übernommen werden konnte. Auf eben diesen Zusatz gehen dann all die Verständnisschwierigkeiten zurück, die die Forschung so bewegen.

Die vorgelegte Deutung ist sicherlich mit einigen Unsicherheiten belastet. Aber nur so dürfte erstmals ein in sich verständlicher Text zu greifen sein, bei dem nicht großzügig über die zeitliche Gestaltung oder die genauen Richtungsangaben hinweggegangen werden muß. Denn nach der vorgelegten Deutung wäre in 2,12 davon die Rede, daß Jhwh sein Volk in der Stadt zum Gericht versammelt wie eine Herde, die in ein Pferch gesperrt wird, was nach dem Folgenden als Beschreibung einer Belagerung zu verstehen ist. Mi 2,13 konkretisiert dann die metaphorische Redeweise von 2,12. Danach ist ein Feind, der wohl nicht mit Jhwh gleichzusetzen ist, bereits vor die Stadt gezogen und hat bereits eine Bresche geschlagen, so daß Volk und König nun unmittelbar vor der Exilierung stehen.

Der Grundbestand von 2,12.13* dürfte nun gegenüber den vorangehenden Einheiten in 2,1-11 sekundär sein.[68] Zum einen ist 2,12.13* anders als

---

66 Vgl. etwa Mays, Micah, 74; Lescow, Micha 1-5, 81; Wolff, BK 14,4, 44; Wagenaar, Judgement, 101.

67 Daß es sich bei ויהוה בראשם um einen Nachtrag handelt, dürfte den vorliegenden Text wesentlich besser erklären als die Annahme von Metzner, Kompositionsgeschichte, 129, daß Jhwh hier als derjenige vorgestellt wird, der das Volk ins Exil führt. Denn in der Formulierung ויעבר מלכם לפניהם ויהוה בראשם wird eine solch aktive Rolle Jhwhs nicht explizit genannt.

68 Wenn Mi 2,12-13 als Heilswort verstanden wird, so werden die beiden Verse meist als Nachtrag aufgefaßt. Daß dies aber auch bei einer Deutung als Gerichtswort gilt, hat schon Metzner, Kompositionsgeschichte, 127-129, dargestellt, wobei allerdings ihre Ansetzung auf einer Ebene mit der Auseinandersetzung um die prophetische Rede Mi 2,6-7.11 nicht nachvollzogen werden kann.

2,6-11 als Gottesrede gestaltet, zum anderen wird hier eine Situation vorausgesetzt, die von einer, wie die Perfekt-Formen zeigen, ganz akuten Bedrohung des gesamten Volkes geprägt ist, was sich so in den vorangehenden
Worten nicht erkennen läßt.

In Mi 3,1 beginnt, mit ואמר und Höraufruf gegenüber dem Vorangehenden abgegrenzt, die zweite Untergruppe der Gerichtswortsammlung Mi
2-3. Dabei verwundert insbesondere das ואמר in der Einleitung, das eine
seltsame Dopplung zum folgenden Höraufruf ergibt und als Narrativ überhaupt aus dem Kontext des sonstigen Michabuches fällt.[69] Dennoch paßt
diese Form der 1.sg. zur bislang betrachteten Gestaltung des Grundbestands
des Michabuches. Denn in Mi 1,8 fand sich eine ebenfalls in der 1.sg. formulierte Klage des Propheten, und auch die Auseinandersetzung um die
prophetische Botschaft in 2,6-11 enthält mit der Rede von „meinen Worten" (דברי), was hier nur auf den Propheten bezogen werden kann,[70] eben
diese Perspektive. Nun steht schon die Klage in Mi 1,8 im Anschluß an die
Theophanieschilderung 1,3-4 und das Gerichtswort 1,5a etwas isoliert im
Kontext, und auch für den Zusammenhang der Auseinandersetzung um den
Propheten und der Sozialkritik in 2,6-11 bot sich die Annahme einer Zusammenstellung von überlieferungsgeschichtlich zu unterscheidendem Gut
an. Da die Betonung der Person des Propheten also stets an überlieferungsgeschichtlich, nicht aber an literarkritisch auffälligen Stellen vorkommt,
dürfte hier die Tendenz der Erstherausgeber zu erkennen sein, auf die
dementsprechend auch das ואמר in 3,1 zurückgehen dürfte. Sie gestalteten
aus vorgegebenen Prophetenworten ein Buch, das insgesamt vom Gegenüber der angeklagten Gruppen und der Person des Propheten, die sich
positiv von diesen unterscheidet, geprägt ist.[71]

---

69 So wurde ואמר denn auch immer wieder als Nachtrag verstanden; vgl. nur Marti, KHC 13,
    277; Willis, Note, 54; Willi-Plein, Vorformen, 79f; Wagenaar, Judgement, 243.
70 Die von Marti, KHC 13, 275; Willi-Plein, Vorformen, 77; Lescow, Micha 1-5, 52; Rudolph,
    KAT 13,3, 57; Mays, Micah, 66, u.a. für Mi 2,7 im Anschluß an LXX vorgeschlagene Konjek-
    tur zu דבריו wird sicherlich zu unrecht vorgenommen. Denn LXX ist hier eher als verein-
    fachende Anpassung an die vorangehenden Suffixe der 3.m.sg. zu verstehen, so daß MT die
    ursprüngliche Lesart bietet; so auch Wolff, BK 14,4, 40; Metzner, Kompositionsgeschichte,
    29; Wagenaar, Judgement, 224. Daß die Suffixe der 1.sg. doch auf Jhwh zu beziehen sind, da
    es sich hier um ein Zitat der Gegner aufgenommenes Gotteswort handelt, wie Kessler,
    Micha, 131, vorschlägt, dürfte den Textablauf unnötig verkomplizieren. Eher ist mit Wage-
    naar, ebd., davon auszugehen, daß mit הלוא, der Form des Disputationswortes entspre-
    chend, ein deutlicher Einschnitt markiert wird, bei dem die Gegenrede des Propheten
    beginnt.
71 Vgl. hierzu Dempsey, Micah 2-3, 126: „The authorial voice behind Micah 3 has arranged the
    material in such a way as to make Micah the center of attention, and for the intended and
    unintended readers of Micah, ch. 3 provides evidence of who Micah is, one who is very gifted
    and highly imaginative." Auch Kessler, Micha, 95, sieht eines der bestimmenden Merkmale

Das Gerichtswort gegen wirtschaftliche Ausbeutung 3,1-4 selbst dürfte nun ebenso wie das folgende Wort gegen die Bestechlichkeit der Propheten 3,5-8 in sich einheitlich sein. Dabei wurde jüngst von Wagenaar die Zugehörigkeit der prophetischen Selbstdarstellung Mi 3,8 gegenüber dem vorausgehenden Gerichtswort angezweifelt.[72] Doch zum einen findet sich hier erneut ein besonderes Interesse an der Person des Propheten, das im Rahmen des Grundbestands schon in 1,8; 2,6-11; 3,1 aufgefallen ist. Zum anderen zeichnet sich Mi 3,8 durch die parallele Nennung von Jakob und Israel wie in 1,5a; 3,1.9 aus sowie durch die Begriffe פשע und חטאת, die ebenfalls schon in 1,5a nebeneinander genannt sind. So ist dieser Vers also inhaltlich wie auch terminologisch mit den bislang zum Grundbestand des Michabuches gerechneten Worten verbunden, wobei das Entgegenstellen der Person des Propheten gegenüber den angeklagten bestechlichen Propheten erneut auf die Tendenz der Erstherausgeber zurückzuführen sein dürfte.[73]

Bei Mi 3,9-12 wurde nun schon häufiger die Kritik an der Bestechlichkeit der Häupter, Priester und Propheten in 3,11 als sekundär gegenüber dem sozialkritisch ausgerichteten Vers 3,10 verstanden.[74] Doch gerade in der Zusammenstellung der Anklage gegen die soziale Unterdrückung und das Beugen des Rechts in 3,9-10 einerseits und gegen die Bestechlichkeit – unter anderem der Propheten – in 3,11 andererseits wird doch im Kleinen die Aussage der vorangehenden beiden Worte 3,1-4 und 3,5-8 wiederholt. Ja, mit dem Nebeneinander der Themen Sozialkritik und Prophetie findet sich hier nicht nur die Abfolge der vorangehenden beiden Worte wieder, auch schon die beiden Worte in 2,1-11 zeigen eben diese Abfolge. So ist Mi 3,11 also nicht sekundär, sondern durch die Zusammenstellung der verschiedenen Anklagen in 3,9-11 wird hier eine abschließende Zusammenfassung formuliert, die, wie schon der einleitende erneute Höraufruf 3,9 zeigt, als Höhepunkt der gesamten Gerichtswortsammlung Mi 2-3* verstanden werden kann.

Aufgrund der mehrfach wiederkehrenden Abfolge von Worten gegen soziale und wirtschaftliche Unterdrückung und Worten, die um das Thema

---

der Tendenz der Erstherausgeber, deren Werk er als „Micha-Denkschrift" bezeichnet, gerade darin, daß hier die Person des Propheten positiv herausgestellt wird.

72   Vgl. Wagenaar, Judgement, 246f.

73   Auch Kessler, Micha, 153, erklärt die Spannung zwischen Mi 3,5-7 und 3,8 überlieferungsgeschichtlich und führt 3,8 auf die Erstherausgeber („Micha-Denkschrift") zurück.

74   Vgl. Vermeylen, Isaïe 2, 591f; Vincent, Gerichtswort, 169; Otto, Techniken, 127; Metzner, Kompositionsgeschichte, 113.

Prophetie kreisen, kann Mi 2-3* also, über den Forschungsstand hinaus, insgesamt als durchdachte Komposition verstanden werden:[75]

1. Teil: הוי			
	a	2,1-5	Sozialkritik
	b	2,6-11	Prophetie
2. Teil: שמעו־נא			
	a'	3,1-4	Sozialkritik
	b'	3,5-8	Prophetie
3. Teil: שמעו־נא			
	a/b"	3,9-12	Zerstörung des Zion, darin: a" 3,10: Sozialkritik b" 3,11: Prophetie

Dieser kompositionelle Zusammenhang spricht nun dafür, daß der Grundbestand von Mi 2-3 auf eine Hand zurückgeht. Dabei wurde von den Herausgebern dieser Komposition wohl auf vorgegebenes Gut zurückgegriffen, was sich aber nicht mehr im einzelnen rekonstruieren läßt.[76] Das in dieser Komposition an mehreren Stellen erkennbare Interesse an der Person des Propheten (2,7; 3,1.8) spricht dabei dafür, Mi 2-3* auf derselben literarischen Ebene anzusetzen wie den Grundbestand von Mi 1, wo die Person des Propheten in der Klage Mi 1,8 – wie in 2,7; 3,1.8 in betonter Ich-Rede – ebenfalls schon im Blick war.

So läßt sich also in Mi 2-3 ein Grundbestand erkennen, der den Textbereich 2,1-11; 3,1-12 umfaßt und eine bewußt gestaltete Komposition um die Themen wirtschaftliche Ausbeutung und Prophetie darstellt.

---

75 Die alternierende Abfolge von Worten, die gegen das unsoziale Gebaren der Oberschicht gerichtet sind, und Worten, die um das Thema Prophetie kreisen, hat v.a. Otto, Techniken, 130; ders., Art. Micha, 699, betont.

76 Es ist v.a. das Verdienst von Jeremias, Tradition, 150f, auf die bei Mi 3 notwendige methodische Differenzierung zwischen literarkritischen und überlieferungsgeschichtlichen Hypothesen aufmerksam gemacht zu haben. Danach ist Mi 3 im vorliegenden Bestand literarisch einheitlich, wenngleich hier vorgegebenes Gut aufgenommen wurde. Auch wenn seine überlieferungsgeschichtlichen Darlegungen allzu differenziert sind, insofern er mitunter auf den Teilvers genau die aufgenommenen Stücke herausarbeitet, was so sicherlich kaum möglich sein dürfte, so ist sein methodisches Vorgehen an sich doch wegweisend und bewahrt vor allzu kleinräumigen Eingriffen in die einzelnen Worte, bei denen letztlich nur Textfragmente und kein wirklich zusammenhängender Grundbestand mehr herauskommen würden.

Ein Nachtrag zu dieser Sammlung fand sich in Mi 2,12.13*(ohne ויהוה בראשם). Dabei handelt es sich um ein Gerichtswort, das von einer bereits bestehenden Feindbedrohung ausgeht und unmittelbar bevorstehende Exilierung ansagt.

Der kurze Zusatz in 2,13*(ויהוה בראשם), der wohl als vereinzelter Nachtrag aufzufassen ist, harmonisiert 2,12-13* mit den sonstigen, positiven Restworten des Michabuches in Mi 4,6-7; 5,6-7.

2.3.2 Die zweite Wortsammlung Micha 4-5

2.3.2.1 Die Heilsworte Micha 4,1-7

Zu Beginn der Wortsammlung Micha 4-5 finden sich zwei Heilsworte. Das erste besteht in der bekannten Verheißung der Völkerwallfahrt zum Zion in Mi 4,1-5. Das zweite in 4,6-7 sagt die Sammlung des Versprengten an.

Bei Mi 4,1-5 wird vor allem über das Verhältnis dieses Wortes zu den nahezu wortgleichen Versen Jes 2,2-4 diskutiert. Dabei wird neben der Priorität an der einen oder der anderen Stelle auch der Rückgriff auf eine beiden Büchern vorgegebene Überlieferung angenommen.[77] Nun halten sich die Argumente für die verschiedenen Hypothesen aber die Waage.[78] Für die Priorität der Michastelle wird vor allem die bessere Einbindung in den Nahkontext betont,[79] für die Priorität der Jesajastelle wird dagegen auf die

---

77   Vgl. hierzu den Forschungsüberblick bei Kessler, Micha, 178f.

78   So läßt denn auch Jeremias, Micha 4-5, 97f, eine abschließende Entscheidung in dieser Frage bewußt offen.

79   So in neuerer Zeit Schwienhorst-Schönberger, Zion, 110-113; Kessler, Micha, 179f. Sie verweisen dabei v.a. auf die Bezüge zu Mi 3,9-12, wobei insbesondere die Verbindungen von הר בית־יהוה (4,1) zu הר הבית (3,12) sowie über ירה (4,2 // 3,11) und שפט (4,3 // 3,11) bedeutend sind. Kessler, ebd., nennt zudem noch einige Bezüge zu dem Mi 4,1-5 folgenden Kontext, so von גוים עצמים (4,3) zu גוי עצום (4,7a), sowie ישבו (4,4 // 5,3) und שם יהוה (4,5 // 5,3). So beeindruckend nun diese Stichwortverbindungen auf den ersten Blick auch sein mögen, so bleibt doch zu beachten, daß die Verwendung der einzelnen Stichworte in Mi 4,1-5 nicht nur in einem anderen Kontext erscheint, sondern auch meist in ganz anderer Bedeutung. So kommt das Verb ירה in 3,11 im Zusammenhang des Vorwurfs an die Priester vor, daß sie für Geld lehren, in 4,2 hingegen ist davon die Rede, daß Jhwh den Völkern seine Wege lehren wird. Vergleichbares gilt für das in 3,11 und 4,3 belegte Verb שפט. גוי עצום ist in 4,7 anders als in 4,3 gerade mit Blick auf das eigene Volk verwandt. Über Mi 4,4.5 sollte zudem überhaupt nicht argumentiert werden, da diese Verse ja ohne Parallele in Jes 2,2-4 sind, so daß es noch kein Argument für den ursprünglichen Ort von 4,1-3 im Michabuch wäre, daß diese beiden Verse fest im Micha-Kontext verankert sind, da sie ja auch bei der Übernahme von Jes 2,2-4 in das Michabuch für eben diesen Kontext hinzugefügt oder überhaupt sekundär sein könnten. Die genannten Stichwortbeziehungen können also die These der Priorität der Michastelle nicht wirklich stützen, da es sich hier, von der Erwäh-

Bedeutung der Zionstheologie im Jesajabuch, auf terminologische Entsprechungen zum sonstigen Buch und auf die Abhängigkeit der Michastelle von
Jes 2,2-4 aufgrund des synoptischen Vergleichs verwiesen.[80]

Da nun aber auch bei den Ansätzen, die die Priorität auf Seiten der
Michastelle sehen, in neuerer Zeit unumstritten ist, daß Mi 4,1-5 nicht zum
Grundbestand des Buches zu rechnen ist,[81] kann eine genauere Erörterung
dieses Verhältnisses hier zunächst offenbleiben. Denn für die Redaktionsgeschichte des Michabuches ist es zunächst unerheblich, ob für die einzelnen Überarbeitungen Parallelen in anderen Büchern bestehen. Ein Ausweg aus dem Dilemma der gegenwärtigen Forschung wird ohnehin erst die
genauere Betrachtung von Mi 4,1-5 im Kontext des Zwölfprophetenbuches
bringen, da erst von hier aus neue Erkenntnisse über die redaktionsgeschichtliche Stellung dieser Einheit zu erwarten sind.

Innerhalb des Michabuches dürfte Mi 4,1-5 nun tatsächlich als Nachtrag
zu verstehen sein.[82] Diese Verse gehen weit über den Horizont der bislang

---

nung des הר בית־יהוה abgesehen, um rein terminologische Entsprechungen ohne sachliche
Korrespondenz handelt.

80 Für die Bedeutung der Zionstheologie im Jesajabuch verweist Wildberger, Völkerwallfahrt,
69f, v.a. auf Jes 14,25; 17,12-14; 24,5-8; vgl. zur Priorität der Jesajastelle auch ders., BK 10,1,
78-81. Dies führt bei Wildberger, wie auch bei Rudolph, KAT 13,3, 77f, u.a., zu der Annahme, daß Jes 2,2-4 sogar zum Grundbestand des Jesajabuches zu rechnen ist. Doch zum
einen unterscheidet sich Jes 2,2-4 von den genannten Belegen darin, daß dort die Thematik
des Völkerkampfs und eben nicht die Völkerwallfahrt zum Zion genannt ist. Zum anderen
hat sich spätestens seit der Arbeit von Wanke, Zionstheologie, 93-100, die Erkenntnis
durchgesetzt, daß die Zionstheologie traditionsgeschichtlich wohl später als das 8. Jh.
anzusetzen ist. So läßt sich die Priorität von Jes 2,2-4 gegenüber Mi 4,1-5 also von dieser Seite
her nicht mehr aufrecht erhalten. Wagenaar, Judgement, 263.272, argumentiert demgegenüber v.a. über terminologische Entsprechungen von Jes 2,2-4(5) zum sonstigen Jesajabuch.
Neben der Verbindung über בית יעקב von Jes 2,5 zu Jes 2,6 verweist er, im Anschluß an
Wildberger, Völkerwallfahrt, 73f, v.a. darauf, daß die Wörter גוי und עם in Jes 2,2-4 gerade
in dieser Reihenfolge stehen, in Mi 4,1-3 hingegen in umgekehrter Reihenfolge, wobei die
Stellung der beiden Wörter in Jes 2,2-4 der Stellung im sonstigen Jesajabuch entspricht (Jes
1,4; 10,6; 18,2; 30,28), was nach Wagenaar für die Ursprünglichkeit der Jesajastelle spricht.
Während nun aber über Jes 2,5 überhaupt nicht argumentiert werden sollte, da dieser Vers
im Michabuch nicht belegt ist, könnte die Reihenfolge von גוי und עם auch Folge einer
bewußten Anpassung an das sonstige Jesajabuch bei der Übernahme dieses Textes aus dem
Michabuch sein. So sind am ehesten noch die Argumente von Zapff, Studien, 70-72, stichhaltig, der aufgrund eines synoptischen Vergleichs der beiden Stellen zu dem Ergebnis kommt,
daß sich im Michabuch stets die glattere und somit die sekundäre Variante findet. Doch
müßte auch hierzu noch im einzelnen begründet werden, warum auf inhaltlicher Ebene die
Jesajavariante für den Michakontext abgeändert wurde, um eher subjektive Urteile außen vor
zu halten.

81 So Lescow, Micha 1-5, 74-76; Schwienhorst-Schönberger, Zion, 109; Metzner, Kompositionsgeschichte, 139f; Kessler, Micha, 179.

82 Vgl. nur Marti, KHC 13, 281; Willi-Plein, Vorformen, 82-84; Lescow, Micha 1-5, 74; Rudolph, KAT 13,3, 77f; Mays, Micah, 95; Wolff, BK 14,4, 88f; Otto, Techniken, 144;
Schwienhorst-Schönberger, Zion, 109; Metzner, Kompositionsgeschichte, 139f; Kessler,

als Grundbestand erkannten Einheiten hinaus. Denn die dort beschriebenen
Anklagen an die Oberen und Amtsträger sind hier überhaupt nicht mehr
präsent. Ja, Mi 4,1-5 setzt in seiner universalen Perspektive das Ende des
Gerichts für das eigene Volk schlicht voraus und fragt nun nach der positiven Funktion Israels für die Völker. Zudem, wie schon häufiger bemerkt,
paßt die in Jer 26,17-19 vorausgesetzte Botschaft des Propheten Micha, der
dort einzig als Gerichtsprophet zitiert wird, nicht zu Mi 4,1-5.[83]

Dennoch steht die Verheißung der Völkerwallfahrt zum Zion – soweit
ist den Vertretern der Priorität der Michastelle gegenüber Jes 2,2-4 recht zu
geben – sehr bewußt an der vorliegenden Position.[84] Denn Mi 4,1-5 kon-
trastiert das vorausgehende Wort von der Zerstörung Jerusalems und des
Zion mit einer Verheißung, daß eben der Berg des Hauses Jhwhs (הר הבית,
3,12 / הר בית־יהוה, 4,1) in ferner Zukunft wieder ein Ort der heilvollen
Zuwendung Jhwhs sein wird, und dies sogar in universaler Perspektive.

Innerhalb von Mi 4,1-5 wird sicherlich V.5 sekundär sein.[85] Denn die
Aussage, daß jedes Volk im Namen seines Gottes gehen wird, Israel aber im
Namen Jhwhs, kann doch nur als Korrektur der universalistischen Aussage
von Mi 4,1-4 verstanden werden, nach der sich auch die Völker Jhwh an-
schließen werden. Zudem verwundert die durch 4,1-4 nicht vorbereitete
Wir-Rede aus der Perspektive des eigenen Volkes in 4,5.

Micha, 179; Wagenaar, Judgement, 268f; Jeremias, Micha 4-5, 97. Wenn demgegenüber van
der Woude, Micah IV 1-5, 400, die vorliegende Stelle als Zitat der Gegner Michas versteht,
die gegen die Botschaft des Propheten auf ein Jesajazitat zurückgreifen, so ist diese These am
Text durch nichts zu belegen. Sie zeigt aber einmal mehr, daß Mi 4,1-5 mit dem Grundbestand des Michabuches gerade nicht zu vereinen ist.

83   Vgl. etwa Marti, KHC 13, 281; Renaud, Formation, 160. Für Kessler, Micha, 179, ist dies
sogar der Hauptgrund, warum Mi 4,1-5 nicht dem Grundbestand des Buches zugewiesen
werden kann.

84   So meinte schon Wellhausen, Propheten, 143, zur Stellung von Mi 4,1-5 nach dem harten
Wort gegen Jerusalem in 3,12: „So kann man sich doch des Eindrucks nicht erwehren, dass
4, 1 ss. hier ein Pflaster auf die durch 3, 12 gerissene Wunde sein soll."

85   Vgl. Marti, KHC 13, 282; Willi-Plein, Vorformen, 85; Rudolph, KAT 13,3, 81; Wolff, BK
14,4, 85; Zapff, Studien, 73; Metzner, Kompositionsgeschichte, 143f; Kessler, Micha, 178.
Wenn demgegenüber Wagenaar, Judgement, 261-267, meint, daß Mi 4,5 aus formgeschichtlichen Gründen als ursprünglicher Bestandteil von Mi 4,1-5 betrachtet werden müsse, da sich
ein vergleichbarer liturgischer Abschluß auch in Jes 2,5 findet, so überbewertet er die
formgeschichtlichen Erkenntnisse. Denn gegen seine These spricht v.a., daß Jes 2,5, anders
als Mi 4,5, keine Korrektur des universalistischen Bildes des vorangehenden Wortes ist
– wenngleich sich in der dortigen Wir-Rede eine erstaunliche Parallele zu Mi 4,5 zeigt – nicht
die abgrenzende Funktion von Mi 4,5 aufweist, da dort eben nicht zwischen der Gottesver-
ehrung der Völker und der des eigenen Volkes unterschieden wird. So ist also Jes 2,5, anders
als Mi 4,5, keine Korrektur des universalistischen Bildes des vorangehenden Wortes und
somit bleibt eben diese Korrektur in Mi 4,5 erklärungsbedürftig und wird am ehesten Folge
eines redaktionellen Eingriffs sein.

Die folgenden Verse Mi 4,6-7 dürften nun auf einer anderen literarischen Ebene anzusetzen sein als Mi 4,1-4.[86] Denn zunächst ist die hier
vorausgesetzte Situation sowie die damit verbundene Heilsvorstellung
verschieden: Israel ist nach 4,6-7 zerstreut und soll erst wieder gesammelt
und zu einem großen Volk werden. Zudem ist auch die vorausgesetzte
zeitliche Dimension eine andere, wird doch Mi 4,6-7 mit ביום ההוא eingeleitet, während Mi 4,1-4 mit באחרית הימים noch darüber hinaus auf das
„Ende der Tage" blickt.[87]
So sind also in Mi 4,1-7 die beiden unabhängig voneinander zugefügten
Nachträge 4,1-4 und 4,6-7 zu unterscheiden, wobei erst im weiteren Verlauf
entschieden werden kann, in welcher Reihenfolge die beiden Passagen
nachgetragen wurden. Mi 4,5 ist demgegenüber wohl ein vereinzelter Nachtrag zur Korrektur der universalistischen Tendenz von 4,1-4.

2.3.2.2 Der Kern der Sammlung in Micha 4,8-5,8

In Mi 4,8-5,8 findet sich eine Zusammenstellung verschiedener Worte mit
ganz unterschiedlichen Themen. In Mi 4,8 wird Jerusalem die Wiederkehr
der Herrschaft zugesagt. In 4,9-14 ist in drei jeweils mit (ו)עתה eingeleiteten
Durchgängen (V.9-10.11-13.14) die Tochter Zion angeredet, die auf die

---

86 Vgl. etwa Lescow, Micha 1-5, 71-74; Rudolph, KAT 13,3, 83; Wolff, BK 14,4, 89f; Otto,
    Techniken, 144; Wagenaar, Judgement, 323f. Demgegenüber führt Zapff, Studien, 75f, die
    Einfügung von Mi 4,1-4, dessen ursprünglichen Ort er in Jes 2,2-4 annimmt, und Mi 4,6-7
    auf dieselben Redaktoren zurück, da zwischen den beiden Worten inhaltliche Entspre-
    chungen zu erkennen sind. So entspreche die Völkerwallfahrt zum Zion in 4,2 der Sammlung
    Israels in 4,6, und der richtenden Tätigkeit Jhwhs in 4,3 entspreche die Königsherrschaft
    Jhwhs auf dem Zion in 4,7. Doch dürften diese Gemeinsamkeiten viel zu allgemein angesichts
    des so unterschiedlichen Hintergrunds der beiden Worte. Wenn Metzner, Kompositions-
    geschichte, 143, beide Worte auf einer Ebene ansiedelt, da sie beide aus nachexilischer Zeit
    stammen, so ist dies noch viel weniger ein ausreichendes Argument, da die nachexilische Zeit
    doch sicherlich genügend Raum für die Zufügung zweier Heilsworte bietet. Vergleichbares
    gilt für Kessler, Micha, 46, der beide Worte einer Schicht zuweist, da sie beide das Verhältnis
    Israels zu den Völkern thematisieren. Denn auch dies ist sicherlich ein viel zu allgemeines
    Kriterium.
    Innerhalb von Mi 4,6-7 wird aufgrund des Wechsels von der Rede in 1.sg. zur 3.sg. häufig Mi
    4,7b als sekundär betrachtet; vgl. etwa Wolff, a.a.O., 86; Metzner, a.a.O., 143; Wagenaar,
    a.a.O., 273f. Doch dürfte der vermeintliche Sprecherwechsel mit der geprägten Wendung
    vom Königtum Jhwhs zusammenhängen und noch kein ausreichendes Kriterium für eine
    literarkritische Scheidung bieten; vgl. Zapff, a.a.O., 52-54.
87 Zur Problematik der Wendung באחרית הימים vgl. Jenni, Art. אחר, 116-118; Seebaß, Art.
    אחרית, 227f; Kaiser, ATD 17, 64; Kessler, Micha, 183. Wie auch immer man diese Wendung
    nun genau aufzufassen hat, klar ist doch, daß die Zeitbestimmung in Mi 4,1 eine fernere
    Zukunft vor Augen hat als ביום ההוא in 4,6, wie der sonstige Gebrauch in der prophe-
    tischen Literatur deutlich zeigt; vgl. Jer 23,20; 30,24; 48,47; 49,39; Ez 38,16; Hos 3,5.

unmittelbar bevorstehende Not der Exilierung, des Ansturms vieler Völker und des Schlagens des Königs[88] mit Lärmen und Trauerriten reagieren soll. Dabei bleiben aber die ersten beiden dieser עתה-Worte nicht bei der Not stehen, sondern gehen in eine Heilsverheißung über, wonach Zion gerade im Exil in Babel gerettet werden soll und sich zum Kampf gegen die Völker rüsten soll. An diese Einheit angeschlossen ist in 5,1-5 die bekannte Verheißung an Bethlehem Efrata, woher der künftige Herrscher über Israel kommen soll. In 5,6-7 folgen zwei Worte über den Rest Israels, die das Verhältnis Israels zu den Völkern einmal positiv und einmal negativ beschreiben. Mi 5,8 ist schließlich eine Aufforderung an Jhwh,[89] die Hand gegen seine Feinde zu erheben und diese zu vernichten.

Innerhalb dieser Zusammenstellung werden nun im Anschluß an Wolff die Worte 4,9-14; 5,1-5, von kleineren Fortschreibungen abgesehen, gerne als einheitlich betrachtet.[90] Der Zusammenhang der in diesen Worten vorausgesetzten akuten Bedrängnis durch äußere Feinde und der Verheißung der künftigen Rettung aus eben dieser Not wird also für ursprünglich gehalten und von Wolff unter dem Stichwort „Rettungszuspruch" zusammengefaßt.

Doch spricht einiges gegen die Einheitlichkeit dieser Verse: Denn zunächst scheinen die Notschilderungen und die jeweils zugehörigen Heilsverheißungen einen unterschiedlichen Hintergrund zu haben. In 4,9.10*(bis עד־בבל) wird nämlich ebenso wie in 4,11 vorausgesetzt, daß Zion unmittelbar bedroht ist und daß die Konsequenzen dieser Bedrängnis, also vor allem der Gang nach Babel, unausweichlich sind. Während hiermit die imperfektisch formulierte Ansage in 4,10*(ab שם), daß Zion in Babel gerettet wird, noch als Rettung durch das Gericht hindurch passen mag, scheint die imperativisch formulierte und damit nicht erst an der Zeit nach dem Gericht orientierte Aufforderung in 4,12-13, gegen die Völker zu kämpfen, eine Situation vorauszusetzen, in der das Gericht eben bereits abgeschlossen ist. Daß die Bedrängnis zunächst zur Exilierung führt und dann erst Rettung möglich ist, wie in 4,9-10 vorausgesetzt, ist hier nicht mehr im Blick.

Nun könnte dies, wie immer wieder vermutet, dafür sprechen, die Verse 4,11-13, die ja ohnehin durch eine leicht veränderte Einleitung mit ועתה

88   Über die Bezeichnung שפט in Mi 4,14 ist viel gerätselt worden; vgl. hierzu Kessler, Micha, 222. Doch kann vom Kontext, mit der expliziten Erwähnung des Königs in Mi 4,9, eigentlich nur der König gemeint sein. Dabei dürfte der Vorschlag von Kessler, ebd., daß der König hier als שפט bezeichnet wird, da es sich um ein Wortspiel zu שבט handelt, wohl die beste Erklärung sein, zumal der Vers auch schon zuvor in der Wendung תתגדרי בת־גדוד wortspielartig gestaltet ist.
89   Zur Deutung von חרם in Mi 5,8 auf Jhwh s.u. 165f mit Anm. 103.
90   Vgl. hierzu, mit Unterschieden im Detail, Wolff, BK 14,4, 104-106; Oberforcher, NSK.AT 24,2, 103; Metzner, Kompositionsgeschichte, 147-152; Kessler, Micha, 196f.

statt עתה auffallen, nicht zum ursprünglichen Bestand von 4,9-14 zu rechnen.[91] Doch ohne 4,11-13 fehlt, was bislang noch nicht gesehen wurde, der
Anschluß für das pluralische Verb יכו in 4,14. Ein solcher Anschluß findet
sich einzig in der Erwähnung der „vielen Nationen" in Mi 4,11-13. Eine
wahrscheinlichere Lösung der Spannungen in 4,9-14 wird dann darin bestehen, daß der Zusammenhang von Gericht und Heil insgesamt sekundär
ist. Denn nach den einzelnen Gerichtsansagen 4,9.10*(bis עד־בבל) und 4,11
wirken die Rettungszusagen in 4,10*(ab שם) und 4,12-13 ohnehin eher
vorschnell und werten die angekündigte Strafe als reine Durchgangsstation
ab. Dies ist auch insofern auffällig, als die Gerichtsansagen ja von einer ganz
unmittelbaren Bedrohung ausgehen. Daß hier zugleich schon auf die Zeit
nach dem Gericht geblickt wird, erscheint doch eher unwahrscheinlich.
Nicht umsonst wurde schon häufiger vorgeschlagen, neben Mi 4,11-13 auch
4,10b*(ab שם) als Fortschreibung zu betrachten.[92] Da aber Mi 4,11 in 4,14
vorausgesetzt wird, ist neben 4,10b* nicht der gesamte Textbereich 4,11-13,
sondern nur die Aufforderung zum Kampf gegen die Völker in Mi 4,12-13
sekundär.[93]

Problematisch an den Ansätzen, die Mi 4,9-5,5 für einheitlich erachten,
ist nun aber nicht nur der Zusammenhang von Gericht und Heil in 4,9-14,
sondern auch die Annahme, daß die Verheißung eines neuen Herrschers in
5,1-5, deren Grundbestand wohl in den Versen 5,1.3*.4a zu finden ist,[94] die

---

91   Vgl. etwa Marti, KHC 13, 285; Lescow, Micha 1-5, 66f; Zapff, Studien, 79-82; Wagenaar,
      Judgement, 289; Jeremias, Micha 4-5, 107-110.
92   Vgl. etwa Jeremias, Deutung, 341; Lescow, Micha 1-5, 66; Zapff, Studien, 80.
93   Dabei kann neben den genannten Schwierigkeiten in Mi 4,9-14 auch die Tatsache, daß in Mi
      4,11 גוים רבים, in 4,13 aber עמים רבים steht, als Hinweis auf den sekundären Charakter von
      4,12-13 genommen werden. Dies hat auch schon Lescow, Micha 1-5, 66, erkannt, wobei er
      allerdings eine Scheidung zwischen 4,11-12 und 4,13 vornimmt, was die genannten Probleme
      jedoch nicht zu lösen vermag.
94   Die Textbereiche Mi 5,2.3*(וישבו).4b.5 werden, wenn auch mit Unterschieden im Detail,
      allgemein als späte Einfügungen aufgefaßt; vgl. etwa Willi-Plein, Vorformen, 88-95; Renaud,
      Formation, 230-239; Wolff, BK 14,4, 106f; Oberforcher, NSK.AT 24,2, 106-109; Metzner,
      Kompositionsgeschichte, 146-152; Zapff, Studien, 108-110; Schmidt, Micha 5,1-5, 18f. Bei
      Mi 5,2 paßt die Rede von der Preisgabe, die trotz der gegenteiligen Überlegungen von
      Seebaß, Herrscherverheißungen, 44-46, wohl nur auf Jhwh bezogen werden kann, nicht recht
      zwischen die durchgängige Beschreibung der königlichen Gestalt in 5,1b.3. V.a. ist der
      Subjekt-Wechsel vom neuen Herrscher zu Jhwh durch nichts angezeigt. Dagegen läßt sich
      auch nicht mit Kessler, Micha, 220, einwenden, daß in V.3 auch von Jhwh in 3. Person die
      Rede ist, da in 5,2 ja nicht nur ein Wechsel von Gottes- zu Prophetenrede vorliegt, sondern
      eben das Subjekt wechselt. In 5,3 hingegen ist Jhwh nicht Subjekt des Satzes, so daß dieser
      Vers wesentlich besser an 5,1 anschließt. So wird also Mi 5,2 am ehesten ein Nachtrag sein,
      der die Verzögerung des Kommens des Herrschers thematisiert und dies mit der Rückkehr
      der Diaspora in Verbindung bringt.
      Das pluralische Verb וישבו in 5,3 ist ohne rechten Anschluß und unterbricht die durchgängig
      an der königlichen Gestalt orientierte Darstellung von V.3.
      Schließlich geht bei 5,4b.5 die Erwähnung von sieben Hirten und acht Anführern über den

ursprüngliche Fortsetzung von 4,9-14 sei. Denn zum einen findet sich hier plötzlich eine zuvor nicht vorhandene Verschiebung des Adressaten: Während in 4,9-14 durchgängig Zion in 2.f.sg. angeredet ist, wird nun Bethlehem angeredet. Und während 4,9-14 stets am gesamten Volk orientiert ist, wobei in 4,9 wie in 4,14 das Ergehen des Königs ebenfalls nur mit Bezug auf die Konsequenzen für das Volk dargestellt wird, ist das Volk in 5,1-4* kaum noch im Blick,[95] da diese Verse einzig auf den künftigen Herrscher ausgerichtet sind.

Zum anderen spricht aber auch dagegen, Mi 5,1-4* als ursprüngliche Fortsetzung von 4,9-14 zu verstehen, daß 5,1-4* deutlich mit Mi 4,8 verbunden ist.[96] Beide Worte sind mit ואתה eingeleitet, und beide haben die Wiederkehr der früheren Herrschaft zum Thema, wobei beide Male Worte der Wurzel משל verwandt werden. So sind Mi 4,8 und 5,1-4* wohl auf einer literarischen Ebene anzusetzen. Da nun aber Mi 4,8 kaum als ursprünglicher Bestandteil der folgenden Einheit 4,9-14 verstanden werden kann, wie allein schon der unvorbereitete Adressatenwechsel von einer maskulinen Größe in 4,8 zu den femininen Imperativen in 4,9 zeigt, sind Mi 4,8 und 5,1-5* zusammen als Nachtrag zu 4,9-14 zu verstehen, der quasi als Ring um die dort implizite Aussage vom Ende des Königtums die Verheißung erneuter Herrschaft zufügt.

Die an der Aufrichtung neuer Herrschaft orientierten Worte in 4,8; 5,1-4* werden nun aber auch kaum mit den Heilsverheißungen in 4,10b*.12-13 auf einer Ebene anzusetzen sein, da weder die Rettungszusage in 4,10b*,

---

Kontext der Königsverheißung in 5,1-3.4a hinaus. Gegen die gängigen Versuche, Mi 5,5b noch als Fortsetzung von 5,4a aufzufassen, haben etwa Zapff, a.a.O., 109f, und Jeremias, Micha 4-5, 95 Anm. 16, zurecht darauf hingewiesen, daß bereits 5,4b voraussetzt. Da allerdings Mi 5,5b nicht mehr an den Hirten, sondern wieder an einer Einzelperson orientiert ist, wird dies wohl kein ursprünglicher Bestandteil des Nachtrags 5,4b.5a sein, sondern eher eine nochmalige Erweiterung, die wieder auf den Herrscher aus 5,1.3.4a zurücklenkt.

95   Ein Bezug auf das Volk könnte einzig in יישבו in 5,3 erkannt werden. Doch handelt es sich bei diesem Wort, wie oben Anm. 94 dargestellt, vermutlich um einen Nachtrag.
96   Mi 4,8 und 5,1ff wurden schon häufiger auf einer literarischen Ebene angesetzt; vgl. etwa Willi-Plein, Vorformen, 88f; Mays, Micah, 113; Zapff, Studien, 111f; Wagenaar, Judgement, 275-278. Wenn demgegenüber etwa Wolff, BK 14,4, 86, und Jeremias, Micha 4-5, 105f, Mi 4,8 als redaktionelle Nachbildung von Mi 5,1 auffassen, so fehlen der klaren Kriterien, warum die Bezüge zwischen Mi 4,8 und 5,1 wirklich für eine einseitige Abhängigkeit und gegen eine gemeinsame Entstehung sprechen sollen. Es scheint, daß die Zuweisung zu unterschiedlichen Schichten nur deshalb vorgenommen wird, da 5,1ff als ursprüngliche Fortsetzung zu Mi 4,9-14 verstanden wird. Angesichts der damit verbundenen Schwierigkeiten spricht aber doch mehr für die Zuweisung von 4,8; 5,1-4* zur selben Schicht. Gegenüber Wolff und Jeremias erkennt Kessler, Micha, 197, die Zusammenhänge zwischen 4,8 und 5,1 und faßt daher kurzerhand den gesamten Textbereich 4,8-5,3 als einheitlich auf. Doch spricht dagegen, daß, wie im folgenden dargestellt, Mi 4,8 und 4,9 kaum wirklich auf einer Ebene eingeordnet werden können.

noch der Aufruf zum Kampf gegen die Völker in 4,12-13 mit einer Herrschergestalt verbunden ist. Dann bleibt aber die Frage, ob tatsächlich nur an
4,9-10*.11, nicht aber an 4,14 ein Nachtrag angefügt wurde, der die Gerichtsansagen der עתה-Worte in eine über diese hinausblickende Heilsverheißung überführt. Dabei wurde bislang insgesamt noch nicht erkannt,
daß die Heilsverheißungen innerhalb der עתה-Worte in einem größeren
literarischen Zusammenhang stehen. So zeigt der Nachtrag in 4,10*, wenn
auch nicht in terminologischer, so doch in sachlicher Hinsicht, eine deutliche Nähe zu den oben behandelten Versen Mi 4,6-7. Denn sowohl Mi 4,6-7
als auch die Erweiterung des ersten עתה-Wortes in Mi 4,10* setzen die
Diasporasituation voraus und sagen die Rettung hieraus an. Ein Pendant zur
Erweiterung des zweiten עתה-Wortes in 4,12-13, das den Kampf gegen die
Völker ansagt, findet sich sodann in Mi 5,7. Auch dieses Wort setzt wie 4,6-
7.10* die Situation unter den Völkern voraus, und wie in Mi 4,12-13 geht es
hier gerade um den Kampf gegen die Völker. Dabei ist Mi 5,7 terminologisch sowohl mit 4,6-7 als auch mit den Erweiterungen der beiden עתה-
Worte in 4,10*.12-13 verbunden.[97]

So wurden also mit Mi 4,6-7.10*.12-13; 5,7 ringförmig Nachträge um Mi
4,9-10*.11.14 gelegt, die, wie schon das einleitende ביום ההוא in 4,6 zeigt,
über die Zeit des Gerichts hinausblicken und in einem klaren Gedankenfortschritt zuerst auf das Ende der Diasporasituation (4,6-7.10*) und sodann auf
den Kampf gegen die Völker (4,12-13; 5,7) blicken:

---

97 Vgl. שארית (4,7); נצל (4,10); עמים רבים (4,13). Dabei wurde Mi 4,6-7 schon häufiger mit 5,7
auf einer literarischen Ebene eingeordnet; vgl. etwa Zapff, Studien, 123f; Kessler, Micha, 46;
Jeremias, Micha 4-5, 97-106. Allerdings wurde bislang noch nicht die Zusammengehörigkeit
dieser Worte mit den Überarbeitungen in 4,10b*.12-13 erkannt. Und vor allem wurde Mi 4,6-
7; 5,7 meist mit anderen Worten zusammengenommen, die das Verhältnis zu den Völkern
thematisieren, etwa 4,1-4; 5,6, bei Kessler sogar noch 5,9-14, ohne zu beachten, daß das
Verhältnis zu den Völkern an den verschiedenen Stellen doch ganz unterschiedlich bestimmt
wird. Dies hatte zur Folge, daß die Entstehung von Mi 4-5 bislang eher recht unscharf
bestimmt wurde und das Nebeneinander der verschiedenen Stimmen in den beiden Kapiteln
kaum wirklich aus eben dieser Entstehung heraus erklärt wurde.

← | 4,6-7: Rettung aus der Diaspora |

| 4,9-10*: עתה |

← | 4,10*: Rettung aus der Diaspora |

| 4,11: ועתה |

← | 4,12-13: Kampf gegen die Völker |

| 4,14: עתה |

← | 5,7: Kampf gegen die Völker |

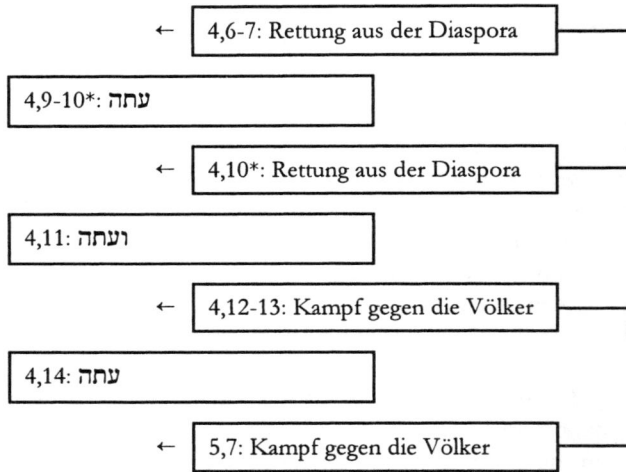

Dabei dürfte diese Redaktion den Nachträgen in 4,8; 5,1-4* vorausgehen, da erst durch 5,1-4* der ursprüngliche Zusammenhang von 4,14 zu 5,7 auseinandergerissen wurde.[98] Außerdem scheint Mi 4,6-7 mit der Erwähnung des Zion in 4,7b bewußt auf die Anrede an die Tochter Zion in Mi 4,9 hin verfaßt zu sein, was im vorliegenden Textzusammenhang ebenfalls durch die Anrede an die maskuline Größe מגדל עדר in 4,8 unterbrochen ist.

Es bleibt nun aber noch das Problem, daß vor Mi 5,7 der formal gleich gebaute Vers 5,6 steht, der gerade von einem positiven Verhältnis zu den Völkern spricht. Es ist dabei geradezu erstaunlich, daß in der Forschung bislang stets davon ausgegangen wurde, daß Mi 5,6 und 5,7 literarisch auf einer Ebene einzuordnen sind.[99] Denn die beiden Verse sind zwar zugegebe-

---

98   Zu Mi 5,6 s.u.
99   Häufig wird der Zusammenhang von Mi 5,6-7 einfach stillschweigend übergangen oder verharmlost. Wenn etwa Wolff, BK 14,4, 125, meint, daß 5,6 sagt, daß Jakob in der Völkerwelt bedeutsam wird, und 5,7, wodurch dies geschieht, so übergeht er einfach den Gegensatz zwischen den beiden Versen. Aufschlußreicher ist demgegenüber die traditionsgeschichtliche Erklärung von Jeremias, Tau, 224f, bei der er neben dem für Mi 5,6-7 häufig zitierten Wort Spr 19,12 v.a. auf Hos 5,14 und 14,6 hinweist, wo Gottes Handeln einmal mit einem Löwen und einmal mit Tau verglichen wird. Doch können diese Belege nicht darüber hinwegtäuschen, daß in Mi 5,6-7 zwei Aussagen nebeneinandergestellt sind, die gegensätzlicher nicht sein könnten und daß dieses Nebeneinander v.a. nicht weiter aufgelöst wird. Nicht umsonst wurde immer wieder versucht, die beiden Aussagen auf zwei unterschiedliche Gruppen zurückzuführen, so etwa Rudolph, KAT 13,3, 101f, der die Aussagen auf „Quietisten" und „Aktivisten" verteilt, die in der Diaspora darüber diskutieren, wie die Änderung ihrer Situation vor sich gehen soll, oder Dempsey, Micah 4 and 5, 636, der hinter den Versen eine Auseinandersetzung zwischen Micha und seinen Gegnern erkennen will. Doch all dies ist an den Text herangetragen. So bleibt also letztlich nur, mit Kessler, Micha, 240, von „bewußter Ambivalenz" auszugehen, oder aber, was dem Nebeneinander von völkerfreundlichen und

nermaßen bis in die Details hinein von derselben Struktur geprägt,[100] doch inhaltlich sagen sie ja letztlich, trotz aller vorgetragenen Harmonisierungsversuche, das genaue Gegenteil voneinander aus, wird doch das Verhältnis Israels zu den Völkern in 5,6 mit dem sicherlich positiv zu deutenden Bild des Taus,[101] in 5,7 hingegen mit dem negativen Bild eines reißenden Löwen dargestellt. Da keine Erklärung dieses Nebeneinander wirklich schlüssig erklären kann und da nun Mi 5,7, über die Forschung hinaus, terminologisch mit den Nachträgen in 4,6-7.10*.12-13 und daher mit einer insgesamt völkerfeindlich orientierten Redaktion in Verbindung gebracht werden konnte, wird es doch wahrscheinlicher sein, die beiden Verse auf unterschiedlichen Ebenen anzusetzen, da im Rahmen einer solchen Redaktion das Nebeneinander von positiver und negativer Funktion Israels unter den Völkern kaum noch unterzubringen ist.

Wenn nun aber Mi 5,7 aller Wahrscheinlichkeit nach einmal direkt an 4,14 anschloß, so ist dieser Vers früher als 5,6 einzuordnen. Die völkerfreundliche Aussage wurde also wohl bewußt vor Mi 5,7 gestellt, um die einseitig negative Haltung gegenüber den Völkern zu korrigieren.

Mi 5,6 kann dann aber, aufgrund der vorausgesetzten völkerfreundlichen Tendenz, aber auch aufgrund der kompositionellen Stellung vor den völkerfeindlichen Aussagen von 5,7, auf einer Ebene mit Mi 4,1-4 angesetzt werden. Denn auch in 4,1-4 wurde den folgenden völkerfeindlichen Aussagen in 4,6-14 ja ein völkerfreundliches Wort vorangestellt.[102]

Die Aufforderung Mi 5,8, die Hand gegen die Feinde zu erheben und diese zu vernichten, die im vorliegenden Kontext wohl nur als an Jhwh

---

völkerfeindlichen Aussagen in 4-5 wohl insgesamt besser gerecht wird, den Zusammenhang der beiden Verse literarkritisch zu erklären.

100 Beide Verse beginnen nahezu wortgleich mit וְהָיָה שְׁאֵרִית יַעֲקֹב (בְּנוּים) בְּקֶרֶב עַמִּים רַבִּים, worauf zwei Vergleiche mit כְּ und ein אֲשֶׁר-Satz mit abschließender Verneinung folgen.

101 Die einzige Stelle im AT, an der Tau nicht positiv konnotiert ist, findet sich in 2 Sam 17,12, wo Huschai rät, daß man über David und seine Männer herfallen soll wie Tau, der vom Himmel fällt, so daß nicht einer übrigbleibt. Doch anders als in Mi 5,6 ist hier der Vergleichspunkt im Fallen des Taus und nicht im Tau an sich zu sehen. Tau an sich ist aber an allen Belegstellen des AT ein positiver Sachverhalt, was in einem Land, in dem Trockenheit eine stetige Gefahr für das Überleben darstellte, auch durchaus naheliegend ist; vgl. Otzen, Art. טַל, 344-349.

102 Mi 5,6 wurde schon häufiger mit Mi 4,1-4 einer gemeinsamen Schicht zugeordnet; vgl. etwa Zapff, Studien, 123; Kessler, Micha, 46; Wagenaar, Judgement, 323f; Jeremias, Micha 4-5, 97-106. Allerdings geschah dies bislang stets im Zusammenhang mit noch anderen Worten, die das Verhältnis zu den Völkern thematisieren, ohne hier eine genauere Differenzierung zwischen den so unterschiedlichen Aussagen über eben dieses Verhältnis vorzunehmen. So führen all diese Modelle statt zu klar profilierten Schichten eher zu einem Sammelsurium ganz unterschiedlicher Worte.

gerichtet verstanden werden kann,[103] wird im Anschluß an 5,7 wohl so aufzufassen sein, daß mit den Feinden hier erneut die Völker gemeint sind. Da nun יכרתו am Ende dieses Verses direkt zu dem wiederkehrenden הכרתי der folgenden Einheit (5,9-12) überleitet, dürfte es sich hier um eine Umdeutung eben dieser Einheit auf die Völker hin handeln.[104] So wird also auch Mi 5,8 der völkerfeindlichen Redaktion zuzuweisen sein.

Insgesamt sind also als literarischer Ausgangspunkt von Mi 4,1-5,8 die drei ursprünglich nur am unmittelbar bevorstehenden Gericht orientierten עתה-Worte 4,9.10*(bis עד־בבל).11.14 zu erkennen. Diese Worte sind nun mit guten Gründen auf derselben Ebene anzusetzen wie der Nachtrag in Mi 2,12.13*.[105] Denn sowohl Micha 4,9.10*.11.14 als auch Mi 2,12.13* gehen von einer unmittelbaren Bedrohung aus, genauer von einer Belagerung der Stadt (2,13; 4,14). Beide Worte rechnen mit der Exilierung des Volkes (2,13; 4,10) und haben dabei besonders den König im Blick (2,13; 4,9.14). Und schließlich können die beiden Worte auf kompositioneller Ebene jeweils als Abschluß der Gerichtswortsammlungen 2,1-11 und 3,1-12 verstanden werden und fügen sich so in den Aufbau der oben als Grundbestand von Mi 1-3 erkannten Worte ein.

Eine erste Überarbeitung fand sich in den ringförmig um 4,9-14* gelegten völkerfeindlichen Worten Mi 4,6-7.10*(ab שם).12-13; 5,7-8, die zunächst die Rückführung aus der Diaspora und sodann den von Jhwh unterstützten Kampf gegen die Völker ankündigen.

Als weitere Reaktion auf Mi 4,9-14, nun mit Blick auf das darin vorkommende Gericht am König, wurde sodann in 4,8; 5,1.3*(ohne וישבו).4a nochmals ein Ring um die עתה-Worte gelegt, der die erneute Aufrichtung der Herrschaft in Jerusalem und in diesem Zusammenhang die Einsetzung eines Königs, der wie David aus Bethlehem kommt, ansagt.

---

103 Der Jussiv תרם könnte allenfalls noch auf den Rest Jakobs aus Mi 5,6-7 bezogen werden; so Willi-Plein, Vorformen, 95; Mays, Micah, 123; Wagenaar, Judgement, 304. Doch hat schon Kessler, Micha, 243, zurecht darauf hingewiesen, daß יכרתו am Ende von Mi 5,8 doch nur als bewußter Vorgriff auf Mi 5,9-13 verstanden werden kann. Und dort ist eben Jhwh Subjekt der הכרתי-Sätze, weshalb wohl auch Mi 5,8 nur als Anrede an Jhwh verstanden werden kann. Daß sich dabei zwischen Mi 5,8 und 5,9 ein Wechsel von der Anrede an Gott hin zur Gottesrede findet, ist angesichts der einführenden Redeformel in 5,9, die diesen Wechsel klar markiert, unproblematisch. Im Gegenteil: Mi 5,9-13 liest sich im vorliegenden Textverlauf wie die Reaktion Gottes auf die Aufforderung in 5,8.

104 Siehe hierzu auch unten 167. Dabei meinte schon Wolff, BK 14,4, 130, daß die Redaktoren des Nachtrags von V.8 die folgenden Worte in 5,9ff als gegen die Völker gerichtet verstanden haben. Da ein solches Verständnis von 5,9ff für sich allein genommen allerdings nicht nahe liegt, scheint die wahrscheinlichere Alternative, daß die Redaktoren mit 5,8 die folgenden Verse sehr bewußt gegen die Völker umgedeutet haben.

105 Siehe zu Mi 2,12-13 oben 148-153.

Und schließlich wurde in 4,1-4; 5,6, also jeweils vor die völkerfeindlichen Passagen in 4,6ff; 5,7ff und als bewußter Kontrast hierzu, ein völkerfreundliches Wort gestellt.

Als vereinzelte Bearbeitungen, ohne weiteren Zusammenhang im sonstigen Michabuch, sind Mi 5,2.3*(וישב).4b.5a.5b aufzufassen, wobei diese Nachträge wohl in mehreren Schritten in das Buch gelangt sind.

2.3.2.3 Das Reinigungsgericht Micha 5,9-14

Mi 5,9-14 ist ein Wort, das von einer umfassenden Reinigung des Volkes ausgeht. Mit der immer wiederkehrenden Formulierung והכרתי wird hier neben der Vernichtung von Pferden und Streitwagen sowie der gesamten Städte vor allem eine kultische Reinigung angesagt, die Zauberer und Beschwörer ebenso treffen wird wie die Götzenbilder.

Innerhalb von Mi 5,9-14 ist sicherlich der abschließende Vers 5,14 sekundär.[106] Denn dieser lenkt, durch Perfekt consecutiv unmittelbar an die vorangehenden Sätze, die ausnahmslos im Perfekt consecutiv formuliert sind, angeschlossen, die Aussage von Mi 5,9-13 auf die Völker, die nicht gehört haben, um. Die Intention dieses Nachtrags kann dann, was bislang noch zu wenig beachtet wurde, doch nur darin bestehen, den gesamten Textbereich 5,9-13, bei dem kein Adressat genannt ist, eben auf die Völker zu beziehen. So paßt Mi 5,14 mit dem Nachtrag in Mi 5,8 zusammen, der mit der Nennung der Feinde, die vernichtet werden sollen (כרת), im Anschluß an den völkerfeindlichen Vers Mi 5,7 ebenfalls nur als nachträgliche Umdeutung von Mi 5,9-13 als Gerichtswort gegen die Völker verstanden werden kann.[107] Interessant ist in diesem Zusammenhang, daß schon die Targume Mi 5,9-13 als an die Völker gerichtet aufgefaßt haben, was doch nur auf die vorgeschlagene Interpretation von Mi 5,8.14 zurückgehen kann.[108]

---

106 Vgl. etwa Wolff, BK 14,4, 126; Zapff, Studien, 118f; Albertz, Exilszeit, 170; Wagenaar, Judgement, 310f; Jeremias, Micha 4-5, 110 Anm. 49. Dabei wird von Wolff, Zapff und Jeremias auch Mi 5,13 für sekundär erachtet, wobei v.a. darauf hingewiesen wird, daß dieser Vers nicht mit והכרתי eingeleitet wird und die Erwähnung der Städte in 5,13b eine Dopplung zu 5,10 darstellt. Da sich jedoch neben diesen rein formalen Kriterien keine wirklich inhaltlichen Differenzen feststellen lassen und die erneute Erwähnung der Städte gut als bewußte abschließende Wiederaufnahme verstanden werden kann, ist von einer solchen Scheidung abzusehen.

107 So auch Renaud, Formation, 265; Zapff, Studien, 119; Wagenaar, Judgement, 315.

108 Daß bei den Targumen die einzelnen Aussagen direkt auf die Völker (עממיא) bezogen sind, ist natürlich noch kein direkter Hinweis darauf, daß die Redaktoren mit 5,8.14 genau diese Intention verfolgt haben. Doch ist aufgrund dieser Lesung immerhin klar, daß die Aussagen

Mi 5,9-13 selbst wird nun bisweilen der dtr. Redaktion des Michabuches zugewiesen.[109] Und tatsächlich finden sich hier einige Parallelen im Bereich der dtn.-dtr. Literatur wie auch unter den bislang der dtr. Redaktion des Michabuches zugewiesenen Passagen. So erinnern insbesondere die gegen Zauberer, Beschwörer und Götzenbilder gerichteten Vernichtungsansagen an die durchgängig kultkritische Ausrichtung des DtrG. Dabei kommt der Begriff der Beschwörung (ענן) mehrfach im dtn.-dtr. Bereich vor,[110] פסיל und מצבה sind neben Mi 5,12 überhaupt nur noch in Dtn 7,5; 12,3 nebeneinander genannt, und auch אשרה ist überwiegend im Bereich der dtn.-dtr. Literatur belegt.[111] Bedeutend ist zudem, daß sich innerhalb des Michabuches eine deutliche Beziehung zwischen Mi 5,9-13 und dem dtr. Nachtrag 1,5b-7 aufzeigen läßt.[112] Denn neben der allgemein kultkritischen Ausrichtung von Mi 1,5b-7 findet sich auch eine deutliche Stichwortverbindung über פסיל zwischen Mi 1,7 und 5,12, wobei ja schon für Mi 1,7 eine enge terminologische Beziehung zu Dtn 7,5; 12,3 aufweisbar war,[113] wie sie sich nun auch für Mi 5,12 gezeigt hat.

Im Kontext von Mi 4-5 dürfte der Nachtrag 5,9-13 wohl im Anschluß an die Zufügungen in 4,9-10*.11.14 erfolgt sein.[114] Wenn nämlich die oben vorgeschlagene kompositionelle Stellung von 4,9-10*.11.14 als Pendant zu Mi 2,12-13* richtig sein sollte, wobei diese beiden Worte die beiden Gerichtswortsammlungen Mi 2,1-11 und Mi 3,1-12 jeweils aktualisierend

---

von Mi 5,9-13 als gegen die Völker gerichtet verstanden werden konnten, was die dargestellte Intention der Nachträge in 5,8.14 stützt.

109 So Jeremias, Deutung, 343-346.351, und Albertz, Exilszeit, 170. Allerdings hat sich Jeremias in der neueren Arbeit Micha 4-5, 106-114, hiervon wieder abgewendet und siedelt Mi 5,9-13 nun auf einer Ebene mit oder zumindest im Umfeld von 4,11-13 an. Doch dürfte seine ältere These angesichts der im folgenden dargestellten terminologischen und inhaltlichen Verbindungen zur dtn.-dtr. Literatur und zu dem dtr. Nachtrag in Mi 1,5b-7 eher zutreffen, da sich nicht recht einzusehen, was das völkerfeindliche Wort 4,11-13 mit 5,9-13 verbindet. Daß beide Worte Bezüge zu anderen Büchern des Zwölfprophetenbuches aufweisen, wie Jeremias meint, ist zunächst noch kein klarer Hinweis auf die redaktionsgeschichtliche Stellung im Buch.
   Wolff, BK 14,4, 127; Otto, Techniken, 144f; Kessler, Micha, 46, setzen demgegenüber Mi 5,9-13 auf einer Ebene mit 4,1-4 an. Doch läßt sich dieser Zusammenhang nur sehr allgemein über die Zerstörung des Kriegsgeräts herstellen. Die völkerfreundliche Tendenz von Mi 4,1-4 fehlt hingegen in 5,9-13 gänzlich, und in 4,1-4 findet sich wiederum keine Entsprechung zur kultkritischen Ausrichtung von 5,9-13, so daß auch dieses Modell nicht wirklich überzeugt.
110 Vgl. Dtn 18,10.14; Ri 9,37; 2 Kön 21,6. Sonst nur noch Lev 19,26; Jes 2,6; 57,3; Jer 27,9 sowie 2 Chr 33,6 (par. 2 Kön 21,6).
111 Bei insgesamt 40 Belegen im AT kommt אשרה außerhalb des DtrG und den hiervon zumeist abhängigen Stellen der Chronik nur noch in Ex 34,13; Jes 17,8; 27,9; Jer 17,2 vor.
112 So schon Albertz, Exilszeit, 169.
113 S.o. 142.
114 Daß Mi 5,9-13 ursprünglich an 4,9-14* anschloß, hat schon Zapff, Studien, 121, vermutet. Allerdings konnte dies bislang noch nicht wie im folgenden aus der Komposition des Michabuches heraus begründet werden.

abschließen, so wäre die Stellung von 4,9-10*.11.14 kaum verständlich, wenn 5,9-13 bereits Teil des Michabuches gewesen wäre, da dann auch dieses Gerichtswort sicherlich noch zur zweiten Teilsammlung Mi 3 hinzugenommen worden wäre und die עתה-Worte Mi 4,9-10*.11.14 dann erst hinter 5,9-13 gestellt worden wären. Andererseits geht Mi 5,9-13 der völkerfeindlichen Schicht des Michabuches voraus, wie die dieser Schicht zuzuordnenden Nachträge 5,8.14, die 5,9-13 voraussetzen, sicher zeigen.

So handelt es sich also bei Mi 5,9-13 um einen Nachtrag, der das bestehende Michabuch um ein Reinigungsgericht fortschreibt und der dtr. Bearbeitung des Michabuches zugewiesen werden kann.

Mi 5,14 ist demgegenüber Teil der völkerfeindlichen Bearbeitung des Michabuches, die zusammen mit 5,8 das Reinigungsgericht von 5,9-13 auf die Völker umlenkt. Dies entspricht dem in Mi 4-5 insgesamt erkennbaren Anliegen dieser Redaktion, die beiden Kapitel mittels der Nachträge 4,6-7.10*.12-13; 5,7-8.14 auf ein Gericht an den Völkern umzuschreiben und die gegen das eigene Volk gerichteten Worte in diesem Textbereich entweder, wie bei 4,9-14, als vorläufiges Gericht darzustellen, oder, eben bei 5,9-13, direkt auf die Völker zu beziehen. Angesichts der schon häufig erkannten Verbindung zwischen dem oben als sekundär erwiesenen Höraufruf an die Völker in Mi 1,2 und Mi 5,14, wo ja gerade von den Völkern die Rede ist, die nicht gehört haben, dürfte nun auch Mi 1,2 dieser völkerfeindlichen Schicht zuzuweisen sein.[115]

2.3.2.4 Zusammenfassender Überblick über die Entstehung von Micha 4-5

Angesichts der Komplexität der für Mi 4-5 angenommenen Redaktionsgeschichte sollen die einzelnen Schichten und deren kompositionelles Gepräge hier noch einmal im Überblick dargestellt werden.

Als erster Nachtrag, der wohl unmittelbar auf die Grundschicht des Buches folgt und mit der Überarbeitung in 2,12.13* in Verbindung steht, wurden die drei עתה-Worte Mi 4,9.10*.11.14 eingefügt, die die akute Gefährdung von König und Stadt sowie die drohende Exilierung der Bevölkerung thematisieren. Auf dieses Wort folgte das Reinigungsgericht in Mi 5,9-13, das von einer umfassenden Läuterung des Volkes, in militärischer wie kultischer Hinsicht, ausgeht:

---

115 Zum Zusammenhang von Mi 1,2; 5,14 vgl. etwa Lescow, Micha 1-5, 58; Wolff, BK 14,4, 126; Kessler, Micha, 82.248; Albertz, Exilszeit, 170; Wagenaar, Judgement, 314f; Jeremias, Micha 4-5, 110 Anm. 49.

```
┌─────────────────────────────────────────┐
│ 4,9.10*.11.14: Bedrängnis Zions          │
└─────────────────────────────────────────┘

        ┌───────────────────────────────────────┐
   ←    │ 5,9-13: Reinigungsgericht             │
        └───────────────────────────────────────┘
```

Eine weitere Redaktion gab dem gesamten Textbereich durch ringförmig um die bestehenden Einheiten gelegte Nachträge eine neue Gestalt mit insgesamt völkerfeindlicher Tendenz.[116] Dabei wurden zunächst die עתה-Worte in 4,9.10*.11.14, ausgehend von der dort impliziten Exilierungs-ansage, so umgearbeitet, daß nun Rettung durch das Gericht hindurch verheißen wird, zunächst durch die Sammlung eines Rests und sodann durch den von Jhwh unterstützten Kampf dieses Rests gegen die Völker. Das Reinigungsgericht von 5,9-13 wurde dabei durch die Nachträge 5,8.14 überhaupt als ein gegen die Völker gerichtetes Wort umgedeutet:

```
        ┌───────────────────────────────────────┐
   ←    │ 4,6-7: Sammlung eines Rests           │
        └───────────────────────────────────────┘

┌───────────────────────────────┐        ┌───────────────────────────────┐
│ 4,9.10*.11.14: Bedrängnis Zions│   ←    │ 4,10*.12-13: Sammlung /       │
└───────────────────────────────┘        │ Gericht an den Völkern        │
                                          └───────────────────────────────┘

        ┌───────────────────────────────────────┐
   ←    │ 5,7-8: Gericht an den Völkern         │
        └───────────────────────────────────────┘

┌───────────────────────────────────────┐
│ 5,9-13: Reinigungsgericht             │
└───────────────────────────────────────┘

        ┌───────────────────────────────────────┐
   ←    │ 5,14: Gericht an den Völkern          │
        └───────────────────────────────────────┘
```

Angesichts der in den עתה-Worten impliziten Ansage des Endes des König-tums wurden mit 4,8; 5,1.3*.4a nochmals zwei Nachträge direkt um diese Worte gelegt, die nun erneute Herrschaft verheißen:

---

[116] Auf die Bedeutung von Ringstrukturen für die Komposition von Mi 4-5 hat schon Otto, Techniken, 140-147, hingewiesen. Allerdings hat er die verschiedenen redaktionellen Ebenen noch anders bestimmt und zudem ausnahmslos auf Ringstrukturen geachtet, weshalb der Zusammenhang zwischen Mi 4,1-4 und 5,6, wo es sich eben um eine bewußte Voranstellung völkerfreundlicher Worte vor völkerfeindliche Worte handelt, unerkannt blieb. Zur in diesem Zusammenhang von Otto vorgenommenen Zusammenstellung von Mi 4,1-4 mit 5,9-13, die angeblich einen Ring um die vorgegebene Komposition bilden, s.o. 168 Anm. 109.

4,6-7: Sammlung eines Rests

        ← | 4,8: Neue Herrschaft |

4,9-14: Bedrängnis/Rettung Zions

        ← | 5,1.3*.4a: Neue Herrschaft |

5,7-14: Gericht an den Völkern

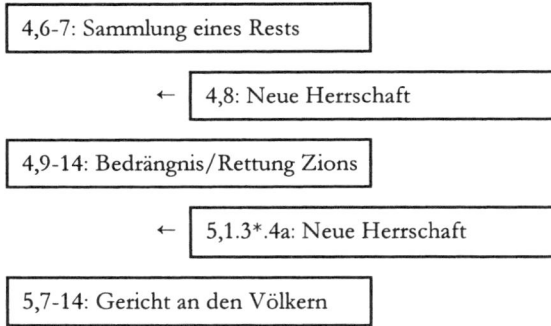

Und schließlich wurden, in Opposition zu den völkerfeindlichen Stellen und jeweils vor diesen Stellen, völkerfreundliche Überarbeitungen zugefügt, die, wie die Formel באחרית הימים in 4,1 deutlich zeigt, nun ihrerseits über die Zeit des Gerichts an den Völkern hinausblicken und auch für diese die heilvolle Zuwendung Jhwhs verheißen:

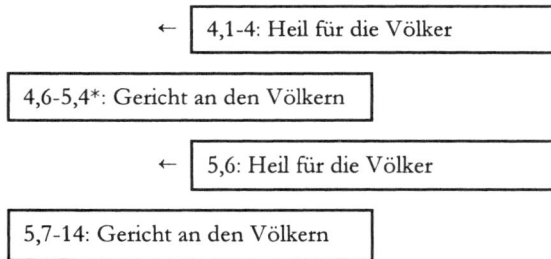

        ← | 4,1-4: Heil für die Völker |

4,6-5,4*: Gericht an den Völkern

        ← | 5,6: Heil für die Völker |

5,7-14: Gericht an den Völkern

Durch die Abfolge dieser Redaktionen entstand ein Textkomplex mit teils gegensätzlichen Aussagen, die aber in einem sehr bewußten zeitlichen Verhältnis zueinander stehen. Die einzelnen Redaktorenkreise kritisierten also nicht die bisherige Textgestalt, sondern differenzierten diese, indem sie jeweils eine zeitliche Beschränkung des Gerichtshandelns annahmen und über diese Beschränkung hinausblickten.

2.3.3 Die dritte Wortsammlung Micha 6-7

2.3.3.1 Die Gerichtsworte Micha 6

Eingeleitet mit einem Höraufruf beginnt in Mi 6,1 eine neue Sammlung. Hier wird zunächst in 6,1-5 ein Gerichtsverfahren geschildert, bei dem Jhwh, unter Verweis auf Exodus und Wüstenzeit, das Volk anklagt. In 6,6-8 findet sich daraufhin die bekannte Reflexion darüber, wie Jhwh zu begegnen ist, und in 6,9-16 ein Gerichtswort, das vor allem wirtschaftliche Ausbeutung anprangert.

Mit Blick auf Mi 6,1-8 ist zunächst relativ unumstritten, daß bei der doppelten Einleitung 6,1-2 der erste Höraufruf in 6,1 erst sekundär in den vorliegenden Kontext gelangt ist.[117] Denn nach der mit אמר in 6,1a eingeleiteten Gottesrede von 6,1b verwundert der erneute Höraufruf in 6,2, bei dem von Jhwh wieder in 3. Person die Rede ist. Vor allem aber findet sich in Mi 6,1 gegenüber 6,2 ein anderes Setting: Während in 6,2 die Berge und die Grundfesten der Erde in dem hier inszenierten Gerichtsverfahren die Funktion der Zeugen übernehmen, kommt den Bergen und Tälern in 6,1 die Stellung des Angeklagten zu. Denn entgegen allen Versuchen, die beiden Verse zu harmonisieren,[118] kann ריב mit der Präposition את, wie in Mi 6,1, doch nur als „Rechtsstreit gegen", hier also gegen Berge und Täler, verstanden werden.[119]

Nun wurde schon häufiger vermutet, daß der Rechtsstreit gegen Berge und Täler, zu dem hier aufgerufen wird,[120] auf die Völker zu beziehen ist.[121] Zwar fehlen für diese These wirklich überzeugende Parallelen,[122] doch legt der Kontext des Michabuches tatsächlich eine solche Deutung nahe.[123] Denn im direkt vorangehenden Vers Mi 5,14 ist von Völkern die Rede, die nicht gehört haben. Wenn nun also in Mi 6,1 erneut zum Hören aufgerufen

---

117   Vgl. etwa Sellin, KAT 12, 294; Willi-Plein, Vorformen, 97; Mays, Micah, 128f; Wolff, BK 14,4, 139; Werner, Kurzformel, 235; Otto, Techniken, 149; Oberforcher, NSK.AT 24,2, 123; Albertz, Ganges, 47; Metzner, Kompositionsgeschichte, 159; Schart, Entstehung, 191. Auch Kessler, Micha, 258f, erkennt zwar die Spannungen zwischen Mi 6,1 und 6,2, er sieht darin allerdings keinen ausreichenden Grund, Mi 6,1 als Nachtrag aufzufassen. Doch wird die im folgenden vorgestellte Verbindung dieses Verses mit weiteren Nachträgen im Michabuch durchaus für eine redaktionsgeschichtliche Lösung sprechen.

118   So fassen etwa Robinson, HAT 14, 144; Rudolph, KAT 13,3, 109; Lescow, Micha 6-7, 183; Mays, Micah, 131, את ריב in Mi 6,1 als „Rechtsstreit in Anwesenheit von" auf, wobei Mays auf Gen 20,16; Jes 30,8 verweist. Doch ist an diesen angeblichen Parallelstellen ריב überhaupt nicht belegt, so daß sich vom dortigen Gebrauch der Präposition את noch nichts über die Verwendung im Zusammenhang mit ריב sagen läßt.

119   Vgl. Ri 8,1; Jes 45,9; 50,8; Jer 2,9; Spr 23,11; 25,9; Neh 5,7; 13,11.17.

120   Unklar ist, wer hier eigentlich zum Rechtsstreit mit den Bergen aufgerufen wird. Während der pluralisch formulierte Höraufruf, wie sich im folgenden zeigen wird, am besten auf die Völker zu beziehen ist, ist der Bezug der in der 2.sg. formulierten Aufforderung zum Rechtsstreit in 6,1b nicht deutlich. So muß letztlich offenbleiben, ob hiermit, wie Rudolph, KAT 13,3, 109, meint, der Prophet angesprochen ist, oder, wie etwa Wolff, BK 14,4, 146, vorschlägt, das Volk.

121   So auch Wolff, BK 14,4, 139.146; Oberforcher, NSK.AT 24,2, 123; Albertz, Ganges, 47; Metzner, Kompositionsgeschichte, 159; Schart, Entstehung, 191; Kessler, Micha, 262.

122   Wolff, BK 14,4, 146, weist in diesem Zusammenhang auf Nah 1,5 hin, wo sich ein Bezug der Berge auf die Völkerwelt allerdings nicht wirklich nahelegt, sondern eher die Berge im ganz wörtlichen Sinne im Blick sind.

123   Vgl. zum Folgenden v.a. Wolff, BK 14,4, 142.

wird und dieser Höraufruf im Gegensatz zu Mi 6,2 eben nicht an Israel gerichtet ist, so kann dies doch nur als gegen die Völker gerichtet verstanden werden. Sie, die sich bislang gerade durch ihr Nicht-Hören ausgezeichnet haben, werden hier erneut zum Hören aufgefordert. Für diese Deutung spricht auch die Parallele in dem Vers Mi 1,2, der bereits auf derselben Ebene wie 5,14 angesetzt werden konnte.[124] Denn auch dort findet sich ein Höraufruf an die Völker, und auch dort ist mit der Darstellung Jhwhs, der als Zeuge (עד) gegen sie auftritt, die Situation des Gerichtsverfahrens vorausgesetzt.[125]

Wenn Mi 6,1 aber tatsächlich gegen die Völker gerichtet ist, dann wird dieser Vers, was bislang kaum gesehen wurde, wohl auch literarisch auf einer Ebene mit Mi 1,2; 5,14 und daher insgesamt auf einer Ebene mit den völkerfeindlichen Überarbeitungen in Mi 1-5* anzusetzen sein.[126] Denn hier wie dort handelt es sich um dieselbe Tendenz, insofern gegen Israel gerichtete Worte einen Rahmen erhalten, der gegen die Völker gerichtet ist. Zudem ist bei Mi 6,1 dieselbe Kompositionstechnik erkennbar wie bei den Nachträgen in Mi 1-5*, wird doch in 6,1 ein einzelner, gegen die Völker gerichteter Vers vor Worte gegen das eigene Volk gesetzt, während die Völker erst wieder nach diesen Worten, und dann umfassender, in 7,8-20 zum Thema werden. Genau diese Makrostruktur zeigt sich doch auch in Mi 1-5, wo zunächst nur der Vers Mi 1,2 vor die gegen das eigene Volk gerichtete Sammlung Mi 1-3 gesetzt wurde, während Mi 4-5 dann insgesamt völkerfeindlich überarbeitet ist. Und schließlich wird der Nachtrag in Mi 1,2 überhaupt erst von Mi 6 her verständlich, insofern nämlich die dort vorausgesetzte Gerichtssituation nicht schon in Mi 4-5, sondern erst in Mi 6,2-5 wieder aufgenommen wird. So scheint schon Mi 1,2 unter Kenntnis von Mi 6,2-5 gestaltet zu sein.[127]

---

124 S.o. 169.
125 S.o. 139 mit Anm. 8.
126 Bislang wurde erst von Metzner, Kompositionsgeschichte, 159, überlegt, ob Mi 6,1 nicht auf derselben Ebene anzusetzen ist wie Mi 1,2; 5,14. Allerdings hat Metzner diese Vermutung mit einem Fragezeichen versehen und vor allem noch nicht, wie im folgenden, aus der Komposition des Michabuches heraus begründet.
127 Der Zusammenhang von Mi 6,1 mit der völkerfeindlichen Überarbeitung wurde bislang wohl auch deshalb nicht erkannt, da häufig angenommen wird, daß Mi 5,14 aufgrund seiner Funktion als Rahmen zu Mi 1,2 als ursprünglicher Buchschluß anzusehen ist; vgl. unter den neueren Ansätzen etwa Kessler, Micha, 46; Albertz, Exilszeit, 170; Wagenaar, Judgement, 324. Doch konnte gerade deshalb der Zusammenhang von Mi 6-7 mit den Schichten in Mi 1-5 noch nicht wirklich erklärt werden, da 1,2; 5,14 ja allgemein zu den späten Nachträgen in diesem Bereich gerechnet werden und Mi 6-7 dann insgesamt noch später angesetzt werden muß. Erkennt man aber die kompositionelle Parallele zwischen Mi 1-5 und 6-7, die darin besteht, daß beide Textbereiche von völkerfeindlichen Passagen gerahmt sind, und versteht Mi 5,14 daher nicht als Buchschluß, sondern nur als Abschluß eines von zwei Durchläufen der völkerfeindlichen Schicht, so hat dies insgesamt den Vorteil, daß dann sowohl die völkerfeindliche Überarbeitung in Mi 6-7 als auch die dieser Redaktion vorausgehende

Bei den folgenden Worten Mi 6,2-8 ist in neuerer Zeit relativ unumstritten, daß es sich hier im wesentlichen um einen einheitlichen Zusammenhang handelt.[128] Dabei wird aber vor allem damit argumentiert, daß die Reflexion, wie Jhwh zu begegnen ist, in Mi 6,6-8 den vorangehenden Aufruf zum Gerichtsverfahren voraussetzt und dabei gewissermaßen die in Mi 6,3 geforderte Antwort auf die Anklage Jhwhs darstellt. Das heißt aber noch nicht, daß auch umgekehrt Mi 6,2-5 die folgenden Verse 6,6-8 voraussetzt. Schließlich spricht einiges dafür, daß es sich bei Mi 6,6-8 um einen Nachtrag handelt.[129] Denn zunächst kommt 6,6-8 als Antwort auf 6,3 zu spät und nimmt auf die Anklage Jhwhs in 6,2-5 nicht wirklich Bezug. Überhaupt wird der Sprecherwechsel von Mi 6,5 zu 6,6 nicht angezeigt. Es antwortet auch nicht wie in 6,3 gefordert das Volk, sondern ein einzelner, wobei in der Reaktion in 6,8 ganz allgemein von „dem Menschen" (אדם) die Rede ist. Und schließlich ist die Frage nach der Bedeutung des Opferdienstes in 6,2-5 nicht vorbereitet.

Bei Mi 6,2-5 ist nun 6,4b-5 als Nachtrag zu verstehen.[130] Denn zum einen zeigt sich hier ein unerwarteter Übergang zu Verben im Narrativ, zum anderen verwundert, daß die Erwähnung von Mose, Miriam und Aaron erst nach dem Verweis auf die Herausführung aus Ägypten erfolgt.

Es verbleibt also ein Grundbestand bei Mi 6,1-8, der die Verse 6,2-4a umfaßt. Und dieser Grundbestand dürfte nun der dtr. Redaktion des Michabuches zuzuweisen sein.[131] Denn der Exodusverweis in 6,4a erinnert deut-

---

Schicht mit den Fortschreibungen in Mi 1-5 in Verbindung gebracht werden können, was insgesamt ein wesentlich stimmigeres redaktionsgeschichtliches Modell ergibt.

128 Vgl. etwa Willi-Plein, Vorformen, 99; Wolff, BK 14,4, 140; Hillers, Micah, 77; Werner, Kurzformel, 235-237; Albertz, Ganges, 47f; Metzner, Kompositionsgeschichte, 169; Kessler, Micha, 258.

129 Schon Marti, KHC 13, 291, setzt Mi 6,1-5 und 6,6-8 auf unterschiedlichen Ebenen an, allerdings sah er noch in 6,6-8 das ursprüngliche Überlieferungsstück, das dann in 6,1-5 eine nachträgliche Einleitung erhalten hat. Demgegenüber betonen Mays, Micah, 138; Lescow, Micha 6-7, 46f; ders., Micha 6-7, 187, den gegenüber 6,1-5 sekundären Charakter von 6,6-8.

130 Vgl. Marti, KHC 13, 291; Lescow, Micha 6-7, 185f.

131 So meinte schon Cornill, Einleitung, 214: „Wir befinden uns hier schon in der Richtung auf das Dtn, atmen sozusagen schon deuteronomische Luft." Und auch Deissler, Micha 6,1-8, 231, erkannte das dtr. Vokabular von Mi 6,2-4a, wenngleich er diese Verse dennoch dem Propheten zuschrieb. Eine Zuweisung zur dtr. Redaktion des Michabuches wird demgegenüber von Wolff, BK 14,4, 143f; Otto, Techniken, 148; Nogalski, Precursors, 141-144; Schart, Entstehung, 191-197, angenommen.
Dabei wird in den genannten Ansätzen stets auch Mi 6,6-8 als dtr. bezeichnet. Doch halten sich die konkreten Parallelen hierzu in Grenzen. Zwar zeigen sich tatsächlich einige Bezüge zu Dtn 10,12-22 (vgl. Wolff, ebd.), doch fehlt zu der prinzipiell opferkritischen Reflexion in 6,6-8 eine klare Parallele im Bereich der dtr. Literatur, die doch in ihrer Kritik eher an Fremdkulten orientiert ist und noch nicht die Alternative zwischen einem kultischen und einem eher verinnerlichten Gottesverhältnis kennt. Auch die von Wolff, a.a.O., 144, genannten Parallelen in den dtr. Passagen des Amos- und des Jeremiabuches lassen nicht dieselbe

lich an die dtn.-dtr. Literatur. Dort kommen zwar zumeist Formulierungen
mit יצא und nicht wie hier mit עלה hi. vor,[132] doch sind bei Mi 6,4a sowohl
das Verb פדה im Zusammenhang der Exodustradition als auch die Wendung בית עבדים sogar typisch dtr. Formulierungen.[133]
   Bei dem folgenden Gerichtswort Mi 6,9-16 ist der Zusammenhang zu
den vorangehenden Versen unklar. In 6,9 findet sich mit קול יהוה לעיר
יקרא eine neue Redeeinleitung, die nun nicht mehr wie 6,2 an Israel, sondern an „die Stadt" adressiert ist. Dennoch dürfte Mi 6,9 die ursprüngliche
Fortsetzung von 6,2-4a sein. Denn zum einen hinterläßt Mi 6,2-4a einen in
sich noch recht unabgeschlossenen Eindruck, da sich hier ja noch keine
konkreten Verfehlungen finden.[134] So kann Mi 6,9ff als die eigentliche
Anklage verstanden werden und 6,2-4a als Einleitung hierzu, die noch auf
einer prinzipielleren Ebene das Folgende als Gerichtsverfahren einführt.
Zudem spricht für den Zusammenhang von 6,2-4a und 6,9-16, daß auch
diese Verse am ehesten der dtr. Redaktion des Michabuches zuzuweisen
sind.[135] Denn schon die Formulierung קול יהוה ist überwiegend im Bereich
der dtn.-dtr. Literatur belegt.[136] Die Thematik der falschen Gewichte findet
sich auch in Dtn 25,13-16, wobei die Begriffe אבן und כיס neben Spr 16,11
nur noch in Dtn 25,13 und Mi 6,11 zusammen belegt sind. Und schließlich
erinnert natürlich vor allem der Nichtigkeitsfluch[137] in Mi 6,14-15 neben Lev
26,26 an die entsprechenden Formulierungen in den dtn. Fluchkapiteln Dtn
28,30-31.39-41.
   Innerhalb von Mi 6,9-16 wird nun zum einen die nur schwer verständliche Wendung ותושיה יראה שמך in 6,9aβ sekundär sein, die allein schon
dadurch auffällt, daß sie nach der Rede von Jhwh in 3. Person in direkter

---

prinzipielle Haltung gegenüber dem Opferkult wie Mi 6,6-8 erkennen, sondern prangern eher
die gegenwärtige Kultpraxis angesichts sozialer Mißstände an.

132 Siehe zur Problematik der Exoduserwähnung mit עלה hi. oben 80 Anm. 88.

133 פדה kommt im Zusammenhang der Exodustradition neben Dtn 7,8; 9,26; 13,6; 15,15; 24,18;
2 Sam 7,23 nur noch in 1 Chr 17,21 vor. בית עבדים ist mit Bezug auf die Ägyptenzeit in Ex
13,3.14; 20,2; Dtn 5,6; 6,12; 7,8; 8,14; 13,6.11; Jos 24,17; Ri 6,8; Jer 34,13 belegt.

134 Dies wird häufig als Argument vorgetragen, daß Mi 6,6-8 auf einer Ebene mit Mi 6,2-5
anzusetzen ist; vgl. etwa Wolff, BK 14,4, 140; Hillers, Micah, 77; Werner, Kurzformel, 236;
Albertz, Ganges, 48. Doch angesichts der hiermit verbundenen Probleme ist Mi 6,9ff
mindestens ebensogut als ursprüngliche Fortsetzung von Mi 6,2-4a zu verstehen.

135 So auch schon Otto, Techniken, 147; Nogalski, Precursors, 141-144; Schart, Entstehung, 199.

136 Bei 47 Belegen von קול יהוה im AT entfallen 22 auf das DtrG (Dtn 5,25; 8,20; 13,19; 15,5;
18,16; 26,14; 27,10; 28,1.2.15.45.62; 30,8.10; Jos 5,6; 1 Sam 12,15; 15,19.20.22; 28,18; 1 Kön
20,36; 2 Kön 18,12) und weitere zehn auf das Jeremiabuch (Jer 3,25; 7,28; 26,13; 38,20;
42,6.13.21; 43,4.7; 44,23), wobei die meisten dieser Stellen gemeinhin JerD zugewiesen
werden. Thiel, Jeremia 26-45, 67, verwendet im Rahmen seiner Untersuchungen zu Jer 42-43
die Wendung שמע בקול יהוה sogar als Kriterium für die Zuweisung einzelner Verse zur
dtr. Schicht.

137 Vgl. hierzu Podella, Notzeit-Mythologem, 427-454.

Anrede formuliert ist.[138] Und auch V.16 ist nicht zum ursprünglichen Bestand dieser Einheit zu rechnen,[139] handelt es sich doch hier wie in 6,4b-5 um einen nachträglichen Bezug auf die frühere Geschichte Israels, der zudem aus dem vorliegenden Kontext heraus nicht zu erklären ist, da die kultkritische Ausrichtung dieses Verses nicht zu den sozialkritischen Anklagen in 6,10-12 paßt.[140]

So ist bei Mi 6,1-16 also ein Grundbestand zu erkennen, der die Verse 6,2-4a.9aαb.10-15 umfaßt.[141] Diese Verse sind der dtr. Redaktion des Michabuches zuzuweisen. Dabei wird erst die weitere Betrachtung dieser Redaktion im Kontext des Zwölfprophetenbuches erklären können, warum nach dem Gerichtswort 5,9-13 dem Michabuch ein weiterer Nachtrag zugefügt

---

138 Vgl. etwa Marti, KHC 13, 294; Mays, Micah, 146; Wolff, BK 14,4, 159f; Metzner, Kompositionsgeschichte, 45; Kessler, Micha, 277, u.a.

139 So, wenn auch im einzelnen mit Unterschieden, Jeremias, Deutung, 342; Willi-Plein, Vorformen, 103f; Mays, Micah, 148; Wolff, BK 14,4, 163; Otto, Techniken, 148; Metzner, Kompositionsgeschichte, 85; Kessler, Micha, 276f.

140 Nicht zuletzt wegen Mi 6,16 wurde immer wieder vermutet, daß Mi 6-7, oder Teile davon, ursprünglich gegen das Nordreich gerichtet waren; vgl. etwa Burkitt, Micah 6 and 7, 160; van der Woude, Deutero-Micha, 377f; Willis, Hope Oracle, 70; Strydom, Micah, 20f; Wagenaar, Judgement, 50. Doch trotz der geographischen Angaben hier und in 7,14 finden sich in Mi 6-7 keine konkreten Hinweise darauf, daß das Nordreich wirklich als Adressat dieser beiden Kapitel anzunehmen ist. Auch die in diesem Zusammenhang immer wieder vorgetragenen traditionsgeschichtlichen Argumente, wonach etwa die Exodustradition aus dem Norden stammt, können eine solche These kaum begründen. Denn letztlich, so Kessler, Micha, 255, zurecht, waren all diese Orte und Traditionen auch im Süden bekannt und da das Nordreich eben nicht explizit angesprochen ist, bleibt die Nordreich-Hypothese ohne Anhalt.

141 Gerade mit Blick auf Mi 6,9-15 werden noch weitere literarkritische Eingriffe vorgenommen. V.a. wird dabei versucht, aus dem Nichtigkeitsfluch 6,14-15 einen nach formalen Kriterien glatteren Grundbestand herauszuarbeiten; vgl. etwa Jeremias, Deutung, 340f; Willi-Plein, Vorformen, 102f; Wolff, BK 14,4, 162f. Darüber hinaus nimmt Kessler, Micha, 275f, sogar an, daß in Mi 6,9-15 die beiden ursprünglich getrennt voneinander überlieferten Worte 6,9a.12-13.14b und 6,9b.10-11.14a.15 zusammengefaßt worden sind, wofür er vor allem auf den Wechsel zwischen Formen in 3.f.sg. und Formen in 2.m.sg. verweist. Auf inhaltlicher Ebene meint Kessler, daß Mi 6,9a.12-13.14b eher am Thema Gewalt, 6,9b.10-11.14a.15 eher an wirtschaftlichen Vergehen orientiert ist.
Entgegen der üblichen Eingriffe in Mi 6,14-15 wird sich aber zeigen, daß die Form des Nichtigkeitsfluches wohl am ehesten bereits im Rahmen der Erstverschriftung durchbrochen wurde; s.u. 263f. Und gegen den Vorschlag von Kessler spricht schon die Tatsache, daß nicht nur 6,14a.15, sondern auch 6,13.14b von Formen der 2.m.sg geprägt ist. Und auch auf inhaltlicher Ebene wird die Rede von einer „betrügerischen Zunge" (לשון רמיה) in 6,12 kaum von der in 6,11 erwähnten Vorteilnahme mit „betrügerischen Waagsteinen" (אבני מרמה) zu trennen sein, werden doch beide Sachverhalte mit einem Wort, das auf die Wurzel רמה zurückgeht, beschrieben; siehe hierzu auch unten 250 mit Anm. 39. Zudem meint auch Kessler, a.a.O., 276, zur Verbindung der von ihm angenommenen vorgegebenen Überlieferungen: „Was daraus entstanden ist, ist ein durchaus konsistenter Prophetenspruch aus Einleitung, Lagehinweis und Zukunftsaussage." Dann ist doch aber eine literarkritische Aufteilung kaum noch notwendig, zumal, wenn sie mit den beschriebenen Schwierigkeiten verbunden ist.

worden ist, der auch noch mit dem Höraufruf in 6,2 eigens eingeleitet wird.[142]

In Mi 6,1 wurde daraufhin eine wohl gegen die Völker gerichtete erneute Einleitung vor diese Worte gestellt. Dieser Nachtrag kann aufgrund der Verbindungen zu Mi 1,2; 5,14 der völkerfeindlichen Redaktion des Michabuches zugewiesen werden.

Die Überarbeitungen in Mi 6,4b-5.16 einerseits und 6,6-8 andererseits sind wohl als vereinzelte Nachträge, ohne weiteren Zusammenhang im sonstigen Michabuch, zu betrachten. Denn sowohl die geschichtlichen Rückverweise in 6,4b-5.16, als auch die Ich-Rede in 6,6-7, die nicht aus der Perspektive des Propheten formuliert ist, sind ohne Parallele im sonstigen Buch.

2.3.3.2 Die Klage des Propheten Micha 7,1-7

In Mi 7,1-7 findet sich eine Klage des Propheten,[143] in der nochmals sozialkritische Anklagen gegen die Führenden des Volkes, gegen deren Bestechlichkeit und Habgier, aber auch gegen die gesamte Bevölkerung angesichts der allseitigen Verrohung vorgebracht werden.

Über die redaktionsgeschichtliche Einordnung dieser Verse herrscht keine Einigkeit. Die Klage wird meist einfach mit Mi 6,1-16* zusammen-

---

142 S.u. 266.
143 Sowohl die Abgrenzung von Mi 7,1-7 als auch die Identität des Sprechers der Einheit sind umstritten. Bei der Abgrenzung wird häufig 7,7 schon zu den folgenden Versen 7,8-10 hinzugenommen; vgl. etwa Stade, Streiflichter, 164; Marti, KHC 13, 296-298; Gunkel, Micha-Schluß, 147; Eißfeldt, Psalm, 65-72; Willis, Hope Oracle, 64-67, und neuerdings Zapff, Studien, 213-221. Doch spricht hiergegen eindeutig die Kopula zu Beginn von V.7, die von den Vertretern einer Abgrenzung von 7,1-6 und 7,7-10 bisweilen, wenn auch grundlos, gestrichen wird; vgl. hierzu etwa Wolff, BK 14,4, 176; Hillers, Micah, 85; Hagstrom, Coherence, 97; Metzner, Kompositionsgeschichte, 87; Kessler, Micha, 286; de Moor, Micah 7:1-13, 150. Als Sprecher in 7,1ff wird immer wieder Jerusalem oder Zion angenommen; vgl. schon Wellhausen, Propheten, 148; sodann etwa Reicke, Traditions, 354; Mays, Micah, 151; Hagstrom, a.a.O., 98f. Doch wird hierfür vorausgesetzt, daß in 7,1-7 von demselben Sprecher wie in 7,8-10 auszugehen ist, wo aufgrund des femininen Suffix bei אלהיך im Zitat der Feindin meist eine feminine Größe als Sprecher angenommen wird, was dann häufig auf Zion gedeutet wird. Doch ist eine solche Annahme schon für 7,8-10 nicht haltbar, s.u. 181f Anm. 160. Und von der gesamten Anlage von 7,1-7 scheint doch eine dem Volk gegenüberstehende Größe wahrscheinlicher, was also insgesamt auf den Propheten als Sprecher weist; vgl. Wolff, a.a.O., 177; Hillers, a.a.O., 85; Metzner, a.a.O., 88; Kessler, a.a.O., 287. Dies wird sich über die Verbindungen der Einheit zu Mi 1-3 bestätigen.

genommen[144] oder aber als vereinzelter Nachtrag angesehen.[145] Jedenfalls scheint der seit Stade in der Forschung etablierte Konsens, daß sich keine dem Grundbestand zuzuordnenden Worte jenseits von Mi 1-3 finden lassen, zu allgemeiner Geltung gelangt zu sein.[146]

Es spricht aber dennoch einiges dafür, Mi 7,1-7 der Grundschicht des Buches zuzuordnen.[147] Darauf weist allein schon die Gestaltung als Klage des Propheten. Während sich nämlich hierzu in den Kapiteln 4-7 keine Parallele findet, erinnert dies doch deutlich an Mi 1,8. Dabei ist sogar die Einleitung in Mi 7,1 mit אללי לי deutlich analog zu אילילה in Mi 1,8 formuliert.[148] Und auch inhaltlich wird der Prophet hier wie dort als einer dargestellt, der in Anbetracht der gesellschaftlichen Zustände leidet.

Eine zweite prinzipielle Entsprechung zu den bislang dem Grundbestand zugewiesenen Passagen findet sich in Mi 7,7. Eingeleitet mit ואני wird hier der Prophet dem sonstigen Volk positiv gegenübergestellt. Er vertraut Gott und wartet auf dessen Eingreifen. Eine solch starke Betonung der Person des Propheten fand sich auch schon im Grundbestand, vor allem in Mi 3,8, wo der Prophet ebenso als positives Gegenbild präsentiert wird, dort im Gegenüber zu den bestechlichen Propheten. Terminologisch entspricht dem adversativen ואני in Mi 7,7 dabei die Wendung ואולם אנכי in Mi 3,8.[149]

Zudem findet sich noch eine inhaltliche Entsprechung zwischen Mi 7,1-7 und dem sonstigen Grundbestand in der Anklage der Bestechlichkeit der Amtsträger in 7,3, was ja zuvor schon das bestimmende Thema von Mi 3,5-7.11 ist. Und schließlich ist noch auf Stichwortverbindungen zum sonstigen Grundbestand zu verweisen: So kommt ישר neben Mi 7,2.4 nur noch in 2,7;

---

144 Vgl. etwa Oberforcher, Entstehung, 153; Zapff, Studien, 222f; Kessler, Micha, 47; Wagenaar, Judgement, 49-54.

145 Vgl. etwa Willi-Plein, Vorformen, 104-106; Mays, Micah, 29; Wolff, BK 14,4, 177; Metzner, Kompositionsgeschichte, 160.

146 Diese von Stade, Bemerkungen, 161-172, bereits 1881 formulierte Annahme findet sich in nahezu allen neueren Einleitungen und Kommentaren, die die redaktionsgeschichtliche Frage überhaupt zulassen; vgl. nur Fohrer, Einleitung, 488-490; Mays, Micah, 23f; Wolff, BK 14,4, XXXVI-XXXVII; Smend, Entstehung, 179f; Kaiser, Grundriß 2, 132; Kessler, Micha, 41f; Zenger, Einleitung, 556.

147 Gegen den herrschenden Konsens hat dies bereits Kessler, Staat, 56f, vermutet. In Micha, 47, ist er von dieser Position jedoch wieder abgerückt und ordnet Mi 7,1-7 nun einer späten Bearbeitung zu.

148 Dabei dürfte es sich bei ילל und אלל um verwandte Wurzeln handeln; vgl. Baumann, Art. ילל, 640. Die Verbindung von Mi 7,1 zu Mi 1,8 hat auch schon Metzner, Kompositionsgeschichte, 160, erkannt, allerdings noch ohne hieraus weitere redaktionsgeschichtliche Konsequenzen zu ziehen.

149 Dieser Bezug von Mi 7,7 auf 3,8 wurde schon häufiger erkannt, vgl. etwa Hagstrom, Coherence, 97; Zapff, Studien, 173; Kessler, Micha, 286, wobei noch nie weiter über den redaktionsgeschichtlichen Hintergrund dieser Verbindung nachgedacht wurde.

3,9 vor; דם ist im Michabuch nur in Mi 7,2 und 3,10 belegt und רע neben 7,3 auch in 2,1.3. Dabei handelt es sich nicht nur um rein terminologische Verbindungen, ist doch in 7,2.4 wie in 2,7 der Aufrichtige gemeint, in 7,2 wie in 3,10 meint דם die Blutschuld, und zwischen 7,3 und 2,1.3 besteht ebenfalls eine deutliche Parallele, insofern beide Male, wenn auch in unterschiedlichen Wendungen, gerade vom Planen des Bösen die Rede ist.

Beachtenswert ist nun angesichts dieser doch erstaunlichen Zahl von inhaltlichen und terminologischen Entsprechungen zu Mi 1-3, daß sich keine nennenswerten Bezüge von Mi 7,1-7 zu Mi 4-7 finden.[150] Da Mi 7,1-7 also Mi 4-7 noch nicht vorauszusetzen scheint, spricht demnach alles dafür, daß diese Einheit eben nur mit dem Grundbestand in Mi 1-3* in Verbindung steht und angesichts der inhaltlichen Entsprechungen sogar mit diesem auf einer Ebene anzusetzen ist.

Gegen die Zuweisung von Mi 7,1-7 zum Grundbestand des Buches wird nun bisweilen vorgebracht, daß sich hier andere Amtsbezeichnungen als in Mi 3 finden und zudem das gesamte Volk angeklagt ist und eben nicht nur die Führungsschicht.[151] Nun wurde aber oben herausgestellt, daß gerade die positive Hervorhebung der Person des Propheten in der Grundschicht auf die Erstherausgeber des Michabuches zurückzuführen ist, deren Tendenz zwar innerhalb dieser Schicht noch zu erkennen, aber allenfalls überlieferungsgeschichtlich und eben nicht mehr literarkritisch abzuheben ist.[152] Und von hier aus dürften auch die unterschiedlichen Amtsbezeichnungen zu erklären sein. Da auch in Mi 7,1-7 die Person des Propheten positiv herausgestellt wird, dürfte es sich hier um einen Bereich handeln, bei dem die Erstherausgeber – zumindest auch – selbst formuliert haben. So werden sich die Amtsbezeichnungen gerade deshalb von Mi 3 unterscheiden. Und auf diesem Wege erklärt sich auch, daß hier neben der Führungsschicht ebenso das gesamte Volk angeklagt wird. Denn schon in den Textbereichen Mi 1,3-5a.8 und Mi 3,8, die ebenfalls mit dem Wirken der Erstherausgeber in Verbindung gebracht wurden,[153] scheint das gesamte Volk ohne weitere Differenzierung Gegenstand der Anklagen zu sein. Das Nebeneinander von allein an den Oberen orientierten Worten einerseits und der Ausrichtung am gesamten Volk andererseits durchzieht also schon ohne Mi 7,1-7 die ge-

---

150 Neben sehr allgemeinen Bezügen, wie איש, ארץ oder בת, finden sich zwischen Mi 7,1-7 und den sonstigen Einheiten in Mi 4-7 nur terminologische Entsprechungen ohne inhaltliche Verbindung; vgl. אסף (7,1 // 4,6.11); נפש (7,1.3 // 6,7); אבד (7,2 // 4,9; 5,9); כף (7,3 // 4,10); שמר (7,5 // 6,16); פתח (7,5 // 5,5); יחל (7,7 // 5,6).

151 Vgl. etwa Wolff, BK 14,4, 177f; Metzner, Kompositionsgeschichte, 161; Zapff, Studien, 167f; Kessler, Micha, 291. Siehe aber zur Frage der Amtsbezeichnungen auch die Entgegnung von Kessler, Staat, 57.

152 S.o. 153f.

153 S.o. 153f.

samte Grundschicht des Buches und wird, da dies literarkritisch nicht mehr aufzulösen ist, eben am besten mit dem Wirken der Erstherausgeber in Verbindung zu bringen sein.

Allenfalls von einigen kleineren Nachträgen abgesehen[154] kann die Klage des Propheten in Mi 7,1-7 also insgesamt der Grundschicht des Buches zugewiesen werden. Daß dieses Wort in der vorliegenden Gestalt des Buches so weit entfernt vom sonstigen Grundbestand in 1-3* steht, dürfte wohl darauf zurückgehen, daß insbesondere das so bedeutende Wort von der Zerstörung des Zion in 3,9-12 mehrfach Nachträge an sich gezogen hat, die dann auch ihrerseits wieder fortgeschrieben wurden.[155]

2.3.3.3 Die Heilsworte Micha 7,8-20

Mi 7,8-20 vereinigt mehrere unterschiedliche Einheiten. Auf die Rede an eine nicht näher bestimmte Feindin in 7,8-10, bei der das Vertrauen auf den Beistand Jhwhs ausgesprochen wird, folgt in 7,11-13 die Schilderung eines Tages, an dem die Mauern gebaut werden sollen und ein noch näher zu bestimmendes Ereignis zu einer in der 2.sg. angeredeten Größe kommen wird,[156] wobei schließlich von der Verwüstung der gesamten Erde die Rede ist. In 7,14-17 wird zunächst eine ebenfalls mit 2.sg. angeredete Größe dazu aufgefordert, die Herde zu weiden, woraufhin auf Geschehnisse in der Völkerwelt geblickt wird. Mi 7,18-20 ist schließlich deutlich als Anrede an Jhwh gestaltet, dessen unvergleichliche Vergebungsbereitschaft hier gepriesen wird.

---

154 Evtl. ist Mi 7,4b sekundär, auch wenn dieser Teilvers kaum wirklich zu verstehen ist. Denn er unterbricht den soliden Zusammenhang zwischen den gesellschaftlichen Mißständen in 7,4a und 7,5 und blickt auf einen „Tag der Heimsuchung"; vgl. hierzu Wolff, BK 14,4, 176; Metzner, Kompositionsgeschichte, 161; Zapff, Studien, 211-213, u.a.

155 So wurde in 4,9-14* zunächst ein Nachtrag an 3,1-12 angeschlossen, der dieses Wort auf eine akute Bedrohungssituation hin fortschreibt. Dieser Nachtrag wurde dann in zwei Schritten um die völkerfeindlichen Überarbeitungen in 4,6-7.10*.12-13; 5,7 und um die Verheißungen neuer Herrschaft in 4,8; 5,1-5* erweitert. Der völkerfreundliche Nachtrag in 4,1-4 dürfte aufgrund der Ankündigung einer Völkerwallfahrt zum Zion an 3,1-12 angeschlossen, aber auch bewußt vor die folgenden völkerfeindlichen Aussagen gestellt worden sein. Daß die dtr. Ergänzungen noch vor der Klage des Propheten Mi 7,1-7 in 5,9-13 und 6,2-15* angebracht wurden, könnte damit zusammenhängen, daß die abschließende Funktion dieser Klage von den dtr. Redaktoren erkannt und bewußt beibehalten wurde; siehe hierzu auch unten 246 Anm. 24.

156 S.u. 181-185.

Seit dem bedeutenden Aufsatz von Gunkel zum Micha-Schluß wird Mi 7,8-20 zumeist als Einheit aufgefaßt.[157] Auch Gunkel erkennt zwar die wechselnden Sprechrichtungen in dieser Komposition, erklärt dies aber formgeschichtlich und zieht dabei verschiedene Psalmen zum Vergleich heran. So versteht er Mi 7,8-20 als Liturgie, bei der auf ein Klagelied Zions (7,8-10) ein göttliches Orakel ergeht (7,11-13) und nach einem Klagelied des Volkes (7,14-17) ein abschließender Hymnus erfolgt (7,18-20).

Doch erheben sich gegen diese Sicht einige Bedenken. Dabei ist allerdings zu beachten, daß der Text vor allem im Bereich von 7,11-15 an vielen Stellen nur sehr schwer zu verstehen ist, was immer wieder zu, teils auch notwendigen, textkritischen Eingriffen geführt hat. Deshalb stehen auch die folgenden Ausführungen unter einem gewissen Vorbehalt. Denn letztlich kann nicht ausgeschlossen werden, daß sich der ursprüngliche Sinn dieser Verse nur noch erahnen oder aber gar nicht mehr ermitteln läßt.

Nun ist zunächst fraglich, ob nach der gängigen These die Verbindung von Mi 7,8-10 und 7,11-13 richtig bestimmt ist. Denn meist wird hier davon ausgegangen, daß nach der Rede an die Feindin Mi 7,8-10 in 7,11-13 Jhwh als Sprecher anzunehmen ist, der den Wiederaufbau der Mauern Jerusalems und die Rückkehr des Volkes aus der Diaspora verheißt.[158] Doch ein solcher Sprecherwechsel ist im Text durch nichts angezeigt. Die Verse Mi 7,11-13 sind nicht als Gottesrede gekennzeichnet, ja, es findet sich hier noch nicht einmal eine Rede in der 1. Person.[159] Zudem wird in Mi 7,11 kein neuer Adressat eingeführt. Der Mauerbau wird nicht mit Jerusalem in Verbindung gebracht, und für das in 7,12 genannte Kommen wird Jerusalem ebensowenig als Zielpunkt benannt.[160]

---

157 Vgl. Gunkel, Micha-Schluß, 147-178; Eißfeldt, Psalm, 67-69; Willis, Hope Oracle, 64-67; Rudolph, KAT 13,3, 130-136; Mays, Micah, 154f; Nogalski, Precursors, 168-170; Zapff, Studien, 210-221; Kessler, Micha, 296f.

158 Einen Wechsel zur Gottesrede erkennen in 7,11-13 etwa Gunkel, Micha-Schluß, 159; Eißfeldt, Psalm, 68; Rudolph, KAT 13,3, 132f; Mays, Micah, 161; Nogalski, Precursors, 148; Kessler, Micha, 303. Demgegenüber spricht Zapff, Studien, 206, immerhin etwas zurückhaltender von einer „Heilsverheißung eines ungenannten Sprechers an Zion", er betont also vor allem den Adressatenwechsel und weniger den Sprecherwechsel.

159 Bei den von Gunkel, Micha-Schluß, 161f, genannten Beispielen für ein Orakel, das auf eine Klage des Volkes reagiert, ist doch stets der Übergang zur Gottesrede klar markiert, entweder durch Redeformeln oder zumindest durch einen deutlichen Wechsel zur Rede in der 1.sg.; vgl. etwa Jes 33,7-9.10-12; Jer 14,2-9.10; 51,34-35.36ff; Hos 6,1-3.4-6; 14,3-4.5-9; Hab 1,2-4.5ff; Joel 1,5-2,11.12-14.

160 Der Hintergrund der These, daß in Mi 7,11-12 Jerusalem oder Zion angesprochen ist, liegt in der Annahme, daß in den vorausgehenden Versen 7,8-10 nicht nur eine feminine Größe angesprochen wird, sondern daß in diesen Versen auch als Sprecher eine feminine Größe anzunehmen ist, was dann meist mit Zion in Verbindung gebracht wird; vgl. etwa Gunkel, Micha-Schluß, 159f; Rudolph, KAT 13,3, 132; Wolff, BK 14,4, 199, u.a. Doch hat diese These ihren einzigen Anhaltspunkt an der femininen Vokalisierung des Suffix bei אלהיך im

Da sich also gegenüber dem Vorangehenden keine veränderte Sprech-
haltung erkennen läßt, müßte doch eigentlich zunächst die Annahme naheliegen, daß in 7,11-13 derselbe Sprecher wie in 7,8-10 anzunehmen ist und
zudem noch immer die Feindin angesprochen wird. Und da mit der Feindin
in 7,8-10 angesichts der häufig belegten femininen Anrede von Städten und
Ländern wohl eine außenpolitische Größe gemeint ist,[161] dürfte dies auch für
Mi 7,11-13 anzunehmen sein. Dann ist aber auch der in 7,11 genannte
Mauerbau nicht als Verheißung an Jerusalem zu verstehen, sondern eben als
Aufforderung an den zunächst nicht näher spezifizierten äußeren Feind. Mit
dem Aufruf zum Mauerbau ist dann wohl, wie in Nah 3,14, die Vorberei-
tung auf einen drohenden Angriff gemeint.[162] Und auch das Ausweiten der
Grenzen könnte dann, wenn hier überhaupt ein unbeschädigter Text vor-
liegt, wohl so zu verstehen sein, daß die befestigten Grenzen zum eigenen
Schutz zu erweitern sind.[163]

Rahmen des Zitats der Feindin in Mi 7,10. Nun hat aber eine von de Moor, Micah 7:1-13,
167, vorgenommene Kollation von 100 Handschriften ergeben, daß bei immerhin 34 das
Suffix maskulin vokalisiert ist. Angesichts derartiger Unsicherheiten unter den Masoreten, die
sich ja auch darin zeigen, daß das Suffix der 2.sg. in 7,11 noch feminin, in 7,12 dann aber,
obgleich hier sicherlich der gleiche Adressat angesprochen wird, maskulin vokalisiert ist, ist
eine Interpretation, die sich allein auf die Vokalisierung der Suffixe stützt, hochgradig
unsicher. So läßt sich also eine Deutung auf Zion als Sprecher von 7,8-10 und damit auch als
Adressat von 7,11-13 nicht halten.

161 Vgl. zur Deutung der Feindin als außenpolitische Größe Marti, KHC 13, 299; Rudolph, KAT
    13,3, 131f; Wolff, BK 14,4, 190; Metzner, Kompositionsgeschichte, 163; Kessler, Micha,
    300f. Dabei könnte die feminine Form nach Wolff auf die feminine Anrede von Städten und
    Ländern zurückgehen, wie sie sich gerade auch in Fremdvölkerorakeln findet.

162 Schon Nogalski hat vermutet, daß es sich bei dem Aufruf zum Mauerbau in Mi 7,11 um eine
    Aufforderung zur Kriegsvorbereitung handelt und weist dabei auf 2 Chr 32,5 hin. So erkennt
    auch er in Mi 7,11-13 ein Gerichtswort, allerdings, da er mit der gängigen Sicht von einem
    Sprecherwechsel zwischen 7,8-10 und 7,11-13 ausgeht, sieht er dieses Gerichtswort an
    Jerusalem adressiert. Doch kommt Jerusalem eben, wie bereits erwähnt, in diesen Versen
    überhaupt nicht vor, und die gegenüber 7,8-10 beibehaltene Anrede in 2.sg. spricht eher
    dafür, daß hier eine außenpolitische Größe angesprochen ist.
    Über Nogalski hinaus ist in diesem Zusammenhang auch auf Ez 13,5; 22,30 zu verweisen, wo
    gerade im Zusammenhang eines Kampfes das Bauen von Mauern genannt ist, wobei an
    diesen Stellen wie in Mi 7,12 das sonst eher für kleine Mauern, etwa um einen Weinberg,
    verwandte Wort גדר gebraucht wird.

163 Die Wendung חק ירחק ist nur schwer zu verstehen. Häufig wird davon ausgegangen, daß
    die Erweiterung der Grenzen auf Gebietserweiterungen zielt; vgl. etwa Wolff, BK 14,4, 199;
    Kessler, Micha, 303, oder aber auf das Entfernen der Grenze zwischen Israel und den
    Völkern; so etwa Metzner, Kompositionsgeschichte, 165; Zapff, Studien, 153. Doch spricht
    gegen die erste Deutung, daß חק sonst nicht als Landesgrenze belegt ist (so schon Gunkel,
    Micha-Schluß, 158 Anm. 4), gegen die zweite Deutung ist einzuwenden, daß רחק nicht
    entfernen bedeutet (vgl. Kessler, Micha, 303). Nun hat aber Nogalski, Precursors, 167, ein
    Verständnis dieser Wendung vorgeschlagen, wonach das Weitmachen der Grenzen in
    Parallele zum Bauen der Mauern als Kriegsvorbereitung zu verstehen ist, und auch hierzu,
    wie schon zum Mauerbau als Kriegsvorbereitung, auf 2 Chr 32,5 verwiesen. Leider führt

Zu dem vorgelegten, gegen einen äußeren Feind gerichteten Verständnis von Mi 7,11 würde auch der folgende Vers 7,12 passen. Hier ist zunächst völlig unklar, wer als Subjekt von יבוא anzunehmen ist. Von Exilierten und deren Rückkehr ist nicht mit einem Wort die Rede. Aus dem unmittelbaren Kontext bietet sich nur יום הוא vom Beginn des Verses an.[164] Es könnte aber auch sein, daß das Subjekt hier bewußt unbestimmt gelassen wird und dann an Jhwh selbst oder einen nicht näher genannten Gegner zu denken ist. Jedenfalls ist bedeutend, daß die folgende Aufzählung von Orten unter den Völkern entgegen der gängigen Deutung nicht so verstanden werden kann, daß hier die Rückkehr aus diesen Orten angesagt wird. Denn dagegen spricht deutlich die Präposition עד vor נהר, die den nicht näher bestimmten Strom zum Zielpunkt des Kommens erklärt, was sich gerade nicht mit einer Deutung auf eine Rückkehr nach Jerusalem verträgt. So handelt es sich hier entweder, wie meist, wenn die Präposition מן in Verbindung mit der Präposition עד gebraucht wird, um eine Aufzählung.[165] Oder es werden hier Start-

---

Nogalski seine genaue Interpretation vom Weitmachen der Grenze außer dem Nennen dieser Parallele nicht weiter aus. Im Anschluß an 2 Chr 32,5, wo von dem Bau einer zweiten Mauer als Kriegsvorbereitung die Rede ist, könnte aber auch in Mi 7,11 gut das Erweitern des von den Mauern umgebenen Gebiets gemeint sein. Ob hierzu das in 2 Chr 32,5 nicht belegte חק wirklich paßt, ist dabei zwar nicht ganz sicher, wobei aber die Rede von Sand als חק des Meeres in Jer 5,22 immerhin auch die Bedeutung „Stadtbegrenzung" möglich erscheinen läßt. Letztlich kann aber bei חק ירחק aufgrund der direkt wiederholten Buchstabenfolge חק auch ein Textverderbnis nicht ausgeschlossen werden, so daß die Interpretationsschwierigkeiten hierauf zurückzuführen wären und evtl. gar nicht mehr zu lösen sind.

164 Die Stellung von יום הוא zu Beginn von Mi 7,12 ist allerdings schwierig. Dabei könnte dies mit Nogalski, Precursors, 39, direkt an V.11 anzuschließen sein, was dann zwei parallele Glieder לבנות גדריך יום הוא und הוא יום חק ירחק ergeben würde. Evtl. ist dabei, über Nogalski hinaus, sogar ירחק in לרחק zu ändern, wobei ein textkritisches Verderbnis von ל zu י graphisch gut denkbar wäre.

165 Daß die Folge der Präpositionen מן und עד meist für Aufzählungen gebraucht wird, hat bislang v.a. van der Woude, Micha, 256f, beachtet, der allerdings meint, daß die spezielle Zusammensetzung למן mit עד nur für zeitliche Bestimmungen und Aufzählungen von Personen, nicht aber für geographische Beschreibungen verwendet wird. Dies führt bei ihm zu einer Änderung des Textes zu לְמַנּי, was er als Infinitiv piel von מנה deutet. Doch setzt dies die unwahrscheinliche Annahme einer seltenen Nebenform zum Infinitiv auf תו- voraus. Zudem zeigen Dtn 4,32; Sach 14,10, daß mit למן und עד durchaus auch Aufzählungen geographischer Größen umschrieben werden; vgl. hierzu auch Jenni, Lamed, 268. Auch Zapff, Studien, 154f, hat die Probleme der vorliegenden Präpositionen erkannt, faßt dann aber למני als übergeordnete Präposition und עד נהר als feststehende Wendung für „das Gebiet bis zum Strom" auf, aus dem die Rückkehrer nach Jerusalem kommen. Doch kann er für eine solche Wendung keine Parallelen vorlegen. Die von ihm genannten Stellen Gen 15,18; Ex 23,31; Dtn 1,7; Jos 1,4 belegen עד נהר mit dem ganz üblichen Gebrauch der Präposition עד. Bedeutend ist aber, daß KBL³, 566, für Mi 7,12 „von ... an u. bis" vorschlägt, also gerade davon ausgeht, daß hier lediglich der Umfang eines Gebietes beschrieben wird und eben nicht, wie zumeist angenommen, insgesamt eine Bewegung „von ... her" gemeint ist. Und letztlich sprechen alle Parallelen zur vorliegenden Stelle dagegen, daß für Mi 7,12 eine

und Zielpunkt des Kommens angegeben, wobei die nacheinander genannten Orte dann quasi als Etappen eines Weges zu verstehen wären.[166] Jedenfalls ist bei beiden möglichen Deutungen klar, daß das beschriebene Kommen in Richtung der genannten Orte verstanden werden muß. Gemeint ist in diesem Vers also, daß eine nicht näher bestimmte Größe „zu dir" (עֲדֶיךָ) kommt, nämlich zu all den im folgenden genannten Orten, von (לְמִן) Assur und den Städten Ägyptens[167] und von (לְמִן) Ägypten bis hin zum (עַד) Strom und, wie die abschließenden Formulierungen wohl zu verstehen sind, von einem Meer bis zum anderen und von einem Gebirge bis zum anderen.[168] So wird nun auch klar, wer der Adressat dieser Verse ist, nämlich die gesamte Völkerwelt.

Der Vorteil dieser vom gängigen Verständnis völlig abweichenden These ist also, daß zum einen für Mi 7,11-13 keine gegenüber 7,8-10 neue Redesituation angenommen werden muß, und daß zum anderen in diese Verse keine Diasporasituation hineingedeutet wird, die nicht dasteht. Schließlich sind auch die verwendeten Präpositionen so wesentlich einfacher zu erklären. Der weitere Vorteil dieser Deutung ist, daß auch der folgende Vers Mi 7,13 nun nahtlos an 7,11-12 anschließt, da die Verwüstung der Erde dann gut zum Vorangehenden paßt, während ein Zusammenhang mit der

---

Wanderung aus den genannten Orten zu einer von diesen Orten zu unterscheidenden Größe gemeint sein kann. Dabei ist zum Gebrauch von מִן und עַד als Aufzählung etwa auf Num 21,24; Jos 12,1; Ri 3,3; 20,1; Jer 12,12; Am 8,12; Sach 9,10; Ps 72,8 zu verweisen, wobei v.a. die letzten vier Stellen in einer besonderen Nähe zu Mi 7,12 stehen. Eine Aufzählung von Orten, „von denen her" gekommen wird, wie allgemein für Mi 7,12 angenommen, wäre demgegenüber eindeutig mit einer Reihung mit ausnahmsloser Verwendung der Präposition מִן formuliert; vgl. nur 2 Kön 17,24; Jes 11,11; Jer 17,26; Ps 107,3.

166 Bei Verben der Bewegung werden mit מִן und עַד meist Start- und Zielpunkt angegeben; vgl. nur Gen 13,3; Dtn 2,14; 2 Sam 20,2; Mi 6,5; Est 2,13. Demgegenüber wird mit einer solchen Konstruktion eher selten das Gebiet, in das gegangen wird, umschrieben; vgl. aber 2 Sam 24,2; Am 8,12; 2 Chr 19,4. So könnte die Deutung auf Start- und Zielpunkt sogar noch wahrscheinlicher sein als die Annahme einer Aufzählung, wobei sich dann eine Konjektur von וְעָרֵי מָצוֹר zu וְעָדֵי מָצוֹר anbieten würde, wie sie ohnehin meist vorgeschlagen wird; vgl. nur Marti, KHC 13, 300; Willi-Plein, Vorformen, 107; Wolff, BK 14,4, 188; Hillers, Micah, 88. Doch auch ohne einen solchen Eingriff wäre bei dieser Deutung von einem Kommen die Rede, das bei Assur seinen Ausgang nimmt und am Strom seinen Endpunkt findet.

167 Kessler, Micha, 295, nimmt für מָצוֹר die Bedeutung „Festung" bzw. „befestigte Städte" an. Da aber מָצוֹר immer wieder als Bezeichnung für Ägypten belegt ist (2 Kön 19,24; Jes 19,6; 37,25), wird dies angesichts der Verbindung mit Assur auch für Mi 7,12 vorauszusetzen sein; so auch Wolff, BK 14,4, 200; Hillers, Micah, 87f; Zapff, Studien, 154, u.a.

168 Meist wird die abschließende Wendung וְיָם מִיָּם וְהַר הָהָר in Analogie zum Vorangehenden zu וּמִיָּם עַד יָם וּמֵהַר עַד הַר konjiziert; vgl. etwa Marti, KHC 13, 300; Mays, Micah, 160; Wolff, BK 14,4, 188; Hillers, Micah, 87f; Hagstrom, Coherence, 100. Doch kann die Wendung auch in der vorliegenden Gestalt letztlich nur in diesem Sinne verstanden werden.

Rückführung aus der Diaspora zwar denkbar ist, aber wiederum nicht
wirklich ausgeführt wird.[169]

Daß Mi 7,11-13 nach dem dargelegten Verständnis gut an 7,8-10 anschließt, heißt nun aber nicht, daß es sich bei 7,8-13 um eine literarische
Einheit handelt. Denn innerhalb von 7,8-13 ändert sich die vorausgesetzte
Situation: Während nämlich der Sprecher in 7,8-10a aus der Position der
Schwäche heraus spricht, wobei die gegenwärtige Situation sogar als Zeit
beschrieben wird, in der der Sprecher den Zorn Jhwhs zu tragen hat (7,9),
wird die neue Zuwendung Jhwhs und die Schmähung der Feindin (7,10a)
erst noch für die Zukunft erwartet.[170] Außerdem scheint die Schmähung der
Feindin nach 7,10a vor allem darin zu bestehen, daß sie die neue Zuwendung Jhwhs zum Sprecher erkennt. Demgegenüber ist ab 7,10b eine kriegerische Auseinandersetzung mit der Feindin im Blick. Und diese Auseinandersetzung wird auch nicht mehr erst von der Zukunft erwartet, sondern
als unmittelbar bevorstehend (עתה).[171] So wird also am ehesten zwischen Mi
7,8-10a und 7,10b-13 ein Bruch anzusetzen sein.[172]

Während sich nun die Verse 7,10b-13, wie dargestellt, als Fortschreibung von 7,8-10a verstehen lassen, die die in diesen Versen vorausgesetzte
Redesituation aufnimmt, stehen die nur schwer verständlichen Verse 7,14-15
kaum mehr auf einer inhaltlichen Linie mit dem Vorangehenden.[173] Hier
wird zwar wiederum eine Größe in 2.sg. angesprochen. Doch ist dies auf
keinen Fall mehr die Feindin aus V.8-13, sondern es handelt sich wohl um
eine Gebetsanrede an Jhwh.[174] Zudem wird die völkerfeindliche Perspektive

---

169 Daß der Zusammenhang von Mi 7,11-12 und 7,13 im Rahmen der gängigen Deutung von
     7,11-12 auf die Rückkehr der Diaspora schwierig ist, zeigen die immer wieder vorgetragenen
     literarkritischen Eingriffe, bei denen 7,11-12 und 7,13 auf unterschiedlichen Ebenen einge-
     ordnet werden; vgl. etwa Lescow, Micha 6-7, 207; Wolff, BK 14,4, 190f; Metzner, Komposi-
     tionsgeschichte, 89.
170 Zur Zeitstruktur von Mi 7,8-10 vgl. Kessler, Micha, 299f.
171 Dagegen spricht auch nicht, daß in 7,10b עתה, in 7,11 aber הוא יום steht, hat doch schon
     Wolff, BK 14,4, 191, gemeint, daß יום in 7,11 den in 7,10 mit עתה bezeichneten Zeitpunkt
     erklären will.
172 Schon Lescow, Micha 6-7, 197, erkannte in Mi 7,10b eine sekundäre Erweiterung zu Mi 7,8-
     10a, allerdings noch ohne hierfür eine genauere Begründung zu liefern. Außerdem sah er Mi
     7,10b als sekundäre Überleitung zu 7,11-12 an.
173 Im Gegensatz zum Übergang von 7,10 nach 7,11 ist hier durch den Imperativ zu Beginn von
     7,14 auch ein deutlicherer Einschnitt markiert. Dabei ist beachtenswert, daß auch die masore-
     tische Setuma-Einteilung nach 7,13, nicht aber nach 7,10, einen Abschnitt markiert hat.
174 Dies setzt allerdings die schon häufig vorgeschlagene Konjektur von אראנו zu הראנו in 7,15
     voraus, da sich die im vorliegenden Text belegte Form der 1.sg. nur als Gottesrede deuten
     läßt; vgl. Wellhausen, Propheten, 150; Willi-Plein, Vorformen, 109; Wolff, BK 14,4, 188;
     Hillers, Micah, 87f, u.a. Ein damit angenommenes textkritisches Verderbnis dürfte die
     vorliegende Textgestalt jedenfalls besser erklären als die etwa von Nogalski, Precursors, 169;
     Zapff, Studien, 158f; Kessler, Micha, 307, vertretene These eines Sprecherwechsels in 7,15,
     wonach Jhwh auf die vorangehende Anrede des Volkes antwortet.

der vorangehenden Verse nicht weiter aufgenommen. Da nun aber Mi 7,16 wieder an den Völkern orientiert ist und sich dort auch keine Anrede an Jhwh mehr findet, wird es sich bei 7,14-15 wohl um einen Nachtrag handeln.[175] Eventuell ist der Sinn dieses Nachtrags, daß mit dem Gericht an den Völkern die im Kontext vernachlässigte Hoffnung auf Zuwendung zum eigenen Volk verbunden werden soll. Mit Baschan und Gilead sowie der Erinnerung an den Exodus und die Tage der Vorzeit wäre dann der Besitz gerade dieser fruchtbaren Landstriche wie in der Zeit der Landnahme im Blick.[176] Das Völkergericht ist hier also nicht mehr vom bislang beherrschenden Vergeltungsgedanken (7,13) bestimmt, sondern wird auf die anscheinend desolate Situation des Volkes bezogen und mit der Bitte um Erfüllung existentieller Bedürfnisse verbunden. Damit steht dieser Nachtrag mit keiner der sonst erkennbaren Redaktionen des Michabuches in Verbindung und wird wohl am ehesten als vereinzelte Überarbeitung, vielleicht als gebetsartiger Einwurf eines Abschreibers, zu verstehen sein.

Mi 7,16-17 schließt nun gut an die völkerfeindlichen Verse 7,10b-13 an und kann wohl als deren ursprüngliche Fortsetzung angesehen werden. Während zuvor in 7,10b-13 vor allem vom Kommen des Gerichts in die Gebiete der Völker die Rede war, werden nun ganz direkt die Konsequenzen für die Völker selbst genannt. Sie werden bei diesem Gericht allesamt zuschanden. Allerdings findet sich hier in 7,17aβb eine völkerfreundliche Wendung, nach der die Völker nun zitternd zu Jhwh kommen und ihn fürchten werden.[177] Diesem inhaltlichen Bruch entspricht eine erneute Änderung der Redesituation, insofern nun nicht mehr die Feindin, sondern Jhwh in der 2.sg. angeredet wird und sich als Sprecher, wie das Suffix bei אלהינו zeigt, eine in der 1.pl. beschriebene Größe findet. Dabei dürfte es

---

175 Schon Marti, KHC 13, 298, hat im Anschluß an Stade, Streiflichter, 168, angenommen, daß Mi 7,7-13 und 7,14-18a auf unterschiedlichen literarischen Ebenen anzusetzen sind, da eben in V.7-13 von Jhwh in 3. Person, hier aber in 2. Person die Rede ist; vgl. auch Lescow, Micha 6-7, 208, der Mi 7,14-17 für sekundär hält, und Wolff, BK 14,4, 189-192, der in 7,14-17 ein ursprünglich eigenständiges Überlieferungsstück erkennt. Doch ist entgegen diesen Ansätzen nur 7,14-15 als sekundär zu betrachten, da ab 7,16 die Auseinandersetzung mit den Völkern wieder aufgenommen wird und sich eben keine Anrede an Jhwh mehr findet.

176 Vgl. hierzu etwa Wolff, BK 14,4, 202f; Kessler, Micha, 306f. Zur Ablehnung der unter anderem mit den geographischen Angaben in Mi 7,14 begründeten These einer Herkunft von Mi 6-7 aus dem Nordreich s.o. 176 Anm. 140.

177 Auch Otto, Techniken, 149 mit Anm. 129, deutet das Nebeneinander von völkerfreundlichen und völkerfeindlichen Passagen redaktionsgeschichtlich. Allerdings sieht er Mi 7,7-10.14-20 als zusammengehörigen Textbereich mit insgesamt völkerfreundlicher Pointe, während eine Redaktion mit 7,11-13 diese universale Perspektive wieder zurückgenommen hat. Doch nach der vorgelegten Deutung scheint die völkerfreundliche Orientierung allein an Mi 7,17aβb zu haften, weshalb wohl die umgekehrte redaktionsgeschichtliche Entwicklung die wahrscheinlichere sein dürfte.

sich hier um die gleiche Redaktion wie in Mi 4,1-4; 5,6 handeln, die völkerfeindliche Worte um völkerfreundliche Verheißungen ergänzt.[178] Denn
schon in 4,1-4; 5,6 wurde das Heil für die Völker durch das Gericht hindurch erwartet, und so zeigt sich auch im Ablauf von 7,16-17 wieder ein
klares Nacheinander von Strafe und erst daran anschließender Zuwendung
der Völker zu Jhwh.

Die letzten Verse des Michabuches 7,18-20 unterscheiden sich in ihrem
Gehalt von dem gesamten sonstigen Buch. Gegenüber dem Vorangehenden
sind nun die Völker überhaupt nicht mehr im Blick. Im Gegenteil: Thema
dieser Einheit sind gerade die Verschuldungen des eigenen Volkes und in
diesem Zusammenhang die göttliche Vergebungsbereitschaft. So handelt es
sich hier um eine in Gebetsanrede formulierte Reflexion über die göttliche
Gnade, die sicherlich erst sekundär und aufgrund ihrer Stellung wohl erst
am Ende der redaktionsgeschichtlichen Entwicklung, dem bestehenden
Michabuch zugefügt wurde.[179]

In Micha 7,8-20 sind also entgegen der gängigen Ansicht mehrere
literarische Ebenen voneinander zu unterscheiden. Zunächst wurde die Rede
an die Feindin in 7,8-10a zugefügt, in der noch das andauernde Zorneshan-
deln Jhwhs vorausgesetzt ist und die erneute Zuwendung Jhwhs allererst
noch erhofft wird.

Daran schließen die völkerfeindlichen Überarbeitungen in 7,10b-13.16-
17aα direkt an. Hier wird die Anrede an die Feindin fortgeschrieben um die
Erwartung, daß das Gericht an dieser unmittelbar bevorsteht. Dabei wird
die zuvor nicht näher beschriebene Feindin nun als die gesamte Völkerwelt
interpretiert. Angesichts der insgesamt völkerfeindlichen Tendenz dieser
Worte und angesichts der Tatsache, daß mit 7,10b-13.16-17aα und 6,1 ein
vergleichbarer völkerfeindlicher Rahmen um Mi 6-7 gelegt wird wie mit 1,2
und den völkerfeindlichen Bearbeitungen in Mi 4-5 um Mi 1-5, werden diese
Überarbeitungen auf derselben literarischen Ebene anzusetzen sein wie die
genannten Bearbeitungen in 1-5 und 6,1.

---

178 S.o. 171.
179 Gegen Wolff, BK 14,4, 189-192, der in 7,18-20 eine ursprünglich selbständige Einheit
     erkennt, die dann zusammen mit 7,8-10 und 7,14-17 an das Ende des Michabuches gestellt
     wurde, weist Kessler, Micha, 296, auf Verbindungen zwischen 7,8-10 und 7,18-20 hin, die für
     die ursprüngliche Zusammengehörigkeit dieser Einheiten sprechen sollen; vgl. auch Scora-
     lick, Güte, 188. Kessler erkennt dabei einen Bezug zwischen der Erwähnung der Sünde des
     Volkes in 7,9 und 7,18-19, und in der Frage „Wer ist ein Gott wie du ...?" in 7,18 sieht er
     einen Rückbezug auf die Frage „Wo ist Jhwh, dein Gott?" in 7,10. Diese Bezüge sind jedoch
     zu allgemein, als daß sich hiermit die Einheitlichkeit von Mi 7,8-20 begründen ließe, ist doch
     von der Sünde des Volkes in 7,9 im Gegenüber zu einer außenpolitischen Größe die Rede,
     was in 7,17-18 nicht mehr von Bedeutung ist. Und die beiden Fragen haben außer ihrer
     Gestaltung als Fragen keine inhaltliche Gemeinsamkeit.

Die völkerfeindliche Schicht wurde in 7,17aβb um eine völkerfreundliche Aussage ergänzt. Wie schon in den völkerfreundlichen Passagen Mi 4,1-4; 5,6 wird hier über das Gericht an den Völkern hinaus auf eine daran anschließende heilvolle Zeit und eine mögliche Zuwendung der Völker zu Jhwh geblickt.

In Mi 7,18-20 wurde eine abschließende Reflexion über die göttliche Gnade nachgetragen, bei der nun gerade die Vergebungsbereitschaft Jhwhs gegenüber dem eigenen Volk thematisiert wird.

Mi 7,14-15 kann schließlich als vereinzelter Nachtrag verstanden werden, der das Völkergericht in einem Gebet auf die Situation und die Hoffnungen des eigenen Volkes bezieht.

2.3.4 Zusammenfassung der Redaktionsgeschichte des Michabuches

2.3.4.1 Die Grundschicht

Die redaktionsgeschichtliche Betrachtung des Michabuches ergab eine Grundschicht, die den Textbereich 1,3-5a.8.10-12a.13a.14-16; 2,1-11; 3,1-12; 7,1-7 umfaßt. Im Zentrum der Botschaft dieser Grundschicht stehen zwei Themen: Die unsozialen Machenschaften der Oberschicht, deren rücksichtslose Gier nach Hab und Gut der gesellschaftlich niedrig Gestellten (2,1-5; 3,1-4) und die Auseinandersetzung um die Prophetie, sowohl mit Blick auf Angriffe gegen den Propheten selbst (2,6-11) als auch mit Blick auf die Bestechlichkeit der falschen Propheten (3,5-8). Dabei werden diese beiden Anklagepunkte zweimal alternierend nebeneinandergestellt, wobei die Sammlung dieser Worte schließlich in das zusammenfassende Gerichtswort Mi 3,9-12 mit der Ansage der Zerstörung Jerusalems mündet.[180]

In 1,3-5a.8.10-16* und 7,1-7 finden sich zwei Textbereiche, die von Klageterminologie geprägt sind und bei denen vor allem die Person des Propheten eine bedeutende Rolle spielt. Er leidet angesichts des Gerichts, das auf sein Volk zukommt (1,3-5a.8), und er leidet unter seiner gesellschaftlichen Stellung, steht er doch auf einsamem Posten einer Gemeinschaft gegenüber, in der den Führungspersonen, aber auch den nächsten Verwandten nicht mehr vertraut werden kann (7,1-7). Dabei wird der Prophet selbst als positives Gegenbild zu den angeklagten Personen und Gruppen gezeichnet: Im Gegensatz zu den bestechlichen Propheten ist er wirklich von Jhwhs Kraft und Geist erfüllt, er hat noch ein Rechtsempfinden (מִשְׁפָּט) und hält eben deshalb dem Volk seine Verfehlungen vor und macht seine Botschaft gerade nicht vom eigenen Profit abhängig (3,8). Und im

---

180 Vgl. zum alternierenden Aufbau von Mi 2-3 Otto, Techniken, 130; ders., Art. Micha, 699.

Gegensatz zum sonstigen Volk richtet er sich auf Jhwh aus und erhofft dessen Eingreifen (7,7).

Die beschriebene Grundschicht des Buches kann angesichts der Anordnung der einzelnen Worte als durchdachte Komposition verstanden werden. Dabei steht in der Mitte dieser Komposition die Gerichtswortsammlung 2-3*, mit der alternierenden Abfolge der Themen Sozialkritik und Prophetie. Aber auch die Einleitung 1,3-16* ist angesichts der Aufnahme von Klagemetaphorik mit Tiervergleichen in 1,8 und 1,16 alternierend gestaltet. Und dieser Einleitung steht in 7,1-7 eine abschließende Einheit gegenüber, die zum einen die Klage des Propheten aus 1,8, die positive Betonung seiner Person aus 3,8, aber auch die Kritik an den Führungspersonen aus der Gerichtswortsammlung 2-3 aufnimmt und so einen zusammenfassenden Abschluß darstellt:[181]

---

181 Kessler, Micha, 96, erkennt ebenfalls in der von ihm herausgearbeiteten Grundschicht, die er als Micha-Denkschrift bezeichnet und der er Mi 1,10-16; 2,1-3.6-11; 3,1-12 zurechnet, eine durchdachte Komposition. Er stellt dabei einen chiastischen Aufbau mit dem Leitwort רעע vor, wobei sich 1,10-16; 3,9-12 unter dem Thema „Unheil" und 2,1-2; 3,2 unter dem Thema „Böses tun / lieben" entsprechen und 2,3, wo sowohl „Gottes Unheil" als auch „die böse Zeit" erwähnt ist, als Zentrum anzunehmen ist. Allerdings kann er in diese Struktur die Einheiten 2,6-11; 3,1-8 und die thematischen Verbindungen zwischen Mi 2,1-11; 3,1-8.9-12 nicht einordnen, so daß die hier vorgestellte Komposition der Grundschicht des Michabuches wohl eher gerecht werden dürfte.

A 1,3-16*		Kommen Gottes zum Gericht
	a 1,3-5a	Kommen Jhwhs
	b 1,8	Klage (mit Tiervergleichen) - אילילה
	a' 1,10-15*	Not in den Städten Judas
	b' 1,16	Klage (mit Tiervergleichen)

B 2,1-3,12* Gerichtswortsammlung		
1. Teil: הוי		
	a 2,1-5	Sozialkritik
	b 2,6-11	Prophetie
2. Teil: שמעו־נא		
	a' 3,1-4	Sozialkritik
	b' 3,5-8	Prophetie
	darin 3,8	Entgegenstellen der Person des Propheten (ואולם אנכי)
3. Teil: שמעו־נא		
	a/b" 3,9-12	Zerstörung des Zion, darin: a" 3,10: Sozialkritik b" 3,11: Prophetie

C 7,1-7		Abschließende Klage
	a 7,1-6	Klage über den Zustand der Führungs-schicht und des ganzen Volkes - אללי לי
	b 7,7	Entgegenstellen der Person des Propheten (ואנכי)

Der klare Aufbau der Grundschicht des Michabuches spricht, wie schon bei der Betrachtung des Amosbuches, für die Zuverlässigkeit der vorgestellten redaktionsgeschichtlichen Analyse. Und auch hier läßt sich aus der durch-dachten Gestaltung der Komposition folgern, daß dieser Grundbestand von Anfang an schriftlich überliefert worden ist. Dabei ist angesichts der vorhan-denen Diskrepanz zwischen Worten, die gegen die Führungsschicht ge-richtet sind (2,1-5; 3,1-4.11; 7,3-4), und Worten, die am gesamten Volk orientiert sind (Mi 1,3-5a.8; 3,8; 7,2.5-6), aber auch angesichts der Dar-

stellung des Propheten als positives Gegenbild an Stellen, die überlieferungsgeschichtlich, nicht aber literarkritisch sekundär sein dürften, die Aufnahme
vorgegebener Überlieferung anzunehmen. So wäre wohl vor allem hinter
den Gerichtsworten in Mi 2-3* die Botschaft des „historischen Micha" zu
vermuten, die aber nicht mehr im einzelnen herausgearbeitet werden kann.
Die aufgenommene Botschaft wird wohl am Ende des 8. Jh. oder zu
Beginn des 7. Jh. zu datieren sein. Die vorausgesetzten gesellschaftlichen
Verhältnisse lassen sich gut in dieser Zeit verstehen,[182] und vor allem scheint
das Eintreffen des angesagten Gerichts noch nicht im Blick zu sein. Zudem
lassen sich die in Mi 1,10-16 angesagten Zerstörungen judäischer Städte
noch immer am besten mit dem Feldzug Sanheribs gegen Juda im Jahr 701
in Verbindung bringen.[183] Die Verschriftung dieser Worte dürfte wohl
ebenfalls noch in vorexilischer Zeit anzusetzen sein, da die gesamte Grundschicht den Untergang des Südreichs noch nicht thematisiert.

2.3.4.2 Die Bedrängnis des Volkes

Eine erste Überarbeitung des Grundbestands konnte in den beiden Worten
Mi 2,12.13*(ohne בראשם ויהוה) und 4,9.10*(bis עד־בבל).11.14 erkannt
werden. Diese Worte gehen nun von einer akuten Bedrängnis des Volkes
aus. Mi 2,12.13* setzt sogar voraus, daß das Volk schon auf einen Rest
reduziert ist und daß der Feind schon vor der Stadt steht. Bei Mi 4,9-14*
kommt diese unmittelbare Bedrohung deutlich durch das dreifache עתה
zum Ausdruck. Dabei wird in den beiden Worten Volk und König die
Exilierung angesagt, wobei in 4,10 sogar direkt die Wegführung nach Babel
angesprochen ist.

So ergänzt diese Überarbeitung also die Grundschicht des Michabuches
mit Blick auf das konkrete Eintreffen des Gerichts, wie es dort noch nicht
vorausgesetzt war. Dabei wurde die Komposition der Grundschicht erkannt,
so daß die Nachträge, unter Beibehaltung des äußeren Rahmens der Schrift,
jeweils im Anschluß an die beiden Teile der eigentlichen Gerichtswortsammlung Mi 2-3* zugefügt wurden:

---

182 Vgl. nur Albertz, Religionsgeschichte 1, 248-255. Dabei ist natürlich zu beachten, daß sich die
  Rekonstruktion der gesellschaftlichen Verhältnisse dieser Zeit ihrerseits im wesentlichen auf
  die Analyse der Prophetenbücher stützt.
183 Vgl. etwa Elliger, Heimat, 140f; Weiser, ATD 24, 239; Mays, Micah, 53f; Kessler, Micha, 102;
  Mittmann, Totenklage, 53-56.

Einleitung	Gerichtswortsammlung					Abschluß
1,3-16* Klage	2,1-11 Gericht	↑		3,1-12 Gericht	↑	7,1-7 Klage
		2,12-13* Exil			4,9-14* Exil	

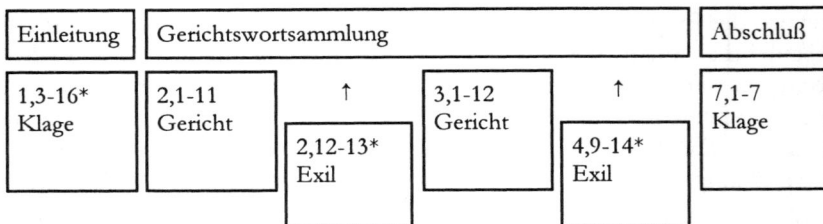

Als Datierung bietet sich für diese Schicht die frühe Exilszeit an.[184] Die
Worte setzen deutlich die Exilierung durch die Babylonier voraus, sind
andererseits aber noch von der Situation unmittelbarer Bedrohung geprägt,
so daß an die Zeit kurz nach diesen Ereignissen zu denken sein wird.

2.3.4.3 Die deuteronomistische Schicht

Die dtr. Überarbeitung des Michabuches umfaßt die Textbereiche Mi 1,1.5b-
7.9.12b; 5,9-13; 6,2-4a.9aαb.10-15. Sie legt also einen großen Rahmen um
das bestehende Michabuch, wobei allerdings die Klage des Propheten in 7,1-
7 am Ende des Buches erhalten bleibt, da die dtr. Bearbeitung vermutlich
die kompositionelle Bedeutung dieser Einheit als abschließende Zusammenfassung erkannte.

Die dtr. Redaktoren bringen zunächst am Anfang des Buches einen
Nachtrag ein, der das Gericht am Nordreich aufgrund des kultischen Abfalls
mit dem Gericht am Südreich verbindet (1,5b-7). Dabei wird, wie 1,9 zeigt,
geradezu eine Bewegung des Gerichtshandelns von Norden nach Süden
dargestellt, das nun vor den Toren Jerusalems angekommen ist. Und so wird
denn, wie beim Nordreich nach 1,5b-7, im folgenden dtr. Nachtrag 5,9-13
auch für das Südreich – neben anderem – gerade die Vernichtung kultischer
Gerätschaften angesagt. In 6,2-4a wird mit einem Höraufruf und der Darstellung eines Gerichtsverfahrens zwischen Jhwh und seinem Volk ein
deutlicher Neueinsatz markiert, woraufhin sich in 6,9-15*, nun aufgrund
wirtschaftlicher Ausbeutung, ein erneutes Gerichtswort findet. Dabei wird
sich die Bedeutung dieses Neueinsatzes in Mi 6,2 erst bei der Betrachtung
der dtr. Schicht im Kontext des Zwölfprophetenbuches erschließen.

---

184   Dies wurde für die Grundschicht der עתה-Worte in Mi 4,9ff schon häufig vorgeschlagen; vgl.
nur Wolff, BK 14,4, 108f; Metzner, Kompositionsgeschichte, 154; Kessler, Micha, 45f;
Wagenaar, Judgement, 286. Dabei setzt Metzner, a.a.O., 127-129, die Mi 2,12-13 ebenfalls
gegen den herrschenden Konsens als Gerichtswort versteht, auch diesen Nachtrag in der
frühen Exilszeit an, allerdings im Rahmen einer dem Grundbestand von Mi 4,9ff vorausgehenden Schicht.

Für den historischen Ort dieser Bearbeitung dürfte der gängigen Datierung in die Exilszeit zu folgen sein.[185] Schon das dtr. Gepräge dieser Verse
wie auch die von dieser Schicht vorausgesetzten Überarbeitungen in
2,12.13*; 4,9-14*,[186] machen eine vorexilische Entstehung unwahrscheinlich.
Andererseits lassen sich sowohl die Erwähnung des Untergangs des Nordreiches als auch das Reinigungsgericht in 5,9-13 und der Nichtigkeitsfluch in
6,14-15 kaum aus der nachexilischen Zeit verstehen.

2.3.4.4 Die Joel-Schicht

Mit Mi 7,8-10a wurde für die bestehende Komposition ein neues Ende
geschaffen, das eine Auseinandersetzung, wohl als Rede des Propheten, mit
einer „Feindin" schildert. Dabei ist mit der Feindin eine nicht näher spezifi-
zierte außenpolitische Größe im Blick. Gegenüber dieser befindet sich der
Sprecher in einer Situation der Schwäche, doch er vertraut auf die erneute
Zuwendung Jhwhs und erwartet die Zeit, da die Schmähungen der Feindin
ein Ende finden werden.

Diese Überarbeitung, die im Vorgriff auf die weiteren Darlegungen als
Joel-Schicht zu bezeichnen ist, läßt sich kaum datieren. Vorausgesetzt ist
eine Zeit, die von einer außenpolitischen Konfrontation geprägt ist, bei der
es sich aber allem Anschein nach nicht um eine kriegerische Auseinandersetzung handelt. Dies könnte bereits auf eine nachexilische Entstehung
hinweisen. Genaueres wird sich aber erst bei der Betrachtung dieser Einheit
im Rahmen des Zwölfprophetenbuches ergeben.[187]

2.3.4.5 Die Fremdvölkerschicht I

Eine weitere Bearbeitung, die unter Vorwegnahme weiterer Erkenntnisse
bereits als Fremdvölkerschicht I zu bezeichnen ist, fand sich in den Versen
1,2; 4,6-7.10*(ab שׁם).12-13; 5,7-8.14; 6,1; 7,10b-13.16-17aα. Durch diese
Nachträge wurde das Michabuch um völkerfeindliche Passagen ergänzt, und
zwar so, daß nun über die Zeit des Gerichts am eigenen Volk hinausge-
schaut, Rettung durch dieses Gericht hindurch angesagt und das Völkergericht für die Zeit danach erwartet wird.

---

185 Zur Datierung der dtr. Bearbeitung des Michabuches in die Exilszeit vgl. Jeremias, Deutung,
     349-352; Wolff, BK 14,4, 21; Albertz, Exilszeit, 168-171.
186 S.o. 191f.
187 S.u. 453-456.

Dieser zeitliche Ablauf wird im Michabuch zweimal, in den Kapiteln 1-5 und 6-7, durchgespielt:

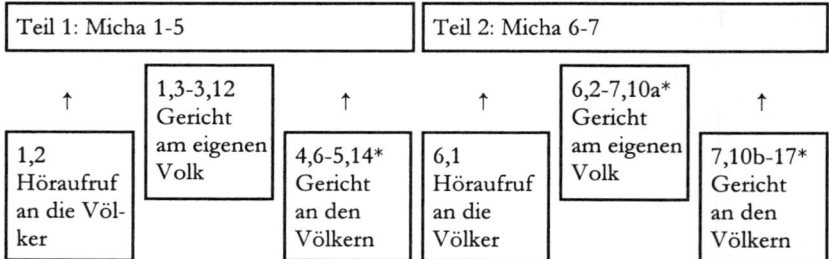

Teil 1: Micha 1-5				Teil 2: Micha 6-7	
↑ 1,2 Höraufruf an die Völker	1,3-3,12 Gericht am eigenen Volk	↑ 4,6-5,14* Gericht an den Völkern	↑ 6,1 Höraufruf an die Völker	6,2-7,10a* Gericht am eigenen Volk	↑ 7,10b-17* Gericht an den Völkern

In beiden Textbereichen wird zunächst ein einzelner Vers vorangestellt (1,2; 6,1), der die Völker zum Hören der folgenden gegen das eigene Volk gerichteten Worte (1,3-3,12; 6,2-7,7*) aufruft und dieses Hören bereits als Teil eines Prozesses gegen die Völker begreift. Das heißt, die Völker hätten bereits aus dem an Israel vollzogenen Gerichtshandeln den göttlichen Willen erkennen und Konsequenzen ziehen können – sie hätten darauf hören sollen (5,14). Da dies allerdings nicht geschah, wird das Gericht auch sie erreichen (4,6-5,14*; 7,10b-17*). Während dem eigenen Volk nun neues Heil zugesagt wird (4,6-7.10b*), werden die Völker zuschanden.

Daß diese Bearbeitung die Folge von Gericht am eigenen Volk und Gericht an den Fremdvölkern in zwei Durchläufen darstellt, dürfte seinen Anlaß darin haben, daß die dtr. Bearbeitung in Mi 6,2 einen deutlichen Einschnitt markiert hat und die hierauf folgenden Worte 6,3-4b.9-15* angesichts ihrer Orientierung an Israel und Jerusalem kaum auf die Völker hin umzuarbeiten waren. Deshalb wurde zunächst nur der Textbereich 4-5 gegen die Völker umgelenkt und in 6,1, analog zu 1,2, ein kurzer Hinweis auf die Völker angebracht, bevor die gegen das eigene Volk gerichteten Worte 6,2-7,7* in 7,10b-17* einen erneuten völkerfeindlichen Abschluß erhalten haben. So war es also diese Schicht, die dem heutigen Michabuch, das durch den zweifachen Wechsel vom Gericht zum Heil für das eigene Volk geprägt ist, diese Gestalt verliehen hat.

Eine Datierung der Fremdvölkerschicht I ist angesichts der mangelnden zeitgeschichtlichen Bezüge allein aus dem Michabuch heraus nur oberflächlich möglich. Sie setzt jedenfalls voraus, daß zumindest ein Teil des Volkes noch in der Diaspora lebt (4,6-7.10b*) und daß, angesichts der Erwartungen eines umfassenden Völkergerichts, die gesamte Völkerwelt als dem eigenen Volk feindlich gegenüberstehend betrachtet wird. Einen denkbaren zeitgeschichtlichen Hintergrund könnte die fortgeschrittene persische Zeit bieten.[188] Doch wird sich auch hier erst bei der Betrachtung dieser Schicht im Rahmen des Zwölfprophetenbuches genaueres ergeben.

2.3.4.6 Die Davidsverheißung

In Mi 4,8; 5,1.3*(ohne וישבו).4a finden sich zwei kurze Nachträge, die neue Herrschaft ansagen, wobei die erwartete Herrschergestalt in 5,1-4a*, wie einst David, mit Bethlehem in Verbindung gebracht wird. Es wird also das erneute Aufrichten der davidischen Dynastie, aber eben nach dem Vorbild der Anfangszeit, erwartet. Bei diesen Nachträgen handelt es sich um unmittelbare Fortschreibungen zu der in 4,9-14 impliziten Aussage vom Ende des Königtums, über die mit Blick auf die Erwartung erneuter Herrschaft hinausgegangen wird. Dabei fehlen auch hier konkrete zeitgeschichtliche Anspielungen, weshalb auch für diese Einheit, außer einer sehr allgemeinen Einordnung in der nachexilischen Zeit, eine konkrete Datierung erst bei der Betrachtung im Rahmen des Zwölfprophetenbuches möglich sein wird.

2.3.4.7 Das Heil für die Völker

Eine weitere Bearbeitung findet sich in den Versen 4,1-4; 5,6; 7,17aßb. Diese Schicht, die nun „Heil für die Völker" zum Thema hat, schreibt das bestehende Michabuch an genau den Stellen fort, die von einem allgemeinen Völkergericht ausgehen, wobei die Fortschreibungen in 4,1-4; 5,6 sogar vor die völkerfeindlichen Passagen gestellt sind. Wie die Fremdvölkerschicht über die Zeit des Gerichts am eigenen Volk hinausblickt, so nun diese Bearbeitung über die Zeit des Gerichts an den Völkern. Sie erwartet über dieses Gericht hinaus, für das „Ende der Tage" (Mi 4,1),[189] die Zuwendung der Völker zu Jhwh (4,1-2; 7,17aßb) und eine heilvolle Funktion Israels gerade für die Völker (4,2; 5,6).

Die völkerfreundliche Tendenz könnte dabei schon gut in die beginnende hellenistische Zeit passen. Es würde sich dann um einen Beitrag zur diese Zeit bestimmenden Diskussion um das rechte Verhältnis zu den Völkern handeln, wobei hier mit der Zuwendung der Völker zu Jhwh gerade nicht die in hellenistischer Zeit durchaus verbreitete Anpassung an die Religion

---

188 Vgl. hierzu etwa Wolff, BK 14,4, 126f, der die Verse 5,8.14, die auch er als Umdeutung eines vorgegebenen Wortes gegen die Völker versteht, in persischer Zeit ansetzt, oder Kessler, Micha, 46f, der die oben der völkerfeindlichen Schicht zugeordneten Worte allesamt in persischer Zeit ansetzt, wenngleich er insgesamt von einer anders gearteten redaktionsgeschichtlichen Entwicklung des Buches ausgeht als hier vorgeschlagen.

189 Zu באחרית הימים s.o. 159 mit Anm. 87.

und Kultur der Völker,[190] sondern gerade umgekehrt die Anpassung der
Völker an die eigene Religion und Kultur erwartet wird.[191]

2.3.4.8 Die Gnadenschicht

Ein letzter Nachtrag zum Michabuch findet sich in Mi 7,18-20. Es handelt
sich hierbei um eine theologische Reflexion über die Vergebungsbereitschaft
Jhwhs. Bei der Frage nach dem historischen Ort sprechen sowohl die Stellung am Ende des Buches als auch die so ganz andere Gestalt dieses Nachtrags, der schon formal kaum noch an die prophetische Überlieferung
anknüpft, für eine fortgeschrittene, wohl am ehesten hellenistische Datierung.

2.3.4.9 Vereinzelte Nachträge

Neben den genannten Überarbeitungen fanden sich noch einige kleinere
Nachträge in Mi 1,13b; 2,13*(בראשם ויהוה); 4,5; 5,2.3*(וישבו).4b.5;
6,4b-5.6-8.9aβ.16; 7,14-15. Dabei handelt es sich um vereinzelte Fortschreibungen für den unmittelbaren Kontext, ohne weiteren Zusammenhang im
sonstigen Michabuch oder gar im Zwölfprophetenbuch.

---

190 Vgl. für einen ersten Überblick Albertz, Religionsgeschichte 2, 596-600.
191 Siehe hierzu auch Dan 4-6 LXX; vgl. Albertz, Gott, 159-170; ders., Religionsgeschichte 2,
      651f.

2.3.4.10 Überblick über die Redaktionsgeschichte des Michabuches

Grundschicht	1,3-5a.8.10-12a.13a.14-16 2,1-11 3,1-12 7,1-7
Bedrängnis des Volkes	2,12.13*(ohne ויהוה בראשם) 4,9.10*(bis עד־בבל).11.14
Dtr. Schicht	1,1.5b-7.9.12b 5,9-13 6,2-4a.9aαb.10-15
Joel-Schicht	7,8-10a
Fremdvölkerschicht I	1,2 4,6-7.10*(ab שם).12-13 5,7-8.14 6,1 7,10b-13.16-17aα
Davidsverheißung	4,8 5,1.3*(ohne וישבו).4a
Heil für die Völker	4,1-4 5,6 7,17aβb
Gnadenschicht	7,18-20
Vereinzelte Nachträge	1,13b 2,13*(ויהוה בראשם) 4,5 5,2.3*(וישבו).4b.5 6,4b-5.6-8.9aβ.16 7,14-15

2.4 Das Zefanjabuch

Für die Gliederung des Zefanjabuches ist vor allem die auffällige Stellung der Fremdvölkerworte Zef 2,4-15 zwischen den Gerichtsworten gegen das eigene Volk in 1,1-2,3 und 3,1-13 von Bedeutung, woraufhin erst in 3,14-20 Heilsworte angeschlossen sind. Um diese Komposition zu verstehen, ist es erforderlich, nach Zef 1,1-2,3 zunächst die Sammlung von Gerichts- und Heilsworten in Zef 3 zu betrachten und erst von hier aus auf die Fremdvölkerworte in Zef 2,4-15 zu blicken.

2.4.1 Die Gerichtswortsammlung Zefanja 1,1-2,3

2.4.1.1 Die Überschrift Zefanja 1,1

Bei Zef 1,1 handelt es sich um eine Überschrift nach dem Dabar-Muster. Dabei werden im Anschluß an die Gattungsbezeichnung דבר־יהוה in einem Relativsatz der Name des Propheten mit einem vier Generationen umfassenden Stammbaum, der bei einem Hiskia endet, sowie eine Datierung in die Regierungszeit Josias angegeben.

Nun wurde bereits im Rahmen der Betrachtung der Überschriften des Zwölfprophetenbuches angemerkt, daß eine historische Verortung der Gerichtsprophetie Zefanjas, die von der Zerstörung nicht nur Jerusalems, sondern der gesamten Welt ausgeht, nicht so recht in die eher friedliche Zeit Josias paßt.[1] Zudem wurde darauf hingewiesen, daß sich angesichts der ungewöhnlichen Nennung von vier Vorfahren hinter dem zuletzt genannten Hiskia sicherlich eine bedeutendere Persönlichkeit verbergen dürfte, also doch wohl der König Hiskia. Wie schon die Datierung in die Zeit Josias ist aber auch bei der Darstellung dieser verwandtschaftlichen Beziehung zum König Hiskia fraglich, ob dies wirklich einen historischen Anhalt hat. Da eine besondere Nähe Zefanjas zum Königshaus ansonsten nicht aufgezeigt werden kann, dürfte es sich wohl auch dabei eher um eine literarische Fiktion handeln, die den Propheten nicht nur mit Josia sondern auch noch mit dem Reformer Hiskia in Verbindung bringen will. Aufgrund der Bedeutung von Hiskia und Josia im DtrG spricht nun beides, wie schon häufiger vorgeschlagen, für die Zuweisung der Überschrift zu einer dtr. Bearbeitung des Zefanjabuches.[2]

---

1   S.o. 35f.
2   Vgl. Krinetzki, Zefanjastudien, 181; Edler, Kerygma, 70f; Nogalski, Precursors, 181-187; Schart, Entstehung, 44f; Striek, Zephanjabuch, 45-48; Albertz, Exilszeit, 173; Irsigler, Zefanja, 83.

Im Vorgriff auf die folgende redaktionsgeschichtliche Betrachtung des
Buchkorpus läßt sich dabei noch auf ein weiteres Argument hinweisen, das
eine solche Annahme stützt. Zef 1,4-6 wird sich als dtr. Nachtrag erweisen,
der den an der Jerusalemer Oberschicht ausgerichteten Grundbestand des
Buches um kultkritische Anklagen ergänzt, wobei diese Anklagen bis in die
Details hinein mit der Darstellung der josianischen Reform in 2 Kön 22-23
übereinstimmen.[3] Da es also der Intention der dtr. Redaktoren entspricht,
das Zefanjabuch mit der josianischen Reform in Verbindung zu bringen,
weist dies einmal mehr darauf hin, auch die Buchüberschrift angesichts der
Erwähnung Josias eben derselben dtr. Redaktion zuzuweisen.

2.4.1.2 Die Tag-Jhwh-Komposition Zefanja 1,2-18

Der Textbereich Zef 1,2-18 besteht aus mehreren Einzelworten. Dabei folgt
zunächst auf die Ansage eines umfassenden, die gesamte Schöpfung betreffenden Vernichtungsgerichts in 1,2-3 ein am kultischen Handeln orientiertes
Wort in 1,4-6. In 1,7 beginnen die Ausführungen über den Tag Jhwhs, die
den gesamten Rest des ersten Kapitels bestimmen. Nach der allgemeinen
Ankündigung des Tages Jhwhs in 1,7 wird dieser in den folgenden Worten
nach verschiedenen Seiten hin in seinen Auswirkungen näher beschrieben,
in 1,8-9 zunächst für den Königshof, in 1,10-11 für verschiedene Bezirke
Jerusalems und in 1,12-13 für die gegenüber Jhwh Gleichgültigen der Oberschicht.[4] In 1,14-18 findet sich sodann erneut eine allgemeine Beschreibung
des Tages Jhwhs, die in eine weitere Darstellung der Betroffenen und
schließlich in eine universale Gerichtsankündigung übergeht.

Bei der Frage nach der Entstehung von Zef 1 hat stets das Nebeneinander von universalen und den an bestimmten Jerusalemer Gruppen orientierten Worten eine besondere Rolle gespielt. Dabei wurde häufig vermutet,
daß die universalen Worte auf eine Redaktion zurückgehen.[5] Doch will es
nicht gelingen, die an der gesamten Schöpfung orientierten Textbereiche aus
dem Text auszuscheiden, ohne den soliden Zusammenhang der vorliegenden Worte zu zerstören. Es würde dann lediglich ein Fragment übrigbleiben,
das kaum mehr als zusammenhängende literarische Einheit verstanden
werden kann.

---

3   S.u. 201-203.
4   Zur Deutung von Zef 1,12 auf die Angehörigen der Oberschicht s.u. 203 mit Anm. 22.
5   In neuerer Zeit hat v.a. Nogalski, Precursors, 193-198, vorgeschlagen, die von einem uni-
    versalen Gericht geprägten Passagen 1,2-3.15-16.18aβb als Produkt einer redaktionellen
    Neugestaltung von Zef 1 zu verstehen. Auch Gerlemann, Zephanja, 22; Elliger, ATD 25, 60f;
    Edler, Kerygma, 74-78.82-84; Perlitt, ATD 25,1, 103; Beck, Tag, 100, betrachten gerade die
    universalen Textbereiche als Fortschreibung.

Dies zeigt sich schon zu Beginn des Buches: Wenn die Ansage der Vernichtung der gesamten Schöpfung in Zef 1,2-3 dem Grundbestand abgesprochen wird, dann fehlt dem Buch ein wirklicher Anfang: Denn auf die Überschrift in Zef 1,1 kann keinesfalls der mit Perfekt consecutiv eingeleitete Vers Zef 1,4 folgen.[6] Dabei hilft es auch nicht, die Kopula zu Beginn von 1,4 zu streichen,[7] da dann eine Perfekt-Form einen sicherlich futurisch zu verstehenden Kontext einleiten würde.

Man könnte deshalb annehmen, daß die Grundschicht des Buches überhaupt erst mit den am Tag Jhwhs orientierten Worten in 1,7 begonnen hat.[8] Doch führt auch dies nicht weiter, da diese Worte ab Zef 1,14 erneut universal ausgerichtet sind, was sich hier nun gar nicht mehr literarkritisch auflösen läßt. Denn 1,14-18 zeigt keine konkrete Jerusalem-Orientierung mehr, V.17 weist im Gegenteil sogar eine undifferenzierte Ausrichtung an der gesamten Menschheit (אדם) auf, und auch V.18 geht von einem Gericht an der gesamten Erde aus.[9]

Es bleibt also nichts: Das Nebeneinander von universaler und an der Jerusalemer Oberschicht orientierter Gerichtsvorstellung in Zef 1 läßt sich mit literarkritischen Mitteln nicht auflösen. So wird dieses Nebeneinander also eher mit einer überlieferungsgeschichtlichen Hypothese zu erklären sein, wonach in Zef 1 vorgegebenes Gut aus unterschiedlichen Kontexten zusammengestellt wurde. Denkbar wäre etwa, daß eine nicht mehr vollständig zu rekonstruierende Tag-Jhwh-Rede, die noch hinter den Versen 1,7.14-18aα erkennbar sein könnte, in 1,8-13 um verschiedene an die Jerusalemer Oberschicht gerichtete Einzelworte und in 1,2-3.18aβb um einen universalen Rahmen ergänzt worden ist.[10]

---

6 Daß Zef 1,4 die vorausgehenden Verse 1,2-3, oder zumindest einen Grundbestand hiervon, voraussetzt, hat zurecht Seybold, Satirische Prophetie, 14, betont. Die genannten Gründe sprechen nebenbei auch dagegen, mit Striek, Zephanjabuch, 221f, die Erstausgabe des Buches mit 1,3b beginnen zu lassen, da auch dann das Buch mit Perfekt consecutiv eingeleitet würde.

7 So Nogalski, Precursors, 189.

8 Dies wurde bislang nur von Albertz, Exilszeit, 172f, und Beck, Tag, 100, vorgeschlagen.

9 Auch Reimer, Sozialkritik, 43, betont den universalen Charakter von Zef 1,17-18. Dabei bleibt diese Ausrichtung der beiden Verse auch dann bestehen, wenn Zef 1,18aβb, wie häufig angenommen, als sekundär betrachtet wird; vgl. hierzu unten 204 Anm. 26.

10 Daß in Zef 1 verschiedene vorgegebene Überlieferungen aufgenommen sind, wurde schon häufiger vermutet. Dabei wird meist zwischen einer Tag-Jhwh-Rede in 1,7.14-16 und den v.a. an der Jerusalemer Oberschicht orientierten Einzelworten 1,2-3.8-13.17-18 unterschieden; vgl. etwa, mit Unterschieden im Detail, Langohr, Rédaction, 63; Scharbert, Zefanja, 239-241; Seybold, Satirische Prophetie, 14f; Weigl, Zefanja, 16; Neef, Gottesgericht, 540-542; Perlitt, ATD 25,1, 102. Doch sollten die vorgegebenen Überlieferungsstücke nicht mehr bis ins einzelne rekonstruiert werden. Denn gegen die geläufige Annahme einer ursprünglich zusammenhängenden Tag-Jhwh-Rede 1,7.14-16 spricht, daß 1,7 und 1,14 nicht wirklich aneinander anschließen, da zum einen das Bild des Schlachtopfers aus V.7 im folgenden nicht

Wenn sich aber in Zef 1 kein Grundbestand ohne universale Gerichtsvorstellung mehr rekonstruieren läßt, dann handelt es sich bei Zef 1,2-3 um
den ursprünglichen Buchanfang. Dabei ist allenfalls die Wendung וְהַמַּכְשֵׁלוֹת
אֶת־הָרְשָׁעִים in 1,3,[11] die die Reihe der Perfekt-Formen unterbricht und in
LXX noch nicht belegt ist, als Nachtrag zu verstehen, durch den das vorliegende Wort auf eine bestimmte Gruppe innerhalb der Bevölkerung eingeschränkt wird.[12]
   Die folgenden Verse 1,4-6 dürften demgegenüber sekundär sein.[13] Denn
zum einen finden sich nach den kultkritischen Anklagen dieser Verse nur
noch sozialkritische Worte.[14] Zum anderen weist der Übergang von Gottesrede zur Rede von Jhwh in der 3. Person inmitten von V.5, der kaum literarkritisch aufzulösen sein dürfte, darauf hin, daß Zef 1,4-6 von vornherein als
sekundäre Überleitung zwischen der Gottesrede in 1,2.3* und der Prophetenrede in 1,7 gestaltet ist.[15] Und schließlich zeigen sich in Zef 1,4-6 so
zahlreiche Stichwortbezüge zur Darstellung der josianischen Reform in 2
Kön 22-23, daß hier von literarischer Abhängigkeit auszugehen ist und

---

mehr aufgenommen wird und zum anderen 1,14 hinter die Beschreibung des Handelns
Jhwhs aus 1,7bβ zur schon in 1,7abα dargestellten Beschreibung des Tages Jhwhs zurückfällt;
vgl. Irsigler, Gottesgericht, 109; Beck, Tag, 91f. Es läßt sich demnach wohl nicht mehr
präzise zwischen vorgegebenem Gut und den Eigenformulierungen der für die Komposition
der Grundschicht Verantwortlichen trennen.

11 Die Form הַמַּכְשֵׁלוֹת ist allerdings schwierig zu verstehen. Die früher, etwa von Nowack, HK
3,4, 292; Elliger, ATD 25, 58, u.a. vorgetragene Änderung in eine Perfekt-Form der 1.sg. ist
eine unberechtigte Vereinfachung des Textes. So wird הַמַּכְשֵׁלוֹת am ehesten im Anschluß an
Irsigler, Zefanja, 95; Beck, Tag, 82 Anm. 55, als Partizip f.pl. hi. von כשל zu verstehen und
mit „was die Frevler zu Fall bringt" wiederzugeben sein.

12 Vgl. nur Marti, KHC 13, 362; Rudolph, KAT 13,3, 261f; Edler, Kerygma, 100f; Striek,
Zephanjabuch, 88f; Irsigler, Zefanja, 96; Beck, Tag, 82 Anm. 55.

13 So auch Levin, Anfänge, 439; Seybold, Satirische Prophetie, 84f; Oeming, Gericht, 295;
Albertz, Exilszeit, 172.

14 Eine kultkritische Spitze wird unter den folgenden Worten allenfalls noch in der Erwähnung
der „Schwellenhüpfer" in Zef 1,9 erkannt, was seit dem bedeutenden Ansatz von Donner,
Schwellenhüpfer, 53, häufig mit dem Brauch, unter der Türschwelle Dämonen zu vergraben,
in Verbindung gebracht wird. Das Springen über die Schwellen wird dann so verstanden, daß
diesen Dämonen nicht auf den Kopf getreten werden sollte. Nun hat aber Uehlinger,
Astralkultpriester, 58, dagegen eingewendet, daß zwar das Vergraben von Dämonen, aber
gerade nicht das Hüpfen über die Türschwellen belegt ist. So wird wohl eher seiner, im
Anschluß an Ben Zvi, Zephaniah, 95-102, vorgetragenen Deutung zu folgen sein, wonach
hier das Verneigen beim Eintritt in den Königspalast gemeint ist. Denn diese These hätte den
Vorteil, daß sich das Schwellenhüpfen dann in den am Hof ausgerichteten Kontext von Zef
1,8-9 einfügt und somit eben auch an dieser Stelle, wie bei den anderen Anklagen in 1,7ff,
eine bestimmte soziale Gruppe angeklagt wird und nicht besondere kultische Bräuche im
Blick sind.

15 Dies spricht nebenbei auch dagegen, daß die Redaktoren von Zef 1,4-6 das Buch allererst
geschaffen haben, wie Seybold, Satirische Prophetie, 83-93, meint. Gegen eine solche
Annahme haben sich zurecht auch Striek, Zephanjabuch, 237-241, und Albertz, Exilszeit,
172, ausgesprochen.

dieser Textbereich am ehesten einer dtr. Redaktion des Zefanjabuches zuzuweisen sein wird.[16]

Denn genaugenommen findet sich zu jeder konkreten Anklage von Zef 1,4-6 eine Parallele in 2 Kön 22-23:[17] Schon die Rede von „diesem Ort" (המקום הזה) ist auch in 2 Kön 22,16.17.19.20 belegt, בעל kommt in 23,4.5 vor, die כמרים in 23,5, Priester (כהן) im allgemeinen, als Betroffene der josianischen Reform, sind in 23,8.9.20 genannt. Der Kult auf den Dächern (גג) ist auch in 2 Kön 23,12 und צבא השמים auch in 23,4.5 erwähnt. Angesichts dieser Übereinstimmungen dürfte auch die viel diskutierte Frage, was unter מַלְכָּם am Ende von Zef 1,5 zu verstehen ist, so zu entscheiden sein, daß hier die schon häufiger vorgeschlagene Vokalisierung מִלְכֹּם vorzuziehen ist,[18] da die ammonitische Gottheit Milkom eben auch im Rahmen der josianischen Reform in 2 Kön 23,13 genannt ist. So hat also lediglich der sehr allgemeine Vorwurf der verweigerten Suche Gottes Zef 1,6 in 2 Kön 22-23 kein Gegenstück.[19]

Zef 1,4-6 ist demnach nicht nur allgemein thematisch, sondern Wort für Wort, und dabei auch mit so seltenen Begriffen wie כמר oder מלכם, mit der Darstellung der josianischen Reform in 2 Kön 22-23 verbunden. Diese durchgängige wörtliche Verbindung zu 2 Kön 22-23 spricht dann wohl eindeutig für direkte literarische Abhängigkeit, die auf eine dtr. Redaktion zurückzuführen ist, und gegen die noch immer verbreitete historisch-biogra-

---

16   So schon Seybold, Satirische Prophetie, 84f; Albertz, Exilszeit, 172. Auch Striek, Zephanjabuch, 104f, erkennt den dtr. Charakter von Zef 1,4-6, will hier aber noch eine der dtr. Bearbeitung vorausgehende Grundschicht rekonstruieren, indem er nur Teile von V.4 (מן־המקום הזה und עם־הכהנים) und V.5b der Redaktion zuweist. Doch zum einen kann zwischen 5a und 5b kein klarer Bruch erkannt werden, zum anderen wird sich zeigen, daß sämtliche Begriffe in Zef 1,4-5 auch in 2 Kön 22-23 belegt sind, so daß sicherlich der gesamte Textbereich derselben Hand zuzuweisen ist.

17   Die Parallelen zu Zef 1,4-6 in 2 Kön 22-23 sind schon lange erkannt; vgl. etwa Scharbert, Zefanja, 247f; Veijola, Zefanja, 12f. Aber einzig Seybold, Satirische Prophetie, 84f, und Albertz, Exilszeit, 172, haben daraus die Konsequenz gezogen, Zef 1,4-6 einer dtr. Redaktion des Buches zuzuweisen. Selbst Schart, Entstehung, 209, rechnet Zef 1,4-5 nicht zur dtr. Schicht des Zefanjabuches, da er meint, daß die Bezüge zu 2 Kön 23 nur „recht sporadisch" seien. Er weist daher nur V.6 der dtr. Redaktion des Buches zu. Wenn sich aber in Zef 1,4-5 zu jedem Begriff eine Parallele in 2 Kön 22-23 findet, ist dies doch mehr als eine nur sporadische Verbindung.

18   Eine Änderung der Vokalisierung zu מלכם nehmen, neben anderen, etwa Marti, KHC 13, 363; Rudolph, KAT 13,3, 262; Seybold, ZBK.AT 24,2, 95; Striek, Zephanjabuch, 99, vor.

19   Zef 1,6 wird dabei immer wieder als Nachtrag zu 1,4-5 verstanden; vgl. etwa Irsigler, Gottesgericht, 103; Edler, Kerygma, 79f; Striek, Zephanjabuch, 101, u.a. Doch schließt dieser Vers sowohl syntaktisch als auch thematisch an 1,5 an und kann deshalb wohl auch literarisch kaum von 1,4-5 getrennt werden.

phische Auslegung von Zef 1,4-6, nach der Zefanja zu den Protagonisten der josianischen Reform zu rechnen ist.[20]

Die erste Rede vom Tag Jhwhs ab Zef 1,7-13 schließt sodann gut an 1,2-3 an. Nach der allgemeinen universalen Einleitung wird das Gerichtshandeln Jhwhs in 1,7 auf den drohenden Tag zugespitzt. Und dies wird in den folgenden Einzelworten in seinen Konsequenzen näher ausgeführt. Dabei sollten die Formeln zu Beginn der Verse 1,8.10.12 nicht als sekundär verstanden werden, sind sie doch als Gliederung der einzelnen Worte und als Rückbezug auf die Erwähnung des Jhwh-Tages in 1,7 verständlich.[21]

Nun bilden die Worte Zef 1,8-9 und 1,12-13 einen klaren Zusammenhang, insofern beide an der Oberschicht orientiert sind – Zef 1,8-9 an den Angehörigen des Königshofes, an deren Vorlieben für fremde Kleidung und Bräuche sowie an deren gewalttätigem Verhalten und Zef 1,12-13 an den Gleichgültigen, die sich auf ihrer Weinhefe verdicken, was wohl klar auf die wohlhabende Bevölkerungsschicht zielt.[22] Demgegenüber ist die ursprüngliche Zugehörigkeit von Zef 1,10-11 fraglich.[23] Denn zum einen weisen die Perfekt-Formen darauf hin, daß hier das Gericht als bereits eingetreten vorausgesetzt wird. Zum anderen unterscheiden sich diese Verse durch ihre direkte Anrede von Zef 1,8-9.12-13. Und schließlich unterbrechen sie den Zusammenhang der anderen beiden Worte auch in terminologischer Hinsicht, da in 1,8.9.12, nicht aber in 1,10-11 die Wendung ופקדתי על vor-

---

20 In neuerer Zeit wird Zefanja etwa noch von Scharbert, Zefanja, 248; Schart, Entstehung, 209; Irsigler, Zefanja, 119, als Wegbereiter der josianischen Reform verstanden. Wenn in diesem Zusammenhang Dietrich, Kontexte, 29 Anm. 36, gegen eine Zuweisung von Zef 1,4-6 zu einer dtr. Redaktion des Buches einwendet, daß es „nicht nur in den Köpfen deuteronomistischer Theoretiker, sondern in der politisch-religiösen Praxis im Juda des 7. Jahrhunderts assyrogenen Gestirnsdienst und assyrophile ‚Pfaffen'" gab, so mag er sicherlich nicht unrecht haben. Er erklärt damit aber eben noch nicht, warum Zef 1,4-5 ausnahmslos und wörtlich von Parallelen zu 2 Kön 22-23 bestimmt ist.

21 Die Formeln in 1,8.10.12 werden häufig als sekundär beurteilt, wobei nicht immer ganz klar ist, ob hier von Nachträgen zu einem bereits bestehenden schriftlichen Textkorpus ausgegangen wird oder von Ergänzungen vorgegebener Worte bei der Erstverschriftung; vgl. hierzu etwa Irsigler, Gottesgericht, 96; Krinetzki, Zefanjastudien, 185-188; Edler, Kerygma, 103f; Seybold, Satirische Prophetie, 86; Weigl, Zefanja, 35.43.66; Neef, Gottesgericht, 541; Striek, Zephanjabuch, 222. Jedenfalls sind die Formeln zumindest auf der schriftlichen Ebene untrennbarer Bestandteil der vorliegenden Einheiten, wie neuerdings auch Beck, Tag, 93, zurecht betont hat.

22 Vgl. etwa Irsigler, Zefanja, 160, der das Bild vom Eindicken auf der Weinhefe für die Sorglosigkeit und Selbstzufriedenheit der Angesprochenen mit der Bedeutung des Weins in der Oberschicht in Verbindung bringt: „Es ist ein Bild satten, ungestörten Wohllebens dieser Herren, die sich in ihrem Reichtum behaglich und behäbig eingerichtet haben."

23 Bislang hat erst Langohr, Critique, 7-10; ders., Rédaction, 57, Zef 1,10-11 als Nachtrag verstanden. Daß die beiden Verse den Zusammenhang von 1,8-9 und 1,12-13 unterbrechen, hat aber auch schon Weigl, Zefanja, 16.56f, erkannt, der deshalb davon ausgeht, daß den Erstherausgebern von Zef 1 die beiden Wortsammlungen 1,7.10-11*.14-16 und 1,4-6.8-9*.12-13* vorlagen.

kommt. So dürfte es sich bei Zef 1,10-11 um einen literarischen Nachtrag handeln, der allerdings ohne weiteren Zusammenhang im Zefanjabuch steht. Die Erwähnung von einzelnen Bezirken in Jerusalem und von konkreten Vorgängen in diesen Bezirken könnte auf nicht mehr bekannte historische Details anspielen, auf die hin das bestehende Buch aktualisiert wurde.

Ein weiterer Nachtrag dürfte, wie schon häufig gesehen, in 1,13b zu finden sein.[24] Die Form des Nichtigkeitsfluches erinnert deutlich an die dtn. Fluchformulierungen in Dtn 28,30-31.39-41, und so wird 1,13b angesichts der Tatsache, daß schon in Zef 1,4-6 eine dtr. Redaktion erkennbar war, am ehesten dieser Redaktion zuzuweisen sein.[25]

In 1,14 wird geradezu ein zweiter Durchlauf der Schilderung des Tages Jhwhs eingeleitet. Dabei zeigen die Verse 1,14-18 denselben Ablauf wie die erste Tag-Jhwh-Schilderung in 1,7-9.12-13a, insofern auch hier zunächst ganz allgemein die Nähe des Tages Jhwhs herausgestellt wird (1,14-15; vgl. 1,7) und sodann die Konsequenzen dieses Tages genannt werden (1,16-18aα; vgl. 1,8-9.12-13a). Diese Konsequenzen werden nun aber nicht mehr auf die Jerusalemer Oberschicht beschränkt, ja, es finden sich hier überhaupt keine konkreten Eingrenzungen der Betroffenen mehr, weder in sozialer noch in geographischer Hinsicht. Allenfalls die Aussagen von V.15, daß sich der Tag Jhwhs gegen die Festungen richtet, und von V.18aα, daß weder Silber noch Gold am Tag Jhwhs helfen werden, lassen eine gewisse Orientierung an der politischen und gesellschaftlichen Oberschicht erkennen und knüpfen so an die erste Tag-Jhwh-Rede in 1,7-13* an. Insgesamt führt dieser zweite Durchlauf aber direkt auf die universale Gerichtsansage in 1,18aβb zu, die als Abschluß der gesamten Komposition einen Rahmen zu Zef 1,2-3 bildet und somit eben nicht als sekundär verstanden werden kann.[26]

---

24 Vgl. nur Marti, KHC 13, 365; Irsigler, Gottesgericht, 104f; Edler, Kerygma, 81f; Seybold, ZBK.AT 24,2, 99; Neef, Gottesgericht, 540; Striek, Zephanjabuch, 111f; Perlitt, ATD 25,1, 113; Beck, Tag, 94.

25 So auch Nogalski, Precursors, 190f; Schart, Entstehung, 209f; Albertz, Exilszeit, 173.

26 Daß es sich bei 1,18aβb um einen Nachtrag handelt, ist in der Forschung nahezu Konsens; vgl. etwa Krinetzki, Zefanjastudien, 191; Edler, Kerygma, 82-84; Seybold, Satirische Prophetie, 15; Nogalski, Precursors, 196; Schart, Entstehung, 206f; Neef, Gottesgericht, 540f; Perlitt, ATD 25,1, 117. Allerdings basiert dieser Konsens allein auf der Annahme, daß die universale Ausrichtung dieses Teilverses nicht zu den an der Jerusalemer Oberschicht orientierten Worten der vorangehenden Tag-Jhwh-Rede paßt. Da aber, wie oben bereits herausgestellt wurde, ein literarkritisches Herauslösen der universalen Gerichtsworte aus Zef 1 nicht möglich ist, besteht auch kein wirklicher Anlaß, Zef 1,18aβb als Nachtrag einzustufen. Auch die von Irsigler, Gottesgericht, 112f, und Weigl, Zefanja, 90, vorgebrachten terminologischen Unterschiede zu Zef 1,2-3 sprechen nicht für eine Zuweisung zu verschiedenen Schichten. Vielmehr dürfte auch dies, wie schon das Nebeneinander von universalen und auf Jerusalem begrenzten Worten, eher mit der Aufnahme von vorgegebenem Gut zu erklären sein. Für ein literarkritisches Herauslösen von Zef 1,18aβb fehlen jedenfalls klare Kriterien.

So ist also die Grundschicht von Zef 1,2-18 in den Versen 1,2.3*(ohne והמכשלות את־הרשעים).7-9.12-13a.14-18 zu erkennen. In dieser geschlossenen Komposition ist das Gericht an der Jerusalemer Oberschicht eingebettet in ein universales Gerichtshandeln, das die gesamte Schöpfung treffen wird.

Eine dtr. Redaktion, die die Anklagen der Grundschicht um ein Gericht an kultischen Bräuchen und Institutionen ergänzt und so mit der josianischen Reform in Verbindung bringt, zeigt sich in den Versen 1,4-6. Dieser Redaktion kann auch der Nichtigkeitsfluch in 1,13b zugerechnet werden.[27]

Ein vereinzelter Nachtrag, dessen Hintergründe aufgrund der unklaren Bezüge auf bestimmte Bezirke Jerusalems nicht mehr ganz klar sind, findet sich schließlich in Zef 1,10-11. Zudem handelt es sich auch bei Zef 1,3* (והמכשלות את־הרשעים) um einen vereinzelten Nachtrag, der das universale Gericht von 1,2.3* einschränkt.

2.4.1.3 Der Umkehrruf Zefanja 2,1-3

Jede Auslegung und redaktionsgeschichtliche Einordnung von Zef 2,1-3 steht zunächst vor der Schwierigkeit, daß vor allem 2,1-2a kaum verständlich ist. Es scheint, daß hier ein extremes Textverderbnis vorliegt, so daß sich die ursprüngliche Aussage kaum mehr rekonstruieren läßt.[28]

Jedenfalls – soweit dürfte man sich vorwagen – findet sich in 2,1 zunächst ein Sammlungsaufruf,[29] der in V.2 mit dem Tag des Zornes Jhwhs (יום אף־יהוה) in Verbindung gebracht wird. Noch ehe dieser Tag kommt,

---

27 Schart, Entstehung, 211; Albertz, Exilszeit, 173, weisen auch noch כי ליהוה חטאו in Zef 1,17aβ der dtr. Redaktion des Zefanjabuches zu. Diese Wendung fällt in der Tat durch die Rede von Jhwh in 3. Person aus dem Kontext heraus und ist häufig im Bereich der dtn.-dtr. Literatur belegt (vgl. etwa Dtn 1,41; 9,16; 20,18; Jos 7,20; 1 Sam 2,25; 7,6; 12,23; 14,33.34; 2 Sam 12,13; 2 Kön 17,7). Doch ist die Formulierung im Vergleich mit den sonstigen dtr. Nachträgen zum Zefanjabuch in ihrer inhaltlichen Ausrichtung recht unspezifisch. Die Wendung könnte also ebensogut im Rahmen der Erstverschriftung oder im Rahmen einer späteren Überarbeitung des Zefanjabuches an der vorliegenden Stelle eingetragen sein, so daß die literarische Zuordnung dieses Teilverses offenbleiben muß.

28 Nicht umsonst haben schon Wellhausen, Propheten, 28, und neuerdings Vlaardingerbroek, Zephaniah, 35, gänzlich davon abgesehen, Zef 2,1 zu übersetzen, und auch Striek, Zephanjabuch, 137, meint, daß der ursprüngliche Sinn von Zef 2,1-2a völlig unklar ist. Jedenfalls dürften die detaillierten Überlegungen von Seybold, ZBK.AT 24,2, 102f, der diesen Vers „Bückt euch und stoppelt zusammen, Volk, das kein Silber schlägt!" übersetzt, zu spekulativ sein. Denn Perlitt, ATD 25,1, 118f, weist wohl mit Recht darauf hin, daß etwa לא־נכסף nicht von כֶּסֶף abgeleitet und auf das Schlagen von Silber bezogen werden kann, da das Verb כסף sonst stets die Bedeutung „sich sehnen, verlangen" hat.

29 Zum Verb קשש, das ursprünglich „Stroh sammeln" bedeutet und in Zef 2,1 wohl für einen allgemeinen Sammlungsaufruf verwandt wird, vgl. Perlitt, ATD 25,1, 118.

soll sich also im Volk etwas ändern. Dies wird in V.3 dahingehend ausgeführt, daß die Armen des Landes Jhwh suchen sollen, was im folgenden als
die Suche nach Gerechtigkeit und Armut näher bestimmt wird.[30] Dann
könnte vielleicht (אולי) auch Rettung vor dem Zornestag möglich sein.

Zef 2,1-3 wird nun meist als direkte Fortsetzung von Zef 1,14-18* und
somit auch als ursprünglicher Abschluß der gesamten Gerichtswortsammlung 1,2-2,3 verstanden. Doch sprechen dagegen sowohl inhaltliche als auch
terminologische Beobachtungen.[31] Denn vor allem die dargestellte Rettungsmöglichkeit paßt nicht recht zum universalen Gericht in 1,2-18*. Auch die
recht allgemeinen Forderungen, Jhwh, Gerechtigkeit und Armut zu suchen,
verwundern nach den sehr konkreten Anklagen in 1,8-9.12-13a. Noch
schwerer wiegt aber der terminologische Unterschied, der darin besteht, daß
in Zef 2,2-3 nicht wie in 1,7.14 יום יהוה, sondern יום אף־יהוה steht.[32]

Aber gerade die Rede vom Zorn Jhwhs könnte Zef 2,1-3 mit der dtr.
Redaktion des Buches in Verbindung bringen. Zwar ist die Wendung אף
יהוה an sich zu unspezifisch, um eine besondere Nähe zur dtn.-dtr. Literatur
zu behaupten. Interessant ist aber, daß in 2 Kön 23,26 gerade im Anschluß
an die Darstellung der josianischen Reform betont wird, daß der Zorn
Jhwhs wegen der Verfehlungen Manasses nicht vom Volk abließ. Nach den
zahlreichen wörtlichen Parallelen zu 2 Kön 22-23 in Zef 1,4-6 könnte die
Rede vom Zorn Jhwhs in Zef 2,1-3 also doch auf eine dtr. Redaktion hinweisen, die hier wie in 2 Kön 22-23 feststellt, daß auch nach den in Zef 1,4-6
erwähnten Reinigungsmaßnahmen der josianischen Reform der Zorn Jhwhs
noch nicht nachgelassen hat.

Neben der Erwähnung des Zornes Jhwhs deutet dann aber vor allem die
Aufforderung, Jhwh zu suchen, in Zef 2,3 auf eine dtr. Redaktion. Denn
dies kann als klarer Rückverweis auf den der dtr. Redaktion zugeschriebenen
Vers Zef 1,6 verstanden werden, wo ebenfalls בקשו את־יהוה belegt ist.

Bei Zef 2,3 wurde nun aber schon häufig auf den inneren Widerspruch
hingewiesen, der darin besteht, daß gerade die Armen des Landes dazu
aufgefordert werden, Armut zu suchen. Dies führt meist zu der Annahme,
daß Zef 2,3a gegenüber 2,3b sekundär ist.[33] Da aber gerade 2,3a über בקשו

---

30 Zur Problematik der Deutung von ענוה auf materielle Armut s.u. 249-251.
31 So hat sich neuerdings auch Perlitt, ATD 25,1, 118, dagegen ausgesprochen, Zef 2,1-3* als
    Fortsetzung von 1,14-18* zu verstehen.
32 Vgl. Weimar, Zef 1, 810f. Wenn also Irsigler, Gottesgericht, 132; Krinetzki, Zefanjastudien,
    192, u.a. aufgrund der Rede vom Tag Jhwhs in Zef 2,1-3* die ursprüngliche Fortsetzung von
    Zef 1,14-18* erkennen, so übersehen sie, daß gerade an dieser Stelle ein markanter terminolo-
    gischer Unterschied vorliegt.
33 Vgl. nur Elliger, ATD 25, 69; Irsigler, Gottesgericht, 114f; Seybold, Satirische Prophetie, 37f;
    Striek, Zephanjabuch, 134f; Perlitt, ATD 25,1, 119f. Der früher häufiger, etwa von Rudolph,
    KAT 13,3, 273f; Krinetzki, Zefanjastudien, 257; Edler, Kerygma, 18, vorgetragene Versuch,
    Zef 2,3a durch die Annahme einer Haplographie und somit durch Ergänzung eines כ vor

את־יהוה mit dem dtr. Nachtrag 1,6 verbunden ist, zieht Albertz hieraus die weitere Konsequenz, daß eben nur der redaktionelle Vers 2,3a der dtr. Schicht des Buches zuzuweisen und 2,1-2.3b noch der Grundschicht zuzurechnen ist.[34]

Doch sind mit dieser These Probleme verbunden. Denn der Grundbestand Zef 2,1-2.3b kann aus den oben beschriebenen Gründen wohl kaum der Grundschicht des Buches zugeschrieben werden. Vor allem ist aber die Anrede an die Armen des Landes, die Gott suchen sollen, im Rahmen des dtr. Zefanjabuches nicht wirklich verständlich. Wenn nämlich nach der Ansicht dieser Bearbeitung nur die ohnehin schon Armen eine Chance auf Rettung gehabt hätten, ist die Rede an die Stadt in 3,1ff*, die im folgenden, wie auch bei Albertz, der dtr. Redaktion zugewiesen wird, kaum noch verständlich.[35] Denn dort wird eben der gesamten Stadt mitsamt ihren Funktionsträgern vorgeworfen, daß sie sich Jhwh nicht genähert haben (3,2) und ihn nicht gefürchtet haben (3,7). Dies setzt doch aber voraus, daß die gesamte Bevölkerung, also nicht nur die Armen, eine Chance auf Rettung gehabt hätten, wenn sie sich nur Jhwh zugewandt hätten. Die auf die ohnehin schon Armen begrenzte Rettungsmöglichkeit in 2,3a kann also nicht der dtr. Bearbeitung des Zefanjabuches zugeschrieben werden.

Wenn also in 2,3a die Aufforderung, Jhwh und Armut zu suchen, nicht aber die exklusive Anrede an die Armen zur dtr. Redaktion des Buches paßt, so ist daraus wohl am ehesten die Konsequenz zu ziehen, daß eben nur die Anrede כל־ענוי הארץ אשר משפטו פעלו eine spätere Überarbeitung von Zef 2,1-3 darstellt. Genau dies wurde ja auch jüngst von Ryou und Vlaardingerbroek vorgeschlagen.[36] Dabei ergibt eine solche Lösung auch auf kompositioneller Ebene einen schlüssigen Zusammenhang, insofern dann in Zef 2,2-3 auf ein dreimaliges בטרם in 2,2 ein ebenso dreimaliger Aufruf בקשׁו in 2,3 folgt.

Auch wenn an dieser Stelle eine gewisse Unsicherheit nicht von der Hand zu weisen ist, wird also Zef 2,1-2.3*(ohne כל־ענוי הארץ אשר משפטו פעלו) der dtr. Redaktion des Zefanjabuches zuzuweisen sein, die hier im Anschluß an die Tag-Jhwh-Rede von 1,7-18* einen Ausweg aus dem drohenden Gericht in der Suche von Jhwh, Gerechtigkeit und Armut aufzeigt.[37]

In Zef 2,3* wurde dies durch einen vereinzelten Nachtrag so ausgeweitet, daß nur die ohnehin schon Armen eine Chance auf Rettung haben.

כל־ענוי הארץ zu glätten, wird heute zurecht nicht mehr vertreten; vgl. hierzu Ben Zvi, Zephaniah, 146.

34 Vgl. Albertz, Exilszeit, 173.

35 Zu Zef 3,1ff s.u. 208-213.

36 Vgl. Ryou, Oracles, 294f; Vlaardingerbroek, Zephaniah, 121.

37 Bislang hat nur Schart, Entstehung, 214, wenn auch zurückhaltend, vorgeschlagen, Zef 2,1-3 der dtr. Redaktion des Zefanjabuches zuzuschreiben.

Dieser Nachtrag wird dann am ehesten einer späten Armenfrömmigkeit zuzuschreiben sein.[38]

2.4.2 Das Abschlußkapitel Zefanja 3

2.4.2.1 Die Worte von Gericht und Reinigung Zefanja 3,1-13

In Zef 3,1-13 findet sich eine Zusammenstellung von Worten, bei der zunächst in einem Weheruf 3,1-5 die widerspenstige Stadt angeklagt wird, die nicht bereit ist, sich Jhwh zu unterwerfen, und deren Amtsträger sich unwürdig benehmen. Es folgt in 3,6-8 ein Rückblick auf das Gerichtshandeln an den Völkern und die drohende Ermahnung Jhwhs am eigenen Volk, die schließlich in die Aufforderung mündet, sich für das bevorstehende Eingreifen Jhwhs bereit zu machen. In 3,9-10 wird die Zuwendung der Völker zu Jhwh erwartet, die hierfür mit reinen Lippen zugerüstet werden. Das folgende Läuterungsgericht in 3,11-13 ist sodann wieder ganz am eigenen Volk orientiert, aus dem im bevorstehenden Gericht die Hochmütigen entfernt werden, während die Armen und Geringen übrigbleiben, sich Jhwh zuwenden und sicher leben werden.

Nun wird mit Blick auf Zef 3,1-13 meist davon ausgegangen, daß zumindest ein Grundbestand dieser Verse noch zur ursprünglichen Botschaft des Zefanjabuches zu rechnen ist.[39] Dabei werden vor allem die Anklagen gegen die Oberen in 3,3-4 mit den Worten in 1,8-13 in Verbindung gebracht.

Doch erheben sich gegen eine solche Sicht berechtigte Zweifel.[40] Denn zum einen finden sich kaum inhaltliche oder terminologische Verbindungen zwischen Zef 1 und 3,1-13.[41] Die Anklagen in 1,8-13 sind vor allem am

---

38 Vgl. zur Annahme einer spezifischen Armenfrömmigkeit Albertz, Religionsgeschichte 2, 569-576.

39 Vgl. nur Elliger, ATD 25, 74-81; Rudolph, KAT 13,3, 284-297; Krinetzki, Zefanjastudien, 205-214; Edler, Kerygma, 147-167; Lohfink, Zefanja, 102; Roberts, Nahum, 210-219; Seybold, ZBK.AT 24,2, 109; Weigl, Zefanja, 242f; Striek, Zephanjabuch, 217; Vlaardingerbroek, Zephaniah, 166.

40 So wurde Zef 3 denn auch immer wieder insgesamt als sekundär betrachtet; vgl. schon Schwally, Ssefanjâ, 230-238; Marti, KHC 13, 372; Duhm, Anmerkungen, 97, sowie in neuerer Zeit Albertz, Exilszeit, 172f; Perlitt, ATD 25,1, 132.

41 Eine Verbindung zwischen Zef 1 und 3,1-13 zeigt sich in der Erwähnung der שָׂרִים (1,8; 3,3), wobei allerdings das Gericht in 1,8 gerade auf die Angehörigen des Hofes beschränkt wird, während in 3,3-4 noch weitere Amtsträger genannt sind. Der deutlichste Bezug besteht sodann in der Wendung בְּאֵשׁ קִנְאָתוֹ/יֹ תֵּאָכֵל כָּל־הָאָרֶץ Zef 1,18; 3,8. Während sich diese Aussage aber in 1,18 in einem auch und vor allem das eigene Volk mit einschließenden Kontext findet, ist dies in 3,8 gerade explizit auf die Völker im Gegensatz zu Israel bezogen. Siehe zur Intention von 3,8b auch unten 220.

Königshof orientiert, die Kritik an Richtern, Priestern und Propheten Zef 3,3-4 hat hingegen in diesen Versen kein Gegenstück. Umgekehrt, und noch schwerwiegender, ist in Zef 3 der Tag Jhwhs nicht mehr präsent, der doch das gesamte erste Kapitel bestimmt hat. Auch das für die Komposition in Zef 1 so bedeutende Nebeneinander von universalen und auf das eigene Volk ausgerichteten Passagen ist in Zef 3,1-13 nicht zu finden.

Hinzu kommt die schon mehrfach geäußerte Erkenntnis, daß zumindest Zef 3,2 und 3,7 ein erkennbar dtr. Gepräge aufweisen.[42] Zu Zef 3,2 weist darauf schon die Wendung שמע בקול, die überwiegend im Bereich der dtn.-dtr. Literatur belegt ist.[43] Zudem findet sich לקח מוסר auch an den JerD zuzuweisenden Stellen Jer 7,28; 17,23; 32,33; 35,13.[44] Schließlich ist die Wendung קרב אל־אלהים so zwar nur hier im AT belegt. Allerdings zeigt der Vorwurf, daß sich die Stadt ihrem Gott nicht genähert hat, eine deutliche Nähe zu den Mahnungen, Jhwh zu suchen, in den dtr. Versen Zef 1,6; 2,3. Bei Zef 3,7 fällt sodann erneut die Wendung לקח מוסר auf, die diesen Vers mit 3,2 im besonderen und so mit der dtr. Redaktion des Zefanja-buches im allgemeinen in Verbindung bringt.

Die als dtr. erkannten Verse 3,2.7 werden nun meist als Zufügungen zu Zef 3,1-8 verstanden.[45] Demgegenüber hat aber Albertz darauf hingewiesen, daß sich diese Verse nicht aus dem vorliegenden Textbereich herauslösen lassen.[46] Und in der Tat weisen Zef 3,2.7 gegenüber ihrem jeweiligen Kontext keinen erkennbaren Bruch auf. Zef 3,2 schließt an die feminine Anrede an die Stadt im Weheruf von 3,1 an, was in Zef 3,3 fortgeführt wird. Man könnte sogar behaupten, daß der Weheruf in 3,1 ohne den folgenden Vers 3,2 unverständlich wäre, da die generelle Orientierung an der Stadt in diesem Weheruf etwas sonderbar wirkt, wenn im folgenden „nur" die Amtsträger angeklagt werden.

Auch Zef 3,7 ist fest in seinen Kontext verwoben. Die einleitende Perfektform der 1.sg. schließt direkt an die Perfektform in 3,6 an. Und auch inhaltlich ist der Rückblick auf die göttlichen Ermahnungen in 3,7 im An-schluß an den Rückblick auf das Gerichtshandeln an den Völkern gut ver-

---

42 So auch Seybold, Satirische Prophetie, 90; Striek, Zephanjabuch, 169-172.185-188.236; Albertz, Exilszeit, 172f; Irsigler, Zefanja, 323.
43 Bei 83 Vorkommen im AT entfallen immerhin 57 auf die Bücher Dtn-2 Kön und Jer. Als Vorwurf, daß auf die Stimme Jhwhs gerade nicht gehört wurde, ist die Wendung sogar ganz überwiegend im dtn.-dtr. Bereich belegt, nämlich neben Num 14,22; Ps 106,25 und Dan 9,10.14 nur noch in Dtn 8,20; 9,23; 28,45.62; Jos 5,6; Ri 2,2; 6,10; 1 Sam 15,19; 1 Kön 20,36; 2 Kön 18,12; Jer 3,25; 7,28; 9,12; 22,21; 32,23; 40,3; 42,13.21; 43,7; 44,23. Vgl. zur Wendung שמע בקול auch Thiel, Jeremia 1-25, 86f, sowie Stipp, Konkordanz, 137f.
44 Vgl. Striek, Zephanjabuch, 170; Albertz, Exilszeit, 172, sowie Thiel, Jeremia 1-25, 125; Stipp, Konkordanz, 78.
45 Vgl. Seybold, Satirische Prophetie, 90; Striek, Zephanjabuch, 236; Irsigler, Zefanja, 323.
46 Vgl. Albertz, Exilszeit, 172f.

ständlich. Ja, eigentlich wird der Zusammenhang von Zef 3,6-8 überhaupt nur mit 3,7 deutlich.[47] Denn erst durch diesen Vers ist auch die Intention der Erwähnung des Gerichts an den fremden Völkern in 3,6 klar: Es sollte der Warnung des eigenen Volkes dienen. Da aber das Volk, wie 3,7 klarstellt, auf diese Warnung nicht reagiert hat und keine Zucht angenommen hat, folgt nun in 3,8 der Aufruf, sich auf das drohende Gerichtshandeln Jhwhs einzustellen.

Es spricht aber noch eine weitere Beobachtung dafür, daß sich in Zef 3 kein vordtr. Grundbestand herausarbeiten läßt: Der erneut an einem Völkergericht orientierte Teilvers 3,8b dürfte sicherlich sekundär sein.[48] Denn im Anschluß an den Aufruf an das eigene Volk, sich auf das Einschreiten Jhwhs gefaßt zu machen, paßt eine solche universale Gerichtsaussage nur schlecht. Ohnehin kommt die Erwähnung des Völkergerichts im Anschluß an die im Rückblick formulierte Aussage von 3,6 etwas spät. Dies wurde auch schon oft erkannt, aber meist wurde versucht, Zef 3,8b an das Vorangehende anzupassen, indem durch Änderung des Suffix bei עליהם zu עליכם auch 3,8b auf das eigene Volk bezogen und die hier erwähnte Sammlung der Völker nun als Aufstellen der Völker zum Gericht am eigenen Volk verstanden wird.[49] Doch zum einen hat diese Konjektur keinen Anhalt an der Textüberlieferung,[50] und zum anderen muß auch dann noch das universal gehaltene Ende des Verses כי באש קנאתי תאכל כל־הארץ in Zef 3,8bβ als sekundär betrachtet werden.[51] Da also ein literarkritischer Eingriff ohnehin unausweichlich scheint, dürfte es doch wahrscheinlicher sein, von einer

---

47   Vgl. zum folgenden Albertz, Exilszeit, 173 mit Anm. 110.

48   Der gesamte Teilvers 3,8b wurde bislang nur von Holladay, Zephaniah, 682f, und mit gewissen Unsicherheiten von Seybold, Satirische Prophetie, 59, für sekundär gehalten. Zu 3,8bβ s.u. Anm. 51.

49   Eine solche Konjektur wird etwa vertreten von Elliger, ATD 25, 77f; Rudolph, KAT 13,3, 290; Irsigler, Gottesgericht, 143; Edler, Kerygma, 21f; Neef, JHWH, 89f Anm. 18. Als weiterer Lösungsversuch wird vorgeschlagen, das Suffix der 3.m.pl. beizubehalten, aber dennoch auf das eigene Volk, im Anschluß an die Formen der 3.m.pl. in 3,7b, zu beziehen; vgl. Roberts, Nahum, 210; Irsigler, Zefanja, 345. Doch auch dies ist unwahrscheinlich, da ein Bezug des Suffix über die pluralischen Anschlußworte in 3,8b hinweg zu 3,7 sicherlich im Text kenntlich gemacht worden wäre. Noch weniger überzeugt daher auch der Vorschlag von Weigl, Zefanja, 163, das Suffix auf die in 3,3-4 genannte Oberschicht zu beziehen. Vom vorliegenden Textverlauf her ist das Suffix der 3.m.pl. eindeutig auf die in 3,8b genannten Königreiche und Völker zu beziehen. Alles andere ist eine nicht zu rechtfertigende Vereinfachung des Textes.

50   So sprechen sich denn auch Ryou, Oracles, 306, und Striek, Zephanjabuch, 190, betont gegen eine Konjektur aus.

51   Vgl. Elliger, ATD 25, 77; Rudolph, KAT 13,3, 290; Irsigler, Gottesgericht, 138; Edler, Kerygma, 109; Neef, Gottesgericht, 541. Es gehen also alle Anm. 49 genannten Autoren davon aus, daß 3,8bβ sekundär ist. Warum sie dann in 3,8bα eine Konjektur annehmen, um hier die universale Ausrichtung zu beseitigen, und nicht den gesamten Teilvers 3,8b als Nachtrag auffassen, ist völlig unverständlich.

Konjektur abzusehen und den gesamten Vers Zef 3,8b als sekundär zu betrachten.

Für die literarische Einordnung von Zef 3,1-8* ist dies nun insofern von Bedeutung als Zef 3,8a allein kaum ein ursprünglicher Buchschluß sein kann. Denn nach den langen Ausführungen von 3,1-7, die ja durchgängig im Perfekt, also als Rückblick, formuliert sind, ist die bloße Aufforderung von 3,8a, sich auf das kommende Gericht gefaßt zu machen, sicherlich noch kein adäquater Abschluß.[52] Ein solcher findet sich aber, nach den sekundären Worten 3,9-10,[53] in 3,11-13. Erst das hier beschriebene Läuterungsgericht bringt die gesamte Einheit 3,1ff zu einem gewissen Abschluß, da erst hier die Konsequenzen aus den Verschuldungen des Volkes und des daraus resultierenden Gerichtshandelns Jhwhs genannt werden.

Zef 3,11-13 kann nun aber wieder eindeutig der dtr. Überarbeitung des Zefanjabuches zugewiesen werden.[54] Denn mit der Rede von „deinen Taten" (עלילותיך) in 3,11 findet sich ein klarer Bezug zu 3,7, und vor allem ist die Vorstellung von 3,12, daß aus dem Läuterungsgericht ein armes (עני) und geringes Volk als Rest übrigbleibt, deutlich mit den dtr. Versen Zef 2,1-2.3* (ענוה, 2,3*) verbunden.[55]

Da also Zef 3,2.7.11-13 der dtr. Redaktion des Zefanjabuches zugewiesen werden können, diese Verse aber nicht aus dem Kontext von Zef 3,1-13* zu lösen sind, und da zudem Zef 3,1-13* ohnehin kaum Verbindungen zur in Zef 1* erkannten Grundschicht des Buches aufweist, ist die Konsequenz doch unausweichlich, den gesamten Textbereich 3,1-13* eben der dtr. Redaktion des Buches zuzuweisen. Sie schuf mit diesen Versen ein neues Buchende, mit dem zum einen begründet werden soll, warum es zum Gericht kommen mußte: Das Volk hatte trotz der Mahnungen, sich Jhwh zuzuwenden, wie sie 2,1-2.3* ausgeführt wurden, nicht auf Jhwh gehört und eben keine Zucht angenommen. Und zum anderen werden die Folgen dieser

---

52 Allerdings ist am Ende von 3,8a die Bedeutung von לעד unklar; vgl. zu den unterschiedlichen Lösungsmöglichkeiten Ben Zvi, Zephaniah, 220-223. Da weder עד I „Zukunft" noch das auch nur selten belegte עד II „Beute" so recht zum Kontext passen will, ist wohl am ehesten nach LXX לעד „als Zeuge" zu lesen; vgl. etwa Roberts, Nahum, 209f; Irsigler, Zefanja, 342f; Perlitt, ATD 25,1, 136. Denn nicht zuletzt paßt hierzu auch die Einleitung der Redaktion in 3,8b mit dem Rechtsterminus משפט.

53 Zum sekundären Charakter von Zef 3,9-10 s.u. 212f.

54 So auch Nogalski, Precursors, 177f; Schart, Entstehung, 214; Albertz, Exilszeit, 173.

55 Auch Striek, Zephanjabuch, 243-245, hat die Verbindung zwischen Zef 2,3a und 3,11-13 erkannt. Allerdings hat er dies nicht mit Blick auf die dtr. Überarbeitung des Zefanjabuches ausgewertet, sondern 2,2bβ.3a; 3,11-13 als weitere Redaktionsschicht verstanden, die er „Der ‚Tag Jahwes' für die ‚Demütigen des Landes'" nennt. Da aber Zef 3,11-13 über עלילה auch mit dem dtr. Vers 3,7 verbunden ist und auch schon Zef 2,3*, wie überhaupt der gesamte Textbereich 2,1-3*, der dtr. Redaktion zugewiesen werden konnte, dürfte die hier vorgeschlagene Lösung, auch 3,11-13 als dtr. anzusetzen, sicherlich die größere Wahrscheinlichkeit für sich haben.

verweigerten Umkehr dargestellt: Jhwh wird eingreifen, die Hochmütigen aus dem Volk entfernen und nur ein armes und geringes Volk übriglassen. Innerhalb von Zef 3,1-13 finden sich nun noch einige kleinere Zufügungen, die auf die dtr. Bearbeitung folgten. Zunächst dürfte wohl Zef 3,5 sekundär sein.[56] Die Reflexion über die Gerechtigkeit Gottes unterbricht den sonst durchgängig als Anrede an das Volk gestalteten Zusammenhang 3,1-8a und kann auch in seiner Funktion an der vorliegenden Stelle nicht recht bestimmt werden. Vermutlich handelt es sich hier um einen vereinzelten Nachtrag, der angesichts des ungehorsamen Verhaltens des Volkes gerade die Gerechtigkeit des göttlichen Strafhandelns herausstellen will, um so jegliche Einwände gegen das Gericht abzuwenden.

Nach dem bereits dargestellten sekundären Teilvers 3,8b findet sich in 3,9.10*(ohne עתרי בת־פוצי)[57] ein weiterer Nachtrag, der nun ganz anders als 3,8b gerade Heil für die gesamte Völkerwelt ansagt.[58] Dieser Nachtrag unterbricht den Zusammenhang zwischen Zef 3,8a und 3,11, und zwar nicht nur inhaltlich, insofern hier zwischen den Gerichtsworten am eigenen Volk ein völkerfreundliches Wort steht, sondern auch formal, da die Formen der 2.f.sg. in 3,11-13 einzig in 3,1-8a* einen Anknüpfungspunkt haben. Dabei setzt die Zufügung in 3,9.10* wohl auch schon die völkerfeindliche Redaktion in 3,8b voraus. Denn über die Einleitung mit כי־אז ist Zef 3,9.10* deutlich mit dem Vorangehenden verbunden, was nur dann Sinn macht, wenn eine ebenfalls an den Völkern orientierte Aussage vorausgeht. Dabei wird gerade über dies כי־אז auch die Intention dieses Nachtrags erkennbar:

---

56   Vgl. etwa Irsigler, Gottesgericht, 141; Edler, Kerygma, 95f; Seybold, Satirische Prophetie, 55; Ryou, Oracles, 305f; Neef, Gottesgericht, 541; Striek, Zephanjabuch, 177; Vlaardingerbroek, Zephaniah, 167.

57   עתרי בת־פוצי, das in LXX nicht belegt ist, wird meist als späte Zufügung zu Zef 3,10 verstanden, die, wenn sich diese Wendung überhaupt richtig verstehen läßt, die Intention verfolgt, das Heilswort in 3,9-10* wieder auf „meine Zerstreuten", also wohl das eigene Volk, zu beziehen; vgl. hierzu etwa Edler, Kerygma, 22f; Oeming, Gericht, 293; Striek, Zephanja-buch, 197f; Irsigler, Zefanja, 370. Die komplexen Darlegungen von Steck, Zef 3,9-10, 90-95, der aufgrund der von ihm angenommenen literarischen Abhängigkeit von Zef 3,10a zu Jes 18,1 auch die Wendung עתרי בת־פוצי als schriftgelehrte Anspielung auf Jes 18-19, die von dort her auf Ägypten und Assyrien zu beziehen ist, versteht, sind wohl doch zu kompliziert, um wirklich zu überzeugen, und verkennen v.a., daß die in Frage stehende Wendung schon textkritisch sekundär ist.

58   Der sekundäre Charakter von Zef 3,9-10 wurde schon lange erkannt; vgl. nur Marti, KHC 13, 374f; Irsigler, Gottesgericht, 156f; Edler, Kerygma, 57-60; Striek, Zephanjabuch, 200f; Nogalski, Zephaniah 3, 213. Doch wurde auch immer wieder versucht, Zef 3,9-10 text-kritisch so anzupassen, daß auch diese beiden Verse, oder zumindest Zef 3,9, als Anklage gegen das eigene Volk verstanden werden können; vgl. etwa Duhm, Anmerkungen, 99; Roberts, Nahum, 210; Holladay, Zephaniah, 683. All diese Versuche sind aber ohne Anhalt in der Textüberlieferung und sichtlich von dem Bemühen begleitet, das nur schwer ver-ständliche Nebeneinander von Gerichts- und Heilsworten in 3,1-13 zu glätten.

Er blickt über die Zeit des Gerichts an den Völkern hinaus auf eine Zeit der Zuwendung der Völker zu Jhwh und der göttlichen Zurüstung hierfür.[59]

Insgesamt kann also der Grundbestand von Zef 3,1-13 in 3,1-4.6-8a.11-13 der dtr. Überarbeitung des Zefanjabuches zugewiesen werden. Unter Aufnahme der vorangehenden dtr. Stellen in 1,6; 2,1-2.3* wird hier nun quasi im Rückblick klargestellt, daß sich das Volk eben nicht, wie dort gefordert, Gott zugewendet hat, daß sich gerade die Amtsträger unwürdig verhalten haben und daß selbst das Geschick der Völker nicht zur Umkehr führte. Deshalb steht nun unausweichlich das Gericht vor der Tür. Bei diesem Gericht werden die Hochmütigen, also wohl die Angehörigen der Oberschicht, beseitigt, und nur ein armes und geringes Volk verbleibt als der Rest Israels.

Eine erste kurze Überarbeitung findet sich in 3,8b, durch die die Aufforderung, sich auf das Gericht Jhwhs gefaßt zu machen, auf die Völker umgelenkt wird. Dabei wird die Intention dieses Nachtrags erst nach der Betrachtung der Fremdvölkerworte Zef 2,4-15 vollends deutlich werden.

In Reaktion auf diesen völkerfeindlichen Nachtrag wurde in 3,9.10* gerade eine völkerfreundliche Überarbeitung vorgenommen. Diese blickt über die Zeit des Gerichts an den Völkern hinaus und verheißt die Zuwendung der Völker zu Jhwh, die von Jhwh durch das Reinigen der Lippen vorbereitet wird.

Vereinzelte Nachträge, ohne weiteren Zusammenhang im sonstigen Zefanjabuch, zeigten sich schließlich in Zef 3,5 und 3,10*(עתרי בת־פוצי).

2.4.2.2 Die Heilsworte Zefanja 3,14-20

In Zef 3,14-20 wird das Buch mit heilvollen Worten beschlossen. Diese Worte sind zunächst in 3,14-17 bestimmt von einem Freudenaufruf an Zion angesichts der Tatsache, daß Jhwh den Feind von Zion entfernt hat. In 3,18-20 wird die Sammlung des Hinkenden und Versprengten verheißen.

Bis in neuere Zeit wird bisweilen angenommen, daß zumindest der Freudenaufruf an die Tochter Zion in 3,14-15 noch zum Grundbestand des Buches zu rechnen ist.[60] Da jedoch schon Zef 3,1-13* nicht mehr dem Grundbestand, sondern einer dtr. Redaktion des Buches zugewiesen werden konnte, dürfte Zef 3,14-17 wohl kaum einer ersten Ausgabe des Buches

---

59 Vgl. Ben Zvi, Zephaniah, 320.
60 Vgl. Rudolph, KAT 13,3, 294f; Lohfink, Zefanja, 102; Weigl, Zefanja, 227.

zuzuschreiben sein.[61] Zu unterschiedlich ist der gesamte Duktus dieser
Verse gegenüber der Tag-Jhwh-Komposition in Zef 1,2-18*, die noch ganz
vom Gericht bestimmt ist, ohne daß überhaupt die Möglichkeit der Rettung
thematisiert wäre. Aber auch der dtr. Redaktion dürften diese Verse kaum
zuzuweisen sein, findet sich doch zu dieser Redaktion weder ein terminologischer noch ein inhaltlicher Anschluß. Zudem scheint die Ansage eines
Reinigungsgerichts in 3,11-13 angesichts der Verbindungen zu 2,1-3* und
3,1-8* ein guter Abschluß der dtr. Komposition des Zefanjabuches zu sein.
So handelt es sich bei dem Heilsschluß in 3,14-20 also insgesamt um eine
Redaktion des Buches, die die dtr. Überarbeitungen bereits voraussetzt.

Allerdings ist dieses neue Buchende in sich nicht einheitlich. Während
nun die häufig vertretene Scheidung zwischen 3,14-15 und 3,16-17 nicht
nachvollzogen werden kann, da mit 3,16-17 überhaupt kein neuer Gedanke
hinzukommt und hier auch kein formaler Bruch festzustellen ist,[62] dürfte ein
erster deutlicher Einschnitt bei 3,18 zu finden sein.[63] Hier ist zum einen ein
Wechsel von der Prophetenrede in 3,14-17 zur Gottesrede erkennbar, und
zum anderen ist hier eine andere Situation vorausgesetzt. Denn in 3,14-17
besteht das dargestellte Heil noch darin, daß Jhwh den Feind von Zion
entfernt hat, was doch eher darauf hindeutet, daß das Volk im eigenen Land
bedroht war und nun ein Ende dieser Bedrohung angesagt wird. In 3,18-20
ist hingegen mit der Rede von der Sammlung des Hinkenden und Versprengten die Diasporasituation vorausgesetzt, zumal in 3,19 deutlich gesagt
ist, daß dem Volk diese heilvolle Zuwendung „in jedem Land" zukommen
wird.

Von Zef 3,18-19 ist allerdings, wie schon häufig gesehen, Zef 3,20
nochmals zu unterscheiden.[64] An sich handelt es sich hier um eine Wiederholung der vorangehenden beiden Verse, wobei allerdings charakteristischerweise zur direkten Anrede in der 2.m.pl. übergegangen wird. Viel-

---

61 So wird Zef 3,14ff denn auch meist vom Vorangehenden abgehoben und einer oder mehre-
    ren Redaktionen zugewiesen; vgl. nur Marti, KHC 13, 376; Elliger, ATD 25, 81f; Irsigler,
    Gottesgericht, 166f; Edler, Kerygma, 60-66.98f; Seybold, Satirische Prophetie, 95; Ryou,
    Oracles, 310; Striek, Zephanjabuch, 39-45.215f; Albertz, Exilszeit, 173.

62 Gegen Elliger, ATD 25, 81; Irsigler, Gottesgericht, 158-160; Edler, Kerygma, 64f; Perlitt,
    ATD 25,1, 144f, u.a.

63 Daß in 3,18 eine gegenüber dem Vorangehenden neue Einheit beginnt, wird allgemein
    gesehen; vgl. nur Elliger, ATD 25, 82; Irsigler, Gottesgericht, 161f; Edler, Kerygma, 65f;
    Striek, Zephanjabuch, 43f; Perlitt, ATD 25,1, 146. Wenn man in diesem Zusammenhang Mendeč-
    ki, Redaktion, 29, Zef 3,18-19 als dtr. Nachtrag verstehen will, so spricht dagegen, daß seine
    Überlegungen v.a. auf der terminologischen Parallele über לתהלה ולשם zu Dtn 26,19
    beruhen. Inwiefern dieser Nachtrag auch auf inhaltlicher Ebene ein dtr. Gepräge aufweist,
    läßt Mendecki hingegen offen.

64 Vgl. etwa Marti, KHC 13, 376; Krinetzki, Zefanjastudien, 174; Irsigler, Gottesgericht, 160;
    Edler, Kerygma, 99; Seybold, ZBK.AT 24,2, 118f; Striek, Zephanjabuch, 43; Vlaardinger-
    broek, Zephaniah, 217; Perlitt, ATD 25,1, 147.

leicht soll, wie gerne vermutet, mit dieser direkten Anrede und der Wendung „vor euren Augen" klargestellt werden, daß die Heilswende noch zu Lebzeiten der Angesprochenen eintritt.[65]

So sind also in Zef 3,14-20 insgesamt drei Schichten zu unterscheiden. Zunächst wurde der Freudenaufruf an die Tochter Zion in 3,14-17 nachgetragen. Diese Überarbeitung ist ohne weiteren Zusammenhang im sonstigen Zefanjabuch.

In 3,18-19 wurde sodann ein Aktualisierung des vorangehenden Heilswortes mit Blick auf die Sammlung in der Diaspora zugefügt. Dieser Nachtrag, der mit der Rede vom Wegnehmen der Schmach und vom Handeln Gottes an den Bedrängern noch mehr als die vorangehenden Verse auch an einem Gericht an den Feinden orientiert ist, kann auf einer Ebene mit dem völkerfeindlichen Vers 3,8b angesetzt werden, wobei eine solche Zusammenordnung von Völkergericht und Rettung aus der Diaspora zugegebenermaßen auch schon Erkenntnisse der sonstigen Betrachtung des Zwölfprophetenbuches voraussetzt und noch weiterer Begründung bedarf.[66]

In 3,20 zeigt sich schließlich ein vereinzelter Nachtrag, der terminologisch in engem Anschluß an 3,18-19 das dort beschriebene Heilshandeln Jhwhs direkt den Angesprochenen zusagt und so wohl von der Erwartung geleitet ist, daß dieses Heil noch zu deren Lebzeiten eintreten wird.

2.4.3 Die Fremdvölkerworte Zefanja 2,4-15

In Zef 2,4-15 finden sich mehrere Worte gegen fremde Völker. 2,4.5-7 ist gegen die Philister gerichtet, 2,8-10 gegen Moab und Ammon. Nach einem kurzen völkerfreundlichen Wort in 2,11 folgt in 2,12 ein ebenfalls kurzes Wort gegen die Kuschiter, bevor in 2,13-15 die Sammlung mit einem Gerichtswort gegen Ninive endet.

Die Fremdvölkerworte in Zef 2,4-15 haben die Forschung schon immer vor große Probleme gestellt. Denn die einzelnen Worte sind schon formal ganz unterschiedlich aufgebaut. Das erste Wort gegen die Philister in 2,4 ist mit יכ als Begründung an das Mahnwort 2,1-2.3* angeschlossen,[67] das

---

65   Vgl. nur Krinetzki, Zefanjastudien, 174; Seybold, ZBK.AT 24,2, 118f; Vlaardingerbroek, Zephaniah, 218f; Irsigler, Zefanja, 432f; Perlitt, ATD 25,1, 147.

66   Dabei sei zunächst nur auf das Nebeneinander von Aussagen über die Sammlung der Diaspora und von völkerfeindlichen Worten innerhalb der als Fremdvölkerschicht I bezeichneten Bearbeitung in Mi 4-5 verwiesen, wobei die Sammlung des Hinkenden und Versprengten in Mi 4,6 sogar wortgleich vorkommt.

67   Gegenüber einem solchen Verständnis geht Ben Zvi, Zephaniah, 150, im Anschluß an Sabottka, Zephanja, 70, davon aus, daß יכ hier emphatisch gebraucht wird und somit nicht zur Begründung der vorangehenden Einheit, sondern lediglich zur Einleitung eines neuen

zweite Philisterwort 2,5-7 ist hingegen als Weheruf gestaltet. Das Wort
gegen Moab und Ammon 2,8-10 wie auch das Kuschiterwort 2,12 sind als
Ich-Rede Jhwhs eingeführt, wohingegen das abschließende Ninive-Wort
überhaupt nicht mehr als Anrede an ein Fremdvolk gestaltet ist, sondern
von Jhwh in 3. Person spricht und dessen Gerichtshandeln beschreibt. Ein
weiteres Problem zeigt sich darin, daß es nicht gelingt, einen gemeinsamen
historischen Hintergrund zu finden, vor dem alle vier Fremdvölkerworte
verstanden werden können.[68] Und schließlich überrascht die Position der
Völkerwortsammlung im Zefanjabuch, da in Zef 3,1ff zunächst keine Heilsworte, sondern erneut Gerichtsworte an das eigene Volk anschließen.[69]

Nun ist als erste Erkenntnis mit Blick auf die Fremdvölkerworte, die im
weiteren Verlauf vor historischen Spekulationen bewahrt, festzuhalten, daß
diese Sammlung nicht der Grundschicht des Zefanjabuches zugewiesen
werden kann.[70] Hiergegen spricht neben den fehlenden terminologischen
Verbindungen vor allem die Tatsache, daß Zef 2,1-3 und 3,1-13* der dtr.
Überarbeitung des Buches zugeschrieben werden konnte. Daß die Völker-

---

Abschnitts dient. Doch kann er dann nicht mehr begründen, warum in 2,4 und 2,5-7 zwei
getrennte Philisterworte aufgeführt sind. Wenn 2,4 dieselbe Funktion wie 2,5-7 hätte, so
wären die beiden Worte doch sicherlich zusammengefaßt in die Sammlung aufgenommen
worden.
Zu beachten ist in diesem Zusammenhang auch, daß in der Zwölfprophetenbuchrolle von
Murabbaʿât erst nach 2,4 ein Absatz markiert ist, worauf schon Albertz, Exilszeit, 172 Anm.
109, aufmerksam gemacht hat; vgl. hierzu Benoit u.a., Grottes, 201. Auch dies kann als
Hinweis genommen werden, daß Zef 2,4 im vorliegenden Kontext eben noch als Abschluß
des vorangehenden Wortes Zef 2,1-2.3* zu verstehen ist.

68   Dabei bereitete der bisherigen Forschung insbesondere das Wort gegen Moab und Ammon
Schwierigkeiten, da hierfür in der für Zefanja angenommenen Zeit Josias kein rechter
historischer Anhalt gefunden werden kann. Die Überlegungen von Christensen, Zephaniah
2:4-15, 678, und Weigl, Zefanja, 125, daß diese Worte im Rahmen der Expansionsbestrebun-
gen Josias zu verstehen sind, dürften doch allzu spekulativ sein, zumal Irsigler, Zefanja, 215,
zurecht darauf hingewiesen hat, daß in 2 Kön 23 die Übergriffe Josias auf das Gebiet des
Nordreichs beschränkt sind, was aber wiederum im Zefanjabuch gerade keine Rolle spielt.

69   Es ist also eine vereinfachende Darstellung der Struktur des Zefanjabuches, wenn etwa
Seybold, ZBK.AT 24,2, 85, meint, das gesamte Buch gliedere sich in Gerichtsworte gegen
das eigene Volk (1,2-2,3), Fremdvölkerworte (2,4-15) und „Sprüche an Jerusalem, vorwiegend
Heilsworte" (3,1-20). Dagegen hat schon Rudolph, KAT 13,3, 255f, darauf aufmerksam
gemacht, daß hierfür Zef 3,1-8 an der falschen Stelle steht, da es sachlich eher zu den Worten
in Zef 1 gehören würde. Warum aber die Fremdvölkerworte zwischen Gerichtsworten gegen
das eigene Volk stehen und wie diese Komposition redaktionsgeschichtlich einzuordnen ist,
ist noch immer umstritten.

70   Dies wurde in neuerer Zeit auch von Albertz, Exilszeit, 172f, und Perlitt, ATD 25,1, 123,
angenommen. Doch während Perlitt die Fremdvölkerworte eher als minderwertige Nachträge der Herausgeber des Buches, die hier pures „name-dropping" betreiben, auffaßt,
versucht Albertz die redaktionsgeschichtliche Stellung der Sammlung im Rahmen des
Gesamtbuches genauer zu verstehen und kommt zu dem Ergebnis, daß es sich hier um einen
Teil der dtr. Redaktion des Buches handelt. Und genau dies wird sich im folgenden bestätigen.

worte einmal direkt an 1,18 angeschlossen waren und einen ursprünglichen Buchschluß dargestellt haben, ist dann aber eher unwahrscheinlich. So kann Zef 2,4-15 also keinesfalls früher als die dtr. Bearbeitung des Zefanjabuches angesetzt werden.

Fragt man nun, zunächst noch ganz allgemein, nach dem literarischen Ort dieser Worte im Zefanjabuch, so bietet sich hierfür aber gerade die dtr. Redaktion an:[71] Denn in dem dtr. Vers Zef 3,6 findet sich ja ein Rückblick auf das Gerichtshandeln Jhwhs an den Völkern, wobei dieses Gericht das eigene Volk zur Umkehr hätte motivieren sollen. Und in eben diesen Gedankengang fügt sich auch die Fremdvolkkomposition 2,4-15. Wenn nämlich in 2,4 die dtr. Mahnrede 2,1-3 gerade über die drohende Vernichtung philistäischer Städte begründet wird, so ist dies doch auf derselben Ebene wie die Aussage von Zef 3,6 zu verstehen:[72] Auch in 2,4 geht es darum, daß das Volk aus dem Gericht an den fremden Völkern seine Lehren ziehen und sich Jhwh wieder zuwenden soll. Hierzu paßt im weiteren Verlauf des Buches auch, daß nach dem Weheruf gegen die Philisterstädte Zef 2,5 von den dtr. Redaktoren in 3,1 ein erneuter Weheruf angeschlossen wurde, nun aber gegen das eigene Volk. Das in 2,5ff angekündigte Gericht an den fremden Völkern hätte eben etwas bewegen sollen, und da dies nicht geschehen ist, folgt nun, und jetzt unabwendbar, eine erneute Gerichtsansage gegen Stadt und Volk.

Die außergewöhnliche Stellung der Fremdvölkerworte zwischen Worten, die gegen das eigene Volk gerichtet sind, erklärt sich also von Zef 3,6 her gut im Rahmen der dtr. Schicht des Buches.[73] Auf terminologischer Ebene spricht zudem für die dtr. Herkunft dieser Sammlung die Wendung דבר־יהוה עליכם in 2,5, die deutlich an die der dtr. Redaktion zugewiesene Überschrift Zef 1,1 erinnert.[74]

---

71 Vgl. zum Folgenden Albertz, Exilszeit, 172f.

72 Die Bedeutung von Zef 3,6 für das Verständnis der Fremdvölkerworte haben etwa auch schon Krinetzki, Zefanjastudien, 209; Vlaardingerbroek, Zephaniah, 166f, erkannt.

73 Insofern ist auch der etwa von Nogalski, Zephaniah 3, 210; Irsigler, Zefanja, 212f, vorgetragene Vergleich der kompositorischen Stellung der Fremdvölkerworte im Zefanjabuch mit denjenigen des Amosbuches nicht ganz richtig. Während nämlich die Komposition von Am 1-2 ihre Pointe in der Überbietung der Fremdvölkerworte durch das Israelwort hat, da Israel hier als noch sündhafter und daher auch als noch mehr der Strafe verfallen dargestellt wird, ist die Stellung der Zefanjaworte eben vom Gedanken der Warnung des eigenen Volkes durch das Geschick der fremden Völker bestimmt. Dieser Gedanke ist so in Am 1-2 nicht erkennbar.

74 Die Wendung דבר־יהוה עליכם wird allerdings häufig für sekundär gehalten; vgl. nur Marti, KHC 13, 369; Irsigler, Gottesgericht, 117f; Edler, Kerygma, 106f; Seybold, Satirische Prophetie, 46; Striek, Zephanjabuch, 143. Dabei wird meist argumentiert, daß hier die Gottesrede unterbrochen wird, was doch aber bei einer formelhaften Wendung wie dieser kein wirkliches Problem darstellt; vgl. nur den Gebrauch der Formel נאם יהוה. Interessant ist nun aber, daß Seybold hier gerade von einem dtr. Einschub spricht. Da sich kein literar-

Es fragt sich nun aber, ob der gesamte Textbereich 2,4-15 dieser Schicht zugeordnet werden kann. Dabei dürften zunächst, wie schon häufig gesehen, die Passagen, die über das Gericht an den Völkern hinausgehend darauf abzielen, daß ein Rest Judas deren Gebiete in Besitz nehmen wird, sekundär sein, also wohl der gesamte Vers Zef 2,7[75] sowie 2,9b-10.[76] Denn durch diese Verse wird die oben beschriebene Intention der Völkerworte als Warnung des eigenen Volkes wieder aufgeweicht. Vor allem widersprechen diese Teilverse aber dem Duktus der jeweils vorangehenden Gerichtsansage, insofern dort die vollständige Verwüstung der Länder angekündigt ist, so daß keiner mehr darin wohnt (2,5) und daß es öde wird wie Sodom und Gomorra (2,9a), was sich doch kaum mit einem weiteren Bewohnen und Plündern dieser Gebiete verträgt.[77] Bei Zef 2,7.10 wird dies noch dadurch unterstrichen, daß diese Verse als Prophetenrede und nicht wie 2,5-6.8-9a als Gottesrede gestaltet sind.

Es wurde nun aber schon häufiger vermutet, daß auch der Grundbestand des Wortes gegen Moab und Ammon in 2,8-9a sekundär im vorliegenden Kontext steht.[78] Doch basiert diese Annahme allein auf historischen Überlegungen, insofern für dieses Wort kein konkreter Anlaß zur für den Propheten Zefanja angenommenen Zeit Josias, sondern erst in der Exilszeit gefunden werden kann. Wenn aber die Fremdvölkerworte überhaupt erst auf eine dtr. Redaktion des Zefanjabuches zurückgehen, so erledigt sich dieses Problem von selbst und einer Ansetzung dieses Wortes auf derselben Ebene wie die Philisterworte 2,4.5-6 steht nichts mehr im Wege.

Während sodann das völkerfreundliche Wort Zef 2,11, das kaum im Kontext der Völkerworte zu verstehen ist, nahezu unwidersprochen als sekundärer Nachtrag verstanden wird,[79] wird das Kuschiterwort Zef 2,12

---

kritisches Kriterium für die Ausscheidung dieser Wendung finden läßt, spricht sie also für den dtr. Charakter der Fremdvölkerworte oder zumindest von Teilen dieser Sammlung; vgl. hierzu auch Albertz, Exilszeit, 174 mit Anm. 116.

75 Vgl. Elliger, ATD 25, 71; Irsigler, Gottesgericht, 118-121; Krinetzki, Zefanjastudien, 193; Lohfink, Zefanja, 102; Seybold, Satirische Prophetie, 45; Neef, Gottesgericht, 543; Perlitt, ATD 25,1, 125f.

76 Vgl. etwa Krinetzki, Zefanjastudien, 198f; Lohfink, Zefanja, 102; Seybold, Satirische Prophetie, 48-50; Ryou, Oracles, 300f; Neef, Gottesgericht, 543; Striek, Zephanjabuch, 158f; Vlaardingerbroek, Zephaniah, 129; Perlitt, ATD 25,1, 127f.

77 Vgl. Perlitt, ATD 25,1, 127, zu Zef 2,9b: „Was gäbe es an diesem Sodom noch zu plündern? Und welches Interesse sollten die übrig gebliebenen Judäer daran haben, dieses Ödland in Besitz zu nehmen?"

78 Vgl. etwa Marti, KHC 13, 369; Duhm, Anmerkungen, 97; Elliger, ATD 25, 71; Edler; Kerygma, 54-56; Irsigler, Zefanja, 268f.

79 Vgl. Marti, KHC 13, 370; Elliger, ATD 25, 71; Irsigler, Gottesgericht, 123; Edler, Kerygma, 67-69; Roberts, Nahum, 201; Seybold, ZBK.AT 24,2, 107; Ryou, Oracles, 302; Vlaardingerbroek, Zephaniah, 129; Perlitt, ATD 25,1, 128.

meist zum Grundbestand der Fremdvölkerworte gerechnet.[80] Allerdings spricht dagegen, daß in diesem kurzen Wort, anders als in 2,4-6.8-9a, nicht von einem zukünftigen Gericht an den Kuschitern die Rede ist. Es wird hier eigentlich überhaupt kein Gerichtshandeln beschrieben, sondern eher der Status der Kuschiter vor Jhwh dargestellt. So wird es sich hier wohl eher um einen Nachtrag handeln, vielleicht als späte Korrektur zu dem völkerfreundlichen Wort Zef 3,9.10*, in dem Kusch ebenfalls von Bedeutung ist.

Aber auch das abschließende Wort gegen Ninive 2,13-15 kann entgegen der gängigen Meinung nicht zum Grundbestand der vorliegenden Sammlung gerechnet werden.[81] Denn dagegen spricht schon rein formal, daß dieses Wort nicht als Gottesrede, sondern als Prophetenrede gestaltet ist. Vor allem aber handelt es sich hier, wie bereits erwähnt, eigentlich nicht um eine Gerichtsansage, sondern eher um eine Gerichtsbeschreibung. Und auch die Intention des Ninive-Wortes dürfte von den vorangehenden Worten gegen die Philister und gegen Moab und Ammon zu unterscheiden sein. Denn es wurde bislang noch nicht genügend beachtet, daß in dem spöttischen Ausruf Zef 2,15 betont „die Stadt" (העיר) gesagt wird. Betrachtet man nun die Einheiten des Zefanjabuches nicht in ihrer Vereinzelung, so liest sich doch von hier aus der folgende Weheruf in 3,1, der erneut gegen „die Stadt" (העיר) gerichtet ist, immer noch als ein an Ninive adressiertes Wort.[82] So

---

80 Vgl. aber Weimar, Zefanja, 732-734 mit Anm. 39; Striek, Zephanjabuch, 70-72; Holladay, Zephaniah, 684. Wenn demgegenüber etwa Irsigler, Zefanja, 290, meint, Zef 2,12 könne nicht als sekundär betrachtet werden, da der folgende Vers 2,13 nach einem Anschluß verlangt, so ist dagegen zu sagen, daß bei 2,13 die Rede von Jhwh in der 3. Person gerade nicht an die Ich-Rede in 2,12 anschließt, sondern im Gegenteil viel eher an die sekundären Verse 2,9b-10. So spricht dies also gerade dafür, daß es sich bei 2,12 um einen späten Nachtrag handelt.

81 Dies wurde so bislang noch nicht gesehen. Denn aufgrund der Datierung des Auftretens Zefanjas am Ende der neuassyrischen Zeit gilt eine Zuweisung des Ninive-Wortes zum Grundbestand des Buches allgemein als gesichert. Einzig Zef 2,15 wird, wiederum aus historischen Gründen, vielfach als sekundär verstanden, da dieser Vers bereits den Untergang des neuassyrischen Reiches vorauszusetzen scheint; vgl. nur Marti, KHC 13, 371; Irsigler, Gottesgericht, 126; Edler, Kerygma, 67f; Seybold, ZBK.AT 24,2, 108; Striek, Zephanjabuch, 75-77. Doch außer dem Versuch, wenigstens einen Teil des Ninive-Wortes mit dem Grundbestand des Buches in Verbindung zu bringen, gibt es eigentlich keinen Grund, diesen Vers als Nachtrag anzusehen. Zef 2,15 läßt sich gut als im Vorgriff auf den Untergang formulierten Spott über die Zerstörung der Stadt verstehen, was mit dem Vorausgehenden durchaus inhaltlich vereinbar ist.

82 Aufgrund der in der Prophetenforschung immer noch herrschenden Tendenz, die Prophetenworte als Einzelworte und deren literarischen Kontext als etwas demgegenüber Sekundäres zu verstehen, wurde dieser Zusammenhang bislang erst unzureichend erkannt. Vgl. aber Seybold, ZBK.AT 24,2, 110, zum Adressaten in 3,1ff: „Kommt man von 2,13ff. her, denkt man zunächst an Ninive, bis man mit 3,2ff. eines anderen belehrt wird: die folgenden Verse sprechen von Jerusalem." Doch der letzten Aussage ist entgegenzuhalten, daß Jerusalem erst wieder in 3,14 genannt ist. Dabei läßt der Vorwurf in 3,2, daß die Stadt nicht auf Jhwh vertraut hat, natürlich auch an Jerusalem denken. Doch ist dies ja gerade das Inter-

wird also mit Zef 2,13-15 der gesamte Textbereich 3,1ff gegen Ninive umgelenkt. Denn zu beachten ist ja, daß in Zef 3,1-8 an keiner Stelle ein konkreter Adressat, weder Juda noch Jerusalem, genannt ist. Und daß eine angenommene Umdeutung von Zef 3,1 auf Ninive nicht völlig abwegig ist, zeigt sich auch daran, daß in der syrischen Version bei Zef 3,1 „Stadt des Jona" belegt ist, so daß dieser Vers also dort wie das vorausgehende Wort 2,13-15 auf Ninive bezogen wird.[83]

Von einem solchen Verständnis von 2,13-15 her wird dann auch allererst der Nachtrag in Zef 3,8b erklärbar, der der Forschung so viele Probleme bereitet hat. Daß dort von einem allgemeinen Völkergericht die Rede ist, erhält nämlich dann seinen guten Sinn, wenn der gesamte Textbereich Zef 3,1-8 im Anschluß an Zef 2,4-15* immer noch als Fremdvolkprophetie zu lesen ist. Zef 2,13-15 und 3,8b dürften dann angesichts der vergleichbaren Intention auf derselben literarischen Ebene anzusetzen sein.

Es handelt sich also bei Zef 2,13-15 um einen Nachtrag, der Zef 3,1-8a auf Ninive bezieht und zusammen mit 3,8b den gesamten Textbereich 2,4-3,8 als Fremdvolkprophetie erscheinen läßt. Angesichts der dargestellten Tendenz von Zef 2,13-15 ist aber über die formalen Gründe hinaus endgültig deutlich, daß das Ninive-Wort nicht im Rahmen der dtr. Fremdvölkersprüche verstanden werden kann, sondern einer späteren Redaktion zuzuweisen ist, die die dtr. Bearbeitung von 3,1-8a* gerade voraussetzt und umdeutet.

So kann also insgesamt der Grundbestand der Fremdvölkerworte Zef 2,4-15 in 2,4-6.8-9a der dtr. Schicht des Zefanjabuches zugewiesen werden. Diese Überarbeitung fügt sich in die in 3,6 erkennbare Vorstellung der dtr. Redaktion ein, daß das Gericht an den Völkern dem eigenen Volk hätte zur Warnung dienen sollen.

Eine erste Bearbeitung zeigte sich in dem Ninive-Wort 2,13-15, das auch den folgenden Textbereich 3,1ff gegen Ninive umlenkt. Dabei steht dieser Nachtrag auf derselben Ebene wie der sekundäre Teilvers Zef 3,8b, der den Textbereich 3,1-8a ebenfalls als Völkergericht darstellt. Eventuell gehen auch die Überarbeitungen der vorangehenden Völkerworte in 2,7.9b-10 auf diese Redaktion zurück,[84] wobei sich hier genaueres erst im Zusammenhang der weiteren Betrachtung des Zwölfprophetenbuches sagen läßt.

---

essante der vorliegenden Komposition, daß hier Anklagen, die eigentlich dem eigenen Volk gelten, inklusive der theologischen Anklagen, auf fremde Völker übertragen werden. Vom Kontext Zef 2,13-15 her ist jedenfalls in 3,1ff kein anderer Adressat als Ninive anzunehmen.
83 Vgl. hierzu und zu weiteren Deutungen von Zef 3,1 auf Ninive in der Textüberlieferung und in der Alten Kirche Irsigler, Zefanja, 318f.
84 Zumindest setzt das Ninive-Wort Zef 2,13-15 den Nachtrag 2,9b-10 voraus, da 2,13 mit der unvermittelten Rede von Jhwh in der 3. Person direkt an diese Verse anschließt.

In Zef 2,11 findet sich sodann eine völkerfreundliche Überarbeitung, die die weltweite Verehrung Jhwhs verheißt. Dieser Nachtrag kann allerdings nicht mit der ebenfalls völkerfreundlichen Überarbeitung in 3,9.10* auf einer Ebene angesetzt werden, da hier das Moment der Völkerwallfahrt fehlt und stattdessen gerade davon ausgegangen wird, daß die Völker in ihrer Heimat Jhwh verehren werden.[85]

Ein weiterer vereinzelter Nachtrag ist vermutlich in dem Kuschiterwort Zef 2,12 zu erkennen, das evtl. erst als Reaktion auf die völkerfreundliche Überarbeitung in 3,9-10 in das Buch gelangt ist.

2.4.4 Zusammenfassung der Redaktionsgeschichte des Zefanjabuches

2.4.4.1 Die Grundschicht

Für das Zefanjabuch konnte eine Grundschicht herausgearbeitet werden, die die Textbereiche Zef 1,2.3*(ohne אֶת־הָרְשָׁעִים וְהַמַּכְשֵׁלוֹת).7-9.12-13a.14-18 umfaßt. Der ursprüngliche Bestand, hinter dem die Botschaft des Propheten vermutet werden könnte, beschränkt sich also auf das erste Kapitel des Buches.[86]

Diese Grundschicht ist nun geprägt von der Darstellung des Tages Jhwhs, der als unmittelbar bevorstehend geschildert wird (1,7-18*). Dabei sind in die allgemeinen Ankündigungen dieses Gerichtstages (1,7.14-15) Einzelworte eingearbeitet, die zum einen gegen die Jerusalemer Oberschicht gerichtet sind, auf die Fürsten und Königssöhne, auf die, die sich mit fremdländischen Kleidern schmücken (1,8-9), und auf die Sorglosen, die in seliger Ruhe meinen, daß Jhwh untätig bleiben wird (1,12-13a). Zum anderen ist aber auch davon die Rede, daß der Tag Jhwhs den befestigten Städten und darüber hinaus sogar den Menschen insgesamt gelten wird (1,16-18aα).

In den letzten Gedanken fügt sich, daß die Schilderungen vom Tag Jhwhs eingebettet sind in einen universalen Rahmen, der die Vernichtung der gesamten Schöpfung im Blick hat. Mensch und Vieh, Vögel und Fische (1,2-3), ja die ganze Erde und all ihre Bewohner werden im feurigen Zorn Jhwhs ihr Ende finden (1,18aβb).

So wird also im Grundbestand ein umfassendes Weltgericht angekündigt, in das die Geschehnisse in Jerusalem eingeordnet sind. Dabei dürfte die Intention dieser Zusammenstellung wohl darin liegen, daß den Sorglosen, die eben nicht an ein Eingreifen Gottes glauben mögen, auf drastische Art ein umfassendes Gerichtshandeln vor Augen gestellt werden soll, in das sie

---

85 So auch Edler, Kerygma, 58; Irsigler, Zefanja, 382f, gegen Striek, Zephanjabuch, 200.
86 So neuerdings auch Perlitt, ATD 25,1, 98.

auf ganz besondere Weise mit einbezogen sind. Wenn Gott die gesamte Schöpfung auslöscht, dann werden auch die Machthaber in Jerusalem dem Gericht nicht entkommen, dann wird er sie, und zwar vor allem sie, heimsuchen.[87] Für die vorgelegte redaktionsgeschichtliche Analyse spricht nun, daß es sich hier um eine klar strukturierte Komposition handelt, bei der eben um die Darstellung des Tages Jhwhs ein universaler Rahmen gelegt ist. Und innerhalb dieses Rahmens ist wiederum die Schilderung des Tages Jhwhs in einem zweifachen Ablauf dargestellt, wobei auf eine allgemeine Ankündigung des Gerichtstages jeweils die Konsequenzen und dabei insbesondere die Betroffenen des Gerichts genannt werden:

---

[87] Die Verbindung von universalen Gerichtsaussagen mit auf die Jerusalemer Oberschicht ausgerichteten Anklagen läßt natürlich die hoch brisante Frage aufkommen, wie es sein kann, daß neben den für das Gericht Verantwortlichen auch die übrigen Menschen Opfer des Eingreifens Jhwhs werden. Diese Thematik wurde bislang v.a. mit Blick auf das Amosbuch reflektiert; vgl. nur den Überblick bei Zenger, Botschaft, 394-406. Doch die Frage stellt sich nach der hier vorgelegten redaktionsgeschichtlichen Analyse für das Zefanjabuch in vergleichbarer Weise. Vermutlich kann diesem Problem, was bislang zu wenig bedacht wurde, nur so begegnet werden, daß für die damaligen Menschen diese Härte nicht im gleichen Maße virulent war wie für die heutigen Ausleger. Dies könnte damit zusammenhängen, daß das Gericht häufig als militärische Katastrophe dargestellt wird. Kriege sind aber zur Durchsetzung des göttlichen Gerichts in der Scheidung zwischen Bedrückern und Unterdrückten unpräzise. Die Angreifer nehmen keine Rücksicht auf Ober- und Unterschicht, sie scheiden nicht zwischen Frommen und Frevlern. So wurde ja auch von dem 722 eingetretenen Ende des Nordreiches, das die vierte Amos-Vision (Am 8,1-2) thematisiert, eben nicht nur die unsoziale Oberschicht getroffen. Und auch als der im Zefanjabuch dargestellte Untergang Jerusalems Realität wurde, war nicht nur der Königshof betroffen. Die umfassenden Gerichtsdarstellungen, die das gesamte Volk betreffen und die von vielen Auslegern als so anstößig empfunden werden, daß diese Aussagen beschönigt werden müssen, haben somit einen ganz realen Hintergrund. Das eigentlich erstaunliche ist also gar nicht, daß ein Gericht dargestellt wird, das Schuldige wie Unschuldige gleichermaßen trifft. Das eigentlich erstaunliche ist, daß ein solches Gericht dennoch von einigen unterdrückten Gruppen erwartet wurde, daß also angesichts der Hoffnung auf ein Ende der Machenschaften der herrschenden Schicht keine Rücksicht auf das eigene Wohlergehen genommen wurde, sondern sogar der Tod der Angehörigen der eigenen Schicht billigend in Kauf genommen wurde. Und gerade dies zeigt den in den prophetischen Schriften aufgezeichneten Willen zur Durchsetzung gesellschaftlicher Gerechtigkeit in seiner ganzen Radikalität.

A 1,2-3*	Universale Einleitung	
B 1,7-13*	Erste Tag-Jhwh-Schilderung	
a 1,7	Ankündigung und Beschreibung	
b 1,8-9.12-13a	Konsequenzen	
B' 1,14-18aα	Zweite Tag-Jhwh-Schilderung	
a 1,14-15	Ankündigung und Beschreibung	
b 1,16-18aα	Konsequenzen	
A' 1,18aβb	Universaler Schluß	

Für die Datierung des Grundbestands wurde schon darauf hingewiesen, daß die gängige Datierung nach Zef 1,1 in die Zeit Josias problematisch ist angesichts der relativen Ruhe in diesen Jahren.[88] Auch die kultkritischen Worte in Zef 1,4-6 lassen sich nicht für eine solche Datierung heranziehen, da sie als sekundärer Einschub erkannt wurden.[89] So haben sich also Williams und neuerdings Nogalski zurecht gegen eine Datierung in die Zeit

---

[88] Siehe hierzu oben 35. Die Gerichtsdarstellungen im Zefanjabuch wurden früher, etwa von Marti, KHC 13, 358f; Nowack, HK 3,4, 288f; Sellin, KAT 12, 367, oder noch von Cazelles, Zephaniah, 129-149, gerne mit einem für die Zeit Josias angenommenen Skythensturm in Verbindung gebracht. Da diese – auch nur bei Herodot überlieferten – Ereignisse allerdings kaum historischen Anhalt haben dürften, werden sie heute nicht mehr zur Datierung des Zefanjabuches herangezogen; vgl. hierzu etwa Donner, Geschichte 2, 372; Vlaardingerbroek, Zephaniah, 14; Irsigler, Zefanja, 153f.

[89] Seit die Anm. 88 genannte Datierung über den Skythensturm nicht mehr vertreten wird, ist die Kultkritik in Zef 1,4-6 das Hauptargument, mit dem an einer Datierung in die Zeit Josias festgehalten wird; vgl. nur Roberts, Nahum, 163; Vlaardingerbroek, Zephaniah, 13f; Irsigler, Zefanja, 68f; Perlitt, ATD 25,1, 97.
Daneben wird gerne darauf hingewiesen, daß die Nicht-Erwähnung des Königs trotz der umfangreichen Kritik am Hof sowie die Anklage an die „Königssöhne" (בני המלך) in 1,8 gerade auf die Josiazeit hinweise, und zwar am ehesten auf die Zeit der Minderjährigkeit Josias; vgl. etwa Marti, KHC 13, 363; Rudolph, KAT 13,3, 267; Irsigler, a.a.O., 69; Perlitt, a.a.O., 109. Wenn aber Görg, Titel, 10, recht haben sollte, daß es keinen Hinweis gibt, daß mit diesem Titel andere als die wirklichen Söhne des Königs bezeichnet werden, so spricht dies doch gerade gegen die Frühzeit Josias, als der minderjährige König noch kinderlos war; vgl. hierzu Blenkinsopp, Geschichte, 120. Der von Vlaardingerbroek, a.a.O., 85f, vorgeschlagene Bezug auf die Söhne des Vorgängerkönigs, ist sicherlich eine Hilfskonstruktion, zumal es sich dabei ja um ältere Brüder Josias handeln müßte, von denen nichts überliefert ist. Die Nicht-Erwähnung des Königs und das Wort gegen die Königssöhne in 1,8 ist also tatsächlich ein Rätsel – doch findet sich hierfür auch in der Josiazeit keine Erklärung, weshalb eine Datierung des Buches in diese Zeit von hier aus nicht begründet werden kann.

Josias ausgesprochen.[90] Ob allerdings ihr alternativer Ansatz zur Zeit Jojakims ausreichend begründet ist, erscheint fraglich. Denn diese Annahme
beruht vor allem auf den Fremdvölkerworten Zef 2,4-15, wobei auf die
Zerstörung Ninives zur Regierungszeit Jojakims hingewiesen wird und das
Wort gegen Moab und Ammon als Reflex auf den 2 Kön 24,2 überlieferten
Angriff dieser und anderer Nachbarstaaten gegen die Judäer verstanden
wird.[91] Doch sind diese Überlegungen ohne weiteren Anhalt, wenn erkannt
ist, daß die Fremdvölkerworte nicht zum Grundbestand des Zefanjabuches
gehören. Es läßt sich also wohl nur so viel sagen, daß der Grundbestand des
Buches noch zur Zeit der staatlichen Existenz Judas anzusetzen ist, am
ehesten wohl in den Jahren nach dem Erstarken der Babylonier, da der
damit verbundene Untergang des assyrischen Reiches und die Umwälzungen
in der Völkerwelt gut die universalen Gerichtsvorstellungen des Grundbestands erklären könnten.

2.4.4.2 Die deuteronomistische Schicht

Der dtr. Bearbeitung des Zefanjabuches konnten die Textbereiche Zef
1,1.4-6.13b; 2,1-2.3*(ohne כל־ענוי הארץ אשר משפטו פעלו).4-6.8-9a;
3,1-4.6-8a.11-13 zugewiesen werden. Auf diese Schicht gehen also sowohl
der Grundbestand der Fremdvölkerworte in 2,4-9* als auch die erneuten
Gerichtsworte 3,1-13* zurück. Damit ist die dtr. Redaktion für die Makrostruktur des Zefanjabuches in seiner heutigen Form, bei der charakteristischerweise Fremdvölkerworte zwischen Worten gegen das eigene Volk
stehen, verantwortlich.[92]
    Ziel dieser Überarbeitung ist es, das Zefanjabuch auf den Untergang des
Südreiches zu beziehen und sowohl die Gründe für diesen Untergang als
auch einen möglichen Weg zur Rettung aus dem Gericht aufzuzeigen. Dafür
wird zunächst die Botschaft des Grundbestandes in Zef 1,4-6 mit der josianischen Reform in Verbindung gebracht, wobei diese Reform allerdings
gerade nicht auf den judäischen König, sondern auf Jhwh selbst zurückgeführt wird. Er war es, der die anstößigen Kultpraktiken beseitigt hat. Dabei

---

90 Vgl. Williams, Date, 83; Nogalski, Precursors, 179f; so auch schon König, Einleitung, 352f;
    Hyatt, Date, 25-29; Edens, Zephaniah, 104-114. Eine weitere Minderheitenposition wurde
    von Smith / Lacheman, Authorship, 137-142, vertreten, die eine Datierung des Zefanja-
    buches in die Makkabäerzeit annahmen. Dies hat zurecht keine weiteren Anhänger gefunden.
91 Vgl. Williams, Date, 84f; Nogalski, Precursors, 180.
92 Andererseits ist die dtr. Redaktion eben nicht für die Erstausgabe des Zefanjabuches verant-
    wortlich, sondern setzt bereits einen schriftlich überlieferten Grundbestand voraus, wie auch
    Albertz, Exilszeit, 172, und Striek, Zephanjabuch, 237-241, gegen Seybold, Satirische Prophe-
    tie, 83-93, zurecht betont haben.

wird dieses Gerichtshandeln in 1,6 auch ganz allgemein auf die bezogen, die Jhwh nicht gesucht haben.

Die Nachträge in Zef 2-3* sind dann wohl so zu verstehen, daß nach der Reform eben in der Suche Jhwhs eine Chance auf Rettung vor dem in Zef 1 angekündigten universalen Gericht, dem Zornestag Jhwhs (2,2.3*), bestanden hätte. Doch das Volk hat darauf nicht reagiert. Es hat nicht auf die in 2,1-2.3* vorgetragenen Umkehrrufe Jhwhs gehört, wie 3,7 klarstellt, und es hat auch aus dem Gericht an den Völkern keine Konsequenzen gezogen (2,4-9*; 3,6). Deshalb, und da sich vor allem die Jerusalemer Amtsträger immer noch unwürdig verhalten (3,1-4), steht nun das Gericht Jhwhs endgültig vor der Tür (3,8a). Bei diesem Gericht werden die Hochmütigen aus dem Volk entfernt, und nur ein armes und geringes Volk verbleibt als Rest Israels (3,11-13).

Auch die dtr. Überarbeitungen des Zefanjabuches lassen also einen schlüssigen kompositorischen Zusammenhang erkennen, der durch thematische und terminologische Wiederaufnahmen gestützt wird:[93]

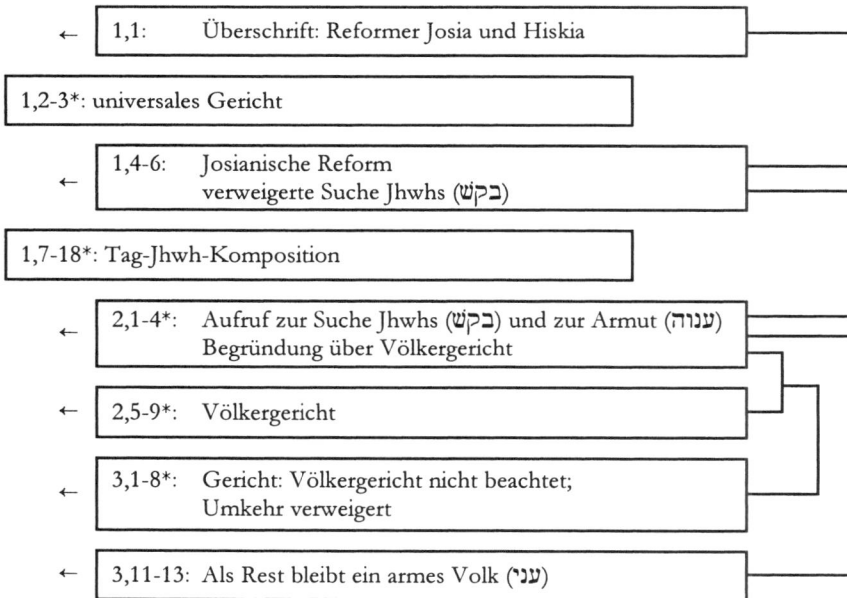

---

93 Dabei sind in der folgenden Skizze nur die beiden terminologischen Wiederaufnahmen über die Stichworte בקשׁ und עני aufgenommen, die für den Zusammenhang der einzelnen dtr. Einheiten von besonderer Bedeutung sind. Zu weiteren Verbindungen auf der Wortebene siehe die Einzeldarlegungen.

Als Datierung bietet sich für diese Redaktion die Exilszeit an.[94] Die Worte sind geprägt von der Frage nach den Gründen und den Konsequenzen des Untergangs. Das Ende der Exilszeit, die politische oder kultische Restauration oder die Rückführung des Volkes sind dagegen noch nicht im Blick. Zudem dürfte diese Redaktion unter den im Land Verbliebenen entstanden sein. Dafür spricht die Vorstellung, daß nach Zef 3,11-13 gerade ein armes und geringes Volk als Rest aus der Katastrophe übrigbleiben wird, wohingegen die Angehörigen der Oberschicht, die ja vor allem von der Exilierung betroffen waren, schon im aufgenommenen Grundbestand, aber auch nochmals in den redaktionellen Versen 3,3-4 angeklagt werden.

2.4.4.3 Die Joel-Schicht

In Zef 3,14-17 ist ein Nachtrag erkennbar, der das vorgegebene Prophetenbuch um einen heilvollen Abschluß ergänzt. Dabei handelt es sich um einen Freudenaufruf an die Tochter Zion, da Jhwh das Strafgericht abgewendet und den Feind Zions entfernt hat. Angesichts der futurisch formulierten Fortsetzung in 3,16-17 wird deutlich, daß der Freudenaufruf in der Erwartung des heilvollen Eingreifens Jhwhs und noch nicht unter der Voraussetzung bereits eingetretener Befreiung formuliert ist, so daß also in dem gesamten Wort noch andauernde Bedrückung vorausgesetzt wird.

Eine Datierung dieser Überarbeitung, die im Vorgriff auf weitere Erkenntnisse bereits als Joel-Schicht bezeichnet werden kann, hängt im wesentlichen davon ab, womit die vorausgesetzte Feindbedrohung in Verbindung zu bringen ist, ob es sich hier also um die Bedrängnis der Exilssituation oder schon um die Nöte der frühnachexilischen Zeit handelt. Eine Entscheidung hierüber wird erst aufgrund der weiteren Betrachtung dieser Einheit im Kontext des Zwölfprophetenbuches möglich sein.

2.4.4.4 Die Fremdvölkerschicht I

Eine weitere Überarbeitung, die vor allem am Gericht an den Völkern orientiert ist, zeigt sich in den Versen 2,7.9b-10.13-15; 3,8b.18-19. Zunächst können dieser Schicht die beiden kleineren Nachträge in 2,7.9b-10 zugewiesen werden, die die vorliegenden Fremdvölkerworte auf die Inbesitznahme der fremden Gebiete durch das eigene Volk hin fortschreiben. Vor allem aber wurde durch diese Überarbeitung mittels des Ninivewortes Zef 2,13-15

---

94 So datieren auch Seybold, Satirische Prophetie, 92f; Striek, Zephanjabuch, 235; Albertz, Exilszeit, 172f, die dtr. Bearbeitung des Zefanjabuches in die Exilszeit.

und des insgesamt völkerfeindlichen Nachtrags 3,8b der gesamte Textbereich 3,1ff als Völkerwort umgestaltet. Denn dadurch, daß in 2,15 Ninive
als „die Stadt" (העיר) bezeichnet wird, ist im folgenden auch der ursprünglich wohl Jerusalem geltende Weheruf an „die Stadt" (העיר) in 3,1 gegen
Ninive gerichtet. Neben den genannten Überarbeitungen kann sodann
vermutlich auch die Verheißung der Rückführung aus der Diaspora in 3,18-
19 auf diese Schicht zurückgeführt werden.

Die für die völkerfeindlichen Einschübe verantwortlichen Redaktoren
gestalteten das Zefanjabuch also nach dem sogenannten dreigliedrigen
eschatologischen Schema um,[95] wonach auf Gerichtsworte gegen das eigene
Volk (1,1-2,3*) zunächst Gerichtsworte gegen fremde Völker (2,4-3,8*) und
schließlich Heilsworte folgen (3,11-19):

Gericht	Fremdvölkerworte				Heil	
1,1-2,3* Tag Jhwhs über Je- rusalem	2,4-9* Fremd- völker- worte	↑ 2,13-15 Gegen Ninive (2,15: „Dies ist die Stadt")	3,1-8* Weheruf gegen die Stadt	↑ 3,8b Völker- gericht	3,11-17 Reini- gung und Freuden- aufruf	↑ 3,18-19 Rückfüh- rung aus der Dia- spora

Diese Schicht, die schon jetzt als Fremdvölkerschicht I bezeichnet werden
soll, läßt sich nur schwer datieren. Daß hier die Völker insgesamt angeklagt
werden, dürfte die nachexilische Zeit voraussetzen, wobei vielleicht die
zahlreichen Aufstände und militärischen Auseinandersetzungen zur fortgeschrittenen persischen Zeit als historischer Hintergrund angenommen
werden könnten.[96]

2.4.4.5 Das Heil für die Völker

In Zef 3,9.10*(ohne עתרי בת־פוצי) ist ein Nachtrag erkennbar, der nun im
Anschluß an den völkerfeindlichen Teilvers 3,8b gerade von universalem
Heil ausgeht. Die Völker werden insgesamt mit reinen Lippen zur Ver-
ehrung Jhwhs in Jerusalem zugerüstet. Diese Erwartung wird nun allerdings

---

95   Vgl. zu diesem Begriff Kaiser, Einleitung, 309.
96   Vgl. für einen ersten Überblick Gunneweg, Geschichte, 149f.

der Ansage eines Völkergerichts in 3,8b nicht einfach entgegengestellt, sondern zu dieser in ein zeitliches Verhältnis gebracht. Mit dem einleitenden כי־אז blickt Zef 3,9.10* über die Zeit des Völkergerichts hinaus. Durch dieses Gericht hindurch wird es zu einer neuen, nun heilvollen Zuwendung Jhwhs zu den Völkern und einer damit einhergehenden Verehrung Jhwhs durch die Völker kommen.

Auch dieser Nachtrag läßt sich nur schwer datieren, da sich damit kaum zeitgeschichtliche Ereignisse verbinden lassen. Allenfalls kann angesichts der positiven Einstellung gegenüber den Völkern an eine frühe hellenistische Datierung gedacht werden.[97]

2.4.4.6 Vereinzelte Nachträge

Zu den genannten Fortschreibungen kommen noch einige vereinzelte Nachträge hinzu, die weder einer das gesamte Zefanjabuch umfassenden Überarbeitungsschicht noch einer das Zwölfprophetenbuch betreffenden, buchübergreifenden Redaktion zugewiesen werden können, sondern lediglich als auf den unmittelbaren Kontext bezogene Korrekturen oder Anmerkungen zu verstehen sein dürften. Solche vereinzelten Nachträge fanden sich in Zef 1,3*(והמכשלות את־הרשעים).10-11; 2,3*(כל־ענוי הארץ 11.12; 3,5.10*(עתרי בת־פוצי).20.(אשר משפטו פעלו

2.4.4.7 Überblick über die Redaktionsgeschichte des Zefanjabuches

Grundschicht	1,2.3*(ohne והמכשלות את־הרשעים).7-9.12-13a.14-18
Dtr. Schicht	1,1.4-6.13b 2,1-2.3*(ohne כל־ענוי הארץ אשר משפטו פעלו).4-6.8-9a 3,1-4.6-8a.11-13
Joel-Schicht	3,14-17
Fremdvölkerschicht I	2,7.9b-10.13-15 3,8b.18-19
Heil für die Völker	3,9.10*(ohne עתרי בת־פוצי)
Vereinzelte Nachträge	1,3*(והמכשלות את־הרשעים).10-11 2,3*(כל־ענוי הארץ אשר משפטו פעלו).11.12 3,5.10*(עתרי בת־פוצי).20

---

97 Vgl. hierzu die Überlegungen oben 195f mit Anm. 191.

2.5 Deuteronomistische Überarbeitungen im Hoseabuch

Bislang war die redaktionsgeschichtliche Betrachtung des Hoseabuches noch bewußt zurückgestellt worden, da angesichts der besonderen Gestalt dieses Buches und der damit einhergehenden Schwierigkeiten innerhalb der alttestamentlichen Forschung eine Bearbeitung des gesamten Textbestands nicht realisierbar ist.[1] Da das Hoseabuch aber aufgrund der vergleichbaren Überschrift in besonderer Weise mit den Büchern Amos, Micha und Zefanja verbunden ist[2] und da in all diesen Büchern eine umfangreiche dtr. Redaktion aufgezeigt werden konnte, der auch die jeweilige Überschrift zugeschrieben wurde, kann nun im Rückschluß von den dortigen Erkenntnissen auch nach dtr. Überarbeitungen im Hoseabuch gefragt werden. Ob es sich dabei um ein und dieselbe Redaktion handelt, die in einem buchübergreifenden Bearbeitungsprozeß die genannten Schriften zu einer Sammlung zusammenbinden will, oder ob es sich lediglich um voneinander unabhängige Redaktionen der Einzelbücher aus vergleichbaren Trägerkreisen handelt, kann zunächst noch offenbleiben.[3]

Wie bei den Büchern Micha und Zefanja ist nun auch beim Hoseabuch die Überschrift Hos 1,1 als Nachtrag anzusehen.[4] Dafür spricht neben der erneuten Überschrift in 1,2a,[5] daß die Datierung in 1,1 kaum zum folgenden Buch paßt. Denn die Südreichkönige Usia, Jotam, Ahas und Hiskia sind hier noch vor dem Nordreichkönig Jerobeam II. genannt, was bei einem Buch, das auf einen Nordreichpropheten zurückgeführt wird, erstaunlich ist. Zudem überschreitet die Regierungszeit der Könige von Usia bis Hiskia die Regierungszeit Jerobeams II. um viele Jahre. Auch dies ist aus dem weiteren Verlauf des Hoseabuches heraus nicht wirklich erklärlich.[6]

Dabei kann die für die Überschrift verantwortliche Redaktion mit guten Gründen als dtr. bezeichnet werden.[7] Denn wie bei Am 1,1 erinnert auch hier die synchronistische Datierung einerseits und die Priorität der Südreich-

1 S.o. 54-58.
2 S.o. 33-38.
3 Siehe hierzu unten 245-271.
4 Vgl. nur Marti, KHC 13, 13; Wolff, BK 14,1, 1; Mays, Hosea, 20; Willi-Plein, Vorformen, 115; Jeremias, ATD 24,1, 23; Yee, Composition, 56; Schart, Entstehung, 45; Albertz, Exilszeit, 167.
5 S.o. 37 mit Anm. 31.
6 Siehe zu den unterschiedlichen Lösungsvorschlägen dieses Problems und zu einer ersten Deutung der Datierung in Hos 1,1 im Zusammenhang mit den Überschriften der folgenden Bücher Amos, Micha und Zefanja oben 34f; vgl. sodann auch die weiteren Ausführungen unten 254.
7 Vgl. Wolff, BK 14,1, 2; Yee, Composition, 57; Schart, Entstehung, 46, Albertz, Exilszeit, 167.

könige andererseits an die Datierungen des DtrG und die dort ebenfalls zu beobachtende Südreichorientierung.[8]

Bei der Frage nach weiteren dtr. Überarbeitungen im Hoseabuch ergibt sich ein Einstiegspunkt aus der schon von Albertz vorgetragenen Erkenntnis, daß in den dtr. Passagen der Bücher Amos, Micha und Zefanja mehrfach ein Reinigungsgericht angekündigt wird (Am 9,7-10; Mi 5,9-13; Zef 1,4-6; 3,11-13).[9] Und gerade in diesen Einheiten erkennt Albertz eine besondere Nähe zu Hos 3,1-5, dem Ich-Bericht über den Kauf einer treulosen Frau, die nicht mehr der Hurerei nachkommen darf, was in 3,4 auf die Zeit des Volkes ohne König, Fürst, Opfer und verschiedene Kultgeräte gedeutet wird. Denn eine solche Aufzählung des von Jhwh Verworfenen wie in Hos 3,4 findet sich eben auch in Mi 5,9-13 und Zef 1,4-6, wobei insbesondere in Mi 5,9-13 wie in Hos 3,4 das Nebeneinander von Politischem und Kultischem bezeichnend ist.

Über Albertz hinaus kann nun aber gezeigt werden, daß Hos 3,1-5 nicht dem Grundbestand des Hoseabuches angehört.[10] Die inhaltliche Diskrepanz zwischen Hos 3 und dem Fremdbericht über die Ehe und die Kinder des Propheten in Hos 1 hat die Forschung stets bewegt. Allerdings wurde der literarische Zusammenhang meist überlieferungsgeschichtlich als Aufnahme zweier ursprünglich unabhängiger Einheiten zur vorliegenden Teilsammlung Hos 1-3 verstanden und dabei vor allem über die biographischen Hintergründe der beiden Darstellungen spekuliert.[11] Doch die Berichte unterscheiden sich nicht nur in der vorausgesetzten Situation, die Heirat mit Gomer und die Geburt von Kindern mit Symbolnamen als Gerichtszeichen einerseits und die Heirat mit einer treulosen Frau und deren erzwungene sexuelle Enthaltsamkeit als Gerichtszeichen andererseits. Denn dies könnte tatsächlich noch überlieferungsgeschichtlich erklärt werden. Hos 1 und Hos 3 unterscheiden sich aber darüber hinaus, was bislang noch nicht klar genug gesehen wurde, auch in der Ausdeutung des beide Male verwendeten Hurenmotivs. Während nämlich in Hos 1,2b, wie dann auch in Hos 2, das Bild der hurerischen Frau einzig im kultischen Sinne als Bild für das von Jhwh abtrünnige Volk, also als Verstoß gegen die Jhwh-Monolatrie, verwendet ist,[12] wird in Hos 3,4 die Zeit ohne Hurerei als Zeit nicht nur ohne Opfer, Mazzebe, Ephod und Teraphim, sondern auch ohne König und Fürst

---

8   Vgl. zur Amosüberschrift oben 90-92.

9   Vgl. Albertz, Exilszeit, 184.

10 So auch Marti, KHC 13, 33; Batten, Message, 269-273; North, Solution, 128f; Levin, Verheißung, 239f; Yee, Composition, 57-64; Wacker, Figurationen, 233; Vielhauer, Werden, 102-107; Rudnig-Zelt, Hoseastudien, 63-65, u.a.

11 Vgl. hierzu etwa die Forschungsberichte bei Jeremias, Art. Hosea, 592; Smend, Entstehung, 170.

12 Vgl. zu dieser gängigen Verwendung des Hurenmotivs Erlandsson, Art. זנה, 615-619.

gedeutet. So werden hier also gegenüber Hos 1-2 neben kultischen auch politische Verfehlungen in den Begriff der Hurerei mit hineingenommen, der so zum Terminus für gottwidriges Verhalten schlechthin wird.[13]

Eine weitere Beobachtung weist ebenfalls darauf hin, Hos 3,1-5 als sekundär zu betrachten: Das Volk wird hier mit der Bezeichnung בני ישראל benannt (3,1.4.5). Diese Bezeichnung findet sich aber im Hoseabuch nur noch in den sicherlich späten Heilsankündigungen 2,1.2[14] und in dem Höraufruf 4,1a, der sich im folgenden ebenfalls als sekundär erweisen wird. So spricht also auch dies gegen die Zuweisung von Hos 3,1-5 zum Grundbestand des Buches.[15]

---

13 Gegen die hier vorgeschlagene Trennung von Hos 1 und Hos 3 aufgrund der unterschiedlichen Verwendung des Hurenmotivs könnte allerdings eingewendet werden, daß in 1,2b die Bezeichnung der Frau und der Kinder des Propheten als „hurerisch" und die damit verbundene Deutung, daß das Land von Jhwh „weghurt", in neueren Arbeiten häufig gerade als sekundär verstanden wird, da dieses Motiv in den folgenden Ausführungen 1,3-9 nicht aufgenommen ist; vgl. etwa North, Solution, 128f; Rudolph, KAT 13,1, 46-48; Renaud, Livret, 161f; Ruppert, Erwägungen, 214; Jeremias, Art. Hosea, 592; Wacker, Figurationen, 240-243; Schart, Entstehung, 170; Pfeiffer, Heiligtum, 210. Dagegen ist aber einzuwenden, daß Hos 2,4ff die genannten Passagen aus 1,2b voraussetzt. Wenn nämlich in Hos 2,4 aus der Perspektive Jhwhs mit Blick auf das Volk von „meiner Frau" gesprochen wird, so ist dies doch nur verständlich, wenn zuvor schon die Ehe des Propheten als Zeichen für das Verhältnis Jhwhs zu seinem Volk erklärt worden ist. Ansonsten wäre gar nicht klar, wen Jhwh hier als seine Frau bezeichnet. Aber nicht nur Hos 2,4, der gesamte Textbereich Hos 2,4-15, der durchgängig von der Rede über die Hurerei der Frau geprägt ist, wird ohne Hos 1,2b nicht wirklich verständlich, da dieser Abschnitt die Deutung der Frau auf das Volk nicht in sich trägt, sondern eben aus 1,2b voraussetzt.

Da nun aber die Hurenmotivik von 1,2b in der folgenden Darstellung der Ehe des Propheten 1,3-9 tatsächlich nicht aufgenommen wird, ist nun entweder Hos 2,4ff später als 1,2b-9* anzusetzen und wurde eben über die Einfügung der Hurerei-Vorwürfe in 1,2b sekundär vorbereitet. Oder es handelt sich bei Hos 1,3-9 und 2,4ff um zwei ursprünglich unabhängige Überlieferungen, die schon im Rahmen ihrer Erstverschriftung zusammengestellt und in 1,2b über die Bezeichnung der Frau als hurerisch und die Deutung dieses Verhaltens auf die Beziehung des Volkes zu Jhwh verbunden worden sind. Dabei spricht für die zuletzt genannte überlieferungsgeschichtliche Lösung, daß auch im sonstigen Hoseabuch immer wieder das abtrünnige Verhalten des Volkes gegenüber Jhwh als Hurerei bezeichnet wird (4,12; 5,4; 9,1), diese Motivik also zu fest im Hoseabuch verankert ist, als daß Hos 2,4ff als sekundär bezeichnet werden könnte.

Auf schriftlicher Ebene lag Hos 1,2b also nie ohne den Vorwurf der Hurerei vor, so daß die breitere Verwendung dieser Motivik in Hos 3 durchaus als Argument dafür herangezogen werden kann, daß es sich bei dieser Einheit um einen Nachtrag handelt.

14 Der sekundäre Charakter von Hos 2,1-3 ist nahezu unumstritten; vgl. nur Marti, KHC 13, 20; Renaud, Livret, 166-168; Ruppert, Beobachtungen, 166-168; Jeremias, ATD 24,1, 34f; Wacker, Figurationen, 224-226; Rudnig-Zelt, Hoseastudien, 65.

15 So neuerdings auch Rudnig-Zelt, Hoseastudien, 64 Anm. 242.

Neben diesen rein buchinternen Kriterien kann schließlich auch auf den
dtr. Charakter von Hos 3,1-5 verwiesen werden.[16] Dabei ist schon häufig die
Wendung אלהים אחרים in 3,1b aufgefallen, die sonst überwiegend im
Bereich der dtn.-dtr. Literatur belegt ist, zusammen mit dem Verb פנה sogar
nur noch in Dtn 31,18.20. Meist wird aber nur dieser Teilvers, der ohnehin
durch den Wechsel zur Rede von Jhwh in der 3. Person auffällt, als Nachtrag angesehen.[17] Doch zum einen wird die Aufforderung an den Propheten
in Hos 3,1a, eine untreue Frau zu lieben, ohne den folgenden Teilvers 3,1b
nicht recht verständlich, da die Liebe des Propheten in 3,2-5 nicht mehr
weiter aufgenommen wird.[18] Zum anderen ist Hos 3,1-5 auch sonst von dtr.
Gedanken und Formulierungen geprägt.

Denn die Kritik an Opfern, Mazzeben, Ephod und Teraphim in Hos 3,4
erinnert ganz deutlich an die kultischen Anklagen des DtrG. Insbesondere
Mazzeben sind dort häufig Gegenstand der Kritik,[19] und Teraphim werden
in 1 Sam 15,23; 2 Kön 23,24 negativ erwähnt.[20] So ist es auch nur konse-
quent, daß Haag Hos 3,4 angesichts der dtr. Gestalt dem Grundbestand von
Hos 3 abspricht.[21] Da dieser Vers zum Verständnis der ganzen Einheit aber
unentbehrlich ist – wird doch sonst der Sinn der Aufforderung zur Ehe mit
der treulosen Frau überhaupt nicht deutlich –,[22] ist eben nicht nur Hos 3,4,
sondern die gesamte Einheit als dtr. anzusehen.

Zuletzt spricht für die Zuweisung von Hos 3,1-5 zu einer dtr. Überarbeitung auch der inhaltliche und terminologische Zusammenhang mit den
dtr. Passagen der Bücher Amos, Micha und Zefanja. So finden sich in diesen
Textbereichen zu nahezu allen Kritikpunkten von Hos 3,4 Parallelen.[23] Hos

---

16　Daß es sich bei Hos 3,1-5 insgesamt um einen dtr. Nachtrag handelt, hat bislang erst Yee,
　　Composition, 57-59, vertreten. Zuvor wurden nur einzelne Teile dieser Einheit, v.a. Hos
　　3,1b, als dtr. Überarbeitung verstanden; siehe hierzu die weiteren Ausführungen.
　　Gegen Yee hat aber neuerdings Vielhauer, Werden, 106, vorgebracht, daß Hos 3,1-5 nicht als
　　dtr. bezeichnet werden könne, da die hier vorausgesetzte Strafe als zeitlich begrenzt dar-
　　gestellt wird. Doch steht hinter dieser Überlegung sicherlich eine zu enge Sicht der dtr.
　　Vorstellungen des göttlichen Strafhandelns; vgl. etwa nur Jer 18,7-10 und hierzu Albertz,
　　Exilszeit, 254f, die Darstellung der Vergebungsbereitschaft Jhwhs gegenüber den Exilierten
　　im Tempelweihgebet Salomos 1 Kön 8,46-51 oder aber die am Ende des DtrG in 2 Kön
　　25,27-30 erwähnte Begnadigung Jojachins und dazu etwa von Rad, Geschichtstheologie, 203f.
17　Vgl. etwa Fohrer, Handlungen, 28 Anm. 34; Schreiner, Hoseas Ehe, 175f; Renaud, Livret,
　　163f; Schmidt, Bemerkungen, 160; Haag, Ehe, 2f.
18　Eben deshalb betrachten Ruppert, Beobachtungen, 175; Jeremias, ATD 24,1, 52f; Wacker,
　　Figurationen, 214-217, nur die Wendung פנים אל־אלהים אחרים als sekundär.
19　Vgl. Dtn 16,22; 1 Kön 14,23; 2 Kön 3,2; 10,26.27; 17,10; 23,14.
20　Dabei werden Teraphim neben den genannten beiden Belegen sogar nur noch an einer
　　weiteren Stelle (Sach 10,2) verurteilt.
21　Vgl. Haag, Ehe, 3, so auch schon Robinson, HAT 14, 16; Wacker, Figurationen, 217.
22　Vgl. Rudnig-Zelt, Hoseastudien, 64.
23　Vgl. im Anschluß an Albertz, Exilszeit, 184 mit Anm. 132, שר (Zef 3,3); זבח (Am 5,25);
　　מצבה (Mi 5,12), und zu מלך vgl. ממלכה in Am 9,8.

3,5 ist zudem über die Wendung בקש את־יהוה mit Zef 1,6; 2,3 verbunden, wobei das Motiv des Gottsuchens für die dtr. Komposition des Zefanjabuches ja sogar von besonderer Bedeutung ist.[24] Und schließlich ist beachtenswert, daß die Bezeichnung בני ישראל in 3,1.4.5, die ja gerade gegen die Zuordnung von 3,1-5 zum Grundbestand des Hoseabuches spricht, auch in den dtr. Versen Am 2,11; 9,7 belegt ist.

So kann Hos 3,1-5 also insgesamt einer dtr. Bearbeitung des Hoseabuches zugewiesen werden.[25] Die Erwähnung des Königs David (ואת דוד מלכם) in Hos 3,5 dürfte allerdings innerhalb dieser Einheit nochmals sekundär sein und erst auf eine spätere Redaktion zurückgehen, die auf das Verwerfen des Königs in 3,4 reagiert.[26] Gleiches gilt für die zeitliche Ansetzung באחרית הימים in 3,5, die doch weit über die in 3,3-4 genannten „vielen Tage" hinausgeht.[27]

Von Hos 3,1-5 herkommend ist die nächste Einheit, die als Teil einer dtr. Überarbeitung des Buches verstanden werden kann, Hos 13,2-3. Wie in Hos 3,4 werden auch in diesem kurzen Gerichtswort gleich mehrere kultische Vergehen nacheinander angeprangert, wobei hier wiederum der Blick auf die Bilder, auf Gußbilder (מסכה), Götzenbilder (עצב)[28] und die Kalbsfiguren (עגל), gerichtet ist. Doch auch ohne diese inhaltliche Parallele zu 3,1-5 fällt die Einheit gegenüber ihrem Kontext als sekundär auf.[29] Denn 13,2-3

---

24 S.o. 225. Allerdings wird Hos 3,5 häufig als sekundär beurteilt; vgl. nur Schreiner, Hoseas Ehe, 175; Jeremias, ATD 24,1, 57f; Schmidt, Bemerkungen, 159f; Wacker, Figurationen, 217; Haag, Ehe, 3; Rudnig-Zelt, Hoseastudien, 62. Doch dagegen spricht, daß in Hos 3,3-4 ein zeitlich begrenztes Gericht beschrieben wird (ימים רבים). Da damit aber kaum gemeint sein kann, daß das Volk nach dieser Zeit wieder mit Mazzeben, Ephod und Teraphim umgehen wird, bleibt ohne Hos 3,5 die Frage offen, was denn nun nach den vielen Tagen kommen wird. So ist dieser Vers also für den vorliegenden Zusammenhang unentbehrlich.

25 Rudnig-Zelt, Hoseastudien, 63f, hat dagegen vorgeschlagen, Hos 3,1-4 sogar nachchronistisch einzuordnen. Sie verweist darauf, daß die Wendung ימים רבים zusammen mit einer Aufzählung von Defiziten sonst nur noch in 2 Chr 15,3 belegt ist, wobei die umfangreichere Aufzählung in Hos 3,4 dafür spricht, daß Hos 3,1-4 von der Chronik-Stelle abhängig ist. Da außer der Wendung ימים רבים aber keine einzige Stichwortverbindung zwischen Hos 3,4 und 2 Chr 15,3 besteht, kann eigentlich gar nicht von einer Abhängigkeit gesprochen werden. Die demgegenüber zahlreichen und durchgängigen Bezüge zur dtn.-dtr. Literatur sprechen also viel eher für einen dtr. Nachtrag.

26 Vgl. etwa Wellhausen, Propheten, 105; Wolff, BK 14,1, 71; Mays, Hosea, 60; Jeremias, ATD 24,1, 57. Demgegenüber hat sich aber neuerdings Rudnig-Zelt, Hoseastudien, 61 Anm. 231, für die ursprüngliche Zugehörigkeit der Erwähnung Davids ausgesprochen, da klare sprachliche Kriterien fehlten. Doch zum einen unterbricht der Verweis auf den König den Zusammenhang zwischen zwei vergleichbaren Umkehrformulierungen (ובקשו את־יהוה und ופחדו אל־יהוה). Zum anderen wird die Zuwendung zu David im weiteren Verlauf dieser Ansage nicht mehr weiter aufgenommen. Daß der neue König in dem hier genannten Segen inbegriffen sei, wie Rudnig-Zelt meint, wird im Text überhaupt nicht ausgeführt.

27 Vgl. nur Wolff, BK 14,1, 71; Mays, Hosea, 60; Jeremias, ATD 24,1, 57.

28 Vgl. hierzu Dohmen, Art. מסכה, 1009-1015; Graupner, Art. עצב, 301-305.

29 Vgl. Wacker, Figurationen, 233-235.

schließt mit der Rede vom Volk in der 3.pl. nur schlecht an den in 3.sg. formulierten Vers 13,1 an. Erst in 13,4 werden die singularischen Formen weitergeführt, wenn auch nun in direkter Anrede. Solch unmotivierte Wechsel zwischen singularischer und pluralischer Formulierung kommen im Hoseabuch zwar eigentlich viel zu häufig vor, als daß sie redaktionsgeschichtlich ausgewertet werden könnten.[30] Doch an dieser Stelle ist zudem beachtenswert, daß 13,4 mit dem adversativen ואנכי nicht wirklich an 13,3, wohl aber an 13,1 anschließt.[31] Der Versündigung an Baal in 13,1 wird in 13,4 gegenübergestellt, daß doch Jhwh der Gott des Volkes ist und es keinen anderen Retter gibt.

Nun finden sich auch für Hos 13,2-3 einige terminologische Parallelen zur dtn.-dtr. Literatur:[32] So kommt מסכה häufig im dtn.-dtr. Bereich vor,[33] in der konkreten Formulierung von 13,2 ויעשו להם מסכה sogar wortgleich in 2 Kön 17,16. Dabei ist bedeutend, daß an beiden Stellen auch das Kalbsbild (עגל) genannt wird, so daß sich geradezu die Annahme nahelegt, daß Hos 13,2-3 direkt von 2 Kön 17,16 abhängig ist.[34] Zudem läßt sich auch die polemische Darstellung, daß Götzenbilder das Werk von Handwerkern sind, wohl am ehesten als dtr. bezeichnen, da חרש in Verbindung mit מעשה/עשה in vergleichbarem Zusammenhang auch in Dtn 27,15 belegt ist.[35]

Zuletzt kann für 13,3 auf den dtr. Vers Zef 2,2 verwiesen werden. Auch wenn der konkrete Sinn dieser Zefanja-Stelle nicht ganz klar wird,[36] ist doch auffällig, daß an beiden Stellen ein Vergleich mit Spreu (כמץ) im Rahmen einer Gerichtsankündigung verwandt wird.[37] Es spricht also alles dafür, daß es sich auch bei 13,2-3 um einen dtr. Nachtrag handelt.

Nach Hos 3,1-5 und 13,2-3 kann Hos 8,4b-6 der dtr. Redaktion des Hoseabuches zugewiesen werden.[38] Denn die hier vorgetragene Kritik an

---

30　Vgl. die Übersicht über die zahlreichen Wechsel der Sprechrichtung im Hoseabuch bei de Regt, Genre Feature, 232-247.

31　Vgl. Wacker, Gendering, 267: „Hos 13:4-8 greift über 13:2-3 weg auf 13:1 zurück und entwickelt aus dem Stichwort ‚Baal‘ heraus nun das antithetische Motiv des wahren Gottes und Retters, JHWH."

32　Vgl. Dohmen, Bilderverbot, 148-150 Anm. 243.

33　Vgl. Dtn 9,12.16; 27,15; 1 Kön 14,9; 2 Kön 17,16.

34　Die Stichworte מסכה und עגל sind zwar auch sonst einige Male nebeneinander genannt (Ex 32,4.8; Dtn 9,16; Ps 106,19; Neh 9,18), allerdings an all diesen Stellen mit Blick auf das beim Exodus gefertigte goldene Kalb und außer Ps 106,19 stets in der direkten Verbindung עגל מסכה.

35　Zum dtr. Charakter der Wendung מעשה חרשים vgl. Weinfeld, Deuteronomy, 367; Dohmen, Bilderverbot, 149.

36　S.o. 205f.

37　Sonst nur noch Jes 17,13; 29,5; Ps 35,5; Hi 21,18.

38　Die vorliegende Textgestalt von Hos 8,4b-6 ist allerdings schwierig. Insbesondere fällt V.5aα syntaktisch aus dem Rahmen, da bei זנח עגלך שמרון zum einen die direkte Anrede in 2.sg. von der Rede vom Volk in 3.pl. im umliegenden Textbereich abweicht und zum anderen für

den Götzenbildern, bei der insbesondere die Zerstörung des Kalbsbildes von Samaria angesagt wird, ist gleich über mehrere Stichwortbezüge mit 13,2 verbunden (כסף; עצב; חרש; עגל). Dabei läßt sich auch diese Einheit allein schon nach buchinternen Kriterien als Nachtrag bestimmen. So hat nämlich Jeremias gezeigt, daß Hos 8,1-13 die gleiche Struktur wie die Komposition 5,8-7,16 aufweist, wobei allerdings gerade 8,4b-6 ohne Parallele in diesem Textbereich bleibt.[39] Während dies bei Jeremias noch nicht zu weiteren redaktionsgeschichtlichen Konsequenzen führt, hat Pfeiffer aufgrund der fehlenden Entsprechung in 5,8-7,16 angenommen, daß 8,4b-6, von 8,5aßb abgesehen, erst sekundär und sogar in mehreren Stufen in den vorliegenden Kontext gelangt ist.[40] Dabei geht Pfeiffer allerdings davon aus, daß es sich bei der von ihm angenommenen ersten Überarbeitung 8,5aα.6b noch um ein ursprüngliches Hoseawort handelt, das jedoch erst nach der Erstverschriftung in das Buch aufgenommen wurde.[41]

Gegen die Annahme, daß zumindest Teile von Hos 8,4b-6 noch auf den Propheten Hosea zurückzuführen sind, spricht nun aber das durchgängig dtr. Gepräge dieser Einheit. Denn die Darstellung von 8,6, daß Götzenbilder von Handwerkern geschaffen sind, hat sich bereits für Hos 13,2 als dtr. Vorstellung erwiesen.[42] In dieselbe Richtung weist auch der Vorwurf in

---

זנח in der vorliegenden Vokalisierung nur Jhwh als Subjekt angenommen werden kann, Hos 8,4b-6 sonst aber als Gottesrede gestaltet ist. Dies könnte nun eine literarkritische Lösung nahelegen; vgl. neuerdings Pfeiffer, Heiligtum, 135-140, der davon ausgeht, daß im Rahmen der Erstverschriftung zunächst nur V.5aßb in den vorliegenden Kontext eingebracht wurde, woraufhin in einer ersten Überarbeitung das ebenfalls noch auf den Propheten zurückgehende Wort 5aα.6b ergänzt und schließlich noch die beiden – voneinander unabhängigen – Überarbeitungen 4b und 6a eingebracht wurden. Nun ist aber die von Pfeiffer vorgelegte Scheidung nicht wirklich nachzuvollziehen. Denn für ein vierstufiges Wachstum finden sich kaum genügend Anhaltspunkte, da eigentlich nur 8,5aα, wie beschrieben, syntaktisch auffällig ist. So dürfte die einfachere und plausiblere Lösung darin bestehen, bei 8,5aα von einem textkritischen Verderbnis auszugehen. Dabei wäre wohl zum einen das Suffix der 2.sg. bei עגלך zu streichen, das evtl. zugefügt wurde, um das an dieser Stelle genannte Stierbild statt mit Samaria im Anschluß an Hos 10,5 mit dem Stierbild von Bethel in Verbindung zu bringen. Zum anderen ist זנח vermutlich im Anschluß an Symmachus, Quinta und Vulgata, wie etwa von Jeremias, ATD 24,1, 102 Anm. 2, vertreten, als passive Form, also זָנַח oder זְנַח, zu vokalisieren.

39 Vgl. Jeremias, ATD 24,1, 103f. Nach Jeremias entsprechen sich 8,1 // 5,8 (שׁפר); 8,2 // 6,1-3 (Zuwendung zu Jhwh); 8,3 // 6,4-6 (Verwerfen des Guten); 8,4a // 7,3-7 (Königtum); 8,7b-10 // 7,8-12 (Israel unter den Völkern; Hilfsgesuch bei Assur); 8,11-13 // 7,14 (Gottesdienst).

40 Siehe zur literarkritischen Scheidung, die Pfeiffer in Hos 8,4b-6 vornimmt, oben Anm. 38. Neben Pfeiffer geht neuerdings auch Vielhauer, Werden, 87, davon aus, daß Hos 8,4b-6 aufgrund der fehlenden Entsprechung in Hos 5,8-7,16 erst sekundär in den vorliegenden Kontext gelangt ist.

41 Vgl. Pfeiffer, Heiligtum, 139.

42 S.o. 234 mit Anm. 35.

8,6, daß es sich bei diesen Bildern doch nicht um einen Gott handelt.[43] Zudem ist erstaunlich, daß das Kalbsbild in 8,5-6 ganz im Gegensatz zu Hos 10,5 in Samaria lokalisiert wird[44] und eben nicht wie dort die Bewohner von Samaria als Anhänger des Kalbs von Bethel[45] dargestellt werden. Dies könnte seinen Hintergrund wiederum in der schon zu Hos 13,2 herangezogenen Parallele 2 Kön 17,16 haben. Denn in diesem Vers werden die Kalbsbilder eben nicht mit einem konkreten Ort in Verbindung gebracht, und im Kontext ist einzig von Samaria die Rede.

Schließlich kann noch als unterstützendes Argument auf eine Parallele zu Hos 8,4b-6 innerhalb der dtr. Verse des Zefanjabuches verwiesen werden. Denn die Aussage in Hos 8,5, daß der Zorn Jhwhs gegen sie entbrannt ist (חרה אף), erinnert doch deutlich an die Rede von der Zornesglut Jhwhs (חרון אף) in dem dtr. Vers Zef 2,2. Und gerade diese Wendung, die auch mehrfach in DtrG belegt ist,[46] ist dort von der dtr. Bearbeitung sehr bewußt aufgenommen, wird doch der יום יהוה aus Zef 1,7.14 in 2,2.3* als יום אף־יהוה beschrieben. So kann also Hos 8,4b-6 ebenfalls aufgrund buchinterner wie terminologischer Kriterien der dtr. Überarbeitung des Hoseabuches zugewiesen werden.

Neben den umfangreicheren Überarbeitungen in Hos 3,1-5; 8,4b-6 und 13,2-3 lassen sich noch einige kleinere Nachträge der dtr. Redaktion des Hoseabuches zuschreiben. Dabei fällt zunächst der Höraufruf in Hos 4,1a auf. Denn schon die Tatsache, daß Höraufrufe mit דבר־יהוה sonst vor allem in DtrG, Jes, Jer und Ez belegt sind,[47] in Hos hingegen nur noch ein Höraufruf in 5,1 mit der Wendung שמעו־זאת vorkommt, spricht für den sekundären Charakter von 4,1a. Dabei erinnert gerade דבר־יהוה deutlich an die dtr. Überschrift Hos 1,1.[48] Zudem zeigt auch die Bezeichnung des Volkes als בני ישראל, was im gesamten Buchteil Hos 4-14 nur in 4,1 vorkommt, ansonsten aber neben Hos 2,1.2 auch in der als dtr. erkannten Passage 3,1-5 belegt ist, daß es sich bei Hos 4,1a um einen dtr. Nachtrag

---

43 Der Vorwurf, daß Götzenbilder kein Gott sind, sondern das Werk von Menschen, findet sich auch in 2 Kön 19,18 // Jes 37,19; Jer 16,20.
44 Zur Streichung des Suffix bei עגלך s.o. 234f Anm. 38.
45 Vgl. zur Bezeichnung Bethels als בית־און Wolff, BK 14,1, 113.
46 Vgl. Dtn 13,18; Jos 7,26; 1 Sam 28,18; 2 Kön 23,26.
47 Vgl. 1 Kön 22,19 // 2 Chr 18,18; 2 Kön 7,1; 20,16; Jes 1,10; 28,14; 39,5; 66,5; Jer 2,4; 7,2; 17,20; 19,3; 21,11; 22,2.29; 29,20; 31,10; 34,4; 42,15; 44,24.26; Ez 13,2; 16,35; 21,3; 34,9; 36,1; 37,4.
48 Hos 4,1a wird auch von Yee, Composition, 267, und Rudnig-Zelt, Hoseastudien, 116, als Teil der dtr. Redaktion des Hoseabuches verstanden. Zudem sah schon Wolff, BK 14,1, 82f, diesen Teilvers als sekundäre Überleitung an, die er auf dieselbe Hand wie die von ihm, a.a.O., 2, als dtr. bezeichnete Überschrift 1,1 zurückführte.

handelt.[49] In dieselbe Richtung weist schließlich auch, daß sich gerade in dem dtr. Vers Am 7,16 ebenfalls ein Höraufruf mit דבר־יהוה findet.

Im Zusammenhang mit den bisher erkannten dtr. Bearbeitungen der Bücher Amos, Micha und Zefanja ist nun aber auch die in 4,1bα folgende Weiterführung des Höraufrufs als Rechtsstreit Jhwhs mit den Bewohnern des Landes zur dtr. Bearbeitung zu rechnen.[50] Denn die Formulierung כי ריב ליהוה in 4,1bα ist wortgleich in dem dtr. Vers Mi 6,2, und so auch nur an diesen beiden Stellen im AT, belegt. Dann gehört also Hos 4,1abα insgesamt der dtr. Redaktion des Buches an, die hier nach dem von ihr eingefügten Ich-Bericht über die Heirat der treulosen Frau 3,1-5 eine neue Einleitung zur Wortsammlung Hos 4ff geschaffen hat.[51]

---

49 Der Bezug von Hos 4,1a zur dtr. Einheit Hos 3,1-5 über die Bezeichnung der Adressaten als בני ישראל spricht nebenbei auch gegen den Vorschlag von Schart, Entstehung, 172, und Albertz, Exilszeit, 181, daß in Hos 4,1a nur die Wendung דבר־יהוה auf die dtr. Redaktion des Buches zurückzuführen ist, die hier ein ursprüngliches זאת ersetzt haben könnte.

50 So auch Rudnig-Zelt, Hoseastudien, 111f.116.

51 Wenn Hos 4,1abα erst sekundär in den vorliegenden Kontext gelangt ist, stellt sich die Frage, wie der dieser Einfügung vorausgehende Grundbestand ausgesehen haben könnte, kommt doch Hos 4,1a in der vorliegenden Endgestalt des Buches die wichtige Funktion der Überleitung zwischen den beiden Buchteilen 1-3 und 4-14 zu. Wolff, BK 14,1, 82f, meint deshalb, daß von der dtr. Redaktion, die für Hos 4,1a verantwortlich ist, allererst die beiden Teile Hos 1-3; 4-14 zusammengefügt worden sind. Und Rudnig-Zelt, Hoseastudien, 112, geht sogar soweit, daß der Grundbestand von Hos 1-3 in 1,1.2b-4.6, der ihrer Meinung nach allererst von der dtr. Redaktion des Buches geschaffen wurde, auf dieselbe Hand wie 4,1abα zurückgeht. Beiden Positionen ist also gemein, daß es vor der Einfügung von 4,1abα noch kein Hoseabuch gab, das gleichermaßen die Textbereiche 1-3 und 4-14, oder jeweils einen Grundbestand hiervon, umfaßte. Doch spricht gegen die Annahme von Wolff, daß die beiden Buchteile kaum so lange getrennt voneinander bestanden haben dürften, da zumindest Hos 2,4ff terminologisch doch sehr eng mit den folgenden Kapiteln 4-14 verbunden ist; vgl. nur die Darlegungen zum Hurenmotiv oben 231 Anm. 13. Gegen Rudnig-Zelt ist einzuwenden, daß 4,1abα viel weiter mit 3,1-5 als mit 1,2b-6* verbunden ist. Denn zum einen findet sich in beiden Texten als Bezeichnung des Volkes בני ישראל, zum anderen zeigen sich für 3,1-5 gleich mehrere Argumente, die für eine dtr. Herkunft dieser Einheit sprechen, während Rudnig-Zelt, a.a.O., 76, für 1,2b-6* nur auf das Hurenmotiv in 1,2b verweisen kann, was aber angesichts der breiten Streuung dieses Motivs für eine dtr. Ansetzung dieser Verse kaum ausreichen dürfte.

Wenn aber 3,1-5 und 4,1abα auf die gleiche Hand zurückgehen und Hos 1-2* und 4-14* dieser Redaktion bereits verbunden vorlagen, so gingen die Wortsammlungen 2,4ff* und 4-14* einmal direkt ineinander über. Eine denkbare Nahtstelle könnte etwa zwischen 2,15 und 4,4 gefunden werden. Denn mit 2,15 ist in der Auseinandersetzung mit dem als Frau dargestellten Volk über das abtrünnige Verhalten ein gewisser Zielpunkt erreicht, der ja auch mit einer der für Hos seltenen Gottesspruchformeln markiert ist und an den die Priesterkritik in 4,4ff unter der Frage nach den Hauptschuldigen für dieses Verhalten gut anschließen würde. Daß gerade an diesen Stellen ein ursprünglicher Zusammenhang anzunehmen ist, könnte dadurch gestützt werden, daß etwa nach Renaud, Genèse et unité, 6-15, der Grundbestand von Hos 2 bis V.15 reicht und nach Rudnig-Zelt, a.a.O., 106-118, Hos 4,1-3 gegenüber Hos 4,4 sekundär ist. Allerdings kann dies nur ein erster Vorschlag sein, der zeigen soll, daß es durchaus denkbar ist, daß 3,1-5; 4,1abα erst sekundär einem bereits Hos 1-2*; 4-14*

Desweiteren kann Hos 4,10 der dtr. Redaktion des Hoseabuches zugeschrieben werden.[52] Denn die Form des Nichtigkeitsfluches erinnert deutlich an die entsprechenden Passagen der dtn. Fluchkapitel Dtn 28,30-31.39-41. Zudem ist auffällig, daß sich entsprechende Formulierungen auch schon in Am 5,11; Mi 6,14-15 und Zef 1,13b gefunden haben, die sekundär in ihrem jeweiligen Kontext stehen und jeweils der dtr. Bearbeitung zuzurechnen sein dürften.[53]

Ebenso wird Hos 8,1b als dtr. Nachtrag aufzufassen sein.[54] Denn nur in dem hier belegten Vorwurf des Bundesbruchs ist ברית im Hoseabuch für den Bund zwischen Jhwh und seinem Volk belegt. Zudem kommt die Wendung עבר ברית sonst nur im Bereich der dtn.-dtr. Literatur vor.[55] Und schließlich erinnert die Anklage, daß das Volk gegen die Weisung Jhwhs (תורתי) aufbegehrt, deutlich an den dtr. Vers Am 2,4 (תורת יהוה).

Ein besonderes Problem stellt sodann die Einordnung der Juda-Passagen dar.[56] Angesichts der Tatsache, daß die Botschaft des Hoseabuches in ihren überwiegenden Teilen einzig an das Nordreich gerichtet ist, werden die an Juda gerichteten Worte meist als sekundär verstanden, wobei bei einigen Stellen auch vermutet wird, daß die Erwähnung von Juda ein ursprüngliches „Israel" oder „Ephraim" ersetzt hat.

Beachtenswert ist bei der Frage nach der Herkunft der einzelnen Juda-Worte, daß die dtr. Redaktion des in seinem Grundbestand nur an das Nordreich gerichteten Amosbuches ebenfalls ein an Juda adressiertes Wort nachgetragen hat, nämlich im Rahmen der Völkerwortsammlung Am 1-2 die Judastrophe 2,4-5.[57] Und von hier aus fällt im Hoseabuch insbesondere Hos 8,14 auf. Denn wie in Am 2,4-5, wo die Judastrophe vor die Israelstrophe 2,6-16 gestellt wurde, sind auch in Hos 8,14 Juda und Israel nebeneinander genannt. Vor allem ist bei diesem Vers aber die Wendung ושלחתי־אש בעריו ואכלה ארמנתיה auffällig, da die einzelnen Völkerworte in Am 1,3-2,3 wie auch die dtr. Judastrophe in 2,5b nahezu wortgleich abgeschlossen werden. Da schließlich die Kritik an den befestigten Städten in Hos 8,14 an

umfassenden Buch zugefügt wurde. Alles weitere müßte noch im einzelnen mit Blick auf die gesamte Entstehungsgeschichte des Hoseabuches ausgearbeitet werden.
52 Auch Jeremias, ATD 24,1, 68, und Vielhauer, Werden, 86 Anm. 157, erkennen in Hos 4,10 einen Nachtrag.
53 S.o. 68.175.204.
54 Vgl. zum Folgenden v.a. Perlitt, Bundestheologie, 146-149, sowie Jeremias, ATD 24,1, 104; Naumann, Hoseas Erben, 65-73; Nissinen, Prophetie, 198; Pfeiffer, Heiligtum, 134; Albertz, Exilszeit, 181; Vielhauer, Werden, 86 Anm. 159.
55 Vgl. Dtn 17,2; 29,11; Jos 7,11.15; 23,16; Ri 2,20; 2 Kön 18,12; Jer 34,18.
56 Vgl. hierzu etwa Marti, KHC 13, 8f; Wolff, BK 14,1, XXVI-XXVII; Mays, Hosea, 16f; Bons, NSK.AT 23,1, 18; Jeremias, ATD 24,1, 18; ders., Art. Hosea, 592.
57 S.o. 94-97.

den dtr. Vers Mi 5,10 erinnert, spricht also alles dafür, diesen Vers der dtr. Redaktion des Hoseabuches zuzuweisen.[58]

Unter den übrigen Juda-Passagen könnte dann noch Hos 4,15 als dtr. verstanden werden.[59] Denn wie in 8,14 sind auch hier Israel und Juda nebeneinander genannt und auch hier sind deutlich Worte aus dem Amosbuch aufgenommen.[60]

Offengeblieben ist bislang noch die Frage nach dem Ende der dtr. Komposition des Hoseabuches. Es muß dabei nicht entschieden werden, ob schon der gesamte Textbereich 14,2-9 oder nur ein Grundbestand zu dem der dtr. Redaktion vorgegebenen Textbestand gehörte. Jedenfalls sind diese Verse durch zahlreiche Wortbezüge[61] mit dem sonstigen Hoseabuch verbunden und dürften zumindest teilweise der dtr. Redaktion vorangehen.[62] Somit reichte die dtr. Komposition wohl bis Hos 14,9. Vor diesen abschließenden Versen fällt als letzte dtr. Überarbeitung im Buch noch Hos 14,1 auf, ein Gerichtswort gegen das widerspenstige Samaria. Während nämlich Hos 13 wie auch Hos 14,2ff am gesamten Nordreich orientiert sind, zeigt sich hier eine – im Hoseabuch ohnehin seltene – Fokussierung auf die Hauptstadt. Dies hat nun aber Parallelen in der dtr. Redaktion der Bücher Micha und Zefanja, an deren Ende in Mi 6,2-4a.9aα.10-15 und Zef 3,1-4.6-8a.11-13 ebenfalls an die Hauptstadt gerichtete Worte nachgetragen wurden. Dabei zeigt sich zu Zef 3,1 ein Stichwortbezug über die seltene Bezeichnung der Stadt als widerspenstig (מרתה, Hos 14,1; vgl. מראה, Zef 3,1).[63] Zudem erinnert bei Hos 14,1 die Gerichtsansage, daß die Bewohner Samarias durch das Schwert fallen, ihre Kinder zerschmettert und ihre Schwangeren aufgeschlitzt werden, zwar nicht wörtlich, aber doch auf der Sachebene, an die Ankündigung an Amazja im dtr. Vers Am 7,17, da an beiden Stellen das

---

58 Daß es sich bei Hos 8,14 um einen Nachtrag handelt, wurde häufig gesehen; vgl. etwa Marti, KHC 13, 70; Willi-Plein, Vorformen, 170f; Gnuse, Calf, 92; Jeremias, ATD 24,1, 112. Zudem hat schon Albertz, Exilszeit, 181, Hos 8,14 der dtr. Redaktion des Buches zugewiesen.

59 Auch dieser Vers wurde etwa schon von Marti, KHC 13, 44; Willi-Plein, Vorformen, 135f; Jeremias, ATD 24,1, 71, als Nachtrag angesehen und von Albertz, Exilszeit, 181, der dtr. Redaktion des Hoseabuches zugerechnet.

60 Vgl. Am 4,4; 5,5; 8,14.

61 Vgl. Wolff, BK 14,1, 303.

62 Während Wolff, BK 14,1, 303, Hos 14,2-9 noch auf den Propheten selbst zurückführt, hat sich in dessen Gefolge eher die Annahme durchgesetzt, daß es sich hier um eine frühe Zusammenfassung der Botschaft Hoseas handelt; vgl. etwa Jeremias, ATD 24,1, 169f; Albertz, Exilszeit, 182. Daß diese Worte näher an einem wie auch immer abzugrenzenden Grundbestand des Buches als an der dtr. Bearbeitung des Buches stehen, wird allein schon durch die Verwendung der Bezeichnung „Ephraim" in 14,9 deutlich, die im Bereich der als dtr. erkannten Überarbeitungen nicht belegt ist.

63 Dabei ist unbedeutend, daß die Form in Hos 14,1 auf die Wurzel מרה I, in Zef 3,1 hingegen auf die Wurzel מרא zurückgeht, handelt es sich doch bei מרא um eine Nebenform zu מרה I; vgl. KBL³, 595.

jeweilige Geschick, das die einzelnen Angehörigen treffen wird, aufgezählt
wird.

Insgesamt kann von den Büchern Amos, Micha und Zefanja herkommend also folgendes Ergebnis mit Blick auf die dtr. Bearbeitung des Hoseabuches festgehalten werden:[64]

Grundschicht	1,2-14,9*
Dtr. Schicht	1,1 3,1-4.5* 4,1abα.10.15 8,1b.4b-6.14 13,2-3 14,1

---

64 In die hier vorgelegten Überlegungen zu den dtr. Bearbeitungen des Hoseabuches wurden
einige Stellen nicht einbezogen, die bei den bisherigen Entwürfen zu einem die Bücher
Hosea, Amos, Micha und Zefanja umfassenden Vierprophetenbuch der dtr. Redaktion des
Hoseabuches zugewiesen wurden. So geht Schart, Entstehung, 317, davon aus, daß auch Hos
1,2b*; 2,6; 5,1-2*; 14,2-4 zur dtr. Redaktion des Hoseabuches zu rechnen sind. Dabei wurde
zum angeblich sekundären Charakter des Hurenmotivs in 1,2b* oben 231 Anm. 13 schon das
Notwendige gesagt. Hos 2,6 ist nicht zur dtr. Redaktion zu rechnen, da hier, wie überhaupt
in Hos 2, das Hurenmotiv in einem engeren, auf die Verehrung fremder Götter begrenzten
Sinne verwandt ist, was diese Stellen gerade von dem dtr. Textbereich Hos 3,1-4.5* unterscheidet; s.o. 230f. Bei Hos 5,1-2* lassen sich sodann kaum eindeutige Hinweise für die
Aufnahme dtr. Terminologie finden. Und Hos 14,2-4 dürfte nach den obigen Hinweisen zu
14,1 wohl ebenfalls nicht der dtr. Bearbeitung des Buches zuzuschreiben sein.
Albertz, Exilszeit, 181f, rechnet auch Hos 1,5.7; 11,5b zur dtr. Überarbeitung des Hoseabuches. Während nun Hos 1,5 und 11,5b terminologisch wohl ebenfalls zu unspezifisch sind,
um sicher von einer dtr. Bearbeitung sprechen zu können, zeigt sich bei der in Hos 1,7
belegten Waffenkritik tatsächlich eine gewisse inhaltliche Nähe zu dem der dtr. Redaktion
zugeschriebenen Text Mi 5,9-13. Allerdings besteht nur über die Erwähnung der Pferde (סוס;
Mi 5,9) eine konkrete Stichwortverbindung zwischen diesen beiden Texten. Zudem fehlt Hos
1,7 gerade die für Mi 5,9-13 so charakteristische Verbindung der Kritik an kultischen und
militärischen Objekten.
Es ist also sicher nicht ausgeschlossen, daß neben den hier herausgestellten Bearbeitungen
noch weitere Textbereiche der dtr. Redaktion des Hoseabuches zuzuweisen wären. Da aber
die vorliegenden Ausführungen bewußt auf ein kritisches Minimum beschränkt sein sollten,
ist über die in der folgenden Tabelle aufgeführten Texte, deren Zuweisung zur dtr. Bearbeitung noch auf einigermaßen gesicherten Erkenntnissen beruht, nicht hinauszugehen.

3. Der buchübergreifende Zusammenhang der dtr. Bearbeitungen

3.1 Zur Frage nach vordtr. Sammlungen

Bevor auf den Zusammenhang der dtr. Bearbeitungen der Bücher Hos; Am; Mi und Zef eingegangen wird, ist zunächst noch zu fragen, ob bereits vor diesen Bearbeitungen zwei oder drei der genannten Bücher zu einem kleinen Mehrprophetenbuch zusammengefaßt waren. So hat insbesondere Schart die Existenz eines Zweiprophetenbuches mit Hos und Am vorgeschlagen.[1] Zudem geht er davon aus, daß auf einer weiteren Stufe die Bücher Hos; Am und Mi zu einem Dreiprophetenbuch verbunden waren.[2]

Die von Schart vorgelegte These eines Hosea und Amos umfassenden Zweiprophetenbuches nimmt ihren Ausgangspunkt bei der Beobachtung von Jeremias, daß die auf die Tradenten dieser beiden Bücher zurückgehenden Eigenformulierungen inhaltlich und terminologisch mit der Botschaft des je anderen Buches verbunden sind.[3] Jeremias nimmt deshalb eine Beeinflussung der Tradenten des Hoseabuches von der Botschaft des Amos und umgekehrt an.[4] Er erklärt das von ihm entdeckte Phänomen der gegenseitigen Abhängigkeit also noch überlieferungsgeschichtlich.

Schart geht nun über Jeremias insofern hinaus, als er hinter den Tradenten des Hosea- und des Amosbuches ein- und dieselbe Gruppe vermutet, die die beiden Bücher mit ihren Bearbeitungen zu einem Zweipropheten-

---

1   Vgl. Schart, Entstehung, 101-155.
2   Vgl. Schart, Entstehung, 185-190.201-204. Vor Schart wurde auch schon von Schneider, Unity, 18-43, und Bosshard-Nepustil, Rezeptionen, 348, angenommen, daß die Bücher Hosea, Amos und Micha zu einem Dreiprophetenbuch zusammengebunden waren. Allerdings findet sich bei Schneider außer einigen Hinweisen auf buchübergreifende Gemeinsamkeiten keine weitere Begründung dieses Dreiprophetenbuches. Bosshard-Nepustil weist dagegen auf die vergleichbaren Buchüberschriften und die dtr. Bearbeitungen der Bücher Hosea, Amos und Micha hin. Das Zefanjabuch rechnet er trotz der ebenfalls vergleichbaren Überschrift vor allem deshalb noch nicht zu diesem Korpus, da die Grundschicht dieses Buches seiner Meinung nach erst im Rahmen der von ihm als Assur-Babel-Redaktion bezeichneten Bearbeitung geschaffen und zusammen mit Joel* und Hab* in ein bereits die Bücher Hosea, Amos, Micha und Nahum umfassendes Vierprophetenbuch integriert wurde. Zu diesem Schluß kommt Bosshard-Nepustil aber vor allem aufgrund der von ihm aufgezeigten vergleichbaren Redaktionsprozesse im Jesajabuch; s.o. 15-16. Gegenüber diesem methodisch fragwürdigen Rückschluß von an anderer Stelle erworbenen Erkenntnissen wird sich jedoch aufgrund der hier vorgelegten redaktionsgeschichtlichen Bearbeitung der Einzelbücher zeigen, daß das Zefanjabuch doch schon früher in das werdende Zwölfprophetenbuch integriert wurde.
3   Vgl. Jeremias, Anfänge, 34-54.
4   Vgl. Jeremias, Anfänge, 52f.

buch zusammengebunden hat.[5] Die gemeinsame Aufnahme in eine Sammlung und die auf das je andere Buch bezogenen Nachträge dienten nach Schart der wechselseitigen Verstärkung sowie ihrer gegenseitigen Legitimation.[6]

Der Gedanke, daß gerade die auf die beiden Nordreichpropheten zurückgehenden Bücher einmal zu einer gemeinsamen Sammlung zusammengebunden waren, erscheint zunächst tatsächlich naheliegend. Allerdings hat schon Thiel gezeigt, daß die von Jeremias und Schart den Tradenten zugewiesenen Texte keineswegs so deutliche Bezüge zu dem je anderen Buch aufweisen, daß hier von gegenseitiger Abhängigkeit oder gar von buchübergreifenden redaktionellen Vorgängen gesprochen werden könnte.[7] Hierzu sollen einige Beispiele genügen.

So weisen Jeremias und Schart bei dem der Tradentenschicht zugerechneten Vers Am 3,2 darauf hin, daß die Worte ידע mit Blick auf die Erwählung Israels und עון bei Amos sonst nicht mehr belegt sind und פקד nur noch in dem ebenfalls der Tradentenschicht zuzuweisenden Vers Am 3,14.[8] All diese Begriffe finden sich jedoch im Hoseabuch, wo insbesondere פקד und עון gleich zwei Mal im selben Vers belegt sind (8,13; 9,9). Nun hat auch die obige Analyse ergeben, daß es sich bei Am 3,2.14 um vordtr. Bearbeitungen des Amosbuches handelt. Eine besondere Nähe dieser Verse zur Überlieferung des Hoseabuches läßt sich allerdings nicht behaupten. Denn ידע kommt bei Hos als Ausdruck der Erwählung ebenfalls nur einmal vor (Hos 13,5) und פקד und עון sind an den genannten Stellen zwar tatsächlich zusammen belegt, die beiden Worte sind dort aber, wie Thiel zurecht feststellt, im Gegensatz zu Am 3,2 nicht miteinander verbunden.[9]

Zu den von Jeremias und Schart angenommenen Verbindungen von Am 7,9 zum Hoseabuch[10] hat Thiel ebenfalls schon das Notwendige gesagt.[11] Terminologisch ist dieser Vers vor allem auf die folgende Amos-Amazja-Erzählung in 7,10-17 bezogen. Unter den in dieser Einheit nicht belegten Worten zeigt sich eine Verbindung von Am 7,9 zum Hoseabuch allein in der Erwähnung der Höhen (במה). Doch erstaunlicherweise sind die Höhen dort ebenfalls nur an einer einzigen Stelle erwähnt (Hos 10,8), so daß Am 7,9 doch kaum als deutlicher Rückbezug auf das Hoseabuch verstanden werden kann. Dagegen spricht auch, daß Am 7,10-17 — wie neuerdings häufiger vermutet — nach den obigen Erkenntnissen erst der dtr. Bearbei-

---

5 Vgl. Schart, Entstehung, 139-140.
6 Vgl. Schart, Entstehung, 151-153.
7 Vgl. Thiel, Amos, 395-397.
8 Vgl. Jeremias, Anfänge, 43f; Schart, Entstehung, 129.
9 Vgl. Thiel, Amos, 396.
10 Vgl. Jeremias, Anfänge, 47f; Schart, Entstehung, 101-120.
11 Vgl. Thiel, Amos, 395.

tung des Amosbuches zuzuweisen ist, so daß der Brückenvers 7,9 ohnehin erst nachdtr. angesetzt werden kann.[12]

Über Thiel hinaus kann auch für die weiteren von Jeremias und Schart vorgestellten Parallelen gezeigt werden, daß sie die These einer gegenseitigen Abhängigkeit oder gar einer gemeinsamen Überlieferung der beiden Bücher auf einer Rolle kaum rechtfertigen können: So kommt der in Am 6,8 genannte Hochmut (גאון) zwar auch in Hos 5,5; 7,10 vor,[13] doch zum einen finden sich zwischen Am 6,8 und den genannten Versen im Hoseabuch sonst keine Verbindungen, zum anderen wird in Hos 5,5; 7,10 der Hochmut Israels genannt, während in Am 6,8 charakteristischerweise vom Hochmut Jakobs die Rede ist. Auch die Höraufrufe in Hos 4,1; 5,1, die Schart als Angleichung des Hoseabuches an die Höraufrufe in Am 3,1; 4,1; 5,1 versteht und den Tradenten zuweist,[14] können kaum als Teil einer buchübergreifenden Bearbeitung angesehen werden, da sie formal zu sehr von den Amosstellen abweichen.[15]

Schließlich sprechen auch kompositionsgeschichtliche Beobachtungen gegen die Annahme einer frühen Sammlung mit Hos und Am. Denn nach den obigen Darlegungen zeichnen sich sämtliche vordtr. Bearbeitungen des Amosbuches – ob Grundschicht, kultkritische Schicht oder Hymnenschicht – durch einen schlüssigen und zusammenhängenden Aufbau aus. Vergleichbare kompositionelle Strukturen lassen sich im Hoseabuch aber nicht nachweisen.[16] Und schon gar nicht läßt sich zeigen, daß eine der genannten Buchformen des Amosbuches insgesamt über sich hinaus- und auf das Hoseabuch zurückweist und so mit diesem zusammen eine buchübergreifende Komposition bildet.[17]

---

12 S.o. 110-113.
13 Vgl. Jeremias, Anfänge, 51; Schart, Entstehung, 132f.
14 Vgl. Schart, Entstehung, 141-143.
15 Während in Am 3,1; 4,1; 5,1 gleichermaßen שמעו (את‐)הדבר הזה belegt ist, steht in Hos 4,1 שמעו דבר‐יהוה, in 5,1 שמעו זאת. Wenn die Höraufrufe in Hos 4,1; 5,1 tatsächlich die Funktion hätten, „den starken Unterschieden zwischen beiden Schriften, gerade auch was die Form angeht", entgegenzusteuern, wie Schart, Entstehung, 143, meint, so hätte die Redaktion doch bestimmt die Formulierung aus Am 3,1; 4,1; 5,1 im Hoseabuch genauer übernommen.
16 Zum Problem der Komposition des Hoseabuches s.o. 54f.
17 Schart, Entstehung, 140-144, gibt zwar einige Anmerkungen, inwiefern die Bücher Hosea und Amos als buchübergreifende Komposition verstanden werden können. So weist er etwa darauf hin, daß am Anfang des Hoseabuches (Hos 1-3*) und am Ende des Amosbuches (Am 7-9*), und somit an den Rändern der Großkomposition, gerade die private Kommunikation des Propheten mit Jhwh steht und daß die Erwähnung des göttlichen Vergebens in Hos 11,8-11 vor den erneuten Gerichtsworten in 12-14 dem Ablauf der Amos-Visionen entspricht. Doch sind diese strukturellen Parallelen auf so allgemeinem Niveau beschrieben, daß sie für die These einer buchübergreifenden Redaktion kaum ausreichen dürften.

Doch nicht nur das von Schart vorgestellte Zweiprophetenbuch mit Hos und Am, auch seine These eines Dreiprophetenbuches mit Hos; Am und Mi läßt sich kaum begründen. Schart geht davon aus, daß es nie ein Michabuch außerhalb einer solchen Großkomposition gegeben hat.[18] Dafür spricht seines Erachtens, daß die Höraufrufe in Mi 3,1.9, die fest in den Grundbestand des Buches in Mi 1-3* verwoben sind, nach den Höraufrufen in Hos 4,1; 5,1; Am 3,1; 4,1; 5,1 gestaltet sind. Allerdings gilt auch hier, daß die Höraufrufe in Mi 3,1.9 sowohl von den Höraufrufen des Hoseabuches als auch von denen des Amosbuches zu sehr abweichen.[19] Wenn tatsächlich eine buchübergreifende Komposition hätte geschaffen werden sollen, wären die Höraufrufe der vorangehenden beiden Bücher doch sicherlich genauer nachgeahmt worden.[20]

So finden sich also für die von Schart angenommenen vordtr. Sammlungen keine hinreichenden Indizien. Aber auch auf Grundlage der oben dargelegten Entstehung der Einzelbücher lassen sich keine Hinweise auf eine vordtr. Sammlung mehrerer Prophetenbücher erkennen. Denn sowohl die kultkritische Schicht und die Hymnenschicht des Amosbuches als auch die frühen Überarbeitungen des Michabuches mit Blick auf eine akute Bedrängnis sind ganz auf die Fortschreibung des jeweiligen Buchkorpus beschränkt und weisen weder terminologisch noch konzeptionell über sich hinaus auf andere Bücher des Zwölfprophetenbuches. Anders sieht es hingegen bei den im folgenden zu betrachtenden dtr. Bearbeitungen aus.

---

18 Vgl. hierzu Schart, Entstehung, 185-190.201-204.

19 Vgl. zu den Höraufrufen in Hos und Am oben 243 Anm. 15. In Mi 3,1.9 findet sich die weder bei Hos noch bei Am belegte Formulierung (זאת) שִׁמְעוּ־נָא.

20 Neben den Höraufrufen weist Schart auch auf einige Stichwortverbindungen zwischen Mi 1-3* und den vorangehenden Büchern Hosea und Amos hin, mit denen er seine These einer diese drei Bücher umfassenden Sammlung stützt. So nimmt er an, daß das in Mi 3,5 im Zusammenhang der bestechlichen Propheten, die etwas „zu beißen" verlangen, verwandte Verb נשׁך als Anspielung auf das in Am 5,19; 9,3 belegte Beißen der Schlange zu verstehen ist. Die Bluttaten (דמים) in Mi 3,10 sieht Schart als Bezug auf Hos 4,2 an, wo derselbe Begriff belegt ist. Und die Wendung יהוה בקרבנו in Mi 3,11 geht seiner Meinung nach auf Am 5,17; 7,8.10 zurück. Da nun aber die konkrete Verwendung der Begriffe an den verschiedenen Stellen recht unterschiedlich ist, können auch diese Stichwortbezüge die These eines Dreiprophetenbuches kaum stützen.

3.2 Der literarische Zusammenhang der dtr. Bearbeitungen

Aufgrund der dtr. Überarbeitungen in den Büchern Hosea, Amos, Micha und Zefanja wurde seit der bedeutenden Arbeit von Nogalski immer wieder die Existenz eines Vierprophetenbuches vermutet.[21] Bislang wurde allerdings das auf die Redaktoren dieser Sammlung zurückzuführende Gut noch nicht durch die redaktionsgeschichtliche Bearbeitung des gesamten Textbestands jedes der genannten Bücher begründet. Die hier vorgelegte Analyse der Einzelbücher, bei der nur die Entstehung des Hoseabuches aus den beschriebenen Gründen nicht im Detail erarbeitet wurde, konnte nun allein aus dem jeweiligen Buchverlauf heraus, also noch ohne methodisch fragwürdigen Rückschluß von an anderer Stelle erworbenen Erkenntnissen, tatsächlich für alle vier Bücher dtr. Redaktionen nachweisen. Dabei haben sich zahlreiche Erkenntnisse der bisherigen Forschung bestätigt, im einzelnen konnte der Umfang der dtr. Überarbeitungen allerdings auch neu und noch präziser bestimmt werden:

	Hosea	Amos	Micha	Zefanja
Dtr. Über-arbeitungen	1,1 3,1-4.5* 4,1abα.10.15 8,1b.4b-6.14 13,2-3 14,1	1,1* 2,4-5.9-12 3,1b.7 4,13* 5,11.25-26 7,10-17 8,5.6b.11-12 9,7-10	1,1.5b-7.9.12b 5,9-13 6,2-4a.9aα.10-15	1,1.4-6.13b 2,1-2.3*.4-6.8-9a 3,1-4.6-8a.11-13

Auf dieser Grundlage bestätigen nun gleich mehrere Argumente die Annahme, daß die dtr. Redaktionen der Bücher Hosea, Amos, Micha und Zefanja nicht nur als Einzelredaktionen aus vergleichbaren Trägerkreisen anzusehen sind, sondern von ein und derselben Hand eingebracht wurden, um die vier Bücher zu einer Sammlung mit gemeinsamer, buchübergreifender Aussage zusammenzubinden. Dabei ist zunächst nochmals auf die bereits vorgetragenen Beobachtungen zu den einzelnen Buchüberschriften zu verweisen.[22] Schon die gemeinsame Form, von der nur Am 1,1 etwas

---

21 Vgl. Nogalski, Precursors, 176-178; Schart, Entstehung, 156-233; Albertz, Exilszeit, 164-185; ders., Exile, 232-251; Zenger, Einleitung, 520; Macchi, Prophètes, 381; Schmitt, Arbeitsbuch, 366. Zur neuerdings von Beck, Tag, 119-122.316, vorgetragenen Kritik an der Existenz eines dtr. Vierprophetenbuches s.u. 271 Anm. 100.

22 Siehe im einzelnen oben 33-38.

abweicht,[23] spricht für eine gemeinsame Herkunft dieser Überschriften. Vor allem läßt sich aber die Datierung in Hos 1,1, bei der die Regierungszeit der – erstaunlicherweise auch zuerst genannten – Südreichkönige weit über die Regierungszeit des für das Nordreich genannten Jerobeam II. hinausgeht, aus dem folgenden Buchverlauf heraus nicht wirklich erklären. Sie kann hingegen gut im Zusammenhang mit den Büchern Amos und Micha verstanden werden, da die Datierungen in Am 1,1 und Mi 1,1 zusammengenommen genau der Datierung des Hoseabuches entsprechen. Ebenso ist der ungewöhnlich lange Stammbaum des Propheten in Zef 1,1, der bei einem Hiskia endet, als Rückbezug auf den in Hos 1,1 und Mi 1,1 genannten König Hiskia zu verstehen, wodurch auch das Zefanjabuch mit den Überschriften von Hos, Am und Mi in Verbindung gebracht wird. Da nun gezeigt werden konnte, daß die Überschriften Hos 1,1; Mi 1,1 und Zef 1,1, sowie die Fortschreibung von Am 1,1, auf die die Datierung zurückgeht, erst im Rahmen der dtr. Redaktion dieser Bücher eingebracht wurden, ist der buchübergreifende Zusammenhang dieser Überschriften auch ein erster Hinweis darauf, daß die dtr. Überarbeitungen der einzelnen Bücher insgesamt auf dieselbe Hand zurückgehen und für den Kontext eines diese vier Bücher umfassenden Mehrprophetenbuches geschaffen wurden.

Ein weiterer Anhaltspunkt, daß die dtr. Überarbeitungen von Hos, Am, Mi und Zef in einem literarischen Zusammenhang stehen, zeigt sich in der vergleichbaren Komposition der einzelnen Bearbeitungen. Denn bei all diesen Büchern finden sich zwar über das gesamte Buch verteilt dtr. überarbeitete Textbereiche, doch stets wurden am Anfang und am Ende dtr. Nachträge angebracht, wenn auch von Buch zu Buch in jeweils unterschiedlichem Umfang (Hos 3,1-5; 13,2-3; 14,1; Am 2,4-5; 9,7-10; Mi 1,5b-7; 5,9-13; 6,2-15*; Zef 1,4-6; 2,1-3,13*). So ist den dtr. Überarbeitungen also gemein, daß jeweils ringförmig Nachträge um die einzelnen Bücher plaziert wurden und diesen so von den Rändern her eine inhaltliche Neuausrichtung verliehen wurde.[24]

Aber mehr noch: Unter diesen dtr. Überarbeitungen an den Buchrändern findet sich gerade am Übergang zwischen den primär am Nordreich

---

23   S.o. 90-92.

24   Eine weitere Gemeinsamkeit besteht nebenbei auch darin, daß die erste Fortschreibung nie unmittelbar nach der Überschrift eingefügt wurde, sondern stets erst nach einer mehr oder weniger großen Passage, die der dtr. Redaktion bereits vorgelegen hat. Beachtenswert ist zudem, daß sowohl beim Hosea- als auch beim Michabuch der jeweils vorgegebene Buchschluß (Hos 14,2-9*; Mi 7,1-7) als solcher beibehalten wurde. Dabei enthalten beide vorgegebenen Textbereiche Klageelemente, jedenfalls sind sie zumindest teilweise in der 1.Ps. formuliert, in Hos 14,3-4 aus der Perspektive des Volkes und bei Mi 7,1-7 aus der Perspektive des Propheten. Vermutlich wollten die dtr. Redaktoren diese Passagen als Reaktion auf die vorangehende Botschaft bewußt in ihrer Endposition erhalten.

orientierten Prophetenbüchern Hosea und Amos und den an das Südreich
gerichteten Büchern Micha und Zefanja in Mi 1,5b-7 der folgende
Nachtrag:[25]

Mi 1,5b Wer ist die Sünde Jakobs? Ist es nicht Samaria?
         Und wer sind die Höhen Judas? Ist es nicht Jerusalem?
      6 Und ich mache Samaria zu Trümmern des Feldes,
            zu Weinbergpflanzungen,
         und ich stürze ihre Steine hinab ins Tal
            und lege ihre Fundamente bloß.
      7 Und all ihre Götzenbilder werden zerschlagen
         und all ihre Geschenke im Feuer verbrannt,
            und all ihre Bilder verwüste ich.
         Denn aus Hurenlohn hat sie sie zusammengebracht,
            und zu Hurenlohn sollen sie werden.

Die hier zutage tretende Ausweitung der Botschaft des Michabuches auf das
Nordreich und dessen Hauptstadt Samaria sowie die damit verbundene
kultkritische Anklage lassen sich aus dem folgenden Buchverlauf heraus
kaum verstehen. Erklärbar wird dieser Text aber, wie schon Nogalski, Schart
und Albertz gesehen haben,[26] als bewußte Überleitung zwischen den
Nordreich- und den Südreich-Prophetien. Denn die Parallelisierung der
Anklage gegen Samaria und gegen Jerusalem in 1,5b sowie das Gerichtswort
an das Nordreich in 1,6-7 können angesichts fehlender Bezüge zum sonstigen Michabuch doch nur als Rückbezug zu Hos und Am verstanden
werden.

Unterstützt wird diese Annahme durch die hoseanische Terminologie in
Mi 1,7. Schon die Anklage gegen die Verehrung von Götzenbildern erinnert
deutlich an das Hoseabuch.[27] Eine unverkennbare Parallele besteht aber vor
allem im Vorwurf der Hurerei (זנה).[28]

Schließlich spricht auch der in Mi 1,9 folgende Nachtrag dafür, daß Mi 1
von den Redaktoren zur Überleitung innerhalb der dtr. bearbeiteten Bücher
umgestaltet wurde:[29]

Mi 1,9   Denn unheilbar ist ihr Schlag, ja er ist bis nach Juda gekommen,
         er reicht bis ans Tor meines Volkes, bis nach Jerusalem.

25 Zur Abgrenzung s.o. 140-142.
26 Vgl. Nogalski, Precursors, 137-141; Schart, Entstehung, 221; Albertz, Exilszeit, 168f, wobei
    allerdings Schart die Überleitung in Mi 1 bereits auf der Ebene des von ihm angenommenen
    Dreiprophetenbuches mit Hos, Am und Mi einordnet; siehe hierzu oben 244.
27 Vgl. zu פסיל Hos 11,2; zu עצב Hos 4,17; 8,4; 13,2; 14,9.
28 Vgl. etwa Hos 1,2; 2,7; 3,3; 4,12.15; 5,4; 9,1.
29 Vgl. zum Text von Mi 1,9 oben 143 mit Anm. 27.

Es wurde oben bereits dargestellt, daß das Suffix bei מכותיה auf das in 1,5b-7 genannte Samaria zu beziehen ist.[30] Die Hauptstadt des Nordreiches ist demnach schon von einem Schlag mit unheilbaren Folgen getroffen worden. Und im folgenden wird sodann eine Bewegung dieses göttlichen Gerichts-handelns vom eben nicht mehr zu rettenden Nordreich hin zum Südreich angesagt. Dies entspricht doch aber der Bewegung, die die Zusammen-stellung der Bücher Hosea, Amos, Micha und Zefanja insgesamt beschreibt.

So zeigen also die Aufnahme eines Gerichtswortes gegen das Nordreich in Mi 1,5b-7, die Anlehnung an hoseanische Terminologie in 1,7 und die Darstellung von 1,9, nach der das Gericht vom Nordreich her auf das Südreich zukommt, daß die dtr. Redaktion am Beginn des Michabuches eine bewußte Überleitung zwischen den Büchern Hosea und Amos einerseits und den Büchern Micha und Zefanja andererseits schafft. Und dies belegt, daß die dtr. Überarbeitungen nicht auf die Einzelbücher beschränkt, son-dern von vornherein für den Kontext eines zusammenhängenden Vier-prophetenbuches konzipiert sind.

Neben Mi 1,5b-7.9 kann auch für den dtr. Nachtrag Zef 1,4 gezeigt werden, daß dieser Vers nur im Rahmen der Sammlung der dtr. überarbeite-ten Bücher zu verstehen ist. So ist die Rede vom „Rest des Baal" im Kon-text des Zefanjabuches kaum zu erklären.[31] Sie wird im Zusammenhang der übrigen Schriften eines angenommenen Vierprophetenbuches aber recht gut verständlich, wie schon Schart gesehen hat.[32] Denn auf Grundlage der im Hoseabuch mehrfach belegten Anklagen gegen die Baalsverehrung[33] kann Zef 1,4 dann so gedeutet werden, daß nach dem bei Hosea angekündigten Gericht am Baalsdienst, das sich spätestens im Untergang des Nordreichs realisiert hat, zur Zeit Zefanjas eben nur noch ein Rest an Baalsverehrung übrig war. So ist dies also ein weiterer Hinweis darauf, daß es sich bei den dtr. Nachträgen um buchübergreifende Bearbeitungen handelt.

In dieselbe Richtung weisen schließlich gemeinsame Themen und Motive, die die dtr. Bearbeitungen der Einzelbücher untereinander verbin-den. Am deutlichsten tritt die in allen vier Büchern aufgenommene Kult-

---

30 S.o. 143. Dabei weist allein schon die Tatsache, daß in diesem Vers immer wieder text-
    kritische Änderungen vorgenommen wurden, um den Beginn dieses Verses eben nicht auf
    Samaria beziehen zu müssen, darauf hin, daß Mi 1 eben nicht ohne den Kontext der vor-
    angehenden Bücher Hosea und Amos zu verstehen ist.
31 Vgl. zu den unterschiedlichen Deutungen des שאר הבעל, die durchaus eine gewisse Ratlo-
    sigkeit erkennen lassen, Striek, Zephanjabuch, 95f; Vlaardingerbroek, Zephaniah, 74.
32 Vgl. Schart, Entstehung, 209. Erstaunlich ist allerdings, daß Schart Zef 1,4 dennoch zum
    Grundbestand des Zefanjabuches rechnet, obwohl er die buchübergreifende Bedeutung der
    Wendung „Rest des Baal" erkannt hat. Demgegenüber konnte aber oben 201-203 gezeigt
    werden, daß Zef 1,4-6 insgesamt der dtr. Redaktion des Zefanjabuches zuzuschreiben ist, und
    nicht nur, wie Schart meint, Zef 1,6; vgl. hierzu auch Albertz, Exilszeit, 172.
33 Vgl. Hos 2,10.15.18.19; 11,2; 13,1.

kritik hervor.[34] Dabei sind es vor allem zwei Aspekte, die am kultischen Leben angegriffen werden: Einerseits das Opferwesen, das allerdings nur in Hos 3,4 und Am 5,25 kritisiert wird. Andererseits, und dies nun in allen vier Büchern, die Götzenverehrung (Hos 3,4; 8,4b-6; 13,2; Am 5,26; Mi 1,7; 5,12-13; Zef 1,4-5).

Aber auch sozialkritische Anklagen wurden von der dtr. Redaktion in die einzelnen Bücher nachgetragen.[35] Auch hier fällt auf, daß nur ein begrenzter Bereich an Vergehen angeprangert wird. So beschränkt sich die Sozialkritik auf den Betrug im Handel (Am 5,11; 8,5; Mi 6,10-12), an dem insbesondere die Übervorteilung der Käufer durch manipulierte Waagen verurteilt wird (Am 8,5; Mi 6,10-11). Dabei stehen die genannten Nachträge einander auch terminologisch sehr nahe: In Am 8,5 wird wie in Mi 6,10 das Verändern des Meßgefäßes (איפה)[36] angeprangert, und wie in Mi 6,11 werden im Zusammenhang der manipulierten Waagen die Begriffe מאזנים und מרמה gebraucht.

Von Mi 6,10-12 herkommend kann sodann auch Zef 2,3*;[37] 3,11-13 in den Zusammenhang der sozialkritischen Worte eingeordnet werden. Bei diesen Stellen ist hoch umstritten, ob unter עני/ענוה (2,3*; 3,12) materielle Armut oder eher Demut im Sinne einer religiösen Haltung zu verstehen ist.[38] Diese allein aus dem Kontext des Zefanjabuches heraus kaum zu beantwortende Frage erscheint nun in einem neuen Licht, wenn Zef 2,3*; 3,11-13 als Teil der buchübergreifenden dtr. Bearbeitungen erkannt ist. Denn nach der deutlichen Kritik an den Reichen in Mi 6,12 ist doch sicherlich an den Zefanjastellen Armut im ganz wörtlich materiellen Sinne gemeint. Hierfür

---

34 Vgl. Schart, Entstehung, 225-227.
35 Schon Schart, Entstehung, 231-233, hat erkannt, daß die Redaktoren des Vierprophetenbuches auch sozialkritische Worte eingebracht haben. Allerdings betrachtet er unter diesem Aspekt v.a. die von ihm insgesamt der dtr. Redaktion zugeordneten Verse Am 8,4-7. Der im folgenden dargestellte inhaltliche und terminologische Zusammenhang der dtr. Überarbeitungen in Am 8,5; Mi 6,10-12; Zef 2,3*; 3,11-13 wurde dagegen bislang stets übersehen.
36 Vgl. hierzu Wolff, BK 14,2, 376.
37 Zum sekundären Charakter von כל־ענוי הארץ אשר משפטו פעלו in Zef 2,3 s.o. 207.
38 So sprechen sich in neuerer Zeit etwa Vlaardingerbroek, Zephaniah, 203; Ro, Armenfrömmigkeit, 101f; Perlitt, ATD 25,1, 119f.142, für die Bedeutung „Demut" aus, während Ihromi, ʿamm ʿānî wādāl, 164; Lohfink, Zefanja, 107; Weigl, Zefanja, 108f; Albertz, Exilszeit, 175f, von materieller Armut ausgehen; vgl. auch den Forschungsüberblick bei Ihromi, a.a.O., 121-132. Unter den Vertretern der Deutung auf „Demut" wird dabei häufig betont, daß das in Zef 2,3 belegte ענו(ה) im Gegensatz zu עני eben sonst nur für eine religiöse Haltung und nicht als Ausdruck materieller Armut verwandt wird. Doch gegen eine solch präzise Unterscheidung der Begriffe ענו(ה) und עני spricht, daß zumindest ענו auch im Sinne materieller Armut gebraucht wird (Jes 11,4; 32,7; Am 2,7; 8,4 u.ö.). Daß ענוה sonst tatsächlich eher eine innere Haltung beschreibt, läßt angesichts von insgesamt nur sechs weiteren Belegen im AT (2 Sam 22,36; Ps 18,36; 45,5; Spr 15,33; 18,12; 22,4) ebensowenig sichere Schlüsse zu. Vgl. hierzu auch die umfangreichen Ausführungen bei Weigl, Zefanja, 112-116.

spricht auch ein direkter Stichwortbezug zwischen den beiden Passagen, der bislang noch übersehen wurde: In Mi 6,12 wird den Reichen vorgeworfen, daß sie eine betrügerische Zunge (לשון רמיה) in ihrem Mund tragen, was im Kontext von Mi 6,10-12 nur auf ihre verwerflichen Handelsaktivitäten bezogen werden kann, zumal רמיה auf dieselbe Wurzel zurückgeht wie das zuvor in 6,11 für die betrügerischen Waagsteine verwendete מרמה.[39] Wenn nun von derselben Bearbeitung in Zef 3,13, also in einem Kontext, in dem es ebenfalls um die Frage von Armut und Reichtum geht, angesagt wird, daß im Mund des vom Volk verbleibenden Rests eben keine betrügerische Zunge (לשון תרמית)[40] mehr gefunden wird, so wird dies doch auf das Absehen von wirtschaftlichem Betrug und nicht auf eine religiöse Haltung zu deuten sein. Denn zum einen ist Zef 3,13 über die „Trugzunge" direkt mit Mi 6,12 verbunden, zum anderen wird eben auch hier ein Wort der Wurzel רמה verwendet, was diesen Vers schon ganz allgemein mit den dtr. Anklagen gegen Betrug im Handel in Am 8,5; Mi 6,11 in Verbindung bringt. Für eine solche Deutung spricht zudem noch die Wendung עשה עולה in Zef 3,13, die sonst stets für das Übervorteilen des Nächsten, gerade auch im Handel (Lev 19,35; Dtn 25,15-16; vgl. Ez 28,18), belegt ist, so daß in Zef 3,13 mit der Aussage לא־יעשו עולה wiederum eher eine soziale als eine religiöse Haltung beschrieben wird.[41] So ist in Zef 2,3*; 3,11-13 also tatsächlich materielle Armut und nicht eine religiöse Demutshaltung gemeint, und

---

39 Die Wurzel רמה wird für Verhaltensweisen verwandt, die der Übervorteilung des Nächsten zum eigenen Nutzen dienen sollen; vgl. etwa Gen 27,35; 29,25; Jos 9,22; 1 Sam 28,12; Jer 5,27; 9,7 u.ö.; siehe hierzu Kartveit, Art. רמה, 524. So bezieht auch Kessler, Micha, 280, die trügerische Zunge in die in Mi 6,12 genannten Reichen, die auf Kosten der wirtschaftlich schwächer Gestellten ihren eigenen Wohlstand maximieren. Doch denkt er dabei konkret an den Bereich des Gerichtsverfahrens, in dem sie sich ihren Vorteil etwa durch Lügenzeugen erschleichen. Eine solche Einengung ist aber von den alttestamentlichen Belegen her kaum zu rechtfertigen. Es wird vielmehr an jegliche Art der Ausbeutung durch Täuschen des Gegenübers zu denken sein; vgl. nur die oben genannten Stellen.

40 Daß in Zef 3,13 לשון תרמית und nicht wie in Mi 6,12 לשון רמיה belegt ist, spricht nicht gegen die enge Verbindung der beiden Stellen. Denn zum einen gehen תרמית und רמיה gleichermaßen auf die Wurzel רמה zurück; vgl. KBL³, 1159.1650. Zum anderen ist die Wendung ohnehin in verschiedenen, inhaltlich wohl kaum zu differenzierenden Ausformungen belegt; vgl. Ps 120,2.3; Mi 6,12 (לשון רמיה); Ps 52,6; Jer 9,7 (לשון מרמה); Zef 3,13 (לשון תרמית).

41 Vgl. zu (ה)עולה עשה Lev 19,15.35; Dtn 25,16; Jes 63,12; Ez 3,20; 18,24.26; 33,13.15.18. Siehe hierzu Schreiner, Art. עול, 1138-1140, der allerdings עשה עולה in Zef 3,13 als „Lüge reden" versteht, obgleich dies deutlich den von ihm sonst herangezogenen Belegen widerspricht. Dabei ist vor allem bemerkenswert, daß diese Wendung in Dtn 25,16 belegt ist, also im Zusammenhang des Gesetzes gegen das Fälschen der Gewichtssteine Dtn 25,15-16, was ja von der dtr. Redaktion in den mit Zef 3,13 über die Wurzel רמה verbundenen Versen Am 8,5; Mi 6,11 gerade angeprangert wird.

von hier aus sind die dtr. Nachträge in Am 8,5; Mi 6,10-12; Zef 2,3*; 3,11-13 durch eine vergleichbare inhaltliche Ausrichtung verbunden.[42]

Ein weiteres gemeinsames Thema der dtr. Bearbeitungen zeigt sich in der Suche nach Gott (בקש את־יהוה). Dies findet sich zwar nur in Hos 3,5* und Zef 1,6; 2,3. Doch wird gerade über diese Belege ein großer Rahmen um die Sammlung der vier Prophetenbücher gelegt. Der Zusammenhang kann dabei so verstanden werden, daß in Hos 3,5*, also gleich im ersten Gerichtswort, das von der dtr. Redaktion selbst formuliert ist, über die Zeit des Gerichts hinausgeblickt wird auf eine Zeit, in der sich das Volk Gott wieder zuwenden wird. In Zef 1,6; 2,3 wird sodann klargestellt, daß Jhwh noch immer nicht gesucht wird, weshalb das Gericht anhält. Erst im Rahmen der in Zef 3,11-13 angesagten Zuwendung Jhwhs zu seinem Volk, von dem ein armer und geringer Rest übrigbleiben wird, ist dann wieder die Erwartung formuliert, daß sich dieser Rest einst bei Jhwh bergen wird (3,12).[43] So steht von den äußeren Rändern her also die gesamte Zusammenstellung der vier Prophetenbücher unter der Hoffnung, daß das Volk durch das Gericht hindurch wieder zu Jhwh umkehren wird.

Auf eine weitere buchübergreifende inhaltliche Gemeinsamkeit hat schließlich schon Albertz aufmerksam gemacht: Bei allen vier Büchern wurde von den dtr. Redaktoren die Erwartung eines Reinigungsgerichts nachgetragen (Hos 3,1-4.5*; Am 9,7-10; Mi 5,9-13; Zef 1,4-6; 3,11-13), wobei insbesondere das Ende anstößiger kultischer Bräuche und Institutionen erwartet wird (Hos 3,4; Mi 5,11-13; Zef 1,4-5).[44]

---

42   Dabei darf die Zielrichtung der Aufforderung, Armut zu suchen, in Zef 2,3* nicht so verstanden werden, daß Armut hier zu einer religiösen Pflicht erhoben wird. Denn Kessler, Micha, 279, weist mit Blick auf Mi 6,12 zurecht darauf hin, daß Armut zur Zeit des Alten Testaments „kein Ideal, sondern ein Elend" war. Wie bei der Kritik an den Reichen in Mi 6,12 ist aber auch bei Zef 2,3* bedeutend, daß an dieser Stelle nach den folgenden Erkenntnissen gerade die gesellschaftliche Oberschicht angesprochen ist (s.u. 279f). Von hier aus liest sich dann Zef 2,3* wie Mi 6,12 als Kritik an der von den Angehörigen dieser Schicht teils bedingungslos verfolgten Suche nach Reichtum. Es handelt sich also bei Zef 2,3* letztlich um einen Aufruf zur Bescheidenheit, bei der der eigene Wohlstand nicht zu Lasten der gesellschaftlich niedrig Gestellten gesucht wird.

43   Daß in Zef 3,12 nicht vom Suchen Gottes (בקש), sondern vom Bergen (חסה) im Namen Jhwhs die Rede ist, spricht nicht dagegen, eine Verbindung zwischen dieser Stelle und Hos 3,5* anzunehmen. Denn innerhalb der dtr. Redaktion des Zefanjabuches wird die Zuwendung des Volkes zu Jhwh ohnehin mit ganz unterschiedlichen Begriffen beschrieben, die aber doch letztlich immer denselben Sachverhalt umschreiben: בקש (1,6; 2,3); דרש (1,6); שמע (3,2); לקח מוסר (3,2.7); בטח (3,2); קרב (3,2); ירא (3,7).

44   Vgl. Albertz, Exilszeit, 182-184. Dabei geht Albertz noch davon aus, daß Hos 3,1-5 dem Grundbestand des Hoseabuches zuzurechnen ist und für die dtr. Redaktoren als Vorbild zur Einfügung eines Reinigungsgerichts an den übrigen Stellen diente. Demgegenüber konnte aber oben 230-233 gezeigt werden, daß auch die Hoseastelle erst auf die dtr. Redaktion des Buches zurückgeht.

Neben diesen thematischen Zusammenhängen finden sich noch gemeinsame Motive und Traditionen, die die dtr. Bearbeitungen der Einzelbücher allesamt bestimmen. Zunächst ist natürlich von den Überschriften her auf das Motiv des Wortes Gottes (דבר־יהוה) zu verweisen, wobei ja schon darauf hingewiesen wurde, daß hier gerade der Singular דבר bedeutsam ist.[45] Denn so wird im Zusammenhang der vier Schriften geradezu eine prophetische Worttheologie präsentiert, wonach das eine Wort Gottes von diesen vier Propheten durch den Verlauf der Zeiten hindurch zusammenhängend verkündet worden ist. Daß die dtr. Redaktoren die Wendung דבר־יהוה tatsächlich sehr bewußt in den Überschriften gebrauchten und nicht etwa nur auf eine geprägte Form zurückgegriffen haben, zeigt sich nun daran, daß innerhalb der dtr. Nachträge der einzelnen Bücher noch mehrfach, und zwar ebenso im Singular, דבר־יהוה belegt ist (Hos 4,1; Am 7,16; 8,11.12; Zef 2,5).

Eine weitere Gemeinsamkeit der dtr. Überarbeitungen, wenn auch in terminologisch je unterschiedlicher Ausführung, zeigt sich in dem bei allen vier Büchern aufgenommenen Nichtigkeitsfluch (Hos 4,10; Am 5,11; Mi 6,14-15; Zef 1,13b).[46] Es scheint fast, als wollten die dtr. Redaktoren zeigen, daß sich bei dem in den einzelnen Prophetenbüchern angekündigten Gericht Jhwhs die in den deuteronomischen Fluchkapiteln angekündigten Strafen realisieren. Bedenkt man dabei, daß sich vergleichbare Formulierungen nur an diesen vier Stellen außerhalb des Pentateuch (Lev 26,26; Dtn 28,30-31.39-41) finden,[47] so kann auch die durchgängige Aufnahme dieser Fluchformulierungen als Argument dafür herangezogen werden, daß die dtr. Überarbeitungen der Bücher Hosea, Amos, Micha und Zefanja auf dieselbe Hand zurückgehen.

Zuletzt ist noch die Exodustradition zu nennen, die in den dtr. Versen Am 2,10; 3,1b; 5,25; 9,7; Mi 6,4 belegt ist,[48] und zwar gleichermaßen in der Formulierung mit עלה hi. Interessant ist dabei, daß sich diese Tradition zwar nicht in den dtr. Überarbeitungen des Hoseabuches findet, aber gleich an mehreren Stellen dieses Buches, die wohl dem der dtr. Schicht vorgegebenen Gut zuzurechnen sind (Hos 11,1; 12,10.14; 13,4).

Und gerade in dieser letzten Beobachtung zeigt sich ein weiteres verbindendes Moment der einzelnen dtr. Überarbeitungen, das ebenfalls schon länger erkannt worden ist: Die inhaltliche und terminologische Abhängigkeit vom Hoseabuch.[49] Schon die dtr. Passagen in Hos selbst, wenngleich sie

---

45 S.o. 35 mit Anm. 21.
46 Vgl. Schart, Entstehung, 209f.
47 Vgl. zu den alttestamentlichen Belegen des Nichtigkeitsfluchs Podella, Notzeit-Mythologem, 430-432.
48 Vgl. Schart, Entstehung, 227.
49 Vgl. Schart, Entstehung, 221; Albertz, Exilszeit, 182.

durch weitere Kriterien einer Bearbeitung zugeschrieben werden konnten,
fallen durch ihre enge Anlehnung an sonstige Worte des Hoseabuches auf:
Gleich das erste Gerichtswort der dtr. Bearbeitung Hos 3,1-4.5* liest sich in
3,4 geradezu wie eine Zusammenfassung der hoseanischen Botschaft. Denn
wie hier werden König und Fürst im Hoseabuch noch mehrfach nebeneinander genannt (Hos 7,3.5; 13,10) und die Kritik an Opfern ist ebenso ein
durchgängiges Thema (Hos 4,13.14; 6,6; 8,13; 9,4; 11,2; 12,12) wie die Kritik
an den Götzenbildern (Hos 4,17; 10,1.2; 11,2; 14,9). Die dtr. Bearbeitungen
in Hos 8,4b-6 und 13,2-3 nehmen nicht nur diese allgemeine Bilderpolemik
auf, sondern zudem auch die Kritik am Kalbsbild (עגל) aus Hos 10,5. Und
schließlich wird in den dtr. Nachträgen Hos 4,10.15, wie auch in Hos 3,3,
das im sonstigen Hoseabuch so bedeutende Hurenmotiv aufgenommen,
und zwar wie im vorgegebenen Bestand sowohl in metaphorischer als auch
in unmetaphorischer Verwendung.[50]

Auch bei den dtr. Nachträgen der folgenden Bücher Amos, Micha und
Zefanja sind immer wieder deutliche Anklänge an hoseanische Formulierungen und Inhalte zu erkennen. Daß die in den dtr. Passagen des Amosbuches
gleich drei Mal aufgenommene Exodustradition mehrfach im Hoseabuch
belegt ist, wurde bereits erwähnt.[51] Auch die Opferkritik in Am 5,25 und die
Kritik an den Götzenbildern in 5,26 hat dort, wie schon zu Hos 3,4 ausgeführt, zahlreiche Parallelen.[52] Zudem erinnert die Anklage gegen den Betrug
im Handel in Am 8,5 an Hos 12,8, wird doch an beiden Stellen wortgleich
die „trügerische Waage" (מאזני מרמה) angeprangert.[53]

Beim Michabuch wurde auf die hoseanische Terminologie in Mi 1,7
bereits hingewiesen.[54] Die Kritik an den Festungen (מבצר) in Mi 5,10 erinnert zudem an Hos 10,14, und die Kritik an den Götzenbildern in Mi 5,12-
13 sowie am betrügerischen Handel in Mi 6,10-12 hat, wie schon zu Hos 3,4
und Am 8,5 dargelegt, ebenfalls bedeutende Parallelen in Hos.

Schließlich wurde mit Blick auf die dtr. Passagen des Zefanjabuches ja
bereits herausgestellt, daß die Wendung „Rest des Baal" in Zef 1,4 überhaupt nur im Zusammenhang mit dem Hoseabuch zu verstehen ist.[55] Auf
sachlicher Ebene hat zudem auch die Vorstellung von Zef 3,11-13, daß sich
Jhwh letztlich doch wieder seines Volkes, oder zumindest eines Rests,

---

50 Der Vorwurf der Hurerei findet sich im unmetaphorischen Sinne neben dem dtr. Vers Hos
    4,10 auch in 4,11.13.14.18, und als Bild für die Abtrünnigkeit von Jhwh wie in den dtr.
    Versen Hos 3,3; 4,15 auch in 1,2; 2,7; 4,12; 5,4; 9,1.
51 S.o. 252.
52 S.o.
53 Bei dieser Stichwortverbindung zwischen Am 8,5 und Hos 12,8 ist bedeutend, daß מאזני
    מרמה sonst nur noch Spr 11,1; 20,23 belegt ist.
54 S.o. 247.
55 S.o. 248.

erbarmen wird und sich das Volk dann auch seinerseits Jhwh zuwenden
wird, eine Parallele in den im Hoseabuch belegten Ausführungen über eine
Rettung des Volkes durch das Gericht hindurch.[56]

Angesichts dieser deutlichen Abhängigkeit der dtr. Überarbeitungen von
hoseanischen Begriffen und Inhalten erklärt sich nun auch die Voranstellung
des Hoseabuches in der Sammlung und die damit verbundene Datierung in
Hos 1,1:[57] Im Hoseabuch haben die dtr. Redaktoren die grundlegende
prophetische Verkündigung gefunden, nach der sie auch die folgenden
Bücher überarbeitet haben. Das in Hos belegte Nebeneinander von Kritik
am Opferwesen, am Götzendienst und am Betrug im Handel wurde für sie
zur Richtschnur bei der Formulierung ihrer Nachträge. Aber auch die
Erwartung einer erneuten Zuwendung Jhwhs zu seinem Volk, wie sie in Zef
3,11-13 dargestellt wird, hat letztlich ihr Vorbild in der im Hoseabuch
belegten Treue Jhwhs zu seinem Volk. Und eben deshalb, wegen der besonderen Bedeutung, die die Redaktoren diesem Buch beimaßen, stellten sie
es an die Spitze ihrer Sammlung und gaben zur Datierung von Hoseas
prophetischer Wirksamkeit einen Zeitraum an, der die Datierungen der
folgenden Bücher Amos und Micha zusammengenommen umfaßt und
somit das Hoseabuch einmal mehr in seiner Bedeutung gegenüber diesen
beiden Büchern hervorhebt.[58]

Insgesamt lassen sich also zahlreiche Argumente aufzeigen, daß die dtr.
Bearbeitungen die Bücher Hosea, Amos, Micha und Zefanja zu einer Sammlung zusammengebunden haben. Die Überschriften mit ihrem buchübergreifenden Datierungssystem, die vergleichbare Komposition der einzelnen
Überarbeitungen, die Überleitung zwischen den an das Nordreich- und den
an das Südreich gerichteten Büchern in Mi 1,5b-7.9 sowie der in Zef 1,4
erwähnte „Rest des Baal", was nur im Zusammenhang mit dem Hoseabuch
zu verstehen ist – dies alles spricht für die Annahme eines dtr. Vierprophetenbuches, was sich durch die gemeinsamen Themen und Motive sowie
durch die stets zu beobachtende Abhängigkeit der einzelnen Nachträge vom
Hoseabuch noch zusätzlich untermauern läßt.

Nun wurden viele der hier genannten Argumente schon häufiger vorgebracht und konnten durch die redaktionsgeschichtliche Bearbeitung des

---

56 Vgl. nur Hos 5,15; 11,11; 14,5-9; siehe hierzu Albertz, Exilszeit, 183.
57 Vgl. Albertz, Exilszeit, 181.
58 Neben den Bezügen zum Hoseabuch werden bei einigen der dtr. Überarbeitungen auch
    Worte aus dem vorgegebenen Bestand des Amosbuches aufgenommen; vgl. etwa Hos 4,15
    mit Am 4,4; 5,5; 8,14; Hos 8,14 mit Am 1-2, sowie Hos 3,5*; Zef 1,6 mit Am 5,4-6. Die dtr.
    Redaktion strebt also insgesamt eine gewisse Vereinheitlichung der vier Prophetenbücher an.
    Allerdings werden hoseanische Inhalte und Terminologie in den dtr. Überarbeitungen weit
    häufiger verwandt, so daß die dtr. Redaktoren dem Hoseabuch doch eine herausgehobene
    Bedeutung beizumessen scheinen.

gesamten Textbestands der Bücher Amos, Micha und Zefanja auf breiterer Textgrundlage und somit präziser begründet werden. Über die bisherige Forschung hinaus ist aber noch die Frage nach der buchübergreifenden Komposition und der gemeinsamen Intention dieser Nachträge zu stellen. Denn so sehr sich die dtr. Bearbeitungen auch durch ihre zahlreichen inhaltlichen und formalen Gemeinsamkeiten auszeichnen, bleibt zugegebenermaßen auch der Eindruck bestehen, daß hier zum Teil doch recht unterschiedliche Nachträge zu einer gemeinsamen Schicht zusammengefaßt worden sind.[59]

So fällt etwa auf, daß die dtr. Bearbeitungen des Amosbuches vor allem von der Auseinandersetzung um die Ablehnung des prophetischen Wortes geprägt sind, was aber bei keinem anderen Buch von den dtr. Redaktoren aufgenommen wurde. Bei den dtr. Nachträgen zu den Büchern Micha und Zefanja ist sodann bemerkenswert, daß sowohl in Mi 5,9-13 als auch in Zef 1,4-6 ein Reinigungsgericht angesagt wird, wobei sogar an beiden Stellen כרת hi. zur Beschreibung des göttlichen Gerichtshandelns verwandt wird (Mi 5,9-12; Zef 1,4). Doch nicht ein Objekt des jeweiligen Reinigungsgerichts ist auch an der anderen Stelle belegt. Und schließlich ist das Thema Armut (עני; ענוה) nur in den dtr. Nachträgen zum Zefanjabuch von Bedeutung (Zef 2,3*; 3,12).

Es kann aber im folgenden nachgewiesen werden, daß sich die zunächst so unterschiedlichen dtr. Bearbeitungen sehr wohl in eine zusammenhängende, buchübergreifende Komposition einordnen lassen und das dtr. Vierprophetenbuch somit noch über die bislang dargestellten Gemeinsamkeiten hinaus als kohärentes literarisches Gebilde zu verstehen ist.

3.3 Die Komposition des Vierprophetenbuches

Zum Verständnis der Komposition des dtr. Vierprophetenbuches ist zunächst ein Merkmal der dtr. Bearbeitungen wesentlich, das zwar schon lange erkannt ist, aber in seinen Konsequenzen bislang noch nicht in ausreichendem Maße berücksichtigt wurde: Den einzelnen Büchern wurden in den dtr. Überschriften Datierungen vorangestellt. Das heißt doch aber, daß die in

---

59 So beschreibt denn auch Schart, Entstehung, 220-233, das Vierprophetenbuch v.a. anhand der verschiedenen durchgehenden Themen, also in etwa auf der Linie der in diesem Kapitel vorgelegten Ausführungen. Albertz, Exilszeit, 182-184, geht darüber insofern hinaus, als er die von den dtr. Redaktoren eingebrachten Ankündigungen eines Reinigungsgerichts als Schlüssel zum Verständnis des Vierprophetenbuches ansieht. Doch bleibt auch hier noch offen, wie denn insgesamt der Zusammenhalt der dtr. Überarbeitungen zu verstehen ist und weshalb das erwartete Reinigungsgericht in den einzelnen Schriften recht unterschiedlich dargestellt wird.

diesen Büchern niedergelegte Botschaft der Propheten bewußt in einen ganz bestimmten historischen Rahmen gestellt wurde – und zwar nicht nur die von den Redaktoren vorgefundenen Worte, sondern auch die erst von ihnen eingebrachten Nachträge.[60] In der historischen Forschung am Alten Testament wird dies nur selten beachtet. Stattdessen wird meist die für redaktionelle Texte rekonstruierte zeitliche Verortung als alleiniger historischer Referenzrahmen für das Verständnis dieser Texte genommen.[61] Wenn aber Redaktoren die von ihnen eingebrachten Nachträge mit einer bestimmten Epoche der vergangenen Geschichte in Verbindung bringen, so wollen sie damit doch zuallererst etwas über genau diese vergangene Zeit aussagen. Daß sie dabei immer auch etwas über ihre eigene Zeit und für die Rezipienten ihrer eigenen Zeit mitteilen, steht außer Frage. Aber sie tun dies eben durch die Darstellung der Vergangenheit hindurch.

Durch die Datierungen in den Buchüberschriften gestalten die dtr. Redaktoren ihre Sammlung gewissermaßen als Geschichte der Prophetie. Sie stellen dar, wie sich das prophetische Wort an unterschiedlichen Punkten dieser Geschichte ereignet hat und was durch dieses Wort von Gott her zu diesen geschichtlichen Stationen zu sagen ist. Das dtr. Vierprophetenbuch ist demnach geradezu ein theologischer Kommentar zur vorexilischen Geschichte der beiden Teilreiche, von Jerobeam II. bis Josia.

Dies ist dann aber auch ein erster Hinweis, wie die beschriebenen Differenzen zwischen den dtr. Nachträgen der einzelnen Bücher zu erklären sind. Die dtr. Redaktionen der Bücher Hosea, Amos, Micha und Zefanja unterscheiden sich deshalb, weil es zu den verschiedenen Zeiten Verschiedenes zu sagen gab. Die unterschiedlichen inneren und äußeren Verhältnisse und Geschehnisse, die die Geschichte je unterschiedlich prägten, bestimm-

---

60   Vgl. hierzu etwa Ben Zvi, FOTL 21B, 17, der zu Mi 1,1 meint, die Datierung in dieser Überschrift „requests the intended (and the actual) readers of the book to understand this singular instance of YHWH's word as anchored in the particular circumstances of a period considered to be part and parcel of their past".

61   Ein Beispiel dazu soll genügen: Die Erwartung eines Reinigungsgerichts in Mi 5,9-13 wird überwiegend in die Exilszeit datiert, und von dieser Datierung ausgehend wird das hier angesagte Gericht dann unmittelbar mit den Ereignissen, die zum Exil führten, also mit der Zerstörung Jerusalems durch die Babylonier, in Verbindung gebracht; vgl. etwa Mays, Micah, 124f; Wolff, BK 14,4, 134; Oberforcher, NSK.AT 24,2, 116; Zapff, Studien, 119-121; Wagenaar, Judgement, 321f; Albertz, Exilszeit, 170f. Dies muß nicht falsch sein, da Mi 5,9-13 ja durchaus so gedeutet werden kann, daß bereits Micha die kommende Katastrophe hat kommen sehen. Dennoch wäre es zunächst naheliegender – zumal wenn erkannt ist, daß die Datierung in Mi 1,1 auf dieselben Redaktoren wie 5,9-13 zurückgeht –, zunächst einmal danach zu fragen, wie sich dieses Wort in der für den Propheten Micha nach 1,1 vorgestellten Regierungszeit Hiskias liest. Ansonsten verbaut man sich nämlich allzu schnell die Erkenntnis, daß sich die in 5,12-13 angesagte Zerstörung von Mazzeben und Ascheren doch eigentlich gar nicht mit den Geschehnissen von 587/6, wohl aber mit der Hiskiazeit in Verbindung bringen läßt; siehe hierzu auch unten 261f.

ten eben auch die Redaktoren bei ihrer Neuauflage der vorgegebenen Botschaft.

Die Komposition des dtr. Vierprophetenbuches kann auf dieser Grundlage aber noch genauer bestimmt werden. Der dtr. Charakter dieser Einheiten wurde ja gerade durch inhaltliche und terminologische Eigenheiten herausgearbeitet, die zumeist auf einem Vergleich mit dem DtrG beruhten. Und es ist nun erstaunlich, daß die einzelnen Nachträge der dtr. Redaktoren genau zu den Passagen des DtrG Parallelen aufweisen, die ebenfalls die in den Datierungen der Buchüberschriften genannten Epochen behandeln. So zeigen sich zu den Nachträgen der in die Zeit Jerobeams II. datierten Bücher Hosea und Amos deutliche Bezüge zu der in 2 Kön 17 belegten Reflexion über den Untergang des Nordreichs, die dtr. Überarbeitung des in die Zeit von Jotam bis Hiskia datierten Michabuches lassen ebenfalls Parallelen zu 2 Kön 17, vor allem aber zur Darstellung der Hiskiazeit in 2 Kön 18 erkennen, und bei den Überarbeitungen des in die Regierung Josias datierten Zefanjabuches finden sich zahlreiche Parallelen zu den Berichten des DtrG über die Zeit Josias und den folgenden Untergang des Südreichs in 2 Kön 22-25.

Dabei ist jedoch trotz dieser im folgenden näher ausgeführten Parallelen zwischen dem dtr. Vierprophetenbuch und dem DtrG nicht gesagt, daß auch die inhaltliche Ausrichtung des DtrG übernommen wird. Es wird sich nämlich im Gegenteil sogar erweisen, daß sich die Redaktoren des Vierprophetenbuches mit ihrem Werk bewußt vom DtrG abgrenzen.[62] Zunächst soll es aber nur darum gehen, daß das exilische Vierprophetenbuch in bewußter Anlehnung an das DtrG gestaltet ist.

So kann schon die Auswahl der Datierungen der einzelnen Prophetenbücher, die ja zumindest bei Am und Zef eher nicht dem tatsächlichen Auftreten der Propheten entsprechen dürften,[63] gut vom DtrG her erklärt werden. Denn Hiskia (Hos 1,1; Mi 1,1) und Josia (Zef 1,1) sind dort aufgrund ihrer Reformmaßnahmen die letzten beiden Könige, die positiv beurteilt werden (2 Kön 18,3; 22,2).[64] Jerobeam II. (Hos 1,1; Am 1,1) wird zwar, wie alle Nordreichkönige, negativ beurteilt, doch immerhin wird bei ihm, und auch hier das letzte Mal in der Geschichte des Nordreichs, die Unterstützung des Königs bei seinem Tun durch Jhwh vermerkt (2 Kön 14,25-27). Das dtr. Vierprophetenbuch nimmt also gerade die Regierungs-

---

62 S.u. 275-282.
63 S.o. 128.223f.
64 Zudem werden die positiv beurteilten Südreichkönige Usia (Hos 1,1; Am 1,1; vgl. 2 Kön 15,3) und Jotam (Hos 1,1; Mi 1,1; vgl. 2 Kön 15,34) genannt, so daß einzig Ahas (Hos 1,1; Mi 1,1) als negativ beurteilter König von Juda in den Überschriften erwähnt ist.

zeiten solcher Könige in den Blick, die das DtrG positiv erwähnt, und stellt
dar, wie das prophetische Wort eben diese Epochen begleitet hat.

Bei ihren Nachträgen zu den Büchern Hosea und Amos haben die dtr.
Redaktoren aber nicht direkt auf die Darstellung der Regierungszeit Jerobeams II. zurückgegriffen, was angesichts der nur wenigen Informationen
über diesen König auch nicht verwunderlich ist. Stattdessen finden sich hier
zahlreiche Bezüge zu der in 2 Kön 17,1-34a.41[65] belegten Reflexion über
den Untergang des Nordreichs. Die Schwerpunktsetzungen, die sich in den
dtr. Nachträgen der beiden an das Nordreich gerichteten Prophetenbücher
zeigen, lassen sich allesamt aus genau diesem Text heraus erklären.

Unter den dtr. Bearbeitungen zum Hoseabuch fällt ein besonderes
Gewicht auf der Kritik am Götzendienst auf. Und hierzu lassen sich gleich
mehrere Parallelen in 2 Kön 17 finden: So ist אלהים אחרים (Hos 3,1) in
2 Kön 17,7 belegt, מצבה (Hos 3,4) in 2 Kön 17,10. Die Kritik an den Kalbsbildern (עגל) in Hos 8,5.6; 13,2 hat eine Parallele in 2 Kön 17,16. Dabei
zeigt sich gerade zwischen Hos 13,2 und 2 Kön 17,16 ein weiterer Bezug in
der gesamten Wendung ויעשׂו להם מסכה. Da diese Wendung neben Dtn
9,12 nur in Hos 13,2; 2 Kön 17,16 belegt ist und an diesen beiden Stellen
auch das Kalbsbild genannt wird, handelt es sich hier um einen so deutlichen Bezug, daß dies am besten durch unmittelbare Abhängigkeit zu erklären ist. Die Kritik am Götzendienst innerhalb der dtr. Nachträge des
Hoseabuches wurde also wohl unter Kenntnis und als direkte Parallele zur
Reflexion über den Untergang des Nordreichs in 2 Kön 17 formuliert.

Weitere Beobachtungen stützen diese Annahme. Denn selbst die klein-
räumigeren Überarbeitungen im Hoseabuch sind teils deutlich mit 2 Kön 17
verbunden: So ist zu Hos 8,1b ברית auch in 2 Kön 17,15 belegt und תורה
auch in 2 Kön 17,13; bei Hos 4,10 findet sich über das Verb עזב eine Verbindung zu 2 Kön 17,16 sowie über שׁמר zu 2 Kön 17,13.[66]

Ein vergleichbarer Befund ergibt sich nun für die dtr. Bearbeitungen des
Amosbuches: Der diese Passagen bestimmende Vorwurf besteht in der
Ablehnung des prophetischen Wortes (Am 2,11-12; 3,7; 7,10-17; 8,11-12;
9,10).[67] Und auch dies hat gerade in 2 Kön 17 eine wichtige Parallele. Denn

---

65 2 Kön 17 wird im allgemeinen als gewachsener Text betrachtet, wobei insbesondere die
    Ausführungen über die Ansiedlung fremder Volksgruppen im Nordreich in 2 Kön 17,24-41
    als – in sich nochmals uneinheitliche – Zufügung in den vorliegenden Zusammenhang gilt.
    Während der Grundbestand dieses Nachtrags in 17,24-34a.41 noch als recht früher, dtr.
    Nachtrag angesehen werden kann, dürfte es sich bei 17,34b-40 um eine deutlich spätere
    Auseinandersetzung mit den Samaritanern handeln; vgl. etwa Würthwein, ATD 11,2, 397-
    403; Albertz, Religionsgeschichte 2, 578-580; Fritz, ZBK.AT 10,2, 99-103.
66 So weisen unter den dtr. Nachträgen zum Hoseabuch also nur die kleineren Zufügungen
    4,1abα.15; 8,14; 14,1 keine konkreten Bezüge zu 2 Kön 17 auf.
67 Unter den dtr. Nachträgen zum Amosbuch sind also nur Am 2,4-5; 5,11.25-26; 8,5.6b
    überhaupt nicht mit dem Thema „Prophetie" verbunden.

in 2 Kön 17,13-14 steht, daß Jhwh dem Volk Propheten sandte, auf die aber nicht gehört wurde. Dabei zeigt sich zwischen Am 3,7 und 2 Kön 17,13 (vgl. 17,23) eine direkte Stichwortverbindung, werden doch an beiden Stellen die Propheten als עבדיו הנביאים bezeichnet. Da sich im sonstigen DtrG keine vergleichbaren prinzipiellen Ausführungen über die Ablehnung der Propheten finden,[68] dürfte also auch bei den dtr. Überarbeitungen des Amosbuches 2 Kön 17 als Ausgangspunkt für die Aufnahme genau dieses Vorwurfs anzunehmen sein.[69]

Vom DtrG her erklärt sich dann auch, warum die Mißachtung der Prophetie in den folgenden Büchern Micha und Zefanja keine Rolle mehr spielt: Im DtrG wird diese Anklage ebenfalls nach 2 Kön 17 nicht mehr vorgebracht. Für die gesamte Geschichte des Südreichs nach der Reichsteilung wird nicht an einer einzigen Stelle berichtet, daß sich das Volk weigerte, auf die Warnungen der Propheten zu hören.[70]

Im Rahmen der dtr. Überarbeitungen des Amosbuches zeigt sich noch eine weitere bedeutende Parallele zu 2 Kön 17: In Am 7,11.17; 9,8 wird der Untergang des Nordreichs und die Exilierung des Volkes angesagt, und die dabei in Am 7,11.17 verwendete Formulierung ist exakt mit derjenigen von 2 Kön 17,23 identisch: יגלה מעל אדמתו. Da diese Wendung sonst nur noch 2 Kön 25,21 // Jer 52,27 belegt ist, zeigt dies einmal mehr die direkte Abhängigkeit der Redaktoren des dtr. Vierprophetenbuches vom DtrG und insbesondere von 2 Kön 17.

Aber mehr noch: Selbst der kleinere dtr. Nachtrag Am 2,4-5, das Juda-wort in der Völkerspruchsammlung Am 1-2, ist durch und durch von Bezügen zu 2 Kön 17 geprägt: Wie in Am 2,4 geht es auch in 2 Kön 17,13 um das Halten der Gebote (שמר; חק(ה)), wobei beide Male parallel hierzu die Tora genannt ist. Nun sind שמר; חק(ה) und תורה zwar noch häufiger nebeneinander belegt.[71] Bemerkenswert ist aber, daß in Am 2,4 wie in 2 Kön 17,13 auf die Väter der Angesprochenen (אבותם/אבתיכם) verwiesen wird. Und vor allem ist zu beachten, daß die in 2 Kön 17,13 vorgebrachte Anklage in einem an sich ganz auf das Nordreich ausgerichteten Kontext auch an Juda adressiert ist, wie Am 2,4-5 ja insgesamt. So erklärt sich eigentlich

---

68 Verallgemeinernde Aussagen über „die Propheten" (הנביאים) finden sich neben 2 Kön 17,13 ohnehin nur noch in 2 Kön 17,23; 21,10; 24,2, wobei es an diesen Stellen um das Eintreffen der Worte der Propheten und nicht um die Ablehnung von deren Botschaft geht.

69 Vgl. Werlitz, Amos, 248f Anm. 44, der bereits die inhaltliche Nähe von Am 7,10-17 zu 2 Kön 17,13-14 erkannt hat.

70 Während sich vor 2 Kön 17 gleich an mehreren Stellen Erzählungen finden, in denen die Ablehnung von Propheten eine Rolle spielt (1 Kön 13; 22; 2 Kön 5), ist dies an den Stellen, an denen נביא nach 2 Kön 17 belegt ist (19,2; 20,1.11.14; 21,10; 22,14; 23,2.18; 24,2), nicht mehr von Bedeutung.

71 Vgl. Gen 26,5; Dtn 17,19; 30,10; 1 Kön 2,3; 2 Kön 17,37; Ez 43,11; 44,24; Ps 105,45; Neh 10,30; 2 Chr 33,8.

überhaupt erst von 2 Kön 17,13 her, warum die dtr. Redaktion in Am 2,4-5 einem allein an das Nordreich gerichteten Prophetenbuch ein Wort gegen das Südreich zugefügt hat. Da nun alle verbindenden Stichworte zusammengenommen (שמר ;חק[ה] ;תורה ;אב und יהודה) nur in 2 Kön 17,13 und Am 2,4 nebeneinander belegt sind, und da Am 2,4 zudem noch mit 2 Kön 17,15 über das Verb מאס mit Blick auf das Verwerfen der Gebote (חק) sowie über die Wendung הלך אחרי verbunden ist, spricht auch an dieser Stelle alles dafür, daß Am 2,4-5 von 2 Kön 17 literarisch abhängig ist.

Zudem erklärt sich selbst die Darstellung des Exodusgeschehens mit עלה hi. in den dtr. Nachträgen Am 2,10; 3,1b; 9,7 von 2 Kön 17 her. Denn diese im DtrG eher selten gebrauchte Formulierung, die immer wieder gegen eine Zuweisung der entsprechenden Passagen zur dtr. Redaktion des Amosbuches vorgebracht wurde,[72] findet sich gerade in 2 Kön 17,7.[73]

Der Vergleich mit DtrG läßt also die thematische und terminologische Gestaltung der dtr. Überarbeitungen der Bücher Hosea und Amos verstehen. In Anlehnung an die Reflexion über den Untergang des Nordreichs in 2 Kön 17 haben sie ihre Nachträge vor allem auf die Themen Götzendienst, Ablehnung der Prophetie und den Untergang des Nordreichs konzentriert.[74]

---

72 S.o. 80 Anm. 88.
73 In 2 Kön wird das Exodusgeschehen überhaupt nur in 2 Kön 17,7 und dem wohl nachdtr. Vers 17,36 mit עלה hi. beschrieben, ansonsten findet sich diese Formulierung im DtrG noch in Dtn 20,1; Jos 24,17.32; Ri 2,1; 6,8.13; 1 Sam 8,8; 10,18; 12,6; 2 Sam 7,6; 1 Kön 12,28.
74 Es bleibt dabei allerdings noch die Frage, warum die dtr. Nachträge zu den Büchern Hosea und Amos thematisch unterschiedlich ausgerichtet sind, obwohl doch beide Bücher von den Redaktoren der Sammlung in der Zeit Jerobeams II. angesetzt werden. So ist einerseits das Thema Götzendienst, von Am 5,26 abgesehen, auf das Hoseabuch beschränkt, und dabei sind insbesondere die Kalbsbilder zwar in Hos 8,5.6; 13,2, nicht aber im Amosbuch erwähnt, obwohl die Redaktoren den Propheten Amos in dem von ihnen geschaffenen Bericht 7,10-17 sogar am Heiligtum von Bethel auftreten lassen. Andererseits wird nur im Amosbuch die Ablehnung der Prophetie angeprangert.
Nun könnte diese Aufteilung schlicht dem Willen der Redaktoren entsprechen, den beiden Büchern ein je eigenes Gepräge zu verleihen, wobei die Kritik an den Kalbsbildern vielleicht deshalb im Hoseabuch ergänzt wurde, da diese Bilder auch schon in dem von der Redaktion aufgenommenen Bestand in Hos 10,5 erwähnt waren. Es wäre aber auch möglich, daß sich die Redaktoren bei dieser Aufteilung an den Erzählungen über Jerobeam I. in 1 Kön 12-13 orientierten, wobei die Nachträge zu Hos im Anschluß an 1 Kön 12, die Nachträge zu Am im Anschluß an 1 Kön 13 gestaltet wurden. So sind in 1 Kön 12 im Zusammenhang der Darstellung von Jerobeams Reformmaßnahmen in 1 Kön 12,28.32 wie in Hos 8,5.6; 13,2 Kalbsbilder (עגל) von Bedeutung und zudem wird in 1 Kön 12,27.32 wie in Hos 3,4 auf die Opfer verwiesen. Daß sodann der Bericht über die Ablehnung des Propheten aus Juda in 1 Kön 13 einige Parallelen mit dem der dtr. Redaktion des Amosbuches zugewiesenen Text Am 7,10-17 hat, wurde schon häufiger erkannt; vgl. schon Wellhausen, Composition, 277f, in neuerer Zeit Ackroyd, Narrative, 78-80; Utzschneider, Amazjaerzählung, 92-97; Williamson, Prophet, 119f; Levin, Amos, 311-313; Werlitz, Gottesmann, 109-123. Denn beide Erzählungen spielen in Bethel (Am 7,10.13; 1 Kön 13,1.4.10), beide Male kommt der Prophet

Vergleichbares läßt sich nun auch für die folgenden Bücher Micha und Zefanja nachweisen. Entsprechend der Datierung in die Zeit von Jotam bis Hiskia in Mi 1,1 orientieren sich die dtr. Redaktoren bei ihrer Bearbeitung des Michabuches an den entsprechenden Passagen des DtrG. Der erste dtr. Nachtrag in Mi 1,5b-7 konnte als redaktionelle Überleitung zwischen den an das Nordreich gerichteten Büchern Hosea und Amos und den folgenden, an das Südreich adressierten Büchern Micha und Zefanja verstanden werden.[75] Dabei ist erstaunlich, daß dieser Text, neben den oben dargestellten Bezügen zu Hosea, wie die dtr. Nachträge zu Hos und Am noch mit 2 Kön 17 in Verbindung steht, und zwar neben der Ansage der Zerstörung Samarias und der allgemein kultkritischen Tendenz durch den Stichwortbezug zwischen Mi 1,7 und 2 Kön 17,41 über פסיל.

Bei dem von der dtr. Redaktion eingebrachten Reinigungsgericht Mi 5,9-13 konnte bislang noch nie wirklich erklärt werden, warum hier gerade militärische und kultische Reinigung ineinander verwoben sind.[76] Doch auch

---

aus Juda (Am 7,12; 1 Kön 13,1), und beide Male ist das Essen von Brot (לחם) bedeutend (Am 7,12; 1 Kön 13,8.9), wobei gerade dieses Motiv in Am 7,12 eigentlich kaum verständlich ist, während es in 1 Kön 13, zumal im Zusammenhang mit der folgenden Erzählung über die Begegnung des Gottesmannes mit dem Propheten aus Bethel, bei der das Verbot zu essen ja gerade das bestimmende Thema ist, seinen verständlichen Ort hat. Zudem geht es auf allgemein thematischer Ebene natürlich beide Male darum, daß ein Prophet am Heiligtum Bethels von den dortigen Entscheidungsträgern abgelehnt wird, wobei beide Erzählungen in eine Gerichtsankündigung münden (Am 7,16-17; 1 Kön 13,34). Gerade bei dieser Gerichtsansage in 1 Kön 13,34 zeigt sich dann noch eine weitere Parallele zur dtr. Redaktion des Amosbuches: Die hier belegte Wendung שמד מעל פנה האדמה findet sich ansonsten neben Dtn 6,15 nur noch in dem dtr. Nachtrag Am 9,8.
Es könnte also sein, daß sich die dtr. Redaktoren des Vierprophetenbuches zur Gestaltung ihrer Nachträge in Hos und Am neben 2 Kön 17 – vielleicht aufgrund des im DtrG immer wiederkehrenden Rückverweises auf die Sünde Jerobeams – auch an 1 Kön 12-13 orientiert haben. Dies könnte die beschriebene thematische Verteilung unter den Nachträgen von den Büchern Hos und Am erklären, und dies könnte zudem die schon häufig erkannte Nähe zwischen Am 7,10-17 und 1 Kön 13 erklären. Doch soll dies hier nur ein Nebengedanke sein. Denn in erster Linie sind die dtr. Nachträge zu den einzelnen Büchern eben auf die den Datierungen der jeweiligen Buchüberschrift entsprechenden Passagen des DtrG bezogen.

75   S.o. 246f.
76   Wie bereits oben 256 Anm. 61 dargestellt, wird das Nebeneinander von militärischer und kultischer Reinigung aufgrund der historischen Verortung von Mi 5,9-13 in der Exilszeit meist auf die Zerstörung Jerusalems und eine damit verbundene militärische wie kultische Läuterung des Volkes bezogen; vgl. etwa Wolff, BK 14,4, 134; Zapff, Studien, 121; Albertz, Exilszeit, 171. Doch schon die in Mi 5,10.13 genannte Zerstörung der Städte paßt eigentlich nur schlecht zu den Übergriffen der Babylonier, da deren militärische Aktionen ja – zumindest vor allem – Jerusalem trafen. Jerusalem ist in Mi 5,9-13 aber überhaupt nicht erwähnt. Zudem paßt auch die Zerstörung der Kultgeräte nicht zu diesem historischen Hintergrund, da bei der Einnahme Jerusalems und den damit verbundenen Zerstörungen wohl kaum zwischen legitimem und illegitimem Kult geschieden wurde. Der Text läßt sich aber auch nicht auf theologischer Ebene, etwa als exilische Besinnung über die Fehler der Vergangenheit, verstehen. Denn dann müßten, etwa auf der Linie des DtrG, die Kultgeräte als

dies erklärt sich aus der Darstellung der Hiskiazeit im DtrG. Denn der Beginn der Hiskia-Erzählungen ist in 2 Kön 18,1-16 von zwei Ereignissen geprägt: Der hiskianischen Reform einerseits (2 Kön 18,1-7) und dem Feldzug Sanheribs gegen Juda andererseits (2 Kön 18,13-16). Dabei werden in 2 Kön 18,4 מצבה und אשרה als die beiden Kultgeräte genannt, die von Hiskia neben der ehernen Schlange beseitigt worden sind. Und erstaunlicherweise werden auch in Mi 5,12.13 מצבה und אשרה unter den kultischen Objekten genannt, die von Jhwh zerstört werden.[77] In der Beschreibung des Feldzugs Sanheribs ist sodann in 2 Kön 18,13 davon die Rede, daß er alle befestigten Städte (עיר בצור) des Landes eingenommen hat. Dies entspricht doch aber genau der in Mi 5,10 genannten Zerstörung der Städte und Festungen (מבצר; עיר). In Mi 5,9-13 sind also exakt die ersten beiden Ereignisse der Regierungszeit Hiskias nach der Darstellung des DtrG aufgenommen.[78]

Beim folgenden dtr. Nachtrag Mi 6,2-4a.9aα.10-15 konnte V.10a stets nur unter massiven textkritischen Eingriffen erklärt werden.[79] Ohne Konjekturen liest sich dieser Vers wie folgt:

Mi 6,10a   Gibt es[80] im[81] frevlerischen Haus noch (עוד) frevlerische Schätze (אוצר)?

Probleme bereitet hier insbesondere das עוד, das denn auch seit Wellhausen meist im Anschluß an LXX in עיר geändert und als Abschluß des vorangehenden Verses 6,9 verstanden wird.[82] Es leuchtet nämlich zunächst tatsächlich nicht ein, warum gefragt wird, ob „noch" Schätze im frevlerischen Haus sind. Versucht man aber auch diesen dtr. Nachtrag im Zu-

---

Grund für die Zerstörung der Städte genannt sein. Tatsächlich wird die Vernichtung von Kultischem, Militärischem und der Städte aber unverbunden nebeneinander genannt.

77 Schon Willis, Authenticity, 365, brachte Mi 5,9-13 mit der hiskianischen Reform in Verbindung, allerdings auf historischer Ebene mit Bezug auf den Propheten Micha und nicht auf literarischer Ebene.

78 Die literarische Abhängigkeit von Mi 5,9-13 zu 2 Kön 18 wurde bislang nicht erkannt. Stattdessen wird häufig auf die zahlreichen Parallelen zwischen Mi 5,9-13 und Jes 2,6-8 hingewiesen; vgl. etwa Mays, Micah, 124; Wolff, BK 14,4, 127; Ben Zvi, FOTL 21B, 137; Kessler, Micha, 247. Interessant ist aber, daß gerade die Stichworte aus Mi 5,9-13, die auch in 2 Kön 18 belegt sind (מצבה; אשרה; עיר; בצור/מבצר), eben nicht in Jes 2,6-8 vorkommen. So könnte es gut sein, daß die dtr. Redaktoren Mi 5,9-13 im Anschluß an 2 Kön 18, aber unter Aufnahme von weiteren Elementen aus Jes 2 oder einem anderen vergleichbaren Text gestaltet haben.

79 Vgl. nur Rudolph, KAT 13,3, 115f; Wolff, BK 14,4, 160; Kessler, Micha, 274.

80 Zur Deutung von אש als Nebenform von יש vgl. 2 Sam 14,19; Spr 18,24; siehe hierzu Ges-K, §47b; KBL³, 89.

81 Vgl. hierzu Ges-K, §118g; J-M, §126h.

82 Vgl. etwa Wellhausen, Propheten, 148; Weiser, ATD 24, 282; Willi-Plein, Vorformen, 100f; Wolff, BK 14,4, 160; Hillers, Micah, 80; Hagstrom, Coherence, 93; Andersen / Freedman, AncB 24E, 544.

sammenhang mit der Darstellung der Hiskiazeit im DtrG zu lesen, so dürfte sich doch auch der MT-Lesart ein Sinn abgewinnen lassen: Denn in 2 Kön 18,14-16 sind die Tributzahlungen erwähnt, die Hiskia nach dem Feldzug Sanheribs an die Assyrer abzuführen hat und für die er auf die Schätze (אוצר) des Tempels und seines eigenen Hauses zurückgreift. Wenn also nach dem in Mi 5,9-13 aufgenommenen Feldzug in Mi 6,10 gefragt wird, ob es denn noch frevlerische Schätze gibt – was sich im folgenden als rhetorische Frage herausstellt, da noch allerhand betrügerische Machenschaften angeprangert werden –, so heißt dies doch, daß die in Mi 6,12 genannten Reichen der Stadt trotz der harten Tributzahlungen „noch" (עוד) Schätze anhäufen, und zwar durch die Mi 6,10-12 beschriebene Übervorteilung anderer im Handel.[83]

Dabei weist auch der Nichtigkeitsfluch in Mi 6,14 darauf hin, daß die dtr. Bearbeitung in Mi 6 am weiteren Verlauf der Hiskiazeit, wie sie im DtrG beschrieben wird, orientiert ist:

Mi 6,14 Du wirst essen und nicht satt werden,
 und dein Kot wird in deiner Mitte sein,
 und du wirst fortschaffen und nicht retten,
 und was du rettest, gebe ich dem Schwert preis.

In Mi 6,14 wird die Form des Nichtigkeitsfluches gleich zwei Mal durchbrochen, und zwar in dem Verweis auf den „Kot in deiner Mitte" in 6,14aβ und in der Ankündigung, daß das Gerettete dem Schwert preisgegeben wird, in 6,14bβ. Nicht umsonst wurden gerade diese Passagen in Mi 6,14 immer wieder als sekundär betrachtet oder nach 6,13 umgestellt, um so einen nach formalen Kriterien glatteren Nichtigkeitsfluch zu erhalten.[84]

Doch geschieht dies kaum zurecht. Denn gerade Mi 6,14bβ scheint mit der Ankündigung, daß das Gerettete dem Schwert preisgegeben wird, die Situation einer Belagerung vorauszusetzen. Nun läßt sich aber kaum erklären, warum ein ursprünglich einwandfreier Nichtigkeitsfluch sekundär durchbrochen und um die Ankündigung einer Belagerung fortgeschrieben worden sein sollte. Zudem setzt nicht erst Mi 6,14bβ, sondern schon die in 6,14bα erwähnte Rettung die Situation einer Belagerung voraus.[85] Und

---

83 Da in Mi 6,12 ganz allgemein von den Reichen die Rede ist, wird das רשע בית trotz der Beziehung zu 2 Kön 18,14-16 nicht allein auf Hiskia zu deuten sein. Vielmehr geht es hier um die – wohl auch insgesamt von den Tributzahlungen betroffene – gesamte Oberschicht der Stadt.

84 Vgl. etwa Marti, KHC 13, 295; Weiser, ATD 24, 282f; Jeremias, Deutung, 341; Willi-Plein, Vorformen, 102f; Wolff, BK 14,4, 162f.

85 So deutete auch schon Rudolph, KAT 13,3, 119, Mi 6,14-15 insgesamt auf eine Kriegssituation.

schließlich hat bereits Metzner zurecht darauf hingewiesen, daß schon die vorangehende Gerichtsankündigung 6,13 von der Vernichtung des Volkes und nicht „nur" von dem im klassischen Nichtigkeitsfluch bestimmenden Motiv des erfolglosen Handelns ausgeht und daß deshalb der auf eine Belagerung zielende Teilvers Mi 6,14bβ zum ursprünglichen Bestand dieses Verses zu rechnen ist.[86] So sind die inhaltlichen Unstimmigkeiten in Mi 6,14 also eher überlieferungsgeschichtlich zu deuten, wonach ein traditioneller Nichtigkeitsfluch schon im Rahmen der Erstverschriftung mit der Ansage einer Belagerung verbunden wurde.

Ein weiteres Problem bei Mi 6,14 besteht sodann in der Wendung וישחך בקרבך in 6,14aβ, die bislang kaum erklärt werden konnte.[87] Wenngleich der genaue Sinn des hapax legomenon ישח noch immer nicht ganz klar ist, hat sich mittlerweile doch eine Deutung auf „Kot", „Durchfall" oder „Ruhr" durchgesetzt.[88] So wird hier also im Rahmen eines Nichtigkeitsfluches, der in der vorliegenden Gestalt die Ankündigung einer Belagerung enthält, angesagt, daß „dein Kot in deiner Mitte" sein wird. Vom Kontext der Belagerung her wird dies dann aber doch so zu deuten sein, daß sich entweder die Ausscheidungen in der Stadt sammeln, da der Weg nach draußen versperrt ist, oder es wird an Seuchen und damit verbundenen Durchfall zu denken sein, wobei das eine das andere nicht aus-, sondern eher einschließt.[89]

Zu beachten ist nun, daß im gesamten DtrG nur an einer Stelle ebenfalls menschliche Exkremente eine Rolle spielen – und zwar erstaunlicherweise im Rahmen der Belagerung Jerusalems durch die Assyrer unter der Regierung Hiskias (2 Kön 18,17ff), die im direkten Anschluß an den Bericht vom Feldzug Sanheribs gegen die Städte Judas und die daraus resultierende

---

86 Vgl. Metzner, Kompositionsgeschichte, 86.

87 Vgl. etwa Rudolph, KAT 13,3, 116f; Wolff, BK 14,4, 161; Hillers, Micah, 81.

88 Vgl. Ehrman, Mic. 6:14, 156 („wastes"); ders., Micah VI 14, 104f („dysentary"); Ben Zvi, FOTL 21B, 155 („excrement"); Kessler, Micha, 273 („Kot"), wobei Kessler, a.a.O., 275, bewußt auch die Bedeutung „Ruhr, Durchfall" für möglich erachtet und meint, daß dies „an der Sache aber nichts ändert".

89 Leider ist nur wenig darüber bekannt, wie in Jerusalem zur alttestamentlichen Zeit die menschlichen Ausscheidungen entsorgt wurden. Die Darlegungen bei Preuss, Medizin, 645-652, beruhen vor allem auf talmudischen Quellen. Allerdings ist klar, daß die Exkremente in irgendeiner Form beseitigt werden mußten. Das in Neh 2,13; 3,14; 12,31 erwähnte Misttor (שער האשפת) könnte darauf hinweisen, daß es jenseits der Stadtmauern einen Platz für menschliche und tierische Ausscheidungen, und wohl auch für sonstigen Abfall, gegeben hat. Daß es in der Stadt zu Problemen führte, wenn ein solcher Platz während einer Belagerung über längere Zeit hinweg nicht erreichbar ist, liegt auf der Hand und könnte die Bedrohlichkeit der Erwähnung des „Kots in deiner Mitte" in Mi 6,14 erklären.

Tributpflicht Hiskias (2 Kön 18,13-16) dargestellt wird.[90] Dort heißt es in V.27:

2 Kön 18,27 Da sprach Rabschake: Hat mich denn mein Herr zu deinem Herrn und zu dir geschickt, um diese Worte zu reden, und nicht (viel eher) zu den Männern, die auf der Mauer sitzen und bei euch ihren Kot fressen und ihren Harn saufen müssen.[91]

Zwar wird in diesem Vers ein anderes Wort für Kot verwandt (חרא).[92] Doch gerade von hier aus könnte sich die seltsame Erwähnung des Kots in Mi 6,14 erklären. Die in dem Nichtigkeitsfluch 6,14-15 beschriebene Belagerungssituation läßt sich von der in 2 Kön 18,17ff beschriebenen Belagerung der Assyrer her verstehen, und der „Kot inmitten der Stadt" spielt dann auf 2 Kön 18,27 an. Vermutlich verstanden die dtr. Redaktoren des Michabuches die Notiz in 2 Kön 18,27 als Hinweis darauf, daß sich der Kot während der langen assyrischen Belagerung in der Stadt angehäuft hat. Ein weiteres Indiz, daß sich Mi 6,14-15 auf die Darstellung der Belagerung in 2 Kön 18,17ff bezieht, zeigt sich dabei zudem noch darin, daß Rabschake in seiner Rede vor dem Volk nach 2 Kön 18,27-32 auf die Hungersnot in der Stadt eingeht. Und genau entsprechend wird am Beginn des Nichtigkeitsfluches in Mi 6,14aα angesagt, daß das Volk essen und nicht satt werden wird.

Die Ausführungen zur dtr. Redaktion in Mi 6* sind sicherlich nicht frei von spekulativen Elementen. Bedenkt man aber, daß diese Texte bislang überhaupt nicht oder nur unter massiven text- und literarkritischen Eingriffen verstanden werden konnten, so ist die hier vorgeschlagene Lösung über die Parallelen in 2 Kön 18 angesichts der zuvor aufgezeigten, ganz deutlichen Bezüge der dtr. Redaktion in Hos; Am und Mi zum DtrG zumindest diskussionswürdig.

Auch die dtr. Redaktion des Michabuches ist somit durch und durch von Bezügen zu den der Datierung der dtr. Überschrift entsprechenden

---

90 Wenn hier die in 2 Kön 18,17ff dargestellte Belagerung Jerusalems und der zuvor in 18,13-16 erwähnte Feldzug Sanheribs gegen die judäischen Städte als zwei voneinander unabhängige Ereignisse betrachtet werden, so ist damit die Darstellung des DtrG vorausgesetzt. Denn 2 Kön 18 erweckt den Eindruck, als sei die Belagerung Jerusalems (2 Kön 18,17ff) erst erfolgt, als Hiskia den Assyrern nach der Einnahme der judäischen Städte bereits tributpflichtig geworden war (2 Kön 18,14-16). Daß es sich dabei auf historischer Ebene um ein und dieselbe Aktion der Assyrer im Jahre 701 handelt, ist für die dargestellten Überlegungen völlig unerheblich. Denn hier geht es ja darum, daß sich das Vierprophetenbuch auf die Darstellung der Hiskiazeit, wie sie eben im DtrG vorgestellt wird, bezieht. Und dort sind die Einnahme der befestigten Städte und die Belagerung Jerusalems eben zwei getrennte Vorgänge, was sich in den Überarbeitungen in Mi 5,9-13 und 6,2-15* spiegelt.
91 Vgl. zur Übersetzung Würthwein, ATD 11,2, 416; Fritz, ZBK.AT 10,2, 108.
92 Die Masoreten notieren zudem als Qere den etwas beschönigenden Begriff צאה (Abfall, Schmutz).

Passagen des DtrG geprägt. Dabei spiegeln die Nachträge auch in ihrer Abfolge die Darstellung in 2 Kön 17-18:

2 Kön 17	Untergang des Nordreichs	Mi 1,5b-7
2 Kön 18,1-7a	Kultreinigung	Mi 5,9-13
2 Kön 18,13-16	Einnahme der Städte Judas	
2 Kön 18,17-37	Belagerung Jerusalems	Mi 6,2-15*

Vom DtrG her erklärt sich nebenbei auch allererst der ungewöhnliche Neueinsatz über den Höraufruf in Mi 6,2: Wie in 2 Kön 18,1-16 ist Mi 5,9-13 zunächst am gesamten Land Juda, an der Kultreinigung und der Einnahme der Städte, orientiert, während das Gerichtswort in Mi 6,9-15* ganz analog zu 2 Kön 18,17-37 dann nur noch an die Stadt Jerusalem gerichtet ist und eine Belagerung ankündigt.[93]

Die dtr. Überarbeitungen des Zefanjabuches fügen sich nun ebenso in die zu den übrigen Büchern vorgelegten Beobachtungen. Der Datierung im Rahmen der dtr. Überschrift Zef 1,1 entsprechend finden sich hier gerade zahlreiche Bezüge zur im DtrG dargestellten Josiazeit und zu den letzten Jahren des Südreichs.

Es wurde ja schon im Rahmen der redaktionsgeschichtlichen Bearbeitung des Zefanjabuches darauf hingewiesen, daß der dtr. Nachtrag Zef 1,4-5 Wort für Wort auf den Bericht von der josianischen Reform in 2 Kön 22-23 bezogen ist:[94] המקום הזה (Zef 1,4; 2 Kön 22,16.17.19.20); בעל (Zef 1,4; 2 Kön 23,4.5); כמרים (Zef 1,4; 2 Kön 23,5); כהנים (Zef 1,4; 2 Kön 23,8.9.20); גג (Zef 1,5; 2 Kön 23,12); צבא השמים (Zef 1,5; 2 Kön 23,4.5); מלכם (Zef 1,5; 2 Kön 23,13). Es handelt sich hier also um nichts anderes als die Ankündigung einer Kultreinigung, wie sie nach 2 Kön 22-23 im Rahmen der josianischen Reform geschehen ist. So wird erneut klar, wie es zu den Differenzen unter den dtr. Bearbeitungen der verschiedenen Bücher des Vierprophetenbuches kommt, warum also bei dem Reinigungsgericht von Zef 1,4-5 und dem Reinigungsgericht von Mi 5,9-13 nicht ein Objekt der jeweiligen Reinigung auch an der anderen Stelle genannt ist, obwohl doch an beiden Stellen zumindest auch eine kultische Reinigung im Blick ist: Bei Mi 5,9-13 hatten die dtr. Redaktoren eben die hiskianische Reform sowie die

---

94   S.o. 201f.

Zerstörung der Städte Judas durch Sanherib im Blick und bei Zef 1,4-5 die josianische Reform.[95]

Die weiteren dtr. Bearbeitungen des Zefanjabuches lassen ebenfalls Parallelen im DtrG erkennen: Mit einiger Vorsicht kann schon die Rede von der Glut des Zornes Jhwhs (חרון אף־יהוה) in Zef 2,2 auf die Josia-Erzählungen des DtrG bezogen werden, zumal die dtr. Redaktoren an dieser Stelle das Motiv des Zornes Gottes ganz bewußt einbringen, da sie in Zef 2,2.3* יום אף־יהוה und nicht wie im Grundbestand Zef 1,7.14 schlicht יום יהוה formulieren. Denn in 2 Kön 23,26 heißt es, daß sich die Glut des Zornes (חרון אף) Jhwhs wegen der schweren Verfehlungen Manasses trotz der Reformen Josias nicht vom Volk abgewendet hat.[96] So könnte also auch hier eine Anspielung auf die Darstellung der Josiazeit im DtrG gesehen werden.

Während nun bei den von der dtr. Redaktion zugefügten Fremdvölkerworten Zef 2,4-6.8-9a unklar ist, ob Moab und Ammon in 2,8-9a gerade wegen der in 2 Kön 24,2, also im direkten Anschluß an die Josia-Erzählungen geschilderten feindlichen Übergriffe Gegenstand eines Gerichtswortes sind,[97] sind am Ende der dtr. Bearbeitungen des Zefanjabuches wieder deutlichere Bezüge zum DtrG zu erkennen: So wird das Entfernen der Hochmütigen in Zef 3,11 mit demselben Verb סור beschrieben wie die Exilierung Judas in 2 Kön 24,3. Die Erwartung von Zef 3,12, daß nur ein armes und geringes Volk (עם עני ודל) übrigbleiben wird, kann sodann als Aufnahme von 2 Kön 24,14; 25,12 verstanden werden, wo es heißt, daß die Babylonier die Geringen des Landes (דלת הארץ) übriggelassen haben (שאר). Denn zu beachten ist, daß die Worte שאר und דל(ה) neben Zef 3,12; 2 Kön 24,14; 25,12 nur noch in den hiervon abhängigen Versen Jer 39,10; 52,15.16 belegt sind. So weist das dtr. Vierprophetenbuch sogar ein DtrG entsprechendes Ende auf.

---

95 Allerdings sind im Bericht von 2 Kön 22-23, wie bei der hiskianischen Reform, auch Mazzebe (23,14) und Aschere (23,4.6.7.14.15) genannt, die im Rahmen der josianischen Reform vernichtet werden. Diese Kultgeräte nehmen die dtr. Redaktoren des Vierprophetenbuches allerdings nur in Mi 5,12-13, also nur zur Hiskiazeit, auf. Dies könnte vor allem damit zusammenhängen, daß die Beseitigung gerade der Mazzeben nur in 2 Kön 23,14 genannt ist und dort nur für das Gebiet außerhalb Jerusalems. Die dtr. Redaktion des Zefanjabuches ist aber ganz an der Hauptstadt Jerusalem orientiert (vgl. המקום הזה, Zef 1,4; העיר, Zef 3,1). Der in 2 Kön 23,4.6.7 für Jerusalem genannte Aschera-Kult wird vielleicht deshalb nicht aufgenommen, da nach der Konzeption der Redaktoren des dtr. Vierprophetenbuches bereits seit Hiskia als beseitigt gilt.

96 Dabei ist bedeutend, daß חרון אף in den Königsbüchern nur in 2 Kön 23,26 belegt ist.

97 Daß das Gerichtswort gegen Moab und Ammon mit den in 2 Kön 24,2 genannten Übergriffen der beiden Nachbarstaaten in Verbindung steht, wurde schon häufiger vermutet; vgl. etwa Williams, Date, 84f; Nogalski, Precursors, 180. Dabei wurde allerdings davon ausgegangen, daß sich der historische Zefanja selbst auf die dort geschilderten Ereignisse bezieht, während eine literarische Bezugnahme auf 2 Kön 24,2 noch nicht in Erwägung gezogen wurde.

Die dtr. Bearbeitungen sind also von Hosea bis Zefanja auf das DtrG bezogen und zwar stets auf diejenigen Passagen, die den in den Datierungen angegebenen Epochen der Geschichte Israels und Judas nach der Darstellung der Königsbücher entsprechen. Auch wenn nicht jede Gemeinsamkeit gleich aussagekräftig ist, kann dabei angesichts der großen Zahl an inhaltlichen und terminologischen Verbindungen und deren teils sehr charakteristischen Formulierungen kaum noch von Zufall gesprochen werden. Der besseren Übersichtlichkeit wegen sind die wichtigsten dieser Verbindungen in der folgenden Tabelle nochmals zusammengestellt:

Hosea	Götzendienst (2 Kön 17)		
	אלהים אחרים	Hos 3,1	2 Kön 17,7
	מצבה	Hos 3,4	2 Kön 17,10
	עגל	Hos 8,5.6; 13,2	2 Kön 17,16
	ויעשו להם מסכה	Hos 13,2	2 Kön 17,16
Amos	Ablehnung des prophetischen Wortes (2 Kön 17)		
	עבדיו הנביאים	Am 3,7 (vgl. 2,11-12; 7,10-17; 9,10)	2 Kön 17,13.23
	Kritik an Juda (2 Kön 17)		
	יהודה	Am 2,4	2 Kön 17,13
	שמר	Am 2,4	2 Kön 17,13
	חק(ה)	Am 2,4	2 Kön 17,13.15
	תורה	Am 2,4	2 Kön 17,13
	אב	Am 2,4	2 Kön 17,13
	מאס	Am 2,4	2 Kön 17,15
	הלך אחרי	Am 2,4	2 Kön 17,15
	Verweis auf Exodus (2 Kön 17)		
	עלה מארץ מצרים hi.	Am 2,10; 3,1; 9,7	2 Kön 17,7
	Untergang des Nordreichs (2 Kön 17)		
	יגלה מעל אדמתו	Am 7,11.17 (vgl. 9,8)	2 Kön 17,23
Micha	Untergang des Nordreichs (2 Kön 17)		
	שמרון	Mi 1,5.6	2 Kön 17,1.5.6
	פסיל	Mi 1,7	2 Kön 17,41
	Hiskianische Reform und Feldzug gegen die Städte Judas (2 Kön 18,4-16)		
	עיר בצור // מבצר ;עיר	Mi 5,10.(13)	2 Kön 18,13
	מצבה	Mi 5,12	2 Kön 18,4
	אשרה	Mi 5,13	2 Kön 18,4
	Belagerung Jerusalems (2 Kön 18,17ff)		
	אוצר	Mi 6,10	2 Kön 18,15
	חרא // ישח	Mi 6,14	2 Kön 18,27
Zefanja	Josianische Reform (2 Kön 22-23)		
	המקום הזה	Zef 1,4	2 Kön 22,16.17.19.20
	בעל	Zef 1,4	2 Kön 23,4.5
	כמרים	Zef 1,4	2 Kön 23,5
	כהנים	Zef 1,4	2 Kön 23,8.9.20
	גג	Zef 1,5	2 Kön 23,12
	צבא השמים	Zef 1,5	2 Kön 23,4.5
	מלכם	Zef 1,5	2 Kön 23,13
	חרון אף־יהוה	Zef 2,2	2 Kön 23,26
	Untergang des Südreichs (2 Kön 24-25)		
	סור	Zef 3,11	2 Kön 24,3
	שאר	Zef 3,12	2 Kön 24,14; 25,12
	דל(ה)	Zef 3,12	2 Kön 24,14; 25,12

Die Komposition des dtr. Vierprophetenbuches wurde also in Anlehnung an den geschichtlichen Ablauf des DtrG geschaffen. Das gesamte Werk kann so als prophetischer Kommentar zur vorexilischen Geschichte der beiden Teilreiche verstanden werden:[98]

Hosea	← 3,1-5* –	
	← 8,4b-6 13,2-3 –	Götzendienst; Ablehnung der Prophetie; Verwerfen des Gesetzes in Juda; Untergang des Nordreichs (2 Kön 17)
Amos	← 2,4-5 2,9-12 –	
	← 7,10-17 9,7-10 –	
Micha	← 1,5b-7 –	
	← 5,9-13 6,2-15* –	Kultreinigung; Zerstörung der Städte; Belagerung Jerusalems (2 Kön 18)
Zefanja	← 1,4-6 –	Kultreinigung (2 Kön 22-23)
	← 2,1-3,13* –	Untergang Judas; Armes Volk als Rest (2 Kön 24-25)

98   Auch in dieser Skizze sind nur die wichtigsten redaktionellen Texte eingetragen.

Aufgrund der dargestellten Beobachtungen kann schließlich auch das „deuteronomistische" Gepräge dieser Bearbeitungen erklärt werden:[99] Die Nachträge sind eben stets ganz bewußt auf die Darstellung der Königsbücher bezogen, und zwar sowohl inhaltlich als auch terminologisch. Deshalb wurden sie durch den Sprachvergleich teils schon lange als dtr. erkannt. Es ist also zugleich richtig und falsch, diese Überarbeitungen als dtr. zu bezeichnen. Richtig ist es, da sie tatsächlich von typisch dtr. Sprache und typisch dtr. Themen geprägt sind. Falsch ist es, da diese Themen und Sprache bei den Überarbeitungen des Vierprophetenbuches eben nicht in erster Linie mit dem klassischen Verständnis des Phänomens „Deuteronomismus" einer bestimmten, am Deuteronomium orientierten Schultradition zuzuordnen sind, sondern vor allem auf die literarische Abhängigkeit von den Königsbüchern zurückgehen.[100]

Die bislang nur unzureichend beschriebene Komposition des Vierprophetenbuches läßt sich also auf Grundlage der Bezüge zum DtrG erklären. Die Redaktoren der Sammlung gestalten ihr Werk parallel zur Darstellung der entsprechenden Epochen in den Königsbüchern und schaffen so in der Abfolge der vier Bücher gewissermaßen eine „Geschichte der Prophetie", bei der das Ergehen des göttlichen Wortes an verschiedenen Punkten des von diesen Büchern umfaßten Zeitraums geschildert wird. Es bleibt allerdings noch die Frage, welche Intention die Redaktoren mit diesem Werk verfolgten. Dafür ist aber zunächst auf den historischen Ort der Sammlung einzugehen.

---

99 Zum Problem s.o. 51-53.

100 Dies entkräftet nun auch die neuerdings von Beck, Tag, 119-122.316, vorgetragene Kritik an der Existenz eines die Bücher Hosea, Amos, Micha und Zefanja umfassenden Vierprophetenbuches. Beck weist im Rahmen seiner Ausführungen zu den Tag-Jhwh-Passagen im Zwölfprophetenbuch nicht ganz zu unrecht darauf hin, daß Zef 1,4-6 zwar von 2 Kön 22-23 abhängig ist, daß hier aber „keine typisch dtr. Theologumena vorliegen" (a.a.O., 120), weshalb diese Stelle seiner Meinung nach auch nicht als Teil einer dtr. orientierten Vierprophetenbuchredaktion verstanden werden kann. Doch gerade die ja auch von Beck erkannte Abhängigkeit des Textes Zef 1,4-6 von den entsprechenden Passagen des DtrG kennzeichnet nach den obigen Darlegungen die von den Redaktoren des Vierprophetenbuches zugeschriebenen Überarbeitungen insgesamt. So sprechen die Beobachtungen von Beck nicht gegen die Existenz dieses Vierprophetenbuches, sondern lediglich gegen einen zu starren Umgang mit dem Phänomen „Deuteronomismus".
Insgesamt zeigt sich also an den Darlegungen von Beck einmal mehr, daß von der Analyse eines nur sehr begrenzten Textbereichs keine zuverlässigen Aussagen über die Entstehung des gesamten Zwölfprophetenbuches möglich sind. Eine Betrachtung von Zef 1,4-6 reicht eben nicht aus, um über die Existenz oder Nicht-Existenz eines die Bücher Hosea, Amos, Micha und Zefanja umfassenden Vierprophetenbuches urteilen zu können.

3.4 Der historische Ort des Vierprophetenbuches

Unter den Vertretern der These eines Vierprophetenbuches mit den Büchern Hosea, Amos, Micha und Zefanja wird diese Sammlung meist in die
Exilszeit datiert.[101] Allerdings ist dies bislang noch nicht umfassend begründet worden.[102] Die oben ausgeführten Erkenntnisse zu den dtr. Redaktionen
der einzelnen Bücher und die dargestellte Komposition des Vierprophetenbuches bestätigen jedoch die exilische Datierung.

So folgt die dtr. Bearbeitung beim Amosbuch auf die Hymnenschicht,
die das Exil auf jeden Fall voraussetzt (4,11; 9,4) und wohl am ehesten als
frühexilische gottesdienstliche Bearbeitung des Buches zu verstehen ist.[103]
Der dtr. Schicht des Michabuches geht die Bearbeitung in Mi 2,12-13*; 4,9-
11*.14 voraus, die die Micha-Grundschicht mit Blick auf eine akute militärische Bedrohung fortschreibt und in 4,10* explizit die Deportation des
Volkes nach Babel ansagt, so daß auch diese Bearbeitung allenfalls spätvor-
exilisch, vermutlich aber erst frühexilisch anzusetzen ist.[104] Beim Zefanjabuch wiederum folgt die dtr. Schicht unmittelbar auf die Grundschicht, die
wohl in den letzten Jahren vor dem Untergang des Südreichs zu verorten
ist.[105]

Nach der dtr. Redaktion wurden alle drei Bücher einer oben bereits als
Joel-Schicht bezeichneten Bearbeitung unterzogen, bei der schon im Rahmen der Darlegungen zu den einzelnen Büchern eine Datierung in die frühe
Perserzeit vorgeschlagen wurde, die sich im folgenden noch weiter bestätigen wird.[106] Als erster Hinweis, daß diese Bearbeitung tatsächlich in die
frühnachexilische Zeit gehört, sei nur auf den Nachtrag in Am 9,13aα.14-15
verwiesen, der den Wiederaufbau der zerstörten Städte verheißt und ansagt,
daß das Volk eben nicht mehr exiliert wird. Die der dtr. Schicht in den
Büchern Amos, Micha und Zefanja vorangehenden und nachfolgenden
Bearbeitungen sprechen also allesamt für eine exilische Datierung.

Doch nicht nur die für die einzelnen Bücher aufgezeigte buchinterne
Chronologie, auch die Gestalt des Vierprophetenbuches selbst weist auf die
Exilszeit: Der Zielpunkt der Komposition findet sich in dem Wort vom

---

101 Vgl. Nogalski, Precursors, 176; Albertz, Exilszeit, 164-185; ders., Exile, 232-251; Zenger,
    Einleitung, 520.
102 Die historische Verortung wird in den bisherigen Ansätzen nur recht kurz begründet:
    Nogalski, Precursors, 176f, geht etwa von der Intention des Vierprophetenbuches aus und
    meint, es ziele auf die Erklärung der Exilskatastrophe. Albertz, Exilszeit, 185, argumentiert
    zudem über die literarische Abhängigkeit bei Zef 1,4-6 von 2 Kön 22-23.
103 S.o. 133f.
104 S.o. 191f.
105 S.o. 223f.
106 S.u. 453-456.

„armen und geringen Volk" in Zef 3,11-13.[107] Wenn die obigen Beobachtungen richtig sind, daß die Redaktoren der Sammlung ihre Komposition nach dem Aufbau des DtrG gestalten, so ist mit diesem armen und geringen Volk doch gerade die nach 2 Kön 24,14; 25,12 von der Exilierung verschonte Unterschicht Judas gemeint. Deren Überleben wird als das göttliche Heilswerk durch das Gericht hindurch verstanden. Eine solche Perspektive ist aber am ehesten während der noch andauernden Exilszeit erklärbar. Denn nach 520, als gerade die Nachfahren der vorexilischen Eliten erneut in Führungspositionen eingesetzt waren,[108] konnte kaum noch so uneingeschränkt davon gesprochen werden, daß nur ein armes und geringes Volk übriggeblieben ist. Die Sonderstellung der im Lande verbliebenen Gruppe hatte sich mit der Ankunft der Rückkehrer erledigt. Doch nicht nur die Rückkehr aus dem Exil, auch die seit Darius einsetzende politische, wirtschaftliche und kultische Restauration ist in den auf die Redaktoren des Vierprophetenbuches zurückgehenden Nachträgen noch nicht präsent.

Die literarische Abhängigkeit vom DtrG läßt nun aber noch eine präzisere historische Verortung innerhalb der Exilszeit zu.[109] Geht man von der noch immer gängigen Datierung des DtrG um frühestens 560 aus, so ergibt sich für das Vierprophetenbuch eine Ansetzung in der schon deutlich fortgeschrittenen exilischen Zeit, also wohl nicht vor 550.[110] Das heißt, die

---

107 Zef 3,11-13 wird häufig in die nachexilische Zeit datiert; vgl. etwa Striek, Zephanjabuch, 209; Irsigler, Zefanja, 299; Ro, Armenfrömmigkeit, 107-110; Perlitt, ATD 25,1, 132. Dies hängt allerdings direkt damit zusammen, daß die Wendung עם עני ודל (3,12) auf eine religiöse Demutshaltung und nicht auf materielle Armut gedeutet wird; siehe hierzu aber oben 249-251 mit Anm. 38.

108 Vgl. zu den politischen Entwicklungen der frühnachexilischen Zeit Albertz, Restauration, 321-333.

109 So schon Albertz, Exilszeit, 185.

110 Für das DtrG ergibt sich das Jahr 560 als terminus post quem aus der 2 Kön 25,27-30 dargestellten Begnadigung Jojachins. Die Datierung des DtrG schon bald nach 560 ist dabei unabhängig von den verschiedenen in der Forschung vertretenen Theorien zur Entstehung des DtrG. Denn in allen gängigen Erklärungsmodellen wird die Entstehung des gesamten Geschichtswerks, oder zumindest großer Teile, von gewichtigen Vertretern gerade in der fortgeschrittenen exilischen Zeit angesetzt. Vgl. zu den Befürwortern eines einheitlichen DtrG Noth, Studien, 91; Wolff, Kerygma, 308f; Albertz, Exilszeit, 216-218; zu den Anhängern des Göttinger Stufenmodells Dietrich, Prophetie, 143f, zumindest für DtrH auch Smend, Entstehung, 124; zu den Vertretern des Blockmodells Cross, Themes, 287; Nelson, Redaction, 119-128; Lohfink, Bewegung, 117f. Auch Kratz, Komposition, 325f, setzt in seinem Modell, bei dem die Entstehung von DtrG und Pentateuch wieder miteinander in Verbindung gebracht werden, die dtr. Grundschrift des Geschichtswerks (DtrG) und zumindest Teile der auf Pentateuch und DtrG bezogenen dtr. Nachträge (DtrS) noch in der exilischen Zeit an; vgl. hierzu auch die Skizze a.a.O., 331.
Allerdings wurde die exilische Ansetzung des DtrG auch schon häufiger zugunsten einer nachexilischen Datierung in Frage gestellt; vgl. etwa Würthwein, Erwägungen, 10f mit Anm. 24; Römer, Transformations, 10f, oder auch Person, School, 31-63, der zumindest größere Teile des DtrG erst in nachexilischer Zeit verortet. Doch hat Albertz, Reform, 37-40, in

Sammlung der vier Prophetenbücher ist in einem historischen Umfeld entstanden, das bereits von dem Erstarken der Perser und dem drohenden oder vielleicht sogar bereits eingetretenen Sturz des babylonischen Reiches geprägt sein dürfte.[111] Der Trägerkreis des Vierprophetenbuches wird nach den bislang dargestellten Überlegungen auf jeden Fall unter der im Lande verbliebenen Bevölkerung zu suchen sein, wobei nach Zef 3,11-13 gerade an die arme Landbevölkerung zu denken sein wird, oder aber, sofern dieser Schicht eine solche literarische Arbeit nicht zuzutrauen ist, an mit ihnen sympathisierende Kreise.

Interessant ist dabei, daß nach Ausweis des Jeremiabuches unter den Babyloniern (Jer 39,10) und dem von ihnen eingesetzten Statthalter Gedalja (Jer 40,10) den Niederen des Volkes (הדלים, Jer 39,10) die Felder und Weinberge der deportierten Oberschicht wie auch die verwaisten Städte überlassen wurden.[112] Die Landbevölkerung genoß also neben der Unterstützung durch die babylonischen Machthaber auch Rückhalt in der neuen lokalen Führungsschicht. Dabei ist bedeutend, daß Gedalja Schafanide war und gerade die Schafan-Familie sowohl an der josianischen Reform beteiligt war (2 Kön 22,3-14) als auch den Propheten Jeremia bei seiner politischen und sozialen Kritik an der herrschenden Oberschicht unterstützte (Jer 26,24; 29,3; 36,10ff; 39,14). Die Schafaniden traten also schon lange für gesellschaftliche Gerechtigkeit ein. Zudem könnte diese Familie auch mit der Tradierung von Literaturwerken in Verbindung gebracht werden, gehörte sie doch zu den Jerusalemer Beamtenkreisen. Anhand der Schafaniden wird

---

Auseinandersetzung mit diesen Ansätzen darauf hingewiesen, daß im DtrG, von den seines Erachtens nach spätexilischen Nachträgen in Dtn 4,29-31; 30,1-10 abgesehen, an keiner Stelle auch nur die Möglichkeit des Endes der Exilssituation vorausgesetzt wird. Dies spricht aber tatsächlich recht deutlich für eine noch exilische Ansetzung des DtrG.

Wenn sich nun aber doch eine nachexilische Datierung des DtrG durchsetzen sollte, so hätte dies für das dtr. Vierprophetenbuch zur Konsequenz, daß dann entweder die exilische Datierung dieser Sammlung nochmals überdacht werden müßte. Oder aber, wohl wahrscheinlicher, die oben dargestellten Bezüge zum DtrG könnten dann doch nicht als Folge einer direkten literarischen Bezugnahme verstanden werden. Das hieße dann aber nicht, daß die These, daß das exilische Vierprophetenbuch als prophetischer Kommentar zu den beschriebenen Ereignissen der vorexilischen Geschichte zu lesen ist, insgesamt fallen gelassen werden müßte. Denn die historisierende Anlage und der Bezug auf die Geschehnisse und Verfehlungen im Nord- und Südreich in der Zeit von Jerobeam II. bis Josia ist diesem Werk doch ohnehin zu eigen. Es könnte dann lediglich nicht mehr behauptet werden, daß das Vierprophetenbuch in direkter literarischer Auseinandersetzung mit DtrG entstanden ist. Doch angesichts der derzeitigen Forschungslage besteht noch kein Anlaß, von dieser These abzuweichen. Ja, man könnte sogar ganz im Gegenteil auch ins Feld führen, daß die erkennbare Bezogenheit des in die Exilszeit zu datierenden Vierprophetenbuches nun ihrerseits die noch immer gängige Verortung des DtrG in der Exilszeit stützt.

111 Siehe zu einer noch präziseren Einordnung unten 281f.
112 Vgl. hierzu Albertz, Exilszeit, 82.

also deutlich, daß es im Juda der Exilszeit neben der armen Landbevölkerung auch eine intellektuelle Führungsschicht gab, die mit den Armen des
Landes sympathisierte und die durchaus mit der Fortschreibung prophetischer Schriften in Verbindung gebracht werden könnte.

Beachtenswert ist dabei, daß Albertz gerade die Träger des dtr. Jeremiabuches mit guten Gründen im Umfeld der Nachfahren der Schafaniden
verortet.[113] So spricht auch dies für eine mögliche Ansetzung des exilischen
Vierprophetenbuches in einem vergleichbaren Trägerkreis. Denn wie die
Jeremia-Deuteronomisten zeichnet auch die Redaktoren des Vierprophetenbuches aus, daß sie gerade prophetische Schriften mit Blick auf den Untergang Judas fortschreiben.[114] Und wie bei den Jeremia-Deuteronomisten –
aber im Gegensatz zu den Trägern des DtrG – werden die Gründe für
diesen Untergang nicht einseitig in kultischen, sondern auf Grundlage der
überkommenen Prophetenbücher auch in sozialen Verfehlungen erkannt.

Das heißt nun aber nicht, daß das exilische Vierprophetenbuch direkt
auf die Schafaniden oder deren Nachfahren zurückgeht. Denn anders als im
Jeremiabuch findet sich in dieser Sammlung kein Hinweis auf diese Familie.
Zudem zeigt sich auch auf sprachlicher Ebene keine ausreichende Verbindung zu JerD. Und schließlich wird sich im folgenden erweisen, daß sich das
Vierprophetenbuch an einer gewichtigen Stelle auch inhaltlich von JerD
unterscheidet.[115]

Die Unterstützung der Landbevölkerung durch den Schafaniden Gedalja
zeigt aber, daß unter der im Land verbliebenen Führungsschicht eine erkennbare Sympathie für die Unterschicht herrschte, von der aus das Wort
vom „armen und geringen Rest", den Jhwh übrigläßt, erklärbar wird. Und
vor diesem Hintergrund wird auch die Intention des exilischen Vierprophetenbuches verständlich.

3.5 Die Intention des exilischen Vierprophetenbuches

In der fortgeschrittenen Exilszeit werden unter der im Lande verbliebenen
Bevölkerung Prophetenschriften gesammelt, durch Buchüberschriften mit
Datierungen in eine chronologische Reihenfolge gebracht und in ständiger
Anlehnung an die diesen Datierungen entsprechenden Passagen des DtrG
fortgeschrieben. Heraus kommt eine Geschichte der Prophetie, ein Werk,
das das Ergehen des prophetischen Wortes an verschiedenen Punkten der

---

113 Vgl. Albertz, Deuteronomisten, 292-295.
114 Zur Bedeutung des prophetischen Erbes bei der literarischen Bewältigung der Exilskata-
strophe vgl. Albertz, Religionsgeschichte 2, 387-390; ders., Exilszeit, 112.
115 S.u. 281 mit Anm. 130.

vorexilischen Geschichte Israels festhält und so eben diese Geschichte aus prophetischer Sicht kommentiert. Man könnte das exilische Vierprophetenbuch also gewissermaßen als prophetische Parallelausgabe zum DtrG verstehen, das wie das DtrG die vorexilische Geschichte aus theologischer Perspektive interpretiert, nur eben auf Grundlage der überlieferten Botschaft der vorexilischen Propheten. Doch ist damit die Intention dieser Sammlung noch nicht voll erfaßt. Es handelt sich nicht einfach nur um eine prophetische Parallele zum DtrG. Im Gegenteil: Das exilische Vierprophetenbuch ist ein Gegenentwurf zum DtrG.

Dies zeigt sich schon in der Grundkonzeption: Die Redaktoren des Vierprophetenbuches greifen zur Interpretation der vorexilischen Geschichte eben auf die prophetische Überlieferung zurück. Dies ist insofern bedeutend, als im DtrG die vorexilische Gerichtsprophetie – zumindest diejenigen Propheten, auf die die heute als Schriftprophetie bezeichneten Werke zurückgehen – mit Stillschweigen übergangen wird. Einzig Jesaja wird im Rahmen der Hiskia-Erzählungen aufgenommen,[116] allerdings wird er gerade nicht als der Oppositionsprophet dargestellt, als den ihn das Proto-Jesajabuch erscheinen läßt, sondern gerade als Heilsprophet.[117] Die Kritik der vorexilischen Propheten an sozialen, wirtschaftlichen und politischen Mißständen wird im DtrG hingegen nicht rezipiert. Dieses in der Forschung als „Prophetenschweigen" bezeichnete Phänomen kann doch aber nur damit erklärt werden, daß die Botschaft dieser Propheten nicht der Tendenz der Redaktoren des DtrG entsprach.[118] Sie deuteten die Geschichte allein nach den Maßstäben der kultischen Gesetze des Dtn. Dann aber bildet das exilische Vierprophetenbuch angesichts der bewußten Rezeption der Gerichtsprophetie schon auf dieser grundlegenden Ebene einen bewußten Gegenpol zum DtrG.

Dies zeigt sich auch bei der Auswahl der für die einzelnen Prophetenbücher angegebenen Datierungen: Es wurde ja bereits ausgeführt, daß die Bücher des Vierprophetenbuches gerade in die Regierungszeiten solcher

---

116 Der in 2 Kön 14,25 erwähnte Jona ben Amittai kann hier gänzlich außer Acht gelassen werden.
117 Vgl. Albertz, Deuteronomisten, 283.
118 Schon Noth, Studien, 97f, war aufgefallen, daß die Schriftpropheten im DtrG nicht erwähnt sind. Er meinte jedoch schlicht, daß den Redaktoren des DtrG in ihren Quellen wohl keine Informationen über diese Propheten zur Verfügung standen. Gegenüber dieser doch recht unwahrscheinlichen Annahme verstand Koch, Profetenschweigen, 123-128, die nicht vorhandene Aufnahme der Schriftpropheten zurecht als bewußte Entscheidung der Redaktoren des DtrG. Ihrem erklärten Interesse an möglicher Umkehr widersprach seiner Meinung nach die in diesen Schriften überlieferte unbedingte Unheilsankündigung. Albertz, Deuteronomisten, 297, ging über diese These noch insofern hinaus, als er die Träger des DtrG unter den Nachfahren der deportierten Oberschicht und somit gerade unter den Gegnern der vorexilischen Gerichtspropheten verortete.

Könige Israels und Judas angesetzt werden, die vom DtrG positiv beurteilt werden oder über die, im Falle Jerobeams II., zumindest von einem positiven Mitwirken Jhwhs bei der Regierung des Königs berichtet wird. Doch im Vierprophetenbuch finden sich keinerlei positive Beurteilungen dieser Könige. An keiner Stelle der Bücher Hosea und Amos ist davon die Rede, daß Jhwh auf der Seite Jerobeams bei der Rückeroberung der verlorenen Gebiete stand. Nirgends im Michabuch wird der König Hiskia lobend erwähnt. Und selbst der im DtrG so überaus positiv beurteilte Josia wird im Zefanjabuch keiner Silbe gewürdigt. Zwar werden diese Könige auch nicht negativ dargestellt.[119] Doch die fehlende Aufnahme ihrer Leistungen ist gerade angesichts der sonst so zahlreichen Bezüge zum DtrG bezeichnend. Man könnte fast sagen: Das exilische Vierprophetenbuch antwortet auf das „Prophetenschweigen" des DtrG mit einem „Königsschweigen".[120]

Daß es sich bei dem Vierprophetenbuch um einen bewußten Gegenentwurf zum DtrG handelt, läßt sich nun auch an der Gestaltung der einzelnen Nachträge belegen: Im Hoseabuch wird mit der Kritik an der Verehrung fremder Götter (3,1) und mit der Kritik an Götzenbildern (3,4; 8,4b-6; 13,2-3) der im DtrG belegten Kritik an den kultischen Verfehlungen recht gegeben. Doch über die Aufnahme dieser Kritikpunkte in das Hoseabuch wird gleichzeitig der dabei im DtrG vorhandenen Vereinseitigung auf allein kultische Kriterien begegnet. Denn die Worte gegen Fremdgötterverehrung und Götzenbilder sind im Rahmen des Hoseabuches zusammen mit harten Gerichtsworten auch angesichts sozialer und politischer Verfehlungen überliefert.

---

119 Jerobeam II. wird zwar in Am 7,10-11 erwähnt, allerdings nur indirekt im Rahmen der Anzeige des Priesters Amazja, der Jerobeam über die Botschaft des Amos informiert. Der König ist in dieser kurzen Notiz nur „Statist", der nicht selbst zu Wort kommt. Ein Gerichtswort gegen Jerobeam wird im Munde des Amazja in 7,11a lediglich vorgebracht. In der Gerichtsankündigung Am 7,17 wird von Amos erstaunlicherweise nur die Exilierungsansage aus 7,11b, nicht jedoch das Wort an Jerobeam aufgenommen. Das Gerichtswort gegen das Haus Jerobeams in Am 7,9 wurde dem Amosbuch, wie oben gezeigt, erst nachdtr. zugefügt und spielt für die Überlegungen zum exilischen Vierprophetenbuch keine Rolle.

120 Die Frage, ob dem Vierprophetenbuch eine insgesamt königskritische Grundausrichtung zuzuschreiben ist, wird verschieden beurteilt. So weist Schart, Entstehung, 228, darauf hin, daß sich gerade in den an das Südreich gerichteten Schriften keine königskritischen Worte finden. Albertz, Exilszeit, 180, spricht sich jedoch für eine insgesamt königskritische Tendenz aus, da an keiner Stelle die Wiedererrichtung der davidischen Monarchie erwähnt ist. Obwohl sich in den Büchern Micha und Zefanja tatsächlich keine königskritischen Worte finden, spricht die oben dargestellte durchgängige Bezogenheit des Vierprophetenbuches auf das DtrG, angesichts derer das gänzliche Fehlen jeglicher Bemerkung über die in den Überschriften der Bücher Micha und Zefanja genannten Könige doch auffällig ist, nun eher für die Annahme von Albertz, was sich im folgenden noch weiter erhärten läßt.

Entsprechend wird im Amosbuch zwar der Vorwurf aus 2 Kön 17,13, daß auf die Propheten nicht gehört wurde, übernommen (Am 2,11-12; 7,10-17; 8,11-12; 9,10). Erstaunlich ist jedoch, daß an all diesen Stellen die damit abgelehnte Botschaft der Propheten nicht eigens angegeben wird. Das heißt doch aber, daß die Ablehnung der Prophetie auf die prophetische Botschaft zu beziehen ist, wie sie eben im Amosbuch belegt ist.[121] Und so führte letztlich auch die Ablehnung der prophetischen Botschaft, wie sie im Amosbuch vorliegt, und somit die Mißachtung nicht nur kultischer, sondern auch sozialer Ermahnungen zum Untergang des Nordreichs (9,7-10). Es wird also auch hier der im DtrG vorhandenen einseitigen Kritik an kultischen Mißständen durch den Kontext des vorgegebenen Buches mit seinen umfassenden sozialen Anklagen entgegengewirkt.

Wie im DtrG ist die Darstellung der weiteren vorexilischen Geschichte allein auf das Südreich gerichtet. Doch schon das von den Redaktoren des Vierprophetenbuches in der Regierungszeit der Könige Jotam, Ahas und Hiskia angesetzte Michabuch wirft ein anderes Licht auf die Verhältnisse dieser Zeit als die entsprechenden Passagen des DtrG. Nachdem das Südreich schon in kleineren Nachträgen zu den Büchern Hosea und Amos ausnahmslos negativ dargestellt war (Hos 4,15; 8,14; Am 2,4-5), findet sich nun – ganz im Gegensatz zur Darstellung der Regierungszeit von Jotam und Hiskia im DtrG – auch im Michabuch keine einzige positive Bemerkung über das Südreich. So werden nach dem von der Redaktion des Vierprophetenbuches in Mi 1,5b-7 dargestellten Untergang des Nordreichs auch nicht wie in 2 Kön 18,3-7 zunächst die Leistungen Hiskias vermerkt. Stattdessen wird beschrieben, wie das Gericht geradewegs vom Nordreich auf das Südreich zurollt (Mi 1,9.12b). Denn nach den folgenden, aus dem vorgegebenen Michabuch übernommenen Worten war diese Zeit vor allem durch soziale Mißstände geprägt.

Am Ende des Michabuches nehmen die Redaktoren der Sammlung zwar auf die hiskianische Reform (2 Kön 18,4) Bezug. Sie führen die Beseitigung von Mazzeben und Ascheren, wie auch von Zauberern und Beschwörern, allerdings direkt auf Jhwh zurück (Mi 5,11-13) und nennen dies zusammen mit der Zerstörung der Festungen und der Städte des Landes (5,10), wie sie nach 2 Kön 18,13 beim Feldzug Sanheribs gegen Juda geschehen ist.[122] Diese Vorgänge der Hiskiazeit werden also im Vierprophetenbuch als göttliches Gericht dargestellt. Und nach dem folgenden Verlauf des Micha-

---

121 Beachtenswert ist, daß nach Am 7,10 Amazja in seiner Beschwerde über Amos meint, daß das Volk „all seine Worte" (את־כל־דבריו) nicht ertragen kann. Das heißt doch aber, daß bei den von der Redaktion eingebrachten Worten über die Ablehnung des Propheten die gesamte Botschaft, wie sie im Amosbuch belegt ist, Gegenstand dieser Ablehnung ist.

122 Zur Deutung von Mi 5,9-13 auf die hiskianische Reform und den Feldzug Sanheribs gegen die Städte Judas s.o. 261f.

buches ging dieses Gericht sogar noch weiter. Die kultische und militärische Reinigung, die in Mi 5,9-13 dargestellt wird, war anscheinend noch nicht ausreichend. Da nämlich nach diesen ersten göttlichen Eingriffen die unsozialen Machenschaften der Reichen noch immer (עוד)[123] anhielten, die sich durch Betrug im Handel, insbesondere durch das von den Redaktoren schon in Am 8,5 angeprangerte Fälschen der Waagen, ihren Vorteil sicherten (Mi 6,10-12), wird in Mi 6,14-15 eine Belagerung angesagt. Die in 2 Kön 18,17ff dargestellte Belagerung Jerusalems durch die Assyrer ist nach der Darstellung des Vierprophetenbuches also die göttliche Antwort auf die anhaltenden sozialen Mißstände in der Stadt.[124]

Die Redaktion des Michabuches ist demnach ebenso wie schon bei Hos und Am zwar auf die Darstellung der entsprechenden Zeit des DtrG bezogen. Doch die Interpretation dieser Geschichte findet unter gänzlich anderen Vorgaben statt, insofern sie unter Anwendung der bereits in den aufgenommenen Prophetenbüchern vorgefundenen sozialen Kategorien vorgenommen wird.

Noch deutlicher zeigt sich schließlich beim Zefanjabuch, das von den Redaktoren im Vergleich zum aufgenommenen Grundbestand am umfangreichsten bearbeitet wurde, daß das exilische Vierprophetenbuch als Gegenkonzept zum DtrG gestaltet ist. Zunächst wird in Zef 1,4-5 durch Aufnahme zahlreicher Stichworte auf die Darstellung der josianischen Reform in 2 Kön 22-23 angespielt. Doch zum einen wird auch hier die mit dieser Reform verbundene kultische Reinigung nicht als Leistung des Königs Josia, sondern als göttliches Gericht beschrieben. Zum anderen wird das Reinigungsgericht von der Redaktion im folgenden Vers 1,6 auch auf die bezogen, die nicht zu Jhwh umgekehrt sind. Das heißt, die mit der josianischen Reform verbundene Kultreinigung war nach Ansicht der Redaktoren nicht ausreichend, es wäre auch die Zuwendung zu Jhwh erforderlich gewesen. Doch die Josiazeit war nach dem von den Redaktoren im folgenden aufgenommenen Grundbestand des Zefanjabuches 1,7-18* – und im Gegensatz zum DtrG – eben von Mißständen im Königshaus wie auch der sonstigen Oberschicht geprägt. Deshalb ergeht in 2,1-3* auch nochmals ein Umkehrruf. Und dabei stellen die Redaktoren klar, was sie unter Umkehr verstehen: Das Suchen Gottes wird hier gleichgesetzt mit der Suche nach Armut (Zef 2,3*). Der Lebenswandel der in Zef 1,7-18* angeklagten Jerusalemer Oberschicht wird demnach schlechthin als gottwidrig angeprangert.

---

123 Zur Bedeutung des עוד in Mi 6,10 für das Verständnis dieses Verses s.o. 262f.
124 Zur vom DtrG her bedingten Differenzierung zwischen den in 2 Kön 18,13-16 und den in 18,17ff dargestellten Ereignissen, obgleich es sich auf historischer Ebene wohl um ein und denselben militärischen Übergriff der Assyrer handelt, s.o. 265 Anm. 90.

Die Bereitschaft zu echter Umkehr, was auch die Aufgabe der eigenen wirtschaftlichen Vorteile bedeutet hätte, wäre also nach der josianischen Reform gefordert gewesen. Nur so hätte nach den Redaktoren des Vierprophetenbuches der glühende Zorn Gottes (חרון אף־יהוה) verhindert werden können (Zef 2,2-3*). Während also im DtrG der nach der josianischen Reform erwähnte Zorn Gottes (חרון אף) damit erklärt wird, daß nach den schweren kultischen Verfehlungen des Königs Manasse keine Gnade mehr möglich war (2 Kön 23,26),[125] wird von den Redaktoren des Vierprophetenbuches der Grund für den göttlichen Zorn in der Josiazeit selbst gesucht. Eben deshalb folgt am Ende des Zefanjabuches nach den Fremdvölkerworten in Zef 2,4-9* eine bittere Abrechnung mit den Einwohnern der Stadt und ihren Oberen (3,1-8*). Diese haben trotz der in 2,1-3* dargestellten Aufforderungen nicht auf Jhwh gehört, sie haben keine Zucht angenommen und sind eben nicht zu Jhwh umgekehrt (3,2.7). Ja, noch nicht einmal das Gericht an den Nachbarvölkern, wie es in 2,4-9* angesagt ist, war ihnen eine Warnung (3,6). Und genau deshalb gab es nun keinen Weg mehr am Gericht vorbei (3,8a).

Doch nicht nur die Ursachen für den damit angesagten Untergang Judas werden von den Redaktoren des Vierprophetenbuches anders bestimmt als im DtrG. Auch bei der Frage nach der Zukunft des Volkes gehen sie andere Wege. Im DtrG steht am Ende die Begnadigung Jojachins (2 Kön 25,27-30). Die Hoffnung auf eine neue, heilvolle Zukunft des Volkes wird dort also an das davidische Königtum gebunden.[126] Das Vierprophetenbuch endet hingegen in Zef 3,11-13 mit der Ansage, daß ein armes und geringes Volk (עם עני ודל) übrigbleibt. Die in 2 Kön 24,14; 25,12 nur beiläufig und abschätzig erwähnten Armen des Landes, die von der Exilierung verschont worden sind, werden demnach als die einzigen dargestellt, die dem Gericht entkommen, während die Hochmütigen aus dem Volk entfernt werden. Sie allein sind nach Zef 3,13 der Rest Israels (שארית ישראל), also die durch das Gericht hindurch Geretteten.[127]

Diese Gruppe wird sich nun gerade dadurch auszeichnen, daß sie kein Unrecht mehr tut,[128] keine Lüge mehr redet und in ihrem Mund keine betrügerische Zunge mehr gefunden wird. Das heißt, in dieser Gruppe wird sich die von den Redaktoren in Am 8,5 und Mi 6,10-12 im Anschluß an Hos 12,8 angeklagte wirtschaftliche Übervorteilung des Nächsten nicht mehr

---

125 Vgl. hierzu etwa Würthwein, ATD 11,2, 462; Albertz, Exilszeit, 230.
126 Vgl. von Rad, Geschichtstheologie, 203f; Zenger, Interpretation, 28-30; Koch, Profetenschweigen, 122; Albertz, Deuteronomisten, 286f.
127 Vgl. zur theologischen Bedeutung des Begriffs שארית Clements, Art. שאר, 940f.
128 Zu עשה עולה s.o. 250 mit Anm. 41.

wiederholen.[129] Und diese Gruppe wird sich auch, wie in Zef 1,6; 2,1-3*, 3,2.7 gefordert, Jhwh zuwenden.

Nur die im Lande verbliebene arme Bevölkerung hat also nach dem Konzept der Redaktoren des Vierprophetenbuches eine Zukunft. Nur sie, die über Jahrhunderte hinweg unterdrückt wurden und nun untereinander ein solidarisches Leben zu führen bereit sind, sind der Rest Israels. Eine auch nur ansatzweise Wiederherstellung der vorexilischen Verhältnisse ist in Zef 3,11-13 nicht vorgesehen. Es gibt hier, im Gegensatz zu den meisten anderen exilischen Strömungen (DtrG; JerD; Ez; DtJes), keine Erwartung, daß sich an der mit dem Untergang Judas geschaffenen Situation nochmals wieder etwas ändern wird.[130] Vielmehr wurde nach diesem Wort mit dem Untergang Judas und der Exilierung der Oberschicht ein status quo erreicht, hinter den es kein Zurück mehr gibt.

So eng die Bezüge zum DtrG also auch sein mögen. In ihrer inhaltlichen Ausrichtung gehen die Redaktoren des Vierprophetenbuches ganz eigene Wege. Sie legen ein Gegenkonzept zum DtrG vor, in dem sie die vorexilische Geschichte unter der Vorgabe der aufgenommenen Prophetenbücher als Geschichte beschreiben, die selbst unter Jerobeam II., Hiskia und Josia gleichermaßen von kultischen und sozialen Verfehlungen geprägt war, was schon zum Untergang des Nordreichs, dann aber auch zum Untergang des Südreichs geführt hat. Für dieses Gericht ist vor allem die Oberschicht aufgrund ihres unsolidarischen Verhaltens gegenüber den Armen und Geringen verantwortlich. Und eben deshalb gibt es für die Oberschicht auch keine Zukunft. Eine Rückkehr der Exilierten oder gar eine Wiederbelebung des davidischen Königtums sind nicht vorgesehen. Die Armen des Landes hingegen sind der Rest Israels, dem einzig ein Überleben verheißen ist.

Auf dieser Grundlage könnte das Vierprophetenbuch in seiner Frontstellung gegen das DtrG, dessen Träger wohl gerade unter der deportierten Oberschicht zu suchen sind,[131] der spätexilischen Diskussion um die Bedeutung des Untergangs des babylonischen Reiches und der damit verbundenen Möglichkeit zur Rückkehr der Exilierten entstammen. Es wäre dann noch über die oben dargestellte Datierung hinaus in die Zeit zwischen 539 und

---

129 Zum terminologischen und inhaltlichen Zusammenhang von Zef 3,13 mit den Nachträgen in Am 8,5.6b; Mi 6,10-12 s.o. 249-251.

130 So zeigt sich hier, wie oben 275 bereits angedeutet, also ein entscheidender Unterschied zwischen den Trägern von JerD und den Trägern des Vierprophetenbuches, obgleich beide unter der im Lande verbliebenen Bevölkerung verortet wurden. Nach JerD ist das Exil auf 70 Jahre begrenzt, und die Exilierten werden anschließend wieder zurückkehren (Jer 29,10-14); vgl. zur Zuweisung von Jer 29,10-14 zu JerD Thiel, Jeremia 26-45, 14-17; Albertz, Exilszeit, 254. Die Redaktoren des Vierprophetenbuches sprechen sich jedoch gegen jegliche Restauration der vorexilischen Verhältnisse aus.

131 Vgl. Albertz, Deuteronomisten, 295-300.

520 einzuordnen. In dieser Situation präsentieren die Redaktoren des Vierprophetenbuches gegenüber den sonstigen exilischen Strömungen eine Extremposition. Sie stellen sich gegen einen Neuanfang und beharren auf dem status quo.

3.6 Fazit

Die redaktionsgeschichtliche Bearbeitung der Bücher Hosea, Amos, Micha und Zefanja bestätigt die in der Forschung schon mehrfach vorgeschlagene Existenz eines Vierprophetenbuches. Die in diesen Büchern erkannten dtr. Nachträge weisen an zahlreichen Stellen über sich hinaus auf einen buchübergreifenden Kontext und sind so eigentlich nur im Rahmen dieser Sammlung verständlich. Dies gilt schon für die erst von den dtr. Redaktoren in den jeweiligen Buchüberschriften eingebrachten Datierungen, dies gilt aber auch für Texte wie Mi 1,5b-7, wo ein Übergang zwischen den gegen das Nordreich und den gegen das Südreich gerichteten Prophetenbüchern markiert wird, oder Zef 1,4, wo die Rede vom „Rest des Baal" die Anklagen gegen die Baalsverehrung im Hoseabuch voraussetzt. Zudem spricht auch eine Vielzahl von kompositorischen, inhaltlichen und terminologischen Entsprechungen zwischen den dtr. Überarbeitungen der einzelnen Bücher dafür, daß diese Überarbeitungen für einen buchübergreifenden Zusammenhang geschaffen wurden.

Über den Forschungsstand hinaus konnte nun auch die Komposition des Vierprophetenbuches geklärt werden. Durch die Datierungen in den Buchüberschriften und in durchgängiger Abhängigkeit von den entsprechenden Passagen des DtrG gestalten die Redaktoren ihre Sammlung geradezu als Geschichte der Prophetie, in der das Ergehen des prophetischen Wortes von der Zeit Jerobeams II. bis zur Regierungszeit Josias dargestellt wird. Die aufgenommenen Prophetenbücher sind gewissermaßen als theologischer Kommentar zu diesen Epochen der vorexilischen Geschichte zusammengestellt und fortgeschrieben.

Doch in der konkreten Gestalt dieser Kommentierung der vom Vierprophetenbuch umspannten Zeit wird deutlich, daß sich die Redaktoren dieser Sammlung bewußt von ihrer literarischen Vorlage abheben. Sie entwerfen ein Gegenkonzept zum DtrG, in dem gerade die dort positiv dargestellten Epochen nun in einem ganz anderen Licht erscheinen. Die Geschichte von Jerobeam II. bis Josia wird ausnahmslos als Geschichte beschrieben, die von kultischen und sozialen Verfehlungen geprägt ist.

So wird der im DtrG für Jerobeam II. vermerkte Beistand Jhwhs bei der Rückeroberung der Gebiete (2 Kön 14,25-27) weder im Hosea- noch im Amosbuch aufgenommen. Stattdessen erscheinen die letzten Jahre vor dem

Untergang des Nordreichs als Zeit, die nur von kultischem Fehlverhalten und vor allem von sozialen Mißständen geprägt ist und deshalb direkt auf diesen Untergang zuführt (Am 9,7-10). Die hiskianische und die josianische Reform, die im DtrG so positiv herausgehoben werden, sind zwar erwähnt (Mi 5,12-13; Zef 1,4-6). Doch zum einen wird die damit verbundene Kultreinigung auf Jhwh selbst zurückgeführt und nicht als Leistung des jeweiligen Königs beschrieben, zum anderen wird vermerkt, daß diese Maßnahmen erfolglos waren. Denn die Oberschicht des Volkes ließ sich trotz aller göttlicher Eingriffe nicht zur Umkehr bewegen (Zef 1,6; 2,1-3*; 3,1-8*), womit auch und vor allem ein Ende der Ausbeutung der niederen Schichten hätte verbunden sein müssen (Mi 6,2-15*; Zef 2,1-3*). Deshalb bleibt am Ende auch nur für eben diese Niederen, für ein armes und geringes Volk, noch Hoffnung. Sie allein sind der Rest Israels. Die deportierte Oberschicht hingegen hat in dieser Volksgemeinschaft, anders als bei den meisten anderen exilischen Literaturwerken, keine Zukunft mehr (Zef 3,11-13). Eine Rückkehr der Exilierten oder gar die Erneuerung der davidischen Monarchie werden nicht erwartet. Hinter die mit dem Untergang Judas geschaffene Situation gibt es nach dem Vierprophetenbuch kein Zurück.

Das Vierprophetenbuch gibt somit Einblick in die spätexilische Diskussion um die Zukunft des Volkes angesichts der weltpolitischen Umwälzungen, die der Aufstieg der Perser und der damit verbundene Untergang des babylonischen Reiches mit sich brachten. Die Redaktoren des Vierprophetenbuches, die unter der armen Landbevölkerung oder mit diesen sympathisierenden Kreisen zu verorten sind, beziehen mit ihrem Werk Stellung gegen die deportierte Oberschicht, auf die das DtrG zurückgeht. Es wird aus der vorexilischen Geschichte heraus begründet, warum nur die eigene Gruppe, die im Land verbliebene Bevölkerung, der einzig legitime Rest des Volkes ist. Der Hoffnung der deportierten Oberschicht auf Wiederherstellung der vorexilischen Verhältnisse wird dagegen eine klare Absage erteilt.

Die hier vorgelegte Darstellung des Vierprophetenbuches ergibt damit auch neue Erkenntnisse über die Art und Weise der literarischen Auseinandersetzung zwischen den verschiedenen Strömungen und Trägerkreisen des Alten Testaments. Es zeigt sich, daß eine Gruppe von Redaktoren vorexilischer Prophetenbücher nicht nur inhaltlich zur Position einer anderen Gruppe Stellung nahm, sondern daß dies auch in bewußter Auseinandersetzung mit einem Literaturwerk dieser Gruppe geschah. Vergleichbar mit dem Pentateuch, wo zwischen den unterschiedlichen Überlieferungen eine Diskussion unter den verschiedenen Trägerkreisen, eine Art „gefrorener Dialog",[132] erkennbar wird, ist auch hier eine Diskussion zweier Träger-

---

132 Albertz, Religionsgeschichte 2, 519.

kreise erkennbar, nun als handfeste Auseinandersetzung. Doch ist diese Diskussion eben nicht innerhalb ein und desselben Literaturwerks niedergelegt, sondern in Form eines unabhängigen Gegenentwurfs zu einem bereits vorgegebenen Werk.

IV. Das Haggai-Sacharja-Korpus
(Hag; Sach)

1. Ausgangspunkt

Die Annahme, daß die Bücher Haggai und Sacharja einmal zu einem gemeinsamen Korpus, einem Zweiprophetenbuch, zusammengebunden waren, gehört zu den ältesten Thesen mit Blick auf die Entstehung des Zwölfprophetenbuches überhaupt. Denn diese Bücher sind nicht nur über den jeweils vorhandenen Bezug auf den Bau des zweiten Tempels allgemein thematisch verbunden. Eine noch bedeutendere Gemeinsamkeit besteht in den vergleichbaren Rahmenversen, mit denen schon am Beginn der beiden Bücher Hag 1,1; Sach 1,1,[1] dann aber auch an mehreren Stellen innerhalb des jeweiligen Buchkorpus (Hag 2,1.10.20; Sach 1,7; 7,1) die folgenden Worte mit einer Wortereignisformel und einer Datierung in die Regierungszeit des persischen Königs Darius eingeführt werden. Über diese Datierungen sind die einzelnen Einheiten der beiden Bücher in ein chronologisches Gerüst eingebettet, das die Botschaft der beiden Propheten mit bestimmten Stationen rund um den Bau des zweiten Tempels in Verbindung bringt und so in einer zusammenhängenden Geschehnisfolge verstehen läßt.

Klostermann hat daher schon 1896 vorgeschlagen, daß diese Rahmenverse erst sekundär den von den Propheten überlieferten Worten zugefügt worden sind und auf dieselbe Hand zurückgehen.[2] Seiner Meinung nach hat der Prophet Sacharja selbst die Verschriftung dieser Bücher vorgenommen und in diesem Zusammenhang die Einleitungen zu den einzelnen Worten zugefügt. Die Datierungen werden hier also bereits in einem buchübergreifenden Zusammenhang gesehen. Die Bücher Haggai und Sacharja hätten demnach nie für sich bestanden, sondern wären schon immer gemeinsam als Zweiprophetenbuch überliefert worden.

Wengleich in heutiger Zeit nur noch selten angenommen wird, daß Sacharja selbst als Erstherausgeber der beiden Schriften anzunehmen ist,[3]

---

1   Siehe hierzu oben 45f.
2   Vgl. Klostermann, Geschichte, 213.
3   Vgl. aber Meyers / Meyers, AncB 25B, XLVII; Tollington, Tradition, 47; Pola, Priestertum, 40f.

hat die von Klostermann vorgestellte These einer buchübergreifenden Redaktion von Hag und Sach doch große Popularität erreicht.[4] Umstritten ist unter den Vertretern dieser These lediglich, wie die sozialgeschichtliche Einordnung der Tradenten eines solchen Zweiprophetenbuches vorzunehmen ist, ob sie einem chronistischen Milieu entstammen[5] oder ob sie etwas allgemeiner dem Umfeld des Tempels zuzuordnen sind.[6]

Doch gegen diesen scheinbaren Konsens über eine gemeinsame Bearbeitung von Hag und Sach wurden auch immer wieder Einwände oder weitergehende Differenzierungen vorgebracht. Dies hat seinen sachlichen Grund vor allem darin, daß die Rahmenverse der beiden Bücher keineswegs so gleichförmig gestaltet sind, wie gerne behauptet wird. So werden etwa nur im Haggaibuch im Rahmen der Einleitungen auch die Adressaten des Folgenden genannt,[7] und nur hier ist der Name des Propheten an einigen Stellen mit der präpositionalen Wendung ביד eingeführt (Hag 1,1; 2,1; vgl. 1,3), während nur in Sach 1,7; 7,1 auch die babylonischen Monatsnamen belegt sind. Zudem zeigen sich Unterschiede zwischen den beiden Büchern in der Reihenfolge, in der bei den einzelnen Datierungen jeweils Tag, Monat und Jahr angegeben sind.[8]

Schon Rudolph hat daher vorgeschlagen, daß der chronologische Rahmen des Sacharjabuches zunächst nur für dieses Buch geschaffen wurde und die Tradenten des Haggaibuches dann die von ihnen eingebrachten Einleitungen nach dem Vorbild des Sacharjabuches konzipierten.[9] Dabei verfolgten sie laut Rudolph die Intention, die Priorität Haggais gegenüber Sacharja zu belegen. Bei diesem Modell wäre also nicht von einer gemeinsamen Redaktion auszugehen, sondern das eine Buch wäre auf das andere zu redigiert worden.

Den umgekehrten Weg hat demgegenüber Mason – allerdings ohne nähere Ausführungen – angedacht. Er hält gerade den chronologischen Rahmen des Haggaibuches für älter als die Rahmenpartien des Sacharjabuches.[10]

---

4   Vgl. neben den 285 Anm. 3 genannten Ansätzen etwa Ackroyd, Book, 152; Elliger, ATD 25, 99; Beuken, Haggai-Sacharja, 331-336; Coggins, Haggai, 26f; Nogalski, Precursors, 256; Kaiser, Grundriß 2, 152; Redditt, Haggai, 12.42f.
5   Vgl. Ackroyd, Book, 152; Beuken, Haggai-Sacharja, 334; Nogalski, Precursors, 236; Kaiser, Grundriß 2, 152.
6   So Coggins, Haggai, 29, im Anschluß an Mason, Preaching, 195.234.
7   Vgl. Hag 1,1 sowie die Verse 2,2.21, die sich im folgenden ebenfalls als Teil der Redaktion, auf die Datierungen zurückgehen, erweisen werden.
8   Siehe hierzu im einzelnen unten 367f.
9   Vgl. Rudolph, KAT 13,4, 46f.
10   Vgl. Mason, Purpose, 421. Allerdings scheint Mason in dieser Frage recht unentschlossen zu sein. So bezeichnet er die Redaktion des Haggai- und des Sacharjabuches in Haggai, 29, zumindest als vergleichbar, a.a.O., 34, scheint er sogar davon auszugehen, daß beide Bücher

John Kessler wiederum will zwischen den beiden Büchern überhaupt keine literarischen Verbindungen erkennen.[11] Seiner Meinung nach gehen die vergleichbaren Rahmenverse lediglich auf literarische Konventionen der frühnachexilischen Zeit zurück und sprechen weder dafür, daß die Bücher von denselben Redaktoren bearbeitet wurden, noch dafür, daß das eine Buch an das andere angeglichen wurde.

Kompliziertere Modelle werden von Albertz und Lux vertreten.[12] Beide gehen davon aus, daß die Bücher Haggai und Sacharja in zwei Redaktionsgängen miteinander verbunden wurden. So wurden nach Albertz die Einleitungen des Haggaibuches zusammen mit Sach 8,9-13 eingebracht, während in einem zweiten Schritt der Rahmen des Sacharjabuches zusammen mit Hag 2,5a zugefügt wurde. Auch nach Lux gehen die Einleitungen des Haggaibuches auf dieselbe Redaktion zurück, die Sach 8,9-13 einbrachte, wobei seiner Meinung nach zudem die Einleitungen in Sach 1,7; 7,1 auf dieser Ebene anzusetzen sind. Eine weitere Redaktion brachte dann zusammen mit der nach Sach 1,7 gestalteten Einleitung Sach 1,1 die Umkehrpredigt in 1,2-6 und den Einschub in die Fastenfrage 7,7-14 ein.

Der literarische Zusammenhang der Bücher Haggai und Sacharja ist also keineswegs unumstritten. Schon die bloße Existenz eines solchen Zweiprophetenbuches wird bisweilen verneint. Die genaueren Umstände einer etwaigen Verbindung sind ohnehin noch unklar. Ob die Rahmenverse des einen Buches auf dieselbe Hand wie die des anderen zurückgehen oder an die des anderen angeglichen wurden, welche weiteren Textbereiche bei dieser wie auch immer gearteten Überarbeitung eingebracht wurden, welche Intention mit den redaktionellen Verbindungen verfolgt wurde und welchem sozialgeschichtlichen Hintergrund die Tradenten entstammen – all dies bedarf noch der weiteren Klärung. Dabei sind auch hier gesicherte Erkenntnisse nur auf Grundlage einer redaktionsgeschichtlichen Bearbeitung der Einzelbücher möglich. Erst wenn die buchinternen Zusammenhänge der Rahmenverse deutlich sind, kann nach der buchübergreifenden Bedeutung dieser Verse und somit nach der Entstehung, Komposition und Intention eines die Bücher Haggai und Sacharja umfassenden Zweiprophetenbuches gefragt werden.

---

von denselben Redaktoren bearbeitet worden sind. Die erkennbare Unentschlossenheit in den verschiedenen Ausführungen Masons zeigt also gerade, wie schwer die Frage nach dem literarischen Zusammenhang der Rahmenverse der Bücher Haggai und Sacharja zu beantworten ist.

11 Vgl. Kessler, Haggai, 56f.
12 Vgl. Albertz, Religionsgeschichte 2, 484; Lux, Zweiprophetenbuch, 191-213.

2. Zur Redaktionsgeschichte der Einzelbücher

2.1 Das Haggaibuch

Die markanteste formale Eigenheit des Haggaibuches besteht darin, daß die Prophetenworte in ein narratives Gerüst eingebettet sind. Um die einzelnen Worte sind Rahmenverse gelegt, die die Zeit und die Adressaten der jeweils folgenden Botschaft angeben oder die Reaktion des Volkes auf die Worte des Propheten beschreiben. Für die redaktionsgeschichtliche Bearbeitung des Buches bietet es sich an, noch vor der Behandlung der einzelnen Worte diese Rahmentexte genauer zu betrachten.

2.1.1 Die Rahmentexte des Haggaibuches

Unter den Rahmentexten des Haggaibuches fallen zunächst die Verse mit den Datierungen auf. Schon in der Einleitung Hag 1,1, dann aber auch in den Versen 1,15; 2,1.10.20 wird das Ergehen der jeweils folgenden Worte oder die zuvor dargestellte Reaktion des Volkes auf diese Worte mit einem bestimmten Tag in der Regierungszeit des persischen Königs Darius in Verbindung gebracht.

In der Forschung ist nun umstritten, ob dieser chronologische Rahmen schon bei der Erstverschriftung um die einzelnen Prophetenworte gelegt oder aber erst sekundär der bereits schriftlich fixierten Botschaft des Propheten zugefügt wurde.[1] Dabei sprechen inhaltliche und terminologische Unterschiede zwischen den Rahmenversen und den Prophetenworten dafür, daß es sich bei diesem Rahmen um Nachträge zu bereits schriftlich vorgegebenen Worten handelt.

Denn die Prophetenworte sind, mit Ausnahme von Hag 2,4.23, nur an das Volk gerichtet. In den Rahmenversen werden aber auch der Statthalter Serubbabel und der Hohepriester Jeschua genannt. Besonders auffällig ist dies bei Hag 1,1-4. Während die folgende Botschaft in der Einleitung Hag 1,1 sogar nur an Serubbabel und Jeschua adressiert ist, findet sich in 1,2 gerade eine Anklage gegen das Volk, dessen Weigerung zum Tempelbau hier zitiert wird. Der Zusammenhang von Einleitung und Zitat des Volkes

---

1 Daß die Rahmenverse des Haggaibuches bereits bei der Erstverschriftung des mündlich vorgegebenen Guts eingebracht wurden, meinte schon Marti, KHC 13, 378f, und in neuerer Zeit etwa Kessler, Year, 66; ders., Haggai, 51-57; Floyd, Nature, 473; Pola, Priestertum, 40-42, für eine Redaktion schriftlich vorliegender Worte plädieren hingegen Sellin, KAT 12, 394f; Beuken, Haggai-Sacharja, 204; Wolff, Haggai, 134; ders., BK 14,6, 4; Reventlow, ATD 25,2, 5; Tollington, Tradition, 20-23; dies., Readings, 196f.

könnte zwar auch so verstanden werden, daß die Aussage des Volkes bei den beiden Amtsträgern – gewissermaßen als Beschwerde – vorgebracht wird.[2] Doch dagegen spricht, daß die folgenden Worte in Hag 1,4ff ebenfalls nur an das Volk gerichtet sind, Serubbabel und Jeschua hingegen keine weitere Rolle spielen. Die Einleitung in Hag 1,1 mit ihrem Bezug auf die beiden Amtsträger wurde also wohl erst sekundär vor die folgenden, an das gesamte Volk adressierten Worte gesetzt.[3]

Zu dieser inhaltlichen Unstimmigkeit kommen terminologische Unterschiede zwischen den Rahmentexten und den eigentlichen Prophetenworten.[4] So wird in den Rahmenversen stets die Wortereignisformel (1,1; 2,1.10.20), sonst aber die Botenformel verwandt (1,2.5.7; 2,6.11). Zudem wird Serubbabel in Hag 1,1 mit Vaternamen und Statthalter-Titel (פחה) genannt, doch gerade an den beiden Stellen, an denen Serubbabel innerhalb der eigentlichen Prophetenworte erwähnt ist (2,4.23), ist die Amtsbezeichnung nicht belegt und der Vatername nur in 2,23.[5]

Die inhaltlichen und terminologischen Unterschiede weisen also darauf hin, daß das chronologische Gerüst in den Versen 1,1.15; 2,1.10.20 erst sekundär um bereits schriftlich fixierte Prophetenworte herum ergänzt worden ist. Bei der Aufnahme von mündlichem Gut wären der Rahmen und die vorgegebenen Worte wohl stärker aneinander angepaßt worden. Ob die Redaktoren, auf die die Rahmenverse zurückgehen, dabei auf eine zusammenhängende Komposition oder aber auf einzelne kleinere, in der Forschung gerne als Auftrittsskizzen bezeichnete Wortsammlungen zurück-

---

2 So Kessler, Haggai, 122.
3 Vgl. nur Ackroyd, Studies, 169; Mason, Haggai, 14f; Wolff, BK 14,6, 15f; Reventlow, ATD 25,2, 10; Tollington, Tradition, 20f. Demgegenüber rechnet Beuken, Haggai-Sacharja, 30f, Hag 1,2 noch zur Redaktion, die auch den Rahmenvers 1,1 eingebracht hat, da die Wortereignisformel in 1,3 eher schlecht an die Gottesrede von 1,2 anschließt. Doch angesichts der beschriebenen Schwierigkeiten und da ohne Hag 1,2 auch die Reaktion des Propheten in 1,4 nicht verständlich wäre, ist Hag 1,2 wohl eher zu dem der Redaktion vorgegebenen Bestand zu rechnen. Die von Beuken zurecht festgestellte Schwierigkeit, daß Hag 1,3 nur schlecht an 1,2 anschließt, läßt sich einfacher lösen, wenn nicht Hag 1,2 sondern gerade Hag 1,3, wie im folgenden vorgeschlagen, als Teil der Redaktion verstanden wird; vgl. hierzu auch Steck, Haggai, 359-362.
4 Vgl. etwa Mason, Purpose, 414-417; Wolff, BK 14,6, 4f; Reventlow, ATD 25,2, 6.
5 Diese und weitere im folgenden dargestellte Differenzen zwischen den Rahmenversen und den eigentlichen Prophetenworten werden also von Floyd, Nature, 481f; Kessler, Haggai, 53; Pola, Priestertum, 41f, übersehen, wenn sie meinen, daß sich beim Haggaibuch zwischen den Eigenformulierungen der Redaktoren und dem vorgegebenen Gut keine terminologischen Unterschiede finden lassen und daß deshalb die Redaktoren der Rahmenverse schon für die Erstverschriftung des Buches verantwortlich sind.

gegriffen haben,[6] läßt sich allerdings erst nach der Betrachtung dieser Worte zeigen.[7]

Nun beschränkt sich der erzählerische Rahmen des Haggaibuches aber nicht auf die dargestellten Verse mit den Datierungen. Neben diesen Versen finden sich noch weitere narrative Passagen, nämlich in Hag 1,3.12-14.[8] Dabei dürfte Hag 1,3 auf jeden Fall auf dieselbe Redaktion zurückgehen wie die Rahmenverse in 1,1.15; 2,1.10.20.[9] Dieser Vers erweist sich schon aufgrund der Wortereignisformel, die den klaren Zusammenhang zwischen dem bereits mit Botenformel eingeleiteten Zitat des unwilligen Volkes in 1,2 und der folgenden Anklage an dieses Volk in 1,4ff unterbricht, als sekundär. Doch gerade über die Wortereignisformel, aber auch über die auffällige Anfügung des Prophetennamens durch die auch sonst in den Rahmenversen belegte präpositionale Wendung ביד (1,1; 2,1) ist Hag 1,3 mit der Redaktion eben dieser Rahmenverse verbunden.

Bei der Darstellung in Hag 1,12-14, daß die Arbeiten am Tempel aufgenommen werden, ist der Befund allerdings etwas differenzierter: In 1,12a werden neben dem Volk, wie bereits in dem redaktionellen Vers 1,1, auch Serubbabel und Jeschua genannt, und zwar wiederum mit Vaternamen und (zumindest bei Jeschua) mit Amtsbezeichnung. Dabei fällt zusätzlich zu den bereits genannten terminologischen Unterschieden zwischen Rahmenversen und Prophetenworten auf, daß bei der Erwähnung des Volkes in 1,12a nicht wie in den Worten העם הזה (1,2) oder כל־עם הארץ (2,4) steht, sondern charakteristischerweise כל שארית העם.[10] So wird Hag 1,12a ebenso auf die Redaktion zurückgehen, der schon die Rahmenverse mit den Datierungen zugewiesen wurden.

Von Hag 1,12a, wie überhaupt von den Rahmenversen, unterscheidet sich nun aber Hag 1,12b.13, da hier zum einen das Volk wieder schlicht העם genannt wird und da zum anderen der Prophet in 1,13 als מלאך יהוה

---

6 Der Begriff „Auftrittsskizze" geht auf Beobachtungen von Wolff, BK 14,1, 92f, zum Hoseabuch zurück. Wolff versteht darunter nachträgliche, notizenhafte Aufzeichnungen über einen prophetischen Auftritt, bei denen nur die Worte des Propheten, nicht aber eventuelle Einsprüche des Volkes festgehalten sind, was die besondere, sentenzenhafte Gestalt des Hoseabuches erklären soll. Der Begriff wurde dann von Beuken, Haggai-Sacharja, 204, zur Erklärung der Grundschicht des Haggaibuches übernommen, woran sich auch Wolff selbst (Haggai, 134; BK 14,6, 4f) angeschlossen hat; vgl. auch Deissler, NEB.AT 21, 254; Reventlow, ATD 25,2, 5f mit Anm. 1.

7 S.u. 316f.

8 Die nur schwer zu verstehende Einheit Hag 2,11-14 soll zunächst ganz außer Acht bleiben; siehe hierzu unten 302-305.

9 Vgl. etwa Ackroyd, Studies, 169; Mason, Haggai, 15f; Wolff, BK 14,6, 16; Reventlow, ATD 25,2, 11; Tollington, Tradition, 20.

10 Der terminologische Unterschied zwischen dem Rahmen und den eigentlichen Prophetenworten bei der Bezeichnung des Volkes ist ebenfalls schon häufig aufgefallen; vgl. etwa Mason, Haggai, 8; Wolff, BK 14,6, 5; Reventlow, ATD 25,2, 16; Tollington, Tradition, 21f.

bezeichnet wird und nicht wie in 1,12a und stets in den Rahmenversen als
נביא (1,1.3; 2,1.10).[11] Zudem sind 1,12b.13 gerade mit den eigentlichen
Prophetenworten des Haggaibuches verbunden, ist doch das Fürchten des
Volkes neben 1,12b auch in 2,5b erwähnt, und die Mit-Seins-Formel in 1,13
erinnert deutlich an 2,4. Und schließlich kommen die beiden Amtsträger
Serubbabel und Jeschua in 1,12b.13 – anders als in 1,12a, aber wie in den
Prophetenworten 1,4-11 – nicht vor. So spricht also alles dafür, daß Hag
1,12b.13 der Redaktion der Rahmenverse bereits vorlag.[12]

Im folgenden Vers 1,14 werden Serubbabel und Jeschua jedoch wieder
erwähnt, und zwar erneut mit Vaternamen und Amtsbezeichnung wie in den
Rahmenversen, und das Volk wird wie dort als כל שארית העם bezeichnet,
so daß dieser Vers wie schon 1,12a der Redaktion zuzuweisen sein wird, auf
die eben die Rahmenverse mit den Datierungen zurückgehen.[13]

Es bleibt aber noch die Frage, ob diese Redaktion nicht auch in die
vorgegebenen Prophetenworte eingegriffen hat. So fällt zunächst in Hag 2,2
auf, daß bei dieser Aufforderung an den Propheten, das folgende Wort
auszurichten, Serubbabel und Jeschua wie in den Rahmenversen mit Vaternamen und Titel genannt werden und das Volk als שארית העם bezeichnet
wird. Dabei ist beachtenswert, daß in dem folgenden Wort an die Amtsträger, das nach 2,2 ausgerichtet werden soll, in 2,4 Serubbabel ohne Vatername und Titel angesprochen wird und das Volk im Gegensatz zu 2,2 als
כל-עם הארץ bezeichnet wird. Dies spricht dafür, auch Hag 2,2 der Redaktion zuzuweisen, die die Rahmentexte des Haggaibuches eingebracht hat.[14]

Bei dem erwähnten Wort an die Amtsträger in Hag 2,4 fällt nun aber
auf, daß der Hohepriester Jeschua hier im Gegensatz zu Serubbabel gerade
doch mit Vaternamen und Titel genannt ist. Zudem wird die Aufforderung an
Jeschua nicht wie die Aufforderung an Serubbabel und das Volk mit einer
Gottesspruchformel abgeschlossen. So wird also in diesem Vers die Erwäh-

---

11 Daß Hag 1,13 aufgrund der unterschiedlichen Bezeichnung für den Propheten nicht wie
    1,12a zur Redaktion der Rahmenverse des Haggaibuches gerechnet werden kann, haben auch
    Wolff, BK 14,6, 18, und Reventlow, ATD 25,2, 16, erkannt. Wenn hingegen Beuken, Haggai-
    Sacharja, 37-39, diesen Vers gerade wegen des Titels מלאך als redaktionell ansieht, so hängt
    dies einzig damit zusammen, daß Beuken die Redaktion des Haggaibuches insgesamt als
    „chronistisch" versteht und dieser Titel auch in 2 Chr 36,15-16 belegt ist. Da sich Hag 1,13
    jedoch über diese Bezeichnung des Propheten terminologisch von den sonstigen redaktionel-
    len Versen abhebt, handelt es sich wohl eher um einen dieser Redaktion bereits vorgegebe-
    nen Vers, zumal sich zeigen wird, daß sich Beukens These einer chronistischen Redaktion
    ohnehin nicht halten läßt; s.u. 320 mit Anm. 99.
12 So auch Wolff, BK 14,6, 17f; Reventlow, ATD 25,2, 16.
13 Daß Hag 1,14 zur Redaktion der Rahmenpartien des Haggaibuches gehört, ist allgemein
    anerkannt; vgl. nur Beuken, Haggai-Sacharja, 28-30; Mason, Haggai, 14; Wolff, BK 14,6, 17f;
    Reventlow, ATD 25,2, 16f; Tollington, Tradition, 21.
14 Vgl. Mason, Haggai, 19; Wolff, BK 14,6, 52; Reventlow, ATD 25,2, 19; Tollington, Tradition,
    21f.

nung des in den sonstigen Worten ja auch an keiner Stelle mehr erwähnten Jeschua erst auf die Redaktion zurückgehen.[15] Serubbabel dürfte demgegenüber schon im Grundbestand dieses Verses angesprochen sein, da sonst nicht verständlich wäre, warum der an das Volk gerichtete Imperativ von חזק im Singular, der Imperativ von עשׂה am Ende des Verses jedoch im Plural steht. Dies erklärt sich nur, wenn sowohl Serubbabel als auch das Volk zunächst je für sich mit einem Imperativ im Singular angesprochen werden, im folgenden dann aber beide zusammengenommen mit einem Imperativ im Plural.[16]

Auch bei der Datierung in 2,18bα, die die Grundlegung des Tempels mit einem bestimmten Tag in Verbindung bringt, handelt es sich um einen Nachtrag, wäre dies doch sonst die einzige Datierung innerhalb der vorgegebenen Prophetenworte. Ob dieser Nachtrag allerdings auf dieselbe Hand zurückgeht, die auch die übrigen Datierungen eingebracht hat, ist unsicher. Wahrscheinlicher handelt es sich wohl um eine spätere Überarbeitung, die den Tag des Baubeginns nochmals eigens angeben wollte und dafür auf das in 2,10 genannte Datum zurückgegriffen hat. Denn die übrigen Datierungen sind stets in den Rahmenversen und nicht wie in 2,18bα innerhalb eines Prophetenwortes belegt.[17]

Demgegenüber wird aber Hag 2,21a sicherlich wieder auf dieselbe Redaktion wie die Rahmenverse zurückgehen.[18] Die Aufforderung, das folgende Wort an Serubbabel auszurichten, erinnert deutlich an den der Redaktion zugewiesenen Vers 2,2, wobei hier erneut, wie sonst nur in den Rahmentexten, Serubbabel mit Statthalter-Titel genannt wird.

Zuletzt sei noch auf ein Problem innerhalb dieser Rahmenverse eingegangen, das immer wieder zu Umstellungen im vorliegenden Text des Haggaibuches führte. Die Datierung in Hag 1,15 verwundert, da sie sich zum einen auf den in 1,12-14 berichteten Beginn des Tempelbaus zurückzubeziehen scheint, die sonstigen Datierungen im Haggaibuch aber stets auf den folgenden Kontext bezogen sind, und da zum anderen in 2,1 gleich eine erneute Datierung folgt. So wurde schon häufig vorgeschlagen, daß die Jahresangabe in 1,15b zur folgenden Datierung ohne Jahresangabe in 2,1 zu

---

15 Vgl. Wolff, BK 14,6, 53; Reventlow, ATD 25,2, 20; Tollington, Tradition, 22f.
16 Es besteht also kein Grund, mit Wolff, BK 14,6, 53; Tollington, Tradition, 22, die Zugehörigkeit der Aufforderung an Serubbabel zum ursprünglichen Bestand von Hag 2,4 als unsicher zu bezeichnen.
17 So gehen auch Beuken, Haggai-Sacharja, 210; Mason, Haggai, 23; Reventlow, ATD 25,2, 27; Tollington, Tradition, 23, von einer späteren, vereinzelten Redaktion aus. Wolff, BK 14,6, 42f, führt die Datierung in Hag 2,18bα hingegen auf die Redaktion der Rahmenverse zurück. Zur Problematik, wie sich die Datierung des Baubeginns in 2,10.15-19 mit der bereits drei Monate früher angesetzten Aufnahme der Arbeiten in 1,12-15 verträgt, s.u. 306-309.
18 Vgl. Wolff, BK 14,6, 77; Reventlow, ATD 25,2, 29; Tollington, Tradition, 23.

ziehen ist, was auch dieselbe Abfolge wie in Hag 1,1 ergeben würde, wo
ebenso das Jahr vor Tag und Monat genannt wird.[19] Sodann wurde immer
wieder vermutet, daß auf 1,15a ursprünglich das Wort aus Hag 2,15-19
folgte, das dann erst später an den vorliegenden Ort im Haggaibuch gestellt
wurde.[20]

Doch schon die Verbindung von 1,15b mit 2,1 ist keinesfalls zwingend.
Denn zum einen ist die Reihenfolge der einzelnen Angaben unter den
Datierungen des Haggaibuches keineswegs fest.[21] Zum anderen wäre dann
bei der Datierung in 1,15a überhaupt kein Jahr angegeben, was nach 1,15-2,1
nur noch in 2,20 der Fall ist, wobei es sich dort aber um eine Aufnahme des
Datums aus 2,10 handelt, für das nun angegeben wird, daß an diesem Tag
ein zweites Mal ein Wort an den Propheten ergangen ist. In diesem Zusammenhang ist das Weglassen des Jahres, anders als bei 1,15a, gut erklärlich. Es ist also höchst unwahrscheinlich, daß in 1,15a ursprünglich ein
Datum ohne Jahresangabe stand. Wenn aber 1,15b nicht von 1,15a zu
trennen ist, dann ist die Tatsache, daß 2,1 keine eigene Jahresangabe mehr
enthält, auch ein erster Hinweis darauf, daß auf 1,15 eben kein Wort mehr
folgte, das erst später an einen anderen Ort im Haggaibuch umgestellt
wurde. Denn nur wenn 2,1 schon immer direkt an 1,15 anschloß, ist die
fehlende Jahresangabe in 2,1 verständlich, da dann das Jahr gerade wegen
des direkten Anschlusses an 1,15b nicht mehr eigens angegeben wurde.[22]

Daß 1,15 in der vorliegenden Gestalt des Haggaibuches die einzige
Datierung ist, die am Ende und nicht am Beginn einer Einheit angegeben
wird, ist aber auch kein Grund für die Umstellung eines Wortes zwischen
1,15a und 1,15b. Denn bei der vorausgehenden Einheit Hag 1,12-14 handelt
es sich ja auch um die einzige wirkliche Erzählpassage im Haggaibuch.[23]
Während die übrigen Datierungen im Rahmen von Einleitungen zu den
einzelnen Worten eingebracht wurden, liegt bei 1,12-15 ein kurzer Bericht

---

19 Vgl. hierzu Sellin, KAT 12, 395; Horst, HAT 14, 206f; Beuken, Haggai-Sacharja, 48f; Ru-
    dolph, KAT 13,4, 30; Mason, Haggai, 23; Petersen, Haggai, 59-62; Wolff, BK 14,6, 40f;
    Reventlow, ATD 25,2, 17.
20 So Sellin, KAT 12, 395; Rothstein, Juden, 63; Horst, HAT 14, 206f; Beuken, Haggai-Sacharja,
    48f; Mason, Haggai, 23; Wolff, BK 14,6, 40f, u.a.
21 Während in Hag 1,1 die Reihenfolge Jahr – Monat – Tag belegt ist, findet sich in 2,10 die
    Reihenfolge Tag – Monat – Jahr und vergleichbar in 2,20 die Reihenfolge Tag – Monat. Hag
    1,15 für sich genommen würde also mit dem Schema Tag – Monat – Jahr exakt der Reihen-
    folge von 2,10 entsprechen.
22 So spricht Verhoef, Haggai, 89, bei der Jahresangabe von Hag 1,15 von „double duty", da sie
    sich sowohl auf Hag 1,15a als auch auf Hag 2,1 beziehe. Man könnte aber auch einfach sagen,
    daß nach der Jahresangabe von 1,15b das Jahr in 2,1 nicht mehr eigens wiederholt werden
    mußte.
23 Zu Hag 2,11-14 s.u. 302-305.

über den Beginn des Tempelbaus vor, bei dem die abschließende Erwähnung des Datums völlig unproblematisch ist.

So spricht also nichts für die beschriebenen Eingriffe in die vorliegende Gestalt von Hag 1,15.[24] Weder die Aufteilung der Datierungen auf 1,15a und 1,15b; 2,1 noch die Umstellung des Textes 2,15-19 zwischen 1,15a und 1,15b lassen sich wirklich begründen. Die Datierung ist so, wie sie dasteht, verständlich, und zu einer ohnehin recht spekulativen Umstellung von Hag 2,15-19 besteht keinerlei Anlaß, zumal sich erweisen wird, daß diese Einheit an ihrer jetzigen Position ihren guten Ort hat.[25]

Insgesamt gehen also die Verse Hag 1,1.3.12a.14-15; 2,1-2.4*(וחזק יהושע ... הגדול).10.20.21a auf eine Redaktion des Haggaibuches zurück, die die bereits schriftlich vorliegenden Haggaiworte zum einen in einen chronologischen Ablauf einbettet und so mit verschiedenen Daten des Tempelbaus in Verbindung bringt und die diese Worte zum anderen durchgängig auf den zuvor nur in 2,4.23 genannten Statthalter Serubbabel und den zuvor überhaupt nicht erwähnten Hohepriester Jeschua bezieht. Diese Redaktion sei im folgenden aufgrund der Einordnung der Haggaiworte in einen chronologischen Rahmen im Anschluß an Wolff als Haggai-Chronik bezeichnet.[26]

Gegenüber dieser Redaktion handelt es sich bei der Datierung in 2,18bα wohl um einen später anzusetzenden, vereinzelten Nachtrag, der die in 2,18bβ erwähnte Tempelgründung im Anschluß an die Zeitangabe aus 2,10 nochmals eigens datiert.

2.1.2 Die Worte des Haggaibuches

2.1.2.1 Die Dürre-Worte Haggai 1,2-13*

Nach Ausscheidung der zur Haggai-Chronik gerechneten Passagen verbleibt in Hag 1 ein Textbestand, der die Verse 1,2.4-11.12b.13 umfaßt. Bei diesem Textbereich wird zunächst in 1,2.4-8 eine Anklage gegen das Volk vorgebracht, das nicht bereit ist, den Tempel zu bauen, woraufhin das Volk mit der desolaten agrarischen Lage konfrontiert und anschließend zum Tempelbau aufgerufen wird. In 1,9-11 wird erneut auf den mangelnden agrarischen Erfolg verwiesen und die fehlende Bereitschaft zum Tempelbau als Grund

---

24 So auch Deissler, NEB.AT 21, 255; Verhoef, Haggai, 89.
25 S.u. 308f und 315f.
26 Vgl. Wolff, Haggai, 130; ders., BK 14,6, 4. Dabei soll mit der Bezeichnung „Haggai-Chronik", wie auch bei Wolff, lediglich die formale Anlage dieser Redaktion beschrieben sein, bei der die vorgegebenen Worte eben in eine Chronologie eingeordnet werden. Die von Beuken, Haggai-Sacharja, 27-83, vorgenommene Zuweisung der Träger dieser Überarbeitung zu einem chronistischen Milieu wird damit nicht verfolgt.

hierfür genannt. Die kurze narrative Passage 1,12b.13 beschließt diese ersten
Worte mit dem Hinweis auf die Reaktion des Volkes, das sich nun fürchtet,
und der darauf bezogenen Zusage des Mit-Seins Jhwhs mit dem Volk.

Während die einzelnen Worte in sich wohl einheitlich sein dürften,[27] ist
das Verhältnis dieser Worte untereinander zunächst unklar. So verwundert
insbesondere der unvermittelte Übergang zwischen Hag 1,8 und 1,9, da die
Beschreibung der desolaten Situation des Volkes in 1,9 hinter den Aufruf
zum Tempelbau in 1,7-8 zur vergleichbaren Beschreibung in 1,6 zurückfällt.
Dabei haben Steck und neuerdings Nogalski vorgeschlagen, Hag 1,2.4-8 und
1,9-11 als zwei überlieferungsgeschichtlich voneinander zu trennende Worte
anzusehen und für diese Worte einen ursprünglich verschiedenen Kontext
anzunehmen.[28] Während nämlich in der ersten Einheit in Hag 1,4 vorausgesetzt sei, daß das Volk in „gedeckten Häusern"[29] wohnt, deute das
„Laufen für sein eigenes Haus" in 1,9 darauf hin, daß das Volk eben noch
keine eigenen Häuser hat. Und während dem Volk in 1,6 eine Mangellage
vor Augen gehalten werde, wonach das agrarische Handeln zu wenig ein-
bringe, sei die in 1,9 beschriebene Situation als Gericht Jhwhs am Volk
dargestellt. Von hier aus kommen Steck und Nogalski zu dem Schluß, daß
Hag 1,2.4-8 und 1,9-11 zwar einer vergleichbaren Zeit entstammen und
beide auf den Propheten Haggai zurückgehen, daß aber 1,2.4-8 ursprünglich
an die im Lande Verbliebenen gerichtet war, die in ihren Häusern wohnten
und denen eher werbend die Mangellage als Grund für den Tempelbau
dargelegt wird, während in 1,9-11 die aus dem Exil Zurückgekehrten angesprochen sind, die sich zunächst nur um den Aufbau ihrer Häuser küm-

---

27 Nogalski, Precursors, 219-221, versteht עת־בא in Hag 1,2 als sekundär, da das Wort עת in
    diesem Vers gleich zwei Mal kurz nacheinander belegt ist. Doch besteht hierzu kein Anlaß,
    da Hag 1,2 in der vorliegenden Gestalt durchaus verständlich ist. Daß in diesem Vers zwei
    Mal עת genannt wird, dürfte eher den rhetorischen Effekt verfolgen, die Frage nach der
    – rechten (s.u. 313-315) – Zeit zum Tempelbau zu verstärken und ist somit kein ausreichen-
    der Grund, in diesem Vers literarkritisch einzugreifen. In diesem Zusammenhang besteht
    auch zu den etwa von Steck, Haggai, 361f Anm. 21; Rudolph, KAT 13,4, 29; Wolff, BK 14,6,
    14, vorgenommenen textkritischen Änderungen keine Notwendigkeit, wonach aufgrund von
    LXX, wo die doppelte Erwähnung des Begriffes עת nicht belegt ist, עת־בא zu streichen oder
    עָת בָא zu lesen sei; vgl. Verhoef, Haggai, 54f; Reventlow, ATD 25,2, 12; Kessler, Haggai,
    103f Anm. 7. Die LXX-Lesart ist deutlich eine Vereinfachung von MT und deshalb kaum
    ursprünglich.
28 Vgl. zum folgenden Steck, Haggai, 359-377; Nogalski, Precursors, 217-219.
29 Die Wendung ספונים בבתיכם wurde schon häufig im Anschluß an 1 Kön 7,7 als „getäfelte
    Häuser" verstanden und somit auf die luxuriösen Bauten des Volkes interpretiert, denen der
    desolate Zustand des Tempels gegenübersteht; vgl. nur Petersen, Haggai, 48; Verhoef,
    Haggai, 58f; Reventlow, ATD 25,2, 12. Da ein solcher Luxus im weiteren Verlauf des Buches
    jedoch keine Rolle mehr spielt, gehen Steck, Haggai, 362 Anm. 23; Mason, Haggai, 16; Wolff,
    BK 14,6, 25; Kessler, Haggai, 128, u.a. aber zurecht davon aus, daß die Wendung wie in
    1 Kön 6,9 als „gedeckte Häuser" zu verstehen ist und somit in Hag 1,4 nur gemeint ist, daß
    die Menschen ein Dach über dem Kopf haben.

mern und die deshalb in wesentlich drohenderem Tonfall zum Handeln aufgerufen werden.

Die von Steck und Nogalski vertretene Aufteilung der beiden Worte auf zwei verschiedene Adressatenkreise überzeugt jedoch nicht wirklich: Denn die Annahme, daß die in 1,9-11 Angesprochenen noch keine eigenen Häuser haben, worauf sich die These ja vor allem stützt, basiert eben nur auf der Wendung „Laufen für sein eigenes Haus" (רצים איש לביתו) in 1,9. Es ist aber an keiner Stelle direkt ausgesprochen, daß die Adressaten tatsächlich noch kein Haus haben oder mit dem Bau eines Hauses beschäftigt sind. Die besagte Wendung für sich genommen dürfte wohl nicht mehr bedeuten, als daß sich die Menschen um ihre schon vorhandenen Häuser oder sogar nur ganz allgemein um ihre je eigenen Angelegenheiten, also um das eigene Haus im umfassenden Sinne, kümmern.[30] Beachtenswert ist zudem, daß in 1,9a davon die Rede ist, daß die Ernte, die das Volk „ins Haus" (הבית) bringt, von Gott zerstört wird.[31] Dies spricht aber doch gegen Steck und Nogalski gerade dafür, daß die Angesprochenen bereits ein Haus besitzen.[32] Aber auch die Beobachtungen von Steck zu der angeblich unterschiedlichen Beschreibung der Mangellage in 1,6 und 1,9 vermag die weitreichenden Überlegungen nicht zu stützen. Da nämlich Hag 1,6 nach der Botenformel in 1,5 als Gottesrede gestaltet ist, kann doch auch hier die desolate Lage nicht anders verstanden werden denn als göttliches Gericht, zumal 1,6 in deutlichem Anklang an die Form des Nichtigkeitsfluches gestaltet ist.[33]

---

30   Vgl. hierzu etwa Wolff, BK 14,6, 30f; Meyers / Meyers, AncB 25B, 30; Reventlow, ATD 25,2, 15; Kessler, Haggai, 138.

31   Vgl. zur hier gebrauchten Formulierung ב נפח (hineinblasen) Maiberger, Art. נפח, 521; Wolff, BK 14,6, 30.

32   Steck, Haggai, 370 Anm. 46, deutet הבית in Hag 1,9aβ so, daß hier gar nicht die eigenen Häuser des Volkes im Blick seien, sondern vielmehr die Darbringung der Ernteerträge am Tempel gemeint sei; vgl. auch Peter, Haggai, 150. Nun wird der Tempel im Haggaibuch tatsächlich mehrfach schlicht als בית bezeichnet, doch stets in einer Formulierung, die den Bezug auf ein besonderes Haus klarstellt (בית יהוה [1,2.14]; הבית הזה [1,4; 2,3.7.9]; ביתי [1,9]), oder aber, wie in 1,8, im Kontext der Aufforderung zum Bau, durch den ebenfalls nur eine Deutung auf den Tempel möglich ist. Da zudem die Darbringung von Erntegaben in Hag 1,9 nicht wirklich ausgeführt ist, wird doch der wesentlich einfacheren Deutung der Vorzug zu geben sein, wonach hier schlicht davon die Rede ist, daß die Menschen ihre Ernte „nach Hause" bringen; so auch Whedbee, Schema, 187; Petersen, Haggai, 52; Wolff, BK 14,6, 30; Verhoef, Haggai, 71; Kessler, Haggai, 137.

33   Steck, Haggai, 364, weist zurecht darauf hin, daß in Hag 1,6 gegenüber den traditionellen Formulierungen des Nichtigkeitsfluches Lev 26,26; Dtn 28,30-31.39-41; Hos 4,10; Am 5,11; Mi 6,14-15; Zef 1,13 nicht die generelle Erfolglosigkeit des menschlichen Handelns beschrieben wird, sondern eher eine Mangellage. Doch ändert dies nichts daran, daß, wie ja von Steck auch zugegeben, Hag 1,6 deutlich an die sonstigen Fluchformulierungen erinnert und deshalb auch die hier beschriebene Mangellage wohl nur als Fluchsituation und somit als Akt göttlichen Gerichtshandelns verstanden werden kann. Die von Steck aufgezeigten Unterschiede weisen nur auf eine geringere Intensität des Gerichts, nicht aber auf ein untheologi-

Der Zusammenhang von Hag 1,2.4-8 und 1,9-11 ist also nicht so zu verstehen, daß hier zwei Worte, die auf verschiedene Adressatenkreise zu beziehen sind, zusammengestellt wurden. Richtig ist an der These von Steck und Nogalski jedoch, daß sich der Zusammenhang der beiden Textbereiche, da sich keine literarkritisch auswertbaren Differenzen zeigen, am besten überlieferungsgeschichtlich als Zusammenstellung zweier ursprünglich unabhängiger Worte erklären läßt. Allerdings handelt es sich wohl um zwei Parallelversionen ein und desselben Spruches oder zumindest um zwei thematisch verwandte Sprüche.[34] Denn beide Worte verfolgen dasselbe Anliegen, nämlich die Motivation zum Tempelbau, beide Worte argumentieren über die desolate Lage des Volkes, und dabei wird in beiden Worten sogar ein vergleichbares Vokabular verwendet, insofern sowohl in 1,6 als auch in 1,9 mit den Begriffen רבה und מעט den großen Erwartungen beim agrarischen Handeln der geringe Erfolg gegenübergestellt wird und sowohl in 1,4 als auch in 1,9 der Zustand des Tempels als חרב bezeichnet wird.

Daß dennoch beide Worte im Haggaibuch aufgenommen wurden, hängt wohl damit zusammen, daß sie eine leicht unterschiedliche Pointe aufweisen. Während in 1,2.4-8 der mangelnden Bereitschaft des Volkes, den Tempel zu bauen, zunächst schlicht deren derzeitige Lage gegenübergestellt wird, findet sich in 1,9-11 ein gewisser Gedankenfortschritt, insofern hier der Zustand des Tempels auch explizit als Grund für den mangelnden agrarischen Erfolg genannt wird.[35]

So handelt es sich bei Hag 1,2.4-8 und 1,9-11 also um eine Zusammenstellung zweier Worte, die beide mit Blick auf die gegenwärtige Lage des Volkes zum Tempelbau motivieren sollen. Daß der Übergang der beiden Worte zwischen 1,8 und 1,9 nicht weiter markiert ist, spricht dafür, daß hier zwei aus vorgegebenem Gut aufgenommene Worte von den Erstherausgebern des Buches einfach hintereinandergestellt wurden.[36]

sches Verständnis der beschriebenen Not; vgl. hierzu Petersen, Haggai, 50; Wolff, BK 14,6, 27; Verhoef, Haggai, 63; Reventlow, ATD 25,2, 13.

34 Eine solche überlieferungsgeschichtliche Lösung wird auch von Koch, Volk, 58, vertreten. Sie ist jedenfalls wahrscheinlicher als die doch recht hypothetische Annahme von Beuken, Haggai-Sacharja, 204f, und Wolff, BK 14,6, 29, die meinen, daß es sich bei Hag 1,2-11* um eine Auftrittsskizze handelt, bei der ein zwischen 1,8 und 1,9 erfolgter Zwischenruf der Zuhörer nicht aufgenommen wurde. Wenn hingegen etwa Whedbee, Schema, 188-193; Prinsloo, Cohesion, 338-340; Kessler, Haggai, 110-112, davon ausgehen, daß es sich bei Hag 1,2-11 um einen einheitlichen Zusammenhang handelt, 1,9-11 also schon immer die ursprüngliche Fortsetzung von 1,2-8 gebildet hat, so übergehen sie allzu schnell den doch deutlich erkennbaren Neueinsatz in Hag 1,9, bei dem die Argumentation zunächst hinter das zuvor Dargestellte zurückfällt.

35 Vgl. Verhoef, Haggai, 69; Kessler, Haggai, 112.

36 Ein solches Vorgehen, wonach die Einzelworte des Buches ohne weitere Überleitung hintereinandergestellt sind, ist für die Erstherausgeber allgemein zu beobachten. Nach Ausscheidung der auf die Redaktoren der Haggai-Chronik zurückzuführenden Passagen

Eben diese Erstherausgeber dürften sodann auch für die abschließende
Notiz über die Reaktion des Volkes auf diese Worte in 1,12b.13 verantwortlich sein. Denn über die Rede von der Furcht des Volkes in 1,12b, die
in dem Aufruf, sich nicht zu fürchten, in 2,5 aufgenommen wird, und über
die Mit-Seins-Formel in 1,13, die auch in 2,4 vorkommt, ist Hag 1,12b.13
fest in den Grundbestand des Buches verwoben.

2.1.2.2 Die Worte über das zukünftige Geschick des Volkes Haggai 2,3-19*

Der nach Abzug der zur Haggai-Chronik gerechneten Passagen in Hag 2
verbleibende Textbestand umfaßt – zunächst noch ohne das abschließende
Wort an Serubbabel in 2,21b-23 –[37] die Verse Hag 2,3.4*.5-9.11-17.18abβ.19.
In einem ersten Wort in 2,3-9* wird dem gegenwärtigen Zustand des Tempels dessen zukünftige Herrlichkeit gegenübergestellt und angesagt, daß der
Reichtum der Völker zum Tempel kommen wird. In 2,11-14 folgt darauf ein
kurzer Bericht, wie der Prophet den Priestern Fragen zur Übertragbarkeit
von Reinheit und Unreinheit stellt und deren Antworten auf den Zustand
„dieses Volkes" überträgt. Schließlich steht in 2,15-19*, nun wieder als
Prophetenwort gestaltet, eine Aufforderung an das Volk, das darauf achten
soll, wie sich die Situation nach der Grundsteinlegung des Tempels ändern
wird.
    Zu Hag 2,3-9* wurde bisweilen vorgeschlagen, daß es sich bei den
Versen 2,4-5* angesichts der Verbindungen zu 1,12b.13 über die Furcht des
Volkes und die Mit-Seins-Formel um eine Dublette zu 1,12b.13 handelt, die
erst sekundär in den vorliegenden Kontext gelangt ist.[38] Allerdings reicht
allein die Tatsache, daß sich in 1,12b.13 vergleichbare Formulierungen
finden, kaum aus, um diese Verse tatsächlich als Nachtrag einzuordnen.[39] Im
Gegenteil: Gerade der Aufruf, sich nicht zu fürchten, in 2,5 kann als durchaus schlüssige Reaktion auf die in 1,12b beschriebene Furcht des Volkes
verstanden werden. Überhaupt schließen die in 2,4-5* vorgetragenen Aufforderungen an Serubbabel und das Volk, daß sie handeln sollen, gut an die

---

schließt nämlich auch Hag 2,3-9 recht unvermittelt an 1,13 an, und ebenso bietet Hag 2,15-19
– wenn 2,11-14, wie sich zeigen wird, als Nachtrag zu verstehen ist – einen doch sehr
abrupten Neueinsatz nach 2,3-9.

37   S.u. 309-313.
38   Vgl. etwa Ackroyd, Studies, 168f; Beuken, Haggai-Sacharja, 53-60; Mason, Haggai, 19f.
39   Beuken, Haggai-Sacharja, 53-57, weist zudem im Anschluß an Lohfink, Darstellung, 32-44,
      auf formgeschichtliche Beobachtungen hin, die aber ebenfalls nicht überzeugen können, da
      sich Hag 2,4-5, wie im folgenden gezeigt, durchaus sinnvoll in den Ablauf der vorliegenden
      Einheit integrieren läßt. Vgl. zur Kritik an Beuken auch Petersen, Haggai, 65f; Reventlow,
      ATD 25,2, 20.

Beschreibung des erbärmlichen Zustands des Tempels in 2,3 an. Ohne diese Aufforderungen wäre die Intention der Darstellung, daß der Tempel „wie nichts" aussieht, überhaupt nicht verständlich. Denn nur in 2,4-5* werden die Konsequenzen aus dem desolaten Bild, das das vor Augen stehende Heiligtum bietet, gezogen.

Wenn aber Hag 2,4-5* zum ursprünglichen Bestand von 2,3-9* gehört, so steht diese Einheit in direktem Zusammenhang mit den Worten in Hag 1,2-8* und 1,9-11. Denn dann wird hier erneut das Ziel verfolgt, die Menschen zur Arbeit am Tempel zu motivieren. Aber mehr noch: Auch die in Hag 2,3-9* vorausgesetzte Situation hat sich, was bislang kaum beachtet wurde, gegenüber Hag 1,2-8*.9-11 überhaupt nicht verändert. Es geht immer noch darum, daß sich der Tempel in einem desolaten Zustand befindet und daß das Volk, hier nun zusammen mit Serubbabel, dazu angehalten werden muß, diesen Zustand zu verändern.

Es ist deshalb bemerkenswert, daß Hag 2,3-9* in der Forschung meist einer gegenüber den Worten in Hag 1 bereits fortgeschrittenen Zeit zugeordnet wird, zu der der Tempelbau bereits begonnen hat, und daß der erneute Aufruf zu Handeln in 2,4 dann damit erklärt wird, daß das Bauprojekt schon bald – warum auch immer – wieder ins Stocken geraten ist.[40] Derartige Überlegungen beruhen aber allein auf dem chronologischen Gerüst der Haggai-Chronik, nach dem bereits in 1,12-15 der Beginn der Arbeiten am Tempel vermerkt wird. In diesem Zusammenhang legt sich die beschriebene Deutung sicherlich nahe. Nimmt man aber ernst, daß es sich bei dieser Chronologie um eine spätere Überarbeitung des Buches handelt,[41] dann sollten die von dieser Überarbeitung eingebrachten Datierungen zur Deutung dieses Wortes in seinem ursprünglichen Zusammenhang doch zunächst beiseite gelassen werden.[42] Denn aus sich heraus weist in 2,3-9*

---

40 So wird meist davon ausgegangen, daß das Wort in Hag 2,3-9* auf die Unlust des Volkes reagiert, die schon bald nach Baubeginn angesichts der nur geringen Fortschritte aufkam und den weiteren Verlauf des Projekts gefährdete; vgl. etwa Mason, Haggai, 19; Wolff, BK 14,6, 64; Reventlow, ATD 25,2, 20. Doch die innere Motivation des Volkes wird im vorliegenden Text ebensowenig ausgeführt wie etwaige Verzögerungen beim Tempelbau.

41 Zur Begründung, daß es sich bei den auf die Haggai-Chronik zurückgehenden Passagen um eine Redaktion einer bereits schriftlich fixierten Vorlage handelt, s.o. 288f.

42 Dies wurde bislang erst von Tollington, Readings, 202, beachtet. Demgegenüber gehen die oben Anm. 40 genannten Ansätze zwar allesamt davon aus, daß die Datierungen des Haggaibuches erst auf eine Redaktion des Buches zurückgehen. Erstaunlicherweise wird der für die einzelnen Einheiten in ihrem ursprünglichen Zusammenhang anzunehmende historische Ort aber dennoch aus eben diesen redaktionell eingebrachten Datierungen erschlossen. Wenn dabei Reventlow, ATD 25,2, 5, meint, daß die von den Redaktoren des Buches herangezogenen Auftrittsskizzen bereits Notizen über den Anlaß der einzelnen Worte enthalten haben, so ist dies zum einen nur eine Vermutung. Zum anderen lassen sich Hag 2,3-9* und im folgenden auch Hag 2,15-19* wesentlich schlüssiger verstehen, wenn sie gerade nicht mit den von der Redaktion eingebrachten Datierungen in Verbindung gebracht werden. Und schließ-

gerade nichts darauf hin, daß die Bauarbeiten bereits aufgenommen, dann aber verzögert wurden. Es erscheint eher so, als hätte der Tempelbau noch gar nicht begonnen.[43]

Hag 2,3-9* unterscheidet sich also von 1,2-8* und 1,9-11 nicht in der vorausgesetzten Situation. Vielmehr zeigt sich hier erneut, wie schon bei 1,9-11 gegenüber 1,2-8*, ein weiterer Fortschritt in der Argumentation. Während die beiden Worte in Hag 1 den Aufruf zum Tempelbau mit der gegenwärtigen Lage des Volkes begründen (1,2-8*) und dabei klarstellen, daß die herrschende Dürrenot auf die mangelnde Bereitschaft, den Tempel zu bauen, zurückzuführen ist (1,9-11),[44] wird in Hag 2,3-9* zur Motivation des Tempelbaus auf die zukünftige Herrlichkeit des Tempels und den zukünftigen Frieden verwiesen. Das Anliegen bleibt also das gleiche, doch wird jetzt nicht mehr nur von der Gegenwart her, sondern auch mit Blick auf die Zukunft argumentiert, und entsprechend wird den bislang eher als Drohung gestalteten Worten nun eine Verheißung beigegeben.

Allerdings ist Hag 2,3-9* in der vorliegenden Gestalt, noch zusätzlich zur oben bereits als Nachtrag herausgestellten Aufforderung an den Hohepriester Jeschua in 2,4, nicht einheitlich. So dürfte zunächst, wie allgemein angenommen, der Verweis auf den Exodus in 2,5aα, der den Zusammenhang unterbricht und in LXX nicht belegt ist, als späte Zufügung verstanden werden.[45] Zudem handelt es sich aber auch bei Hag 2,6-8, was bislang noch nicht erkannt wurde, um einen Nachtrag. Denn die Darstellung des Gerichts an den Völkern und die Ankündigung, daß deren Reichtümer nach Jerusalem kommen, geht über den Horizont dieses Wortes, wie ohnehin über den Horizont des sonstigen Haggaibuches, hinaus.[46] So ist zum einen die in 2,6 beschriebene Erschütterung der Völkerwelt in der Ausgangsfrage in 2,3 überhaupt nicht vorbereitet, etwa durch die Erwähnung eines Konflikts mit den Völkern. Zum anderen führt die Frage nach dem gegenwärtigen Zustand des Tempels in 2,3 zunächst in 2,4-5 zur Aufforderung an Statthalter und Volk, am Tempel zu arbeiten. Die in 2,3 aufgeworfene Frage wird dann

---

lich wird sich im folgenden zeigen, daß die von den Redaktoren bearbeitete Vorlage nicht in Gestalt mehrerer Auftrittsskizzen vorlag, sondern bereits als zusammenhängende Komposition, was die Annahme, daß die einzelnen Worte mit Notizen über deren zeitliche Einordnung verbunden waren, ebenfalls unwahrscheinlich macht. Siehe zur Komposition der Grundschicht unten 316f.

43 Vgl. Tollington, Readings, 202, die aus der Erkenntnis, daß die Datierungen erst auf eine Überarbeitung des Haggaibuches zurückgehen, ebenfalls die Konsequenz gezogen hat, daß das Wort Hag 2,3-9* dann ohne den Zusammenhang dieser Überarbeitung den Beginn des Tempelbaus noch gar nicht voraussetzt.

44 S.o. 297.

45 Vgl. nur Wellhausen, Propheten, 175; Marti, KHC 13, 385; Ackroyd, Glosses, 163f; Petersen, Haggai, 61; Wolff, BK 14,6, 51; Reventlow, ATD 25,2, 21.

46 Zu Hag 2,21b.22 s.u. 309-311.

direkt erst in 2,9 wieder aufgenommen, wobei die dortige Beschreibung der noch größeren Pracht des künftigen Bauwerks gut als Motivation der Aufforderung zum Tempelbau in 2,4-5 verstanden werden kann. Der Verweis auf die Reichtümer der Völker in 2,6-8 läßt sich in diesem Zusammenhang zwar so deuten, daß die nach 2,9 erwartete künftige Herrlichkeit des Tempels gerade wegen dieser Reichtümer noch größer sein wird als die des früheren Tempels.[47] Doch eine solche kausale Verknüpfung wird im Text an keiner Stelle klar vollzogen. Die Reichtümer der Völker sind in 2,9 überhaupt nicht erwähnt.

Die Verse Hag 2,6-8 unterscheiden sich aber auch vom gesamten Haggaibuch. Die Problemlage des Buches ist sonst ganz von der Abwendung der gegenwärtigen agrarischen Not und deren Zusammenhang mit dem Tempelbau geprägt. In 2,6-8 sind dagegen geradezu kosmische Umwälzungen im Blick. Interessant ist dabei, daß in 2,6 von einer Erschütterung von Himmel und Erde die Rede ist, die die Geschehnisse unter den Völkern einleitet. Himmel und Erde waren aber schon in Hag 1,10 erwähnt, dort jedoch dem Thema des Haggaibuches entsprechend in ihrer Bedeutung für die Dürrenot, die das eigene Volk betrifft: Der Himmel behält den Tau und die Erde den Ertrag zurück. So sind die Verse 2,6-8 von einer gänzlich anderen Kosmologie als das sonstige Haggaibuch bestimmt: Sie blicken auf weltweite, ja universale Ereignisse und nicht auf die herrschende, auf das eigene Volk begrenzte Mangellage.[48]

Auf den sekundären Charakter von Hag 2,6-8 weist auch die formale Gestaltung dieser Verse: Das Haggaibuch ist sonst insgesamt von der direkten Ansprache an das Volk geprägt. Nur in 2,6-8 wird die direkte Anrede über mehrere Verse hinweg verlassen. Ansonsten finden sich lediglich kurze Textbereiche, wie bei der vorliegenden Einheit in 2,9, die nicht von Formen der 2. Person oder von Imperativen bestimmt sind (1,8b.11; 2,19). Zudem kann als weitere formale Besonderheit von Hag 2,6-8 darauf verwiesen werden, daß nur hier in 2,6 – und in dem vergleichbaren Vers 2,21b –[49] das zukünftige Handeln Gottes durch eine Partizipialkonstruktion und nicht durch Verben im Imperfekt dargestellt wird.

---

47 Vgl. etwa Marti, KHC 13, 386; Elliger, ATD 25, 93; Wolff, BK 14,6, 62; Verhoef, Haggai, 108.

48 Vgl. hierzu auch Petersen, Haggai, 67-69, der im Anschluß an Jeremias, Theophanie, 68f, die Aufnahme von Motiven aus dem Traditionsbereich der Theophanieschilderungen in Hag 2,6 beschreibt. Über Petersen hinaus ist aber auch dabei zu beachten, daß derartige Vorstellungen im sonstigen Haggaibuch, neben dem noch zu betrachtenden Textbereich 2,21b.22, ohne weitere Bedeutung sind, so daß auch dies dafür spricht, daß es sich bei Hag 2,6-8 um einen Nachtrag handelt.

49 Siehe hierzu unten 309-311.

Gegen das Verständnis von Hag 2,6-8 als Nachtrag spricht nun auch nicht, daß in Hag 2,9b angesagt wird, daß Jhwh an diesen Ort Frieden geben wird. Denn damit muß nicht das Verhältnis zu den Völkern angesprochen sein.[50] Der weite Begriff שלום läßt sich auch auf agrarischen Erfolg beziehen, wie etwa Jer 14,13; Sach 8,12 zeigt.[51] Im Gegenteil: Da die Worte in Hag 1,2-8*.9-13 von der Dürrenot des Volkes geprägt sind und auch in dem Wort 2,15-19 erneut der mangelnde Ertrag des Volkes in der Zeit vor dem Tempelbau erwähnt wird, wäre bei einem auf das Verhältnis zu den Völkern bezogenen Verständnis des in 2,9b erwähnten Friedens, was nach den Versen 2,6-8 durchaus naheliegt, Hag 2,3-9* das einzige an das Volk gerichtete Wort im Haggaibuch, das auf deren agrarische Not überhaupt nicht eingeht.[52] Dann spricht aber auch dies dafür, daß der Verweis auf das Völkergericht Hag 2,6-8 dem vorliegenden Kontext erst sekundär zugefügt wurde. Denn ohne 2,6-8 ist שלום in 2,9b wohl eher auf die Mangellage des Volkes zu beziehen und so läßt sich der Grundbestand 2,3-5*.9 als direkte Fortsetzung der Worte in Hag 1 verstehen: Angesichts des Zustands des Heiligtums wird zu dessen Bau aufgerufen (2,3-5*) und dies wird über die zukünftige Herrlichkeit des Tempels (2,9a) und die Abwendung der agrarischen Not des Volkes (2,9b) motiviert.

In Hag 2,11-14 folgt nun ein kurzer Bericht über die Einholung einer Priestertora, bei der Haggai nach der Übertragbarkeit von Reinheit und Unreinheit fragt. Die Antwort der Priester, daß bei dem, der sich an einem Toten verunreinigt hat, alles, was er berührt, unrein wird, führt dabei zu der Aussage des Propheten, daß es sich so auch mit „diesem Volk und dieser Nation" verhält: All ihr Tun und alles, was sie „dort" darbringen, ist unrein.

Das Verständnis dieser Einheit gehört zu den schwierigsten Problemen des Haggaibuches, da insbesondere deren Intention aus dem vorliegenden Text nicht klar hervorgeht. Bedeutend ist dabei die bis in die neuere Zeit hinein vielfach rezipierte These von Rothstein, daß es sich bei Hag 2,11-14 um eine antisamaritanische Polemik handelt.[53] Vor dem Hintergrund des Berichts von der Ablehnung der Samaritaner beim Tempelbau in Esr 4 wird dann Hag 2,14 auf dieselbe Problemlage bezogen: Demnach dürfte sich

---

50 Auf das Verhältnis zu den Völkern beziehen den in Hag 2,9b genannten Frieden etwa Marti, KHC 13, 386; Elliger, ATD 25, 93; Smith, WBC 32, 158; Verhoef, Haggai, 107; Reventlow, ATD 25,2, 23.
51 Vgl. hierzu Stendebach, Art. שלום, 37. Daß mit שלום in Hag 2,9b zumindest auch erneuter agrarischer Erfolg im Blick ist, meinte auch schon Wolff, BK 14,6, 63.
52 Zu Hag 2,11-14 s.u. 302-305.
53 Vgl. Rothstein, Juden, 5-41; Elliger, ATD 25, 94; Beuken, Haggai-Sacharja, 67-70; Rudolph, KAT 13,4, 49f; Wolff, BK 14,6, 71-74; Unger, Volk, 210-225, wobei Unger allerdings entgegen den früheren Ansätzen Hag 2,11-14 nicht auf den Propheten selbst zurückführt, sondern der — seiner Ansicht nach chronistischen — Bearbeitung des Buches zuschreibt.

„dieses Volk", also die Samaritaner, nicht am Tempelbau beteiligen, weil die nach dem Untergang des Nordreichs aus den im Lande Verbliebenen und den dort angesiedelten Fremdvölkern entstandene Mischbevölkerung unrein ist.

Das Problem an dieser Deutung ist jedoch: Die Samaritaner sind in Hag 2,11-14 nicht mit einem Wort erwähnt.[54] Im Gegenteil: Da die Wendung העם הזה neben Hag 2,14 auch noch in 1,2 belegt ist, wo nur das eigene Volk gemeint sein kann, spricht alles dafür, daß auch in Hag 2,11-14 das eigene Volk angesprochen ist. Daß sich in 2,14 zudem noch die Formulierung הגוי הזה findet, sollte nicht überinterpretiert werden, handelt es sich doch hierbei vermutlich schlicht um einen Parallelismus zu העם הזה.[55]

Aber auch die andere weit verbreitete These, wonach die in Hag 2,11-14 angesprochene Unreinheit des Volkes darauf zurückgeht, daß der Tempel noch nicht gebaut ist, und deshalb auch dieses Wort zur Arbeit am Tempel motivieren soll, überzeugt kaum.[56] Denn zum einen ist auch diese Pointe im Text nicht klar ausgesprochen. Es wird nicht erwähnt, daß das Volk unrein ist, weil kein intaktes Heiligtum zur Verfügung steht. Zum anderen läßt sich auf diese Weise nicht erklären, warum nach Hag 2,14 „jedes Werk ihrer Hände" als unrein gilt, was doch den Bau des Tempels gerade mit einbeziehen würde. Wenn die Unreinheit des Volkes tatsächlich mit dem fehlenden Heiligtum zusammenhängen würde, gäbe es aus deren Situation keinen Ausweg.[57]

Da also einerseits unter „diesem Volk" nur das eigene Volk verstanden werden kann, andererseits als Grund für die Unreinheit dieses Volkes nach dem vorliegenden Text nicht der Zustand des Tempels angegeben wird, bleibt als Konsequenz nur, daß sich der Anlaß dieses Wortes überhaupt nicht mehr rekonstruieren läßt. Weder die – wohl ohnehin unhistorische –[58]

---

54 Vgl. zur Kritik an der Samaritaner-Hypothese Petersen, Haggai, 80f; Reventlow, ATD 25,2, 26; Kratz, Judentum, 91.

55 Demgegenüber hat Rudolph, KAT 13,4, 49f, vorgeschlagen, daß העם הזה auf die Nachkommen der im Lande verbliebenen Nordreichbevölkerung, הגוי הזה hingegen auf die von den Assyrern angesiedelten Völker zu beziehen sei. Beuken, Haggai-Sacharja, 69, und Wolff, BK 14,6, 73, meinen hingegen, daß הגוי הזה das העם הזה näher beschreibe, so daß hier abfällig gemeint sei, daß dieses Volk doch nur ein von Jhwh getrenntes גוי ist. Für beide Deutungen finden sich jedoch keine ausreichenden Anhaltspunkte im Text; vgl. zur Kritik an diesen Lösungsversuchen Koch, Volk, 61f.

56 Vgl. hierzu, mit Unterschieden im Detail, etwa Marti, KHC 13, 387; Koch, Volk, 60-66; Petersen, Haggai, 85; Reventlow, ATD 25,2, 26f.

57 Vgl. Unger, Volk, 213f.

58 Im Kontext des Esrabuches dient der Konflikt mit den Samaritanern zur Erklärung, warum nicht schon unter Kyros, sondern erst unter Darius der eigentliche Tempelbau erfolgte. Daß dies wohl kaum den historischen Vorgängen entspricht, zeigt sich zum einen daran, daß die Bücher Haggai und Sacharja keinen Anlaß geben, einen vor 520 erfolgten Baubeginn anzunehmen. Zum anderen wird die Auseinandersetzung mit den Samaritanern in Esra 4,6ff ja

Ablehnung der Samaritaner beim Tempelbau noch die im sonstigen Haggaibuch erkennbare Weigerung des Volkes, den Tempel zu bauen, kann zur
Erklärung der Einheit Hag 2,11-14 herangezogen werden, ohne daß beträchtliche offene Fragen zurückbleiben. So läßt sich also nur sagen, daß es
in Hag 2,11-14 um eine Kritik am Zustand des Volkes geht, dessen Grund
nicht genannt wird, der aber dazu führt, daß all ihr Tun und darunter auch
der in Hag 2,14 eigens erwähnte Opferdienst unrein ist, also von Gott nicht
angenommen werden kann.

Daß der Grund für die Unreinheit des Volkes in Hag 2,11-14 nicht mit
dem Zustand des Tempels in Verbindung gebracht wird, daß zudem der
Tempel noch nicht einmal direkt genannt wird, sondern allenfalls in 2,14 bei
der Rede von dem, was „dort" dargebracht wird, im Blick ist, spricht nun
aber gerade dafür, daß Hag 2,11-14 nicht zum ursprünglichen Bestand des
Haggaibuches gehört.[59] Die bisherigen Einheiten Hag 1,2-8*.9-11; 2,3-9*
waren alle von der Intention bestimmt, das Volk zum Tempelbau zu motivieren, und gerade diese Perspektive ist 2,11-14, wie immer diese Einheit
auch im einzelnen zu verstehen sein mag, fremd.

Dabei sprechen noch weitere Argumente dafür, daß es sich bei Hag
2,11-14 um einen Nachtrag handelt: So verwundert zum einen die narrative
Gestaltung, die diese Einheit trotz der Einleitung mit Botenformel prägt. Es
fand sich zwar im Rahmen der Grundschicht auch schon in Hag 1,12b.13
eine narrative Passage, doch dort wird nur die Reaktion des Volkes auf die
zuvor dargestellte Rede und ein weiteres kurzes Wort des Propheten hierzu
festgehalten. In Hag 2,11-14 wird hingegen, geradezu im Stil einer Prophetenbiographie, eine Handlung des Propheten berichtet, der zu den Priestern
geht und diese befragt.

Zum anderen sprechen aber auch die der Haggai-Chronik zugewiesenen
redaktionellen Passagen dafür, daß Hag 2,11-14 erst sekundär in den vorliegenden Kontext eingefügt wurde. Es ist nämlich beachtenswert, daß nach

---

mit Dokumenten aus der Zeit von Xerxes und Artaxerxes belegt. So dürfte die Darstellung
von Esra 4 also eher eine Fiktion des Esrabuches sein, die – evtl. vor dem Hintergrund des
Kyros-Orakels Jes 44,28 – das Ziel verfolgt, den eigentlich erst unter Darius in Angriff
genommenen Beginn des Tempelbaus bereits unter Kyros anzusetzen, wobei die Verzöge-
rung bis zur Zeit des Darius dann eben über den Konflikt mit den Samaritanern erklärt wird.
Vgl. hierzu Trotter, Temple, 280-287.

59 Dies wurde bislang erst von Unger, Volk, 224, vorgeschlagen. Allerdings basieren seine
    Überlegungen auf der Annahme, daß Hag 2,11-14 gegen die Samaritaner gerichtet ist. Da der
    damit vorauszusetzende Konflikt nicht in die Zeit Haggais, wohl aber in die Zeit der nach
    Ansicht von Unger chronistischen Haggai-Redaktion paßt, ordnet er Hag 2,11-14 eben dieser
    Redaktion zu. Die Einheit erweist sich aber auch dann als sekundär, wenn sowohl die
    Samaritaner-Hypothese als auch die Zuweisung der Rahmenverse zu einem chronistischen
    Milieu abgelehnt wird. Dabei wird sich jedoch zeigen, daß Hag 2,11-14 wohl erst nach diesen
    Rahmenversen ergänzt worden ist.

der Datierung in Hag 2,10 vor dem folgenden Wort in 2,15-19 keine erneute Datierung angebracht wurde.[60] Schon diese Beobachtung könnte darauf hinweisen, daß das den Redaktoren der Haggai-Chronik vorliegende Buch die Einheit 2,11-14 noch nicht enthielt und die Datierung in 2,10 ursprünglich nur der folgenden Einheit 2,15-19 gegolten hat. Dagegen ließe sich zwar noch einwenden, daß im Rahmen dieser Bearbeitung ohnehin nicht jedes Wort mit einer eigenen Datierung versehen wurde, wie Hag 1,9-11 zeigt.[61] Bemerkenswert ist aber zudem, daß das Wort an Serubbabel in Hag 2,20 von den Redaktoren der Haggai-Chronik als das zweite Wort beschrieben wird, das am 24. Tag des sechsten Monats an Haggai erging. Im vorliegenden Verlauf des Textes folgen nach der ersten Datierung auf den 24. Tag des sechsten Monats in Hag 2,10 aber schon in 2,11-14 und 2,15-19* zwei Worte. Wenn Hag 2,11-14 den Redaktoren der Haggai-Chronik bereits vorgelegen hätte, wäre das Wort an Serubbabel in 2,21-23 nicht wie in 2,20 dargestellt das zweite, sondern genaugenommen bereits das dritte Wort an diesem Tag.

So spricht also alles dafür, daß die Kritik an dem unreinen Volk, deren Hintergrund nicht mehr zu erklären ist, erst sekundär in den vorliegenden Text eingebracht wurde. Sollten die Überlegungen zu den im Rahmen der Haggai-Chronik eingebrachten Datierungen richtig sein, so handelt es sich dabei um eine gegenüber dieser Redaktion nochmals später anzusetzende Überarbeitung.[62]

Die folgende Einheit Hag 2,15-19 dürfte demgegenüber dem Grundbestand des Buches zuzuschreiben sein.[63] Denn dieses Wort ist wieder ganz auf die Thematik des Tempelbaus bezogen. Neben der oben bereits als sekundär erkannten Datierung in 2,18bα ist hier allerdings, wie schon häufig

---

60 Nicht zuletzt deshalb wurde ja auch immer wieder vermutet, daß die Einheit Hag 2,15-19 ursprünglich an einer anderen Stelle im Haggaibuch ihren Ort hatte; siehe hierzu oben 292-294.

61 Allerdings sind die Worte in Hag 1,2-8* und 1,9-11 thematisch wesentlich enger verbunden als 2,11-14 und 2,15-19, so daß dort eher verständlich ist, warum die Redaktoren vor 1,9-11 keinen eigenen Rahmenvers angebracht haben.

62 Zur gegenteiligen Annahme von Unger, Volk, 224, s.o. 304 Anm. 59.

63 Kratz, Judentum, 91, hat allerdings jüngst vorgeschlagen, daß Hag 2,15-19 nicht zum Grundbestand des Buches zu rechnen sei. Er weist darauf hin, daß in diesem Wort für den Tempel היכל und nicht wie sonst im Haggaibuch בית steht und daß die Formulierung שימו־נא לבבכם in 2,15.18 aus Hag 1,5.7 entlehnt sei. Da Hag 2,15-19 aber inhaltlich ganz auf der Linie der vorangegangenen Worte steht und sich diese Einheit, wie sich noch zeigen wird (s.u. 315f), sowohl in den Gedankengang als auch in die Komposition der Grundschicht des Buches einfügt, dürften die von Kratz genannten Besonderheiten wohl kaum ausreichen, um Hag 2,15-19 als sekundär zu bezeichnen. Die unterschiedliche Bezeichnung für den Tempel und die Aufnahme der Formulierung aus Hag 1,5.7 sind wohl eher überlieferungsgeschichtlich über die Aufnahme von vorgegebenem Gut im Rahmen der Erstverschriftung des Buches zu erklären; siehe hierzu auch unten 317 mit Anm. 93.

vorgeschlagen, auch der Vers 2,17 als Nachtrag aufzufassen.[64] Der Verweis auf die Pflanzenkrankheiten, mit denen Gott das Volk geschlagen hat, erinnert wörtlich an Am 4,9, hat im sonstigen, allein von der Dürrenot geprägten Haggaibuch keinen Anhalt und fällt auch durch den gegenüber dem vorangehenden Vers unvermittelten Übergang zur Gottesrede in der 1. Person auf.

Beim verbleibenden Textbestand ist nun aber noch nach dem Verhältnis zu den vorangehenden Worten zu fragen. Die Einheit 2,15-19* ist ja davon bestimmt, daß das Volk die Zeit nach dem Beginn des Tempelbaus damit vergleichen soll, wie es ihnen zuvor ergangen ist.[65] Die Frage ist jedoch, aus welcher Situation heraus zu diesem Vergleich aufgerufen wird, ob die Arbeiten am Tempel also bereits begonnen haben oder eben noch nicht.

Im vorliegenden Zusammenhang des Buches ist die Einheit durch die im Rahmen der Haggai-Chronik eingebrachten Datierungen in eine Zeit eingeordnet, zu der die Arbeiten am Tempel bereits seit drei Monaten im Gange sind. Das Problem ist allerdings, daß in Hag 2,15 dazu aufgefordert wird, von „diesem Tage an und weiterhin" (מן־היום הזה ומעלה) darauf zu achten, wie sich die Situation des Volkes verändern wird. Da „dieser Tag" nach 2,18 als der Tag der Tempelgründung (יסד) beschrieben wird, ist hier entweder ein Rückblick auf die Zeit seit diesem Tag des Baubeginns gemeint,[66] oder aber die Tempelgründung wurde frühestens an dem Tag, an dem dieses Wort gesprochen wurde, vorgenommen,[67] was sich dann aber nur schwer damit vereinbaren läßt, daß der Beginn der Arbeiten nach 1,12-15 doch schon drei Monate zurückzuliegen scheint.

Ein Rückblick auf den in der Vergangenheit bereits stattgefundenen Baubeginn scheidet zunächst aus, da nach 2,19 die gegenwärtige Lage immer noch als mangelhaft beschrieben wird. Der Samen ist noch in den Vorrats-kammern, das heißt, es konnte mit der Aussaat noch nicht begonnen wer-

---

64 Vgl. nur Wellhausen, Propheten, 176; Marti, KHC 13, 389; Ackroyd, Glosses, 166; Mason, Haggai, 24; Wolff, BK 14,6, 43; Reventlow, ATD 25,2, 27.

65 Dabei ist das unverständliche Wort מֵהְיוֹתָם in Hag 2,16 wohl im Anschluß an LXX zu מַה־הֱיִיתֶם zu ändern; vgl. nur Marti, KHC 13, 390; Beuken, Haggai-Sacharja, 211; Petersen, Haggai, 86; Wolff, BK 14,6, 40; Reventlow, ATD 25,2, 24.

66 Vgl. Rudolph, KAT 13,4, 51, der allerdings für diese These in die von ihm an sich für ursprünglich gehaltene Datierung in 2,18bα eingreift und dort den „neunten" in den „sech-sten Monat" ändert, um so dieses Datum an 1,15 anzupassen.

67 Vgl. nur Koch, Volk, 64; Beuken, Haggai-Sacharja, 210; Wolff, BK 14,6, 44f; Verhoef, Haggai, 122; Deissler, NEB.AT 21, 262; Reventlow, ATD 25,2, 27f. Zu den unterschied-lichen mit dieser These verbundenen Konsequenzen vgl. die weiteren Ausführungen.

den, und die Bäume tragen noch[68] keine Früchte.[69] Es hätte sich dann seit „diesem Tag" gar nichts verändert. Hag 2,15-19* kann also kaum drei Monate nach dem Tag der Tempelgründung gesprochen worden sein.

So wird auch zumeist angenommen, daß Hag 2,15-19* eben erst an diesem Tag der Tempelgründung gesprochen wurde. Das Problem, daß der Beginn der Arbeiten aber bereits in Hag 1,12-15 für einen gegenüber 2,10.15-19* drei Monate zurückliegenden Tag notiert war, wird dann, wie oben dargestellt,[70] bisweilen so gelöst, daß Hag 2,15-19* als im vorliegenden Zusammenhang fehlplaziert verstanden und hinter die Datierung in 1,15a umgestellt wird, um so „diesen Tag" direkt mit dem dort dargestellten Baubeginn in Verbindung zu bringen.

Bei den Ansätzen, die von einer solchen Umstellung zurecht absehen, wird dagegen meist davon ausgegangen, daß in 1,12-15 nur ganz allgemein der Beginn der Arbeiten gemeint sei, während erst drei Monate später, also an dem Tage, an dem das Wort von 2,15-19 gesprochen wurde, mit den Arbeiten am Gebäude und somit der eigentlichen Tempelgründung begonnen wurde. Zuvor wären dann etwa die Aufräumarbeiten erledigt worden.[71] Doch auch diese Überlegungen sind ausgesprochen hypothetisch.

Vor allem geht auch der zuletzt genannte Lösungsversuch davon aus, daß die im Rahmen der Haggai-Chronik eingebrachten Datierungen tatsächlich den ursprünglichen historischen Ort der einzelnen Einheiten treffen. In diesem Zusammenhang wird man Hag 2,15-19 wohl tatsächlich nur mit einer solchen Hilfskonstruktion verstehen können, wonach der tatsächliche Beginn der Arbeiten am Tempel eben nicht schon in 1,12-15, sondern erst in 2,10.15-19 anzusetzen ist. Nimmt man jedoch erneut ernst, daß die

---

68 In Hag 2,19aβ wird וְעַד wohl zurecht meist im Anschluß an LXX zu וְעֹד geändert; vgl. nur Marti, KHC 13, 390; Petersen, Haggai, 87; Wolff, BK 14,6, 40; Verhoef, Haggai, 111.

69 Die Deutung von Hag 2,19 ist allerdings umstritten. Sie hängt ganz davon ab, welche Antworten man für die rhetorischen Fragen voraussetzt. So könnte die Frage, ob der Same noch in den Vorratskammern ist, mit „Nein" und die folgende Frage, ob der Baum noch nicht getragen hat, entsprechend mit „Doch" beantwortet werden. Bei diesem, mit Unterschieden im Detail von Rudolph, KAT 13,4, 52; Clark, Problems, 436-438; Reventlow, ATD 25,2, 28, vorgetragenen Verständnis wird allerdings nicht klar, warum das Tragen des Baumes im Perfekt, das Segnen hingegen im Imperfekt beschrieben wird. Wenn der Baum tatsächlich schon getragen hat, so ist kaum verständlich, warum das Segnen im Imperfekt, also als präsentischer oder futurischer Vorgang, beschrieben wird. Deshalb wird wohl eher im Anschluß an Beuken, Haggai-Sacharja, 212; Mason, Haggai, 24; Wolff, BK 14,6, 47, die Frage, ob der Same noch in der Vorratskammer ist, mit „Ja" und die Frage, ob der Baum noch nicht getragen hat, entsprechend mit „Nein" zu beantworten sein, da sich dann das „ich werde segnen" gut als auf diese negative Beschreibung reagierende Verheißung verstehen läßt.

70 S.o. 292-294.

71 Vgl. etwa Koch, Volk, 64; Deissler, NEB.AT 21, 262; Reventlow, ATD 25,2, 28.

Datierungen erst auf eine Redaktion zurückgehen, so läßt sich das Wort in seinem ursprünglichen Kontext nochmals ganz anders verstehen.

Denn im Zusammenhang der bisherigen Worte, die allesamt davon bestimmt sind, daß das Volk noch dazu motiviert werden muß, die Arbeiten am Tempel anzugehen, kann auch Hag 2,15-19* in der Zeit vor dem Tempelbau angesetzt werden. „Dieser Tag" ist dann im ursprünglichen Kontext weder der vergangene noch der heutige Tag der Tempelgründung, sondern ein noch in der Zukunft liegender Tag. Es ist der Tag, an dem die Arbeiten allererst beginnen werden.[72] Demnach werden die Angesprochenen in 2,15a.18* aufgefordert, darauf zu achten, wie sich die Verhältnisse ab dem Tag, da sie die Arbeiten am Tempel in Angriff nehmen, ändern werden.[73] Der von diesem Aufruf gerahmte Rückblick auf die Zeit vor dem Tempelbau in 2,15b.16 ist dann ein in der Zukunft vorzunehmender Rückblick. Ab dem zukünftigen Tag des Baubeginns wird das Volk merken, wie sich ihre Lage im Vergleich zur vorangehenden Zeit verändert haben wird. Der die Einheit abschließende Hinweis auf die gegenwärtige Mangellage in Hag 2,19 ist dann auch kein Widerspruch mehr zur Ankündigung, daß sich ab dem Tage der Tempelgründung etwas ändert. Denn dieser Vers läßt sich nun so verstehen, daß jetzt noch keine Saat ausgebracht ist und die Bäume noch keine Frucht tragen, doch Jhwh eben ab dem in der Zukunft liegenden Tag der Tempelgründung wieder seinen Segen spenden wird.

Von hier aus ergibt 2,15-19* einen guten Zusammenhang mit den vorangehenden Worten des Grundbestands. Wie in 1,2-8*.9-11 und 2,3-9* dient auch 2,15-19* der Motivation, den Tempelbau in Angriff zu nehmen. Und wie schon in 2,3-9*, aber im Gegensatz zu den an der gegenwärtigen

---

72 Gegen die Annahme, daß es sich bei „diesem Tag" um den erst noch in der Zukunft liegenden Tag des Tempelbaus handelt, spricht nun nicht, daß הזה היום meist als „heute" verstanden wird. Denn diese Wendung ist auch in Kontexten belegt, in denen sie sich nur auf einen vergangenen (Gen 7,11.13; 17,23.26; Ex 12,17.41.51; 13,3; 19,1; Dtn 32,48; Jos 5,11; 7,25; Ez 40,1), einen im Jahresverlauf wiederkehrenden (Ex 12,14.17; Lev 16,30; 23,21.28-30) oder eben auf einen zukünftigen Tag (Lev 23,14; Dtn 2,25; Est 3,14; 8,13) beziehen läßt. Sie weist also nur auf einen bestimmten Tag, nicht aber unbedingt auf den heutigen.

73 Schwierig ist in diesem Zusammenhang allerdings die Perfekt-Form יסד in 2,18bβ, die darauf hinweisen könnte, daß der Tempel zum Zeitpunkt dieses Spruchs bereits gegründet worden ist. Versteht man יסד allerdings tatsächlich in dieser Richtung, so würde dies nicht nur die hier vorgeschlagene Lösung, wonach der Tag des Tempelbaus erst noch in der Zukunft liegt, ausschließen, sondern auch die gängigen Lösungen, wonach dieses Wort am Tag des Tempelbaus gesprochen wurde. Denn strenggenommen weist die Perfekt-Form auf einen vergangenen Tag. Da aber mit einer Deutung auf einen bereits zurückliegenden Tag, wie oben dargestellt, noch wesentlich größere Probleme verbunden sind, wird man besser davon absehen, aus diesem Teilvers weitreichendere Konsequenzen zu ziehen. So ist die Perfekt-Form יסד in 2,18bβ wohl am ehesten als Futurum exactum, also im Sinne eines Futur II, zu verstehen; vgl. Ges-K, §106o. Gemeint ist dann, daß ab dem zukünftigen Tag, da der Tempel gegründet sein wird, darauf geachtet werden soll, wie sich die Dinge ändern.

Not orientierten Worten von Hag 1, wird auch hier über das zukünftige Heil, das der Tempelbau bewirken wird, argumentiert.[74]

Insgesamt ergibt sich also in Hag 2 ein Grundbestand, der die Verse 2,3.4*.5aβb.9.15-16.18abβ.19 umfaßt. Die beiden Worte 2,3-9* und 2,15-19* gehen von einer Situation aus, in der die Arbeiten am Tempel noch nicht in Angriff genommen worden sind, und beide Worte wollen das Volk zu diesen Arbeiten bewegen, indem sie auf die zukünftige Herrlichkeit des neuen Tempels (2,3-9*) und den göttlichen Segen, der ihrer Not ein Ende setzt (2,15-19*), verweisen.

Neben den bereits bei der Betrachtung der Rahmenverse des Buches herausgestellten Zufügungen der Haggai-Chronik konnten sodann in Hag 2 noch weitere Überarbeitungen erkannt werden. So handelt es sich bei der Einheit über das unreine Volk in Hag 2,11-14 um einen Nachtrag, der wohl später als die Haggai-Chronik anzusetzen ist. Zudem wurde in 2,6-8 eine kurze Überarbeitung eingebracht, nach der aufgrund des Tempelbaus Umwälzungen in der gesamten Völkerwelt geschehen und deren Reichtümer zum Tempel kommen werden. Und schließlich zeigten sich in Hag 2,5aα.17 noch zwei kleinere, vereinzelte Nachträge, die in ihrer Bedeutung jeweils nur auf den unmittelbaren Kontext beschränkt sind.

2.1.2.3 Das Wort an Serubbabel Haggai 2,21b-23

Das letzte Wort des Haggaibuches, das nach den von den Redaktoren der Haggai-Chronik eingebrachten Rahmenversen 2,20.21a insgesamt an den Statthalter Serubbabel gerichtet ist, zerfällt anhand der Formel ביום ההוא in 2,23 in zwei Teile: Auf die Ansage, daß Jhwh die militärische Macht der Völker zerstören wird (2,21b.22), folgt eine Verheißung an Serubbabel, den Nachfahren des Königs Jojachin, daß Jhwh ihn an diesem Tag zum Siegelring macht (2,23).

Nun ist schon häufiger aufgefallen, daß das Wort gegen die Völker und das Wort an Serubbabel inhaltlich kaum miteinander verbunden sind. Denn bei der Verheißung an Serubbabel, daß Jhwh ihn zum Siegelring macht, spielt das zuvor thematisierte Verhältnis zu den Völkern überhaupt keine Rolle mehr. Deshalb meinte etwa Wolff, daß es sich hier um zwei ursprünglich getrennt voneinander überlieferte Haggai-Worte handelt, die erst im Rahmen der Aufnahme in das Haggaibuch über die Formel ביום ההוא

---

74 Zur ausführlichen Darstellung der Komposition des Grundbestands s.u. 316.

miteinander verbunden worden sind.[75] Nogalski zog aus der fehlenden inhaltlichen Verbindung sogar die Konsequenz, daß Hag 2,21b.22 überhaupt erst sekundär einer bereits bestehenden Vorstufe des Buches zugefügt wurde.[76]

Auf Grundlage der bisherigen Erkenntnisse wird wohl am ehesten der Erklärung von Nogalski zu folgen sein. Denn im Rahmen der redaktionsgeschichtlichen Bearbeitung des Buches fielen gerade die Verse Hag 2,6-8, die ebenfalls die Erwartung eines Völkergerichts enthalten, als sekundär auf.[77] Zwar ist der Nachtrag in 2,6-8, dem vorliegenden Kontext entsprechend, eher auf die Reichtümer der Völker, die zum Jerusalemer Tempel kommen sollen, und nicht wie 2,21b.22 auf deren militärische Macht gerichtet. Doch neben der allgemein völkerfeindlichen Ausrichtung weisen beide Worte über die Partizipialkonstruktion אֲנִי מַרְעִישׁ אֶת־הַשָּׁמַיִם וְאֶת־הָאָרֶץ, wonach Himmel und Erde erschüttert werden sollen, eine inhaltliche wie formale Gemeinsamkeit auf, die zudem ohne weitere Parallele im sonstigen Haggaibuch ist.[78]

Dabei wurde der völkerfeindliche Nachtrag 2,21b.22 wohl erst nach den im Rahmen der Haggai-Chronik eingebrachten Rahmenversen 2,20.21a

---

75   Vgl. Wolff, BK 14,6, 77f. Dagegen hat allerdings Reventlow, ATD 25,2, 29f, eingewandt, daß die gegen die Völker gerichteten Verse 2,21b.22 durchaus einen einheitlichen Zusammenhang mit der folgenden Verheißung an Serubbabel in 2,23 bilden, da der gesamte Textbereich traditionsgeschichtlich von Motiven aus dem Bereich der Königsideologie geprägt ist. Dies ist sicher richtig. Für die überlieferungsgeschichtliche oder gar literarkritische Beurteilung dieses Zusammenhangs ist aber dennoch bedeutend, daß Hag 2,21b.22 und 2,23 nicht direkt inhaltlich verbunden sind.

76   Vgl. Nogalski, Precursors, 229-233; siehe hierzu auch Kratz, Judentum, 88.

77   S.o. 300-302.

78   Nogalski, Precursors, 231, setzt Hag 2,6-8 und 2,21b.22 hingegen bewußt auf zwei unterschiedlichen literarischen Ebenen an. Seiner Meinung nach handelt es sich nur bei 2,21b.22 um einen Nachtrag, während 2,6-8 zur Grundschicht des Buches zu rechnen ist. Denn nach Nogalski wird in Hag 2,6-8 geschildert, wie die Völker ihren Reichtum nach Jerusalem bringen. Eine solche „pilgrimage of the nations" sei jedoch in dem Wort 2,21b.22, das von der Zerstörung der Völker ausgeht, nicht vorgesehen. So spricht nach Nogalski diese gegenüber Hag 2,6-8 unterschiedliche Ausrichtung gerade für den sekundären Charakter der Einheit 2,21b.22. Gegen Nogalski ist aber darauf hinzuweisen, daß in Hag 2,6-8 gar nicht davon die Rede ist, daß die Völker nach Jerusalem kommen. Schon gar nicht kann von einer Völkerwallfahrt gesprochen werden. Nach 2,7 wird vielmehr nur erwartet, daß deren Reichtümer nach Jerusalem kommen. Wie dies geschieht, bleibt hingegen völlig offen; vgl. hierzu Lux, Zweiprophetenbuch, 203. Außerdem ist in Hag 2,21b.22 auch nicht eine völlige Zerstörung der Völker im Blick, wie Nogalski annimmt. Es wird hier vielmehr ein Gericht an deren militärischer Macht erwartet. Da sich also keine wirklich bedeutenden inhaltlichen Unterschiede zwischen Hag 2,6-8 und 2,21b.22 aufweisen lassen, spricht die Tatsache, daß beide Worte in ihrem jeweiligen Kontext als sekundär auffallen und daß in beiden Worten ein Erschüttern des gesamten Kosmos erwartet wird (אֲנִי מַרְעִישׁ אֶת־הַשָּׁמַיִם וְאֶת־הָאָרֶץ), gegen Nogalski doch eher dafür, daß beide Worte auf derselben, gegenüber der Grundschicht sekundären literarischen Ebene anzusetzen sind.

zugefügt. Denn diese Rahmenverse sind nur auf ein Wort an Serubbabel ausgerichtet, wie es nicht schon in 2,21b, sondern erst in 2,23 folgt. Vermutlich wurde dann 2,21b.22 vor das eigentliche Serubbabel-Wort gestellt, um so die Ehrenbezeichnung des Siegelrings – die ja im Anschluß an Jer 22,24 nichts anderes bedeutet als die Wiederaufrichtung der davidischen Herrschaft –[79] mit dem Gericht an den Völkern in Verbindung zu bringen.

Nimmt man nun erneut ernst, daß schon die Rahmenverse 2,20.21a dem Haggaibuch erst sekundär zugefügt wurden, dann schließt das Serubbabel-Wort 2,23 im Rahmen der Grundschicht des Haggaibuches direkt an die Einheit 2,15-19* an. Erstaunlich ist dabei, daß diese Einheit mit der Ankündigung endet, daß Jhwh ab dem Tag der Tempelgründung wieder Segen spenden wird. Aufgrund der Überleitung ביום ההוא am Beginn der Verheißung an Serubbabel in Hag 2,23 ist dann der Zusammenhang von 2,15-19* und 2,23 so zu verstehen, daß an diesem Tag nicht nur neuer Segen für das Volk und deren agrarisches Handeln zu erwarten ist, sondern daß an diesem Tag der Tempelgründung auch Serubbabel von Jhwh als Siegelring anerkannt wird.[80] Das heißt, aufgrund der Tempelgründung wird mit Serubbabel die davidische Herrschaft wieder aufgerichtet.

Daraus ergeben sich nun zwei Konsequenzen: Zum einen bestätigt sich die obige Deutung, daß Hag 2,15-19* im ursprünglichen Zusammenhang in die Zeit noch vor der Tempelgründung gehört. Wenn nämlich das Wort an Serubbabel Hag 2,23 ursprünglich direkt an 2,15-19* anschloß und somit unter jenem Tag, an dem Serubbabel zum Siegelring wird, gerade der in 2,15-19* genannte Tag der Tempelgründung zu verstehen ist, so spricht die eindeutig futurische Gestaltung von Hag 2,23 eben einmal mehr dafür, daß dieser Tag der Tempelgründung für die Grundschicht des Haggaibuches noch aussteht.

---

79 Daß die Rede vom Siegelring (חותם) auf Jer 22,24 zu beziehen und somit als Aufhebung der dort geäußerten Verwerfung Jojachins zu verstehen ist, wird nahezu allgemein anerkannt; vgl. nur Marti, KHC 13, 390; Sauer, Serubbabel, 204; Seybold, Königserwartung, 245; Reventlow, ATD 25,2, 30f. Demgegenüber stellt Wolff, BK 14,6, 84, einen solchen Bezug in Frage und meint, die Rede vom Siegelring bedeute nur, daß mit dem „Siegel" Serubbabel das Rechtsgeschäft des Tempelbaus bekräftigt wird. Serubbabel sei also „der Garant, daß der Tempelbau vollendet wird" (Wolff, ebd.). Doch davon abgesehen, daß das seltene Motiv des Siegelrings in Hag 2,23 doch sicherlich kaum zufällig verwendet wird, spricht gegen die Deutung von Wolff auch, daß es sich bei Hag 2,23 um eine Verheißung handelt. Serubbabel wird erst noch zum Siegelring und ist es nicht schon während des Tempelbaus.

80 Allerdings wird von Wolff, BK 14,6, 77, und Nogalski, Precursors, 234, angenommen, daß die Formel ביום ההוא nicht zum ursprünglichen Bestand von Hag 2,23 gehörte, sondern erst zugefügt wurde, als dieses Wort mit Hag 2,21b.22 verknüpft wurde. Da allerdings ohne diese Formel Hag 2,23, zumal hier ein Adressatenwechsel vorgenommen wird, doch sehr unvermittelt an Hag 2,15-19* anschließen würde, besteht zu einem solchen Eingriff kein Anlaß.

Zum anderen läßt sich so auch das Wort an Serubbabel zum ersten Mal gut in den Kontext der sonstigen Worte des Haggaibuches integrieren.[81] Wenn nämlich Serubbabel nach dem Zusammenhang der Worte 2,15-19* und 2,23 gerade am Tag der Tempelgründung von Jhwh zum Siegelring ernannt werden wird, so handelt es sich doch auch hier um ein Wort, das zur Motivation des Tempelbaus dient. Wie schon bei Hag 2,4* geht es also auch hier darum, Serubbabel dazu anzuhalten, das Bauprojekt endlich in Angriff zu nehmen. Dieser Zusammenhang wurde erst durch die Einfügung des umfassenden Völkergerichts in 2,21b.22 verdeckt, da dadurch die Verheißung an Serubbabel nicht mehr mit dem Tempelbau in Verbindung steht, sondern erst im Rahmen der dort dargestellten Umwälzungen in der gesamten Völkerwelt erwartet wird. Ohne diese Zufügung ergibt sich aber für die gesamte Grundschicht des Haggaibuches eine einheitliche Intention, die darin besteht, das Volk und den Statthalter Serubbabel zum Tempelbau zu bewegen.

So gehört also nur das eigentliche Wort an Serubbabel Hag 2,23 zur Grundschicht des Buches. Dem Enkel des Königs Jojachin wird hier verheißen, daß er am Tag der Tempelgründung vor Jhwh zum Siegelring wird, daß also dann die Jer 22,24 dargestellte Verwerfung seines Großvaters vor Gott als aufgehoben gilt.[82]

Bei Hag 2,21b.22 handelt es sich um eine Überarbeitung, die diese Erwartung mit einem umfassenden Völkergericht in Verbindung bringt.

---

81 Meist wird das letzte Wort des Haggaibuches, dann mit dem Umfang 2,21b-23, als Darstellung eschatologischer Geschehnisse verstanden, in deren Zusammenhang es zur Wiedererrichtung der davidischen Dynastie, wenn nicht gar zum Beginn eines messianischen Zeitalters kommt, so schon Wellhausen, Propheten, 177: „in dem aus der nahe bevorstehenden Weltumwälzung hervorgehenden messianischen Reich soll Zerubabel König werden"; vgl. etwa auch Beyse, Serubbabel, 52-58; Meyers / Meyers, AncB 25B, 82-84; Verhoef, Haggai, 47f; Reventlow, ATD 25,2, 30f. Doch damit ginge dieses Wort weit über die Problemlage des sonstigen Haggaibuches hinaus, bei dem ja die Situation des Volkes durch die existentiellen Nöte, die die gegenwärtige Dürre mit sich bringt, bestimmt ist und bei dem die einzelnen Prophetenworte darauf ausgerichtet sind, das Volk dennoch zum Tempelbau zu bewegen, weil gerade davon ein Ende dieser Not erhofft wird. Eschatologische Erwartungen sind diesen Worten fremd. Sie sind rein am Hier und Jetzt der herrschenden Mangelsituation orientiert. Hag 2,23 fügt sich also erst dann in eine stimmige Gesamtaussage des Buches, wenn erkannt ist, daß es sich bei Hag 2,21b.22 um einen Nachtrag handelt und die Verheißung an Serubbabel ursprünglich sowohl formal als auch inhaltlich an das auf den Tempelbau ausgerichtete Wort 2,15-19* anschloß.

82 Entgegen der hier vorgestellten redaktionsgeschichtlichen Einordnung von Hag 2,23 hat jüngst Kratz, Judentum, 88, die These vertreten, daß es sich bei diesem Vers um einen erst sekundär an Hag 2,20-22 angeschlossenen Nachtrag handelt. Der hier ausgeführte schlüssige Zusammenhang von Hag 2,23 mit 2,15-19*, aus dem die völkerfeindlichen Worte in 2,21b.22 gerade herausfallen, dürfte aber doch eher dagegen sprechen, daß Hag 2,23 dem Buch erst nach 2,20-22 zugefügt wurde.

Dabei dürfte dieser Nachtrag auf dieselbe Hand zurückgehen wie die völkerfeindlichen Verse Hag 2,6-8.

2.1.3 Zusammenfassung der Redaktionsgeschichte des Haggaibuches

2.1.3.1 Die Grundschicht

Die redaktionsgeschichtliche Betrachtung des Haggaibuches ergab einen
Grundbestand, der die Verse Hag 1,2.4-11.12b.13; 2,3.4*(ohne וחזק
הגדול ... יהושע).5aßb.9.15-16.18abß.19.23 umfaßt. Die einzelnen Worte
dieser Grundschicht sind allesamt von der Intention geprägt, das Volk und
den Statthalter Serubbabel dazu zu motivieren, den Tempelbau endlich in
Angriff zu nehmen.

Der Ausgangspunkt der Worte des Grundbestands ist die in Hag 1,2
zitierte mangelnde Bereitschaft des Volkes, den Tempel wieder aufzubauen.
Damit dürfte wohl weit mehr gemeint sein, als daß die Menschen schlicht
keine Lust auf den Tempelbau hatten[83] oder sich angesichts der desolaten
wirtschaftlichen Lage nicht imstande sahen, das Projekt anzupacken.[84] Die
Position des Volkes in Hag 1,2 setzt vielmehr voraus, daß sie aus theologischen Gründen den Bau des Tempels nicht für angemessen hielten, da die
rechte Zeit dafür noch nicht gekommen war.[85] Dies zeigt sich nicht nur
daran, daß die folgende Argumentation weder auf die Lust des Volkes
eingeht noch darauf, daß der Tempelbau trotz der materiellen Situation des
Volkes durchgeführt werden muß. Die theologische Pointe der Auseinandersetzung ist vor allem daran erkennbar, daß in der Ansage in Hag 1,8
betont herausgestellt wird, daß Jhwh, wenn sich das Volk denn zum Bau
bewegen läßt, das Heiligtum auch annehmen wird (רצה).[86] Das heißt doch

---

83 Vgl. etwa Marti, KHC 13, 382; Petersen, Haggai, 48; Trotter, Temple, 288.
84 Vgl. etwa Beyse, Serubbabel, 65; Wolff, BK 14,6, 24; Verhoef, Haggai, 55f; Reventlow, ATD
    25,2, 12; Gerstenberger, Israel, 158.
85 Eine theologische Deutung der Position des Volkes wurde ebenfalls schon häufiger vor-
    geschlagen; vgl. zu den verschiedenen Ausformungen dieser Annahme die weiteren Aus-
    führungen. Dabei meinen Bedford, Time, 75, und Tadmor, Time, 403, daß allein schon die
    Aussage, daß die Zeit nicht gekommen sei, im Zitat des Volkes Hag 1,2, theologisch ver-
    standen werden müsse und als „die rechte Zeit" zu deuten sei. Doch hiergegen Trotter,
    Temple, 288, zurecht eingewandt, daß aus dieser Wendung noch keine weitreichenderen
    Schlüsse gezogen werden sollten, läßt sie sich doch durchaus auch profan verstehen. Die
    folgenden Ausführungen basieren deshalb auch auf anderen Argumenten.
86 Das Verb רצה ist geradezu terminus technicus für die kultische Annehmbarkeit von Opfer-
    gaben; vgl. nur Lev 7,18; 19,7; 22,23; Hos 8,13; Am 5,22; Mal 1,10.13; siehe hierzu Barstad,
    Art. רצה, 643f. Dies wird in den Kommentaren zu Hag 1,8 auch fast allgemein vermerkt; vgl.
    nur Rudolph, KAT 13,4, 34; Petersen, Haggai, 51; Wolff, BK 14,6, 28f; Verhoef, Haggai, 66f;

aber, daß es umstritten war, ob Jhwh den Wiederaufbau zum gegenwärtigen Zeitpunkt überhaupt akzeptiert. Eben deshalb hält das Volk der Aufforderung zum Tempelbau entgegen, daß die rechte Zeit hierzu noch nicht gekommen ist.

Nun wurde ein solch theologisches Verständnis der Position des Volkes schon häufiger vorgeschlagen. Allerdings wurde bislang nur unzureichend bestimmt, aus welchem Grund das Volk davon ausging, daß der rechte Zeitpunkt noch nicht gekommen war. Die bisweilen vertretene These, daß die nach Jer 25,11-12; 29,10 angekündigten 70 Jahre des Gerichts noch nicht abgelaufen waren,[87] krankt nämlich daran, daß von diesen 70 Jahren im gesamten Haggaibuch überhaupt nicht die Rede ist. Noch weniger läßt sich die schon mehrfach geäußerte Vermutung belegen, daß das Volk erst noch den Beginn der messianischen Heilszeit erwartete.[88] Von der folgenden Argumentation des Buches, die ganz auf die herrschende Dürrenot ausgerichtet ist, bleibt dann aber nur die Annahme, daß das Volk eben gerade angesichts dieser Dürre meinte, daß die rechte Zeit noch nicht gekommen war.[89] Nicht die noch ausstehende Vollendung der 70 Jahre, nicht der fehlende Messias, sondern die gegenwärtige Notlage scheint für sie ein Zeichen gewesen zu sein, daß sie noch immer unter dem göttlichen Zorn standen und deshalb der Tempelbau noch nicht in Angriff genommen werden konnte.[90]

Das besondere an der hinter dem Haggaibuch erkennbaren Auseinandersetzung ist also: Während das Volk meint, daß der Tempel angesichts des in der herrschenden Dürre erkennbaren göttlichen Zorns nicht gebaut werden darf, hält ihnen der Prophet gerade umgekehrt entgegen, daß der in der herrschenden Dürre erkennbare göttliche Zorn darauf zurückgeht, daß der Tempel nicht gebaut wird. So argumentieren das Volk und der Prophet

---

Reventlow, ATD 25,2, 14, allerdings ohne hieraus weitere Konsequenzen für das Verständnis der Problemlage des Haggaibuches zu ziehen.

87   Vgl. Bedford, Time, 78-84; Tadmor, Time, 403-406.

88   Diese etwa schon von Wellhausen, Propheten, 173, und van Hoonacker, Prophètes, 553, vertretene These wird in neuerer Zeit etwa von Verhoef, Haggai, 56, oder Reventlow, ATD 25,2, 12, immerhin für möglich gehalten.

89   Dies wurde bislang nur von Steck, Haggai, 374f, und auch dort nur am Rande, vermutet.

90   Dabei läßt sich die Annahme, daß das Volk von der herrschenden Dürre auf den Zorn Gottes schloß, nicht nur indirekt aus der Argumentation des Haggaibuches ableiten. Dafür spricht auch die betonte Frage „Warum?" (מַדּוּעַ) nach der gerade in Fluchformulierungen dargestellten Beschreibung der Dürrenot in Hag 1,9. Das heißt doch, daß die hier erkennbare Auseinandersetzung im Kern um die Frage geht, wie es zu der von beiden Seiten als göttliche Strafe anerkannten Dürre kommt. Zusammen mit der oben ausgeführten Erkenntnis, daß in Hag 1,8 angesagt wird, daß Jhwh den Tempel annehmen wird, dürfte also die These durchaus berechtigt sein, daß das Volk gerade aufgrund der herrschenden Dürrenot, die als Zeichen des göttlichen Zorns betrachtet wurde, nicht bereit war, den Tempel zu bauen, da ein solcher Bau zur Zeit des Zorns von Jhwh nicht angenommen würde.

also auf derselben Grundlage: Beide gehen von der gegenwärtigen Notlage aus und fragen nach den theologischen Konsequenzen, die aus dieser Situation zu ziehen sind. Erst bei der Bestimmung dieser Konsequenzen kommen sie dann zu gänzlich unterschiedlichen Ergebnissen. In der Grundschicht des Haggaibuches geht es also um nichts anderes als eine Auseinandersetzung um die theologische Interpretation der gegenwärtigen Lage des Volkes, es ist in seinem Kern eine geschichtstheologische Streitschrift.

Vor diesem Hintergrund wird dann die gesamte Anlage des Buches verständlich. Sämtliche Worte sind davon geprägt, das Volk, und später auch den Statthalter, dazu zu bewegen, den Tempelbau trotz und gerade wegen der herrschenden Dürrenot in Angriff zu nehmen. Dabei argumentieren die ersten auf die Einleitung in 1,2.4 folgenden Worte in Hag 1,5-13* von der gegenwärtigen Situation her: In 1,5-8 wird zunächst die herrschende Mangellage dargestellt und vor diesem Hintergrund zum Tempelbau aufgerufen. Das zweite Wort 1,9-11 zeigt darüber hinausgehend den noch nicht wieder aufgebauten Tempel explizit als Grund für die herrschende Notlage auf. In einer diesen ersten Abschnitt des Buches abschließenden Notiz in 1,12b.13 wird sodann festgehalten, daß sich das Volk fürchtete und der Prophet ihnen das Mit-Sein Jhwhs bei ihren Arbeiten zusprach.

Die weiteren Einheiten des Haggaibuches sind ebenso vom Aufruf zum Tempelbau geprägt. Die in der Forschung überwiegend vertretene Annahme, daß der Beginn der Arbeiten für die Worte in Hag 2 bereits vorauszusetzen ist, geht allein auf die erst redaktionell eingebrachten Datierungen zurück und erschwert nur das Verständnis dieser Worte.[91] Gegenüber dem ersten Abschnitt der Grundschicht des Haggaibuches in Hag 1 sind die folgenden Einheiten in Hag 2 nun aber dadurch geprägt, daß sie nicht mehr nur von der Gegenwart her argumentieren, sondern auch mit Blick auf die Zukunft. So wird in Hag 2,3-9* zunächst dem gegenwärtigen desolaten Zustand des Tempels dessen zukünftige Herrlichkeit und der damit einhergehende erneute agrarische Erfolg gegenübergestellt. In Hag 2,15-19* wird sodann das Volk dazu aufgefordert, ab dem Tag des Tempelbaus darauf zu achten, wie sich ihre wirtschaftliche Situation verändern wird, da Jhwh von diesem Tag an neuen Segen spenden wird.

Das letzte Wort des Haggaibuches 2,23 ist schließlich allein an den Statthalter Serubbabel gerichtet. Dem Enkel des Königs Jojachin wird hier verheißen, daß ihn Jhwh am Tag des Baubeginns (ביום ההוא) zum Siegelring macht, also das Jer 22,24 gegenüber seinem Großvater ausgesprochene Verwerfungsurteil zurücknimmt. Im Rahmen der Grundschicht geht es also auch hier darum, zum Bau am Tempel zu motivieren. Denn dies, so die

---

91 Siehe im einzelnen oben 299f und 306-309.

Pointe dieses Wortes in seinem ursprünglichen Zusammenhang, wird schließlich auch zur Wiederaufrichtung der davidischen Herrschaft führen.

Auf Grundlage des beschriebenen Ablaufs kann der Grundbestand des Haggaibuches als durchdachte Komposition bezeichnet werden. So wird nach der Einleitung mit dem Zitat des Volkes und einer ersten Entgegnung in Hag 1,2.4 in zwei Durchgängen gegen die dort dargelegte Weigerung des Volkes zum Tempelbau argumentiert, und zwar zunächst mit Blick auf deren gegenwärtige Situation (1,5-13*) und sodann mit Blick auf die Zukunft (2,3-19*). Abgeschlossen wird das Buch mit der Verheißung an Serubbabel (2,23).

Die Komposition läßt sich aber zudem noch durch Stichwortverbindungen zwischen den einzelnen Einheiten untermauern, die schon häufig aufgefallen sind, dem Aufbau des Buches allerdings bislang noch nicht zugeordnet werden konnten. So sind die äußeren Glieder der beiden Hauptteile jeweils mit ועתה (1,5; 2,15) eingeleitet und enthalten zudem mehrfach die Wendung שימו לבבכם (1,5.7; 2,15.18). Bei den inneren Gliedern wird jeweils das Mit-Sein Jhwhs (אני אתכם) angesagt (1,13; 2,4) und beide Male ist die Furcht des Volkes (ירא) genannt (1,12; 2,5). Zudem sind die äußeren beiden Einheiten eher auf die agrarische Not des Volkes bezogen, die inneren beiden Einheiten hingegen eher auf den Zustand des Tempels.

So ist die Komposition des Buches also nicht nur durch einen fortlaufenden Gedankenfortschritt (Gegenwart – Zukunft) bestimmt, sondern parallel dazu auch durch eine chiastische Struktur gekennzeichnet. Es zeigt sich also ein äußerst durchdachter Aufbau, der nebenbei auch die Zuverlässigkeit der vorgelegten redaktionsgeschichtlichen Analyse bestätigt:

1,2.4	Einleitung – Der Widerstand des Volks
A 1,5-13*	Die Dürre (Argumentation mit Blick auf Gegenwart)
a 1,5-8	Mangelnde Fruchtbarkeit (שימו לבבכם / ועתה)
b 1,9-13*	Der Zustand des Tempels als Grund (אני אתכם / וייראו)
B 2,3-19*	Der neue Tempel (Argumentation mit Blick auf Zukunft)
b' 2,3-9*	Die Herrlichkeit des neuen Tempels (אני אתכם / אל-תיראו)
a' 2,15-19*	Neue Fruchtbarkeit infolge des Tempelbaus (שימו לבבכם / ועתה)
2,23:	Ausblick – Die Verheißung an Serubbabel

Es kann somit erstmals gezeigt werden, daß schon die Grundschicht des Buches eine schlüssige Komposition darstellt. Dies spricht gegen die bislang gängige Ansicht, daß die Redaktoren, die die Rahmenverse einbrachten, dafür auf schriftlich fixierte Einzelworte, sogenannte Auftrittsskizzen, zurückgegriffen haben.[92] Vielmehr lag ihnen bereits eine zusammenhängende schriftliche Sammlung dieser Prophetenworte vor. Dabei dürfte diese Sammlung nun ihrerseits Worte aus der mündlichen Verkündigung des Propheten aufgenommen haben, wie die zum Teil recht harten Übergänge und die kleineren Differenzen zwischen den einzelnen Einheiten,[93] die sich literarkritisch nicht mehr auflösen lassen, zeigen.

Zu datieren ist dieses erste Haggaibuch wohl noch in der Zeit vor dem Bau des zweiten Tempels. Die einzelnen Worte sind allesamt von dem Aufruf, dieses Projekt in Angriff zu nehmen, bestimmt, und an keiner Stelle ist der Beginn der Arbeiten vorausgesetzt. So handelt es sich bei der Grundschicht des Haggaibuches gewissermaßen um eine kleine Streitschrift aus der Diskussion um die theologischen Vorbehalte des Volkes, den Tempel wieder aufzubauen.

2.1.3.2 Die Haggai-Chronik

Einer ersten Überarbeitung des Grundbestands, die im Anschluß an Wolff als Haggai-Chronik bezeichnet wurde, konnten die Verse 1,1.3.12a.14-15; 2,1-2.4*(הגדול ... יהושע וחזק).10.20.21a zugewiesen werden. Durch diese Überarbeitung wurden die einzelnen Prophetenworte in ein narratives Gerüst eingebettet und dabei mit Datierungen in die Zeit des persischen Königs Darius versehen. Die der Redaktion vorliegende Wortsammlung wurde so zu einem Bericht über das Ergehen des prophetischen Wortes an verschiedenen Stationen des Baus des zweiten Tempels umgestaltet.

Während die Worte in ihrem ursprünglichen Zusammenhang insgesamt der Zeit vor dem Beginn der Bauarbeiten entstammen und allererst zu den Arbeiten am Heiligtum aufrufen, werden im Rahmen der Haggai-Chronik nur die Worte in Hag 1,2-11 auf diese Zeit bezogen. In Hag 1,12-15 wird

---

92 Gegen Beuken, Haggai-Sacharja, 204; Wolff, BK 14,6, 4f; Deissler, NEB.AT 21, 254; Reventlow, ATD 25,2, 5f mit Anm. 1.
93 Zu den meist unvermittelten Übergängen zwischen den einzelnen Einheiten s.o. 297 mit Anm. 36. Als kleinere Unstimmigkeiten zwischen den einzelnen Einheiten, die dafür sprechen, daß hier auf mündlich vorgegebenes Gut zurückgegriffen wurde, ist etwa darauf zu verweisen, daß bei den oben dargestellten Stichwortverbindung zwischen den äußeren Gliedern der beiden Hauptteile genaugenommen in Hag 1,5.7 beide Male שימו לבבכם על-דרכיכם, in 2,15.18 jedoch שימו-נא לבבכם steht. Zudem ist auffällig, daß bei den Stichwortverbindungen zwischen 1,9-13* und 2,3-9* die Mit-Seins-Formel und die Furcht des Volkes bei der ersten Einheit gerade in den Versen 1,12b.13 belegt sind, die ja die einzige narrative Passage des Haggaibuches bilden und wohl erst im Rahmen der Erstverschriftung an das vorangehende Wort 1,9-11 angehängt wurden.

sodann beschrieben, daß das Volk – nach der in diesem Zusammenhang nur als anfängliche Weigerung erscheinenden Auseinandersetzung von 1,2-11 – zu handeln beginnt. Die Einheiten in Hag 2 sind daraufhin im Zusammenhang der Haggai-Chronik am ehesten so zu verstehen, daß der erneute Handlungsaufruf in 2,1-9* auf erste Verzögerungen bei den Arbeiten reagiert und daß das folgende Wort 2,10.15-19* und die Verheißung an Serubbabel 2,20-23* schließlich – nachdem zuvor vielleicht nur erste Vorbereitungen erledigt waren – am Tag der eigentlichen Grundlegung des Tempels gesprochen wurden.[94] Die Komposition der Haggai-Chronik läßt sich dann wie folgt darstellen:

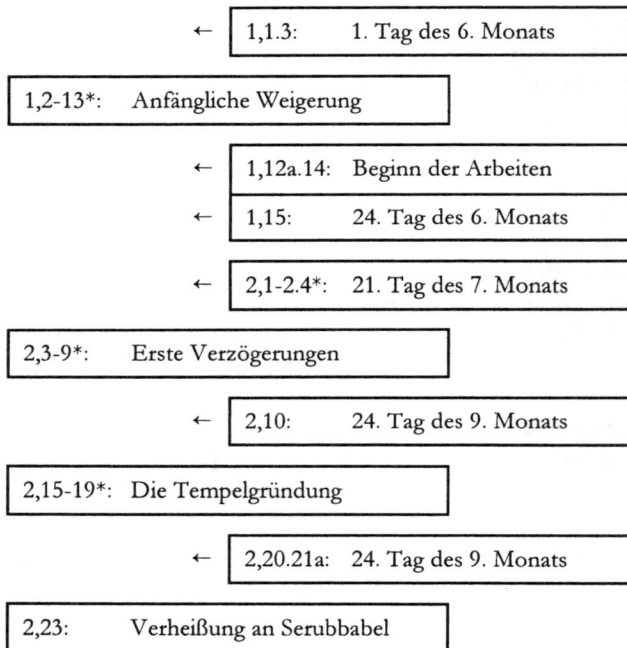

← 1,1.3:	1. Tag des 6. Monats
1,2-13*: Anfängliche Weigerung	
← 1,12a.14:	Beginn der Arbeiten
← 1,15:	24. Tag des 6. Monats
← 2,1-2.4*:	21. Tag des 7. Monats
2,3-9*: Erste Verzögerungen	
← 2,10:	24. Tag des 9. Monats
2,15-19*: Die Tempelgründung	
← 2,20.21a:	24. Tag des 9. Monats
2,23: Verheißung an Serubbabel	

Das Haggaibuch ist in diesem Stadium also nicht mehr als durchgängiger Aufruf zu den Arbeiten am Tempel gestaltet, sondern als Bericht, wie der Prophet diese Arbeiten von der Zeit vor dem Baubeginn bis zur Grundlegung des Tempels begleitet hat. Aus einer Streitschrift gegen die Vorbehalte des Volkes wurde somit eine Darstellung, wie das Volk und deren Amts-

---

94   Zur Problematik, wie sich die Datierungen in Hag 2 mit den jeweils folgenden Worten vereinbaren lassen, s.o. 299f und 306-309.

träger trotz anfänglicher Vorbehalte und zwischenzeitlicher Verzögerungen schließlich doch der prophetischen Botschaft gefolgt sind.

Die Intention dieser Überarbeitung ist aber nur unzureichend bestimmt, wenn sie auf die narrative und chronologische Umgestaltung der vorgegebenen Wortsammlung eingeschränkt wird. Denn ein weiteres Merkmal dieser Nachträge gegenüber dem Grundbestand ist ja, daß die Worte nun insgesamt auch an die beiden Amtsträger, den Statthalter Serubbabel und den Hohepriester Jeschua, gerichtet sind, während zuvor nur Serubbabel in 2,4.23 genannt war. Der Tempelbau wird somit in erster Linie als Werk eben dieser beiden Personen auf Betreiben Haggais hin dargestellt. Sie haben auf das prophetische Wort und die geschichtliche Situation reagiert und den Tempelbau vorangetrieben.

Doch gerade der auch schon in der Grundschicht genannte Serubbabel wird damit nicht nur in seiner Bedeutung für den Tempelbau stärker herausgehoben als in der vorgegebenen Wortsammlung. Er wird auch auf eben diese Funktion reduziert. Interessant, und bislang in seinen Konsequenzen nur selten beachtet,[95] ist nämlich, daß Serubbabel in den auf die Haggai-Chronik zurückgehenden Rahmenversen als Statthalter bezeichnet wird. Bedenkt man, daß Serubbabel ja Davidide war und daß sich gerade an ihn in Hag 2,23 eine besondere Verheißung findet, die im Anschluß an Jer 22,24 wohl nur auf die Erneuerung der davidischen Herrschaft bezogen werden kann,[96] so ist die betonte Bezeichnung als Statthalter doch als Abwertung gegenüber dieser Verheißung zu verstehen. Denn bedeutend ist zudem, daß der persische König Darius in den Rahmenversen nicht nur zur Datierung genannt, sondern auch als המלך (1,1.15) bezeichnet wird. Das heißt aber, Darius wird hier als König schlechthin anerkannt, wird er doch nicht nur, wie in Esra 4,5, als מלך־פרס bezeichnet.

Die Haggai-Chronik verfolgt also nicht nur das Ziel, das Haggaibuch als geschichtlichen Abriß über das Ergehen des prophetischen Wortes zur Zeit um den Bau des zweiten Tempels und die Reaktion von Volk und Amtsträgern hierauf umzugestalten. Vielmehr ist bei dieser Redaktion auch eine gewisse antidavidische oder zumindest antimonarchische Tendenz zu erkennen. Serubbabel ist nach dieser Überarbeitung eben Statthalter und nicht mehr. Er wird in seiner Bedeutung auf die administrativen Aufgaben im Rahmen der persischen Provinzverwaltung unter dem als König anerkannten Darius eingeschränkt. So ist auch die Bezeichnung als Siegelring in der Verheißung 2,23 durch die von der Redaktion in 2,21a betont vorangestellte

---

95 Vgl. aber Mason, Purpose, 417; Albertz, Religionsgeschichte 2, 484; Tollington, Readings, 200.

96 Siehe hierzu oben 311f mit Anm. 79.

Funktionsbeschreibung als Statthalter im Rahmen der Haggai-Chronik nicht mehr als ein Ehrentitel ohne reale politische Relevanz.

Als Datierung dieser Überarbeitung könnte noch die Zeit vor der Vollendung des Tempelbaus, die hier noch nicht vorausgesetzt scheint, in Frage kommen.[97] Zumindest dürfte die Überarbeitung noch zu Lebzeiten Serubbabels verfaßt sein, da die betonte Einschränkung seiner Bedeutung auf die Funktion als Statthalter dann einen klaren historischen Anhalt hätte.

Dabei sollte bei der Verortung des Trägerkreises, auf den diese Redaktion zurückgeht, nicht im Anschluß an Beuken von einem chronistischen Milieu gesprochen werden.[98] Aufgrund der schmalen Textbasis, die die ja ohnehin im wesentlichen aus formelhaftem Gut bestehenden Rahmenverse bieten, ist eine solche Zuordnung kaum möglich. Zudem sind die von Beuken genannten Parallelen keineswegs so aussagekräftig, wie von ihm angenommen.[99] Allenfalls könnte aufgrund des Interesses am Tempelbau und der Gleichordnung von Serubbabel und dem in der Grundschicht ja überhaupt nicht genannten Hohepriester Jeschua an das Milieu des zweiten Tempels gedacht werden.[100]

2.1.3.3 Das unreine Volk

Bei dem kurzen Bericht über die Einholung einer Priestertora Hag 2,11-14, der in der Aussage mündet, daß dieses Volk unrein ist und all ihr Tun und all ihre Opfer unrein sind, handelt es sich um einen auf die Haggai-Chronik folgenden Nachtrag. Allerdings ist gerade die Aussage, daß das Volk und ihr

---

97   Die Datierung der Rahmentexte des Haggai-Buches wird etwa auch von Mason, Purpose, 421; Reventlow, ATD 25,2, 5; Tollington, Readings, 207, in unmittelbarer zeitlicher Nähe zum Tempelbau angesetzt.

98   Vgl. Beuken, Haggai-Sacharja, bes. 27-49.

99   Dazu sollen einige Beispiele genügen: So hat etwa schon Mason, Preaching, 192, darauf aufmerksam gemacht, daß die im Rahmen der Haggai-Chronik verwendete präpositionale Wendung ביד gegen Beuken, Haggai-Sacharja, 28, sogar eher selten in chr. Texten belegt ist. Die von Beuken, a.a.O., 31, als rein chronistischer Ausdruck bezeichnete Wendung in Hag 1,14 עור את רוח (1 Chr 5,26; 2 Chr 21,16; 36,22; Esr 1,1.5), ist auch in Jer 51,1.11 belegt. Daß es sich bei der durch die Redaktion eingebrachten Anrede an die Führenden angesichts der Tatsache, daß die Worte der Propheten in den Chronikbüchern stets direkt an den König gerichtet sind, um einen typisch chr. Topos handelt, wie Beuken, a.a.O., 32, meint, läßt sich aufgrund der zahlreichen auch sonst in den Prophetenbüchern belegten Worte an die Führenden wohl ebensowenig behaupten.

100 So Mason, Preaching, 194f; vgl. hierzu Coggins, Haggai, 29. Zur Verortung der Haggai-Chronik im Umfeld des zweiten Tempels würden dabei auch die Darlegungen von Albertz, Restauration, 327f, passen, der auf die zur frühnachexilischen Zeit in den priesterlichen Kreisen vorherrschende antimonarchische und propersische Tendenz hinweist. Eine solche Tendenz kennzeichnet ja gerade auch die Haggai-Chronik.

Tun unrein ist, im Rahmen des Haggaibuches kaum verständlich, da der Bezug dieser Aussage auf den dieses Buch sonst bestimmenden Tempelbau doch bedeuten würde, daß dann auch der Tempel von vornherein unrein wäre. Da sich aus Hag 2,11-14 selbst heraus der Anlaß dieses Nachtrags nicht ermitteln läßt, bleibt die konkrete Intention dieser Einheit also im Dunkeln. Eventuell handelt es sich um den Niederschlag einer späteren Diskussion um die Bedeutung des Haggaibuches, deren Hintergründe heute nicht mehr zu erhellen sind.

2.1.3.4 Die Fremdvölkerschicht I

In Hag 2,6-8.21b.22 wurden zwei kürzere Nachträge zugefügt, die nun beide eine im bisherigen Buch nicht vorhandene völkerfeindliche Tendenz einbringen. So wird in 2,6-8 die künftige Herrlichkeit des Tempels mit der Erschütterung der Völkerwelt in Verbindung gebracht, auf die hin die Reichtümer der Völker nach Jerusalem kommen. Zudem wird der Verheißung an Serubbabel in 2,21b.22 ein kurzer Nachtrag vorangestellt, wonach die Ernennung Serubbabels zum Siegelring mit der Vernichtung der militärischen Macht der Völker einhergeht. Die mit dem Wort an Serubbabel verbundene Hoffnung auf Erneuerung der davidischen Herrschaft wird so, wohl lange nach den Lebzeiten des Statthalters, mit universalen Umwälzungen verbunden. So erhält das Haggaibuch, das zuvor ausnahmslos an den Ereignissen rund um den Bau des zweiten Tempels orientiert war, durch diese Nachträge – und erst durch diese – eine eschatologische Ausrichtung.[101] Unter Vorwegnahme weiterer Erkenntnisse zur Entstehung des Zwölfprophetenbuches sei diese Überarbeitung als Fremdvölkerschicht I bezeichnet.

2.1.3.5 Vereinzelte Nachträge

In Hag 2,5aα.17.18bα fanden sich schließlich noch kleinere, vereinzelte Nachträge, ohne größere Bedeutung für die Redaktionsgeschichte des Gesamtbuches oder die Entstehung des Zwölfprophetenbuches.

---

101 Das hier vorgelegte redaktionsgeschichtliche Modell spricht also gegen die immer wieder vertretene Ansicht, daß schon die Grundschicht des Haggaibuches durch eine eschatologische Ausrichtung gekennzeichnet war und daß dann, etwa nach Mason, Purpose, 420; Albertz, Religionsgeschichte 2, 483f, die Rahmenverse mit ihrer historisierenden Tendenz vielleicht sogar das Ziel verfolgten, die eschatologischen Vorstellungen der Grundschicht zu entschärfen.

2.1.3.6 Überblick über die Redaktionsgeschichte des Haggaibuches

Grundschicht	1,2.4-11.12b.13 2,3.4*(ohne הגדול ... יהושע וחזק).5aβb.9.15-16.18abβ.19.23
Die Haggai-Chronik	1,1.3.12a.14-15 2,1-2.4*(הגדול ... יהושע וחזק).10.20.21a
Das unreine Volk	2,11-14
Fremdvölkerschicht I	2,6-8.21b.22
Vereinzelte Nachträge	2,5aα.17.18bα

2.2 Das Sacharjabuch

Das (Proto-)Sacharjabuch[1] läßt sich anhand der Datierungen in Sach 1,1; 1,7 und 7,1 zunächst in drei Teile gliedern: Auf eine kurze Einleitung in 1,1-7 folgt die Sammlung der Nachtgesichte in 1,8-6,15 und schließlich der von der Fastenfrage bestimmte Buchteil 7-8. So orientiert sich auch die folgende redaktionsgeschichtliche Bearbeitung des Sacharjabuches an dieser Untergliederung.

2.2.1 Die Einleitung Sacharja 1,1-7

Das Sacharjabuch beginnt mit einer Datierung in die Regierungszeit des persischen Königs Darius und einer Wortereignisformel in Sach 1,1. Es folgt eine kurze Umkehrpredigt in 1,2-6, bei der das Volk unter Verweis auf das Geschick der Väter, die nicht auf die früheren Propheten gehört haben, zur Zuwendung zu Jhwh aufgerufen wird. Eine weitere Datierung mit Wortereignisformel in Sach 1,7 leitet schließlich zur Sammlung der Nachtgesichte über.

Es fällt also zunächst auf, daß die einzelnen Einheiten des Sacharjabuches, wie schon beim Haggaibuch, in ein chronologisches Gerüst eingebettet sind (1,1.7; 7,1), das diese Einheiten mit bestimmten Daten aus der Regierungszeit des Darius in Verbindung bringt. Und auch hier zeigt sich, daß dieser chronologische Rahmen erst sekundär einer bereits schriftlich fixierten Vorlage zugefügt worden ist.[2]

Dies wird insbesondere bei Sach 1,7 deutlich.[3] Dieser Rahmenvers leitet die folgenden Nachtgesichte, der formalen Gestalt der beiden übrigen Einleitungen in 1,1; 7,1 entsprechend, mit einer Wortereignisformel ein. Doch an dieser Stelle paßt die Wortereignisformel eigentlich nur schlecht. Denn auf Sach 1,7 folgen keine Prophetenworte, sondern Visionsberichte, die ja in 1,8 auch mit רָאִיתִי הַלַּיְלָה nochmals eigens eingeleitet werden, also über das Verb רָאָה nun mit eindeutiger Kennzeichnung als visionäre Geschehnisse. So wird es sich bei Sach 1,7 um einen Nachtrag handeln.

Von 1,7 herkommend könnte dann die Annahme naheliegen, daß auch 1,1 erst sekundär vor die folgende Umkehrpredigt in 1,2-6 gestellt worden

---

1   Die seit Stade, Deuterozacharja, übliche Abtrennung der Kapitel Sach 9-14 muß hier nicht
    eigens begründet werden.
2   Vgl. etwa Steuernagel, Einleitung, 642; Sellin, KAT 12, 422; Elliger, ATD 25, 133; Deissler,
    NEB.AT 21, 267; Reventlow, ATD 25,2, 33; Tollington, Tradition, 24.
3   Daß Sach 1,7 erst sekundär vor die folgenden Nachtgesichte gestellt worden ist, wurde schon
    häufig vorgeschlagen; vgl. nur Rudolph, KAT 13,4, 74; Mason, Haggai, 35; Deissler, NEB.AT
    21, 272; Nogalski, Precursors, 248; Reventlow, ATD 25,2, 39.

ist.[4] Doch anders als die Nachtgesichte in 1,8 wird diese Einheit nicht mehr eigens eingeleitet. Im Gegenteil: Ohne Sach 1,1 wäre der Verweis auf den Zorn Jhwhs gegen die Väter der Angesprochenen in 1,2 ein ausgesprochen unvermittelter Einstieg, was insbesondere zu Beginn des gesamten Buches doch eher ungewöhnlich wäre.[5]

Angesichts dieser Schwierigkeiten wurde schon häufiger vermutet, daß es sich bei den Redaktoren, die die Datierungen eingebracht haben, um die Erstherausgeber des Buches handelt, denen sowohl die Umkehrpredigt Sach 1,2-6 als auch die Nachtgesichte Sach 1,8ff bereits vorlagen und die dann die vorgegebenen Überlieferungen in der jetzigen Reihenfolge zusammengestellt und über die Einleitungen in 1,1 und 1,7 verbunden haben.[6] Umkehrpredigt und Nachtgesichte werden so gleichermaßen, trotz ihrer vor der Einfügung in das Buch getrennten Überlieferung, auf den Propheten Sacharja zurückgeführt.

Dagegen spricht allerdings, daß sich zwischen Sach 1,2-6 und den Nachtgesichten 1,8ff keinerlei inhaltliche Verbindungen finden. Der Zorn Jhwhs, die Väter der Angesprochenen, die früheren Propheten, die Weigerung zu Hören – all dies ist nach 1,2-6 zwar noch an weiteren Stellen von Bedeutung,[7] doch gerade nicht im Rahmen der Nachtgesichte, sondern in Textbereichen, die sich im folgenden allesamt als Teil einer umfassenden Redaktion des Sacharjabuches erweisen werden.

Der Unterschied zwischen Sach 1,2-6 und 1,8ff ist aber noch grundlegender: Im vorliegenden Ablauf des Buches stehen die Verheißungen der Nachtgesichte aufgrund der Einleitung 1,2-6 unter der Voraussetzung der zuvor erfolgten Umkehr des Volkes.[8] Denn in 1,3 wird deutlich angesagt, daß sich Jhwh dem Volk erst dann wieder zuwenden wird, wenn sich dieses

---

4   Vgl. Steuernagel, Einleitung, 642; Sellin, KAT 12, 431; Rudolph, KAT 13,4, 74; Lescow, Sacharja, 96; Reventlow, ATD 25,2, 36; Pola, Priestertum, 43.

5   Allerdings wurde aus den beschriebenen Gründen immer wieder vorgeschlagen, daß Sach 1,2 erst sekundär in den vorliegenden Kontext gelangt ist, vgl. Sellin, KAT 12, 428f; Beuken, Haggai-Sacharja, 85f, oder aber ursprünglich an anderer Stelle, z.B. nach 1,6a, stand, vgl. Horst, HAT 14, 217. Doch besteht zu solchen Spekulationen kein Anlaß. Sach 1,2 ist an der vorliegenden Stelle gut als Ausgangspunkt der Bußpredigt, die ja insgesamt von dem Verweis auf die Väter geprägt ist, verständlich; vgl. van der Woude, Väter, 164; Reventlow, ATD 25,2, 36f.

6   Vgl. Rudolph, KAT 13,4, 71; Reventlow, ATD 25,2, 37; Tollington, Tradition, 24; Pola, Priestertum, 43, wobei allerdings Pola davon ausgeht, daß die Einleitung zu den Nachtgesichten Sach 1,7 den Redaktoren bereits vorgelegen hat und 1,2-6 dann über den im Anschluß an 1,7 formulierten Vers 1,1 vorangestellt wurde.

7   Vgl. קֶצֶף Sach 1,2.15; 7,12; 8,14; אָב Sach 1,2.4.5.6; 8,14; הַנְּבִיאִים הָרִאשֹׁנִים Sach 1,4; 7,7.12; לֹא שָׁמַע Sach 1,4; 7,13.

8   Daß die unbedingten Verheißungen der Nachtgesichte durch die Einleitung 1,1-6 unter die Voraussetzung der zuvor erfolgten Umkehr des Volkes gestellt werden, haben auch schon Beuken, Haggai-Sacharja, 95; Schöttler, Gott, 443; Lux, Zweiprophetenbuch, 211f, gesehen.

auch ihm wieder zuwendet. Entsprechend wird in 1,6b, also unmittelbar vor der Überleitung zu den Nachtgesichten, dargestellt, daß das Volk auf den Umkehrruf des Propheten reagiert hat.[9] In der jetzigen Gestalt des Buches ergehen die Verheißungen der Nachtgesichte also erst nach der bereits erfolgten Umkehr des Volkes. Eine solche Voraussetzung für die erneute Zuwendung Jhwhs ist den Nachtgesichten selbst jedoch fremd. Das künftige Heil wird dort ohne weitere Einschränkungen angesagt; in den Reden des Deuteengels werden die Verheißungen jedenfalls an keiner Stelle mit dem Verhalten des Volkes in Verbindung gebracht. Zudem wird die Sünde nach der Darstellung der Nachtgesichte durch einen göttlichen Reinigungsakt entfernt (5,1-11) und nicht durch die Umkehr des Volkes aus der Welt geschafft. So ist der Umkehrruf in Sach 1,2-6 wohl eher als sekundäre Konditionierung der folgenden Botschaft zu verstehen und nicht schon immer mit dieser Botschaft verbunden.

Da also Sach 1,2-6 weder literarisch noch überlieferungsgeschichtlich auf einer Ebene wie die folgenden Nachtgesichte angesetzt werden kann und da diese Verse zudem kaum früher als die Datierung in 1,1 angesetzt werden können, wird also die wahrscheinlichste Annahme die sein, daß Sach 1,1-7 insgesamt auf dieselbe Hand zurückgeht.[10] Die Darstellung, daß das

---

9 Es ist jedoch umstritten, ob die in Sach 1,6b vermerkte Umkehr tatsächlich auf die Angesprochenen zu beziehen ist. Van der Woude, Väter, 171; Petersen, Haggai, 134; Hanhart, BK 14,7.1, 31; Rudman, Note, 35, u.a. gehen vielmehr davon aus, daß nicht die gegenwärtige Generation, sondern die zuvor genannten Väter als Subjekt von וישׁובו anzunehmen seien, da ein direkter Bezug auf die Angesprochenen fehle. Doch dagegen spricht schon, daß die Väter nach 1,4b gerade nicht bereit waren, auf die Worte der früheren Propheten zu hören. Daß die Väter eben erst aufgrund des in 1,6 erwähnten Gerichts umkehrten, wie die Vertreter dieser These meinen, ist doch eher an den Text herangetragen. Zudem wäre der Narrativ וישׁובו in 1,6b bei einem Bezug auf die Väter verwunderlich, da die Reaktion der Väter zuvor in 1,4 im Perfekt beschrieben ist. Gerade dieser Narrativ kann jedoch gut als Ende der wörtlichen Rede und somit als Übergang zur Reaktion des Volkes auf den Umkehrruf verstanden werden. Und schließlich setzt der Vers Sach 8,14, der ebenfalls den früheren Zorn Jhwhs gegen die Väter nennt und der sich als Teil derselben Redaktion wie Sach 1,1-7 erweisen wird, gleichermaßen voraus, daß es erst in der gegenwärtigen Generation und nicht schon zur Zeit der Väter zur Umkehr gekommen ist. So spricht also alles dafür, daß in Sach 1,6b die Angeredeten als Subjekt der hier beschriebenen Umkehr anzunehmen sind; vgl. Beuken, Haggai-Sacharja, 86-88; Mason, Haggai, 33; Nogalski, Precursors, 246f; Reventlow, ATD 25,2, 38; Tollington, Tradition, 203f, u.a.

10 So auch, mit Unterschieden im Detail, Beuken, Haggai-Sacharja, 111-115; Mason, Echoes, 229; Schöttler, Gott, 168; Deissler, NEB.AT 21, 270-272; Nogalski, Precursors, 247f. Eine weitere Möglichkeit bestünde noch in der neuerdings von Lux, Zweiprophetenbuch, 195f.210-213, und Pola, Priestertum, 43, vorgeschlagenen Deutung, daß Sach 1,1-6 später als 1,7 anzusetzen ist und somit die Datierung in 1,1 bei der Einfügung von 1,2-6 sekundär nach 1,7 gestaltet wurde. Doch dagegen spricht, daß sich für eine redaktionsgeschichtliche Unterscheidung zwischen den beiden Überschriften in 1,1 und 1,7 kaum Argumente finden lassen und daß sich das zeitliche Gerüst insgesamt gut im Rahmen der auch für 1,2-6 verantwortlichen Redaktion erklären lassen wird; vgl. hierzu unten 362 und 375f.

Volk umkehrte, nachdem ihnen der Prophet die Unbußfertigkeit ihrer Väter auf die Worte der früheren Propheten vor Augen gestellt hatte, läßt die Nachtgesichte als Reaktion auf ihre erneute Zuwendung zu Jhwh verstehen und erweist das dort ausgeführte Heil als abhängig von eben dieser Umkehrbereitschaft. Da diese Redaktion das vorgegebene, vor allem durch die Visionsberichte geprägte Buch um einzelne Prophetenworte ergänzt, wird sie im folgenden als Wort-Redaktion bezeichnet.

2.2.2 Die Nachtgesichte Sacharja 1,8-6,15

2.2.2.1 Die ersten drei Nachtgesichte Sacharja 1,8-2,17

Auf die Einleitung in Sach 1,1-7 folgen in 1,8-2,17 drei Nachtgesichte, die das künftige Geschick von Juda und Jerusalem unter den Völkern thematisieren. So wird in der Vision von den Reitern in 1,8-13 die Ruhe in der Welt zunächst als Zeichen verstanden, daß Jhwh nicht eingreift, woraufhin aber das erneute Erbarmen Jhwhs angesagt wird. Die Vision von den vier Hörnern und den vier Handwerkern 2,1-4 verheißt Gericht an den Völkern, die Juda zerstreut haben. In der Vision von dem Mann mit der Meßschnur 2,5-9 wird schließlich erwartet, daß das zukünftig bevölkerungsreiche Jerusalem sicher wohnen wird.

Während sich die eigentlichen Nachtgesichte aufgrund des beschriebenen Zusammenhangs und der vergleichbaren formalen Gestaltung als zusammengehörig erweisen, finden sich beim ersten und dritten Nachtgesicht in 1,14-17 und 2,10-17 zwei Anhänge, die wohl erst sekundär an die vorangehenden Visionsberichte angefügt worden sind. Dabei stellt Sach 1,14-17 dar, daß der Zorn Jhwhs, der einst auf das eigene Volk gerichtet war, nun den Völkern gilt, wohingegen Jhwh sich Jerusalem wieder zugewandt hat[11] und der Tempel dort aufgebaut wird. Bei diesem Wort fällt zunächst auf, daß in 1,14.17 ein Verkündigungsauftrag an den Propheten erfolgt. Die auszurichtende Botschaft, die daraufhin zitiert wird, ist dementsprechend als Prophetenwort gekennzeichnet, wie die Botenformeln in 1,14.16.17 und die Gestaltung als Gottesrede zeigen. Dies ist nun deshalb auffällig, weil die Nachtgesichte selbst das hier erkennbare Wortamt des Propheten nicht vorauszusetzen scheinen. Weder ein Verkündigungsauftrag

---

11   Entgegen der früheren, etwa von Sellin, KAT 12, 435; Horst, HAT 14, 220, u.a. vorgetragenen Ansicht ist שבתי in Sach 1,16 nicht als prophetisches Perfekt zu verstehen, wäre doch sonst die folgende Imperfekt-Form יבנה nicht verständlich. Vielmehr ist der Zusammenhang hier so zu verstehen, daß Jhwh sich Jerusalem wieder zugewandt hat und der Tempel nun (wohl eben deshalb) darin gebaut wird; vgl. auch Meyers / Meyers, AncB 25B, 123; Reventlow, ATD 25,2, 44; Hanhart, BK 14,7.1, 56f.

noch eine Botenformel sind ansonsten innerhalb der eigentlichen Nacht-gesichte belegt.[12]

Zumindest Sach 1,14-16 erweist sich nach der vorangehenden Reitervi-sion aber auch dadurch als sekundär, daß diese Verse nur an Jerusalem orientiert sind. Während in 1,12 neben Jerusalem auch die Städte Judas genannt werden, ist in 1,14-16 nur noch die Hauptstadt im Blick, in 1,16 sogar zugespitzt auf den Tempelbau. Gerade der Tempel spielt in dem vorangehenden Visionsbericht, wie überhaupt in den Nachtgesichten, jedoch überhaupt keine Rolle.

Aus den beschriebenen Gründen, insbesondere aufgrund der Gestaltung als Prophetenwort, wurde nun schon häufiger angenommen, daß Sach 1,14-17, oder zumindest 1,16-17, erst sekundär an das erste Nachtgesicht an-geschlossen worden ist.[13] Allerdings wird der Zusammenhang zwischen 1,8-13 und 1,14-17 dabei meist überlieferungsgeschichtlich erklärt. Die an den Visionsbericht angeschlossene Gottesrede wird dann als zunächst getrennt überlieferte Botschaft verstanden, die ebenfalls auf den Propheten Sacharja zurückgeht und im Rahmen der Erstverschriftung an der vorliegenden Stelle plaziert wurde.[14]

Dagegen spricht jedoch die terminologische und inhaltliche Verbindung von 1,14-17 mit der gegenüber den Nachtgesichten als sekundär erkannten Umkehrpredigt 1,2-6. Denn wie in 1,2 wird auch in 1,15 der Zorn Jhwhs erwähnt (קצף) und wie in 1,3 wird auch in 1,16 die Zuwendung Jhwhs zu seinem Volk angesprochen (שוב).[15] Auf inhaltlicher Ebene kann Sach 1,14-17 als direkte Reaktion auf die Umkehrpredigt in 1,2-6 und den folgenden Visionsbericht verstanden werden. In 1,3 war ja die Zuwendung Jhwhs zu seinem Volk an die Bedingung geknüpft worden, daß sich das Volk zuvor wieder Jhwh zuwendet. Und ganz entsprechend wird nach der Notiz in 1,6b,

---

12 Innerhalb der eigentlichen Nachtgesichte findet sich an Redeformeln ohnehin nur die Gottesspruchformel נאם יהוה in Sach 2,9; 5,4. Die Botenformel ist in Sach 1-6 nur im Rahmen der gegenüber den Nachtgesichten sekundären Partien in Sach 1,3.4.14.16.17; 2,12; 3,7; 6,12 belegt.

13 So haben etwa Sellin, KAT 12, 419; Elliger, ATD 25, 116f; Horst, HAT 14, 221f; Mason, Haggai, 37; Reventlow, ATD 25,2, 43f, Sach 1,16-17 als Nachtrag zum vorangehenden Nachtgesicht verstanden, nach Petersen, Haggai, 120f; Schöttler, Gott, 56-59; Lescow, Sacharja, 77; Tollington, Tradition, 37-39, wurde der gesamte Textbereich Sach 1,14-17 erst sekundär angeschlossen.

14 Von den Anm. 13 genannten Ansätzen gehen nur Petersen, Haggai, 121-123; Schöttler, Gott, 56-59, davon aus, daß Sach 1,14-17 nicht auf dieselbe Person wie die Nachtgesichte zurück-zuführen ist, sondern überhaupt erst redaktionell an der vorliegenden Stelle ergänzt wurde.

15 Dabei ist קצף neben Sach 1,2.15 nur noch 7,12; 8,14 und שוב mit Gott als Subjekt im Sinne von „Umkehr/Zuwendung" neben Sach 1,3.16 nur noch in 8,3 belegt. All diese Stellen werden sich als Nachtrag erweisen.

daß das Volk tatsächlich umgekehrt ist, in 1,16 mitgeteilt, daß sich Jhwh seinem Volk wieder zugewendet hat:[16]

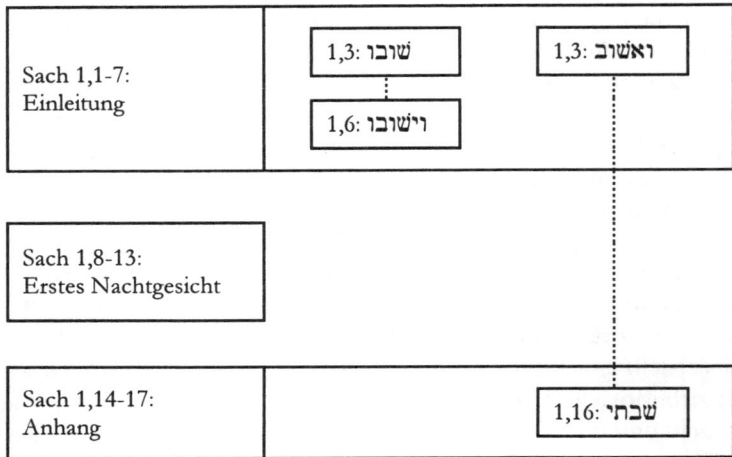

Sach 1,1-7: Einleitung	1,3: שׁוּבוּ 1,6: וְיָשׁוּבוּ	1,3: וְאָשׁוּב
Sach 1,8-13: Erstes Nachtgesicht		
Sach 1,14-17: Anhang		1,16: שַׁבְתִּי

Sach 1,14-17 schließt somit direkt an die in 1,6b dargestellte Bereitschaft des Volkes, sich zu Jhwh zu bekehren, an: Weil das Volk umgekehrt ist, hat sich nach 1,16 nun auch Jhwh, wie in 1,3 angesagt, wieder erbarmt, und eben deshalb wird nun auch der Tempel gebaut. Und weil das Volk umgekehrt ist, ist auch der nach 1,2 in 1,14 erneut genannte Zorn Jhwhs gegen das Volk vergangen und stattdessen auf die fremden Völker bezogen. Da also Sach 1,14-17 als direkte Fortsetzung von 1,2-6 verstanden werden kann, wird auch dieser Textbereich, zumindest in einem noch näher zu bestimmenden Umfang, der Wort-Redaktion zuzuweisen sein. Diese Redaktion legt in 1,1-7.14-17 einen Ring um das erste Nachtgesicht, der für das dort erwähnte Erbarmen Jhwhs mit seinem Volk und für das dort erwartete Eingreifen Jhwhs gegen die Völker klarstellt, daß dies erst aufgrund der Umkehr des Volkes möglich wurde.

Da nun der gesamte Textbereich 1,14-16 Verbindungen zu 1,2-6 aufweist, sollte hier nicht nochmals zwischen verschiedenen Nachträgen unterschieden oder eine Zusammenstellung mehrerer Einzelworte angenommen werden.[17] Der auf die wohl noch von derselben Redaktion eingebrachte

---

16 Dieser Zusammenhang wurde auch schon von Meyers / Meyers, AncB 25B, 123, erkannt, allerdings ohne hieraus redaktionsgeschichtliche Konsequenzen zu ziehen.

17 Gegen Petersen, Haggai, 121; Schöttler, Gott, 56-59; Tollington, Tradition, 37 mit Anm. 5, u.a. Die Botenformel in Sach 1,16 dient wohl nur zur Gliederung des vorliegenden Wortes und muß nicht auf eine Zusammenstellung zweier ursprünglich getrennt überlieferter Worte hinweisen; vgl. Beuken, Haggai-Sacharja, 242f.

Botenformel 1,17aα folgende Teilvers 1,17aβb kann hingegen nicht mehr zu dieser Redaktion gerechnet werden, sondern wird vielmehr als ursprünglicher Abschluß des vorangehenden Nachtgesichts 1,8-13 zu verstehen sein.[18] Denn die erneute Zusage des göttlichen Erbarmens in 1,17aβb ist nicht mehr nur wie 1,14-16 an Jerusalem orientiert, sondern wie das vorangehende Nachtgesicht in 1,12 auch an den Städten. Zudem schließt dieser Teilvers über die Worte טוב und נחם direkt an das Ende des Nachtgesichts in 1,13 an. Und schließlich ist zumindest 1,17b gegenüber den vorangehenden Versen 1,14-16 nicht mehr als Gottesrede gestaltet, sondern als Rede von Jhwh in der 3. Person. Wenn aber 1,17aβb noch zum vorangehenden Nachtgesicht gehört, so dürfte die Redeformel in 1,14aα (ויאמר אלי המלאך הדבר בי) wohl ebenfalls noch hierzu gehören und somit 1,17aβb, als Wort des Deuteengels, ursprünglich eingeführt haben.[19]

Bei dem Anhang an das dritte Nachtgesicht Sach 2,10-17 wird das Volk zunächst in 2,10-11 zur Flucht aus Babel aufgerufen. In 2,12-13 wird sodann die Heimsuchung der Völker durch Jhwh angekündigt. Auf einen Aufruf zum Jubel an die Tochter Zion in 2,14, der mit der Ansage verbunden ist, daß Jhwh inmitten des Volkes wohnen wird, findet sich in 2,15 eine Verheißung, daß sich einst viele Völker Jhwh anschließen werden. Nach der Ankündigung, daß Jhwh Juda erneut zum Erbbesitz nehmen und Jerusalem erwählen wird in 2,16, folgt in 2,17 schließlich ein Aufruf, still zu sein, da Jhwh aus seiner heiligen Wohnung aufgebrochen ist.

Allein schon die in diesen Versen vorherrschende direkte Anrede sowie die Gestaltung als klassische, mit Redeformeln versehene Prophetenworte kennzeichnet Sach 2,10-17 als Nachtrag zum vorangehenden Nachtgesicht.[20] Dies wird auch oft so gesehen. Allerdings wird meist davon ausgegangen,

---

18 So wurde schon häufiger vermutet, daß es sich bei Sach 1,16 und 1,17 um zwei ursprünglich getrennt voneinander überlieferte Worte handelt; vgl. etwa Elliger, ATD 25, 116; Reventlow, ATD 25,2, 43f; Tollington, Tradition, 37 Anm. 5. Demgegenüber faßten Beuken, Haggai-Sacharja, 244; Deissler, NEB.AT 21, 272, Sach 1,17 sogar als dem Buch erst sekundär hinzugefügten Nachtrag auf. Allerdings wurde bislang noch nie gesehen, daß Sach 1,17aβb zwar kaum an 1,16, wohl aber an das vorangehende Nachtgesicht 1,8-13 anschließt und vermutlich einmal dessen Abschluß bildete.

19 Schwierig ist dabei allerdings, daß in 1,17aβ bei ערי ein Suffix der 1.sg. belegt ist, das im vorliegenden Kontext wohl am ehesten auf Jhwh zu beziehen ist. Daß deshalb auch die Botenformel in 1,14aβ noch zum ursprünglichen Bestand des Nachtgesichts gehört, ist aber eher unwahrscheinlich, da sich in den eigentlichen Nachtgesichten des Sacharjabuches sonst keine Botenformeln finden. So handelt es sich bei 1,17aβ entweder um ein Gotteswort, das vom Deuteengel ohne weitere Einführung vorgetragen wird, bevor zur Rede von Jhwh in der 3. Person übergegangen wird. Oder aber, und wohl wahrscheinlicher, an der vorliegenden Stelle stand ursprünglich ערים, wobei sich der vorliegende Text gut unter der Annahme einer Haplographie des מ vom Beginn des folgenden Wortes מטוב erklären ließe. Dafür spricht auch, daß in LXX das Suffix der 1.sg. nicht wiedergegeben wird.

20 Zu den in Sach 1-6 belegten Redeformeln s.o. 327 Anm. 12.

daß es sich hier um eine Zusammenstellung mehrerer Einzelworte handelt, die zumindest überwiegend auf den Propheten zurückgehen und dann sekundär an dem vorliegenden Ort nebeneinandergestellt worden sind.[21]

Doch schon die Annahme, daß hier mehrere Einzelworte zu einer kleinen Sammlung verbunden worden sind, ist zumindest mit Blick auf Sach 2,10-14 nicht zwingend.[22] Denn diese Verse können mit ihrem Nacheinander der Themen Flucht aus dem Exil, Gericht an den Völkern und anschließendem Jubelruf durchaus als ursprünglicher Zusammenhang verstanden werden. Außerdem ist Sach 2,10-14 insgesamt durch inhaltliche Rückbezüge zum zweiten und dritten Nachtgesicht geprägt.[23] So nimmt Sach 2,10-11 die im zweiten Nachtgesicht in 2,2.4 genannte Zerstreuung durch die Völker auf, 2,12-13 knüpft an die dort ebenfalls angesagte Vernichtung der Völker an, und 2,14 ist schließlich über das Motiv des Wohnens Jhwhs in der Mitte des Volkes mit dem Ende des dritten Nachtgesichts in 2,9 verbunden.

Gerade diese Bezüge zu den vorangehenden Nachtgesichten sprechen nun aber auch dafür, daß diese Verse erst für ihren Kontext geschaffen und entgegen der gängigen Ansicht gerade nicht aus vorgegebenem Gut, das auf den Propheten selbst zurückgeht, aufgenommen worden sind.[24] Dafür spricht auch, daß die Orientierung an Jerusalem und dem Zion sowie die völkerfeindliche Ausrichtung deutlich an den Nachtrag in 1,14-17* erinnern. Mit diesem Nachtrag ist 2,10-14 nebenbei auch formal verbunden, da 1,14-17* wegen der dort gleich drei Mal belegten Botenformel zunächst ebenso den Eindruck einer Zusammenstellung mehrerer Einzelworte hinterläßt, aufgrund der durchgängigen Verbindung zu 1,2-6 aber dennoch als einheitlich anzusehen ist.[25] Daß es sich bei 2,10-14 um einen Nachtrag handelt, zeigt sich schließlich auch daran, daß bei diesem Textbereich, und zwar bei beiden gerne als Einzelworte verstandenen Untereinheiten 2,10-11 und 2,12-14, deutliche inhaltliche und terminologische Verbindungen zu gerade den Passagen des Sacharjabuches erkennbar sind, die sich im folgenden als Teil

---

21 Vgl. etwa Marti, KHC 13, 405f; Sellin, KAT 12, 440; Elliger, ATD 25, 118f; Deissler, NEB.AT 21, 276f; Reventlow, ATD 25,2, 48-50; Tollington, Tradition, 39 mit Anm. 2; Willi-Plein, Art. Sacharja, 540.
22 So haben schon Elliger, ATD 25, 118, und Reventlow, ATD 25,2, 48f, darauf hingewiesen, daß zumindest die Verse 2,10-13 eine geschlossene Einheit bilden.
23 Vgl. etwa Horst, HAT 14, 225; Beuken, Haggai-Sacharja, 323; Meyers / Meyers, AncB 25B, 172-178; Schöttler, Gott, 76-85, gegen Reventlow, ATD 25,2, 48.
24 Bislang haben nur Petersen, Haggai, 121f.186, und Schöttler, Gott, 76-85, auf die Unterschiede zwischen diesen Worten und den eigentlichen Nachtgesichten hingewiesen und eine Herleitung dieser Worte vom Propheten als eher unsicher betrachtet.
25 S.o. 328f.

der Wort-Redaktion herausstellen werden.[26] So spricht also alles dafür, daß 2,10-14 wie schon 1,1-7.14aßb-17aα dieser Redaktion zuzuweisen ist.

Das hieran angeschlossene Wort 2,15 wird allerdings kaum auf derselben Ebene wie der Nachtrag 2,10-14 anzusetzen sein.[27] Die Zuwendung der Völker zu Jhwh steht in direktem Widerspruch zur Ansage des Völkergerichts in 2,13. Dabei sind in Sach 2,15b gleich zwei Wendungen belegt, die sich auch im unmittelbaren Kontext finden: Daß Jhwh inmitten des Volkes wohnen wird (ושכנתי בתוכך), ist auch in 2,14 angesagt, und die Erkenntnisformel findet sich auch in 2,13. Da die völkerfreundliche Orientierung dieses Verses weder zu den Überarbeitungen in 1,1-7.14-17*; 2,10-14 noch zu der ebenfalls völkerfeindlichen Ausrichtung der Nachtgesichte paßt, wird es sich hier um einen von beiden Schichten unabhängigen Nachtrag handeln. Die Aufnahme der Formulierungen aus 2,13.14 könnte dann so verstanden werden, daß das dort Angesagte mit der Zuwendung der Völker zu Jhwh verbunden werden soll, und zwar so, daß diese Zuwendung zur Voraussetzung der Erwartungen von 2,13.14 wird. Das heißt, das Wohnen Jhwhs inmitten des Volkes wird sich nach der Überarbeitung in 2,15 erst bei der Bekehrung der Völker realisieren, und auch die Erkenntnis, daß es sich bei Sacharja um einen wahren Propheten handelt, wird erst dann wirklich möglich sein.

Die Ansage in Sach 2,16, daß Jhwh Juda wieder in Besitz nehmen und Jerusalem wieder erwählen wird, könnte nun ebenfalls noch zum völkerfreundlichen Nachtrag in 2,15 gerechnet werden.[28] Denn zum einen schließt dieser Vers aufgrund der Rede von Jhwh in der 3. Person nur schlecht an den als Gottesrede gestalteten Nachtrag 2,10-14 oder an das ebenfalls mit einer Gottesrede endende dritte Nachtgesicht 2,5-9 an. Zum anderen wird in 2,16 wie schon in 2,15b eine bereits zuvor belegte Verheißung aufgenommen, hier nun aus Sach 1,17b. Es ist hier also noch dieselbe Redaktionstechnik wie in 2,15b erkennbar. Auch die Aufnahme von 1,17b in 2,16 könnte dann so erklärt werden, daß die dort belegte Erwartung einer erneuten Erwählung Jerusalems nun ebenfalls unter die Voraussetzung der zuvor erfolgten Zuwendung der Völker zu Jhwh gestellt werden soll.

Der in 2,17 folgende Aufruf, still zu sein, da Jhwh aus seiner heiligen Wohnung aufgebrochen ist, dürfte ein gegenüber den vorangehenden Versen nochmals späterer Nachtrag sein.[29] Da dieser Vers im sonstigen

---

26 So wird die Sach 2,10-11 bestimmende Rückkehr des Volkes auch in 6,15; 8,7-8 angesagt. Zum Motiv des Wohnens Jhwhs inmitten Jerusalems in Sach 2,14 findet sich in 8,3 eine Parallele, wobei an beiden Stellen die Stichworte שכן und תוך belegt sind.
27 Schon Elliger, ATD 25, 119, hat vermutet, daß es sich bei Sach 2,15 um einen Nachtrag handelt. Beuken, Haggai-Sacharja, 325f, faßt immerhin Sach 2,15a als sekundär auf.
28 So auch Elliger, ATD 25, 119.
29 So auch Elliger, ATD 25, 119; Mason, Haggai, 45; Reventlow, ATD 25,2, 50.

Sacharjabuch ohne Parallele ist, kann dabei wohl kaum von einer gottesdienstlichen Bearbeitung gesprochen werden,[30] steht dieser Einwurf hierfür
an der vorliegenden Stelle doch zu versteckt. Die Bedeutung von Sach 2,17
liegt dann aber im Dunkeln. Jedenfalls handelt es sich um einen vereinzelten
Nachtrag, ohne Zusammenhang mit den sonstigen Bearbeitungen des
Sacharjabuches.

Insgesamt ergab die redaktionsgeschichtliche Betrachtung der ersten
drei Nachtgesichte also eine Grundschicht, die die eigentlichen Visionsberichte in 1,8-14aα.17aβb; 2,1-9 umfaßt. In 1,14aβ-17aα; 2,10-14 wurden das
erste und das dritte Nachtgesicht um Prophetenworte ergänzt, die auf
derselben literarischen Ebene wie die als Wort-Redaktion bezeichnete
Überarbeitung in Sach 1,1-7 einzuordnen sind.

In Sach 2,15-16 wurde zudem ein kurzer völkerfreundlicher Nachtrag
angebracht, der zuvor dargestellte Erwartungen mit der Bekehrung der
Völker zu Jhwh in Verbindung bringt. Bei Sach 2,17 handelt es sich schließlich um einen vereinzelten Nachtrag.

2.2.2.2 Die Nachtgesichte über Jeschua und Serubbabel Sacharja 3-4

Im Zentrum der Nachtgesichte stehen die beiden Visionsberichte, in denen
der Hohepriester Jeschua und der Statthalter Serubbabel eine besondere
Rolle spielen. Dabei wird in Sach 3 geschildert, wie der Satan vor dem
Hohepriester steht, um ihn anzuklagen, aber von Jhwh oder seinem Boten[31]
gescholten wird. Der Hohepriester wird daraufhin mit neuen, reinen Kleidern versehen und ihm wird der Zugang zum himmlischen Rat sowie das
Auftreten einer als Sproß bezeichneten Gestalt verheißen. In Sach 4 findet
sich sodann ein Nachtgesicht, in dem ein Leuchter und zwei Ölbäume
beschrieben werden. In der folgenden Deutung des Bildes ist zunächst eine
Verheißung an Serubbabel enthalten, daß er den Tempelbau vollenden wird,
bevor schließlich die sieben Lampen des Leuchters als die Augen Jhwhs und
die Ölbäume als die beiden Ölsöhne erklärt werden.

---

30 Gegen die oben 331 Anm. 29 genannten Ansätze; vgl. hierzu Tollington, Tradition, 39f.
31 In Sach 3,2 wird häufig im Anschluß an die syrische Version מלאך vor Jhwh ergänzt; vgl.
    etwa Wellhausen, Propheten, 181; Elliger, ATD 25, 119; Petersen, Haggai, 187; Delkurt,
    Nachtgesichte, 141f Anm. 1. Aufgrund textkritischer Überlegungen dürfte die syrische Lesart
    wohl eher als Vereinfachung des Textes und als Angleichung an 3,6 abzulehnen sein. Ande-
    rerseits ist tatsächlich auffällig, daß in der folgenden Rede an den Satan von Jhwh in der 3.
    Person gesprochen wird. So ist die Annahme, daß hier ein ursprüngliches מלאך ausgefallen
    ist und das Folgende als Rede des Boten zu verstehen ist, zwar nicht sicher, aber gegen
    Reventlow, ATD 25,2, 52f; Pola, Priestertum, 172, u.a. doch recht wahrscheinlich.

In der Forschung wird mittlerweile überwiegend anerkannt, daß das Nachtgesicht über den Hohepriester Jeschua in Sach 3 nicht zur ursprünglichen Sammlung gehört.[32] Dafür spricht neben den kleineren formalen Abweichungen[33] vor allem die Tatsache, daß nur hier das sonst übliche Gespräch zwischen Sacharja und dem Deuteengel fehlt, in dem die Bedeutung des Visionsbildes geklärt wird.[34] Ja, der Prophet, dem diese Vision widerfährt, kommt anders als bei den anderen Nachtgesichten in den dargestellten Geschehnissen überhaupt nicht aktiv vor. Ihm wird lediglich eine Szene im himmlischen Thronrat mit einer abschließenden Verheißung an den Hohepriester präsentiert. Zudem spricht noch für den sekundären Charakter von Sach 3, daß nur hier eine Einzelperson das Visionsbild bestimmt.[35]

Unter den Befürwortern der These, daß Sach 3 den sonstigen Nachtgesichten erst sekundär zugefügt wurde, ist nun allerdings umstritten, ob dieses Nachtgesicht dennoch auf den Propheten Sacharja zurückgeht, also nur überlieferungsgeschichtlich sekundär ist und dann im Rahmen der Erstverschriftung in die bestehende Sammlung eingefügt wurde.[36] Neben den

---

32 Vgl. Jepsen, Beiträge III, 95-97; Elliger, ATD 25, 120; Seybold, Bilder, 16f; Jeremias, Nachtgesichte, 201-203; Deissler, NEB.AT 21, 267; van der Woude, Serubbabel, 146; Willi-Plein, Art. Sacharja, 541; Delkurt, Nachtgesichte, 146f; Pola, Priestertum, 221; Kratz, Judentum, 81, u.a. Demgegenüber sprechen sich etwa Rudolph, KAT 13,4, 93; Tollington, Tradition, 34f; O'Kennedy, Zechariah, 373, dafür aus, daß Sach 3 schon immer zur Sammlung der Nachtgesichte gehörte. Sie weisen dabei vor allem darauf hin, daß die im folgenden dargestellten Unterschiede in der Gestaltung dieser Vision gegenüber den übrigen Nachtgesichten kein ausreichendes Argument sind, um hier einen Nachtrag anzunehmen, da auch die sonstigen Nachtgesichte untereinander Abweichungen aufweisen. Doch wird sich im folgenden zeigen, daß sich Sach 3 auch auf inhaltlicher Ebene so deutlich von der sonstigen Sammlung unterscheidet, daß diese Vision kaum zum ursprünglichen Bestand der Nachtgesichte gerechnet werden kann.

33 Neben der Einleitung mit ‏ויראני‎, die von der sonst zumeist gebrauchten Formulierung ‏ואשא‎ ‏עיני(את)‎ (2,1.5; 5,1.9; 6,1) abweicht, ist insbesondere die im Rahmen der Nachtgesichte nur hier belegte Botenformel in 3,7 bemerkenswert; vgl. zur Botenformel im Sacharjabuch oben 327 Anm. 12.

34 Ein Gespräch zwischen dem Propheten und dem Deuteengel ist sonst in allen Nachtgesichten belegt; vgl. Sach 1,9; 2,2.4; 2,6; 4,2-6*.10-14*; 5,2-3; 5,6.10-11; 6,4-5.

35 Zwar ist auch im folgenden Nachtgesicht mit Serubbabel eine Einzelperson genannt, vgl. Sach 4,6aβ-10a*, dort allerdings nicht im Visionsbild, sondern im Rahmen eines Wortes an den Statthalter. Außerdem wird sich gerade dieser Textbereich als sekundär erweisen. Weitere Argumente, die dafür sprechen, daß es sich bei Sach 3 um einen Nachtrag zur Sammlung der Nachtgesichte handelt, finden sich bei Jeremias, Nachtgesichte, 201-203; Delkurt, Nachtgesichte, 147.

36 Daß Sach 3 ebenfalls auf den Propheten Sacharja zurückgeht, wird etwa von Beuken, Haggai-Sacharja, 282f; Jeremias, Nachtgesichte, 222; Willi-Plein, Art. Sacharja, 541; Delkurt, Nachtgesichte, 190f, vertreten. Demgegenüber meinen Westermann, Heilsworte, 182f; Deissler, NEB.AT 21, 267; Pola, Priestertum, 221, u.a., daß Sach 3 aus einer anderen Quelle stammt oder überhaupt erst sekundär für den vorliegenden Zusammenhang geschaffen wurde.

fehlenden terminologischen oder inhaltlichen Parallelen im sonstigen Sacharjabuch spricht dagegen aber vor allem die in Sach 3 erkennbare Fokussierung auf den Hohepriester Jeschua. Während in Sach 6,9-15, zumindest auf der Ebene einer noch näher darzustellenden Vorstufe, Jeschua und ein weltlicher Herrscher, wohl Serubbabel, nebeneinander genannt werden,[37] und während in Sach 4,14 im Bild der beiden Ölsöhne ebenfalls ein solches Nebeneinander erkennbar ist,[38] ist Sach 3 allein an dem Hohepriester orientiert.

Mit dieser Fokussierung auf den Hohepriester geht nun aber auch eine inhaltliche Verschiebung gegenüber dem Grundbestand der Nachtgesichte einher, die dann endgültig dagegen spricht, Sach 3 auf dieselbe Hand zurückzuführen wie die übrigen Nachtgesichte: Denn im ersten an die eigentliche Vision angeschlossenen Verheißungswort Sach 3,6-7, das wohl sicher noch zum Grundbestand dieser Einheit zu rechnen ist,[39] werden als Aufgaben des Hohepriesters das Wandeln auf den Wegen Jhwhs, das Bewahren seiner Ordnung, das Richten seines Hauses und das Bewahren der Vorhöfe genannt.[40] All dies sind aber Aufgaben, die zu vorexilischer Zeit dem König zustanden.[41] Das heißt, dem Hohepriester – und nur ihm – werden in Sach

---

37 Siehe hierzu unten 342-345.

38 Siehe zur in neuerer Zeit vorgebrachten Kritik an der Deutung von Sach 4,14 auf Jeschua und Serubbabel unten 338f Anm. 59.

39 Gegen Beuken, Haggai-Sacharja, 290-300; Petersen, Haggai, 202, wobei v.a. Beuken darauf hinweist, daß Sach 3,6-7 eine in den sonstigen Nachtgesichten nicht vorhandene bedingte Verheißung enthält. Doch dieser Einwand erledigt sich, wenn erkannt ist, daß Sach 3 weder literarisch noch überlieferungsgeschichtlich auf dieselbe Hand wie die übrige Sammlung zurückgeht.

40 Mit Blick auf Sach 3,7 wird allerdings diskutiert, ob bei diesem Konditionalsatz nur die ersten beiden, mit אם(ו) eingeleiteten Teilsätze oder aber auch noch die beiden folgenden, mit וגם eingeleiteten Teilsätze zur Protasis gehören. Der Wechsel von der Rede von Jeschua in 2. Person zur Ich-Rede Jhwhs im letzten Teilsatz spricht jedoch dafür, daß erst hier die Apodosis beginnt und die beiden Teilsätze mit וגם noch zur Protasis zu rechnen sind; vgl. etwa Beuken, Haggai-Sacharja, 291-293; Petersen, Haggai, 206; Reventlow, ATD 25,2, 54; Delkurt, Nachtgesichte, 172, gegen Jeremias, Nachtgesichte, 216; Meyers / Meyers, AncB 25B, 194; Hanhart, BK 14,7.1, 172f; Pola, Priertertum, 174, u.a. Bei den ersten vier Gliedern dieses Verses handelt es sich also insgesamt um Aufgaben, die dem Hohepriester zukommen, und nicht um Rechte, die er sich erst noch verdienen muß.

41 Vgl. zum Wandeln auf den Wegen Jhwhs (הלך בדרך) 1 Kön 2,3; 3,14; 11,33.38; 2 Kön 21,22, zum Bewahren der Ordnungen (שמר משמרת) 1 Kön 2,3, zur richterlichen Funktion (דין) des Königs Jer 21,12; 22,16; Ps 72,2. Auch das Bewahren der Vorhöfe, also der Dienst am Tempel, war in vorexilischer Zeit Aufgabe des Königs; vgl. nur 1 Kön 8,5. Beachtenswert ist in diesem Zusammenhang, daß הלך בדרך und שמר משמרת neben Sach 3,7 sogar nur noch in der Rede Davids an Salomo 1 Kön 2,3 nebeneinander belegt ist. So meint auch VanderKam, Joshua, 164, mit Blick auf Sach 3,7, der Prophet „is crediting the high priest with greater responsibilities in a domain that was formerly dominated by the king"; vgl. auch Wellhausen, Propheten, 181; Jeremias, Nachtgesichte, 216; Meyers / Meyers, AncB 25B, 195; Mason, Preaching, 206f; Delkurt, Nachtgesichte, 178; Pola, Priestertum, 198-203.

3,6-7 herrschaftliche Funktionen und Vollmachten zugeschrieben, die ihn in den früheren Kompetenzbereich des Königs überführen. Hinzu kommt, daß Jeschua nach Sach 3,5 mit einem Kopfbund (צָנִיף) bekleidet wird. צָנִיף ist sonst aber an keiner Stelle als priesterliche Kleidung belegt,[42] wohl aber – wenn nicht als profanes Kleidungsstück –[43] als Kopfschmuck des weltlichen Herrschers.[44] Auch dies spricht dafür, daß Sach 3 dem Hohepriester eine herrschaftliche Funktion zuschreibt, wie sie zuvor dem König zukam. Macht und Würde des vorexilischen Königs gehen hier also auf den Hohepriester über und werden nicht wie in Sach 4,14; 6,9-15 auf zwei Repräsentanten, einen weltlichen und einen priesterlichen, verteilt.

Die Intention dieser Einheit kann dann gerade darin gesehen werden, daß die Stellung des Hohepriesters als alleiniger Repräsentant des Volkes untermauert werden soll. Die zu Beginn in Sach 3,1-2 beschriebene Szene vor dem Satan könnte dabei auf nicht mehr im einzelnen aufweisbare Anfeindungen gegen den Hohepriester und dessen gesellschaftliche Stellung zurückgehen, und die folgende Bekleidung mit priesterlichen und königlichen Herrschaftssymbolen und die Verheißung in 3,6-7 wären als Bestätigung seiner Vormachtstellung zu verstehen.[45]

Die beschriebene Deutung zeigt nun aber deutlich, daß Sach 3 nicht zum ursprünglichen Bestand der Nachtgesichte zu rechnen ist und auch nicht auf dieselbe Person zurückgeführt werden kann. Denn hier wird das in Sach 4 und 6 erkennbare dyarchische Modell, nach dem ein weltlicher und ein priesterlicher Machthaber nebeneinander wirken, zugunsten eines hierokratischen Modells korrigiert.[46] Es handelt sich um einen späteren Nachtrag,

---

42 Als Kopfbedeckung des Hohepriesters findet sich in Ex 28,4.37.39; 29,6; 39,28.31; Lev 8,9; 16,4 von derselben Wurzel das Derivat מִצְנֶפֶת.

43 Vgl. Jes 3,23; Hi 29,14.

44 Vgl. Jes 62,3; Sir 11,5; 40,4; 47,6, siehe hierzu Jeremias, Nachtgesichte, 210; Petersen, Haggai, 198f; Reventlow, ATD 25,2, 53.

45 Von hier aus ist dann auch die viel diskutierte Frage zu beantworten, ob die in Sach 3,4 genannte Verschuldung mit Rudolph, KAT 13,4, 95f; Meyers / Meyers, AncB 25B, 188-190; VanderKam, Joshua, 159-162, u.a. auf Jeschua selbst oder aber mit Petersen, Haggai, 196; Reventlow, ATD 25,2, 53; Delkurt, Nachtgesichte, 185-189, u.a. kollektiv auf ihn als Repräsentanten des Volkes zu deuten ist. Da sowohl die Ausstattung mit reinen Gewändern in 3,4 sowie mit dem als Herrschaftssymbol zu verstehenden Kopfbund in 3,5 als auch die Aufgabenbeschreibung und die Verheißung in 3,7 ganz auf seine Person ausgerichtet sind, geht es hier nicht um die Schuld des Volkes, sondern um die ganz individuelle Schuld Jeschuas. Eventuell wurde ihm von seinen Gegnern vorgeworfen, daß er als Rückkehrer aus dem Exil (3,2) nicht als kultisch rein angesehen werden könne und deshalb sein Amt nicht ausführen dürfe. Gegen eine solche Position stellt Sach 3 dar, daß die Schuld Jeschuas von Jhwh entfernt wurde, er nun als kultisch rein anzusehen ist und deshalb der Ausführung seines Amtes, inklusive der königlichen Kompetenzen, nichts mehr im Wege steht.

46 Daß in Sach 3 ehemals königliche Kompetenzen auf den Hohepriester übertragen werden, wurde schon häufiger erkannt, s.o. 334 mit Anm. 41. Allerdings wurde dies bislang nur unzureichend mit der Intention dieses Nachtrags in Verbindung gebracht.

mit dem über den Grundbestand des Buches hinaus die alleinige Vormachtstellung des Hohepriesters im nachexilischen Gemeinwesen begründet
werden soll.

Von hier aus klärt sich dann auch die viel diskutierte Frage, ob und in
welchem Umfang Sach 3,8-10 noch zum ursprünglichen Bestand dieser
Einheit gehört.[47] Denn zumindest Sach 3,8 ist noch von derselben Intention
geprägt wie die vorausgehenden Verse. Die hier belegte Verheißung an
Jeschua, daß Jhwh seinen Knecht „Sproß" (צמח) ausgehen läßt, erinnert
zwar deutlich an die Verheißung eines neuen Davididen in Jer 23,5; 33,15.
Doch läßt sich dies auf keinen Fall, wie früher häufig angenommen, auf
Serubbabel deuten.[48] Denn die als צמח bezeichnete Gestalt wird hier ein-
deutig als zukünftige verstanden.[49] Auch die immer wieder vorgeschlagene
These, daß Jeschua und die Angehörigen des Tempels gewissermaßen als
Unterpfand eines künftigen davidischen Herrschers oder als Interimsherr-
scher für die Zeit bis zum Auftreten eines Davididen zu verstehen sind,[50]
läßt sich aus dem vorliegenden Text heraus kaum begründen. Anders als in
Jer 23,5; 33,15 ist in Sach 3 von einem Davididen nämlich überhaupt keine
Rede. Dann besteht aber über die bisherige Forschung hinaus die nahelie-
gendste Deutung darin, daß die als צמח bezeichnete Herrschergestalt nach
Sach 3,8 aus dem Kreise der Priesterschaft erwartet wird.[51] Nach der in Sach
3,1-7 ausgeführten Vormachtstellung des Hohepriesters Jeschua wird hier
also angesagt, daß nicht nur die gegenwärtige Führungsperson, sondern auch
die für die Zukunft erwartete Herrschergestalt eine priesterliche sein wird.

---

47 Sach 3,8-10 wird häufig als sekundär gegenüber Sach 3,1-7 verstanden, wobei lediglich
    umstritten ist, ob diese Verse auf dieselbe Hand zurückgehen oder aber das Produkt mehre-
    rer, nochmals voneinander zu unterscheidender Redaktionen sind; vgl. etwa Elliger, ATD 25,
    123; Petersen, Haggai, 202; Reventlow, ATD 25,2, 54; Tollington, Tradition, 42f; Delkurt,
    Nachtgesichte, 145f Anm. 1. Demgegenüber versteht Beuken, Haggai-Sacharja, 300, Sach
    3,8-10 gerade als die ursprüngliche Fortsetzung von 3,1-5 nach dem seiner Ansicht nach
    sekundären Einschub 3,6-7. Doch wurde oben 334 Anm. 39 bereits darauf hingewiesen, daß
    sich 3,6-7 gegenüber den vorangehenden Versen kaum als sekundär erweisen läßt.
48 Gegen Mowinckel, He, 120; Petitjean, Mission, 63-71; Beuken, Haggai-Sacharja, 288, in
    neuerer Zeit etwa noch Petersen, Haggai, 210f; Willi-Plein, Art. Sacharja, 541.
49 Vgl. schon Marti, KHC 13, 411; Sellin, KAT 12, 457, sowie Rudolph, KAT 13,4, 100;
    Tollington, Tradition, 171; Rose, Zemah, 131; Pola, Priestertum, 206, u.a.
50 So, mit Unterschieden im Detail, Rudolph, KAT 13,4, 100; Meyers / Meyers, AncB 25B, 224;
    Reventlow, ATD 25,2, 55; Hanhart, BK 14,7.1, 255; Pola, Priestertum, 212f.
51 Pola, Priestertum, 212, meint jedoch, daß die davidische Herkunft im Begriff צמח enthalten
    sei und deshalb nicht eigens erwähnt werden mußte. Auch wenn dies sicherlich möglich ist,
    bleibt dennoch zu beachten, daß zuvor doch gerade der Hohepriester, wie auch von Pola
    zugestanden, mit königlicher Würde und königlichen Funktionen belegt wird. Wenn also die
    davidische Herkunft tatsächlich fest mit dem Begriff צמח verbunden gewesen sein sollte,
    dann ist Sach 3,8 nach den vorangegangenen Versen allenfalls so zu verstehen, daß der einst
    aus dem Geschlecht Davids erwartete neue Herrscher nun aus dem Kreise der Priester
    erwartet wird. Sach 3,8 wäre dann eine bewußte Korrektur der früheren צמח-Verheißungen.

Dann ist aber Sach 3,8, zumal sich kein wirklicher Bruch zwischen 3,7 und 3,8 erkennen läßt, als direkte Fortsetzung von 3,1-7 zu verstehen und noch zum ursprünglichen Bestand von Sach 3 zu rechnen.

Anders sieht es hingegen mit Sach 3,9-10 aus. Dabei fällt Sach 3,9 gegenüber dem vorangehenden Vers schon durch den Wechsel von der direkten Anrede zur Rede von Jeschua in der 3. Person auf.[52] Auf inhaltlicher Ebene läßt sich über diesen Vers kaum etwas sagen, da für den Stein, der vor den Hohepriester gelegt ist, nur Spekulationen, aber kaum sicher zu begründende Deutungen möglich sind.[53] Der folgende Vers 3,10 verläßt das Thema des gesamten Kapitels und beschreibt die künftige Heilszeit als Zeit des friedlichen Miteinanders der Menschen. Der Hohepriester oder die gegenwärtige oder künftige Herrschaft sind hier überhaupt nicht mehr im Blick. So dürfte es sich bei Sach 3,10 um eine nochmals spätere Zufügung handeln.[54] Dabei sind beide Verse ohne weiteren Zusammenhang im sonstigen Sacharjabuch und deshalb als vereinzelte Nachträge zu bezeichnen.

Das Nachtgesicht in Sach 4,1-14 von dem Leuchter und den beiden Ölbäumen dürfte aufgrund der vergleichbaren formalen Gestaltung nun wieder auf derselben Ebene anzusetzen sein wie die ersten drei Nachtgesichte in Sach 1,8-14aα.17aβb; 2,1-4; 2,5-9.[55] Sekundär sind hier allerdings, wie seit Wellhausen nahezu allgemein anerkannt, die an Serubbabel gerichteten Verse in 4,6aβ-10a*(bis זרבבל). Denn dieser Textbereich unterbricht die in 4,6aα bereits eingeleitete Antwort auf die Frage nach der Deutung des Leuchters, deren eigentlicher Inhalt erst in 4,10a*b folgt. Außer-

---

52 Aus diesem Grund wurden Sach 3,8 und 3,9 schon häufiger auf unterschiedlichen Ebenen angesetzt, wobei dann zumeist beide Verse als vereinzelte Nachträge zu 3,1-7 verstanden wurden und nicht, wie hier vorgeschlagen, 3,9 als ein erster Nachtrag zu 3,1-8; vgl. etwa Petersen, Haggai, 202; Reventlow, ATD 25,2, 55; Tollington, Tradition, 42.
53 Vgl. nur den Forschungsüberblick über die verschiedenen Deutungen des Steins in Sach 3,8 bei Pola, Priestertum, 189-191, sowie Deissler, NEB.AT 21, 279: „Eine wirklich überzeugende Lösung des Problems wurde aber bis jetzt nicht gefunden."
54 So fassen auch Rudolph, KAT 13,4, 103; Petersen, Haggai, 202; Schöttler, Gott, 101; Tollington, Tradition, 42, u.a. Sach 3,10 als einen gegenüber den vorangehenden Versen unabhängigen Nachtrag auf.
55 Allerdings fällt in Sach 4,1 die gegenüber den übrigen Nachtgesichten abweichende Einleitung auf. Der nur hier belegte Hinweis, daß der Engel den Propheten zunächst weckte, kann jedoch gut mit der – auch von der Komposition der Sammlung her ersichtlichen – herausgehobenen Stellung von Sach 4 erklärt werden; vgl. hierzu etwa Gese, Anfang, 35; Rudolph, KAT 13,4, 105; Pola, Priestertum, 65. Gegen Tigchelaar, Prophets, 17f, ist die abweichende Einleitung also kein ausreichender Grund für die Annahme, daß es sich bei Sach 4 um eine ursprünglich selbständige Einheit handelt, die in die vorliegende Sammlung aufgenommen wurde.

dem ist das Wort an Serubbabel im Visionsbild überhaupt nicht vorbereitet und nimmt auf dieses Bild auch keinerlei Bezug.[56]

Da diese Verse so offensichtlich und abrupt den Zusammenhang zwischen 4,6aα und 4,10a*b unterbrechen und da sich keinerlei bedeutende Stichwortverbindungen zwischen 4,6aβ-10a* und dem eigentlichen Nachtgesicht finden,[57] wird am ehesten davon auszugehen sein, daß hier auf vorgegebenes Gut zurückgegriffen wurde, das recht mechanisch in den vorliegenden Kontext eingetragen wurde.[58] Vermutlich lag der Anlaß für diesen Nachtrag in dem Bild von den beiden Ölsöhnen in 4,14, das wohl trotz in neuerer Zeit vorgetragener gegenteiliger Ansichten am ehesten auf das Nebeneinander von weltlichem und priesterlichem Herrscher, also von Serubbabel und Jeschua, zu deuten ist.[59] Vielleicht sollte durch die Ein-

---

56   Daß Sach 4,6aβ-10a* im vorliegenden Kontext sekundär ist, wurde erstmals von Wellhausen, Propheten, 182f, erkannt. Ihm folgten etwa Marti, KHC 13, 412f; Sellin, KAT 12, 454; Elliger, ATD 25, 126; Rudolph, KAT 13,4, 105; Jeremias, Nachtgesichte, 176 Anm. 2; Petersen, Haggai, 238; Schöttler, Gott, 119-124; Lescow, Sacharja, 77; Reventlow, ATD 25,2, 56; Laato, Zachariah, 54; Delkurt, Nachtgesichte, 196 Anm. 6; Lux, Zweiprophetenbuch, 205; Pola, Priestertum, 67-71; Kratz, Judentum, 80.
     Allerdings wurden gegen diese opinio communis der alttestamentlichen Forschung auch immer wieder Einsprüche formuliert. So weist Beuken, Haggai-Sacharja, 261-270, darauf hin, daß die Wendung זֶה דְּבַר־יהוה אֶל in 4,6aβ sonst nie als Einleitungsformel belegt ist, weshalb es sich bei 4,6aβff nicht um ein ursprünglich selbständiges Wort handeln könne. Er stellt deshalb zunächst 4,10a*b hinter 4,6aα und erkennt in 4,6aβ-7 die ursprüngliche Fortsetzung von 4,6aα.10a*b. Dagegen spricht jedoch, daß eine solche Textumstellung hochgradig spekulativ ist und daß die Tatsache, daß die Wendung in 4,6aβ sonst nicht als Einleitungsformel belegt ist, ja auch dafür sprechen könnte, daß Sach 4,6aβ-10a* aus einem umfangreicheren Kontext entnommen und an der vorliegenden Stelle eingeschoben wurde; siehe hierzu unten 349f. Van der Woude, Serubbabel, 143f, weist über Beuken hinaus noch darauf hin, daß die Antwort in 4,10a*b nur schlecht an 4,6aα anschließt, da die Erwähnung der Zahl „sieben" in 4,10a*b in Analogie zu den anderen Nachtgesichten verwundert, wo die Deutung des Visionsbildes ohne eine solche Wiederaufnahme der Beschreibung des Bildes geschieht; vgl. auch Tigchelaar, Prophets, 23f. Doch ist auch dies ein eher schwaches Argument angesichts der Tatsache, daß 4,6aβ-10a* gerade im Vergleich mit den übrigen Nachtgesichten noch schlechter als ursprüngliche Antwort des Deuteengels verstanden werden kann, da hier das zuvor beschriebene Visionsbild ja überhaupt nicht von Bedeutung ist. Über diese formale Abweichung können letztlich auch die Darlegungen von Fournier-Bidoz, Mains, 537-541; Hanhart, BK 14,7.1, 272f; Bruehler, Seeing, 436, nicht hinwegtäuschen, die auf verschiedene Weise zeigen wollen, daß sich Sach 4,6aβ-10a* oder, so Bruehler, zumindest 4,6aβ-7 inhaltlich und kompositorisch doch im Rahmen des vorliegenden Nachtgesichts verstehen läßt.

57   Stichwortbeziehungen zwischen 4,1-6aα.10a*-14 und 4,6aβ-10a* finden sich allein über die sehr allgemeinen Begriffe רֹאה (4,2 // 4,10); יֹדֵעַ (4,5.13 // 4,9) und יֹד (4,12 // 4,9.10).

58   So auch Wellhausen, Propheten, 182f; Marti, KHC 13, 412; Sellin, KAT 12, 454; Elliger, ATD 25, 126; Jeremias, Nachtgesichte, 176 Anm. 2; Laato, Zachariah, 54; Pola, Priestertum, 109f.

59   Die Deutung der beiden „Ölsöhne" in Sach 4,14 auf Jeschua und Serubbabel war lange Zeit allgemein akzeptiert; vgl. nur Marti, KHC 13, 414; Rudolph, KAT 13,4, 108; Jeremias, Nachtgesichte, 183f; Mason, Haggai, 48; Reventlow, ATD 25,2, 59f; Pola, Priestertum, 78-81. Gegen die damit zumeist verbundene Annahme, daß das Bild der Ölsöhne auf die Salbung

fügung von Sach 4,6aβ-10a* an der vorliegenden Stelle noch vor der Deutung des Visionsbildes klargestellt werden, daß Serubbabel auf göttliche Verheißung hin mit der Fertigstellung des Tempels gegen alle Widerstände beauftragt war, um dessen im Bild der beiden Ölsöhne angesprochene besondere Stellung vor Gott von hier aus zu begründen.[60]

Nun wird gerne angenommen, daß es sich bei Sach 4,6aβb-7* und 4,8-10a* um zwei zunächst getrennt überlieferte Worte handelt, die erst für den jetzigen Kontext zusammengestellt worden sind.[61] Angesichts der erneuten Einleitung in 4,8 ist dies sicherlich nicht ausgeschlossen. Die vergleichbare inhaltliche Ausrichtung der beiden Worte, bei denen es jeweils um die Fertigstellung des Tempelbaus durch Serubbabel trotz nicht näher genannter Widerstände geht, könnte aber auch dafür sprechen, daß sie schon vor ihrer Einfügung in den Rahmen des vierten Nachtgesichts verbunden waren.[62]

---

der beiden Machthaber zielt, haben aber van der Woude, Söhne, 264f; ders., Serubbabel, 154; Petersen, Haggai, 230f; Delkurt, Nachtgesichte, 213-217; Rose, Zemah, 188-194, vorgebracht, daß das hier verwandte יצהר sonst nie im Rahmen einer Salbung belegt ist. Daraus zogen neuerdings Delkurt, a.a.O., 217-223, und Rose, a.a.O., 202-205, die Konsequenz, daß in Sach 4,14 überhaupt nicht Jeschua und Serubbabel gemeint seien. Während nun Delkurt unter den Ölsöhnen das Volk als Nutznießer der mit צהר umschriebenen Gaben des Landes versteht, denkt Rose aufgrund der Beschreibung, daß die Ölsöhne beim Herrn der ganzen Erde stehen, an himmlische Gestalten. Gegen beide Lösungen spricht jedoch, daß in 4,14 betont von zwei (שׁנֵי) Ölsöhnen die Rede ist. Was immer mit dem Bild der Ölsöhne also genau impliziert sein mag, ob dieses Bild tatsächlich mit Blick auf eine Salbung gewählt wurde oder nicht – die Zweizahl läßt sich wohl nur auf das Nebeneinander von zwei zu unterscheidenden Größen beziehen, weshalb vor dem Hintergrund der frühnachexilischen Zeit die gängige Deutung auf Jeschua und Serubbabel immer noch die wahrscheinlichste sein dürfte. Die Zweizahl auf Süd- und Nordreich zu beziehen, wie von Delkurt, a.a.O., 218f, vorgeschlagen, ist demgegenüber doch sehr spekulativ.

60 Über den Grund der Einfügung von Sach 4,6aβ-10a* finden sich nur selten umfangreichere Überlegungen. In früheren Ansätzen wurde bisweilen schlicht mit einem Abschreiberversehen gerechnet; vgl. etwa Marti, KHC 13, 412; Sellin, KAT 12, 454. Demgegenüber meinte Petersen, Haggai, 244, daß diese Verse sehr bewußt in den Rahmen des vierten Nachtgesichts eingefügt wurden, um gegenüber dem im Bild der beiden Ölsöhne angelegten gleichrangigen Nebeneinander von Jeschua und Serubbabel die Vormachtstellung von Serubbabel zu begünden. Da Sach 4,6aβ-10a* allerdings ganz auf dessen Bedeutung im Rahmen des Tempelbaus zugespitzt ist, dürften mit dieser Einfügung nicht gar so weitreichende Konsequenzen verbunden sein. Richtig ist jedoch, daß sich Sach 4,6aβ-10a* an der vorliegenden Stelle nur als Begründung für die nachfolgenden Ausführungen über die beiden Ölsöhne verstehen läßt.

61 Vgl. etwa Petersen, Haggai, 239; Reventlow, ATD 25,2, 60-63; Laato, Zachariah, 62; O'Kennedy, Zechariah, 375. Eine Zusammenstellung von insgesamt drei Worten (4,6aβb.7-9.10a*) wird von Pola, Priestertum, 108f, angenommen.

62 Laato, Zachariah, 62-68, begründet die Aufteilung von Sach 4,6aβ-7 und 4,8-10a* auf zwei ursprünglich getrennt voneinander überlieferte Worte damit, daß in Sach 4,7 mit הר־הגדול der Trümmerhaufen des zerstörten Tempels und mit האבן הראשׁה der Grundstein des neuen Heiligtums gemeint sei. Von hier aus datiert er dann Sach 4,6aβ-7 in die Zeit vor Beginn der Tempelgründung und 4,8-10a*, wo der Baubeginn bereits vorausgesetzt ist, in eine demgegenüber fortgeschrittene Zeit. Doch dürfte הר־הגדול wohl ganz allgemein auf die

Die auf vergleichbare Weise auch in 2,13.15; 6,15 belegte Aussage in 4,9b, wonach aufgrund des Eintreffens der zuvor dargelegten Verheißung erkennbar sein wird, daß Sacharja von Jhwh gesandt ist, dürfte jedoch erst sekundär zugefügt worden sein.[63] Denn schon die Anrede in der 2. Person ist im vorliegenden Kontext nicht recht verständlich, und zudem wird durch diesen Teilvers der klare Zusammenhang zwischen der Ansage in 4,9a, daß Serubbabel den Tempelbau vollenden wird, und der Aussage gegen das Verachten des Tages der kleinen Dinge in 4,10 unterbrochen. Da nun schon Sach 2,13 der Wort-Redaktion des Sacharjabuches zugewiesen werden konnte,[64] und da sich auch 6,15 im folgenden als Teil dieser Überarbeitung erweisen wird,[65] dürfte 4,9b wohl ebenfalls von der Wort-Redaktion eingebracht worden sein.

Unklar ist noch, ob Sach 4,6aβ-9a.10a*, wie zumeist angenommen,[66] ebenso wie die Nachtgesichte auf den Propheten zurückgeht. Daß es sich hier um die Aufnahme von vorgegebenem Gut handelt, wurde ja bereits angemerkt. Angesichts fehlender inhaltlicher oder terminologischer Zusammenhänge mit den Nachtgesichten läßt sich die Frage nach der Herkunft dieser Verse allerdings erst im Rahmen der weiteren redaktionsgeschichtlichen Bearbeitung des Sacharjabuches beantworten.[67]

Neben Sach 4,6aβ-10a* fällt schließlich noch der Vers 4,12 als Einschub auf.[68] Denn in dieser erneuten Frage nach dem Visionsbild werden mit den Ähren und den Röhren Elemente angesprochen, die in der Präsentation des Bildes gar nicht vorhanden sind. Zudem geht das weitere Gespräch in 4,13-14 auf die Ähren und Röhren auch nicht weiter ein, sondern knüpft direkt an die zuvor in 4,11 gestellte Frage nach den beiden Ölbäumen an. So handelt es sich bei Sach 4,12 wohl um einen vereinzelten Nachtrag, dessen genaue Hintergründe kaum mehr zu erfassen sind.

Schwierigkeiten, mit denen Serubbabel konfrontiert war, zu deuten sein, und für האבן הראשה liegt die Deutung auf den Schlußstein vermutlich ebenfalls näher; vgl. etwa Elliger, ATD 25, 126f; Baldwin, Haggai, 121f; Reventlow, ATD 25,2, 61f. Dann handelt es sich aber bei Sach 4,6aβ-7 und 4,8-10a* um thematisch doch sehr verwandte Worte, so daß eine Aufteilung auf zwei ursprünglich getrennt voneinander überlieferte Einheiten zumindest nicht zwingend ist.

63 Vgl. etwa Marti, KHC 13, 415; Elliger, ATD 25, 125; Reventlow, ATD 25,2, 62; Pola, Priestertum, 111.
64 S.o. 329-331.
65 S.u. 346.
66 Vgl. nur Elliger, ATD 25, 126; Rudolph, KAT 13,4, 62; Petersen, Haggai, 239; Reventlow, ATD 25,2, 33; Laato, Zachariah, 62f; Pola, Priestertum, 109.
67 S.u. 349f.
68 Vgl. etwa Marti, KHC 13, 414; Elliger, ATD 25, 105; Beuken, Haggai-Sacharja, 259; Rudolph, KAT 13,4, 109; Petersen, Haggai, 234; Reventlow, ATD 25,2, 60; Delkurt, Nachtgesichte, 197 Anm. 7; Pola, Priestertum, 72.

Insgesamt ist in Sach 3-4 also nur der Grundbestand der Vision von dem Leuchter und den beiden Ölbäumen in 4,1-6aα.10a*(ab שבעה־אלה)b. 11.13-14 zur ursprünglichen Sammlung der Nachtgesichte zu rechnen. Die an Serubbabel gerichteten Worte in Sach 4,6aβ-9a.10a* sind demgegenüber sekundär, wobei hier auf vorgegebenes Gut zurückgegriffen wurde, dessen Herkunft erst noch zu klären sein wird.

Bei Sach 3,1-8 handelt es sich um einen Nachtrag zur Sammlung der Nachtgesichte, in dem die alleinige Vormachtstellung des Hohepriesters gegenüber dem im Grundbestand des Buches belegten Nebeneinander von weltlichem und priesterlichem Herrscher begründet werden soll. Diese Überarbeitung wird im folgenden als Jeschua-Redaktion bezeichnet.

Der Teilvers Sach 4,9b konnte zudem der Wort-Redaktion des Buches zugewiesen werden.

In Sach 3,9.10; 4,12 wurden schließlich noch vereinzelte Nachträge, ohne erkennbaren Zusammenhang mit sonstigen Zufügungen im Sacharjabuch, angebracht.

2.2.2.3 Die letzten drei Nachtgesichte Sacharja 5-6

Bei den Nachtgesichten in Sach 5-6 sind die ersten beiden Visionen zunächst an der Reinigung des Volkes orientiert. In 5,1-4 wird das Bild einer fliegenden Schriftrolle auf die Beseitigung von Dieben und Meineidigen gedeutet. Nach dieser eher sozialkritisch orientierten Einheit wird im folgenden Nachtgesicht 5,5-11 mit der Entfernung der Frau im Epha eine kultische Reinigung angesagt.[69] Das letzte Nachtgesicht in 6,1-8 von den vier Wagen zwischen den beiden Bergen kehrt schließlich zur Darstellung der ersten Vision in 1,8-14aα.17aβb zurück. Denn erneut spielen farbige Pferde eine Rolle, erneut wird die gesamte Erde gesichtet und auch hier dürfte die Pointe darin liegen, daß ein weltweites Eingreifen Jhwhs bevorsteht.[70] An dieses letzte Nachtgesicht ist sodann in 6,9-15 ein Wort über die Krönung Jeschuas angeschlossen.

Die eigentlichen Visionsberichte 5,1-6,8 dürften sicherlich zur ursprünglichen Sammlung der Nachtgesichte zu rechnen sein. Sie weisen auf formaler

---

69 Dieses Verständnis von Sach 5,5-11 setzt voraus, daß mit der Frau im Epha eine Göttin dargestellt wird; vgl. zu dieser Deutung, die hier nicht weiter ausgeführt werden kann, etwa Uehlinger, Frau, 96-98; Schmidtgen, Haggai, 371-373.
70 Zur Deutung von Sach 6,1-8 auf die Durchsetzung der weltweiten Herrschaft Jhwhs vgl. etwa Mason, Haggai, 60f; Reventlow, ATD 25,2, 69f; Delkurt, Nachtgesichte, 316.

Ebene eine vergleichbare Gestaltung auf[71] und können auf kompositioneller Ebene als Gegenstück zu den ersten drei Nachtgesichten in 1,8-14aα.17aβb; 2,1-9 verstanden werden. Denn zusammen mit diesen bilden sie einen Rahmen um das zentrale Nachtgesicht vom Leuchter und den beiden Öl-bäumen in 4,1-14*.[72]

Die dargestellte Komposition spricht dann aber, wie allgemein an-genommen, allein schon dafür, daß das folgende Wort Sach 6,9-15 nicht mehr zum Grundbestand der Nachtgesichte gehört. Dagegen spricht neben der formalen Gestalt von Sach 6,9-15[73] auch der Inhalt dieser Einheit: Hier wird der Prophet aufgefordert, unter den Angehörigen der Gola Silber und Gold zu sammeln, um eine oder mehrere Kronen[74] herzustellen und die Krönung des Hohepriesters Jeschua vorzunehmen. In einem Wort an Jeschua wird sodann ein als Sproß (צמח) bezeichneter Mensch verheißen, der den Tempel bauen und auf seinem Thron sitzen wird. Zudem ist davon die Rede, daß auch ein Priester auf seinem Thron sitzen wird und daß zwischen beiden Friede sein wird. Sodann soll die Krone – bzw. sollen die Kronen – im Tempel verwahrt werden, zum Gedächtnis an die Spender. Die Ansage, daß von Ferne Menschen kommen, um den Tempel zu bauen und daß dann erkannt wird, daß Jhwh den Propheten gesandt hat, schließt diese Einheit ab. Der beschriebene Inhalt läßt also keinerlei Bezug zum vor-angehenden Nachtgesicht in 6,1-8 erkennen: Weder das Visionsbild, die Pferde zwischen den Bergen, noch die mit der Deutung dieses Bildes ver-bundene weltweite Perspektive werden in 6,9-15 aufgenommen. Und umge-kehrt ist die Krönung Jeschuas und die damit verbundene Frage nach der Repräsentation des Volkes und der Herrschaft in Jerusalem in dem Nacht-gesicht 6,1-8 nicht vorbereitet.

Die weitere redaktionsgeschichtliche Einordnung von Sach 6,9-15 ist nun aber mit dem Problem behaftet, daß der Text in seiner vorliegenden

---

71 So werden diese Nachtgesichte in 5,1.9; 6,1 mit derselben Wendung wie bereits 2,1.5 eingelei-tet (ואשא [את־]עיני). Zudem ist auch hier, wie bei allen anderen ursprünglichen Nacht-gesichten, jeweils ein Gespräch zwischen dem Propheten und dem Deuteengel über die Bedeutung des Visionsbildes belegt; siehe hierzu oben 333 Anm. 34.

72 Zur Komposition der Nachtgesichte siehe im einzelnen unten 358.

73 Die in 6,9 belegte Formel ויהי דבר־יהוה אלי findet sich im Sacharjabuch nur noch in 4,8; 7,4; 8,18, also nicht in den eigentlichen Nachtgesichten. Überhaupt ergeht in den Nacht-gesichten das Wort Jhwhs anders als hier nie direkt an den Propheten, sondern wird an den Deuteengel gerichtet oder von diesem mitgeteilt (1,13; 2,8-9; 5,3-4; 6,8). Auch die in 6,12 belegte Botenformel kommt dort nicht vor; siehe hierzu oben 327 Anm. 12. Und schließlich waren bisher nur in den sekundären Passagen, nie aber im Grundbestand der Nachtgesichte Worte an oder über Einzelpersonen zu finden (3,1-9; 4,6aβ-10a*).

74 Zum Problem, ob mit עטרות in Sach 6,11 wie auch mit עטרת in 6,14 nun eine oder mehrere Kronen gemeint sind, s.u. 343-345.

Gestalt einige Fragen offen läßt.[75] Insbesondere ist unklar, warum in Sach 6,11 nach MT von Kronen im Plural die Rede ist, die der Prophet anfertigen soll, anschließend aber nur die Krönung einer Person angesagt wird. Zudem verwundert die doppelte Erwähnung des Tempelbaus in 6,12b.13a und die Erwähnung in 6,13b, daß ein Priester „auf seinem Thron" sein wird, nachdem zuvor in 6,13a für den Sproß angesagt wurde, daß er „auf seinem Thron" sitzen und herrschen wird.

So wurde in der Forschung schon seit langem gerätselt, wie der vorliegende Text zu verstehen ist, wobei insbesondere zwei Lösungsvorschläge vertreten wurden:[76] Zum einen wurde aufgrund der Erwähnung von Kronen im Plural angenommen, daß nach 6,11 ursprünglich zwei Kronen hergestellt werden sollten und dem Propheten daraufhin neben der Krönung Jeschuas auch die Krönung Serubbabels aufgetragen war.[77] Als Serubbabel dann von der politischen Bühne – unter welchen Umständen auch immer – verschwand und sich somit die Hoffnungen auf eine Erneuerung der davidischen Herrschaft zerschlagen hatten, wurden die Serubbabel betreffenden Passagen aus dem Text getilgt. Zum anderen wurde aber vorgeschlagen, daß aufgrund des singularischen Verbs תהיה in 6,14 dort wie in 6,11 עֲטֶרת zu lesen und somit nur eine Krone anzunehmen ist. Dabei wurde früher gerne angenommen, daß diese eine Krone ursprünglich Serubbabel galt und der Text erst nach dessen Abtreten auf Jeschua hin verändert wurde.[78] In neuerer Zeit wird dagegen nur sehr zurückhaltend oder überhaupt nicht in den Text eingegriffen. Sach 6,9-15 wäre demnach schon immer auf die Krönung Jeschuas, und nur auf diese, bezogen gewesen.[79] Die beschriebenen Ungereimtheiten werden dann als nicht mehr auflösbar stehen gelassen.

Das Problem bei den Ansätzen, die von nur einer – ob nun ursprünglich Serubbabel oder schon immer Jeschua geltenden – Krönung ausgehen, ist aber, daß sie nicht erklären können, warum sowohl der Bau des Tempels als auch das Sitzen auf dem Thron gleich zwei Mal genannt werden. Während

75 Vgl. zu den mit Sach 6,9-15 verbundenen Problemen etwa Reventlow, ATD 25,2, 71; Pola, Priestertum, 230-233.
76 Vgl. hierzu auch die Forschungsüberblicke bei Rose, Zemah, 163-171; Pola, Priestertum, 234-241. Neben den im folgenden genannten Ansätzen wurde auch immer wieder versucht, Sach 6,9-15 durch tiefgreifende literarkritische Aufteilungen zu erklären; vgl. etwa Wallis, Erwägungen, 121-125; Redditt, Haggai, 77, u.a. Da dies aber kaum wirklich dem Verständnis der vorliegenden Einheit diente, können diese Vorschläge hier außer Acht gelassen werden.
77 Vgl. Eichhorn, Propheten 3, 353-355; Ewald, Versuche, 358f; Kellermann, Messias, 59f; Beyse, Serubbabel, 77-84.91; Jeremias, Nachtgesichte, 218; Albertz, Religionsgeschichte 2, 482, u.a.
78 Vgl. nur Marti, KHC 13, 420; Elliger, ATD 25, 127 Anm. 3; Beuken, Haggai-Sacharja, 275f; Rudolph, KAT 13,4, 130; Deissler, NEB.AT 21, 286; Lescow, Sacharja, 85 Anm. 20.
79 So, mit Unterschieden im Detail, Reventlow, ATD 25,2, 71; Pola, Priestertum, 242-247; Kratz, Judentum, 82.

dabei die zweifache Erwähnung des Tempelbaus in 6,12b.13a noch durch die Annahme einer Glosse[80] oder als betonte Wiederaufnahme[81] erklärbar wäre, ist die weitere Darstellung in 6,13, daß nicht nur der Sproß „auf seinem Thron" sondern ebenso ein Priester „auf seinem Thron" sitzen wird, mit der Deutung auf nur eine Person, die gekrönt werden soll, kaum noch vereinbar. Die an dieser Stelle schon häufiger vorgenommene Änderung des Textes im Anschluß an LXX (ἐκ δεξιῶν αὐτοῦ) in מִימִינוֹ, so daß also der Priester nur an der Seite des Sprosses vorgestellt wird,[82] ist eine nicht zu vertretende Vereinfachung des Textes.[83] Aber auch die Annahme, daß das zweite עַל־כִּסְאוֹ als „neben seinem Thron" zu verstehen sei, so daß der Priester nur einen Platz bei dem Thron des Sprosses erhalten würde,[84] überzeugt nicht, da zuvor für den Sproß ganz analog עַל־כִּסְאוֹ steht und deshalb kaum erklärt werden kann, warum dieselbe Wendung so kurz hintereinander einmal „auf seinem Thron" und einmal „neben seinem Thron" bedeuten soll.[85]

So dürfte also gegen den herrschenden Trend die alte These, daß in Sach 6,9ff ursprünglich sowohl die Krönung Jeschuas als auch die Krönung Serubbabels angesagt war und daß dann nach dem Abtreten Serubbabels die auf ihn bezogenen Passagen getilgt wurden, doch im Recht sein. Der Inhalt einer solchen Vorstufe läßt sich zwar nicht mehr ohne Spekulation darstellen. Doch zumindest die folgende grobe Skizze dürfte bei aller gebotenen Zurückhaltung möglich sein: Der Prophet wäre demnach zunächst beauftragt worden, zwei Kronen herzustellen und sowohl Jeschua als auch Serubbabel zu krönen. Im Zusammenhang dieser Krönung wurde wohl ursprünglich Serubbabel die Ehrenbezeichnung צֶמַח beigelegt. Mit dem Auftreten des judäischen Statthalters aus der Davidsdynastie und aufgrund seines Engagements für den Aufbau des Tempels wurde also in etwa analog zu Hag 2,23[86] die Hoffnung auf einen künftigen (davidischen) Herrscher als erfüllt betrachtet. Abschließend wurde in dieser angenommenen Vorstufe zu Sach 6,9-13 angesagt, daß Jeschua und Serubbabel den Tempelbau vorantreiben werden, daß beide auf ihrem – je eigenen – Thron sitzen werden und daß zwischen den beiden einmütiger Frieden herrschen wird.

---

80   Vgl. etwa Marti, KHC 13, 420; Elliger, ATD 25, 127 mit Anm. 4.
81   So Beuken, Haggai-Sacharja, 278; Rudolph, KAT 13,4, 131; Reventlow, ATD 25,2, 72; Pola, Priestertum, 246.
82   Vgl. etwa Wellhausen, Propheten, 185; Marti, KHC 13, 421; Elliger, ATD 25, 127 mit Anm. 6; Beuken, Haggai-Sacharja, 277f; Mason, Haggai, 61; Deissler, NEB.AT 21, 286.
83   So auch Reventlow, ATD 25,2, 72.
84   So neuerdings Pola, Priestertum, 226 mit Anm. 21, im Anschluß an Jepsen, Beiträge III, 108.
85   Daß für die beiden Belege der Wendung עַל־כִּסְאוֹ in Sach 6,13 keine unterschiedlichen Deutungen vorgenommen werden dürfen, hat schon Reventlow, ATD 25,2, 72, zurecht betont.
86   S.o. 309-313.

Die vorliegende Textgestalt geht dann auf einen bewußten Eingriff in den überlieferten Bestand zurück, bei dem – wohl recht mechanisch – sämtliche Hinweise auf Serubbabel entfernt wurden. Dabei wurde vermutlich auch erst in diesem Zusammenhang der Vers 6,14 angefügt.[87] Denn zum einen dürfte hier tatsächlich schon immer nur eine Krone genannt sein, wofür neben dem singularischen Verb תהיה auch der im Gegensatz zu 6,11 eher auf einen Singular deutende Konsonantenbestand von והעטרת spricht. Zum anderen ist das doch etwas seltsame Aufbewahren dieser Krone im Tempel wohl am ehesten so zu verstehen, daß mit Blick auf die beiden in 6,11 genannten Kronen, nachdem im Text nur noch die Krönung Jeschuas übriggeblieben war, der Verbleib des nicht mehr benötigten zweiten Exemplars erklärt werden sollte, und dies dann eben so gelöst wurde, daß die zweite Krone zum Gedächtnis an die Spender in den Tempel kam.[88]

Sollten diese zugegebenermaßen etwas gewagten Überlegungen zur Überarbeitung von 6,9-13 und der Anfügung von 6,14 auch nur annähernd richtig sein, so wäre von dieser Redaktion das Ziel verfolgt worden, Jeschua als alleinigen Machthaber im nachexilischen Gemeinwesen darzustellen. Auch die Bezeichnung als Sproß wäre ab diesem Zeitpunkt nur noch mit seiner Person verbunden gewesen.[89] Dann kann diese Überarbeitung aber gut auf dieselbe Hand zurückgeführt werden, die auch für den Nachtrag in 3,1-8 verantwortlich ist und oben als Jeschua-Redaktion bezeichnet wurde. Zwar ist in Sach 6,12, der aufgenommenen Überlieferung entsprechend, der Sproß eher als gegenwärtige Gestalt beschrieben, während er in Sach 3,8 erst für die Zukunft erwartet wird.[90] Doch hier wie dort wird Jeschua als alleini-

---

87 So haben etwa schon Marti, KHC 13, 421; Elliger, ATD 25, 130, vorgeschlagen, daß Sach 6,14 erst von der Redaktion, die Sach 6,9-13 nach dem Abtreten Serubbabels bearbeitet hat, eingebracht worden ist.

88 Die vorgeschlagene Deutung würde also bedeuten, daß die Redaktoren, die die auf Serubbabel bezogenen Passagen getilgt haben, dennoch die Herstellung von ursprünglich zwei Kronen beibehielten, weshalb in V.14 eben erklärt werden mußte, wo denn die zweite Krone verblieben war. Es bleibt dabei natürlich die Frage offen, warum nicht einfach der Text in 6,11 auf nur eine Krone korrigiert wurde. Dies könnte vielleicht damit zusammenhängen, daß die Zeitgenossen der Redaktoren noch von der Herstellung von zwei Kronen wußten. Doch ist dies letztlich nur Spekulation. Auffällig ist jedenfalls der Befund, daß in 6,11 eindeutig עטרות im Plural steht und der folgende Text auf ursprünglich zwei voneinander zu unterscheidende Personen weist und daß in 6,14 aufgrund des singularischen Verbs תהיה und des im Konsonantenbestand singularischen Nomens עטרת von nur einer Krone auszugehen ist. Von hier aus erhält die oben vorgestellte Deutung, wonach 6,14 den Verbleib der zweiten Krone erklären soll, einige Wahrscheinlichkeit, was auch immer die Redaktoren zu dieser doch recht umständlichen Darstellung bewegt haben mag.

89 Zur Annahme, daß die Bezeichnung צמח unabdingbar mit der Vorstellung eines Davididen verbunden ist, s.o. 336 Anm. 51.

90 Die Diskrepanz zwischen der futurischen Darstellung des Sprosses in 3,8 und der präsentischen Darstellung in 6,12 ist schon häufig aufgefallen, allerdings ohne daß hierzu eine zufriedenstellende Lösung hätte gefunden werden können. Die von van der Woude, Serubba-

ger Herrscher vorgestellt, der mit königlichen Vollmachten und Insignien ausgestattet ist, und hier wie dort ist mit seiner Person in irgendeiner Form die Ehrenbezeichnung Sproß verbunden.

Die dargestellte Vorstufe von Sach 6,9-13 steht demgegenüber in deutlicher Nähe zum Grundbestand der Nachtgesichte in Sach 1,8-6,8*. Denn diese Vorstufe war vermutlich von einem friedlichen Nebeneinander von weltlichem und priesterlichem Machthaber geprägt, wie dies auch im Bild der beiden Ölsöhne in Sach 4,14 ausgedrückt wird. Wie genau diese Einheit allerdings mit den Nachtgesichten zusammenhängt, bedarf noch der genaueren Klärung.[91]

Der abschließende Vers Sach 6,15 fällt aufgrund der direkten Anrede in 2.pl. gegenüber dem Vorangehenden auf. Dabei wird es sich kaum, wie früher häufiger vermutet,[92] um die ursprüngliche Fortsetzung des Nachtgesichts 6,1-8 handeln. Vielmehr dürfte dieser Vers als späterer Nachtrag zu verstehen sein,[93] der aufgrund der hier erwarteten Rückkehr der Exulanten, aufgrund des Motivs des Hörens auf Jhwh sowie aufgrund der Ansage, daß das Volk erkennen wird, daß der Prophet von Jhwh gesandt ist, mit den bislang der Wort-Redaktion zugewiesenen Passagen verbunden ist.[94]

---

bel, 150f; Rose, Zemah, 123.138; Pola, Priestertum, 252f, vorgeschlagene Deutung, daß der Sproß auch in Sach 6,12 als futurische Gestalt anzunehmen sei, überzeugt kaum. Denn bei dieser These muß zusätzlich davon ausgegangen werden, daß in 6,12-13 nicht der Bau des zweiten Tempels, sondern der Bau eines zukünftigen, gewissermaßen eschatologischen Tempels gemeint sei. Doch der Tempelbau ist an dieser Stelle aufgrund der Erwähnung Jeschuas in 6,11 unmittelbar mit dem historischen Kontext der frühnachexilischen Zeit verbunden, weshalb wohl eher an den realen Bau des zweiten Tempels zu denken sein wird. Die also doch vorhandenen Unterschiede zwischen Sach 3,8 und 6,12 in der Darstellung des צמח könnten dann evtl. von der nur schwer zu verstehenden Wendung יצמח in ומתחתיו 6,12 aus einer Lösung zugeführt werden. Vielleicht handelt es sich hierbei um einen Einschub der Redaktion, der dann so zu verstehen wäre, daß es „unter dem Sproß sproßt", das heißt, daß aus der Nachkommenschaft des Sprosses wiederum ein Sproß hervorgeht; vgl. zu dieser Deutung von ומתחתיו יצמח auf das Auftreten eines zukünftigen Herrschers Tollington, Tradition, 172. Da in der vorliegenden Gestalt von Sach 6,9-14 nur Jeschua als der bei dieser Verheißung Angesprochene verstanden werden kann, würde dies bedeuten, daß aus seinem Geschlecht wiederum ein Sproß hervorgehen wird. Eine solche Deutung würde sich gut auf einer Ebene mit der oben vorgeschlagenen Interpretation von Sach 3,8 verstehen lassen. Die genannte Einfügung diente dann also der Angleichung des überkommenen צמח-Wortes in 6,12 an die in 3,8 erkennbare צמח-Vorstellung der Redaktoren. Auch diese Überlegung ist zwar hochgradig spekulativ, aber angesichts der Tatsache, daß die Differenz zwischen Sach 3,8 und 6,12 noch nie wirklich erklärt werden konnte, doch nicht ausgeschlossen.

91 S.u. 349f.

92 Vgl. etwa Rothstein, Nachtgesichte, 204f; Sellin, KAT 12, 467; Jepsen, Beiträge III, 99; Rudolph, KAT 13,4, 126.

93 So auch Petersen, Haggai, 279; Tollington, Tradition, 46f.

94 Vgl. zur Rückkehr der Exulanten Sach 2,10-13, zum Hören auf Jhwh Sach 1,4 sowie zur Darstellung, daß das Volk erkennen wird, daß Jhwh den Propheten gesandt hat, Sach 2,13; 4,9b.

In Sach 5-6 gehören also die Visionsberichte in 5,1-6,8 allesamt zum ursprünglichen Bestand der Sammlung der Nachtgesichte. Der Anhang 6,9-15 ist demgegenüber sekundär, wobei vermutlich zunächst eine nicht mehr im einzelnen rekonstruierbare Vorstufe 6,9-13* ergänzt wurde, die ursprünglich nicht nur einen Auftrag zur Krönung Jeschuas, sondern auch zur Krönung Serubbabels enthielt. Der literarische Zusammenhang dieser Vorstufe mit den sonstigen Nachträgen des Sacharjabuches ist dabei zunächst noch offen.

Die schon in Sach 3,1-8 erkennbare, allein an dem Hohepriester orientierte Jeschua-Redaktion ist sodann für die Überarbeitung dieser Einheit verantwortlich, bei der in 6,9-13 sämtliche Hinweise auf Serubbabel getilgt wurden und in 6,14 eine Erklärung über den Verbleib der zweiten Krone ergänzt wurde.

In einem weiteren Schritt wurde schließlich Sach 6,15 ergänzt. Dieser Vers dürfte von der Wort-Redaktion eingebracht worden sein.

2.2.3 Die Fastenfrage Sacharja 7-8

Die letzten beiden Kapitel des (Proto-)Sacharjabuches sind nach der Überschrift in 7,1 von der in 7,2-3 dargestellten Frage einer Gesandtschaft am Tempel bestimmt,[95] ob die seit der Zerstörung Jerusalems üblichen Fasttage noch einzuhalten sind. Eine erste Antwort des Propheten in 7,4-6 enthält zunächst die Gegenfrage, ob das Volk denn wirklich für Jhwh oder nicht vielmehr für sich selbst gefastet hat. In 7,7-14 folgt eine Reflexion über die Ablehnung des prophetischen Wortes vor dem Exil. In 8,1-8 sind Heilsworte über die erneute Zuwendung Jhwhs, über die zahlreichen alten und jungen Menschen auf den Plätzen der Stadt und die Rückkehr der Deportierten aus dem Exil angeschlossen. In 8,9-13 wird sodann die Rettung des Volkes mit der bereits eingetretenen Abwendung der agrarischen Not begründet. Nach einem erneuten Rückblick auf den früheren Zorn Jhwhs und nach einer Mahnung, Recht zu schaffen, in 8,14-17 folgt in 8,18-19 nochmals eine direkte Antwort auf die Fastenfrage, nach der das künftige

---

95 Die nur schwer zu entscheidende Frage, ob in Sach 7,2 bei שׂר־אצר בית־אל שׂר mit Wellhausen, Propheten, 186; Elliger, ATD 25, 132; Petersen, Haggai, 281; Reventlow, ATD 25,2, 75, u.a. Bethel als Ortsname zu lesen ist und somit von dort her Sar-ezer und die übrige Gesandtschaft geschickt worden sind, oder ob Bethel mit Horst, HAT 14, 239; Rudolph, KAT 13,4, 138-140; Deissler, NEB.AT 21, 287, zum folgenden Namen zu ziehen und dieser dann als Bet-el-sar-ezer zu lesen ist, kann hier außer Acht gelassen werden, zumal Beuken, Haggai-Sacharja, 144, zurecht anmerkt, daß dies für die redaktionsgeschichtliche Betrachtung der vorliegenden Stelle ohne weitere Bedeutung ist.

Fasten des Volkes ein freudiges Ereignis sein wird. Die Ansage einer Völkerwallfahrt zum Zion in 8,20-23 schließt das Buch ab.

Zunächst handelt es sich bei der Einleitung Sach 7,1 gegenüber der
folgenden Fastenfrage 7,2ff um einen Nachtrag.[96] Denn in 7,2 folgt, anders
als nach der Wortereignisformel in 7,1 zu erwarten, kein Prophetenwort,
sondern ein Erzähltext. Dabei erinnert diese Einleitung aufgrund der Datierung in das vierte Jahr des persischen Königs Darius, trotz kleinerer formaler Unterschiede,[97] deutlich an die ebenfalls mit Datierungen versehenen
Einleitungen in Sach 1,1.7, wobei sogar wie in 1,7 auch der babylonische
Monatsname angegeben wird. Da schon Sach 1,1.7 der Wort-Redaktion des
Buches zugewiesen wurde, dürfte also auch Sach 7,1 auf diese Redaktion
zurückgehen, während die folgende Fastenfrage, die keine Verbindungen zur
Wort-Redaktion erkennen läßt, wohl schon zuvor Teil des Sacharjabuches
gewesen ist.[98]

Bei der Fastenfrage Sach 7,2ff selbst ist nun aber umstritten, wie deren
ursprünglicher Umfang zu bestimmen ist. Denn nach der Darstellung der
Anfrage in 7,2-3 findet sich sowohl in 7,4-6 als auch in 8,18-19 eine jeweils
in sich abgeschlossene Antwort des Propheten. Dabei wurde schon häufiger
vorgeschlagen, daß erst 8,18-19 die ursprüngliche Fortsetzung zu 7,2-3
darstellt, da in 7,4-6 im Gegensatz zu 7,3 zwei Fasttage und nicht nur ein

---

96 Vgl. etwa Rudolph, KAT 13,4, 135f; Petersen, Haggai, 282; Reventlow, ATD 25,2, 74;
    Tollington, Tradition, 24. Allerdings verwundert in 7,1, daß nach dem anfänglichen ויהי und
    der folgenden Jahresangabe das Ergehen des göttlichen Wortes erneut mit היה eingeführt
    wird. Deshalb wurde schon häufiger vorgeschlagen, daß nur die Wortereignisformel היה
    דבר־יהוה אל־זכריה als Nachtrag zu betrachten und die verbleibende, mit ויהי eingeleitete
    Datierung als ursprüngliche Einleitung der folgenden Fastenfrage zu verstehen ist; vgl. etwa
    Marti, KHC 13, 421; Horst, HAT 14, 238; Beuken, Haggai-Sacharja, 138f. Doch die bei einer
    solchen Scheidung verbleibende Datierung kann kaum als ursprünglicher Bestandteil der
    Fastenfrage angesehen werden. Denn Sach 7,1 ist, wie im folgenden dargestellt, gerade
    aufgrund dieser Datierung der Wort-Redaktion des Sacharjabuches zuzuweisen, zu der die
    Fastenfrage keine bedeutenden Bezüge aufweist. Zudem ist schon Wellhausen, Propheten,
    186, aufgefallen, daß trotz der in 7,1 angegebenen Datierung in den neunten Monat in der
    folgenden Fastenfrage in 7,3 nach dem Fasten im fünften Monat und nicht nach dem in 8,19
    ebenfalls genannten Fasten im zehnten Monat gefragt wird. Wellhausen kommt dabei zu dem
    Schluß, daß die Anfrage wohl bereits kurz vor dem fünften Monat gestellt worden sein
    dürfte, daß dem Propheten aber erst im neunten Monat „die Erleuchtung kam" (ebd.).
    Wahrscheinlicher dürfte aber doch sein, daß die Datierung gegenüber der folgenden Fasten-
    frage überhaupt sekundär ist.
97 Zur im Sacharjabuch nur bei dieser Einleitung belegten doppelten Einführung des Wort-
    ereignisses mit ויהי und היה s.o. Anm. 96. Zudem wird nur hier Darius als המלך bezeichnet.
    Und schließlich ist das Datum in Sach 7,1 in der Reihenfolge Jahr – Tag – Monat und nicht
    wie zuvor in 1,1.7 in der Reihenfolge (Tag –) Monat – Jahr angegeben; vgl. hierzu aber die
    ebenfalls in der Reihenfolge voneinander abweichenden Datierungen des Haggaibuches; s.o.
    293 mit Anm. 21.
98 Zur literarischen Einordnung der Fastenfrage Sach 7,2ff s.u. 349f.

Fasttag genannt werden.[99] Bedenkt man aber, daß in 8,18-19 gleich vier
Fasttage erwähnt werden, dann verliert dieses Argument an Gewicht.[100]
Aufgrund der vergleichbaren formalen Gestaltung der Antworten in 7,4-6
und 8,18-19, die gleichermaßen mit der Wendung ויהי דבר־יהוה צבאות
אלי לאמר beginnen, kann dagegen vermutet werden, daß wohl beide
Antworten, zumindest auf literarischer Ebene, schon immer an die vorangehende Frage angeschlossen waren, zumal sich keine klaren Kriterien
finden lassen, die für den sekundären Charakter der einen oder der anderen
Antwort sprechen würden.[101] So wird Sach 7,2-6; 8,18-19 als zusammengehöriger Textbereich zu verstehen sein.

Allerdings wurde bislang kaum der Frage nach dem literarischen Zusammenhang dieser Einheit nachgegangen. Daß Sach 7,2-6; 8,18-19 nicht
schon immer mit der in sich abgeschlossenen Sammlung der Nachtgesichte
verbunden war, ist allgemein anerkannt.[102] Ob diese Verse, die meist ebenso
wie die Nachtgesichte auf den Propheten zurückgeführt werden, jedoch mit
anderen Einheiten des Sacharjabuches auf einer literarischen Ebene anzusetzen sind, wurde noch nicht weiter bedacht.[103]

Es ist aber auffällig, daß in diesem Textbereich, wie bereits erwähnt,
gleich zwei Mal die Wendung ויהי דבר־יהוה צבאות אלי לאמר belegt ist
(7,4; 8,18). Eine solche Wortereignisformel mit charakteristischer Formulierung aus der Perspektive der 1. Person, wonach das Wort Jhwhs „zu mir"
erging, findet sich im Sacharjabuch aber nur noch in 4,8 und 6,9, also gerade
im Rahmen der beiden Einheiten 4,6aβ-10a* und 6,9-13*(Vorstufe), die sich
gegenüber den eigentlichen Nachtgesichten als sekundär erwiesen haben,
aber weder auf die Wort-Redaktion noch auf die Jeschua-Redaktion zurückgeführt werden konnten.[104]

Vgl. etwa Elliger, ATD 25, 133; Mason, Haggai, 66f; Petersen, Haggai, 285.312; Tollington, Tradition, 25.

100 Dasselbe gilt dann auch für die gerade umgekehrte Annahme von Reventlow, ATD 25,2, 83, der Sach 7,4ff als ursprüngliche Antwort auf die Fastenfrage in 7,2-3 versteht und 8,18-19 als demgegenüber sekundär betrachtet. Auch hierfür lassen sich keine klaren Kriterien benennen.

101 So verstehen etwa auch Beuken, Haggai-Sacharja, 140; Rudolph, KAT 13,4, 151; Lux, Zweiprophetenbuch, 210, die beiden Antworten Sach 7,4-6 und 8,18-19 gleichermaßen als ursprüngliche Reaktion auf die Fastenfrage in 7,2-3.

102 Vgl. nur Marti, KHC 13, 393; Rudolph, KAT 13,4, 63; Petersen, Haggai, 124; Tollington, Tradition, 47.

103 Dies ist die unmittelbare Folge davon, daß Sach 7-8 häufig als gegenüber Sach 1-6 zunächst getrennt überlieferter Textbereich verstanden wird, der dann erst in einem zweiten Schritt an die Sammlung der Nachtgesichte angehängt worden ist; vgl. nur die oben Anm. 102 genannten Ansätze.

104 Daß die Wortereignisformel in der Gestalt von Sach 7,4; 8,18 auch in 4,8; 6,9 belegt ist, wurde schon häufiger gesehen; vgl. nur Beuken, Haggai-Sacharja, 139; Reventlow, ATD 25,2, 75; Tollington, Tradition, 83f. Allerdings wurden daraus bislang noch keine weiteren redaktionsgeschichtlichen Konsequenzen gezogen.

Den drei Einheiten 4,6aβ-10a*; 6,9-13* und 7,2-6; 8,18-19 ist nun zudem gemein, daß sie allesamt einen göttlichen Auftrag an den Propheten schildern. So erfolgt in Sach 6,10 und 7,5 jeweils unmittelbar nach der Wortereignisformel ein an den Propheten gerichteter Imperativ.[105] Die beiden Textbereiche sind formal also recht identisch gestaltet. Sach 4,6aβ-10a* weicht zwar von diesem Schema etwas ab, doch kann hier die Formulierung זה דבר־יהוה אל־זרבבל in 4,6aβ als verkürzter Verkündigungsauftrag verstanden werden.

Schließlich sind die drei Einheiten auf inhaltlicher Ebene dadurch verbunden, daß sie das Ergehen des göttlichen Wortes zu bestimmten Situationen der frühnachexilischen Zeit schildern. Sach 4,6aβ-10a* ist an Serubbabel und dem Tempelbau orientiert, 6,9-13* beschreibt den Auftrag, Jeschua (und Serubbabel) zu krönen und erwähnt dabei ebenfalls den Tempelbau, und auch 7,2-6; 8,18-19 ist mit der Frage, ob noch gefastet werden soll, an einer Fragestellung, die kurz nach dem Exil aufkam, orientiert.

Die formalen und inhaltlichen Gemeinsamkeiten dieser drei Einheiten könnten also dafür sprechen, daß sie schon vor ihrer Einfügung in den Kontext der Nachtgesichte verbunden waren. Gerade die vergleichbare formale Gestaltung mit der charakteristischen Wendung ויהי דבר־יהוה (צבאות) אלי לאמר weist auf eine Sammlung, in der mehrere kurze Berichte über das Ergehen des göttlichen Wortes zu verschiedenen Anlässen zusammengestellt waren. Bei der Einarbeitung dieser Berichtssammlung, oder Teilen daraus, in den Kontext der Nachtgesichte wäre dann das Wort an Serubbabel Sach 4,6aβ-10a* – wohl aufgrund des auf Serubbabel und Jeschua zu deutenden Bildes der beiden Ölsöhne – in den Rahmen des vierten Nachtgesichts integriert worden, wobei in diesem Zusammenhang vielleicht eine ursprünglich vorhandene narrative Einleitung dieses Wortes, wie sie die anderen beiden Einheiten Sach 6,9-13* und 7,2-6; 8,18-19 kennzeichnet, weggefallen sein könnte. Eben diese beiden Einheiten wurden sodann schlicht an die Sammlung der Nachtgesichte angehängt.[106]

Mit Blick auf Sach 7-8 bleibt noch zu klären, wie die zahlreichen sonstigen Worte in den Kontext der Fastenfrage gelangt sind. Meist wird angenommen, daß der überwiegende Teil dieser Worte aus vorgegebenem, ebenfalls auf den Propheten zurückzuführendem Gut aufgenommen und

---

105 Zum imperativischen Gebrauch des Inf.abs. לקוח zu Beginn von Sach 6,10 vgl. Ges-K, §113bb; J-M, §123u, sowie Meyers / Meyers, AncB 25B, 337; Hanhart, BK 14,7.1, 406.

106 Der Zusammenhang der beiden Einheiten 6,9-13* und 7,2-6; 8,18-19 wird in der jetzigen Gestalt des Sacharjabuches durch die Einleitung in 7,1 unterbrochen, die so Sach 7-8 von den vorangehenden Kapiteln des Sacharjabuches als eigenständigen Teil abgrenzt. Erkennt man jedoch, daß Sach 7,1 erst sekundär vor die folgende Fastenfrage gestellt worden ist, so lassen sich die beiden narrativ gestalteten Passagen 6,9ff und 7,2ff durchaus als zwei schon immer direkt aufeinander folgende Textbereiche verstehen.

dann sekundär in den vorliegenden Kontext eingefügt worden ist.[107] Dagegen spricht aber, daß hier weder zu den Nachtgesichten 1,7-6,8* noch zu den gerade beschriebenen Berichten Bezüge erkennbar sind. Die meisten dieser Worte lassen jedoch deutliche inhaltliche und terminologische Verbindungen zu den bislang der Wort-Redaktion zugewiesenen Textbereichen erkennen.

So findet sich in der ersten in den Rahmen der Fastenfrage eingefügten Einheit 7,7-14 zunächst in 7,7 ein Rückverweis auf die früheren, vor dem Exil wirkenden Propheten (הנביאים הראשנים; vgl. 7,12). Nach der wohl erst sekundär in den vorliegenden Kontext eingefügten Wortereignisformel in 7,8[108] wird sodann in 7,9-10 ein zur Gerechtigkeit vor Gericht ermahnendes Prophetenwort zitiert, bevor in 7,11-14 dargestellt wird, daß darauf nicht gehört wurde und daß deshalb der göttliche Zorn (קצף; 7,12) ausbrach und das Volk exiliert wurde. Dieser Rückblick auf die Ablehnung des prophetischen Wortes in der Zeit vor dem Exil erinnert doch aber deutlich an die sekundäre Einleitung des Sacharjabuches in 1,1-7.[109] Denn auch dort wird ja gerade geschildert, daß das Volk nicht bereit war, auf die früheren Propheten (הנביאים הראשנים; 1,4) zu hören, und daß es deshalb dem göttlichen Zorn (קצף; 1,2) anheimfiel. Aufgrund der vergleichbaren inhaltlichen Gestaltung und der genannten Bezüge kann Sach 7,7.9-14 also wie 1,1-7 der Wort-Redaktion zugeschrieben werden,[110] was sich noch durch einige weitere Stichwortverbindungen untermauern läßt.[111]

---

107 So, mit Unterschieden im Detail, Sellin, KAT 12, 420; Rudolph, KAT 13,4, 63; Petersen, Haggai, 122-124; Reventlow, ATD 25,2, 73-85; Tollington, Tradition, 33, u.a. Demgegenüber wurden aber auch immer wieder größere Textbereiche von Sach 7-8 überhaupt erst auf eine Überarbeitung des Sacharjabuches zurückgeführt; vgl. Eißfeldt, Einleitung, 585; Beuken, Haggai-Sacharja, 119-138; Mason, Echoes, 229f; Deissler, NEB.AT 21, 267; Lescow, Sacharja, 90-95; Nogalski, Precursors, 257-272; Boda, Fasts, 398-402, siehe hierzu im einzelnen die folgenden Ausführungen.

108 Vgl. nur Marti, KHC 13, 423; Beuken, Haggai-Sacharja, 119; Rudolph, KAT 13,4, 142; Reventlow, ATD 25,2, 76; Boda, Fasts, 401f.

109 Die Bezüge zwischen Sach 7,7-14 und 1,1-7 wurden schon häufiger erkannt; vgl. nur Elliger, ATD 25, 136; Beuken, Haggai-Sacharja, 129-131; Rudolph, KAT 13,4, 145; Mason, Echoes, 229f; Reventlow, ATD 25,2, 77; Tollington, Tradition, 208, wobei allerdings nur Beuken und Mason daraus die Konsequenz gezogen haben, daß diese Textbereiche nicht nur überlieferungsgeschichtlich sekundär sind, sondern überhaupt erst auf eine redaktionelle Neugestaltung des Buches zurückgehen.

110 Auch Beuken, Haggai-Sacharja, 119-137; Mason, Echoes, 229f, verstehen Sach 7,7.11-14 als Nachtrag zur Fastenfrage, der auf derselben Ebene wie Sach 1,1-7 anzusetzen ist. Die Verse 7,9-10 schreiben sie allerdings nicht dieser Redaktion zu. Doch kann Sach 7,9-10 gut als Zitat der von den früheren Propheten vorgebrachten Botschaft verstanden und somit auf derselben Ebene wie 7,7.11-14 angesetzt werden.

111 Vgl. קרא (7,7 // 1,4); קשב (7,11 // 1,4); שמע (7,11.12.13 // 1,4), zudem kann תורה in 7,12 als Entsprechung zu חק in 1,6 verstanden werden.

Auch die folgenden Heilsworte in 8,1-5.7-8 können der Wort-Redaktion zugewiesen werden.[112] Denn die in 8,2 beschriebene erneute Zuwendung Jhwhs zum Zion ist deutlich mit dem dieser Redaktion zugeschriebenen Vers 1,14 verbunden (קנא ;ציון; גדולה קנאה), bei der Darstellung in 8,3, daß Jhwh wieder inmitten Jerusalems wohnt, finden sich Bezüge zu 2,14 (ציון; שׁכן; תוך), und die Ankündigung in 8,7-8, daß Jhwh die Exilierten zurückführen wird, erinnert zumindest auf thematischer Ebene an die von der Wort-Redaktion eingebrachten Verse 2,10-11; 6,15, wobei der Vers 8,8, wie schon 8,3, einige Stichwortverbindungen zu 2,14 aufweist (בוא; שׁכן; תוך), wenngleich das Wohnen inmitten Jerusalems nun nicht für Jhwh, sondern für das Volk angesagt wird. Lediglich die Verse 8,4-5 lassen keine Bezüge zu den vorangehenden Einheiten der Wort-Redaktion erkennen, wobei aber die hier vorgebrachte Ansage, daß einst wieder viele alte und junge Menschen auf den Plätzen sein werden, durchaus zu den sonstigen von der Wort-Redaktion eingebrachten Verheißungen mit ihrer Zusage des göttlichen Beistands (1,14b-16; 2,12-14) paßt.[113]

Neben den genannten inhaltlichen und terminologischen Bezügen sind die Textbereiche 7,7.9-14 und 8,1-5.7-8 nun aber auch auf kompositioneller Ebene mit den der Wort-Redaktion zugewiesenen Nachträgen in 1,1-6; 1,14aβ-17aα; 2,10-14 verbunden. Denn hier wie dort wird zunächst auf die Generation, die vor dem Exil lebte, und deren Ablehnung der Propheten zurückgeblickt, und im folgenden wird die erneute Zuwendung Jhwhs dargestellt. Dabei sind gerade die einander jeweils entsprechenden Teile durch Stichwortbezüge verbunden:

---

112 Zu Sach 8,6 s.u. 353. Daß Sach 8,1-8 auf eine Redaktion des Sacharjabuches zurückgeht, haben etwa auch schon Eißfeldt, Einleitung, 585; Mason, Echoes, 232; Lescow, Sacharja, 93; Boda, Fasts, 400, vorgeschlagen, wobei Mason auch auf die im folgenden genannten Bezüge zu Sach 1,14; 2,14 hingewiesen hat. Allerdings hat er den sekundären Charakter dieser beiden Stellen nicht erkannt, so daß die das gesamte Sacharjabuch umfassende Gestalt der Wort-Redaktion auch bei ihm noch nicht in vollem Maße erfaßt worden ist.

113 Der durchgängige Bezug auf Textbereiche, die der Wort-Redaktion zugewiesen werden konnten, spricht dabei gegen die häufig vertretene Annahme, es handele sich hier um eine Zusammenstellung mehrerer ursprünglich selbständiger Worte; vgl. etwa Elliger, ATD 25, 139; Mason, Haggai, 68f; Petersen, Haggai, 297; Reventlow, ATD 25,2, 78. Dagegen hat zudem Mittmann, Einheit, 269-281, zurecht darauf hingewiesen, daß die einzelnen Worte in Sach 8,1-9* für sich genommen kaum aussagekräftig sind.

1,1-6	Ablehnung der früheren Propheten	7,7.9-14
	קצף (1,2 // 7,12) הנביאים הראשנים (1,4 // 7,7.12) קרא (1,4 // 7,7) קשב (1,4 // 7,11) שמע (1,4 // 7,11.12.13)	
1,14-17* 2,10-14	Erneute Zuwendung	8,1-8*
	קנא (1,14 // 8,2) קנאה גדולה (1,14 // 8,2) ציון (1,14; 2,14 // 8,2.3) שכן (2,14 // 8,3) תוך (2,14 // 8,3)	

Anders als bei den bislang betrachteten Worten, die in den Kontext der Fastenfrage eingebracht worden sind, finden sich bei 8,9-13 keinerlei bedeutende Bezüge zur Wort-Redaktion. Zudem sind diese Verse auch thematisch anders ausgerichtet. Denn die in 8,13 angesagte Rettung aus der Hand der fremden Völker ergeht hier nach 8,9-12 unter Verweis auf die bereits eingetretene Abwendung der agrarischen Not des Volkes, was im Rahmen der Wort-Redaktion ohne Bedeutung ist.[114] Und schließlich wird zwar auch in Sach 8,9 auf die Worte der Propheten verwiesen, allerdings sind hier nicht wie in 1,4; 7,7.12 die vorexilischen Propheten im Blick, sondern gerade die Propheten, die zur Zeit des Tempelbaus wirkten. So wird es sich bei 8,9-13 um einen von der Wort-Redaktion zu unterscheidenden und gegenüber dieser vermutlich nochmals später anzusetzenden Nachtrag handeln.[115] Derselben Redaktion ist sodann auch der Vers Sach 8,6 zuzuweisen, der ebenfalls keinerlei Bezüge zur Wort-Redaktion erkennen läßt, aber mit 8,9-13 aufgrund der charakteristischen Formulierung שארית העם הזה (8,11.12) verbunden ist.[116]

---

114 Zur Deutung von Sach 8,13 auf die Rettung aus der Hand der Völker siehe im einzelnen unten 382 Anm. 38.

115 Auch Beuken, Haggai-Sacharja, 171; Rudolph, KAT 13,4, 148f; Mason, Echoes, 231; Reventlow, ATD 25,2, 81; Boda, Fasts, 400, u.a. verstehen 8,9-13 als Nachtrag zu den vorangehenden Verheißungen in 8,1-8*.

116 Dieser Zusammenhang wurde bislang kaum erkannt. Beuken, Haggai-Sacharja, 178, sieht zwar die Verbindung zwischen 8,9-13 und 8,6 über die Wendung שארית העם הזה, meint aber, daß 8,6 deshalb nicht derselben Redaktion wie 8,9-13 zugewiesen werden kann, da das in 8,9-13 bereits als gegenwärtig dargestellte Heil nach 8,6 allererst noch erwartet wird. Doch dürfte Sach 8,9-13 vielmehr so zu verstehen sein, daß sich nur 8,9-12, mit Blick auf die agrarische Not des Volkes, auf die bereits gegenwärtige Zuwendung Jhwhs bezieht, während der – mit והיה auch nochmals eigens eingeleitete – Vers 8,13 auf die noch nicht eingelöste Erwartung auf Rettung aus der Hand der Völker gerichtet ist; siehe auch unten 380-383.

Die folgenden Verse 8,14-17 dürften hingegen erneut auf die Wort-Redaktion zurückgehen.[117] Denn der Rückblick auf den Zorn gegen die Väter in 8,14-15 erinnert wiederum an 1,1-6 und 7,7.9-14,[118] und die Mahnung zur Gerechtigkeit vor Gericht in 8,16-17 nimmt Worte aus 7,9-10 auf,[119] so daß mit diesen Versen aufgrund der Bezüge zu 7,9-10 geradezu ein Ring um den gesamten Einschub in die Fastenfrage 7,7-8,17* gelegt wird. Von hier aus kann schließlich auch bei der zweiten Antwort auf die Fastenfrage 8,18-19 der Teilvers 8,19b auf die Wort-Redaktion zurückgeführt werden.[120] Denn die Aufforderung, Treue und Frieden zu lieben, paßt eigentlich nur schlecht zur vorherigen unbedingten Ansage in 8,18-19a, daß die künftigen Fasttage des Volkes wieder freudige Ereignisse sein werden. Zudem finden sich zu allen drei Worten von 8,19b Parallelen in den vorangehenden Versen, die der Wort-Redaktion zugewiesen wurden.[121]

Von 8,19b her werden sodann auch die Komposition und Intention der umfangreichen Fortschreibung der Fastenfrage durch die Wort-Redaktion in 7,7-8,19* deutlich:[122] Die unkonditionierte Verheißung der Antwort auf die Fastenfrage in 8,18-19a soll durch die vorangestellte lange Rede über die Mißachtung der Propheten vor dem Exil in 7,7.9-14, die erst auf Grundlage dieser Warnung ergehenden Heilsworte in 8,1-5.7-8, den erneuten Rückblick in 8,14-15 und die abschließende Mahnung, Treue und Gerechtigkeit zu üben, in 8,16-17.19b nachträglich konditioniert werden:

---

117 So auch, wenngleich ohne weitere Erläuterungen, Mason, Echoes, 231.
118 Vgl. זמם ‏ (8,14.15 // 1,6); אבותיכם (8,14 // 1.2.4.5.6); קצף (8,14 // 1.2.15; 7,12).
119 Vgl. אמת (8,16 // 7,9); משפט (8,16 // 7,9); איש (8,17 // 7,10); רעה (8,17 // 7,10); אל־תחשבו בלבבכם (8,17 // 7,10).
120 Sach 8,19b wird auch von Horst, HAT 14, 244; Beuken, Haggai-Sacharja, 141f; Albertz, Religionsgeschichte 2, 484 Anm. 16, als Nachtrag zu 8,18-19a verstanden.
121 Vgl. אמת (7,9; 8,16); שלום (8,16); אהב (8,17).
122 Siehe hierzu auch unten 375-380.

7,2-3:	Fastenfrage

7,4-6:	Erste Antwort

← | 7,7.9-14: | Rückblick |

← | 8,1-5.7-8: | Erneute Zuwendung |

← | 8,14-15: | Rückblick |

← | 8,16-17: | Mahnung |

| 8,18-19a: Zweite Antwort |

← | 8,19b: | Mahnung |

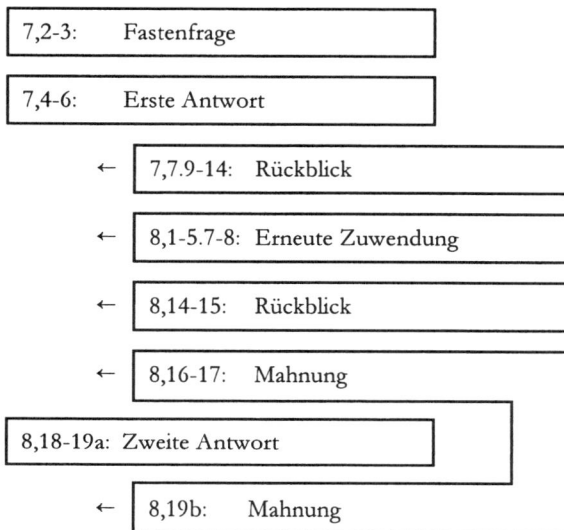

Die Fastenfrage – und somit letztlich das gesamte Sacharjabuch inklusive der zuvor noch unbedingten Verheißungen der Nachtgesichte – wird so mit einem Imperativ versehen, wie er dem von den Redaktoren vorgefundenen Textbestand noch nicht zu eigen war.[123]

Die das (Proto-)Sacharjabuch abschließende Verheißung einer Völkerwallfahrt zum Zion 8,20-23 wird nun kaum mehr einer der bislang in Sach 7-8 erkannten Schichten zuzuweisen sein.[124] Die Fastenfrage ist mit der Antwort in 8,18-19a abgeschlossen und in 8,20-23 nicht mehr von Bedeutung. Die Wort-Redaktion ist, wie 1,15; 2,12-13 zeigt, eher völkerfeindlich orientiert und dürfte somit ebensowenig für dieses Heilswort verantwortlich sein. Interessant ist jedoch, daß schon in 2,15-16 ein Nachtrag erkannt wurde, durch den der von der Wort-Redaktion eingebrachte Textbereich 2,10-14 eine völkerfreundliche Wendung erhalten hat.[125] So wird es sich auch bei 8,20-23 um einen gegenüber der Wort-Redaktion nochmals später anzusetzenden Nachtrag handeln, der auf dieselbe Hand wie Sach 2,15-16 zurückgeht und dem gesamten Sacharjabuch einen völkerfreundlichen Abschluß verleiht.[126]

---

123 Vgl. Mason, Echoes, 231: „As so often in preaching, the indicative has given way to the imperative or, rather, the cohortative."
124 Sach 8,20-23 wurde schon häufiger als Nachtrag aufgefaßt; vgl. etwa Eißfeldt, Einleitung, 585; Elliger, ATD 25, 141; Beuken, Haggai-Sacharja, 327; Nogalski, Precursors, 269-272.
125 S.o. 331.
126 Schon Elliger, ATD 25, 141, schrieb Sach 8,20-23 derselben Redaktion zu wie Sach 2,15-16.

Insgesamt ist in Sach 7-8 also ein Grundbestand erkennbar, der die eigentliche Fastenfrage in 7,2-6; 8,18-19a umfaßt. Dieser Bericht über die Anfrage, ob die im Exil üblich gewordenen Fasttage noch einzuhalten sind, dürfte ursprünglich mit den Einheiten Sach 4,6aβ-10a*; 6,9-13*(Vorstufe), die ebenfalls durch ihre narrative Gestaltung mit der charakteristischen Wendung ויהי דבר־יהוה (צבאות) אלי לאמר auffallen, eine kleine Berichtssammlung gebildet haben, die erst später in die Sammlung der Nachtgesichte eingearbeitet wurde.

Sach 7,1.7.9-14; 8,1-5.7-8.14-17.19b ist der Wort-Redaktion zuzuweisen. Sie erweiterte die Antworten auf die Fastenfrage durch eine umfassende Rede über die Ablehnung des prophetischen Wortes vor dem Exil sowie um Heilsworte und abschließende Mahnungen an die gegenwärtige Generation. Die unbedingten Verheißungen des der Redaktion vorgegebenen Buches werden durch diese Redaktion um einen Imperativ ergänzt und somit nachträglich konditioniert.

Eine weitere Überarbeitung, die die Heilsworte dieser von der Wort-Redaktion eingebrachten Rede nochmals erweitert, ist sodann in 8,6.9-13 erkennbar.

In Sach 8,20-23 wurde schließlich das insgesamt eher völkerfeindlich ausgerichtete Sacharjabuch um einen völkerfreundlichen Abschluß ergänzt, der wohl auf dieselbe Hand wie die ebenfalls völkerfreundlichen Verse 2,15-16 zurückgehen dürfte.

Bei der erst sekundär eingebrachten Wortereignisformel in Sach 7,8 handelt es sich um einen vereinzelten Nachtrag.

2.2.4 Zusammenfassung der Redaktionsgeschichte des Sacharjabuches

2.2.4.1 Die Sammlung der Nachtgesichte

Als Grundbestand des Sacharjabuches hat sich die Sammlung der sieben Nachtgesichte Sach 1,8-14aα.17aβb; 2,1-9; 4,1-6aα.10a*(ab שבעה־אלה)b. 11.13-14; 5,1-11; 6,1-8 ergeben. In diesen Visionsberichten, die sich durch wiederkehrende formale Elemente als zusammengehörig erweisen,[127] sieht der Prophet einzelne Szenen oder Bilder, die ihm sodann von einem Deuteengel erklärt werden. Dabei haben diese Visionen ihr gemeinsames Thema in der Neukonstitution des nachexilischen Gemeinwesens von Gott her.

---

127 Siehe hierzu oben 333 Anm. 34 und 342 Anm. 71.

So schildern die Nachtgesichte in mehrfacher Hinsicht einen Erneue-
rungs- und Reinigungsprozeß.[128] Sie zeigen, daß Jhwh in die Geschichte
eingreifen und die gegenwärtigen Verhältnisse in der Welt wie auch im
eigenen Volk verändern wird. Es wird geradezu ein theologisches Gegenkonzept gegen die herrschenden inneren und äußeren Zustände und Mißstände, unter denen das Volk zu leiden hat, präsentiert.

Dabei lassen der erste und der letzte Visionsbericht 1,8-14aα.17aβb; 6,1-
8 die Erwartung eines weltumfassenden Umsturzes erkennen. Die im Rahmen der Reitervision in 1,11 dargestellte Ruhe im persischen Reich wird als
ein negativer, veränderungswürdiger Zustand beschrieben, und der sodann
in 1,13 zugesprochene Trost und die in 1,17aβb angesagte erneute Zuwendung Jhwhs geben der Erwartung Ausdruck, daß sich gegen allen Anschein
an diesem Zustand etwas ändern wird.[129] Im letzten Nachtgesicht von den
vier Wagen, das schon aufgrund der im Visionsbild auftretenden verschie-
denfarbigen Pferde eng mit dem ersten Nachtgesicht verbunden ist, wird
darüber hinaus dargestellt, daß das Eingreifen Jhwhs schon im Gange ist, da
die von ihm gesandten Wagen nach 6,8 bereits unterwegs sind und insbesondere ins feindliche Land des Nordens ausziehen.[130]

Zwischen diesen beiden äußeren Nachtgesichten wird nun nach mehreren Seiten hin beschrieben, wie sich von Jhwh her die Situation des Volkes
verändern wird. Dabei sind die Nachtgesichte 2,1-4 und 2,5-9 noch auf das
Gericht an den Völkern und das künftige sichere Wohnen des Volkes in
Jerusalem gerichtet. Die folgenden Nachtgesichte blicken sodann auf die
inneren Verhältnisse des Volkes, auf die neue Führung unter einem weltlichen und einem priesterlichen Herrscher in 4,1-14*,[131] auf die Beseitigung
sozialer Mißstände in 5,1-4 und auf die Beseitigung kultischer Verfehlungen

---

128 Vgl. zur inhaltlichen Anlage der Nachtgesichte etwa Rudolph, KAT 13,4, 133; Jeremias,
     Nachtgesichte, 36f; Petersen, Haggai, 111-120; Reventlow, ATD 25,2, 70.
129 Vgl. zu dieser Deutung der in 1,11 beschriebenen Ruhe und der folgenden Reaktion auf die
     Klage des Engels etwa Elliger, ATD 25, 108f; Rudolph, KAT 13,4, 78; Deissler, NEB.AT 21,
     275f; Reventlow, ATD 25,2, 42.
130 Daß das zunächst recht neutrale Bild der Wagen, die in das Land des Nordens ausziehen, um
     dort den Geist Gottes niederzulegen, auf ein Gericht an den Völkern abzielt, wurde schon
     häufiger betont; vgl. nur Jeremias, Nachtgesichte, 30; Deissler, NEB.AT 21, 285; Meyers /
     Meyers, AncB 25B, 330f; Delkurt, Nachtgesichte, 307-313. Denn von der aus Jer 1,13-15; 4,6;
     6,1.22 bekannten Rede vom „Feind aus dem Norden" her kann das Land des Nordens doch
     kaum neutral verstanden werden, so daß das Ausziehen der Wagen in Sach 6,8, was immer
     mit dem Niederlegen des Geistes genau gemeint sein mag, auf jeden Fall als gegen die Völker
     gerichtete Aktion zu verstehen ist. Rothstein, Nachtgesichte, 192-201; Rudolph, KAT 13,4,
     124-126; Reventlow, ATD 25,2, 69f, u.a. lehnen eine völkerfeindliche Interpretation von Sach
     6,8 jedoch ab, da es sich dann um eine Wiederholung der Botschaft des zweiten Nacht-
     gesichts handeln würde. Doch ist dies sicherlich kein ausreichendes Argument gegen eine
     solche Interpretation.
131 Siehe hierzu oben 338f mit Anm. 59.

in 5,5-11.[132] Die Nachtgesichte beschreiben also, wie das Eingreifen Jhwhs auf umfassende Weise neue Verhältnisse schafft, wobei gleichermaßen eine weltpolitische, innenpolitische, soziale und kultische Erneuerung erwartet wird.

Auf Grundlage der dargestellten Anlage kann die Sammlung der Nachtgesichte als durchdachte Komposition verstanden werden, bei der die einzelnen Visionsberichte in einer Ringstruktur angeordnet sind:[133] An den Rändern finden sich die beiden an einem weltweiten Eingreifen Jhwhs orientierten Visionen von den Reitern und von den vier Wagen. In dem mittleren Ring stehen sich jeweils zwei Nachtgesichte gegenüber, von denen das erste Paar auf die äußeren, das zweite auf die inneren Verhältnisse des Volkes ausgerichtet ist. Das Zentrum der Komposition bildet schließlich das auf die künftige Herrschaft bezogene Nachtgesicht von den beiden Ölbäumen:

A 1,8-17*			Weltweites Eingreifen Jhwhs 1. Nachtgesicht: Die weltweite Ruhe
	B 2,1-4.5-9		Äußere Restauration 2. Nachtgesicht: Gericht an den Völkern 3. Nachtgesicht: Sicheres Wohnen des Volkes
		C 4,1-14*	Neue Herrschaft 4. Nachtgesicht: Die beiden Herrscher
	B' 5,1-4.5-11		Innere Restauration 5. Nachtgesicht: Soziale Mißstände 6. Nachtgesicht: Kultische Mißstände
A' 6,1-8			Weltweites Eingreifen Jhwhs 7. Nachtgesicht: Das Aussenden der Wagen

Wenngleich sich die Datierung in 1,7 als Nachtrag erwiesen hat, bietet sich für die Sammlung der Nachtgesichte eine zeitliche Ansetzung in die Jahre des Tempelbaus an, also zwischen 520 und 515.[134] Zwar ist der Tem-

---

132 Zur kultischen Deutung von Sach 5,5-11 s.o. 341 Anm. 69.

133 Der chiastische Aufbau der Nachtgesichte wurde schon häufig beschrieben; vgl. nur Meyers / Meyers, AncB 25B, LVI; Butterworth, Structure, 299; Clark, Vision, 558f; Redditt, Haggai, 41; Kratz, Judentum, 85.

134 So wird auch meist die in Sach 1,7 angegebene Datierung in das zweite Regierungsjahr des Königs Darius als zuverlässig erachtet; vgl. nur Elliger, ATD 25, 107; Rudolph, KAT 13,4, 74; Jeremias, Nachtgesichte, 13-39; Reventlow, ATD 25,2, 39. Die gegenteilige, etwa von Jepsen, Beiträge III, 97-101, und Galling, Exilswende, 18-33, vorgetragene Ansicht, daß die

pelbau im Rahmen dieser Sammlung an keiner Stelle erwähnt. Doch zum einen paßt die in 1,11 beschriebene Ruhe in der Welt zur relativ friedlichen Situation im persischen Reich, nachdem Darius die zu Beginn seiner Amtszeit herrschenden Aufstände niedergeschlagen hatte.[135] Zum anderen spricht für diese Datierung, daß das Nebeneinander von weltlichem und priesterlichem Herrscher im Bild der beiden Ölsöhne Sach 4,14 am ehesten auf Jeschua und Serubbabel zu deuten ist.

2.2.4.2 Die Einarbeitung der Berichtssammlung

Einer ersten Überarbeitung des Sacharjabuches konnten die Verse 4,6aβ-9a.10a*(bis זרבבל); 6,9-13*(Vorstufe);[136] 7,2-6; 8,18-19a zugewiesen werden. Über die bisherige Forschung hinaus hat sich ergeben, daß diese Einheiten aufgrund formaler und inhaltlicher Gemeinsamkeiten vermutlich schon vor ihrer Einarbeitung in den Kontext der Nachtgesichte in einer gemeinsamen Sammlung zusammengefaßt waren. Es handelt sich dabei um kurze Berichte über das Ergehen des prophetischen Wortes zu verschiedenen Situationen der frühnachexilischen Zeit.

So findet sich in Sach 4,6aβ-9a.10a* ein an den Statthalter Serubbabel gerichtetes Wort, das ihn bestärken soll, den Tempelbau fertigzustellen. Für Sach 6,9-13* konnte gezeigt werden, daß hier ursprünglich ein Auftrag an den Propheten beschrieben war, der zwei Kronen herstellen soll, um nicht nur, wie im jetzigen Textbestand, den Hohepriester Jeschua, sondern auch eine weitere Person, vermutlich Serubbabel, zu krönen. Und schließlich wird in Sach 7,2-6; 8,18-19a die Antwort des Propheten auf die Anfrage einer Gesandtschaft am Jerusalemer Tempel, ob die in der Exilszeit üblich gewordenen Fasttage noch einzuhalten sind, dargestellt. Es handelt sich also bei diesen Texten um eine Sammlung kurzer biographischer oder gar – aufgrund der aus der Perspektive der 1. Person gestalteten Wortereignisformel – autobiographischer Stücke, in der verschiedene Worte, die dieser Prophet zu unterschiedlichen Anlässen vorgetragen hat, zusammengefaßt sind.

Ob diese Berichte allerdings auf dieselbe Person wie die Nachtgesichte zurückgehen, läßt sich nicht mit Sicherheit sagen. Die einzige bedeutende Gemeinsamkeit zwischen den Nachtgesichten und den Berichten besteht darin, daß sowohl das Bild von den beiden Ölsöhnen Sach 4,14 als auch die

---

Visionsberichte, oder zumindest Teile davon, noch in die Zeit vor dem Tempelbau zu datieren seien, hat sich demgegenüber zurecht nicht durchgesetzt.

135 Vgl. hierzu etwa Donner, Geschichte 2, 430; Albertz, Restauration, 321-326; Veenhof, Geschichte, 292f.

136 Siehe zur Rekonstruktion der Vorstufe von Sach 6,9-13 im einzelnen oben 342-345.

dargestellte Vorstufe von Sach 6,9-13* vom Nebeneinander eines weltlichen und eines priesterlichen Herrschers bestimmt sind. Dies könnte aber auch gerade der Grund dafür sein, daß ein späterer Redaktor die beiden Sammlungen zusammengefügt hat. Denn gegen eine gemeinsame Herkunft der beiden Sammlungen spricht, daß der bei den Berichten gleich zwei Mal, in 4,6aβ-10a* und 6,9-13*, erwähnte Bau des Tempels im Rahmen der Nachtgesichte an keiner Stelle von Bedeutung ist.[137]

Bei der Einarbeitung der Berichte in die Sammlung der Nachtgesichte wurde das Wort an Serubbabel Sach 4,6aβ-10a* in das vierte Nachtgesicht von den beiden Ölbäumen eingefügt, was wohl darin seinen Anlaß hatte, daß dieses Bild ja auf Serubbabel und Jeschua zielt. Im vorgegebenen Kontext liest sich das Wort an Serubbabel nun als Begründung für die in 4,14 genannte Ehrenbezeichnung als „Ölsohn". Bei dieser Einfügung wurde vermutlich eine ursprüngliche narrative Einleitung, wie sie den beiden anderen Einheiten der Berichtssammlung 6,9-13* und 7,2-6; 8,18-19a zu eigen ist, abgeschnitten. Diese beiden Einheiten selbst wurden sodann an die Nachtgesichte angehängt.

Die Berichtssammlung läßt sich wie die Nachtgesichte in die Zeit um den Bau des zweiten Tempels datieren. Denn die Bearbeitung von Sach 6,9-13*, bei der die auf Serubbabel bezogenen Stellen getilgt wurden, dürfte wohl am ehesten recht zeitnah zu dem noch vor der Einweihung des Tempels erfolgten Abtreten Serubbabels geschehen sein,[138] so daß also nicht nur die Berichtssammlung selbst, sondern auch deren Einarbeitung in die Nachtgesichte noch in der Zeit davor anzusetzen ist.

2.2.4.3 Die Jeschua-Redaktion

Nach der Einarbeitung der Berichtssammlung wurde von einer weiteren Redaktion das auf Jeschua bezogene Nachtgesicht 3,1-8 eingefügt. Auf diese Redaktion geht auch die Überarbeitung von Sach 6,9-13* zurück, wo sämtliche auf Serubbabel bezogenen Stellen gestrichen wurden und in 6,14 eine kurze Erklärung über den Verbleib der zweiten Krone nachgetragen wurde.

Ziel dieser Überarbeitung war es, gegenüber der im vorgegebenen Bestand des Buches erkennbaren dyarchischen Führung des Volkes mit dem gleichberechtigten Nebeneinander eines priesterlichen und eines weltlichen Herrschers nun die alleinige Vormachtstellung des Hohepriesters zu begrün-

---

137 Zu beachten ist auch, daß weder in den Nachtgesichten noch in den Berichten der Name des Propheten belegt ist, so daß die Zusammengehörigkeit der beiden Textbereiche auch von hier aus nicht behauptet werden kann.
138 S.u. 361.

den. Das nachexilische Gemeinwesen wird hier demnach als Hierokratie
bestimmt. Die an Jeschua orientierte Überarbeitung des Sacharjabuches
könnte dabei gut als Reaktion auf das gescheiterte Projekt, mit Serubbabel
die davidische Herrschaft erneut zu etablieren, verstanden werden.

So wird der Hohepriester in Sach 3,1-8 vor Anfeindungen, er könne für
seine Aufgabe nicht geeignet sein, in Schutz genommen. Stattdessen wird er
mit dem königlichen Symbol des Kopfbunds (צניף) versehen (3,5), und ihm
werden Aufgaben zugeschrieben, die in vorexilischer Zeit dem König zuka-
men (3,7). Zudem wurde Sach 6,9-13* von den Redaktoren so umgearbeitet,
daß nur noch die Krönung Jeschuas dargestellt wird. Der Verbleib der
zweiten Krone, die ursprünglich Serubbabel galt, wird dann in 6,14 damit
erklärt, daß diese zum Gedächtnis an die Spender im Tempel aufbewahrt
wurde.

In beiden Worten ist außerdem von einem Sproß (צמח) die Rede (3,8;
6,12). Diese Ehrenbezeichnung, die in Jer 23,5; 33,15 mit dem Auftreten
eines künftigen Davididen verbunden ist, galt im ursprünglichen Kontext
von Sach 6,12 vermutlich Serubbabel. Im jetzigen Zusammenhang lesen sich
aber beide צמח-Worte so, daß der Sproß aus dem Kreise der Priester erwartet wird.[139] Nach der Darstellung von Sach 3,1-8; 6,9-14 wird also nicht nur
einmalig für den Hohepriester Jeschua die Stellung an der Spitze des Volkes
behauptet, sondern auch das künftige Auftreten der als צמח bezeichneten
Herrschergestalt wird auf die Priesterschaft bezogen. Deren Vorherrschaft
soll nach dem Willen der Jeschua-Redaktion also von Dauer sein.

Auch wenn konkrete Anhaltspunkte für eine Datierung in diesen beiden
Textbereichen fehlen, bietet sich für die Jeschua-Redaktion die Zeit kurz
nach der Fertigstellung des Tempelbaus an, also wohl Ende des 6. Jh. oder
Anfang des 5. Jh. Denn der hier erkennbare Anspruch auf die Vormachtstellung des Hohepriesters macht am ehesten in den ersten Jahren nach dem
Abtreten des Statthalters Serubbabel Sinn, als die Frage noch offen war, wer
denn nun die Führung des Gemeinwesens übernimmt. Da Serubbabel nach
der Darstellung des Esra-Buches bei der Einweihung des Tempels nicht
erwähnt wird und demnach schon zu dieser Zeit vermutlich nicht mehr im
Amt war,[140] wird die Überarbeitung also noch in zeitlicher Nähe zum Tempelbau anzusetzen sein.[141]

---

139 Zu Sach 6,12 s.o. 345f mit Anm. 90.
140 Vgl. zu den möglichen Hintergründen für das abrupte Verschwinden Serubbabels Albertz,
     Restauration, 325f.
141 So setzen auch Beyse, Serubbabel, 91; Rudolph, KAT 13,4, 130; Deissler, NEB.AT 21, 286;
     Albertz, Restauration, 326 Anm. 19, die Überarbeitung von Sach 6,9ff* in der Zeit kurz nach
     dem Abtreten Serubbabels an und verstehen sie als Reaktion auf eben diese Geschehnisse.

2.2.4.4 Die Wort-Redaktion

Der Wort-Redaktion, die die Überarbeitung der Jeschua-Redaktion bereits voraussetzt,[142] sind die Textbereiche 1,1-7.14aβ-17aα; 2,10-14; 4,9b; 6,15; 7,1.7.9-14; 8,1-5.7-8.14-17.19b zuzuweisen. Durch diese Redaktion werden die zuvor noch ohne weitere Voraussetzungen dargestellten Verheißungen des Sacharjabuches nachträglich konditioniert. Schon die gegenwärtige Zuwendung Jhwhs wird als Folge der Umkehr des Volkes beschrieben, und auch das künftige Heil wird von der Bereitschaft des Volkes zu sozialer Gerechtigkeit abhängig gemacht.

So wurde in Sach 1,1-6 eine kurze Umkehrpredigt vor die Sammlung der Nachtgesichte gestellt, die nach 1,1 in den achten Monat des zweiten Jahres der Herrschaft des Darius datiert ist. Hier wird dem Volk mahnend vor Augen gehalten, daß ihre Väter nicht bereit waren, auf die Worte der Propheten zu hören und deshalb dem göttlichen Zorn anheimfielen. In 1,6 wird sodann berichtet, daß das Volk auf die Umkehrpredigt reagierte und umkehrte. Die folgenden Nachtgesichte 1,8-6,8 und die in diesen ausgesprochenen Verheißungen, die von der Wort-Redaktion in der Notiz 1,7 auf den 24. Tag des elften Monats, also einige Wochen nach dem Bußruf, datiert sind, ergehen somit in der von den Redaktoren geschaffenen Gestalt des Sacharjabuches erst auf Grundlage der bereits erfolgten Umkehr des Volkes. Und ganz entsprechend wird im Anschluß an das erste Nachtgesicht in 1,16 dargestellt, daß sich Jhwh dem Volk, wie in 1,3 verheißen, wieder zugewendet hat,[143] daß der Tempel in Jerusalem gebaut wird und daß sich der einst dem eigenen Volk geltende Zorn Jhws nun gegen die Völker richtet. Nach dem dritten Nachtgesicht wurde von der Wort-Redaktion in 2,10-14 noch eine Aufforderung zur Flucht aus Babel und eine erneute Gerichtsankündigung gegen die Völker angebracht.

Neben dem Eingang des Buches wurde auch dessen Ende von der Wort-Redaktion umfassend bearbeitet. Die aus dem vorgegebenen Bestand übernommene Fastenfrage wurde durch die Datierung Sach 7,1 in das vierte Jahr der Herrschaft des Darius zunächst in eine Zeit gelegt, zu der die Nachtgesichte bereits seit zwei Jahren ergangen waren. Zwischen die beiden bereits vorgegebenen Antworten auf die Fastenfrage wurde sodann eine

---

142 Daß die Jeschua-Redaktion von der Wort-Redaktion bereits vorausgesetzt wird, zeigt sich vor allem an dem von der Wort-Redaktion nachgetragenen Vers Sach 6,15. Wäre dieser Nachtrag nämlich schon vor der Jeschua-Redaktion Bestandteil dieser Einheit gewesen, hätten die Redaktoren die nun in 6,14 belegte Erklärung über den Verbleib der zweiten Krone doch wohl erst nach den Ausführungen von 6,15 über den Tempelbau angebracht. Zudem sprechen auch die für die beiden Redaktionen anzunehmenden Datierungen dafür, daß die Wort-Redaktion erst nach der Jeschua-Redaktion anzusetzen ist.

143 Siehe zum Zusammenhang von Sach 1,3 und 1,16 oben 327f.

umfassende Rede eingefügt, in der erneut die frühere Unbußfertigkeit der
Generation vor dem Exil, die erneute Zuwendung Jhwhs, ein abermaliger
Rückblick auf den Zorn Jhwhs gegen die Väter und schließlich ein Aufruf,
Recht zu üben und dem Nächsten kein Unrecht anzutun, dargestellt werden.
Das Buch endet nun also mit einem Imperativ, der das Volk zu anhaltender
sozialer Gerechtigkeit auffordert. Die Redaktion will demnach zeigen, daß
auch nach der Zeit des Baubeginns die heilvolle Zuwendung Jhwhs von der
anhaltenden Bereitschaft des Volkes zur Umkehr abhängig ist. Auch nach
dem Tempelbau steht die weitere Erfüllung der in den Nachtgesichten (1,8-
6,8*) und der abschließenden Antwort auf die Fastenfrage (8,18-19a) angesagten Verheißungen unter der Bedingung des sozialen Verhaltens der
Menschen.

Von hier aus kann dann auch die Komposition dieser Überarbeitung
beschrieben werden. Die Wort-Redaktion legt einen Rahmen um das gesamte Buch, in dem jeweils auf Grundlage eines Rückblicks auf die Unbußfertigkeit der Generation vor dem Exil die erneute Zuwendung Jhwhs
beschrieben wird, wobei die Redaktion in Sach 7-8 dabei nicht stehen bleibt,
sondern nach einem erneuten Rückblick in eine abschließende Ermahnung
zu sozialer Gerechtigkeit mündet:

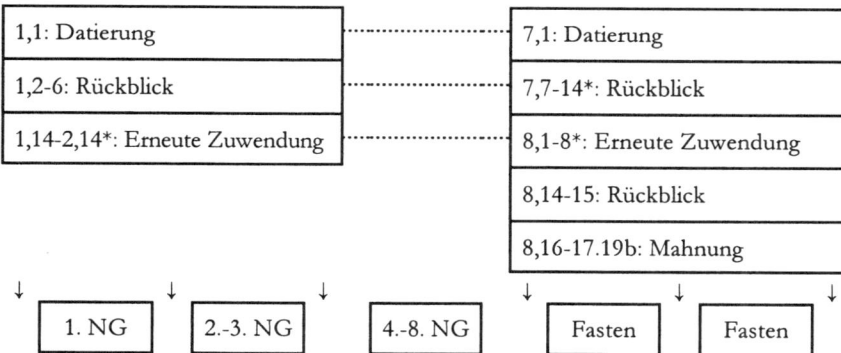

1,1: Datierung	7,1: Datierung
1,2-6: Rückblick	7,7-14*: Rückblick
1,14-2,14*: Erneute Zuwendung	8,1-8*: Erneute Zuwendung
	8,14-15: Rückblick
	8,16-17.19b: Mahnung

1. NG	2.-3. NG	4.-8. NG	Fasten	Fasten

Der Wort-Redaktion wurden nun im wesentlichen auch die Textbereiche
des Sacharjabuches zugewiesen, die von Beuken als chronistisch bezeichnet
wurden.[144] Doch entgegen der Ausführungen von Beuken läßt sich ein
chronistisches Gepräge für diese Texte kaum nachweisen.[145] Im Gegenteil:

---

144 Vgl. Beuken, Haggai-Sacharja, 84-138. Dabei hat Beuken insbesondere die Datierungen in
1,1.7, die Umkehrpredigt in 1,2-6 und den erneuten Verweis auf die Generation vor dem Exil
in 7,7-14* einer chronistischen Redaktion des Sacharjabuches zugewiesen.
145 So nennt Beuken auch meist nur sehr allgemeine Parallelen. In Haggai-Sacharja, 87, erkennt
er etwa zu dem in der Bußpredigt Sach 1,2-6 belegten Verweis auf die Vergehen der Väter
eine Parallele zu Esr 9; Neh 9; a.a.O., 128, weist er zur Beschreibung der Verstocktheit der

Die inhaltliche Ausrichtung dieser Nachträge, insbesondere die Aufforderung zur – ethisch verstandenen – Umkehr des Volkes, wie auch deren terminologische Gestaltung lassen eher eine gewisse Nähe zur dtr. Tradition erkennen.[146] Statt von einer chr. Redaktion sollte deshalb, wie schon häufiger vorgeschlagen,[147] sogar eher von einer (spät-)dtr. Redaktion gesprochen werden.

Für die Datierung der Wort-Redaktion ist von dem in dieser Schicht in 2,10-11 vorgebrachten Ruf zur Flucht aus Babel, gepaart mit der deutlich völkerfeindlichen Ausrichtung dieser Überarbeitung auszugehen. Beides setzt eine Zeit voraus, als das Exil noch nicht zu lange vergangen war und Konflikte mit den Völkern bestimmend waren. So ist insbesondere an die erste Hälfte des 5. Jahrhunderts zu denken, als mehrere Aufstände in Ägypten, in die vermutlich auch Juda involviert war, das persische Reich erschütterten.[148] In späterer Zeit dürfte ein derart offensiver Aufruf zur Rückkehr aus dem Exil wie in 2,10-11 kaum noch denkbar sein.

2.2.4.5 Die Haggai-Redaktion

Innerhalb der von der Wortredaktion eingebrachten Zufügungen zur Fastenfrage konnten die Verse 8,6.9-13 einer nochmals späteren Überarbeitung zugewiesen werden. Hier wird unter Verweis auf die bereits eingetretene Wende der agrarischen Not des Volkes die künftige Rettung aus der Hand der Völker angesagt. Diese Überarbeitung, bei der sich kaum Hinweise auf eine konkrete Datierung finden, sei im Vorgriff auf die weiteren Ausführun-

---

Väter in Sach 7,11-12 ebenfalls auf Neh 9 hin. Markante terminologische Bezüge, wie die neben Sach 7,11 nur noch in Neh 9,29 belegte Rede von der „widerspenstigen Schulter" (כתף סררת), auf die er a.a.O., 129, aufmerksam macht, sind bei den Ausführungen Beukens hingegen eher selten.

146 Einige Hinweise hierzu mögen genügen. So ist ein Umkehrruf mit der Wendung מדרכיכם הרעים bzw. מדרכו הרעה wie in Sach 1,4 neben Ez 33,11 nur noch in 2 Kön 17,13; Jer 18,11; 25,5; 35,15 belegt, wobei in Jer 18,11; 25,5; 35,15 sogar wie in Sach 1,4 auch die Wendung מעלליכם vorkommt; vgl. zur Zuweisung dieser Stellen zu JerD Thiel, Jeremia 1-25, 216, und zu den weiteren wörtlichen Übereinstimmungen zwischen Sach 1,1-6 und dem dtr. geprägten Text Jer 25,1-13* vgl. Schöttler, Gott, 425. Bei dem Mahnwort Sach 7,9-10 finden sich sodann v.a. zur Trias אלמנה; יתום; גר in V.10 zahlreiche Parallelen im Deuteronomium; vgl. Dtn 10,18; 14,29; 16,11.14; 24,17.19-21; 26,12-13; 27,19. Zudem sind dieselben gesellschaftlichen Gruppen auch in dem JerD zuzuweisenden Vers Jer 7,6 zusammen genannt, wo wie in Sach 7,10 auch das Verb עשק belegt ist; vgl. hierzu Thiel, a.a.O., 110.

147 Vgl. etwa Schöttler, Gott, 438-440; Albertz, Religionsgeschichte 2, 484; Lux, Zweiprophetenbuch, 212.

148 Vgl. hierzu Donner, Geschichte 2, 432; Albertz, Religionsgeschichte 2, 471f; Veenhof, Geschichte, 299-301.

gen zu einem die Bücher Haggai und Sacharja umfassenden Zweiprophetenbuch bereits als Haggai-Redaktion bezeichnet.[149]

2.2.4.6 Das Heil für die Völker

In Sach 2,15-16; 8,20-23 wurden schließlich noch zwei Nachträge angebracht, die über die Aussagen des bisherigen Buches hinaus „Heil für die Völker" ansagen. Dabei werden in 2,15-16 Verheißungen aus dem vorangehenden Kontext – das Wohnen Jhwhs inmitten des Volkes (2,14) und die erneute Erwählung Jerusalems (1,17b) – aufgenommen und auf die Zeit, da sich die Völker Jhwh zuwenden werden, verlegt. Diese Verheißungen werden von der Redaktion also an die Bedingung geknüpft, daß sich zuvor die Völker zu Jhwh bekehren. Durch die Ansage einer Völkerwallfahrt zum Zion in 8,20-23 endet nun zudem das gesamte Sacharjabuch mit der Erwartung, daß sich die Völker einst Jhwh zuwenden werden.

Konkrete Anhaltspunkte für eine Datierung der beiden Nachträge fehlen. Aufgrund der völkerfreundlichen Tendenz würde sich jedoch die frühe hellenistische Zeit anbieten.[150]

2.2.4.7 Vereinzelte Nachträge

Neben den dargestellten Überarbeitungen fanden sich in den Versen 2,17; 3,9.10; 4,12; 7,8 noch einige kleinere, vereinzelte Nachträge, die weder für die Redaktionsgeschichte des Sacharjabuches noch für die Entstehung des Zwölfprophetenbuches von weiterer Bedeutung sind.

---

149 S.u. 380-383.
150 Vgl. hierzu oben 195f mit Anm. 191.

2.2.4.8 Überblick über die Redaktionsgeschichte des Sacharjabuches

Die Nachtgesichte	1,8-14aα.17aβb 2,1-9 4,1-6aα.10a*(ab שבעה־אלה)b.11.13-14 5,1-11 6,1-8
Einarbeitung der Berichtssammlung	4,6aβ-9a.10a*(bis זרבבל) 6,9-13*(Vorstufe) 7,2-6 8,18-19a
Die Jeschua-Redaktion	3,1-8 6,14 + Umarbeitung von Sach 6,9-13*
Die Wort-Redaktion	1,1-7.14aβ-17aα 2,10-14 4,9b 6,15 7,1.7.9-14 8,1-5.7-8.14-17.19b
Die Haggai-Redaktion	8,6.9-13
Heil für die Völker	2,15-16 8,20-23
Vereinzelte Nachträge	2,17 3,9.10 4,12 7,8

3. Der buchübergreifende Zusammenhang der Bücher Haggai und Sacharja

3.1 Der literarische Zusammenhang der Datierungen in Hag und Sach

Seit Klostermann wurde aufgrund der in Hag 1,1.15; 2,1.10.20; Sach 1,1.7; 7,1 belegten Datierungen immer wieder angenommen, daß die Bücher Haggai und Sacharja einer gemeinsamen Redaktion unterzogen und dabei zu einem Zweiprophetenbuch zusammengebunden wurden.[1] Diese Verse haben sich nun tatsächlich jeweils als Teil einer Redaktion erwiesen, was zunächst durchaus dafür sprechen könnte, daß es sich hier um das Werk ein und derselben Tradenten handelt, die durch ein buchübergreifendes Datierungssystem die Botschaft der von ihnen aufgenommenen Vorlagen aufeinander beziehen und so als durchgängigen Geschehnisverlauf darstellen wollten. Bemerkenswert ist jedoch, daß die Rahmenverse mit den Datierungen auf formaler Ebene einige Abweichungen aufweisen:

Hag 1,1	Im zweiten Jahr des Königs Darius, im sechsten Monat, am ersten Tag des Monats, erging das Wort Jhwhs durch (ביד) Haggai, den Propheten, an Serubbabel, den Sohn Schealtiels, den Statthalter von Juda, und an Jeschua, den Sohn Jozadaks, den Hohepriester.	Jahr/Monat/Tag
Hag 1,15	Am 24. Tag des sechsten Monats, im zweiten Jahr des Königs Darius.	Tag/Monat/Jahr
Hag 2,1	Im siebten, am 21. des Monats, erging das Wort Jhwhs durch (ביד) Haggai, den Propheten.	Monat/Tag
Hag 2,10	Am 24. Tag des neunten, im zweiten Jahr des Darius, erging das Wort Jhwhs an (אל) Haggai, den Propheten.	Tag/Monat/Jahr
Hag 2,20	Da erging das Wort Jhwhs zum zweiten Mal an (אל) Haggai am 24. Tag des Monats.	Tag (Monat)
Sach 1,1	Im achten Monat, im zweiten Jahr des Darius, erging das Wort Jhwhs an (אל) Sacharja, den Sohn Berechjas, des Sohnes Iddos, den Propheten.	Monat/Jahr
Sach 1,7	Am 24. Tag des elften Monats, das ist der Monat Schebat, im zweiten Jahr des Darius erging das Wort Jhwhs an (אל) Sacharja, den Sohn Berechjas, des Sohnes Iddos, den Propheten.	Tag/Monat/Jahr (+ bab. Monat)
Sach 7,1	Und es war im vierten Jahr des Königs Darius, da erging das Wort Jhwhs an (אל) Sacharja, am vierten des neunten Monats, im Kislev.	Jahr/Tag/Monat (+ bab. Monat)

---

1   S.o. 285f mit Anm. 2-4.

Die Datierungen der Bücher Haggai und Sacharja unterscheiden sich zunächst in der Reihenfolge, in der jeweils Tag, Monat und Jahr angegeben sind:[2] So ist zwar in beiden Büchern die Folge Tag – Monat – Jahr belegt (Hag 1,15; 2,10; Sach 1,7), aber nur im Haggaibuch findet sich die Folge Jahr – Monat – Tag (Hag 1,1) und nur im Sacharjabuch die Folge Jahr – Tag – Monat (Sach 7,1). Zudem wird die Datierung nur in Hag 2,1.20 ohne Jahr angegeben, wohingegen nur in Sach 1,1 kein konkreter Tag genannt wird. Ein weiterer Unterschied besteht schließlich darin, daß in Sach 1,7; 7,1, doch bei keiner der Datierungen des Haggaibuches der babylonische Monatsname belegt ist. Zu beachten ist aber, daß neben diesen Besonderheiten auch Gemeinsamkeiten zwischen den Datierungen der Bücher Haggai und Sacharja bestehen. Denn zum einen ist die Reihenfolge Tag – Monat – Jahr, wie gerade erwähnt, eben in beiden Büchern belegt, zum anderen wird in Hag 1,1.15 wie in Sach 7,1 für Darius der Titel המלך angegeben.

In der weiteren Gestaltung dieser Verse zeigt sich jedoch erneut ein Unterschied zwischen den beiden Büchern. An die Datierungen ist meist eine Wortereignisformel zur Einführung der jeweils folgenden Einheit angeschlossen. Der Prophetenname wird dabei in Hag 1,1; 2,1, doch nie im Sacharjabuch über die präpositionale Wendung ביד angegeben. Aber auch hier ist bedeutend, daß schon innerhalb des Haggaibuches nicht durchgängig die Wendung ביד verwendet wird. Denn in Hag 2,10.20 ist der Name des Propheten über die Präposition אל angebunden, wie dann auch in Sach 1,1.7; 7,1.[3]

Bei der Frage nach dem literarischen Zusammenhang der in Hag und Sach belegten Datierungen ist schließlich auch beachtenswert, daß gerade die Bucheinleitungen Hag 1,1; Sach 1,1, wie bereits im Rahmen der Betrachtung der Überschriften und Einleitungen des Zwölfprophetenbuches ausgeführt,[4]

---

2   Vgl. hierzu etwa Kessler, Haggai, 44; Lux, Zweiprophetenbuch, 192.

3   Beuken, Haggai-Sacharja, 28, erkennt in den unterschiedlichen präpositionalen Wendungen, die in den Rahmenversen der Bücher Haggai und Sacharja verwendet werden, eine bewußte inhaltliche Differenzierung, die auf denselben Redaktor zurückgeht. Die Präposition אל wird nämlich seiner Meinung nach im Gegensatz zu ביד dann gebraucht, wenn ein direkter Verkündigungsauftrag an den Propheten folgt. Doch muß Beuken, a.a.O., 51, aus diesem Grunde in Hag 2,1, wo ja ein Verkündigungsauftrag folgt, ein ursprüngliches אל statt der im vorliegenden Text belegten Wendung ביד annehmen, und zudem ist er a.a.O., 85f, dazu gezwungen, Sach 1,2 als späten Nachtrag anzusehen, so daß mit 1,3 dann wirklich ein Verkündigungsauftrag auf die Einleitung 1,1 folgt; siehe hierzu oben 324 Anm. 5. Angesichts dieser offensichtlichen Probleme, die mit den Ausführungen Beukens verbunden sind, ist es doch aber eher unwahrscheinlich, daß die von ihm vorgeschlagene inhaltliche Differenzierung wirklich vorgenommen werden kann. Und eben deshalb ist es für den redaktionellen Zusammenhang der Rahmenverse der Bücher Haggai und Sacharja beachtenswert, daß im Sacharjabuch im Gegensatz zum Haggaibuch nicht bei einem dieser Rahmenverse ביד belegt ist.

4   S.o. 46.

sowohl in der Reihenfolge der einzelnen Bestandteile der Datierung als auch in der verwendeten präpositionalen Wendung zur Angabe des Prophetennamens voneinander abweichen. Doch auch hier ist und bleibt die prinzipielle Übereinstimmung der beiden Einleitungen auffällig, die eben darin besteht, daß beide Male überhaupt zunächst eine Datierung gefolgt von einer Wortereignisformel angegeben wird, was sich so bei keinem anderen Prophetenbuch des Alten Testaments findet.[5]

Insgesamt lassen die Datierungen und Wortereignisformeln in den Rahmenversen der Bücher Haggai und Sacharja also markante Differenzen, aber auch bedeutende Gemeinsamkeiten erkennen. Aufgrund der formalen Gestaltung des chronologischen Gerüsts der beiden Bücher sind dann aber redlicherweise noch überhaupt keine weiteren Folgerungen mit Blick auf den literarischen Zusammenhang der Bücher Haggai und Sacharja möglich. Die Tatsache, daß die Bücher in Hag 1,1; Sach 1,1 mit einer vergleichbaren und nur hier belegten Einleitung versehen sind, spricht lediglich dagegen, daß die Datierungen völlig unabhängig voneinander entstanden sind.[6] Die vorhandenen Besonderheiten, die jeweils auf eines der beiden Bücher beschränkt sind, und die Tatsache, daß gerade die Bucheinleitungen in der konkreten Gestaltung voneinander abweichen, könnten dann dafür sprechen, daß unterschiedliche Redaktoren für deren Einfügung verantwortlich sind und das eine Buch über die Datierungen an das andere angeglichen wurde. Da aber auch einige Übereinstimmungen zwischen den Rahmenversen der beiden Bücher erkennbar sind und da sich auch innerhalb des jeweiligen Buches Abweichungen in der Gestaltung dieser Verse finden, ist eine gemeinsame Herkunft ebenfalls nicht auszuschließen.

Der literarische Zusammenhang der Datierungen in Hag und Sach läßt sich dann aber nur im Kontext der sonstigen Nachträge zu den beiden Büchern, die jeweils auf derselben Ebene wie die Datierungen angesetzt worden sind, erhellen. So wurden die Rahmenverse des Haggaibuches von einer als Haggai-Chronik bezeichneten Redaktion eingebracht; die Rahmenverse des Sacharjabuches wurden von der Wort-Redaktion dieses Buches nachgetragen:

---

5   Vergleichbar wäre allenfalls noch die Einleitung des Ezechielbuches in Ez 1,1, die allerdings im Gegensatz zu Hag 1,1; Sach 1,1 mit וֵיְהִי und nicht unmittelbar mit der Datierung beginnt; siehe hierzu oben 48.

6   Gegen Kessler, Haggai, 56f, der bei den Rahmenversen der Bücher Haggai und Sacharja jeglichen redaktionellen Zusammenhang, also sowohl die Annahme einer buchübergreifenden Redaktion als auch die Annahme einer einseitigen Abhängigkeit, ablehnt und die Gemeinsamkeiten lediglich auf literarische Konventionen der frühnachexilischen Zeit zurückführt. Die bei allen Differenzen doch analog gestalteten Bucheinleitungen sprechen wohl eher gegen eine völlig unabhängige Entstehung, was sich durch die folgenden Ausführungen noch weiter bestätigen wird.

Die Haggai-Chronik	Die Wortredaktion des Sacharjabuches
1,1.3.12a.14-15 2,1-2.4*.10.20.21a	1,1-7.14aβ-17aα 2,10-14 4,9b 6,15 7,1.7.9-14 8,1-5.7-8.14-17.19b

Zwischen den der jeweiligen Redaktion zugewiesenen Textbereichen zeigen sich nun erhebliche Unterschiede auf formaler wie auf inhaltlicher Ebene. Formal beschränken sich die von den Redaktoren der Haggai-Chronik eingebrachten Nachträge im wesentlichen auf die Rahmenverse des Buches. Es werden hier Einleitungen und Überleitungen ergänzt, in die eigentlichen Prophetenworte wird jedoch bis auf den einleitenden Verkündigungsauftrag in Hag 2,2.21a und die sekundäre Erwähnung Jeschuas in Hag 2,4* nicht eingegriffen, und vor allem werden keine weiteren Prophetenworte hinzugefügt. Ganz anders sieht es hingegen bei der Wort-Redaktion des Sacharjabuches aus: Auch hier wird die vorgegebene Überlieferung über die erst von dieser Redaktion eingebrachten Einleitungen in 1,7; 7,1 in ein chronologisches Gerüst eingebettet. Es werden aber auch und vor allem weitere Prophetenworte ergänzt. So wird dem Sacharjabuch im Rahmen dieser Bearbeitung die Bußpredigt 1,1-6 vorangestellt, im Anschluß an das erste und das dritte Nachtgesicht werden in 1,14aβ-17aα; 2,10-14 Heilsworte nachgetragen und in 7,7.9-14; 8,1-5.7-8.14-17.19b wird im Rahmen der Fastenfrage eine lange Rede über die Unbußfertigkeit der Generation vor dem Exil und deren Konsequenzen für die gegenwärtige Generation zugefügt.[7]

Neben dieser formalen Differenz unterscheiden sich die Haggai-Chronik und die Wort-Redaktion des Sacharjabuches auch inhaltlich: In den von der Haggai-Chronik eingebrachten Rahmenversen werden die einzelnen Worte stets an Serubbabel und Jeschua adressiert. Dabei konnte die betonte Bezeichnung Serubbabels als Statthalter sowie die neben Serubbabel gleich-

---

7   Wenngleich die Textbereiche, die mit den Rahmenversen auf einer redaktionellen Ebene anzusiedeln sind, bislang noch nicht im selben Umfang bestimmt worden sind wie hier vorgeschlagen, hätte dennoch auch bei den bisherigen Ansätzen schon auffallen können, daß die bei diesen Ansätzen herausgearbeiteten Zufügungen zum Haggaibuch im wesentlichen auf eben diese Rahmenverse beschränkt sind, während im Sacharjabuch auch weitere Prophetenworte der für die Rahmenverse verantwortlichen Redaktion zugeschrieben werden; vgl. nur Beuken, Haggai-Sacharja, 331-336; Tollington, Tradition, 23.47; Redditt, Haggai, 42f. Allerdings wurde die Frage, ob diese formale Differenz noch mit der Annahme vereinbar ist, daß die Rahmenverse in den beiden Büchern auf dieselbe Redaktion zurückgehen, bislang stets ausgeblendet.

geordnete Erwähnung des im Grundbestand noch nicht genannten Hohe-priesters Jeschua als bewußte Einschränkung der Bedeutung des Davididen Serubbabel auf die administrativen Aufgaben im Rahmen des Tempelbaus verstanden werden.[8] Der in dem vorgegebenen Wort Hag 2,23 erkennbaren Erwartung einer Erneuerung der davidischen Herrschaft wird so eine klare Absage erteilt. Bei den der Wort-Redaktion des Sacharjabuches zugewie-senen Textbereichen werden Serubbabel und Jeschua jedoch an keiner Stelle erwähnt, und auch die antimonarchische Tendenz der Haggai-Chronik ist bei dieser Redaktion nicht erkennbar.

Nun könnte diese Differenz auch damit zusammenhängen, daß Serub-babel und Jeschua im Sacharjabuch bereits in den von den Redaktoren aufgenommenen Worten erwähnt waren und daß Serubbabel in diesem Textbestand ohnehin schon vor allem im Zusammenhang des Tempelbaus genannt wird.[9] Doch die Wort-Redaktion unterscheidet sich in einem noch wesentlicheren Punkt von der Haggai-Chronik: Nach der Darstellung von Hag 1,12a.14-15, das erst von der Redaktion eingebracht wurde, besteht der Gehorsam des Volkes gerade darin, daß es den Wiederaufbau des Tempels in Angriff nimmt. Der Tempelbau ist demnach das eigentliche Werk, mit dem die Menschen ihre Zuwendung zu Jhwh zum Ausdruck bringen und in dessen Folge sich Jhwh auch ihnen wieder zuwendet. Nach der Wort-Redak-tion des Sacharjabuches geht die Umkehr des Volkes jedoch gerade dem Tempelbau voraus.[10] So wird in 1,16 erst auf Grundlage der nach Sach 1,6 bereits erfolgten Umkehr erwähnt, daß sich Jhwh dem Volk wieder zu-gewendet hat und daß nun in Jerusalem der Tempel gebaut wird. Und was Umkehr heißt, stellt die Redaktion sodann in Sach 7,7-8,19* dar: Wirkliche Umkehr besteht in der Bereitschaft zu sozialer Gerechtigkeit. Nach den von der Wort-Redaktion eingebrachten Textbereichen ist der Tempelbau also kein Wert an sich, der von Jhwh positiv vermerkt wird. Nicht der Tempel-

---

8   Siehe hierzu oben 319f.
9   Jeschua ist in Sach 3,1.3.6.8.9; 6,11 erwähnt. Serubbabel kommt namentlich nur in den auf den Tempelbau bezogenen Versen Sach 4,6-10 vor. Darüber hinaus zielt wohl auch das Bild der beiden Ölsöhne in Sach 4,14 auf Jeschua und Serubbabel, wobei Serubbabel hier nun sogar eine über den Tempelbau hinausgehende Bedeutung zugestanden wird; siehe hierzu oben 338f Anm. 59. Allerdings wird Jeschua in diesem Bild ja gleichgeordnet an der Seite Serubbabels vorgestellt. In dem der Wort-Redaktion vorgegebenen Bestand des Sacharja-buches ist demnach weder die den Grundbestand des Haggai-Buches kennzeichnende einseitige Erwähnung Serubbabels (Hag 2,4.23) noch die in Hag 2,23 erkennbare Hoffnung auf eine Erneuerung der davidischen Herrschaft vorhanden. Daß die beiden Amtsträger Jeschua und Serubbabel im Rahmen der Wort-Redaktion im Gegensatz zur Haggai-Chronik an keiner Stelle erwähnt werden, könnte also auch damit erklärt werden, daß gegenüber dem vorgegebenen Bestand des Sacharjabuches keine Korrektur notwendig war. Die These einer gemeinsamen Herkunft der Rahmenverse des Haggai- und des Sacharjabuches läßt sich dann von hier aus nicht eindeutig widerlegen.
10   Vgl. zum folgenden oben 362f.

bau ermöglicht die erneute Zuwendung Jhwhs. Im Gegenteil: Die erneute
Zuwendung Jhwhs ermöglicht allererst den Tempelbau. Und diese Zuwen-
dung ist nach der Wort-Redaktion eben Folge der – ethisch begründeten –
Umkehr des Volkes.

Aufgrund der beschriebenen Differenzen in der redaktionellen Gestaltung und der inhaltlichen Ausrichtung der jeweiligen Nachträge ist es
also ausgesprochen unwahrscheinlich, daß die Haggai-Chronik und die
Wort-Redaktion des Sacharjabuches auf dieselbe Hand zurückgehen. Dagegen spricht auch, daß die Haggai-Chronik noch in die Zeit des Tempelbaus, die Wort-Redaktion hingegen in die erste Hälfte des 5. Jh. datiert
wurde sowie daß die Haggai-Chronik eher dem Milieu des zweiten Tempels,
die Wort-Redaktion eher einem spätdtr. Tradentenkreis zugeordnet wurde,[11]
und dagegen spricht zudem noch, daß sich zwischen den von der jeweiligen
Redaktion eingebrachten Textbereichen – außer den formelhaften Formulierungen in den eigentlichen Rahmenversen – keinerlei bedeutende Stichwortbeziehungen finden.[12] Die häufig angenommene buchübergreifende
Redaktion läßt sich somit nach der redaktionsgeschichtlichen Bearbeitung
der beiden Bücher nicht bestätigen.[13]

Wenn also die Datierungen der beiden Bücher einerseits von unterschiedlichen Tradenten eingebracht wurden, andererseits aber nach den

---

11 Siehe hierzu oben 320 und 364.
12 Neben den Datierungen und der Wortereignisformel besteht die einzige bedeutendere
    Gemeinsamkeit zwischen den Überarbeitungen in Hag und Sach in der Wendung שמע בקול
    (Hag 1,12; Sach 6,15). Ansonsten ist etwa zu beachten, daß sich unter den der Wort-Redak-
    tion des Sacharjabuches zugewiesenen Textbereichen weder die für die Haggai-Chronik so
    charakteristische Wendung שארית העם (Hag 1,12.14; 2,2) noch der dort zwei Mal belegte
    Verkündigungsauftrag mit אמר im Imperativ (Hag 2,2.21) findet.
13 So haben also Albertz, Religionsgeschichte 2, 484, und Lux, Zweiprophetenbuch, 191-213,
    das Richtige gesehen, wenn sie von einem zweistufigen Wachstum ausgehen und somit die
    Redaktion, die die Rahmenverse des Haggaibuches, und die Redaktion, die die Rahmenverse
    des Sacharjabuches eingebracht hat, gegeneinander abgrenzen. Allerdings ist gegen den von
    beiden vorgebrachten Vorschlag, wonach die Rahmenverse des Haggaibuches mit Sach 8,9-
    13 auf einer Ebene anzusetzen sind, einzuwenden, daß diese Verse die Wort-Redaktion des
    Sacharjabuches, wie die mit 8,9-13 zusammenhängende Einfügung in 8,6 zeigt, bereits
    voraussetzen und somit nicht auf derselben Ebene wie die der Wort-Redaktion vorangehen-
    de Haggai-Chronik angesetzt werden können. Dagegen spricht nebenbei auch, daß in Sach
    8,6.11.12 nicht wie bei den im Rahmen der Haggai-Chronik eingebrachten Nachträgen Hag
    1,12.14; 2,2 die Wendung שארית העם (כל) steht, sondern שארית העם הזה. Gegen Lux ist
    zudem einzuwenden, daß er ohne weiteren Anhalt zwischen den Rahmenversen im Sacharja-
    buch unterscheidet, wenn er neben Sach 8,9-13 die beiden Rahmenverse Sach 1,7; 7,1 doch
    auf derselben Ebene wie die Rahmenverse des Haggaibuches ansetzt und somit nur Sach 1,1-
    6 und 7,7-14 einer zweiten Redaktion zuweist. Insgesamt ist also gegen Albertz und Lux
    davon auszugehen, daß bei den Rahmenversen der beiden Bücher gegenüber der bisherigen
    Forschung nicht nur eine weitere Differenzierung vorzunehmen ist, sondern daß die für diese
    Rahmenverse verantwortlichen Redaktoren ihre Arbeit jeweils überhaupt nur auf eines der
    beiden Bücher beschränkt haben.

obigen Darlegungen zu den vergleichbar gestalteten Bucheinleitungen nicht völlig unabhängig voneinander entstanden sein können, so ist nun die wahrscheinlichste Annahme die, daß das eine Buch an das andere angeglichen wurde. Dabei wird am ehesten die Wort-Redaktion des Sacharjabuches für diese Verknüpfung verantwortlich sein.[14] Denn neben der gegenüber der Haggai-Chronik später anzusetzenden Datierung der Wort-Redaktion spricht für diese Annahme, daß die konkreten Daten, die diese Redaktion in das Sacharjabuch eingebracht hat, gut als sekundäre Bezugnahme auf das Haggaibuch verstanden werden können:

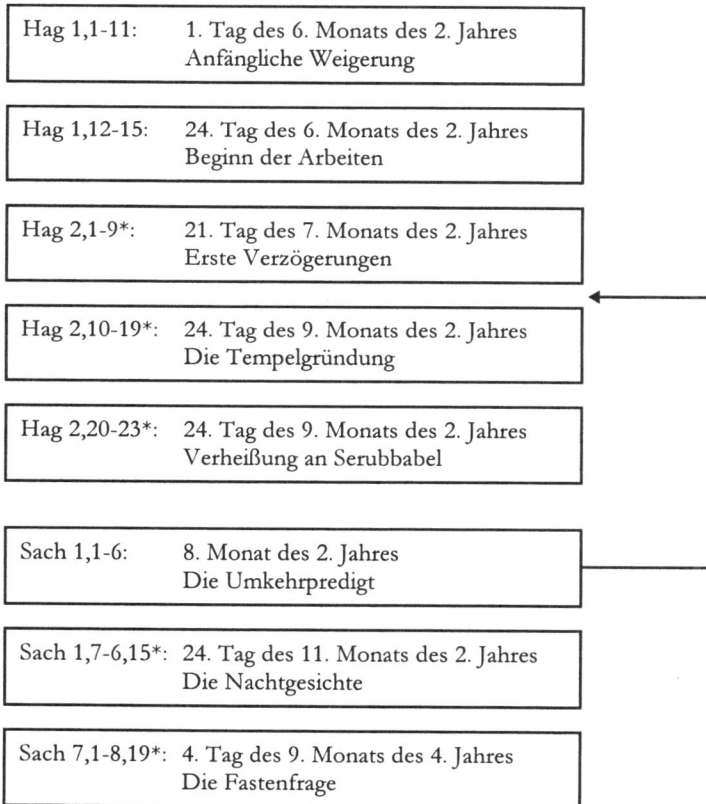

Hag 1,1-11:	1. Tag des 6. Monats des 2. Jahres Anfängliche Weigerung

Hag 1,12-15:	24. Tag des 6. Monats des 2. Jahres Beginn der Arbeiten

Hag 2,1-9*:	21. Tag des 7. Monats des 2. Jahres Erste Verzögerungen

Hag 2,10-19*:	24. Tag des 9. Monats des 2. Jahres Die Tempelgründung

Hag 2,20-23*:	24. Tag des 9. Monats des 2. Jahres Verheißung an Serubbabel

Sach 1,1-6:	8. Monat des 2. Jahres Die Umkehrpredigt

Sach 1,7-6,15*:	24. Tag des 11. Monats des 2. Jahres Die Nachtgesichte

Sach 7,1-8,19*:	4. Tag des 9. Monats des 4. Jahres Die Fastenfrage

---

14 Bislang hat nur Mason, Purpose, 421, angenommen, daß die für die Rahmenverse verantwortliche Redaktion im Sacharjabuch später anzusetzen ist als diejenige des Haggaibuches. Allerdings hat Mason diese Erkenntnis noch nicht weiter begründet, und er hat auch nicht weiter ausgeführt, welche Redaktion denn nun die beiden Bücher zu einem Zweiprophetenbuch zusammengebunden hat. Und schließlich hat Mason teils auch gegenteilige Darlegungen vorgebracht; siehe oben 286f Anm. 10.

Durch die Datierung in Sach 1,1 in den achten Monat des zweiten Jahres der Herrschaft des Darius liegt die folgende Bußpredigt 1,2-6 mitten in der Wirkungszeit Haggais, und zwar nach den ersten Verzögerungen im siebten Monat (Hag 2,1), aber noch vor dem so wichtigen Datum der Tempelgründung im neunten Monat (Hag 2,10).[15] Die Datierung in Sach 1,1 könnte demnach gut als bewußte Bezugnahme der Wort-Redaktion auf das Datierungssystem des Haggaibuches verstanden werden, indem das erste Wort des Sacharjabuches zeitlich noch vor der in Hag 2,10 thematisierten Tempelgründung angesetzt wird. Die umgekehrte Vorstellung, daß die einzelnen Worte des Haggaibuches von den Redaktoren der Haggai-Chronik sozusagen um die Bußpredigt in Sach 1,1-6 herum angesetzt worden sind, ist demgegenüber kaum zu erklären.[16]

Es spricht also einiges dafür, daß die redaktionelle Verbindung der Bücher Haggai und Sacharja im Gegensatz zu der in der Forschung zumeist vertretenen Annahme nicht auf eine gemeinsame, buchübergreifende Redaktion zurückgeht, sondern daß das Sacharjabuch von der Wort-Redaktion redaktionell an das Haggaibuch angeglichen wurde. In Anlehnung an die Datierungen des Haggaibuches wurde auch das Sacharjabuch in ein chronologisches Gerüst eingebettet und so mit der Botschaft des Haggaibuches in Verbindung gebracht. Die Redaktoren schufen dabei ein Zweiprophetenbuch – das Haggai-Sacharja-Korpus –, das sich als zusammenhängender Bericht über das Ergehen des göttlichen Wortes durch diese beiden Propheten liest. Dabei bleibt noch zu klären, welche Intention die Redaktoren mit diesem Werk verfolgten.[17]

---

15 Bislang hat erst Kratz, Judentum, 68, erkannt, daß die Datierung in Sach 1,1 hinter die Datierungen in Hag 2,10.20 zurückgreift. Allerdings deutet Kratz dies nicht als bewußte Gestaltung der für die Datierung des Sacharjabuches verantwortlichen Redaktoren. Er geht vielmehr davon aus, daß Sach 1,1 ursprünglich an ein nur bis Hag 2,9 reichendes Haggaibuch anschloß und somit der gesamte Textbereich 2,10-23 erst sekundär zugefügt wurde. Doch lassen sich hierfür kaum ausreichende Gründe finden (s.o. 305 Anm. 63), so daß die Datierung in Sach 1,1 von den Redaktoren der Wort-Redaktion wohl eher sehr bewußt zwischen den Datierungen in Hag 2,1 und 2,10.20 angesetzt wurde.

16 Die von Rudolph, KAT 13,4, 46f, vorgetragene These, daß die Datierungen des Haggaibuches eingebracht wurden, um die Priorität des Propheten Haggai gegenüber dem Propheten Sacharja nachzuweisen, weshalb die Haggai-Redaktion die Datierungen des Sacharjabuches bereits voraussetzt und somit später als die Sacharja-Redaktion anzusetzen ist, krankt daran, daß die Datierungen im Haggaibuch an ihrer entscheidenden Stelle, nämlich dem Tag der Tempelgründung, der Datierung in Sach 1,1 ja gar nicht vorausgehen. Hier liegt die Priorität gerade auf Seiten des Sacharjabuches und somit ist auch das redaktionsgeschichtliche Verhältnis der Rahmenverse des Haggai- und des Sacharjabuches eher so zu bestimmen, daß das Sacharjabuch an das bereits mit Rahmenversen versehene Haggaibuch angeglichen wurde und nicht umgekehrt.

17 Anders als bei der buchübergreifenden dtr. Redaktion des exilischen Vierprophetenbuches ist es hier nicht notwendig, die Komposition und den historischen Ort der Wort-Redaktion nochmals eigens im Zusammenhang des von dieser Redaktion geschaffenen Zweiprophetenu-

3.2 Die Intention der Wort-Redaktion

Mit Sach 1,1-6 stellen die Redaktoren der Wort-Redaktion dem Sacharjabuch zunächst eine neue Einleitung voran. Am Beginn des Buches steht nun
eine Umkehrpredigt, die die folgende, an keine weiteren Voraussetzungen
gebundene Heilsbotschaft nachträglich konditioniert. Denn die Verheißungen der Nachtgesichte Sach 1,7-6,8 ergehen nach dem von der Wort-Redaktion geschaffenen Verlauf des Buches erst nach der in 1,6 dargestellten
Bereitschaft des Volkes, im Gegensatz zur Generation der Väter auf den
Propheten zu hören und zu Jhwh umzukehren.

Mit dieser Bußpredigt und der abschließenden Beschreibung der Umkehr des Volkes wird nun aber nicht nur die folgende Botschaft sekundär
unter die Voraussetzung der zuvor erfolgten Zuwendung des Volkes zu
Jhwh gestellt. Wenn die soeben vorgestellten Überlegungen richtig sein
sollten, daß die Wort-Redaktion das Sacharjabuch sekundär an das Haggaibuch angleicht und dabei insbesondere die einzelnen Einheiten des Sacharjabuches zu dem bereits vorliegenden Datierungssystem des Haggaibuches in
Beziehung setzt, dann wird mit Sach 1,1-6 auch die Botschaft des Haggaibuches nachträglich konditioniert. Denn die Bußpredigt wird durch die
Datierung in Sach 1,1 ja noch vor dem in Hag 2,10 für die Grundsteinlegung
des Tempels angegebenen Datum angesetzt. Das heißt doch aber, daß schon
die in Hag 2,10-19* dargestellte Tempelgründung nach dem Konzept der
Wort-Redaktion erst unter der Voraussetzung der Umkehr des Volkes
möglich wurde.[18]

Mit diesem Konzept korrigiert die Wort-Redaktion des Sacharjabuches
die Umkehrtheologie des Haggaibuches. Denn nach der Botschaft des
Haggaibuches für sich genommen ist der Tempelbau ja schon ausreichend,
um Jhwh zur erneuten Zuwendung zu seinem Volk zu bewegen. Eine solche
Reduktion der Umkehr auf den Tempelbau scheint der Wort-Redaktion
nicht zu genügen. Sie stellt deshalb dar, daß die im neunten Monat erfolgte
Grundlegung des Tempels von Jhwh her nur legitim war, weil das Volk im

---

buches darzustellen. Denn diese Redaktion ist ja auf das Sacharjabuch beschränkt, so daß die
oben 362-364 im Rahmen der Zusammenfassung der Redaktionsgeschichte des Sacharjabuches dargestellten Ausführungen zur Komposition und Datierung dieser Schicht ausreichend sind und im folgenden hierauf zurückgegriffen werden kann.

18 Bislang hat nur Lux, Zweiprophetenbuch, 212, erkannt, daß die Umkehrpredigt Sach 1,1-6
im Zusammenhang der Bücher Haggai und Sacharja die Funktion hat, gegenüber dem von
der Redaktion aufgenommenen Bestand dieser Bücher die Bedeutung der dem Tempelbau
vorausgehenden Umkehr für die erneute Zuwendung Jhwhs zum Volk herauszustellen: „Für
den spätdeuteronomistischen Redaktor war es demnach nicht allein und noch nicht einmal
vorrangig die Tatsache der Grundsteinlegung zum Tempel, die die Wende von der Unheils-
geschichte zur Heilsgeschichte herbeiführte, sondern die erfolgreiche prophetische Umkehrpredigt Sacharjas."

achten Monat bereits auf den Umkehrruf des Propheten Sacharja gehört hatte. Nur deshalb, so der von den Redaktoren im Anschluß an das erste Nachtgesicht in 1,14aβ-17aα angebrachte Nachtrag, der in 1,7 auf den 24. Tag des elften Monats – also exakt zwei Monate nach der Tempelgründung – datiert wird, hat sich Jhwh dem Volk wieder zugewendet und nur deshalb ist der Tempelbau nun im Gange.

Die Wort-Redaktion bestimmt also die Zusammenhänge von menschlicher Umkehr und göttlicher Zuwendung neu. Ganz auf der Linie der für die Wort-Redaktion ja insgesamt bestimmenden dtr. Tradition[19] – wie etwa bei der Tempelrede Jeremias in Jer 7 –[20] ist der Tempel für sie kein Wert an sich. Der Tempel ist kein Garant für die Zuwendung Jhwhs zu seinem Volk, sondern allenfalls Verkörperung dieser Zuwendung, die dabei aber unter der Voraussetzung steht, daß sich das Volk auch Jhwh zuwendet.

Diese Umkehrtheologie entfaltet die Wort-Redaktion aber nicht nur mit Blick auf die Zeit des Baubeginns. Am Ende des Sacharjabuches wird die Fastenfrage in Sach 7,7.9-14; 8,1-5.7-8.14-17.19b um eine lange Rede erweitert, in der erneut die Unbußfertigkeit der Generation vor dem Exil, die neue Zuwendung Jhwhs und die Anforderungen an die gegenwärtige Generation beschrieben werden.[21] Wie bereits erwähnt, führt die Redaktion nun aus, was Umkehr für sie heißt: Wirkliche Umkehr besteht nach Sach 7,9-10; 8,16-17.19b in sozialer Gerechtigkeit – in fairen Gerichtsverfahren, der Hinwendung zu den gesellschaftlich niedrig Gestellten und der Absage an das Übervorteilen des Nächsten.

Dabei ist zu beachten, daß die Redaktion die Fastenfrage nach Sach 7,1 auf den vierten Tag des neunten Monats im vierten Jahr des Darius datiert. Das heißt, am Tempel wird bereits seit zwei Jahren gearbeitet. Im Rahmen der von der Wort-Redaktion geschaffenen Komposition kann dies doch aber nur heißen, daß auch jetzt – trotz der Arbeiten am Tempel – noch immer die Zuwendung der Menschen zu Jhwh vonnöten ist.[22] Dann kann aber auch die Einfügung in die Fastenfrage so verstanden werden, daß hier nicht nur, wie oben ausgeführt,[23] die in den Nachtgesichten (1,8-6,8*) und der abschließenden Antwort auf die Fastenfrage (8,18-19a) angesagten

---

19 Siehe hierzu oben 363f.
20 Vgl. zur dtr. Überarbeitung in Jer 7 etwa Thiel, Jeremia 1-25, 103-134; Albertz, Exilszeit, 159-161.
21 Vgl. zur Komposition der Wort-Redaktion oben 363.
22 Auch Lux, Zweiprophetenbuch, 213, sieht die Intention der Erweiterung zur Fastenfrage in 7,7-14 gerade darin, daß hier die bleibende Bedeutung der ethisch verstandenen Umkehr des Volkes herausgestellt werden soll. Allerdings setzt er Sach 7,7-14 und die Verheißungen und Mahnungen in 8,1-19* auf unterschiedlichen Ebenen an, so daß er die im folgenden dargestellten Hintergründe der Zusätze zur Fastenfrage noch nicht in vollem Umfang erkannt hat.
23 S.o. 362f.

Verheißungen an die immer weitergehende Umkehr des Volkes gebunden werden sollen, sondern daß hier wiederum auch die Umkehrtheologie des Haggaibuches korrigiert werden soll. Denn hier wird erneut der dortigen Fixierung auf den Tempelbau begegnet. Wirkliche Zuwendung zu Jhwh ist nach der Redaktion eben kein einmaliger Akt. Die Forderung nach sozialer Gerechtigkeit bleibt trotz des Tempelbaus bestehen und ist auch künftig die Voraussetzung für die Zuwendung Jhwhs zu seinem Volk.

Es bleibt aber noch die Frage, was der Anlaß für die von der Wort-Redaktion vorgenommene Zusammenfassung und korrigierende Fortschreibung der Bücher Haggai und Sacharja war. Die Mahnung zur Umkehr hätte doch wesentlich einfacher ohne die Aufnahme dieser inhaltlich ja ganz anders ausgerichteten Bücher entfaltet werden können. Dazu ist eine in der bisherigen Forschung stets übersehene Beobachtung bedeutend: Die von der Redaktion eingebrachten Heilsworte in Sach 8,1-5.7-8 lassen einen Wechsel von der Formulierung im Perfekt zur Formulierung im Imperfekt und in Partizipialsätzen erkennen.[24] In den Versen 8,1-3 wird demnach bereits gegenwärtiges Heil geschildert, während die folgenden Verse 8,4-5.7-8 noch ausstehende Erwartungen darstellen:

Sach 8,1   Da erging das Wort Jhwhs der Heerscharen:
     2   So spricht Jhwh der Heerscharen:
         Ich habe für Zion geeifert (קִנֵּאתִי) mit großem Eifer,
         und mit großen Zorn habe ich für es geeifert (קִנֵּאתִי).

---

24   Der in Sach 8,1-5.7-8 erkennbare Tempuswechsel wurde bislang noch nicht weiter thematisiert. Marti, KHC 13, 424f, und Hanhart, BK 14,7.1, 511, scheinen die unterschiedliche zeitliche Ausrichtung dieser Verse zwar erkannt zu haben, allerdings ziehen sie hieraus keine weiteren Konsequenzen. Zumeist werden jedoch auch die Verse 8,2-3 futurisch verstanden; vgl. nur Elliger, ATD 25, 137; Petersen, Haggai, 296.298; Mittmann, Einheit, 271; Reventlow, ATD 25,2, 78f. Dies ist zwar grammatisch möglich, wenn die Perfekt-Formen als prophetisches Perfekt verstanden werden. Doch angesichts der Tatsache, daß die Worte in 8,4-5.7-8 nicht mehr mit Perfekt, sondern mit Imperfekt und Partizipialkonstruktionen formuliert sind, dürfte hier eher von einem sehr bewußten Gebrauch der verschiedenen Tempora auszugehen und somit tatsächlich ein Tempuswechsel anzunehmen sein. Vermutlich wurde die bewußte zeitliche Gestaltung dieser Verse deshalb noch nicht weiter erkannt, weil zumeist angenommen wird, daß es sich hier um eine Zusammenstellung ursprünglich selbständiger Einzelworte handelt; siehe hierzu oben 352 mit Anm. 113. Die unterschiedliche Formulierung wäre dann also durch die Gestaltung der vorgegebenen Einheiten bestimmt und für die Interpretation dieser Einheiten im vorliegenden Zusammenhang von untergeordneter Bedeutung. Doch die durchgängigen Bezüge zu vorangehenden Worten, die der Wort-Redaktion zugewiesen werden konnten, sprechen eher dafür, daß es sich insgesamt um einen von dieser Redaktion selbst formulierten und somit in sich zusammenhängenden Textbereich handelt, so daß die zeitliche Gestaltung dieser Verse wohl sehr bewußt vorgenommen wurde.

3 So spricht Jhwh:
   Ich bin nach Zion zurückgekehrt (שֹבתי)
   und wohne inmitten Jerusalems (ושכנתי).[25]
   Und Jerusalem wird Stadt der Treue genannt (ונקראה),
   und der Berg Jhwhs der Heerscharen Berg der Heiligkeit.
4 So spricht Jhwh:
   Es werden wieder alte Männer und alte Frauen sitzen (ישבו)
   auf den Plätzen Jerusalems,
   ein jeder mit seinem Stab in seiner Hand,
   wegen der Menge der Tage.
5 Und die Plätze der Stadt werden voll sein (ימלאו)
   an Jungen und Mädchen,
   die auf ihren Plätzen spielen.
7 So spricht Jhwh der Heerscharen:
   Siehe, ich rette (הנני מושיע) mein Volk aus dem Lande des Aufgangs
   und aus dem Lande des Untergangs der Sonne.
8 Und ich lasse sie kommen (והבאתי),
   und sie wohnen (ושכנו) inmitten Jerusalems,
   und sie werden mir zum Volk sein (והיו),
   und ich werde ihnen zum Gott sein (אהיה),
   in Treue und Gerechtigkeit.

Nach diesen Worten sind die mit dem Zion verbundenen Erwartungen des Volkes also bereits eingetroffen. Jhwh hat sich nach 8,1-3 dem Zion bereits wieder zugewendet und der Tempelberg ist wieder ein heiliger Berg. Die mit dem Tempelbau verbundenen Hoffnungen auf die Präsenz Jhwhs in Jerusalem scheinen also in Erfüllung gegangen zu sein. Doch nach den futurisch gestalteten Heilsworten in 8,4-5.7-8 leidet das Volk noch immer unter Bevölkerungsmangel, Teile des Volkes leben noch immer in der Diaspora und bedürfen der Rettung.

So werden in Sach 8,1-5.7-8 die aus den Büchern Haggai und Sacharja aufgenommenen Verheißungen danach differenziert, ob das mit ihnen verbundene Heil bereits eingetroffen ist oder eben noch nicht. Die nach Hag 1,8b; 2,5aβ und Sach 2,9 erwartete Präsenz Jhwhs bei seinem Volk in Jerusalem gilt dabei als erfüllt. Doch der in Sach 2,8 angesagte Bevölkerungsreichtum und die von der Redaktion schon in Sach 2,10-14 nachgetragene Erwartung der Rückkehr aus dem Exil und die damit verbundene Rettung aus der Hand der Völker, wie sie die Nachtgesichte in Sach 1,8-14aα.17aβb; 2,1-4; 6,1-8 verheißen, haben sich noch nicht realisiert.

Die von der Redaktion im unmittelbaren Anschluß an 8,1-9* eingebrachten Ermahnungen in Sach 8,14-17.19b verfolgen dann über die obigen

---

25 Zur präsentisch-durativen Bedeutung des Perfekt consecutiv nach einer Perfekt-Form, die einen einmaligen Akt kennzeichnet, vgl. J-M, §119v.

Überlegungen hinaus das Ziel, die Bedingungen für die künftige Realisierung des noch ausgebliebenen göttlichen Heilshandelns darzulegen. Das Eintreffen der noch offenen Verheißungen wird hier unter die Voraussetzung der anhaltenden Umkehr des Volkes gestellt.[26]

Die Wort-Redaktion begegnet also der Frage, warum sich bislang nur ein Teil der Verheißungen der frühnachexilischen Heilsprophetie erfüllt hat. Deshalb wird in 8,1-5.7-8 zwischen dem schon gegenwärtigen Heil und den noch unerfüllten Erwartungen differenziert, und deshalb wird in den von der Wort-Redaktion eingebrachten Nachträgen insgesamt klargestellt, daß die bereits eingetroffenen Ansagen nur auf Grundlage der Umkehr des Volkes möglich wurden (1,1-7.14aβ-17aα) und daß daher auch alles weitere Heilshandeln Jhwhs unter der Voraussetzung der vorherigen Umkehr des Volkes steht (7,1.7.9-14; 8,1-5.7-8.14-17.19b).

Die Bücher Haggai und Sacharja werden demnach von der Wort-Redaktion zu einem Zweiprophetenbuch zusammengefaßt und erweitert, um so dem teilweisen Ausbleiben des hier angesagten Heils zu begegnen. Die Aufnahme und Fortschreibung dieser Bücher entspringt also dem Willen, an den hier niedergelegten Verheißungen festzuhalten. Doch gerade um daran festhalten zu können, wird die Heilsbotschaft, die sich eben nicht im vollen Umfang bewahrheitet hatte, auf ein ethisches Fundament gestellt.[27] Gegen die aufkommenden Zweifel an dieser Botschaft, wie sie in 2,13; 4,9; 6,15 erkennbar sind,[28] erklärt die Wort-Redaktion, daß der Tempelbau – im Gegensatz zur ursprünglichen Botschaft des Haggaibuches – die Zuwendung Jhwhs zu seinem Volk nicht zu garantieren vermag, sie stellt dar, daß

---

26 So meinte schon Albertz, Religionsgeschichte 2, 484, zur Intention der Nachträge in Sach 7-8: „Es müssen erst die sozialen Beziehungen wieder ins Lot und gesellschaftliche Gerechtigkeit verwirklicht werden (7,9f.; 8,16f.19b), bevor das von Sacharja verkündete Heil kommen kann." Und Kratz, Judentum, 84, schreibt: „Die Wende zum Heil scheint sich zu verzögern. Sie wird deshalb mit der Erinnerung an die Sünden der Väter eingeleitet und an Bedingungen geknüpft." Allerdings haben Albertz und Kratz ihre Darlegungen, der allgemeineren Anlage ihrer Ausführungen entsprechend, noch nicht im einzelnen redaktionsgeschichtlich begründet und in ihrer Bedeutung für das gesamte Haggai-Sacharja-Korpus dargestellt.
27 Die von Mason, Echoes, 231, für die Nachträge in Sach 7-8 beschriebene Erweiterung der Botschaft des Sacharjabuches um einen ethischen Imperativ wurde also mit Blick auf das gesamte Haggai-Sacharja-Korpus geschaffen.
28 Die in diesen Versen belegte Aussage, daß das Eintreffen der zuvor angesagten Verheißungen belegen wird, daß der Prophet wirklich von Jhwh geschickt ist, läßt deutlich erkennen, daß die göttliche Legitimation des Propheten bei den Adressaten dieser Verse eben umstritten war. Und dies wird seinen Grund wohl darin haben, daß die Verheißungen des Sacharjabuches auch einige Zeit nach deren ursprünglicher Verkündigung noch immer nicht eingetroffen waren. So meint etwa auch Reventlow, ATD 25,2, 49, daß der Teilvers Sach 2,13b, den er als Zusatz zu der seiner Meinung nach auf den Propheten zurückgehenden Rede 2,10-13 ansieht, auf Zweifel an der Sendung Sacharjas reagiert: „Enttäuschte Erwartungen mögen im Hintergrund stehen: Noch steht die Erfüllung der Ankündigungen Sacharjas aus!"

schon das bereits gegenwärtige Heil – im Gegensatz zur ursprünglich unkonditionierten Botschaft der Nachtgesichte des Sacharjabuches – nur auf
Grundlage der Umkehr des Volkes zu Jhwh eingetroffen ist, und sie begründet von hier aus, daß nur unter der Voraussetzung der weiteren Umkehr des
Volkes, die in der Bereitschaft zu sozialer Gerechtigkeit besteht, auch die
noch unerfüllten Verheißungen eintreffen werden.

Die Wort-Redaktion kann damit als Reaktion auf die desillusionierenden
Erfahrungen in der ersten Hälfte des 5. Jh. verstanden werden, als zahlreiche
Aufstände die Völkerwelt erschütterten, als die wirtschaftliche Lage des
Volkes in einem desolaten Zustand war und auch die Bevölkerungsstärke
Grund zur Besorgnis gab.[29] Vor diesem Hintergrund wurde das Haggai-
Sacharja-Korpus als Reflexion über die noch nicht eingetroffenen Verhei-
ßungen der frühnachexilischen Heilsprophetie gestaltet. Es gehört somit in
die fortgeschrittene nachexilische Diskussion über die erneute Zuwendung
Jhwhs nach der Zeit des Gerichts, als aufgrund der Ernüchterung angesichts
der unrealisierten Hoffnungen der frühnachexilischen Prophetie nach
tiefergehenden Erklärungen über das Verhältnis von göttlichem Heil und
menschlicher Umkehr gesucht werden mußte.[30]

3.3 Eine erste Nachinterpretation in Sacharja 8,6.9-13

Zu den von der Wort-Redaktion eingebrachten Nachträgen zur Fastenfrage
wurde in 8,6.9-13 eine weitere, gegenüber der Wort-Redaktion nochmals
später anzusetzende Überarbeitung vorgenommen.[31] Dabei verweist der
kurze Einschub in 8,6 zunächst auf Vorbehalte des Volkes gegenüber den
ihnen als zu wunderbar erscheinenden Verheißungen. In 8,9-13 wird daraufhin beschrieben, daß sich der von den Propheten zur Zeit der Tempelgründung angesagte erneute agrarische Erfolg mittlerweile tatsächlich einge-

---

29 Vgl. zur Datierung der Wort-Redaktion oben 364.
30 Insbesondere Albertz, Religionsgeschichte 2, 483, hat erkannt, daß das Ausbleiben der in den
    exilischen (DtJes) und frühnachexilischen (Hag; Sach) Prophetenbüchern angesagten Verhei-
    ßungen, was Albertz als „Fiasko der Heilsprophetie" bezeichnet, zu redaktionellen Nach-
    bearbeitungen in diesen Büchern führte. Dabei beschreibt er diese Überarbeitungen in den
    Kategorien „entschärfende Korrektur, gesellschaftliche Marginalisierung und zunehmende
    ‚Eschatologisierung'" (ebd.), wobei er die Nachträge zu Hag und Sach unter die erstgenannte
    Kategorie faßt. Die hier vorgestellte Anlage der Wort-Redaktion des Sacharjabuches bestätigt
    nun die von Albertz dargelegte Entwicklung und vermag die theologische Ausrichtung der
    entschärfenden Korrektur, die gegenüber dem von der Redaktion aufgenommenen Bestand
    der Bücher Haggai und Sacharja vorgenommen wird, auf Grundlage des von Albertz abwei-
    chenden redaktionsgeschichtlichen Modells noch präziser zu beschreiben.
31 Siehe hierzu oben 353.

stellt hat, und es wird verkündet, daß Jhwh sein Volk aus der Hand der Völker retten wird.[32]

Nun ist schon häufig aufgefallen, daß die Redaktion in Sach 8,6.9-13, die oben bereits als Haggai-Redaktion bezeichnet wurde,[33] zahlreiche Bezüge zum Haggaibuch aufweist.[34] So erinnert die Wendung שְׁאֵרִית הָעָם הַזֶּה in Sach 8,6.11.12 deutlich an die charakteristische Formulierung (כל) שְׁאֵרִית הָעָם in Hag 1,12.14; 2,2, die Aufforderung, stark zu sein (חזק), in Sach 8,9.13 hat eine Parallele in Hag 2,4, der Tag der Tempelgründung (יום; יסד; היכל) wird wie in Sach 8,9 auch in Hag 2,18 erwähnt, vom Lohn (שׂכר) ist in Sach 8,10 und Hag 1,6 die Rede, Mensch und Vieh (אדם; בהמה) werden Sach 8,10 und Hag 1,11 nebeneinander genannt, und der Same (זרע) ist Sach 8,12 und Hag 2,19 erwähnt. Schließlich ist Sach 8,12aβ nahezu wörtlich parallel zu Hag 1,10 gestaltet (טל; שׁמים; יבול; ארץ), und der abschließende Aufruf in Sach 8,13, sich nicht zu fürchten (אל־תיראו), hat eine Parallele in Hag 2,5.

Es findet sich also in Sach 8,6.9-13 kaum eine Formulierung, zu der sich nicht eine enge Parallele im Haggaibuch aufzeigen läßt. Angesichts dieser so deutlichen Bezugnahmen ist dann aber nahezu sicher, daß dieser Nachtrag sehr bewußt in literarischer Abhängigkeit zum Haggaibuch gestaltet wurde. Die Frage ist allerdings, warum ein solcher Rekurs auf die Haggai-Botschaft an dieser Stelle ergänzt wurde.

Dabei kann die bisweilen vorgetragene Vermutung, daß Sach 8,9-13 mit den Rahmenversen des Haggaibuches auf einer literarischen Ebene einzuordnen ist und somit gewissermaßen das redaktionelle Gegenstück zur Haggai-Chronik bildet, über das die beiden Bücher inhaltlich aneinander angeglichen wurden, wohl eher ausgeschlossen werden, da die Haggai-Chronik sicherlich früher anzusetzen ist als dieser Einschub in das Sacharjabuch.[35] Es handelt sich hier also nicht um eine buchübergreifende Redaktion, mittels derer die Bücher Haggai und Sacharja allererst zusammengebunden worden sind. Vielmehr setzt dieser Nachtrag das Haggai-Sacharja-Korpus bereits voraus und ergänzt dieses unter einem bestimmten Gesichtspunkt.[36]

---

32 Siehe hierzu unten 382 Anm. 38.
33 S.o. 364f.
34 Vgl. nur Wellhausen, Propheten, 187; Elliger, ATD 25, 140; Rudolph, KAT 13,4, 149; Petersen, Haggai, 305-307; Reventlow, ATD 25,2, 81; Lux, Zweiprophetenbuch, 210f mit Anm. 66.
35 Gegen Albertz, Religionsgeschichte 2, 484; Lux, Zweiprophetenbuch, 210f. Zu einer ausführlicheren Auseinandersetzung mit dieser These s.o. 372 Anm. 13.
36 Vgl. Reventlow, ATD 25,2, 81: „Es handelt sich offensichtlich um Fortschreibung der Botschaft beider Propheten, die hier schon als eine Einheit betrachtet wird."

Zu beachten ist dabei, daß in Sach 8,9 auf die Propheten verwiesen wird, die zur Zeit des Tempelbaus wirkten. Dies sind doch aber gerade die Propheten Haggai und Sacharja.[37] Deren Auftreten gehört für dieses Wort also bereits der Vergangenheit an. Der Nachtrag in Sach 8,6.9-13 gibt sich somit geradezu von selbst als spätere Reflexion über die Botschaft dieser Propheten zu erkennen; er steht gewissermaßen auf einer Metaebene über dem hier bereits vorausgesetzten Haggai-Sacharja-Korpus und entfaltet die Konsequenzen der in diesem Korpus niedergelegten Botschaft.

Dabei ist wie bei Sach 8,1-5.7-8 auf das zeitliche Gefälle in Sach 8,9-13 zu achten. So wird über das betonte עתה in Sach 8,11 nach dem Rückblick auf das Wirken der Propheten in 8,9-10 zur Jetzt-Zeit, also wohl zur Zeit der Redaktoren, übergeleitet, und über den Neueinsatz in 8,13 mit והיה wird schließlich in die Zukunft geblickt. Auf inhaltlicher Ebene wird mit dieser Abfolge von Vergangenheit, Gegenwart und Zukunft beschrieben, wie sich gegenüber der Zeit, als die Propheten auftraten (8,9-10), die agrarische Situation, wie von ihnen angesagt, bereits verbessert hat – die Erde gibt nun wieder ihren Ertrag und der Himmel seinen Tau (8,11-12; vgl. Hag 1,10). Und der abschließende Ausblick in die Zukunft stellt auf dieser Grundlage dar, daß so, wie diese Verheißungen eingetroffen sind, sich auch die erwartete Rettung aus der Hand der Völker durch Jhwh erfüllen wird (8,13).[38]

Es geht also auch hier, wie schon bei der Wort-Redaktion, um eine Auseinandersetzung mit den in den Büchern Haggai und Sacharja überlieferten Verheißungen. An dem kurzen Einschub Sach 8,6, nach dem das Volk die Ansage des künftigen Heils als zu wunderbar empfindet, ist erneut erkennbar, daß das Vertrauen in diese Verheißungen verloren gegangen war.[39] Deshalb wird in 8,9-13, wie in dem von der Wort-Redaktion einge-

---

37 Daß unter den in Sach 8,9 erwähnten Propheten, die zur Zeit des Tempelbaus wirkten, Haggai und Sacharja gemeint sind, ist allgemein anerkannt; vgl. nur Marti, KHC 13, 425; Rudolph, KAT 13,4, 148; Mason, Haggai, 71; Petersen, Haggai, 305; Reventlow, ATD 25,2, 81.

38 Meist wird bei dem Heilswort Sach 8,13 nicht so sehr an die Rettung aus der Hand der Völker, sondern ganz allgemein an die Aufhebung des Fluches, unter dem das Volk steht, gedacht; vgl. etwa Elliger, ATD 25, 140; Petersen, Haggai, 307f; Reventlow, ATD 25,2, 82. Aufgrund der betonten Darstellung, daß das Volk ein „Fluch unter den Völkern" (קללה בגוים) ist, wird dieser Vers doch aber im Kontext des Sacharjabuches eher so zu deuten sein, daß die von Jhwh erwartete Rettung eben als Rettung vor der Bedrückung durch die Völker zu verstehen ist. Daß der Fluch im allgemeinen aufgehoben ist, wird nämlich schon durch die zuvor in 8,11-12 dargestellte, bereits gegenwärtige Besserung der agrarischen Situation des Volkes deutlich, und somit würde Sach 8,13 bei der beschriebenen Deutung auf den allgemeinen Fluchstatus des Volkes gegenüber dem Vorangehenden keinen inhaltlichen Mehrwert einbringen.

39 Daß Sach 8,6 der Mutlosigkeit des Volkes gegenüber den Verheißungen der Propheten begegnet, wurde schon häufiger vertreten; vgl. etwa Marti, KHC 13, 425; Petersen, Haggai, 301f; Reventlow, ATD 25,2, 80; Redditt, Haggai, 85.

brachten Nachtrag 8,1-5.7-8, zwischen den bereits erfüllten und den noch offenen Zusagen differenziert. Diese Differenzierung dient auch hier der Bestärkung, daß die noch unerfüllten Verheißungen tatsächlich eintreffen werden. Wie die im Haggaibuch angesagte Besserung der agrarischen Lage wahr geworden ist, so wird nach Sach 8,9-13 auch die in den Nachtgesichten des Sacharjabuches mehrfach verkündete Rettung des Volkes aus der Bedrückung durch die Völker tatsächlich geschehen.

Allerdings hat sich in diesem kurzen Einschub gegenüber der Wort-Redaktion die konkrete Argumentation verändert. So wird zum einen nicht mehr wie in Sach 8,2-3 nur recht allgemein auf die erneute Zuwendung Jhwhs verwiesen. Stattdessen wird das schon gegenwärtige Heilshandeln Jhwhs in 8,11-12 an der verbesserten agrarischen Lage des Volkes festgemacht. Es wird also gewissermaßen aus der Geschichte heraus argumentiert, wie ein Teil der prophetischen Verheißungen aus der Zeit des Tempelbaus bereits eingetroffen ist. Zum anderen wird in Bezug auf die noch unerfüllten Zusagen nicht so sehr auf die hierzu notwendige Umkehr des Volkes verwiesen, wie von der Wort-Redaktion in 8,14-17.19b. Dem Volk wird vielmehr ohne weitere Ermahnungen Mut gemacht, auf die Verheißungen der Propheten zu vertrauen. Das Volk soll stark sein (8,9.13) und sich nicht fürchten (8,13).[40]

Die Haggai-Redaktion in Sach 8,6.9-13 verschiebt also mit Blick auf das künftige Heilshandeln Jhwhs die zuvor in Sach 7-8 bestimmende Gewichtung im Verhältnis von Indikativ und Imperativ. Die ethische Ermahnung wird etwas zurückgenommen, wenngleich sie durch die zuvor von der Wort-Redaktion eingebrachten Nachträge noch immer vorhanden ist. Und die Ermutigung zum Vertrauen auf die Treue Jhwhs gegenüber seinen Verheißungen wird verstärkt.

Auch diese erste Nachinterpretation zum Haggai-Sacharja-Korpus gehört demnach in die nachexilische Diskussion über die Heilsprophetie aus der Zeit des Tempelbaus. Angesichts der anhaltenden Hoffnungslosigkeit im Volk wird die von der Wort-Redaktion eingebrachte sehr starke Betonung der menschlichen Mitwirkung bei der Erfüllung der noch nicht eingetretenen Verheißungen wieder etwas abgemildert, und die freie Zuwendung Jhwhs zu seinem Volk wird wieder deutlicher hervorgehoben.

---

40 So meinte schon Petersen, Haggai, 304, zu Sach 8,9-13: „In Zech. 7 the admonitions were fundamentally ethical in their import, e.g., ‚Do not oppress the widow' (7:9-10). In Zech. 8, the language is less specific and more encouraging: ‚Do not fear' (v. 13); ‚Let your hands be strong' (vs. 9, 13)."

3.4 Fazit

Die in der Forschung schon häufiger vertretene These, daß die Bücher Haggai und Sacharja einmal zu einem Zweiprophetenbuch zusammengefaßt waren, konnte auf Grundlage der redaktionsgeschichtlichen Analyse der Einzelbücher bestätigt werden. Allerdings wurden die beiden Bücher entgegen der gängigen Annahme nicht im Rahmen einer buchübergreifenden Überarbeitung miteinander verbunden. Vielmehr beschränkt sich das literarische Wirken der für die Zusammenfassung der beiden Bücher verantwortlichen Redaktion, die als Wort-Redaktion bezeichnet wurde, auf das Sacharjabuch. Von dieser Redaktion wurden die einzelnen Buchteile des Sacharjabuches im Anschluß an das Datierungssystem des Haggaibuches ebenfalls mit Datierungen versehen und so auf das Haggaibuch bezogen. Zudem wurden hier einige Prophetenworte ergänzt, die der Sammlung gegenüber dem aufgenommenen Bestand der Bücher eine inhaltliche Neuausrichtung verliehen. Eine zweite, als Haggai-Redaktion bezeichnete Überarbeitung, die das Haggai-Sacharja-Korpus bereits voraussetzt, brachte schließlich noch einen weiteren Nachtrag in das Sacharjabuch ein, der bereits auf die Wort-Redaktion reagiert und die inhaltliche Ausrichtung dieses Zweiprophetenbuches nochmals etwas verschiebt.

Das beschriebene literarische Werden des Haggai-Sacharja-Korpus gibt dabei Einblick in die nachexilische Diskussion um die erneute Zuwendung Jhwhs zu seinem Volk nach den als göttliches Gericht erlebten Jahren des Exils. Ausgangspunkt ist die Heilsprophetie zur Zeit des Tempelbaus, wie sie im Grundbestand der Bücher Haggai und Sacharja erkennbar ist. In beiden Textbereichen steht die Bereitschaft Jhwhs, sich seinem Volk wieder heilvoll zuzuwenden, fest. Im Haggaibuch wird lediglich noch der Tempelbau als Voraussetzung für dieses Heil dargestellt; in den Nachtgesichten des Sacharjabuches wird hingegen ohne jegliche Vorbedingungen die erneute Zuwendung Jhwhs und die innere und äußere Restauration des nachexilischen Gemeinwesens verkündet.

Diese Erwartungen haben sich jedoch nur teilweise erfüllt. Auch Jahrzehnte nach der Zeit des Tempelbaus war ein Ende der Fremdherrschaft nicht in Sicht, stattdessen litt das Volk zunehmend unter den wirtschaftlichen Verhältnissen und den Ereignissen in der Völkerwelt. Das göttliche Eingreifen gegen die Völker war ebenso ausgeblieben wie die Mehrung des eigenen Volkes. In dieser Situation verloren die alten Verheißungen, daß sich die Situation des Volkes nach dem Ende des Exils deutlich verändern würde, an Glaubwürdigkeit.

Vor diesem Hintergrund wurden die bestehenden Bücher Haggai und Sacharja von der Wort-Redaktion zusammengefaßt und im Sacharjabuch fortgeschrieben. Der auf den Tempelbau beschränkten Umkehrforderung des Haggaibuches und den unbedingten Verheißungen des Sacharjabuches wurden dabei auf Grundlage der dtr. Tradition ethische Ermahnungen an die Seite gestellt. Denn die Antwort auf die Frage nach dem ausbleibenden Eingreifen Jhwhs lag für die Tradenten dieser Sammlung in der mangelnden Bereitschaft des Volkes zur Umkehr. Mit dem redaktionellen Rahmen, den sie um das Sacharjabuch legten und der dieses Buch nun mit dem Datierungssystem des Haggaibuches in Beziehung setzte (Sach 1,1.7; 7,1), stellten sie klar, daß schon der Tempelbau nur unter der Voraussetzung der Zuwendung des Volkes zu Jhwh möglich wurde (Sach 1,1-6.14aβ-17aα) und daß auch das Eintreffen der noch offenen Verheißungen von der bleibenden Bereitschaft, soziale Gerechtigkeit durchzusetzen, abhängt (Sach 7-8*).

Die inhaltliche Härte, die diese erste Ausgabe des Haggai-Sacharja-Korpus mit sich brachte, führte zur weiteren Diskussion um das Verhältnis von menschlicher Umkehr und göttlichem Heilshandeln. Die Haggai-Redaktion korrigierte deshalb in Sach 8,6.9-13 die von der Wort-Redaktion eingebrachte starke Hervorhebung der Möglichkeit und Notwendigkeit der menschlichen Mitwirkung zur Durchsetzung der überlieferten Verheißungen zugunsten einer wieder eher unbedingten Ansage künftigen Heils und ergänzte dies um die tröstende Ermutigung, den überlieferten Verheißungen zu vertrauen.

Das Haggai-Sacharja-Korpus spiegelt somit den immer tiefergehenden Reflexionsprozeß über die nachexilische Heilsprophetie. Es zeigt den Willen, an den Verheißungen aus der Zeit des Tempelbaus festzuhalten, und gibt Einblick in die theologische Auseinandersetzung um die Voraussetzungen für das Eintreffen dieser Verheißungen.

V. Das Joel-Korpus
(Joel; Am; Mi; Zef)

1. Ausgangspunkt

Bei der Frage nach der Entstehung des Zwölfprophetenbuches wurde sowohl die Existenz eines Vierprophetenbuches mit den Büchern Hosea, Amos, Micha und Zefanja als auch die Existenz eines Zweiprophetenbuches mit den Büchern Haggai und Sacharja schon häufiger vermutet. Die Ergebnisse der bisherigen Forschung konnten nun aufgrund der redaktionsgeschichtlichen Analyse der Einzelbücher bestätigt, konkretisiert und teilweise korrigiert werden. Völlig offen ist allerdings noch die weitere Entwicklung dieser Sammlungen. So geht Nogalski davon aus, daß das exilische Vierprophetenbuch in einem zweiten Schritt bereits zu einem Elfprophetenbuch erweitert wurde.[1] Ein komplizierteres Modell wurde demgegenüber von Schart vorgeschlagen, der ein sukzessives Wachstum des Vierprophetenbuches um jeweils zwei weitere Bücher annimmt.[2] Die übrigen Ansätze zur Entstehung des Zwölfprophetenbuches unterscheiden sich sogar noch grundlegender: Schon die Existenz eines Vierprophetenbuches mit den Büchern Hosea, Amos, Micha und Zefanja wird bei diesen nicht angenommen, und zur weiteren Entwicklung der Sammlung herrscht erst recht keine Einigkeit.[3]

Wie oben dargestellt, kann nur die redaktionsgeschichtliche Analyse sämtlicher Einzelbücher einen Ausweg aus diesem Dilemma der gegenwärtigen Zwölfprophetenbuch-Forschung bieten.[4] Dabei liegt aus zwei Gründen zunächst eine genauere Bearbeitung des Joelbuches nahe: So wurde bereits darauf hingewiesen, daß die Überschrift des Joelbuches eine besondere Nähe zu den Überschriften der Bücher Hosea, Amos, Micha und Zefanja aufweist.[5] Nur bei diesen fünf Büchern des Zwölfprophetenbuches findet sich eine Überschrift nach dem Dabar-Muster, wobei Joel 1,1 sogar wörtlich gleichlautend mit dem Beginn von Hos 1,1; Mi 1,1; Zef 1,1 gestaltet ist

---

1 Vgl. Nogalski, Processes, 274-278.
2 Vgl. Schart, Entstehung, 316f.
3 Siehe hierzu den Forschungsüberblick oben 3-19.
4 S.o. 24-27.
5 S.o. 38f.

(דבר־יהוה אשר היה אל-PN). Diese bislang meist übersehene Beobachtung führte zu der vorläufigen Arbeitshypothese, daß das Joelbuch eventuell
noch vor der Zufügung weiterer Bücher in die bereits vorliegende Sammlung mit den Büchern Hosea, Amos, Micha und Zefanja integriert wurde.

Eine zweite Beobachtung bestätigt die besondere Bedeutung des Joelbuches für die weitere Entwicklung des Zwölfprophetenbuches: Es wurde
schon lange erkannt, daß das Joelbuch zahlreiche charakteristische Verbindungen zu anderen Prophetenbüchern und darunter vor allem zu den
Büchern des Zwölfprophetenbuches aufweist.[6] Nur die wichtigsten Parallelen sind in der folgenden Übersicht zusammengestellt:

Joel 1,4; 2,25	Heuschrecken (ילק; ארבה)	Nah 3,15-17
Joel 1,15	Denn nahe ist der Tag Jhwhs.	Zef 1,7; Obd 15
Joel 2,2	Ein Tag der Finsternis und der Dunkelheit, ein Tag des Gewölks und des Wolkendunkels.	Zef 1,15
Joel 2,6	Alle Gesichter werden rot.	Nah 2,11
Joel 2,13	Denn gnädig und barmherzig ist er, langsam zum Zorn und von großer Güte. // Denn du bist ein gnädiger und barmherziger Gott, langsam zum Zorn und von großer Güte.	Jona 4,2
Joel 2,14	Vielleicht läßt er es sich nochmals gereuen.	Jona 3,9
Joel 2,17	Wo ist ihr Gott? // Wo ist Jhwh, dein Gott?	Mi 7,10
Joel 3,4	Bevor der Tag Jhwhs kommt, der große und furchtbare.	Mal 3,23
Joel 3,5	Denn auf dem Berg Zion und in Jerusalem wird Rettung sein. // Und auf dem Berg Zion wird Rettung sein.	Obd 17
Joel 4,4.7	Euer Tun lasse ich zurückfallen auf euer Haupt. // Dein Tun fällt zurück auf dein Haupt.	Obd 15
Joel 4,16	Jhwh brüllt aus Zion, und aus Jerusalem gibt er seine Stimme.	Am 1,2
Joel 4,18	Die Berge werden triefen von Traubensaft und die Hügel von Milch strömen. // Die Berge werden triefen von Traubensaft und alle Hügel werden zerfließen.	Am 9,13

---

6   Vgl. hierzu etwa Driver, Einleitung, 332; Ogden, Promise, 56f; Nogalski, Processes, 290f;
     Crenshaw, AncB 24C, 27f; Barton, Joel, 23; Zenger, Einleitung, 531f.

Es finden sich also im Joelbuch sogar ganze Sätze, die wörtlich gleichlautend auch an anderer Stelle im Zwölfprophetenbuch belegt sind. Dabei sind diese Verbindungen über das gesamte Zwölfprophetenbuch verstreut. Es zeigen sich Parallelen in den Büchern Amos, Micha und Zefanja, aber auch in Obadja, Jona, Nahum und Maleachi.

Dieser Befund widerspricht nun aber auf den ersten Blick der Erkenntnis aus der Betrachtung der Überschriften, wonach das Joelbuch eventuell schon recht früh in das werdende Zwölfprophetenbuch integriert wurde. Denn das Joelbuch scheint zunächst all die genannten Bücher bereits vorauszusetzen. Nicht zuletzt deshalb wird meist angenommen, daß zum Zeitpunkt der Einarbeitung des Joelbuches in das werdende Zwölfprophetenbuch zumindest der überwiegende Teil dieser Bücher ebenfalls in die Sammlung integriert war.[7]

Allerdings gehen die bislang vorgelegten Modelle zur Entstehung des Zwölfprophetenbuches meist davon aus, daß das Joelbuch, bis auf einige kleinere Nachträge, literarisch einheitlich ist.[8] Deshalb werden die Verbindungen zu den einzelnen Büchern, von wenigen Ausnahmen abgesehen, auf einer Ebene eingeordnet, und eben deshalb wird davon ausgegangen, daß der überwiegende Teil dieser Bücher entweder vor dem Joelbuch oder zusammen mit dem Joelbuch in das Zwölfprophetenbuch aufgenommen wurde.[9] Es könnte doch aber auch sein, daß zunächst nur ein Grundbestand des Joelbuches in die Sammlung integriert und dann bei der Aufnahme weiterer Bücher ergänzt wurde, wobei im Rahmen dieser Ergänzungen die Verbindungen zu den neu hinzugekommenen Büchern geschaffen wurden.[10]

---

7   So lag etwa nach Schneider, Unity, 72-114, zum Zeitpunkt der Einarbeitung des Joelbuches bereits ein Neunprophetenbuch vor, das die Bücher Hosea, Joel, Amos, Obadja, Jona, Micha, Nahum, Habakuk und Zefanja umfaßte; nach Nogalski, Processes, 275-278, lag sogar bereits ein Elfprophetenbuch vor, bei dem lediglich noch Jona und DtSach fehlten; Bosshard-Nepustil, Rezeptionen, 337-352, geht immerhin von einem Siebenprophetenbuch mit Hosea, Joel, Amos, Micha, Nahum, Habakuk und Zefanja aus; Schart, Entstehung, 317, von einem Zehnprophetenbuch, bei dem die Bücher Jona und Maleachi noch nicht eingearbeitet waren; und Yu, Entstehungsgeschichte, 294-297, nimmt ein Neunprophetenbuch mit den Büchern Hosea, Joel, Amos, Jona, Micha, Nahum, Zefanja, Haggai und Sacharja an.
8   Unter den neueren Ansätzen hat lediglich Bosshard-Nepustil, Rezeptionen, 277-283, ein mehrstufiges Modell zur Entstehung des Joelbuches vorgelegt. Allerdings geht er von einem recht einfachen Blockmodell aus. Da sich aber auch innerhalb dieser einzelnen Blöcke noch Verbindungen zu zahlreichen anderen Büchern finden, die zudem auch thematisch recht unterschiedlich ausgerichtet sind, gelingt es auch Bosshard-Nepustil nicht, die Entstehung des Joelbuches differenziert mit der Entstehung des gesamten Zwölfprophetenbuches in Verbindung zu bringen; vgl. zum Ansatz von Bosshard-Nepustil unten 422f Anm. 96.
9   Vgl. hierzu insbesondere die Ansätze von Nogalski, Processes, 13-26.42-48, und Schart, Entstehung, 261-274.
10 Eine weitere Möglichkeit wäre natürlich noch, daß das Joelbuch literarisch einheitlich ist und dennoch recht früh in das werdende Zwölfprophetenbuch integriert wurde und dann die übrigen Bücher jeweils redaktionell auf das Joelbuch bezogen wurden. Doch diese Annahme

Dafür könnte sprechen, daß die oben genannten Parallelen thematisch doch recht unterschiedlich ausgerichtet sind. So wird etwa kaum verständlich, warum das Joelbuch gleichermaßen mit Obd 17 über die Ankündigung einer Rettungsmöglichkeit auf dem Zion in Joel 3,5, mit Jona 3,9; 4,2 über den Verweis auf die Vergebungsbereitschaft Jhwhs in Joel 2,13.14, mit Nah 3,15-17 über die Erwähnung der Heuschrecken in Joel 1,4; 2,25 und mit Zef 1,7.15 über die Darstellung des Tages Jhwhs in Joel 1,15; 2,2 verbunden ist. Es kann jedenfalls keine buchübergreifende thematische Neuausrichtung des Zwölfprophetenbuches über diese Bezugnahmen erkannt werden. Wenn all diese terminologischen Verbindungen auf einer Ebene angesetzt werden, so handelt es sich beim Joelbuch im Rahmen des Zwölfprophetenbuches um nicht mehr als ein Motiv-Cluster aus in den folgenden Büchern wiederkehrenden Formulierungen und Themen. Gerade deshalb wurde bislang die inhaltliche Bedeutung des Joelbuches für das Zwölfprophetenbuch auch nur sehr zurückhaltend bestimmt.[11]

All diese Überlegungen sind aber zunächst noch sehr spekulativ. So kann erst die redaktionsgeschichtliche Bearbeitung des Joelbuches zeigen, ob die genannten Verbindungen zu den anderen Büchern auf einer Ebene anzusetzen sind und somit das Joelbuch erst recht spät in das Zwölfprophetenbuch integriert wurde oder ob diese Verbindungen nach und nach geschaffen wurden und deshalb auch eine gegenüber der bisherigen Forschung frühere Einarbeitung des Joelbuches in das werdende Zwölfprophetenbuch denkbar ist. Dabei ist die Redaktionsgeschichte des Joelbuches, dem obigen methodischen Ansatz entsprechend, zunächst noch unter Absehen von den terminologischen und thematischen Verbindungen zu den übrigen Büchern des Zwölfprophetenbuches zu erarbeiten.[12] Erst in einem zweiten Schritt kann dann auf Grundlage dieser redaktionsgeschichtlichen Analyse nach den buchübergreifenden Zusammenhängen des Joelbuches und seiner eventuellen literarischen Vorstufen gefragt werden.

---

ist wohl von vornherein eher auszuschließen. Es ist zwar nicht ausgeschlossen, daß an der ein oder anderen Stelle auch sekundär auf das Joelbuch Bezug genommen wurde; vgl. etwa unten 437 Anm. 4. Angesichts der großen Zahl an Verbindungen scheint es doch aber eher unwahrscheinlich, daß es sich dabei stets um sekundäre Bezugnahmen auf das Joelbuch handelt. Es wäre nämlich kaum erklärbar, warum in den verschiedensten Kontexten gerade auf dieses Buch zurückgegriffen wird. Viel eher ist denkbar, daß die einzelnen Verbindungen entweder auf einer Bezugnahme des Joelbuches auf diese Bücher oder aber auf einer gemeinsamen Redaktion beruhen.

11   So finden sich etwa bei Nogalski, Processes, 275-278, überhaupt keine weiteren Ausführungen zu der inhaltlichen Ausrichtung seines „Joel-related layer". Schart, Entstehung, 279, meint zur Intention des von ihm herausgearbeiteten Joel-Obadja-Korpus lediglich, daß hier besonders die Nähe des Tages Jhwhs betont werden soll.

12   Siehe hierzu oben 24-27.

2. Zur Redaktionsgeschichte der Einzelbücher

Die Entstehung der Bücher Hosea, Amos, Micha und Zefanja wurde bereits im Rahmen der Ausführungen zum exilischen Vierprophetenbuch entfaltet, so daß auf die dortigen Erkenntnisse im folgenden zurückgegriffen werden kann.[1] So ist nun lediglich noch das Joelbuch redaktionsgeschichtlich zu bearbeiten.

2.1 Das Joelbuch

Im Joelbuch folgt auf den Aufruf zur Volksklage angesichts einer Heuschrecken- und Dürrenot in Joel 1, die schon am Ende des Kapitels mit dem nahe bevorstehenden Tag Jhwhs in Verbindung gebracht wird, eine Beschreibung dieses drohenden Tages und die Mitteilung der Abwendung der Not in Joel 2. Nach dem Heilswort von der Ausgießung des göttlichen Geistes in Joel 3 endet das Buch schließlich mit der Darstellung des Gerichts an den Völkern in Joel 4. Für die redaktionsgeschichtliche Bearbeitung des Buches bietet sich dabei die Tag-Jhwh-Schilderung in Joel 2,1-11 als Einstiegspunkt an.

2.1.1 Der Tag Jhwhs und die Abwendung der Not in Joel 2

2.1.1.1 Die Tag-Jhwh-Schilderung in Joel 2,1-11

Die Darstellung des Tages Jhwhs in Joel 2,1-11 beginnt in 2,1 mit einem Aufruf, angesichts der drohenden Ereignisse in die Posaune zu stoßen und zu lärmen. Es folgt eine kurze Charakterisierung des kommenden Tages, die noch in 2,2 zur Darstellung eines feindlichen Heeres übergeht, dessen Unvergleichbarkeit in 2,2-3 betont wird und dessen Gestalt und Auftreten sodann in 2,4-10 beschrieben wird.[2] In 2,11 wird schließlich dargelegt, wie Jhwh dieses Heer anführt, und es wird abschließend nochmals auf den großen und furchtbaren Tag Jhwhs verwiesen.

Bei dieser Beschreibung des nahe bevorstehenden Tages Jhwhs zeigen sich nun einige formale und inhaltliche Auffälligkeiten, die die literarische

---

1   S.o. 54-240.
2   Die Frage, ob es sich bei diesem Heer um ein reales Heer oder um die in Joel 1,4 eingeführte Heuschreckenplage handelt, kann zunächst offenbleiben. Siehe hierzu unten 413-418.

Einheitlichkeit dieses Textbereichs in Frage stellen.[3] Denn in den Versen
2,2-3.6.10, in denen der unvergleichliche Charakter der Geschehnisse dargestellt und das Kreißen der Völker und das Erzittern von Himmel und
Erde beschrieben wird, sind Suffixe der 3.m.sg.,[4] in den an der äußeren
Gestalt und dem Auftreten des Heeres orientierten Versen 2,4-5.7-9 jedoch
Verben in 3.m.pl. belegt. Hinzu kommt, daß gerade die Verse 2,2-3.6.10 von
den vergleichbaren präpositionalen Wendungen מפניו; לפניו; אחריו geprägt
sind, wohingegen die Verse 2,4-5.7 eine Folge von jeweils mit der Präposition כ eingeleiteten Vergleichssätzen bieten.[5]

Diesen formalen Differenzen entsprechen inhaltliche Unstimmigkeiten.
So fällt gerade der Vers 2,6, der zwischen dem fünfmaligen כ in 2,4-5 und
dem erneuten zweimaligen כ in 2,7 mit מפניו einsetzt, auch deshalb auf, weil
sich hier im Gegensatz zu den umliegenden Versen keine Beschreibung des
Heeres findet. Stattdessen werden die Auswirkungen der mit dem Suffix der
3.m.sg. angegebenen Größe auf die Völker dargestellt.

Nun hat schon Kutsch erkannt, daß Joel 2,6 formal wie inhaltlich aus
dem Kontext herausfällt und deshalb vorgeschlagen, daß das Suffix der
3.m.sg. in diesem Vers anders als die vorangehenden pluralischen Verbformen nicht auf das Heer, sondern auf Jhwh selbst zu beziehen sei.[6] Demnach
wäre Joel 2,6 als kurzer Querverweis zu verstehen, daß die hinter dem zuvor
beschriebenen Heer stehende Macht eigentlich Jhwh ist. Dagegen spricht
aber, daß Jhwh in Joel 2,1-5 nur in 2,1 im Zusammenhang der Wendung
יהוה יום genannt wird. Der von Kutsch angenommene Bezug des Suffix in
2,6 auf Jhwh ist vom vorliegenden Textverlauf her also kaum zu begründen.[7]

Zudem unterscheidet sich nicht nur Joel 2,6 von seinem Kontext. Die
auf Grundlage der formalen Eigenheiten gegeneinander abgegrenzten Textbereiche 2,2-3.6.10 und 2,4-5.7-9 lassen insgesamt eine unterschiedliche
inhaltliche Ausrichtung erkennen. So wird etwa sowohl in Joel 2,3 als auch

---

3   Vgl. zum folgenden Bergler, Joel, 38-44, sowie Meinhold, Rolle, 210-213; siehe hierzu auch
    die Skizze unten 395.
4   Zum Suffix der 3.m.sg. in Joel 2,4a s.u. 397f.
5   Neben den Versen 2,4-5.7 findet sich zwar auch in 2,3 die Präposition כ. Anders als bei den
    zuerst genannten Stellen ist die Präposition hier allerdings mit einem Suffix der 3.m.sg.
    verbunden, was diesen Vers gerade von den übrigen Vergleichssätzen abrückt und mit den
    Versen 2,2.6.10 verbindet. Zudem wird die Präposition hier im Rahmen einer temporalen
    Aussage verwandt, was wiederum gut zur sonstigen Gestaltung der Verse 2,2-3 paßt. Die
    Vergleichssätze in 2,4-5.7 beschreiben hingegen das äußere Erscheinungsbild und das
    Auftreten des anrückenden Heeres.
6   Vgl. Kutsch, Heuschreckenplage, 234-238, siehe hierzu auch Wolff, BK 14,2, 54; Dahmen,
    NSK.AT 23,2, 62, wobei letzterer zwar darauf hinweist, daß Joel 2,6 aus dem Kontext
    herausfällt, aber nur sehr zurückhaltend auf die Frage eingeht, worauf sich das Suffix bei
    מפניו bezieht.
7   So meinte schon Rudolph, KAT 13,2, 56, daß sich das singularische Suffix in Joel 2,6 im
    vorliegenden Zusammenhang nur auf das zuvor genannte Volk beziehen läßt.

in 2,5 das Bild des Feuers verwandt. Allerdings ist in 2,3 davon die Rede, daß den beschriebenen Ereignissen verzehrendes Feuer, also Feuer im ganz realen Sinne, vorausgeht. In 2,5 wird hingegen das Geräusch des anrücken-den Heeres mit dem Geräusch von Feuer, das Stroh verbrennt, verglichen. Hier sind die beschriebenen Geschehnisse also nicht von einer Feuersbrunst begleitet, sondern sie hören sich nur wie ein verzehrendes Feuer an.

Es zeigt sich aber noch eine grundlegendere Differenz zwischen den genannten Textbereichen. Während nämlich die von den singularischen Suffixen und den präpositionalen Wendungen אחריו ;לפניו; מפניו geprägten Verse 2,2-3.6.10 zusammen mit der Überschrift 2,1 auffällige und teils wörtliche Bezüge zu anderen Tag-Jhwh-Schilderungen des AT aufweisen,[8] sind derartige traditionsgeschichtliche Parallelen für die mit pluralischen Verbformen gestalteten Verse 2,4-5.7-9 nicht erkennbar.[9] Von hier aus dürfte sich dann sogar der schwierige Bezug des singularischen Suffix in Joel 2,6 – bzw. der singularischen Suffixe in 2,2-3.6.10 insgesamt – erklären: Es bezieht sich auf den in 2,1 genannten Tag Jhwhs. Die Verse 2,2-3.6.10 beschreiben demnach ursprünglich überhaupt nicht das anrückende Heer, sondern schildern die Geschehnisse dieses drohenden Tages.

Aufgrund der formalen und inhaltlichen Abweichungen und aufgrund der Tatsache, daß sich Joel 2,1-3.6.10 viel eher als Darstellung des Tages Jhwhs denn als Beschreibung eines Heeres verstehen läßt, wobei aber der Bezug dieser Verse auf den Tag Jhwhs im vorliegenden Textverlauf kaum mehr erkennbar ist, liegt also die Annahme nahe, daß die Tag-Jhwh-Passa-

---

8 So erinnert Joel 2,1aα (תקעו שופר בציון והריעו) an Zef 1,16 (יום שופר ותרועה); zu Joel 2,1b (כי־בא יום־יהוה כי קרוב) zeigen sich Parallelen in Jes 13,9 (יום־יהוה בא) und Jes 13,6; Obd 15; Zef 1,7 (כי קרוב יום יהוה); Joel 2,2a* (יום חשך ואפלה יום ענן וערפל) entspricht wörtlich Zef 1,15; neben Joel 2,3 ist verzehrendes Feuer (אש + אכל) auch in Zef 1,18 belegt; das Kreißen der Menschen in Joel 2,6a (יחילו) hat eine Parallele in Jes 13,8; das Erröten der Gesichter (vgl. hierzu Görg, Metapher, 12-14) in Joel 2,6b (כל־פנים קבצו פארור) erinnert an Jes 13,8 (פני להבים פניהם) und Ez 7,18 (כל־פנים בושה); Joel 2,10 (לפניו רגזה ארץ רעשו שמים שמש וירח קדרו וכוכבים אספו נגהם) hat eine Parallele in Jes 13,10 (כי־כוכבי השמים וכסיליהם לא יהלו אורם חשך השמש בצאתו וירח לא־יגיה אורו) und 13,13 (על־כן שמים ארגיז ותרעש הארץ). Dabei wurden insbesondere die Parallelen zu Jes 13 schon häufig erkannt; vgl. nur Kutsch, Heuschreckenplage, 241f; Wolff, BK 14,2, 55f; Bergler, Joel, 132-153; Bosshard-Nepustil, Rezeptionen, 292; Jeremias, Tag Jahwes, 130f; siehe hierzu auch unten 437f.

9 So beschränken sich etwa die von Jeremias, Tag Jahwes, 130f, genannten Parallelen zwischen Joel 2,1-11 und Jes 13 zu ihrem ganz überwiegenden Teil auf die Verse 2,1-3.6.10. Zu den übrigen Versen 2,4-5.7-9 finden sich bei der Übersicht von Jeremias hingegen nur sehr allgemeine Begriffe wie גבור (Joel 2,7 // Jes 13,3) oder קול (Joel 2,5 // Jes 13,4) sowie das ebenfalls recht allgemeine Motiv der Plünderung von Häusern (Joel 2,9 // Jes 13,16). Aber auch zu den sonstigen Tag-Jhwh-Passagen des AT lassen sich bei den Versen 2,4-5.7-9 allenfalls Verbindungen über einzelne Begriffe aufzeigen. Parallelen, die wie bei 2,1-3.6.10 ganze Wendungen oder gar wörtlich gleich formulierte Sätze umfassen, sind dagegen nicht zu finden.

gen Joel 2,1-3.6.10 und die Feindschilderung Joel 2,4-5.7-9 nicht auf derselben literarischen Ebene anzusetzen sind. Die Verbindung dieser beiden
Textbereiche ist dabei in Joel 2,2 zu finden. Hier fällt über die genannte
Scheidung hinaus die Wendung כשחר פרש על־ההרים עם רב ועצום in
2,2aβbα* auf, da zum einen das Bild der sich über die Berge ausbreitenden
Morgenröte, bzw. des Morgenlichts,[10] nur schlecht an die vorangehende
Beschreibung des dunklen Tages Jhwhs anschließt, aber recht gut zur Vorstellung eines heranrückenden Heeres paßt, und da dieser Versteil zum
anderen aufgrund der Gestaltung als mit כ eingeleiteter Vergleichssatz auch
syntaktisch mit der Feindschilderung in 2,4-5.7-9 verbunden ist.[11] Erst über
diesen Versteil wurden also die folgenden, ursprünglich wohl auf den Tag
Jhwhs zu beziehenden Darlegungen in 2,2b*.3 auf den Angriff eines feindlichen Heeres bezogen.

In dem abschließenden Vers 2,11 dürfte dann zudem 2,11a aufgrund der
Erwähnung des Heeres und aufgrund der Stichwortverbindung zu 2,2aβbα*
über רב und עצום noch der Feindschilderung zuzuweisen sein.[12] Der Teilvers 2,11b ist hingegen aufgrund der Erwähnung des Tages Jhwhs eben der
Tag-Jhwh-Schilderung zuzuschreiben.

---

10   Die bisweilen diskutierte Frage, ob der Begriff שחר die Morgenröte oder aber ganz allgemein
     das Morgenlicht bezeichnet, kann hier außer Acht gelassen werden; vgl. hierzu Rudolph,
     KAT 13,2, 51; KBL³, 1360; Ruppert, Art. שחר, 1227. Denn was immer auch präzise gemeint
     sein mag, es geht auf jeden Fall um eine Form von Helligkeit, die am frühen Morgen auftritt
     und während ihres Auftretens gerade an Intensität gewinnt, also zunehmend heller wird; vgl.
     hierzu das häufig mit שחר belegte Verb עלה (Gen 19,15; 32,25.27; Jos 6,15; Ri 19,25; 1 Sam
     9,26; Jona 4,7; Neh 4,15). Und genau dies paßt eben nur schlecht zur Darstellung des Tages
     Jhwhs in Joel 2,2 als dunkler Tag. Nicht umsonst wurde an dieser Stelle immer wieder in den
     Text eingegriffen und zu שְׁחוֹר, also zu Ruß oder Schwärze, geändert, vgl. nur Duhm,
     Anmerkungen, 185f; Sellin, KAT 12, 122; Robinson, HAT 14, 60; Barton, Joel, 67, was aber
     als nicht zu rechtfertigende Vereinfachung des Textes abzulehnen ist.
11   Auch Bergler, Joel, 50, rechnet diesen Versteil der Feindschilderung zu. Gegen die Zu-
     weisung von 2,2aβbα* zur Feindschilderung könnte allerdings sprechen, daß auch bei der
     Darstellung des Tages Jhwhs in Jes 13, mit der Joel 2,1-11 ja ohnehin einige Gemeinsam-
     keiten aufweist (s.o. 393 Anm. 8), in V.4 die Wendung עם רב belegt ist, was ein Hinweis
     darauf sein könnte, daß Joel 2,2aβbα* doch auf einer Ebene mit den übrigen Tag-Jhwh-
     Passagen und nicht mit der Feindschilderung in 2,1-11 einzuordnen ist. Doch wird das große
     Volk in Jes 13,4 nur im Rahmen eines Vergleichs erwähnt, nach dem der Lärm am Tag Jhwhs
     wie der Lärm eines großen Volkes sein wird. Die Darstellung eines Volkes, das am Tag Jhwhs
     anrückt, ist hingegen im AT nur in Joel 2,1-11 im Zusammenhang einer Tag-Jhwh-Schil-
     derung belegt, was die literarische Abgrenzung der Feindschilderung gegenüber den Tag-
     Jhwh-Passagen in diesem Textbereich nochmals unterstützt. Zudem handelt es sich bei der
     Wendung עם רב ohnehin um eine so allgemeine Formulierung, daß die vorgestellte literari-
     sche Scheidung von hier aus nicht in Frage gestellt werden kann.
12   Erstaunlicherweise schreibt Bergler, Joel, 43f, der in Joel 2,1-11 ebenfalls zwischen einer
     Feindschilderung und einer Tag-Jhwh-Schilderung unterscheidet (s.u. 396), den Teilvers 2,11b
     nicht der Feindschilderung, sondern derselben Ebene wie die Tag-Jhwh-Passagen zu.

Insgesamt sind also die folgenden beiden Textbereiche in Joel 2,1-11 zu unterscheiden:

---

1 Stoßt ins Horn in Zion, lärmt auf meinem heiligen Berg.
   Erzittern sollen alle Bewohner des Landes,
   denn der Tag Jhwhs kommt, ja er ist nahe.
2 Ein Tag der Finsternis und der Dunkelheit,
   ein Tag des Gewölks und des Wolkendunkels.

   Wie (כ) Morgenröte, ausgebreitet über den Bergen,
   ein großes und mächtiges Volk.

Wie er (כמהו) ist keiner gewesen, von Ewigkeit her,
und nach ihm (אחריו) wird keiner folgen, über Generationen hinweg.
3 Vor ihm (לפניו) frißt ein Feuer,
und nach ihm (אחריו) verzehrt eine Flamme.
Wie der Garten Edens ist das Land vor ihm (לפניו),
und nach ihm (אחריו) eine öde Wüste.
Auch gibt es keine Rettung vor ihm (לו).

---

   4 Wie (כ) das Aussehen von Pferden ist sein Aussehen.
     Wie (כ) Streitrosse, so laufen sie (ירוצון).
   5 Wie (כ) der Klang von Streitwagen hüpfen sie (ירקדון) auf den Bergesspitzen.
     Wie (כ) der Klang der Feuerflamme, die Stroh frißt.
     Wie (כ) ein mächtiges Volk, bereit zum Kampf.

---

6 Vor ihm (מפניו) beben Völker, alle Gesichter werden rot.

---

   7 Wie (כ) Helden laufen sie (ירצון).
     Wie (כ) Kriegsmänner steigen sie (יעלו) die Mauer hinauf.
     Ein jeder geht (ילכון) auf seinem Pfad,
     von ihren Wegen kommen sie nicht ab (יעבטון).
   8 Keiner bedrängt (ידחקון) den anderen, jeder geht (ילכון) auf seinem Weg.
     Durch Waffen hindurch fallen sie ein (יפלו), ihr Zug reißt nicht ab (יבצעו).
   9 Die Stadt überfallen sie (ישקו), auf der Mauer laufen sie (ירצון),
     an den Häusern steigen sie hinauf (יעלו),
     durch die Fenster kommen sie (יבאו) wie (כ) der Dieb.

---

10 Vor ihm (לפניו) erzittert die Erde, der Himmel bebt.
    Sonne und Mond verfinstern sich, die Sterne sammeln ihren Glanz.

---

   11 Und Jhwh gibt seine Stimme vor seinem Heer,
     denn sehr groß ist sein Heerlager, ja mächtig ist der, der sein Wort tut.

   Denn groß ist der Tag Jhwhs und sehr furchtbar, und wer kann ihn bestehen?

Nun wurden in Joel 2,1-11 immer wieder, etwa von Duhm und Sellin,
gerade die auf den Tag Jhwhs bezogenen Passagen auf eine Überarbeitung
des Joelbuches zurückgeführt.[13] Im Hintergrund steht dabei die Annahme,
daß das ursprünglich allein an einer Heuschreckenplage orientierte Joelbuch
erst sekundär eschatologisiert wurde und somit auch und gerade die Tag-
Jhwh-Passagen nicht zum ursprünglichen Bestand des Buches gerechnet
werden können.[14] Demgegenüber geht Bergler, der den Großteil der oben
beschriebenen formalen und inhaltlichen Differenzen in Joel 2,1-11 bereits
erkannt hat, davon aus, daß hier die ursprünglich selbständige Feindschilderung 2,1aα.2aβbα*.4-5.7-9 vom Propheten Joel aufgenommen und um die
im wesentlichen auf den Tag Jhwhs bezogenen Passagen 2,1aβb.2*.3.6.10-11
ergänzt wurde.[15] Auch nach Bergler wurde also die Tag-Jhwh-Schilderung
erst sekundär der Beschreibung eines anrückenden Heeres zugefügt. Er
zieht lediglich gegenüber der in der älteren Forschung vorgeschlagenen
literarkritischen Erklärung eine überlieferungsgeschichtliche Hypothese vor.

Die Tag-Jhwh-Passagen in Joel 2,1-11 können jedoch keinesfalls einer
Überarbeitung zugewiesen werden. Denn entgegen den älteren Ansätzen
sind eben nicht nur einige kleinere Teilverse mit dem Thema des Tages
Jhwhs verbunden, sondern der gesamte Textbereich 2,1.2*.3.6.10.11b. Löst
man diese Verse aus ihrem Kontext, so bleibt eine Grundschicht, die ins-
besondere keine rechte Einleitung mehr bietet. Dies spricht eindeutig gegen
die in der älteren Forschung vertretene Annahme einer für die Tag-Jhwh-
Passagen in 2,1-11 verantwortlichen eschatologisierenden Überarbeitung des
Joelbuches. Dies spricht aber auch gegen die von Bergler vorgeschlagene
These einer vom Propheten aufgenommenen, aus Joel 2 noch vollständig
rekonstruierbaren Feindschilderung, die dann bei der Einarbeitung in das
Joelbuch um die Tag-Jhwh-Thematik ergänzt wurde.[16]

---

13   So schreibt Duhm, Anmerkungen, 185f, die Textbereiche Joel 2,1*(ab יום יהוה).2*(bis
     ערפל).3*(ab וגם).11b der Überarbeitung zu, Sellin, KAT 12, 123, die Textbereiche Joel
     2,1*(ab כי־בא).2*(bis על־ההרים).10a.11b; vgl. auch Jepsen, Beiträge, 86, der Joel 2,1aβb.2aα.
     10-11 als sekundär betrachtet. In neuerer Zeit hat zudem noch Loretz, Regenritual, 68.143,
     vorgeschlagen, die Tag-Jhwh-Passagen in Joel 2,1*(ab כי־בא).2*(bis ערפל).11b einer Redak-
     tion des Buches zuzuweisen.

14   Es handelt sich also um die konsequente Fortführung der immer wieder vorgetragenen
     These, daß die an einer aktuellen Heuschreckenplage orientierten Kapitel 1-2 von den eher
     eschatologisch ausgerichteten Kapiteln 3-4 literarisch abzugrenzen sind; siehe hierzu unten
     422f. Dieser Abgrenzung folgen Duhm, Anmerkungen, 184-188, und Sellin, KAT 12, 111-
     113, und weisen der für Joel 3-4 verantwortlichen Redaktion auch die eschatologischen
     Passagen in Joel 1-2 zu.

15   Vgl. Bergler, Joel, 38-44.49-52.

16   Bergler, Joel, 40f, scheint dieses Problem erkannt zu haben und geht deshalb davon aus, daß
     auch der Aufruf, ins Horn zu stoßen und zu lärmen (Joel 2,1aα), zur Feindschilderung gehört.
     Zudem meint Bergler, a.a.O., 55f, daß nach diesem Aufruf und vor Joel 2,2aβbα* die Be-
     schreibung eines anrückenden Volkes aus Joel 1,6-8 ihren ursprünglichen Ort hatte. Doch

Es könnte also allenfalls angenommen werden, daß die Feindschilderung Joel 2,2αβbα*.4-5.7-9.11a aus vorgegebener Überlieferung stammt, daß deren ursprüngliche Einleitung aber bei der Einarbeitung ins Joelbuch weggebrochen ist. Doch auch dagegen spricht, daß dann noch immer kaum zu erklären wäre, warum ein Redaktor, und sei es der Prophet Joel selbst, die von ihm eingebrachte Tag-Jhwh-Thematik so um die aufgenommene Feindschilderung herum angeordnet haben sollte, daß der von ihm an sich ja gewollte Bezug der in diesem Textbereich belegten singularischen Suffixe auf den zuletzt in 2,1 genannten Tag Jhwhs im vorliegenden Textverlauf so gut wie nicht zu erkennen ist. Ab Joel 2,2b* beziehen sich die Suffixe im jetzigen Bestand des Textes doch eindeutig auf das in 2,2bα* genannte große und mächtige Volk.[17]

Das Verhältnis von Tag-Jhwh-Schilderung und Feindschilderung ist dann aber über die bisherige Forschung hinaus viel eher so vorzustellen, daß die Beschreibung des Heeres sekundär um die auf den Tag Jhwhs bezogenen Passagen herum ergänzt wurde und nicht umgekehrt. Daß sich diese Passagen im vorliegenden Bestand des Textes als Beschreibungen des Heeres und nicht mehr als Darstellung des kommenden Tages lesen, kann dann sehr gut als von den Redaktoren beabsichtigt verstanden werden, die eben den gesamten Textbereich 2,2ff auf das heranrückende Volk beziehen wollten.

Eine weitere Überlegung stützt dies noch: Joel 2,4a ist aufgrund der Gestaltung als Vergleichssatz mit einleitendem כ eindeutig der Feindschilderung zuzuweisen. Doch in diesem Teilvers findet sich bei מראהו entgegen

---

zunächst ist die Abgrenzung des Aufrufs in 2,1aα ohne jeden Anhalt am Text. Da dieser Teilvers eine Parallele in der Tag-Jhwh-Schilderung von Zef 1,16 hat (s.o. 393 Anm. 8), was ihn gerade mit den anderen Tag-Jhwh-Passagen und eben nicht mit der Feindschilderung verbindet, ist eine solche Abgrenzung sogar ausgesprochen unwahrscheinlich. Zudem ist auch die Annahme, daß Joel 1,6-8 seinen ursprünglichen Ort vor 2,2aβbα* hatte, sehr spekulativ, zumal Joel 2,2aβbα* auch nur schlecht an 1,8 anschließt, da dann die Wendung כבתולה חגרת־שׂק על־בעל נעוריה in 2,2aβ* unmittelbar an den Vergleich כשׁחר פרשׂ על־ההרים in 1,8 anschließen und als Fortsetzung dieses Vergleichs über die anzuhebende Klage gelesen würde, was aber kaum einen Sinn ergibt.

17 Joel 2,2ff wird deshalb in der Forschung eben auch meist auf das anrückende Heer gedeutet. Zwei Beispiele mögen hierzu genügen. So meinte Wellhausen, Propheten, 216: „Die Drohung des Tages Jahves ... geht nur bis וערפל v. 2."; und Scoralick, Auch jetzt noch, 49, schreibt: „Sieht man von den aufeinander bezogenen rahmenden Versen 1 und 11 ab, so weisen die Abschnitte jeweils eine Folge von Schilderungen der heranrückenden Macht und Beschreibungen ihrer Wirkung auf."
    Die von Bergler, Joel, 44, dargelegte These einer redaktionellen „Jom-Jahweisierung" von Joel 2,1-11 scheitert also letztlich daran, daß die Textbereiche 2,2b*.3.6.10 nur dann einen Bezug auf den Tag Jhwhs erkennen lassen, wenn sie zuvor aufgrund der formalen und inhaltlichen Besonderheiten von der Feindschilderung abgegrenzt wurden. Der von Bergler angenommene Überarbeiter hätte sein Ziel einer „Jom-Jahweisierung" also gerade verfehlt oder doch zumindest nur sehr nachlässig verfolgt.

der sonst durchweg mit pluralischen Verben formulierten Feindschilderung
gerade ein singularisches Suffix. Wenn die Feindschilderung nun tatsächlich
als Grundbestand und die Tag-Jhwh-Passagen als Überarbeitung anzusehen
sein sollten, wäre ein solch vereinzeltes singularisches Suffix kaum verständlich. Im umgekehrten Falle kann dieses Suffix aber recht gut als sekundärer Übergang von der singularisch gestalteten Tag-Jhwh-Schilderung
in 2,2-3* zu den sodann pluralisch gestalteten Eigenformulierungen der für
die Feindschilderung verantwortlichen Redaktoren in 2,4-5 verstanden
werden.

Für Joel 2,1-11 ergibt sich somit eine Grundschicht, die die Verse
2,1.2*(ohne ועצום ... כשחר).3.6.10.11b umfaßt. Bei diesem Textbereich
handelt es sich um eine zusammenhängende Rede über den drohenden Tag
Jhwh, dessen Unvergleichbarkeit und dessen Auswirkungen.

Durch die Verse 2,2*(ועצום ... כשחר).4-5.7-9.11a wurde dieser Grundbestand um die Darstellung eines anrückenden Heeres ergänzt. Der vorliegende Text liest sich nun als durchgängige Beschreibung dieses Heeres,
dessen Angriff für den Tag Jhwhs erwartet wird. Dabei wurden die ursprünglich auf den Tag Jhwhs gerichteten Passagen 2,2b*.3.6.10 in die
Beschreibung des Heeres integriert. Der Tag Jhwhs selbst ist nun nur noch
in 2,1-2a*.11b direkt im Blick.

2.1.1.2 Die Reaktion des Volkes Joel 2,12-17

Auf die Tag-Jhwh-Schilderung in Joel 2,1-11 folgt in 2,12-17 eine in zwei
Durchläufen vorgetragene Aufforderung zur Reaktion auf die zuvor dargestellten Gerichtsankündigungen. So wird in 2,12-14 zunächst ein allgemeiner Umkehrruf vorgebracht, nach dem sich das Volk von ganzem
Herzen mit Fasten, Weinen und Klagen zu Jhwh bekehren soll. Die Hoffnung auf ein Einlenken Jhwhs wird dabei mit seinem gnädigen und barmherzigen Wesen begründet. In 2,15-17 wird sodann dazu aufgerufen, in die
Posaune zu stoßen, ein Fasten abzuhalten und eine Versammlung des
Volkes einzuberufen, bei der die Priester klagen und Jhwh um Mitleid
anflehen sollen, so daß die Völker nicht über das Volk Jhwhs herrschen
werden.[18]

---

18 Bei Joel 2,17 ist allerdings umstritten, ob die Wendung למשל-בם גוים wirklich als „daß
    Völker über sie herrschen" zu deuten ist. Meist wird das hier verwandte Verb nämlich nicht
    von משל II „herrschen", sondern von משל I „einen Spruch machen; ein Gleichnis reden"
    abgeleitet; vgl. nur Marti, KHC 13, 130; Sellin, KAT 12, 127; Robinson, HAT 14, 62; Ru-
    dolph, KAT 13,2, 53; Crenshaw, AncB 24C, 142f; Barton, Joel, 82f. Im Hintergrund steht
    dabei die prinzipielle Überlegung, daß das Herrschen der Völker an dieser Stelle keinen Sinn
    ergibt, da das zuvor in 2,1-11 genannte Volk bei diesen Ansätzen auf die in Joel 1,4.6 einge-

Obwohl der Textbereich 2,12-17 meist für einheitlich gehalten wird[19] und obwohl gerade der allgemeine Umkehrruf in 2,12-14 bisweilen als die zentrale Passage des gesamten Joelbuches angesehen wird,[20] spricht dennoch einiges dafür, daß dieser Umkehrruf dem vorliegenden Kontext erst später zugefügt worden ist, also sowohl gegenüber der vorangehenden Tag-Jhwh-Schilderung in 2,1.2*.3.6.10.11b als auch gegenüber dem folgenden Aufruf, eine Volksversammlung einzuberufen, in 2,15-17 sekundär ist.[21] Dafür spricht zunächst die schlichte Einsicht, daß es sich bei 2,12-14 und 2,15-17 um eine Dopplung handelt, die inhaltlich nicht weiter ausgeglichen wird.[22] Der Umkehrruf in 2,12-14 erscheint ebenso in sich abgeschlossen wie der folgende Aufruf, das Volk zu einer Klagefeier zu versammeln, in 2,15-17. Wie die beiden Aufforderungen inhaltlich zusammenhängen, in welchem Verhältnis die eher innerliche Umkehr zu Jhwh in 2,12-14 und die öffentlichen Klagebekundungen in 2,15-17 zueinander stehen, ob es sich dabei um ein und denselben Akt der Zuwendung zu Jhwh handelt oder aber um getrennte Vorgänge, all dies wird im vorliegenden Textverlauf nicht wirklich deutlich.[23]

Aber mehr noch: Selbst wenn das Nebeneinander von innerer Umkehr und öffentlicher Klageveranstaltung in 2,12-17 für sich genommen noch

---

führte Heuschreckenplage gedeutet wird, weshalb die Erwähnung einer realen Feindbedrohung in 2,17 als unverständlich betrachtet wird. Allerdings spricht gegen diese verbreitete Deutung zum einen, daß schon LXX (κατάρξαι) und Vg (dominentur) von משל II ausgehen. Zum anderen und vor allem spricht dagegen, daß משל, wenn es zusammen mit der Präposition ב verwandt wird, bei über 40 Belegen im AT sonst stets eindeutig von משל II abzuleiten ist und somit „herrschen über" bedeutet, wie auch Wolff, BK 14,2, 61; Bergler, Joel, 86 mit Anm. 85, u.a. zurecht betont haben. Es spricht somit alles dafür, daß auch bei Joel 2,17 von משל II auszugehen ist. Wie das Herrschen der Völker dann im vorliegenden Kontext zu verstehen ist, wird dabei noch zu klären sein; siehe hierzu unten 440f.

19 Vgl. nur Marti, KHC 13, 129f; Wolff, BK 14,2, 46f; Rudolph, KAT 13,2, 58-60; Bergler, Joel, 72-77; Barton, Joel, 75-84; Dahmen, NSK.AT 23,2, 65-72, wobei allerdings bei diesen Darstellungen überhaupt nicht weiter auf die Frage eingegangen wird, ob eine Einordnung von 2,12-14.15-17 auf derselben literarischen Ebene wirklich plausibel ist.
20 So erkennt etwa Wolff, BK 14,2, 57, in Joel 2,12 den entscheidenden Wendepunkt des Buches; Scoralick, Auch jetzt noch, 47, spricht bei Joel 2,12-13 sogar von einem „Schlüssel zum Verständnis der Joelschrift"; vgl. dies., Güte, 169f.
21 Vgl. schon Duhm, Anmerkungen, 186, zu Joel 2,12-14: „Ich würde aber nichts einzuwenden wissen, wenn jemand diese drei Vierzeiler für zugesetzt erklärte." Zudem betrachtete auch Hölscher, Profeten, 432, 2,12-14 gegenüber 2,15-17 als sekundär. In neueren Arbeiten wird auf diesen Vorschlag allerdings nicht weiter eingegangen.
22 So schon Hölscher, Profeten, 432.
23 Wolff, BK 14,2, 46f, unterscheidet Joel 2,12-14 und 2,15-17 auch formgeschichtlich und spricht bei der ersten Einheit von einem Aufruf zur Buße, bei der zweiten Einheit von einem Aufruf zur Volksklage, was die unterschiedliche Ausrichtung der beiden Textbereiche nochmals von einer anderen Seite her unterstreicht; vgl. hierzu auch Prinsloo, Theology, 52-55. Allerdings finden sich auch bei Wolff keine weiteren Ausführungen über den literarischen Zusammenhang der beiden Einheiten.

unproblematisch sein sollte, indem hier etwa gerade die Zusammengehörigkeit dieser beiden Akte betont werden soll, so ist doch die vorliegende
Reihenfolge der beschriebenen Vorgänge genau verkehrt herum. Denn in
2,12-14 wird das gesamte Volk angesprochen. Zumindest findet sich hier
keine weitere Einschränkung des Adressatenkreises. In 2,15-17 wird jedoch
eine namentlich nicht näher genannte Gruppe allererst noch dazu aufgerufen, das Volk zu versammeln. Die Adressaten dieser Einheit sind demnach
vom Volksganzen gerade zu unterscheiden, und das Volk selbst ist hier noch
gar nicht als anwesend vorausgesetzt. Ein allgemeiner Umkehrruf wie in Joel
2,12-14 hätte seinen logischen Ort also eigentlich erst nach dem Sammlungsaufruf in 2,15-17.[24]
    Zudem fällt Joel 2,12-14 aufgrund der inhaltlichen Ausrichtung dieses
Umkehrrufs überhaupt aus dem sonstigen Joelbuch heraus. Denn hier wird
nicht wie sonst stets von der Situation des Volkes her argumentiert. Es wird
nicht eine akute Notlage wie in Joel 1 geschildert, nicht das drohende Gericht wie in 2,1-11 beschrieben oder die Abwendung der Not des Volkes,
das künftige Heil und das Gericht an den Völkern dargestellt wie in 2,18-
4,21. Vielmehr ist das Wesen Gottes, dessen Bereitschaft zu Gnade und
Barmherzigkeit, das eigentliche Thema dieser Verse. Eine solche Reflexion
über die Eigenschaften Gottes, die abgelöst von konkreten Problemstellungen auf einer theologischen Metaebene stattfindet, ist aber nicht nur der
folgenden Einheit 2,15-17, sondern dem gesamten sonstigen Joelbuch
fremd.[25]
    Neben den genannten inhaltlichen Differenzen zeigen sich aber bei Joel
2,12-14 auch formale Unstimmigkeiten gegenüber dem vorliegenden Kontext. So fällt zunächst der unvermittelte Übergang von der Rede von Jhwh
in der 3. Person in 2,11 zur Gottesrede in der 1. Person in Joel 2,12 auf.[26]
Spätestens ab 2,13b ist zwar auch die Umkehrmahnung 2,12-14 wieder als

---

24   Schon Sellin, KAT 12, 126, erkannte, daß die Stellung von Joel 2,12-14 vor 2,15-17 eigentlich
     unpassend ist: „Es nimmt eine Verheißung vorweg, die doch erst auf die Klage des Volkes
     hin erfolgen kann, und setzt in v. 13 bereits den Bußtag voraus." Allerdings nahm Sellin
     deshalb an, daß die Verse 2,12-14 ursprünglich auf Joel 1,20 folgten. Diese These wird in
     neuerer Zeit noch von Loretz, Regenritual, 51, vertreten. Eine solche Umstellung ist aber
     doch sehr spekulativ, weshalb wohl eher davon auszugehen sein wird, daß Joel 2,12-14
     überhaupt erst sekundär in den vorliegenden Kontext eingefügt wurde.
25   Eine weitere prinzipielle Reflexion über das Wesen Jhwhs könnte allenfalls noch in der
     Aussage von Joel 4,17.21, daß Jhwh in Zion wohnt, gesehen werden, was aber kaum mit den
     Ausführungen über die Gnade und Barmherzigkeit Jhwhs in Joel 2,12-14 vergleichbar sein
     dürfte. Ansonsten wird Jhwh stets in seinem Handeln an seinem Volk oder für sein Volk
     dargestellt, während sein „Sein an sich" keine weitere Rolle spielt.
26   Dieser Übergang von Prophetenrede zur Gottesrede ist schon häufig aufgefallen; vgl. nur
     Marti, KHC 13, 129; Robinson, HAT 14, 63; Wolff, BK 14,2, 57; Rudolph, KAT 13,2, 58;
     Bergler, Joel, 73; Dahmen, NSK.AT 23,2, 66. Allerdings wurden hieraus bislang noch keine
     literarkritischen Konsequenzen gezogen.

Prophetenrede gestaltet. Doch der Wechsel der Sprechrichtung von 2,11 zu
2,12 bleibt bemerkenswert. Daß dabei in 2,12 überhaupt die einzige Gottesspruchformel des gesamten Joelbuches belegt ist, stützt diese Erkenntnis
noch und hebt Joel 2,12-14 sogar einmal mehr vom gesamten sonstigen
Buch ab.

Auf formaler Ebene ist aber noch eine weitere Beobachtung bedeutend.
Joel 2,15-17 bietet zahlreiche Stichwortbezüge zum vorangehenden Joelbuch.[27] Dabei fallen insbesondere die Imperative in 2,15 auf, die gewissermaßen als Zusammenfassung der Imperative in 1,14 und 2,1 verstanden
werden können, mit denen die beiden vorausgehenden Einheiten in 1,14-20
und 2,1-11* jeweils eingeleitet werden:[28]

Joel 1,14	Joel 2,1	Joel 2,15
קדשו צום קראו עצרה	תקעו שופר בציון	תקעו שופר בציון קדשו צום קראו עצרה

Dabei schließt schon Joel 1,14-20 die Darstellung der Notlage des Volkes in
1,1-13 mit einem Sammlungsaufruf ab, wie dann auch 2,15-17 die Darstellung des drohenden Tages Jhwhs in 2,1-11*. Es zeigt sich also aufgrund
der doppelten Abfolge Notschilderung – Sammlungsaufruf (1,1-13.14-20 //
2,1-11*.15-17) ein schlüssiger Zusammenhang dieser Einheiten, bei dem
2,15-17 aufgrund der Aufnahmen aus 1,14 und 2,1 in 2,15 gut als abschließender Höhepunkt vor der Ansage der Abwendung der Not in 2,18-27
verstanden werden kann. Aus diesem Zusammenhang fällt Joel 2,12-14
jedoch heraus, da sich in diesen Versen zum einen nur wenige Stichwortverbindungen zu den vorangegangenen Einheiten finden,[29] wobei insbeson-

---

27 Vgl. neben den in der folgenden Tabelle genannten Bezügen zwischen 2,15 und 1,14; 2,1 אסף
(2,16 // 1,14); זקנים (2,16 // 1,2.14); מזבח (2,17 // 1,13); בכה (2,17 // 1,5); כהנים (2,17 //
1,9.13); משרתי יהוה (2,17 // 1,9; vgl. משרתי אלהי 1,13).

28 Vgl. etwa Marti, KHC 13, 130; Wolff, BK 14,2, 47; Rudolph, KAT 13,2, 59; Prinsloo, Unity,
77; Crenshaw, AncB 24C, 139; Dahmen, NSK.AT 23,2, 69. Siehe hierzu auch unten 429f.

29 Während sich bei 2,15-17 durchgängig Bezüge zu den vorangegangenen Einheiten des
Joelbuches zeigen, lassen sich bei Joel 2,12-14 nur zur Aufzählung der konkreten Buß-
anweisungen in 2,12 ובצום ובבכי ובמספד (vgl. צום 1,14; בכה 1,5; ספד 1,13) und zu מנחה
ונסך in der abschließenden Verheißung 2,14 (vgl. 1,9.13) Parallelen im sonstigen Buch finden.
Interessant ist dabei, daß gerade diese beiden Passagen etwas aus ihrem Kontext fallen, da
zum einen in 2,12 die Aufzählung der Bußhandlungen mit der Bemerkung, daß die Umkehr
בכל-לבבכם geschehen soll, unvermittelt in einer Reihe steht und da zum anderen in 2,14
kaum verständlich wird, warum sich die erneute Zuwendung Jhwhs gerade darin zeigen wird,
daß wieder Opfer möglich sein werden. Da sich diese Passagen jeweils problemlos aus ihrem
vorliegenden Kontext herauslösen lassen, könnte es sein, daß Joel 2,12-14 aus vorgegebenem

dere der Imperativ שׁוּבוּ in 2,12 gerade keine Parallele in diesen Einheiten hat, und da zum anderen der Sammlungsaufruf 2,15-17 viel eher als direkte Fortsetzung von 2,1-11* erklärbar ist, schließt doch dann hier wie in 1,1-13.14-20 der Sammlungsaufruf direkt an die Darstellung der Not an.

Sowohl inhaltliche als auch formale Beobachtungen weisen also darauf hin, daß Joel 2,12-14 dem vorliegenden Kontext erst sekundär zugefügt wurde. Dabei sind diese Verse aufgrund fehlender inhaltlicher oder terminologischer Verbindungen auch nicht auf derselben Ebene wie die in 2,2*.4-5.7-9.11a erkennbare Überarbeitung anzusetzen, die die Tag-Jhwh-Schilderung um die Darstellungen eines herankommenden Volkes erweitert hat.

Die folgende Einheit 2,15-17 dürfte demgegenüber auf derselben literarischen Ebene wie die bei 2,1-11 herausgearbeitete Grundschicht in 2,1.2*.3.6.10.11b einzuordnen sein. Dafür spricht schon der direkte Bezug von 2,15 zu 2,1 über den Aufruf, ins Horn zu stoßen, dafür sprechen zudem die zahlreichen sonstigen terminologischen Verbindungen zu Joel 1,1-2,11, die allesamt gerade zur Grundschicht von Joel 2,1-11 sowie zur noch näher herauszuarbeitenden Grundschicht von Joel 1,1-20* verlaufen, und dafür spricht schließlich auch die kompositorische Parallele mit der Abfolge Notschilderung – Sammlungsaufruf in Joel 1,1-20*.

2.1.1.3 Das göttliche Erbarmen Joel 2,18-27

Nach dem Aufruf zur Volksklage in Joel 2,15-17 wird in Joel 2,18-27 mitgeteilt, daß sich Jhwh seines Volkes wieder erbarmt. Dabei wird zunächst in 2,18-20 angekündigt, daß sich die agrarische Situation verbessern wird, daß Jhwh sein Volk nicht mehr der Schmähung unter den Völkern preisgeben wird und daß er den „Nördlichen"[30] entfernen und vernichten wird. In 2,21-24 findet sich sodann ein Freudenaufruf angesichts der erneuten Fruchtbarkeit im Land, des von Jhwh geschickten Regens[31] und der zu erwartenden Ernteerfolge. Abschließend wird dem Volk in 2,25-27 zugesagt, daß Jhwh die durch die Heuschreckenplage entstandenen Verluste erstatten wird und das Volk nun nicht mehr zuschanden wird.

Auch bei Joel 2,18-27 zeigen sich einige formale und inhaltliche Differenzen, die die literarische Einheitlichkeit dieser Verse in Frage stellen. Dabei fällt zunächst der mehrfache Wechsel zwischen Gottesrede und Pro-

---

Gut aufgenommen (so schon Robinson, HAT 14, 63) und gerade über diese Einfügungen an das Buch angepaßt wurde.

30 Siehe hierzu unten 416.

31 Zu der in Joel 2,23 belegten nur schwer verständlichen Wendung המורה לצדקה „Frühregen zur Gerechtigkeit" s.u. 441 mit Anm. 18.

phetenrede auf.[32] Während nämlich nach der Redeeinleitung in 2,18.19a* die Verse 2,19*.20.25.26b.27 in der 1. Person formuliert sind, sind die Verse 2,21-24.26a als Rede von Jhwh in der 3. Person gestaltet. Gerade die damit gegeneinander abgrenzbaren Textbereiche unterscheiden sich darüber hinaus auch in ihrer temporalen Gestaltung. So sind die Verse 2,19*.20.25. 26b.27 aufgrund der Verben im Imperfekt und der folgenden Perfekt-consecutiv-Formen insgesamt futurisch ausgerichtet. Die erneute Zuwendung Jhwhs wird hier also erst noch von der Zukunft erwartet: Jhwh wird die Ertragslage des Volkes verbessern, er wird den „Nördlichen" entfernen, und er wird den durch die Heuschrecken entstandenen Schaden ersetzen. Demgegenüber sind die als Prophetenrede gestalteten Verse 2,21-24.26a überwiegend im Perfekt formuliert:[33] Nach 2,20-23a ist die hier vorausgesetzte Dürrenot schon überwunden, die Auen sind bereits wieder grün, die Bäume tragen bereits wieder ihre Früchte, und es ist bereits wieder Frühregen gefallen. Erst die Verse 2,23b.24.26a, nach denen Jhwh Frühregen und Spätregen kommen läßt, sich die Tennen und Keltern füllen und das Volk keinen Hunger mehr erleidet, sind aufgrund der Imperfekt-Form יורד in 2,23b und der daran anschließenden Formen im Perfekt consecutiv eher präsentisch oder futurisch ausgerichtet. Doch weist die Perfekt-Form עשׂה am Ende von 2,26a erneut darauf hin, daß das Handeln Jhwhs für sein Volk nach 2,21-24.26a eben bereits begonnen hat.

Neben diesen formalen Differenzen unterscheiden sich Joel 2,18-20.25.26b.27 und 2,21-24.26a auch auf inhaltlicher Ebene. So wird nur in den Versen 2,21-24.26a die Abwendung einer Dürrenot dargestellt.[34] Die erneute Zuwendung Jhwhs besteht hier in dem Grünen der Auen und dem neuerlichen Regen (2,23). Eine solche Dürrenot scheint in den Versen 2,18-20.25.26b.27 hingegen nicht im Blick zu sein. Jedenfalls wird sie nicht direkt angesprochen.[35] Stattdessen ist hier, und nur hier, von der Abwendung einer Heuschreckenplage die Rede (2,25).

Es lassen sich also in Joel 2,18-27 aufgrund formaler und inhaltlicher Kriterien die folgenden beiden Textbereiche gegeneinander abgrenzen:

---

32 Vgl. zu den im folgenden dargestellten formalen Differenzen in Joel 2,18-27 etwa Wellhausen, Propheten, 218; Marti, KHC 13, 131; Sellin, KAT 12, 129; Robinson, HAT 14, 65; Weiser, ATD 24, 117; Wolff, BK 14,2, 68; Prinsloo, Theology, 67-70; Bergler, Joel, 87; Dahmen, NSK.AT 23,2, 74.

33 Dabei wird es sich in diesen Versen kaum um prophetisches Perfekt handeln. Denn dagegen hat schon Rudolph, KAT 13,2, 63, zurecht eingewandt, daß sich dann kaum erklären ließe, warum nicht der gesamte Textbereich 2,18-27 in prophetischem Perfekt, sondern teils auch im Imperfekt formuliert ist.

34 Vgl. hierzu Bergler, Joel, 94-97.

35 Auch in Joel 2,19 ist letztlich nur davon die Rede, daß Jhwh wieder Korn, Most und Öl schickt, nicht aber, daß das bisherige Fehlen dieser agrarischen Produkte Folge einer Dürrenot war.

18 Da eiferte Jhwh für sein Land, und er empfand Mitleid für sein Volk.
19 Und Jhwh antwortete und sprach zu seinem Volk:
   Siehe, *ich* schicke (הנני שלח) euch Korn, Most und Öl,
   und ihr werdet daran satt werden (ושבעתם).
   Und *ich* werde euch nicht mehr der Schmähung
   unter den Völkern preisgeben (אתן).
20 Und den Nördlichen werde *ich* von euch entfernen (ארחיק),
   und *ich* werde ihn in ein trockenes und wüstes Land vertreiben (והדחתיו),
   seine Vorhut zum östlichen Meer, seine Nachhut zum westlichen Meer.
   Dann wird sein Gestank aufsteigen (ועלה),
   sein Verwesungsgeruch wird aufsteigen (ותעל).
   Denn er hat großgetan (הגדיל לעשות).

---

21 Fürchte dich nicht, Boden, jauchze und freue dich.
   Denn *Jhwh* hat Großes getan (הגדיל לעשות).
22 Fürchte dich nicht, Vieh des Feldes.
   Denn die Auen der Steppe sind grün geworden (דשאו).
   Ja, der Baum hat seine Frucht bekommen (נשא),
   Feigenbaum und Weinstock haben ihren Ertrag gegeben (נתנו).
23 Doch ihr, Söhne Zions, jauchzt und freut euch bei *Jhwh*, eurem Gott.
   Denn *er* hat euch Frühregen zur Gerechtigkeit gegeben (נתן),
   und *er* läßt euch Regen fallen (ויורד),
   Frühregen und Spätregen ,wie‘[36] früher.
24 Und die Tennen füllen sich (מלאו) mit Weizen,
   die Keltern fließen über (והשיקו) an Most und Öl.

---

25 Dann werde *ich* euch die Jahre erstatten (ושלמתי),
   die die Heuschrecke gefressen (אכל) hat,
   der Hüpfer, der Springer und der Beißer,[37]
   mein großes Heer, das *ich* unter euch geschickt habe (שלחתי).

---

26 Und ihr werdet essen (ואכלתם) und satt werden (ושבוע),
   und ihr werdet loben (והללתם) den Namen *Jhwhs*, eures Gottes,
   der wunderbar an euch gehandelt hat (עשה).

   Dann wird *mein* Volk nicht mehr zuschanden (יבשו) auf ewig.
27 Und ihr werdet erkennen (וידעתם), daß *ich* inmitten Israels bin
   und daß *ich*, Jhwh, euer Gott bin und keiner sonst.
   Und *mein* Volk wird nicht mehr zuschanden (יבשו) auf ewig.

Nun wurden gerade die genannten formalen Differenzen in Joel 2,18-27 schon häufig erkannt.[38] Allerdings wurde dies bislang meist entweder über

---

36 Lies mit LXX כראשון.
37 Bezeichnungen nach Wolff, BK 14,2, 65.
38 S.o. 403 Anm. 32.

den „unpräcisen Charakter des Buches"[39] oder aber über die Aufnahme einer vorgegebenen Überlieferung in 2,21-24 erklärt.[40] Doch gegen die Annahme, daß es sich hier nur um eine Eigenheit des Buches handeln sollte, ist einzuwenden, daß sich die Textbereiche 2,18-20.25.26b.27 und 2,21-24.26a ja gleich in dreierlei Hinsicht – in der Sprechrichtung, der zeitlichen Gestaltung und der inhaltlichen Ausrichtung – voneinander unterscheiden, was doch viel eher darauf hinweist, daß diese Textbereiche nicht auf dieselbe Hand zurückgehen. Und gegen die überlieferungsgeschichtliche Lösung, nach der 2,21-24 aus vorgegebenem Gut übernommen wurde, sprechen die hier erkennbaren zahlreichen und deutlichen Bezüge zu Joel 1,[41] über die diese Verse fest in den Kontext des Joelbuches eingebunden sind.[42]

Die beschriebenen Differenzen weisen dann aber eindeutig darauf hin, daß die beiden Textbereiche auf unterschiedlichen literarischen Ebenen anzusetzen sind. Dabei dürften die an der Vernichtung des „Nördlichen" und der Abwendung der Heuschreckenplage orientierten Verse 2,18-20.25.26b.27 später als die auf das Ende der Dürrenot ausgerichteten Verse 2,21-24.26a einzuordnen sein.[43] Dafür spricht zunächst das im Perfekt consecutiv formulierte Verb וְשִׁלַּמְתִּי zu Beginn von 2,25. In der vorliegenden Gestalt von Joel 2,18-27 schließt diese Form nämlich an die präsentisch oder futurisch ausgerichteten Perfekt-consecutiv-Formen in 2,24 an, was sich gut in die insgesamt futurische Gestaltung der Verse 2,18-20.25.26b.27

---

39 So Marti, KHC 13, 131; vgl. auch Sellin, KAT 12, 129, sowie Prinsloo, Theology, 75f, der eine literarkritische Scheidung aufgrund der genannten Kriterien ebenfalls ablehnt.

40 Vgl. Weiser, ATD 24, 117; Robsinon, HAT 14, 65; Wolff, BK 14,2, 68f; Bergler, Joel, 86-94; Dahmen, NSK.AT 23,2, 74.

41 Vgl. אֲדָמָה (2,21 // 1,10); גִּיל (2,21.23 // 1,16); שָׂמַח / שִׂמְחָה (2,21.23 // 1,16); בְּהֵמָה (2,22 // 1,18.20); שָׂדֶה / שַׂדַי (2,22 // 1,10.11.12.19.20); נְאוֹת מִדְבָּר (2,22 // 1,19.20); תְּאֵנָה (2,22 // 1,7.12); גֶּפֶן (2,22 // 1,7.12); תִּירוֹשׁ (2,24 // 1,10); יִצְהָר (2,24 // 1,10).

42 Bergler, Joel, 93 mit Anm. 132, hat die Bezüge zwischen Joel 2,21-24 und Joel 1 bereits erkannt. Dennoch hält er a.a.O., 86-94, an einer überlieferungsgeschichtlichen Erklärung fest. Denn Bergler geht davon aus, daß der Prophet schon für Joel 1 auf ein die Verse 1,5.9-13.17-20 umfassendes Dürregedicht zurückgegriffen hat (vgl. hierzu a.a.O., 57-64) und Joel 2,21-24*.26* der ursprüngliche Abschluß dieses Dürregedichts war. Doch auch dieser Vorschlag überzeugt nicht. Es wird sich nämlich zeigen, daß mit den Dürrepassagen in Joel 1 und 2,21-24.26a noch weitere Textbereiche des Joelbuches verbunden sind, die insgesamt einen schlüssigen Zusammenhang ergeben. So ist doch eher davon auszugehen, daß es sich hierbei um die Grundschicht des Buches handelt und daß die übrigen Textbereiche bereits als literarische Ergänzungen dieser Grundschicht zu verstehen sind. Siehe hierzu auch unten 409 Anm. 52.

43 Eine vergleichbare redaktionsgeschichtliche Lösung wurde auch schon von Hölscher, Profeten, 432f, und Loretz, Regenritual, 142, vorgetragen, die ebenfalls die auf den „Nördlichen" und die Heuschreckenplage bezogenen Passagen 2,20.25.26b.27, bzw. Loretz 2,20.25-27, einer Überarbeitung der vorliegenden Einheit zuweisen. Demgegenüber meinen Bewer, Obadiah, 113, und Budde, Umschwung, 109, es handele sich gerade umgekehrt bei den auf die Dürrenot bezogenen Versen 2,21-24, bzw. nach Budde 2,21-23, um einen Nachtrag, was sich aber aufgrund der folgenden Überlegungen nicht bestätigen wird.

fügt. Wenn es sich bei diesen Versen jedoch um den Grundbestand von Joel 2,18-27 handeln würde und somit 2,25 ursprünglich einmal auf 2,20 gefolgt wäre, so wäre im Anschluß an den am Ende von 2,20 im Perfekt formulierten Rückverweis auf das Große, das der „Nördliche" zu tun vorhatte, auch die Perfekt-consecutiv-Form zu Beginn von 2,25 perfektisch zu verstehen. Daß Jhwh den Verlust, der durch die Heuschrecken angerichtet wurde, bereits wieder erstattet hat, wie dieser Vers dann zu verstehen wäre, paßt jedoch gerade nicht zu der nach dieser Schicht erst noch für die Zukunft erwarteten Heilswende.

Neben diesen syntaktischen Erwägungen sprechen aber auch und vor allem die Verbindungen zu den in Joel 2,1-11 erkannten Schichten dafür, daß es sich bei den Versen 2,21-24.26a, in denen auf die bereits geschehene Abwendung der Dürrenot geblickt wird, um die Grundschicht von Joel 2,18-27 handelt. Die hier vorausgesetzte Dürrenot schließt nämlich recht gut an die als Grundbestand von Joel 2,1-11 erkannte Tag-Jhwh-Schilderung in 2,1.2*.3.6.10.11b an, da dort zur Beschreibung dieses Tages ja insbesondere das Bild des verzehrenden Feuers sowie das Bild einer nach dem Tag Jhwhs verbleibenden öden Wüste verwandt wurde (2,3).[44] Außerdem beginnt die vorliegende Einheit in 2,21-23 mit Imperativen bzw. mit Prohibitiven, was der imperativisch gestalteten Einleitung der vorangehenden beiden Einheiten des Grundbestands in Joel 2,1 und 2,15-16 entspricht. Die in 2,18-20.25.26b.27 belegte Darstellung der Vernichtung des „Nördlichen" und der Abwendung der Heuschreckenplage kann hingegen gut mit der erst sekundär in Joel 2,2*.4-5.7-9.11a eingefügten Beschreibung eines anrückenden Volkes auf einer Ebene angesetzt werden, zumal die Heuschrecken in 2,25 – wie schon das angreifende Volk in 2,10 – gerade als das „Heer Jhwhs" (חיל) bezeichnet werden.[45]

Für das gesamte Kapitel Joel 2 ergibt sich somit ein Grundbestand, der die Verse 2,1.2*.3.6.10.11b.15-17.21-24.26a umfaßt. Dabei wird zunächst in

---

44   Zu beachten ist dabei, daß das Bild des verzehrenden Feuers neben Joel 2,3 nur noch in Zef 1,18 zur Darstellung des Tages Jhwhs verwandt wird. Es handelt sich also um ein traditionsgeschichtlich nicht allzu fest mit dem Tag Jhwhs verbundenes Motiv, so daß die Darstellung in Joel 2,3 durchaus als sehr bewußt für den Kontext einer Dürrenot gewählt verstanden werden kann. Beachtenswert ist in diesem Zusammenhang auch, daß in Joel 1,19.20, also unmittelbar vor der Tag-Jhwh-Schilderung, die Wendung אשׁ + אכל zur Beschreibung der Dürrenot verwandt wird, die dann eben auch in 2,3 im Rahmen der Tag-Jhwh-Schilderung belegt ist.

45   Der Zusammenhang mit den in Joel 2,1-11 erkannten Schichten, der sich im folgenden noch weiter erhärten läßt, spricht nebenbei auch noch über die oben 405 mit Anm. 42 genannten Argumente hinaus gegen die verbreitete überlieferungsgeschichtliche Erklärung, nach der die formalen und inhaltlichen Differenzen in Joel 2,18-27 auf die Einarbeitung vorgegebenen Guts in 2,21-24 zurückgehen, und bestätigt das hier vorgelegte redaktionsgeschichtliche Modell.

2,1-11* der drohende Tag Jhwhs geschildert, wobei die Darstellung des mit diesem Tag einhergehenden Feuers und der nach diesem Tag verbleibenden öden Wüste Assoziationen einer – gewissermaßen übersteigerten – Dürrekatastrophe aufkommen läßt. Nach dem Aufruf zur Volksklage in 2,15-17 wird das Volk sodann in 2,21-24.26a zum Jauchzen und Freuen aufgefordert, da die Dürre abgewendet ist, die Auen wieder grünen, erneuter Regen bereits gefallen ist und die kommende Ernte erfolgreich sein wird.

Von der Redaktion wurde dann zunächst die Tag-Jhwh-Schilderung in 2,2*.4-5.7-9.11a um die Beschreibung eines anrückenden Heeres ergänzt. Und ganz entsprechend wird die Ansage der Abwendung der Not des Volkes in 2,18-20.25.26b.27 um die Darstellung erweitert, daß Jhwh den „Nördlichen" vernichten wird und den Verlust, den das nun mit Heuschrekken in Verbindung gebrachte Heer angerichtet hat, erstatten wird.[46]

Einzig der Umkehrruf in 2,12-14, bei dem die Möglichkeit zur Umkehr mit dem gnädigen und barmherzigen Wesen Jhwhs begründet wird, konnte keiner der beiden Schichten zugewiesen werden und ist wohl noch später als die an dem anrückenden Heer orientierte Überarbeitung anzusetzen.

2.1.2 Die Volksklage in Joel 1

Am Beginn des Joelbuches folgt auf die Überschrift 1,1 zunächst in 1,2-4 ein Höraufruf, nach dem die Unvergleichlichkeit der gegenwärtigen Ereignisse hervorgehoben und eine Heuschreckenplage mit aufeinander folgenden unterschiedlichen Heuschreckenarten beschrieben wird. In 1,5-13 werden sodann verschiedene Gruppen zur Klage über die Zerstörungen in der Natur und über die Folgen dieser Zerstörungen für die Menschen aufgerufen. Abgeschlossen wird dieser erste Teil des Buches in 1,14-20 mit einem Sammlungsaufruf und der Aufforderung, in eine Klage einzustimmen, bei der zunächst auf den bevorstehenden Tag Jhwhs verwiesen und schließlich nochmals die gegenwärtige Notlage geschildert wird.

Das bestimmende Thema von Joel 1 wird zumeist in der zu Beginn genannten Heuschreckenplage erkannt.[47] Die einzelnen Klageaufrufe in 1,5-13, der anschließende Sammlungsaufruf in 1,14 und die in 1,15-20 zitierte Klage werden dann insgesamt als Reaktion auf die in 1,4 beschriebenen

---

46 Die an dieser Stelle bedeutende Frage, ob es sich dann bei dem Heer um ein Bild für eine reale Heuschreckenplage handelt oder ob hier gerade umgekehrt ein wirkliches Heer im Bild einer Heuschreckenplage beschrieben wird, soll dabei im Rahmen der Bearbeitung von Joel 1 behandelt werden, da erst dann sämtliche Heuschreckenpassagen des Joelbuches zusammen besprochen werden können; siehe hierzu unten 413-418.
47 Vgl. nur Wellhausen, Propheten, 215f; Marti, KHC 13, 117; Wolff, BK 14,2, 22; Prinsloo, Theology, 38; Crenshaw, AncB 24C, 12.

Heuschrecken verstanden. Zurecht wurde aber auch schon häufiger darauf
hingewiesen, daß die Heuschrecken bei genauerem Hinsehen doch eigentlich
nur in den ersten Versen im Blick sind.[48] Mit Namen werden die verschiedenen Heuschreckenarten sogar nur in 1,4 genannt, und bei den im folgenden
beschriebenen Verheerungen in der Natur kann nur 1,6-7, wo ein Volk
beschrieben wird, das Zähne wie ein Löwe hat und das die Feigenbäume
abgeschält hat, mit einiger Sicherheit auf die anfänglich genannte Heuschreckenplage bezogen werden.

Die folgenden Verse 1,8-20 scheinen hingegen an keiner einzigen Stelle
die zuvor erwähnten Heuschrecken vorauszusetzen. Denn in diesen Versen
fehlt nicht nur jeder direkte Verweis auf diese Tiere. Auch die hier vorausgesetzten Verwüstungen des Landes lassen jeden konkreten Bezug auf
eine Heuschreckenplage vermissen. Anders als in 1,7 ist in diesem Textbereich nicht mehr davon die Rede, daß Pflanzen abgenagt wurden. Im
Gegenteil: In 1,8-20 scheint gerade eine Dürrenot vorausgesetzt zu sein.
Denn neben den zahlreichen allgemeinen Hinweisen, daß die Pflanzen des
Landes zuschanden sind, finden sich hier an konkreten Darstellungen der
gegenwärtigen Notlage ausnahmslos Beschreibungen, daß die Vegetation
vertrocknet ist.[49] Dabei ist insbesondere auffällig, daß auch in dem abschließenden Klagegebet in 1,15-20, das ja gegenüber den vorangehenden
Klageaufrufen in 1,5-13 einen gewissen Neueinsatz darstellt, nur eine Dürrenot vorausgesetzt zu sein scheint. Wenn die eigentliche Not des Volkes in
einer Heuschreckenplage bestünde, so wäre diese Not doch sicherlich auch
in der Klage nochmals aufgenommen worden.[50]

Zudem ist beachtenswert, daß im gesamten Joelbuch ohnehin nur in
zwei Versen, nämlich in 1,4 und 2,25, die Heuschreckenplage beim Namen
genannt wird. Dabei hat sich ergeben, daß gerade Joel 2,25 mit guten Gründen einer Überarbeitung zuzuschreiben ist, die die ursprünglich nur an einer
Dürrenot orientierte Zusage des göttlichen Erbarmens 2,21-24.26a um die
Ansage der Vernichtung der als „Nördlicher" bezeichneten Gestalt und der
Erstattung des durch die Heuschrecken angerichteten Schadens in 2,18-

---

48 So, wenngleich im einzelnen mit unterschiedlichen Abgrenzungen, Duhm, Anmerkungen,
    185; Baumgartner, Joel, 17; Jepsen, Beiträge, 88.92; Robinson, HAT 14, 59-61; Loretz,
    Regenritual, 64f; Redditt, Joel, 228; Bergler, Joel, 60.
49 Vgl. hierzu v.a. das in Joel 1 gleich in vier Versen belegte Verb יבש (1,10.12.17.20) und
    zudem אמל (1,10.12); עבש (1,17) sowie die Wendungen אש אכלה (1,19.20) und להבה
    להטה (1,19).
50 Gerade deshalb hat ja bereits Baumgartner, Joel, 17, den gesamten Textbereich 1,15-20 als
    Nachtrag verstanden: „Mit keinem Worte wird darin der Heuschrecken gedacht; und wenn
    sich die v.16-18 geschilderte Notlage auch als Folge ihres Hausens verstehen ließe, so nennen
    v.19 f ausdrücklich eine andere Ursache, eine große Dürre." Allerdings ist eben nicht nur Joel
    1,15-20, sondern der gesamte Textbereich 1,8-20 ausnahmslos von einer herrschenden
    Dürrenot geprägt; vgl. hierzu schon Jepsen, Beiträge, 88.

20.25.26b.27 erweitert hat.[51] Diese Redaktion konnte mit der Überarbeitung in 2,2*.4-5.7-9.11a, die die Tag-Jhwh-Schilderung in Joel 2,1-11* um den Angriff eines Heeres ergänzt, in Verbindung gebracht werden.

Der auffällige Befund, daß die Heuschreckenplage in Joel 1 eigentlich nur in 1,4.6-7 vorausgesetzt ist, und die Tatsache, daß der Verweis auf die Heuschreckenplage in Joel 2,25 auf eine Überarbeitung zurückgeht, sprechen dann aber allein schon dafür, daß auch 1,4.6-7 erst sekundär in den vorliegenden Kontext eingebracht worden ist und wohl derselben Redaktion zuzuweisen ist wie die genannten Überarbeitungen in Joel 2.[52] Dabei läßt sich der Zusammenhang zwischen 1,4.6-7 und diesen Überarbeitungen neben den in 1,4 und 2,25 belegten Heuschreckenarten noch über weitere

---

51 Siehe hierzu oben 402-407.

52 Aus den beschriebenen Gründen hat bereits Loretz, Regenritual, 64f, die Verse 1,4-7 einer Überarbeitung zugewiesen, und Redditt, Joel, 227f, versteht im Anschluß an Müller, Prophetie, 233, zumindest die eigentliche Beschreibung der Heuschreckenplage in Joel 1,4, zusammen mit der Einleitung 1,1-3, als Nachtrag. Gegen die zuletzt genannte Abgrenzung ist aber einerseits zu sagen, daß die Verse 1,6-7 die in 1,4 erwähnte Heuschreckenplage voraussetzen, da ansonsten insbesondere die in 1,7 beschriebenen Verheerungen nicht verständlich wären. Andererseits lassen sich die Verse 1,1-3 gegen Redditt wohl kaum von den folgenden Klageaufrufen 1,5.8-20 trennen, da diesem Textbereich ansonsten eine Einleitung fehlen würde.
Auch Bergler, Joel, 33-65.107-109, hat erkannt, daß das Nebeneinander von Heuschreckenplage und Dürrenot in Joel 1 kaum ursprünglich sein kann. Er geht jedoch davon aus, daß diesem Kapitel die zunächst selbständig überlieferte Dürreschilderung 1,5.9-13.17-20 zugrunde liegt. Neben dieser Dürreschilderung lag dem Propheten auch eine Feindschilderung vor, die Bergler aus Joel 2,1-11 rekonstruiert, und mit der ursprünglich auch die Verse 1,6-8 verbunden waren. Der Prophet trennte dann diese Verse von der übrigen Feindschilderung ab, arbeitete sie in die Dürreschilderung ein und ergänzte noch die auf die Heuschreckenplage bezogene Einleitung 1,1-4 sowie die Tag-Jhwh-Passage in 1,14-16. Doch hat sich die Annahme, daß im Joelbuch eine aus vorgegebenem Gut aufgenommene Feindschilderung zugrunde liegt, bereits bei Joel 2,1-11 als nicht stichhaltig erwiesen, da die Feindschilderung dort viel eher als Redaktion der Tag-Jhwh-Schilderung zu erklären ist; s.o. 396f mit Anm. 16-17. Da nun die Verse Joel 1,4.6-7 mit der Redaktion in Joel 2 verbunden sind, wird es sich deshalb gegen Bergler auch hier nicht um einen aus vorgegebenem Gut übernommenen Textbereich handeln, sondern um einen allererst für den vorliegenden Kontext verfaßten Nachtrag.
Gerade die Verbindungen von Joel 1,4.6-7 zu den redaktionellen Passagen in Joel 2 entkräften dann auch die neuerdings von Jeremias, Gelehrte Prophetie, 105-107, dargelegten Vorbehalte gegen eine redaktionsgeschichtliche Erklärung des Zusammenhangs von Heuschreckenplage und Dürrenot in Joel 1. Jeremias meint, daß dieser Zusammenhang im Anschluß an die ersten beiden Amos-Visionen in Am 7,1-6 geschaffen worden wäre; vgl. auch Schart, Entstehung, 262. Nun ist es sicherlich nicht auszuschließen, daß die Motive Heuschrecken und Dürre in Joel 1 in Parallele zu Am 7 zusammengestellt worden sind. Doch damit wäre noch nicht entschieden, ob dies schon im Rahmen der Erstverschriftung des Joelbuches geschehen ist oder ob Joel 1 nicht erst redaktionell über die Ergänzung des bereits im Grundbestand thematisierten Dürrenot um eine Heuschreckenplage an die Amos-Visionen angeglichen wurde. Der literarische Befund würde jedenfalls deutlich für die letztere Alternative sprechen.

Stichwortverbindungen untermauern. So wird das anrückende Volk in 1,6 wie in 2,2.5(.11) als mächtig (עצום) beschrieben, und die Rede von „meinem Land" (ארצי) in 1,6, bei der das Suffix wohl auf Jhwh zu deuten ist,[53] entspricht der Formulierung in 2,18, daß Jhwh für „sein Land" (ארצו) eifert.

Neben diesen allein am Inhalt von Joel 1 orientierten Überlegungen sprechen aber auch noch formale Beobachtungen dafür, daß es sich bei Joel 1,4.6-7 um einen Nachtrag handelt: So fallen die Verse 1,6-7 aus dem Zusammenhang der diese Verse in 1,5 und 1,8-13 umgebenden Klageaufrufe. Sollten diese Verse nämlich zum Grundbestand von Joel 1 gehören, so wäre dies die einzige Stelle, an der einem Klageaufruf zwei Begründungen beigegeben sind. Denn ansonsten folgt auf die an die einzelnen Gruppen adressierten Imperative stets nur eine, meist durch כי eingeleitete Begründung.[54] Nur in 1,5-7 findet sich dagegen eine doppelte Begründung, oder genaugenommen eine Begründung der Begründung:[55]

---

53 Es ist allerdings umstritten, ob die Suffixe der 1.sg. in 1,6.7 wirklich auf Jhwh zu beziehen sind. Denn entgegen dieser gängigen, etwa von Marti, KHC 13, 119; Wolff, BK 14,2, 33; Rudolph, KAT 13,2, 43; Deissler, NEB.AT 4, 70, vertretenen Ansicht, scheint die Rede von „meinem Weinstock" und „meinem Feigenbaum" in 1,7 eher einen Bezug auf ein menschliches Subjekt vorauszusetzen. So denken etwa Duhm, Anmerkungen, 184, und Barton, Joel, 52, an den Propheten, Wellhausen, Propheten, 215, an die Gemeinde, oder Bergler, Joel, 55, an Juda. Dagegen spricht allerdings die Rede von „meinem Land" in 1,6, bei dem das Suffix wohl kaum auf das Land oder den Propheten zu beziehen ist. Denn bei allen anderen Belegen von ארצי in den prophetischen Schriften des AT ist das Suffix auf Jhwh zu beziehen (Jes 14,25; Jer 2,7; 16,18; Ez 36,5; 38,16; Joel 4,2). Bei Joel 1,6 wäre also gerade der Bezug des Suffix auf ein menschliches Subjekt ungewöhnlich.

54 Neben 1,5-7 ist auch in 1,11-12 nach dem Klageaufruf zwei Mal כי belegt. Allerdings wird hier, und nebenbei auch in 1,10, keine erneute Begründung eingeführt. Vielmehr handelt es sich in 1,10.12 schlicht um eine Interjektion; vgl. nur Wolff, BK 14,2, 19f; Rudolph, KAT 13,2, 37; Loretz, Regenritual, 23.

55 Bei der formalen Anlage von Joel 1,5-13 ist aber die Beurteilung der Verse 1,9b-10 umstritten. Denn hier ist nicht ganz klar, ob in 1,9b אבלו nach der vorliegenden Vokalisierung als Perfekt zu verstehen ist und somit die Trauer der Priester noch die Begründung des Klageaufrufs an die in 1,8 genannte feminine Größe weiterführt, so Weiser, ATD 24, 107; Rudolph, KAT 13,2, 44; Prinsloo, Theology, 18, Barton, Joel, 50, oder ob hier nicht eher zu einem Imperativ umvokalisiert werden sollte, so daß in 1,9b ein Klageaufruf an die Priester ergeht und der folgende Verweis auf das vernichtete Feld (שדד שדה) in 1,10aα als Begründung dieses Aufrufs zu verstehen ist; vgl. Sellin, KAT 12,1, 151; Loretz, Regenritual, 23.45, sowie die Überlegungen bei Wolff, BK 14,2, 21. Gegen die letztere Annahme spricht allerdings, daß die Priester in 1,13 nochmals eigens zur Klage aufgerufen werden, so daß es sich dann bei 1,9b um eine Dopplung hierzu handeln würde. So wird 1,9b eher noch zur Begründung von 1,8-9a gehören, wobei die Trauer der Priester ja gut an die in 1,9a ausgeführte Darstellung, daß die Opfer entrissen sind, anschließt. Doch wie genau der Text in 1,8-10 auch immer einzuschätzen sein mag: 1,9b ist jedenfalls keine zweite Begründung des Klageaufrufs in 1,8, sondern führt allenfalls die Begründung in 1,9a weiter. 1,6-7 ist also auf jeden Fall die einzige Stelle, an der eine zweite Begründung angegeben wird.

	Klageaufruf an einzelne Gruppen	כי	Begründung
1,5-7	Weintrinker	כי כי	Wein ist entrissen Volk ist heraufgezogen
1,8-10	feminine Größe		Opfer sind entrissen
1,11-12	Landarbeiter	כי	Ernte ist zuschanden
1,13	Priester	כי	Opfer sind vorenthalten

Hinzu kommt noch eine weitere formale Besonderheit: So sind die auf Jhwh zu beziehenden Suffixe der 1.sg. in 1,6.7 bemerkenswert,[56] durch die diese Verse aus dem ansonsten als Prophetenrede formulierten Textbereich 1,2-20 herausfallen.[57] Dabei ist zu beachten, daß schon in Joel 2,18-27 die sekundären Passagen 2,18-20.25.26b.27 ja gerade auch dadurch aufgefallen sind, daß sie im Gegensatz zu 2,21-24.26a als Gottesrede gestaltet sind.

Es sprechen also nicht nur inhaltliche, sondern auch formale Beobachtungen dafür, daß die auf die Heuschreckenplage bezogenen Verse Joel 1,4.6-7 erst sekundär im vorliegenden Kontext ergänzt worden sind und aufgrund der genannten inhaltlichen, terminologischen und formalen Verbindungen zu den Überarbeitungen in Joel 2 auf derselben literarischen Ebene wie diese Überarbeitungen einzuordnen sind. Es verbleibt dann ein Grundbestand, der Joel 1,1-3.5.8-20 umfaßt. Diese Verse sind nun ihrerseits auf derselben Ebene wie der Grundbestand von Joel 2 anzusetzen. Denn wie in Joel 2,1-11* wird hier in 1,15 auf den nahe bevorstehenden Tag Jhwhs verwiesen, wie in 2,15-17 folgt auf die zuvor ausgeführte Notlage auch in 1,14-20 ein Sammlungsaufruf und ein Zitat eines Klagegebets, und wie in 2,21-24.26a ist auch 1,1-3.5.8-20 allein an einer herrschenden Dürrenot orientiert.[58] Auf formaler Ebene ist schließlich Joel 1,1-3.5.8-20 wie der

---

56 S.o. 410 Anm. 53.
57 Dabei fallen die Verse Joel 1,6.7 sogar dann aus dem Kontext, wenn die Suffixe nicht auf Jhwh zu beziehen sein sollten. Es ist nämlich allein schon erstaunlich, daß diese Verse überhaupt aus der Perspektive der 1.sg. formuliert sind. Ansonsten findet sich in Joel 1,1-14 nur noch in 1,13 ein Suffix der 1.sg. bei אלהי משרתי, wobei das Suffix an dieser Stelle schon textkritisch unsicher ist (vgl. LXX θεῷ), weshalb die vorliegende Wendung auch häufig zu אלהים משרתי geändert wird; vgl. etwa Marti, KHC 13, 122; Robinson, HAT 14, 58f; Wolff, BK 14,2, 21, sowie Rudolph, KAT 13,2, 39, der אלהיכם משרתי als ursprüngliche Lesart annimmt.
58 Vgl. hierzu auch die oben 405 Anm. 41 aufgeführten Stichwortverbindungen zwischen Joel 2,21-24.26a und Joel 1, sowie zu einer ausführlicheren Darstellung der Grundschicht des Joelbuches unten 428-431.

Grundbestand in Joel 2 – und im Gegensatz zum überwiegenden Teil der Überarbeitungen in Joel 1-2 – als Prophetenrede gestaltet.[59]

Nun wurde zu Joel 1 immer wieder vorgeschlagen, daß auch der Verweis auf den Tag Jhwhs zu Beginn der Klage in 1,15 erst sekundär in den vorliegenden Kontext eingebracht worden ist.[60] Diese These hängt mit der oben bereits dargelegten Annahme zusammen, daß die Tag-Jhwh-Passagen in Joel 1-2 allesamt erst zusammen mit den ebenfalls eschatologisch ausgerichteten Kapiteln 3-4 ergänzt worden sind. Doch hat sich dies schon bei Joel 2,1-11 nicht bestätigt, wo sich die Tag-Jhwh-Schilderung gerade als Grundbestand dieser Verse erwiesen hat. Und auch 1,15 läßt sich nun kaum aus dem vorliegenden Kontext herausstreichen.

Denn es ist zwar in der Tat auffällig, daß der Tag Jhwhs in der Klage 1,15-20 nach 1,15 nicht mehr erwähnt wird. Doch hat schon Wolff zurecht darauf hingewiesen, daß die in 1,14 eingeleitete Klage kaum mit der mit הלוא eingeleiteten rhetorischen Frage in 1,16 beginnen kann.[61] Diese Frage reagiert ja bereits auf eine vorangegangene Aussage, die ohne 1,15 fehlen würde.

Nicht zuletzt deshalb geht Bergler gegenüber den gängigen Ansätzen, die nur Joel 1,15 als Nachtrag verstehen, konsequenter vor.[62] Seinem überlieferungsgeschichtlichen Ansatz entsprechend nimmt er an, daß der Prophet Joel in die von ihm aufgenommene Dürreschilderung 1,5.9-13.17-20 die auf den Tag Jhwhs bezogenen Passagen 1,14-16 ergänzt hat.[63] Doch auch dieser Vorschlag überzeugt nicht wirklich. Denn Bergler umgeht mit dieser Rekonstruktion zwar das Problem, daß sich Joel 1,15 kaum aus dem vorliegenden Kontext herausnehmen läßt. Doch bei seiner Scheidung entsteht nun das neue Problem, daß dann zwischen den Aufrufen zur Klage in 1,5.8-13 und dem Zitat einer Klage in 1,17-20 kein Übergang mehr besteht. Ohne 1,14-16 würde ab 1,17 die zuvor stets durchgehaltene Abfolge von Imperativ und folgender Begründung unvermittelt abbrechen, und auch der mit dem Übergang von den Klageaufrufen zur Klage selbst verbundene Sprecherwechsel wäre dann nicht mehr markiert.

---

59 Die einzige Stelle, die im Grundbestand von Joel 1-2 als Gottesrede gedeutet werden könnte, ist die Rede von „meinem heiligen Berg" (הר קדשי) in Joel 2,1. Doch meinte schon Müller, Prophetie, 236 Anm. 21, im Anschluß an Wolff, BK 14,2, 50: „הר קדשי ist wohl so sehr formelhafter Ausdruck, daß auf die scheinbare 1. Person der Gottesrede kein Gewicht gelegt zu werden braucht."

60 So Duhm, Anmerkungen, 185; Hölscher, Profeten, 431; Sellin, KAT 12, 120. In neuerer Zeit hält Loretz, Regenritual, 95, zumindest die eigentliche Erwähnung des Tages Jhwhs in 1,15b für sekundär.

61 Vgl. Wolff, BK 14,2, 25f, und neuerdings Beck, Tag, 153f.

62 Vgl. Bergler, Joel, 36-38.57-67.

63 Siehe hierzu auch oben 409 Anm. 52.

Es kann also im Anschluß an Bergler allenfalls vermutet werden, daß für die Komposition in Joel 1 aus vorgegebenem Gut Teile eines Aufrufs zur Volksklage und Teile eines Klagepsalms aufgenommen und in 1,5.8-13 und 1,16-20 verarbeitet wurden.[64] Dies könnte den ja tatsächlich auffälligen Befund erklären, daß der in 1,15 genannte Tag Jhwhs im weiteren Verlauf des Gebetes keine Rolle mehr spielt. Allerdings lassen sich aus Joel 1 keine vollständigen Überlieferungsstücke mehr rekonstruieren.

Da sich also der Hinweis auf den nahe bevorstehenden Tag Jhwhs, im Gegensatz zu den auf die Heuschreckenplage bezogenen Versen 1,4.6-7, auf literarischer Ebene nicht als Nachtrag erweisen läßt, ist dem Grundbestand dieses Kapitels schon immer die Verbindung von Dürrenot und Tag Jhwhs zu eigen. Dies bestätigt die oben bereits dargestellte Vermutung, daß die Tag-Jhwh-Schilderung in Joel 2,1-11* und der Freudenaufruf über die abgewendete Dürrenot in 2,21-24.26a auf einer Ebene anzusetzen sind.[65] Die Themen Tag Jhwhs und Dürrenot sind in der Grundschicht des Joelbuches untrennbar miteinander verbunden, wobei zu beachten ist, daß in der Beschreibung des mit dem Tag Jhwhs einhergehenden Feuers in 2,3 sogar direkt Motive aus der Schilderung der Dürrenot in 1,19.20 aufgenommen werden (להט + להבה; אכל + אש).

Bei der auf die Heuschrecken bezogenen Überarbeitung in Joel 1,4.6-7, die nach den obigen Erkenntnissen mit der Feindschilderung in Joel 2,2*.4-5.7-9.11a und der Ansage der Abwendung des „Nördlichen" und der Erstattung des von den Heuschrecken angerichteten Schadens in 2,18-20.25.26b.27 verbunden ist, bleibt schließlich noch die viel diskutierte Frage zu klären, wie die hier dargestellte Heuschreckenplage zu verstehen ist.[66] Es geht dabei um die Alternative, ob die Heuschrecken, die hier mehrfach als Volk (גוי, 1,6; עם, 2,2) oder als Heer (חיל, 2,11.25) bezeichnet werden, als Metapher für ein oder mehrere angreifende Fremdvölker stehen oder ob dabei eine reale Heuschreckenplage im Blick ist.

In der Forschung wird zumeist angenommen, daß in Joel 1-2 eine reale Heuschreckenplage dargestellt wird.[67] Dabei wird häufig argumentiert, daß sonst zwar Völker mit Heuschrecken verglichen werden und Heuschrecken

---

64 Vergleichbare überlieferungsgeschichtliche Überlegungen wurden etwa bereits von Robinson, HAT 14, 59-61; Wolff, BK 14,2, 22-25; Deissler, NEB.AT 4, 69, vorgetragen.
64 Vergleichbare überlieferungsgeschichtliche Überlegungen wurden etwa bereits von Robinson, HAT 14, 59-61; Wolff, BK 14,2, 22-25; Deissler, NEB.AT 4, 69, vorgetragen.
65 Siehe hierzu oben 406.
66 Vgl. zum Folgenden den Forschungsüberblick bei Andiñach, Locusts, 433-441.
67 Vgl. nur Wellhausen, Propheten, 215; Marti, KHC 13, 117f; Robinson, HAT 14, 59; Thompson, Locusts, 52-55; Rudolph, KAT 13,2, 42; Barton, Joel, 42-48. Demgegenüber gehen unter den neueren Ansätzen etwa Stuart, WBC 31, 232-234, und Andiñach, Locusts, 436-441, davon aus, daß die in Joel 1-2 dargestellten Heuschrecken doch als Metapher für einen wirklichen Feind zu verstehen sind. Zur zudem noch vertretenen Mittelposition, wonach nur in Joel 1 Heuschrecken, in 2,1-11 dagegen ein feindliches Heer im Blick sei, s.u. 415 Anm. 76.

mit Völkern, daß aber an keiner anderen Stelle Heuschrecken als Metapher für ein anrückendes Heer belegt sind. Zudem wird darauf verwiesen, daß das anrückende Volk mit einem angreifenden Heer verglichen wird, also gerade selbst kein wirkliches Heer sein kann.[68] Dennoch ist zu beachten, daß auch mit der Deutung auf eine reale Heuschreckenplage schwerwiegende Probleme verbunden sind.

Denn schon bei Joel 1,4 bleibt letztlich unklar, warum in diesem Vers ein Nacheinander von vier Heuschreckenarten geschildert wird, bei dem die eine Heuschreckenart das frißt, was die andere übriggelassen hat. Die früher beliebte Annahme, es handele sich hier um Entwicklungsstadien der Heuschrecken,[69] wird zurecht kaum noch vertreten,[70] da dann die unterschiedliche Reihenfolge der Heuschreckennamen in 2,25 nicht erklärt werden kann.[71] In neueren Ansätzen wird dann aber meist gar nicht mehr auf die Frage eingegangen, warum in Joel 1,4 ein Nacheinander mehrerer Heuschrecken beschrieben wird.[72] Sollte hingegen bei den Heuschrecken doch an ein fremdes Volk oder an mehrere Völker zu denken sein, so könnte Joel 1,4 gut auf einen Angriff, der in mehreren Wellen verläuft, oder auf nacheinander einfallende Völker gedeutet werden. Dabei sollte allerdings nicht auf eine Abfolge von vier bestimmten Völkern oder Kriegen allegorisiert werden,[73] da dies wiederum nicht mit der abweichenden Reihenfolge in 2,25 zusammenpassen würde. Es geht vielmehr darum, daß die in Joel 1,4.6-7 geschilderte Heuschreckenplage durch den leicht irrealen Charakter der Darstellung sowie durch die Bezeichnung der Heuschrecken als Volk in 1,6 transparent wird für den Angriff eines oder mehrerer Fremdvölker.

Den oben dargestellten Einwänden gegen die Deutung auf ein reales Volk, nach denen im Joelbuch die Heuschrecken mit einem Volk verglichen werden und deshalb nicht als Metapher für ein Volk verstanden werden können, wäre dann entgegenzuhalten, daß die Begriffe Vergleich und Meta-

---

68 Vgl. Crenshaw, AncB 24C, 94: „If locusts are a metaphor for soldiers, how can they be compared with an army?"

69 Vgl. etwa Credner, Joel, 102f; Bauer, Heuschreckenplage, 168-171; Sellers, Stages, 81-85; Thompson, Locusts, 54.

70 Vgl. aber Wolff, BK 14,2, 30-32; Crenshaw, AncB 24C, 88, wobei Wolff zwar auf die Schwierigkeiten einer solchen Interpretation hinweist, dann aber dennoch Joel 1,4 als Beschreibung von „vier Stadien" (a.a.O., 32) einer Heuschreckenplage interpretiert.

71 Vgl. nur Marti, KHC 13, 118; Rudolph, KAT 13,2, 42; Prinsloo, Theology, 14.

72 So meint Barton, Joel, 42, es handele sich bei der Darstellung von vier aufeinanderfolgenden Heuschreckenarten in Joel 1,4 nur um einen rhetorischen Effekt, um die Totalität des angerichteten Zerstörungswerks zu unterstreichen. Demgegenüber läßt Dahmen, NSK.AT 23,2, 42, die Frage nach der Bedeutung der hier beschriebenen Abfolge von vier Heuschreckenarten sogar bewußt beiseite.

73 Vgl. zu solchen im 19. Jh. häufiger vertretenen Annahmen etwa Hengstenberg, Christologie 1, 370f; Hilgenfeld, Judenthum, 416.

pher an dieser Stelle wohl gar nicht passend sind.[74] Man müßte wohl eher sagen, daß im Joelbuch in und mit der Darstellung einer Heuschreckenplage Assoziationen eines feindlichen militärischen Angriffs geweckt werden. Die Alternative, ob hier Heuschrecken wie ein Heer dargestellt werden oder ob hier ein Heer wie Heuschrecken dargestellt wird, wäre dann überhaupt zu eng gefaßt. Es könnte vielmehr von einer zweiten Sinnebene gesprochen werden, die in die Darstellung des Heuschreckenheeres bewußt eingebracht worden ist und mit zunehmendem Verlauf des Buches immer deutlicher hervortritt.[75]

Denn schon in Joel 2,1-11 wird die Darstellung noch weiter von einer realen Heuschreckenplage abgerückt und die Assoziationen mit einem wirklichen militärischen Angriff werden noch verstärkt.[76] Das herankommende Volk wird in diesem Textbereich nämlich gar nicht mehr mit den in 1,4 genannten Heuschrecken in Verbindung gebracht. Zwar erinnern die Beschreibungen in den von der Redaktion eingebrachten Versen 2,2*.4-5.7-9.11a immer noch an ein Heuschreckenheer. Es werden aber in diesen Beschreibungen erstaunlicherweise ausnahmslos militärische Assoziationen geweckt. Denn eigentlich wäre ja zu erwarten, daß Heuschrecken vor allem die Vegetation angreifen. Doch davon ist in 2,1-11 gerade nicht die Rede. Stattdessen wird etwa beschrieben, wie das anrückende Volk über Mauern steigt und zu Fenstern eindringt. Wie schon 1,4.6-7 wird also auch die

---

74 Vgl. hierzu auch Stuart, WBC 31, 233f; Andiñach, Locusts, 438 Anm. 11.
75 Vgl. dabei insbesondere die neuerdings von Scoralick, Güte, 176, vorgetragene Sicht: „Die Joelschrift entfaltet eine literarische Katastrophenwelt, in der sich die verschiedenen Bildwelten von natürlicher und militärischer Bedrohung überlagern. Das geschieht offensichtlich nicht nur beiläufig und an einer Stelle, sondern durchgängig. Herrscht zu Beginn der Schrift noch der Eindruck vor, es werde eine Naturkatastrophe (Heuschreckenplage und Dürre) mit Bildern aus dem militärischen Bereich dramatisiert, so ist es am Ende die Schilderung eines Endkampfes, die mit landwirtschaftlichen Vorstellungen verknüpft wird (Joel 4,9-12 und 4,12f)." Siehe hierzu auch Zenger, Einleitung, 532, der von „Polysemie (Vielsinnigkeit) der Heuschreckenmetapher" spricht.
76 Nicht umsonst wurde schon häufiger vermutet, daß in Joel 2,1-11 nicht mehr die in Joel 1 beschriebene Heuschreckenplage im Blick sei, sondern ein wirklicher Feindangriff, wobei dann meist an ein apokalyptisches Heer gedacht wird; vgl. schon Merx, Prophetie, 66, und sodann Wolff, BK 14,2, 47-50; Reicke, Joel, 137; Jeremias, Art. Joel, 94f; Dahmen, NSK.AT 23,2, 59. Die ansonsten diskutierte Alternative, daß in Joel 1-2 insgesamt entweder eine wirkliche Heuschreckenplage oder aber ein militärischer Angriff beschrieben wird, ist hier also zugunsten einer Interpretation, die in Joel 1 und 2,1-11 ein jeweils voneinander zu unterscheidendes Szenario erkennt, aufgegeben. Allerdings lassen sich Joel 1 und 2,1-11 inhaltlich kaum so einfach gegeneinander abgrenzen, da in 2,18-27 Motive aus beiden Textbereichen miteinander kombiniert werden; vgl. nur 2,25, wo die Heuschreckennamen aus 1,4 und die Rede vom „Heer Jhwhs" aus 2,11 nebeneinander aufgenommen sind. Gerade diese Stelle zeigt deutlich, daß in Joel 1-2 eben nicht zwei voneinander zu trennende Sachverhalte beschrieben werden, sondern durchgängig ein und dieselbe Notlage dargestellt wird.

Das Joel-Korpus

Darstellung in 2,1-11, so sehr hier immer noch die Beschreibung eines Heuschreckenheeres anklingt, transparent für einen feindlichen Angriff. Ja, die schon den Versen 1,4.6-7 eigene Durchlässigkeit des Heuschreckenbildes für militärische Assoziationen wird hier sogar noch gesteigert.

In 2,18-27 erhält die Schilderung des feindlichen Heeres schließlich noch deutlichere Konturen, die die Heuschreckenplage endgültig als Bild für einen feindlichen Angriff verstehen lassen. Denn die Bezeichnung des Angreifers als der „Nördliche" (צפוני) in 2,20 ist doch kaum mehr mit der Beschreibung wirklicher Heuschrecken in Einklang zu bringen.[77] Dies wäre schon von den realen Gegebenheiten her unsinnig, da Heuschrecken eben nicht prinzipiell aus dem Norden kommen, sondern meist sogar aus Süden und Osten.[78] Und auch die Darstellung, daß dieser Feind in verschiedene Himmelsrichtungen vertrieben wird, wobei hier sogar nochmals in militärischen Bildern Vorhut und Nachhut einzeln aufgezählt werden, paßt kaum zu einer Heuschreckenplage.[79] Vor allem aber weckt die Bezeichnung als „Nördlicher" Assoziationen an den im Jeremiabuch belegten „Feind aus dem Norden" (Jer 1,13-15; 4,6; 6,1.22), womit ja ebenfalls ein ganz realer feindlicher Übergriff gemeint ist.[80] Die in der Forschung ebenfalls vertretenen Deutungen des „Nördlichen" auf den „Götterberg im Norden" und von hier aus auf die Heuschrecken als von Gott gesandtes Heer[81] oder aber auf den Nordwind, der die Heuschreckenplage entfernt,[82] sind dagegen wohl allesamt Hilfskonstruktionen, um an der Deutung auf eine reale Heuschreckenplage festhalten zu können. Denn gerade die Rede von Vorhut und Nachhut schränkt das prinzipiell mögliche Bedeutungsspektrum des „Nördlichen" doch auf den Bereich einer militärischen Bedrohung und somit auf den „Feind aus dem Norden" ein.

---

77 Gegen Wellhausen, Propheten, 218; Marti, KHC 13, 131f; Robinson, HAT 14, 64; Rudolph, KAT 13,2, 64f; Leeuwen, Northern, 85-99; Barton, Joel, 47f, u.a.

78 Siehe hierzu Dalman, Arbeit 1,2, 393. Dies wird in der Forschung auch allgemein anerkannt, vgl. nur Marti, KHC 13, 131; Sellin, KAT 12, 130; Wolff, BK 14,2, 73; Rudolph, KAT 13,2, 64; Leeuwen, Northern, 94f, allerdings werden daraus nur selten Konsequenzen gezogen.

79 Wenn Leeuwen, Northern, 95, im Anschluß an Keil, BC 3,4, 143, meint, die Vertreibung des „Nördlichen" in verschiedene Himmelsrichtungen in Joel 2,20 sei so zu deuten, daß die Heuschrecken vom Wind davongetragen werden, wobei sich dieser Wind eben dreht, so ist dies doch sicherlich eine Verlegenheitsauskunft.

80 Vgl. hierzu Dahmen, NSK.AT 23,2, 74: „Der ‚Feind aus dem Norden' (V. 20) ist trotz allem mythologischen Hintergrund als die militärische Feindmetapher des AT (vgl. Jer 1,14; 4,6; 6,22 u.ö.) ein ganz typisches Kriegsbild und passt nicht auf Heuschrecken." Zu der bei Dahmen u.a. damit verbundenen These, daß erst ab Joel 2 eine militärische Bedrohung und nicht mehr die in Joel 1 vorausgesetzte Heuschreckenplage beschrieben wird, s.o. 415 Anm. 76.

81 So Bič, Joel, 69; Rudolph, KAT 13,2, 64f; vgl. auch Leeuwen, Northern, 96f.

82 So Budde, Norden, 3-5, wobei Budde für diese Deutung einige textkritische Eingriffe vornehmen muß, die im einzelnen kaum haltbar sind.

Die abschließende Darstellung in 2,25, daß Jhwh die Jahre erstatten
wird, die die nun wieder beim Namen genannten Heuschrecken gefressen
haben, spricht ebenfalls nicht gegen eine solche Deutung. Denn zum einen
werden die Heuschrecken hier ja gerade als Jhwhs Heer beschrieben, was
deutlich an Joel 2,11 anspielt und wodurch auch dieser Vers auf einer Linie
mit den vorangehenden militärischen Beschreibungen der Heuschreckenplage bleibt. Und zum anderen läßt sich die Aussage, daß die Notlage mehrere Jahre dauerte, wiederum nicht mit einer wirklichen Heuschreckenplage
in Verbindung bringen, da eine solche Plage in den hier vorausgesetzten
Ausmaßen doch nur ein Mal in mehreren Jahren auftritt.[83] So wird an dieser
Stelle das Bild einer realen Heuschreckenplage erneut durchbrochen und
wird wiederum transparent für feindliche Übergriffe eines fremden Volkes.

Schließlich spricht noch eine prinzipielle Überlegung gegen eine Deutung auf eine reale Heuschreckenplage: Es wäre dann nämlich nicht wirklich
erklärlich, wie das abschließende Völkergericht in Joel 4 im Kontext des
Buches zu verstehen sein soll. Denn außer den Heuschreckenpassagen sind
die Völker in Joel 1-2 doch nur noch in 2,17 genannt, wo davon die Rede ist,
daß Jhwh vergeben soll, damit die Völker sein Volk nicht schmähen und
nicht über es herrschen werden. In diesem kurzen Hinweis auf das Verhalten der Völker kann wohl kaum der Ansatzpunkt für ein so umfassendes
Völkergericht, wie es in Joel 4 dargestellt wird, gesehen werden.

Es spricht also alles dafür, daß mit der von der Redaktion eingebrachten
Heuschreckenplage schon immer mehr als „nur" eine Naturkatastrophe
dargestellt werden sollte. Die irrealen Züge in den Ausführungen über diese
Notsituation und vor allem die einseitige Beschreibung in militärischen
Bildern bieten mehr als eine drastische Schilderung einer realen Heuschrek-
kenplage. Vielmehr wird die Darstellung dieser Plage von vornherein und
dann immer deutlicher transparent für den Angriff eines realen Feindes. Der
Anlaß für eine solch indirekte Beschreibung eines feindlichen Angriffs kann
dabei aufgrund der hier vorgelegten redaktionsgeschichtlichen Überlegungen
gut mit der ja auf eine Dürrenot bezogenen Grundschicht des Buches
erklärt werden. Aufgrund der inhaltlichen Ausrichtung der Grundschicht an
einer solchen Naturkatastrophe bot sich für die Redaktoren an, die von
ihnen intendierte Beschreibung eines feindlichen Angriffs durch die Schilderung einer Heuschreckenplage hindurch darzustellen. Die in der Forschung so viel diskutierte Verbindung von realer Heuschreckenplage und

---

83 Vgl. hierzu Dalman, Arbeit 1,2, 393; Fohrer, Welt, 35. Nicht umsonst ändern daher
    Sellin, KAT 12, 128; Robinson, HAT 14, 64, zu אֶת שָׁנַיִם oder Rudolph, KAT 13,2, 62,
    zu אֵת מֵאֲשֶׁר הַשָּׁנִים, so daß hier ursprünglich angesagt worden wäre, daß Jhwh „doppelt"
    erstatten wird. Doch sind derartige Eingriffe in den Text kaum zu rechtfertigen und erkenn-
    bar von dem Interesse geleitet, an der Deutung von Joel 1-2 auf eine Heuschreckenplage
    festhalten zu können.

Feindangriff in Joel 1-2 erklärt sich somit aus der Entstehung des Buches heraus, da von den Redaktoren die den Grundbestand des Buches auszeichnende agrarische Notlage durch die von ihnen eingebrachte Darstellung einer Heuschreckenplage auf einen Feindangriff hin gesteigert wurde.

In Joel 1 ergibt sich nun also insgesamt ein Grundbestand, der die Verse 1,1-3.5.8-20 umfaßt. Es handelt sich hier um einen Klageaufruf angesichts einer Dürrekatastrophe, die nach dem Sammlungsaufruf in 1,14 in ein Klagegebet mündet, in dem die gegenwärtige Notlage mit dem nahe bevorstehenden Tag Jhwhs in Verbindung gebracht wird. Angesichts dieses Nebeneinanders der Themen Dürre und Tag Jhwh kann dieser Textbereich gut auf einer Ebene mit dem in Joel 2 erkennbaren Grundbestand angesetzt werden.

In 1,4.6-7 wird die Grundschicht um die Darstellung einer aufkommenden Heuschreckenplage erweitert, die angesichts der schon hier erkennbaren Brüche in der Darstellung dieser Plage transparent wird für den Angriff eines feindlichen Heeres. Dabei sind diese Verse auf derselben Ebene einzuordnen wie die Überarbeitungen in Joel 2, durch die die Tag-Jhwh-Schilderung in 2,1-11 und die Mitteilung des göttlichen Erbarmens in 2,18-27 ganz entsprechend zu 1,4.6-7 um die Darstellung eines anrückenden Heeres und die Abwendung dieser Not fortgeschrieben werden.

2.1.3 Das Gericht an den Völkern in Joel 4

Das Joelbuch wird in Joel 4 abgeschlossen mit der Darstellung eines umfassenden Völkergerichts. Dabei wird zunächst in 4,1-3 angesagt, daß Jhwh das Geschick seines Volkes wenden und die Völker im Tal Joschafat versammeln wird, wo er über sie angesichts der von ihnen angerichteten Zerstreuung seines Volkes richten wird. In 4,4-8 folgt ein Gerichtswort gegen Tyros, Sidon und die Philister, die die Judäer und Jerusalemer beraubt und Angehörige des Volkes an die Griechen verkauft haben. In 4,9-17 finden sich sodann Aufrufe an die Völker, sich für das kommende Gericht bereitzumachen, sowie an das eigene Volk,[84] sich zum Kampf gegen die Völker am Tag Jhwhs zu rüsten, bevor das Buch in 4,18-21 mit der Ankündigung endet, daß Berge und Hügel einst von Traubensaft und Milch triefen werden, eine

---

[84] Die schon häufig, etwa von Marti, KHC 13, 140; Rudolph, KAT 13,2, 84; Crenshaw, AncB 24C, 187; Barton, Joel, 103f, vorgeschlagene Annahme, daß der Aufruf zum Kampf gegen die Völker in 4,9-17 nicht an das eigene Volk, sondern an himmlische Gestalten gerichtet ist, läßt sich durch nichts begründen. Im Gegenteil: Daß nach 4,10 sogar der Schwächling sagen soll, er sei ein Held, paßt doch eher auf menschliche Adressaten.

Quelle aus dem Tempel ausgehen wird und daß Ägypten und Edom wüst werden, das eigene Volk jedoch sicher wohnen wird.

Bei Joel 4 wurde schon häufig vermutet, daß das Gerichtswort über Tyros, Sidon und die Philister in 4,4-8 erst sekundär in den vorliegenden Kontext eingetragen wurde.[85] Und in der Tat unterbricht dieses Wort den Zusammenhang zwischen der Einleitung des allgemeinen Völkergerichts in 4,1-3 und dem Aufruf zum Kampf gegen die Völker in 4,9-17. So ist vor allem auffällig, daß in einem ansonsten gegen die gesamte Völkerwelt gerichteten Kontext konkrete Feinde und deren Vergehen genannt werden. Zudem weicht diese Einheit insofern von den vorangehenden Versen ab, als hier die Plünderung des Volkes und der Verkauf von Sklaven im Mittelpunkt steht, während in der Anklage in 4,2-3 vor allem die Zerstreuung des Volkes unter die Völker, also wohl deren Deportation, angeprangert wird. Zwar wird schon in 4,3 der Verkauf von jungen Männern und Frauen erwähnt. Doch anders als in 4,4-8 ist dies in 4,2-3 nicht der Hauptanklagepunkt. Zuletzt fällt Joel 4,4-8 aber auch noch aufgrund des diese Verse bestimmenden Vergeltungsdenkens auf. So werden die Taten der genannten Völker nach 4,4 auf sie zurückfallen und nach 4,6-8 werden sie, die die Judäer verkauft haben, nun selbst von diesen verkauft werden. Derart direkte Vergeltungsvorstellungen sind dem sonstigen Kapitel fremd.

Es handelt sich also bei Joel 4,4-8 um einen Nachtrag, durch den das allgemeine Völkergericht in 4,1-3.9-17 auf bestimmte Völker und auf deren besondere Vergehen hin konkretisiert wird. Dabei dürfte das Wort aufgrund des in 4,3 genannten Verkaufens junger Menschen, das dann in 4,4-8 auf die vergleichbaren Taten der hier genannten Völker hin zugespitzt wird, an gerade dieser Stelle nachgetragen worden sein.[86]

---

85 Vgl. etwa Sellin, KAT 12, 136; Weiser, ATD 24, 124; Wolff, BK 14,2, 89; Deissler, NEB.AT 4, 83; Loretz, Regenritual, 143; Redditt, Joel, 230; Jeremias, Art. Joel, 94; Barton, Joel, 100; Dahmen, NSK.AT 23,2, 86. Gegen diesen Konsens hat in neuerer Zeit Nogalski, Processes, 30, vorgeschlagen, daß es sich bei diesem Wort um eine vorgegebene Überlieferung handelt, die bereits im Rahmen der Erstverschriftung von Joel 4 aufgenommen wurde. Dafür verweist Nogalski auf die chiastische Struktur des Kapitels, in die die Verse 4,4-8 seiner Meinung nach fest integriert sind, vgl. a.a.O., 27: A) The coming restoration of Judah and Jerusalem (4:1); B) Judgement of the nations in the valley of Jehoshaphat (4:2); C) Slavery of YHWH's people (4:3); C') Slavery of YHWH's people (4:4-8); B') Judgement of the nations in the valley of Jehoshaphat (4:9-17); A') The coming restoration of Judah and Jerusalem (4:18-21). Doch schon die sehr ungleiche Größe der Teile B und B' spricht gegen die von Nogalski dargestellte Komposition. Zudem sind die von Nogalski als B und C gegeneinander abgegrenzten Verse 4,2 und 4,3 als zusammenhängende Anklage an die Völker zu verstehen, was die von ihm vorgelegte Beschreibung der Struktur dieses Kapitels ebenfalls in Frage stellt. So sprechen die im folgenden ausgeführten Argumente wohl eher dafür, daß Joel 4,4-8 erst sekundär in den vorliegenden Kontext integriert wurde.
86 So auch Wolff, BK 14,2, 89; Jeremias, Art. Joel, 94; Barton, Joel, 100; Dahmen, NSK.AT 23,2, 91.

Neben 4,4-8 wird es sich dann auch bei 4,18-21 um eine Ergänzung des vorliegenden Völkergerichts handeln.[87] Schon die im Joelbuch nur an dieser Stelle belegte Einleitung והיה ביום ההוא in 4,18 grenzt dieses Wort als neuen Gedankengang gegenüber dem vorangehenden Zusammenhang ab. Zudem fällt die Beschreibung von Bergen und Hügeln, die von Traubensaft und Milch triefen, sowie die Erwähnung einer Quelle aus dem Haus Jhwhs auf. Zwar werden auch bei den Ausführungen zum Völkergericht in 4,1-3.9-17 im weitesten Sinne landwirtschaftliche Motive verwandt – etwa das Umschmieden der Erntegeräte in 4,10 oder das Anlegen der Sichel in 4,13. Diese Motive werden dort allerdings zur Darstellung des Völkergerichts gebraucht. Die Fruchtbarkeit des Landes, die in 4,18 in geradezu utopischen Dimensionen beschrieben wird, ist in 4,1-3.9-17 hingegen nicht von Bedeutung. Desweiteren spricht schließlich noch für den sekundären Charakter von 4,18-21, daß mit Ägypten und Edom in 4,19 erneut zwei konkrete Völker genannt werden, was diese Verse – wie schon 4,4-8 – von dem allgemeinen Völkergericht in 4,1-3.9-17 unterscheidet.

In Joel 4 verbleibt somit ein ursprünglicher Bestand, der die Verse 4,1-3.9-17 umfaßt. Dieser Textbereich kann nun frühestens auf einer Ebene mit den Überarbeitungen in Joel 1-2 angesetzt werden. Dafür spricht zunächst, daß sich in 4,1-3.9-17 nicht nur Stichwortbeziehungen zur Grundschicht des Joelbuches finden lassen, sondern eben auch zu den Überarbeitungen in diesem Textbereich.[88] So ist 4,1-3.9-17 mit der Grundschicht des Buches vor allem über die agrarischen Begriffe קציר (4,13 // 1,11); יקב (4,13 // 2,24), über die mit dem Tag Jhwhs verbundenen Wendungen קרוב יום יהוה (4,14 // 1,15) und שמש וירח קדרו וכוכבים אספו נגהם (4,15 // 2,10) sowie über die Stichworte נחלה (4,2 // 2,17); קרא Imperativ (4,9 // 1,14; 2,15); קדש Imperativ (4,9 // 1,14; 2,15.16) verbunden. Zu den sekundären Passagen in Joel 1-2 finden sich Bezüge über die militärischen Begriffe מלחמה (4,9 // 2,5.7); גבור (4,9.10.11 // 2,7), über die Verbindung יהוה נתן קולו (4,16 // 2,11)[89] und über die Wendung וידעתם כי (בקרב ישראל אני ו)אני (4,9 //

---

87   Vgl. nur Jepsen, Beiträge, 86; Wolff, BK 14,2, 90; Loretz, Regenritual, 143; Jeremias, Art. Joel, 94; Dahmen, NSK.AT 23,2, 86.

88   Die zahlreichen Stichwortverbindungen zwischen Joel 4 und Joel 1-2 wurden bereits von Wolff, BK 14,2, 7, zusammengestellt.

89   Joel 4,16 fällt allerdings aus dem vorliegenden Kontext, da dieser Vers im Gegensatz zu 4,1-3.9-15.17 als Prophetenrede formuliert ist. Dennoch wird Joel 4,16 meist zum ursprünglichen Bestand der vorliegenden Einheit gerechnet; vgl. nur Marti, KHC 13, 141; Rudolph, KAT 13,2, 85; Wolff, BK 14,2, 98; Bergler, Joel, 144f. Zu beachten ist nämlich, daß sich zu 4,16aα eine wörtliche Parallele zu Beginn des auf das Joelbuch folgenden Amosbuches findet (Am 1,2a). Die Formulierung in 3. Person ließe sich also gut durch die Aufnahme aus Am 1,2a erklären. Dabei könnte Joel 4,16 angesichts der verwandten Formulierung in Joel 2,11a durchaus auf dieselbe Hand zurückgehen, die auch für den Kontext dieses Verses verantwortlich ist. Es ist aber auch nicht ausgeschlossen, daß es sich bei Joel 4,16 erst um eine

אלהיכם יהוה (4,17 // 2,27). Es wird in Joel 4,1-3.9-17 also nicht nur die in der Grundschicht bestimmende Verbindung von agrarischer Begrifflichkeit und Tag Jhwhs vorausgesetzt, sondern auch die erst im Rahmen der Überarbeitungen in Joel 1-2 eingebrachte militärische Terminologie und die Wendung, daß das Volk erkennen wird, daß Jhwh ihr Gott ist.

Vor allem spricht aber gegen eine Zuweisung von Joel 4,1-3.9-17 zur Grundschicht des Buches, daß das hier dargestellte Völkergericht durch die an einer Dürrenot orientierte Grundschicht in Joel 1-2* kaum vorbereitet wäre. Zwar sind die Völker in Joel 2,17 auch im Rahmen der Grundschicht erwähnt. Dort geht es allerdings um die Angst der Angehörigen des Volkes, daß die Völker sie aufgrund der herrschenden Notlage schmähen und über sie herrschen werden. Eine wirkliche Konfrontation scheint in 2,17 also nicht vorausgesetzt zu sein, schon gar nicht eine militärische Auseinandersetzung wie in 4,2-3 beschrieben.[90] Erst mit den Überarbeitungen in Joel 1-2, deren Darstellung einer Heuschreckenplage immer deutlicher die Züge eines feindlichen Angriffs erkennen läßt,[91] wird in das Joelbuch ein Szenario eingebracht, als dessen Fortsetzung das Völkergericht in Joel 4 gut verständlich wäre.

Doch das Gericht an den Völkern in Joel 4,1-3.9-17 setzt die Überarbeitungen in Joel 1-2 nicht nur voraus. Vermutlich ist es sogar auf derselben Ebene wie diese Überarbeitungen anzusetzen. Dafür sprechen schon die Stichwortbeziehungen zu dieser Schicht, wobei insbesondere auffällt, daß die Ansage der Abwendung der Not in 2,27 wie dann auch die Ankündigung des Völkergerichts in 4,17 mit der Zusage abgeschlossen wird, daß das Volk nun erkennen wird, „daß ich, Jhwh, euer Gott bin" (וידעתם כי אני יהוה אלהיכם). Dafür spricht zudem, daß Joel 4,1-3.9-17 wie schon der Großteil der Überarbeitungen in Joel 1-2 als Gottesrede formuliert ist.[92] Und dafür spricht auch und vor allem die inhaltliche Ausrichtung dieser Verse: Es wurde ja bereits ausgeführt, daß die Darstellung der Heuschreckenplage immer deutlicher Assoziationen an einen feindlichen Angriff weckt. Insofern wäre die Ankündigung des Endes aller feindlichen Übergriffe in Joel 4,1-3.9-17 die logische und angesichts des in Joel 1-2 bis zum Ende ver-

---

sekundäre Verknüpfung mit dem Amosbuch handelt. Eine endgültige Entscheidung muß an dieser Stelle bis zur weiteren Betrachtung von Joel 4,1-3.9-17 im Zusammenhang des Zwölfprophetenbuches offenbleiben.

90 Zu Joel 2,17 siehe im einzelnen unten 440f.
91 Siehe hierzu oben 413-418.
92 Zu Joel 4,16 s.o. 420 Anm. 89. Ansonsten fällt nur 4,11b als Prophetenrede aus dem Kontext von 4,1-3.9-17 heraus. Da dieser Teilvers aber schon textkritisch umstritten und auch inhaltlich kaum wirklich verständlich ist, kann er hier außer Acht gelassen werden; vgl. etwa Marti, KHC 13, 140; Sellin, KAT 12, 140; Robinson, HAT 14, 68; Barton, Joel, 103, die diesen Vers entweder als späte Glosse ausscheiden oder aber im Anschluß an die nicht als Prophetenrede gestaltete LXX-Lesart ὁ πραΰς ἔστω μαχητής ändern.

steckten Charakters der Feindschilderung vielleicht sogar notwendige Fortsetzung dieser Überarbeitungen. Nach der Beschreibung der Bedrohung in
Joel 1,2-2,17 und der Ankündigung der Abwendung dieser Not in 2,18-27
würde nämlich durch die Ansage eines allgemeinen Völkergerichts in 4,1-
3.9-17 endgültig deutlich, daß die zuvor beschriebenen Übergriffe eben nur
vordergründig einen Heuschreckeneinfall im Blick haben. Und es würde
zum anderen nach der Abwendung einer einmaligen Bedrohungssituation
das prinzipielle Einschreiten Jhwhs gegen die Völker angekündigt.[93]

Daß das Völkergericht in Joel 4,1-3.9-17 auf derselben Ebene wie die
Überarbeitungen in Joel 1-2 einzuordnen ist, läßt sich schließlich auch noch
darüber begründen, daß hier dieselbe Vorstellungswelt wie bei diesen Überarbeitungen erkennbar ist. Hier wie dort wird nämlich eine militärische
Auseinandersetzung gerade in landwirtschaftlichen Bildern präsentiert.
Während in Joel 1-2 eine Heuschreckenplage transparent wird für einen
feindlichen Angriff, wird in Joel 4 das Gericht an den Völkern als Ernte
vorgestellt, bei der die Sichel angelegt werden soll und die Kelter voll ist
(4,13). Joel 4 bleibt also gewissermaßen der Bildwelt der Überarbeitungen in
Joel 1-2 treu: Nachdem die für den Angriff eines fremden Volkes stehende
Gefährdung der Ernte in Joel 1-2 überwunden ist, wird in Joel 4 gerade eine
Ernte an den Völkern beschrieben. Es handelt sich somit bei dem hier
angesagten Völkergericht um eine letzte Steigerung der in 1,4 begonnenen
Darstellung einer militärischen Auseinandersetzung in agrarischen Bildern.[94]

Das bislang häufig vertretene redaktionsgeschichtliche Modell, nach
dem beim Joelbuch die an einer Heuschrecken- und einer Dürrenot orientierten Kapitel 1-2 um die beiden auf die Geistausgießung und das eschatologische Gericht an den Völkern blickenden Kapitel 3-4 erweitert wurden,[95]
kann damit endgültig revidiert werden. Es wird nicht nur dem differenzierten Befund in Joel 1-2 nicht gerecht.[96] Es wird auch dem Zusammenhang

---

93 Beachtenswert ist in diesem Zusammenhang auch, daß in dem von der Überarbeitung
    eingebrachten Vers 2,19 im Anschluß an Joel 2,17 betont wird, daß Jhwh sein Volk nicht
    mehr der Schmähung unter den Völkern preisgeben wird. Nach der daraufhin beschriebenen
    Vernichtung des „Nördlichen" fehlt aber noch die damit verbundene Darstellung des
    Eingreifens Jhwhs gegen die gesamte Völkerwelt. So schließt Joel 4 also auch von hier aus gut
    an die Überarbeitungen von Joel 1-2 an.
94 Vgl. hierzu auch nochmals das oben 415 Anm. 75 angegebene Zitat von Scoralick, die in
    dieser Hinsicht mit ihren am Endtext des Buches orientierten Ausführungen für die Ebene
    der soeben besprochenen Überarbeitungen sicherlich das Richtige erkannt hat.
95 So erstmals 1872 Vernes, Peuple, 46-58, und in der Folgezeit etwa Nowack, HK 3,4, 85;
    Robinson, HAT 14, 55f; Müller, Prophetie, 249; Smend, Entstehung, 172; Barton, Joel, 14;
    Seybold, Art. Joel, 511.
96 Der Befund in Joel 1-2 spricht nebenbei auch gegen die bisweilen vorgetragenen differen-
    zierteren Blockmodelle; vgl. etwa Redditt, Joel, 231, der meint, daß beim Joelbuch auf die
    Grundschicht in 1,5-20; 2,1-17 nach und nach die Schichten 2,18-27; 1,1-4; 4,1-21; 3,1-5
    ergänzt wurden, oder Bosshard-Nepustil, Rezeptionen, 282, der von einem Wachstum des

von Joel 4 mit diesen Kapiteln nicht gerecht.[97] Vielmehr ergibt sich für die
Kapitel 1; 2; 4, daß eine an den inhaltlich verbundenen Themen Dürrenot
und Tag Jhwhs orientierte und als Prophetenrede formulierte Grundschicht
in 1,1-3.5.8-20; 2,1.2*.3.6.10.11b.15-17.21-24.26a um die an den wiederum
verbundenen Themen Heuschreckenplage und Völkergericht ausgerichteten
und überwiegend als Gottesrede gestalteten Überarbeitungen in 1,4.6-7;
2,2*.4-5.7-9.11a.18-20.25.26b.27; 4,1-3.9-17 ergänzt wurde.

So umfaßt der ursprüngliche Bestand des in Joel 4 dargestellten Völkergerichts also die Verse 4,1-3.9-17. Dieser Textbereich kann auf einer literarischen Ebene mit den Überarbeitungen in Joel 1-2 angesetzt werden, durch
die in die Grundschicht des Buches die Darstellung einer Heuschreckenplage eingebracht wurde, die mit zunehmendem Verlauf des Buches für den
Angriff eines feindlichen Heeres transparent wird.

In 4,4-8 und 4,18-21 finden sich zwei demgegenüber später anzusetzende Überarbeitungen, durch die das an der gesamten Völkerwelt orientierte
Gerichtswort 4,1-3.9-17 auf bestimmte Völker hin konkretisiert wird und in
4,18 zudem noch um die Erwartung, daß die Berge und Hügel von Traubensaft und Milch strömen und eine Quelle vom Tempel ausgeht, erweitert
wird.

2.1.4 Die Geistausgießung Joel 3

In Joel 3 findet sich zunächst in 3,1-2 die Verheißung, daß einst der Geist
Jhwhs „über alles Fleisch"[98] ausgegossen wird. Durch diesen Geist werden
die Kinder der Angesprochenen prophetisch reden, die Alten werden Träu-
me und die Jungen Gesichte haben. In 3,3-4 ist sodann von kosmischen
Ereignissen die Rede, die als Vorzeichen des Tages Jhwhs beschrieben
werden: Die Sonne wird sich verfinstern, und der Mond wird zu Blut.
Abgeschlossen wird dieses Heilswort mit der Ansage in 3,5, daß für die, die
den Namen Jhwhs anrufen, auf dem Zion Rettung sein wird.

Bei Joel 3,1-5 fällt zunächst auf, daß nur die Verse 3,1-3 als Gottesrede
formuliert sind, während bei den folgenden Versen 3,4-5 von Gott in 3.
Person die Rede ist. Allerdings sollte weder dies noch ein etwaiger Wechsel
von Poesie zu Prosa zwischen 3,1-2 und 3,3-5 zu literarkritischen Operatio-

---

Buches mit den aufeinander folgenden Schichten 1,1-2,11; 2,12-27; 4,1-21; 3,1-5 ausgeht.
Diese Modelle können weder die formalen Differenzen noch das Nebeneinander der
verschiedenen Themen in Joel 1-2 erklären.
97 Nicht umsonst wurde gerade angesichts der die beiden Buchteile verbindenden Motive
    häufig an der Einheitlichkeit des Buches festgehalten; vgl. etwa Weiser, ATD 24, 105; Wolff,
    BK 14,2, 7; Deissler, NEB.AT 4, 67; Jeremias, Art. Joel, 94.
98 Siehe hierzu unten 425-427.

nen in diesem Textbereich führen.[99] Denn erst in Joel 3,4-5 sind Bezüge
zum sonstigen Joelbuch erkennbar. Erst hier wird auf den Tag Jhwhs Bezug
genommen, was den Tag-Jhwh-Ankündigungen in 1,15; 2,1.11; 4,14 entspricht, und erst hier wird das Verfinstern der Sonne und das Verfärben des
Mondes zu Blut erwähnt, was deutlich an 2,10; 4,15 erinnert. Ohne 3,4-5
stünde der verbleibende Grundbestand von Joel 3 gänzlich unverbunden im
Kontext.

So bietet sich an dieser Stelle eher eine überlieferungsgeschichtliche
Lösung an, nach der für Joel 3,1-3 auf vorgegebenes Gut zurückgegriffen
und über 3,4-5 in den vorliegenden Zusammenhang eingefügt wurde. Dies
wird auch daran erkennbar, daß in 3,4 nicht wie in 2,10; 4,15 vom Verfinstern von Sonne und Mond die Rede ist, sondern davon, daß die Sonne sich
verfinstert und der Mond zu Blut wird. Mit dem damit genannten Blut wird
aber gerade eines der in 3,3 erwähnten Zeichen der kommenden Ereignisse
aufgenommen. So ist in Joel 3,4 also die Terminologie aus 3,3 und 2,10; 4,15
miteinander verbunden, was eben dafür spricht, daß eine in 3,1-3 erkennbare
vorgegebene Einheit über 3,4-5 in das bestehende Buch integriert wurde.[100]

Sekundär wird dann bei Joel 3 allenfalls in 3,5 die abschließende Wendung וּבַשְּׂרִידִים אֲשֶׁר יְהוָה קֹרֵא sein.[101] Denn was immer hier mit den
„Entronnenen" genau gemeint sein mag –[102] die betonte Darstellung, daß
die, die Jhwh ruft, gerettet werden, korrigiert doch die zuvor dargelegte
allgemeine Heilsansage, nach der jeder (כֹּל), der den Namen Jhwhs anruft,
gerettet wird, zugunsten einer eingeschränkteren Heilserwartung.

99   Gegen Jepsen, Beiträge, 86, der nur Joel 3,1-3 zum Grundbestand des Buches rechnet und
     3,4-5 aufgrund der Gestaltung als Prophetenrede als sekundär betrachtet, oder Loretz,
     Regenritual, 102.143, der aufgrund seiner kolometrischen Analyse von Joel 3,1-5 zu dem
     Ergebnis kommt, daß es sich bei 3,1-2 und 3,3.4a.5 um zwei unabhängig voneinander
     eingeschobene Nachträge handelt, wobei der Bezug auf den Tag Jhwhs in 3,4b nochmals
     später ergänzt wurde.
100 Vergleichbare überlieferungsgeschichtliche Überlegungen wurden bereits von Robinson,
     HAT 14, 65-67, und Fohrer, Einleitung, 470, vorgetragen. Allerdings geht Robinson davon
     aus, daß es sich bei 3,1-2 und 3,3-4 um zwei aufgenommene Fragmente handelt, wobei
     letzteres über 3,5 in den Kontext des Joelbuches integriert wurde. Fohrer meint, daß es sich
     bei 3,1-2.3-4.5 um drei ursprünglich selbständige Überlieferungen handelt. Beide Male wird
     also übersehen, daß gerade in Joel 3,4 gleichermaßen auf die Terminologie aus 3,3 und aus
     2,10; 4,15 zurückgegriffen wurde, was eher dafür spricht, daß nur die Verse 3,1-3 als vor-
     gegebenes Gut anzusehen sind und die Verse 3,4-5 bei deren Einarbeitung in das Joelbuch
     ergänzt wurden.
101 Vgl. Wolff, BK 14,2, 66; Rudolph, KAT 13,2, 70; Deissler, NEB.AT 4, 82; Jeremias, Berg
     Zion, 44; Beck, Tag, 179.
102 So denken etwa Marti, KHC 13, 137; Sellin, KAT 12, 136; Rudolph, KAT 13,2, 74; Deissler,
     NEB.AT 4, 82, an Diasporajuden, Plöger, Theokratie, 125f; Redditt, Joel, 232f, an eine
     konventikelartige oder sektiererische Gruppe, Jeremias, Berg Zion, 42-45, meint sogar, es sei
     hier an die Völker gedacht.

Der verbleibende Bestand in Joel 3,1-4.5* wird nun weder auf der Ebene der Grundschicht des Buches noch auf der Ebene der Überarbeitungen in Joel 1-2*; 4* einzuordnen sein.[103] Denn dagegen spricht vor allem der im sonstigen Joelbuch nicht vorhandene universale Charakter dieser Einheit. Das in Joel 3 angesagte Heil ist nämlich entgegen der gängigen Meinung nicht auf Israel zu beschränken.[104] Dies zeigt deutlich die Wendung כל־בשׂר in 3,1, die sonst stets universal im Sinne von „die gesamte Menschheit" gebraucht wird und somit auch in Joel 3,1 nicht vorschnell anders gedeutet werden sollte.[105] Zudem weist auch in 3,5* die Formulierung „jeder, der den Namen Jhwhs anruft, wird gerettet" mit dem wiederum betont vorangestellten כל auf eine die Grenzen des Volkes Israel überschreitende Heilshoffnung.

Nun wird aber gegen die hier vorgeschlagene universale Deutung geltend gemacht, daß in Joel 3,1 von „euren Söhnen", „euren Töchtern", „euren Alten" und „euren Jungen" die Rede ist.[106] Dabei wird die direkte Anrede nach den vorangehenden, deutlich an das eigene Volk adressierten Kapiteln Joel 1-2 auf das eigene Volk bezogen. Das mag wohl richtig sein.[107] Allerdings reicht dieses Argument kaum aus, um die ansonsten stets universal gebrauchte Wendung כל־בשׂר an dieser Stelle auf Israel einzuschränken. Interessant ist nämlich, daß die Suffixe der 2.m.pl. ja nur im Zusammenhang der in 3,1 genannten prophetischen Begabungen verwandt sind.

---

103 Auch Plöger, Theokratie, 125f; Fohrer, Einleitung, 470; Redditt, Joel, 230f; Bosshard-Nepustil, Rezeptionen, 281f; Beck, Tag, 180-182; Roth, Israel, 102f, gehen davon aus, daß Joel 3 erst sekundär zwischen Joel 1-2 und 4 ergänzt wurde.

104 Daß die Heilserwartung in Joel 3 auf Israel beschränkt ist, wird nahezu allgemein vertreten; vgl. nur Marti, KHC 13, 135f; Weiser, ATD 24, 120; Plöger, Theokratie, 125; Wolff, BK 14,2, 80; Rudolph, KAT 13,2, 71; Deissler, NEB.AT 4, 81; Prinsloo, Theology, 90; Jeremias, Gelehrte Prophetie, 108f. Doch gegen diesen scheinbaren Konsens wurde schon in älteren Arbeiten hin und wieder angenommen, daß es sich bei Joel 3 um ein universales Heilswort handelt, vgl. Bewer, Obadiah, 123; Hulst, *kol baśar*, 48f, und gerade die beiden neuesten Kommentare zum Joelbuch haben sich unabhängig voneinander dieser Minderheitenmeinung angeschlossen, vgl. Barton, Joel, 96; Dahmen, NSK.AT 23,2, 80, und auch bei der erst kürzlich von Roth vorgelegten Arbeit zu den unterschiedlichen Darstellungen der Völker im Zwölfprophetenbuch wird Joel 3 als universales Heilswort verstanden; vgl. Roth, Israel, 65-67.

105 Vgl. hierzu die Belege zu כל־בשׂר bei Bratsiotis, Art. בשׂר, 852, sowie Gerlemann, Art. בשׂר, 378. So wird auch unter den Vertretern, die in Joel 3 ein auf Israel begrenztes Heilswort erkennen, zugestanden, daß die Wendung כל־בשׂר eigentlich „die gesamte Menschheit" bezeichnet. Dies wird dann aber im vorliegenden Kontext etwas leichtfertig als „jedermann in Israel" gedeutet; vgl. nur Wolff, BK 14,2, 80; Rudolph, KAT 13,2, 71; Deissler, NEB.AT 4, 81. Doch dies steht in Joel 3,1 letztlich nicht da.

106 Vgl. etwa Weiser, ATD 24, 120; Wolff, BK 14,2, 80; Rudolph, KAT 13,2, 71; Jeremias, Gelehrte Prophetie, 108f.

107 Neben der im folgenden dargestellten Interpretation wäre allenfalls noch denkbar, daß durch das anfängliche כל־בשׂר auch ein Adressatenwechsel anzunehmen ist und somit die direkte Anrede in Joel 3,1 der gesamten Menschheit gilt.

Nicht die Geistausgießung als solche, sondern nur die prophetische Rede und der Empfang von Träumen und Visionen wird „euren" Söhnen, Töchtern, Alten und Jungen zugeschrieben. Bei der in 3,2 genannten Ausgießung des Geistes über die Sklaven und Sklavinnen sind denn auch bezeichnenderweise keine Suffixe mehr verwandt. Nicht „eure Sklaven", sondern die Sklaven ganz allgemein werden den Geist empfangen. Die Tatsache, daß nur im Rahmen der prophetischen Begabungen eine bestimmte Gruppe angesprochen wird, weist dann aber allenfalls darauf hin, daß eben dies nach Joel 3,1-4.5* ein Privileg Israels sein soll, nicht aber der Empfang des Geistes an sich oder die Rettung vor dem Tag Jhwhs auf dem Zion.[108]

Hinzu kommt, daß nur dann, wenn die Heilsvorstellungen in Joel 3,1-4.5* universal zu verstehen sind, auch die Funktion dieser Einheit im vorliegenden Ablauf des Joelbuches klar wird. Im Rahmen der gängigen Deutung, nach der die heilvolle Zuwendung Jhwhs in Joel 3 auf Israel begrenzt ist, wird nämlich zumeist angenommen, daß hier noch vor der Gerichtsankündigung in Joel 4 die Möglichkeit der Rettung des Volkes am Tage Jhwhs festgehalten und somit gewissermaßen die Kehrseite des Völkergerichts in Joel 4 dargestellt werden soll.[109] Doch diese These krankt daran, daß die Rettung des eigenen Volkes im gesamten Kapitel 4 überhaupt nicht in Frage steht. Ab Joel 2,18-27 steht das Erbarmen Jhwhs gegenüber seinem Volk im vorliegenden Ablauf des Buches fest. Wenn aber Joel 3 als universales Heilswort verstanden wird, so wird die Funktion dieser Einheit an der vorliegenden Stelle durchaus verständlich. Denn dann geht es hier darum, noch vor der Darstellung des Völkergerichts in Joel 4 die Möglichkeit der Rettung der Völker durch dieses Gericht hindurch hervorzuheben. Es wird somit betont, daß das im folgenden angesagte Gericht nicht die letzte Tat Jhwhs an den Völkern sein wird. Über das Gericht hinaus wird es eine Rettungsmöglichkeit geben.

Dies läßt sich an einer bislang stets übersehenen Beobachtung noch untermauern. In Joel 3,4 werden mit dem Verfinstern der Sonne und dem sich zu Blut verfärbenden Mond Phänomene genannt, die, wie bereits erwähnt, deutlich an Joel 4,15 erinnern. Dort gehören diese Phänomene in

---

108 Vgl. hierzu Dahmen, NSK.AT 23,2, 80: „Die Differenz zwischen der Geistausgießung auf *alle* (V. 1a) und der konkreten Anrede Israels (V. 1b) ist wohl dahingehend aufzulösen, dass allein die Konsequenz der Geistbegabung, die prophetischen Fähigkeiten, ausschließlich Israel betrifft." Roth, Israel, 65, weist zudem darauf hin, daß die Ausgießung des Geistes und die Befähigung zur Prophetie nach Joel 3,1 zwei voneinander zu unterscheidende, zeitlich aufeinander folgende Akte sind. Die hier vorgetragene Beobachtung, daß bei der Geistausgießung auf die Sklaven gerade keine Suffixe verwandt sind, kann nun die Ausführungen von Dahmen und Roth noch weiter untermauern.

109 Vgl. hierzu, wenn auch mit Unterschieden im Detail, Marti, KHC 13, 137; Weiser, ATD 24, 121; Wolff, BK 14,2, 15; Rudolph, KAT 13,2, 74; Jeremias, Berg Zion, 35.39.

den Zusammenhang des Völkergerichts, das in 4,14 mit dem Tag Jhwhs in Verbindung gebracht wird. Beachtenswert ist nun, daß in Joel 3,4 betont herausgestellt wird, daß sich die Sonne verfinstern und daß der Mond zu Blut wird, noch bevor (לפני) der Tag Jhwhs kommt. Nach Joel 3,4 gehört das Verfinstern von Sonne und Mond also noch nicht zum Tag Jhwhs selbst, sondern geht diesem gerade voran. Das heißt doch aber, daß sich dann im Anschluß an Joel 3 das in Joel 4 dargestellte Völkergericht insgesamt so liest, daß die dort beschriebenen Ereignisse, zu denen eben auch das Verfinstern von Sonne und Mond gehört, in die Zeit vor dem Tag Jhwhs gehören. Ziel dieser zeitlichen Verschiebung des Völkergerichts vom Letzten zum Vorletzten kann dann doch aber nur sein, daß den Völkern durch das Gericht hindurch eine Rettungsmöglichkeit eröffnet werden soll.[110]

So handelt es sich bei Joel 3,1-4.5* also um einen Nachtrag zum Joelbuch, durch den die zuvor bestehende völkerfeindliche Ausrichtung des Buches um einen Ausblick auf eine heilvolle Zuwendung Jhwhs zur gesamten Menschheit in der Zeit nach diesem Gericht erweitert wird. Das Gericht an den Völkern wird dabei nicht abgemildert oder gar negiert. Aber es erhält den Charakter des Vorläufigen. Denn noch bevor das Gericht an den Völkern in Joel 4 angekündigt wird, ist nun in Joel 3 hervorgehoben, daß sich Jhwh durch dieses Gericht hindurch der gesamten Menschheit in der Ausgießung seines Geistes zuwenden wird und daß auf dem Zion für jeden, der den Namen Jhwhs anruft, Rettung sein wird.

---

110 Gegen diese Deutung könnte nun eingewandt werden, daß in Joel 4,14 ja ebenfalls betont wird, daß der Tag Jhwhs nahe ist, und nicht, daß er bereits eingetreten ist. Von hier aus könnte dann, wie etwa bei Marti, KHC 13, 141; Robinson, HAT 14, 69, angenommen werden, daß das Verfinstern von Sonne und Mond auch nach 4,15 zu den Ereignissen vor dem Tag Jhwhs gehört, so daß dieser Vers in etwa vergleichbar mit Joel 3,4 zu verstehen wäre. Zu beachten ist aber, daß die Darstellung in Joel 4 insgesamt auf die Zukunft blickt und zu einem zukünftigen Kampf gegen die Völker aufruft. In Joel 4,13 wird dieser Kampf gegen die Völker jedoch aufgrund der Perfektformen dargestellt, als wäre er bereits gegenwärtig. Die Ernte gilt hier bereits als reif, Sonne und Mond haben sich bereits verfinstert. Doch wird es sich dabei eher um ein rhetorisches Element handeln, um den gesamten Aufruf zum Kampf gegen die Völker drastischer zu gestalten. Deshalb sollte die Aussage in 4,14, daß der Tag Jhwhs nahe ist, auch nicht so verstanden werden, daß die in 4,13-15 geschilderten Ereignisse nur zu den Vorzeichen dieses Tages gehören; siehe hierzu Dahmen, NSK.AT 23,2, 90, der Joel 4,14-17 ebenfalls als Beschreibung des Tages Jhwhs und nicht als Schilderung von dessen Vorstufen versteht. Aber selbst wenn diese Deutung von Joel 4,13-15 falsch sein sollte: Die gegenüber 4,15 betont hervorgehobene Darstellung, daß sich Sonne und Mond noch vor dem Tag Jhwhs verfinstern, blickt auf jeden Fall auf die Zeit nach den in 4,13-15 geschilderten Ereignissen und somit auf die Zeit nach dem dort angekündigten Kampf gegen die Völker, so daß die obige Deutung, wonach in Joel 3 eine Rettungsmöglichkeit für die Völker durch dieses Gericht hindurch festgehalten werden soll, auch dann noch standhalten würde, wenn auch bei 4,13-15 selbst die dort beschriebenen Ereignisse noch in der Zeit vor dem Tag Jhwhs anzusetzen wären.

Sekundär ist in Joel 3,1-5 lediglich die Aussage am Ende von 3,5*, daß die Entronnenen, die Jhwh ruft, gerettet werden. Durch diesen Nachtrag wird die universale Heilsvorstellung von 3,1-4.5* wieder eingeschränkt, da nicht mehr nur die Zuwendung des Menschen zu Jhwh, die sich in der Anrufung seines Namens ausdrückt, als Voraussetzung der Rettung am kommenden Tag Jhwhs gilt, sondern zudem noch die Berufung durch Jhwh als notwendig erachtet wird. Dabei handelt es sich um einen vereinzelten Nachtrag, der nur auf den unmittelbaren Kontext in 3,1-4.5* bezogen ist.

2.1.5 Zusammenfassung der Redaktionsgeschichte des Joelbuches

2.1.5.1 Die Grundschicht

Die redaktionsgeschichtliche Bearbeitung des Joelbuches ergab eine Grundschicht, die den Textbereich 1,1-3.5.8-20; 2,1.2*(ohne ועצום ... כשחר).3.6. 10.11b.15-17.21-24.26a umfaßt. Das früher häufig vertretene Modell zur Entstehung des Joelbuches, nach dem die eher eschatologisch ausgerichteten Kapitel 3-4 – evtl. zusammen mit den Tag-Jhwh-Passagen in Joel 1-2 – gegenüber den an einer Heuschreckenplage und einer Dürrenot orientierten Kapiteln 1-2 als sekundär zu verstehen sind,[111] hat sich also nicht bestätigt. Vielmehr steht am Beginn der redaktionsgeschichtlichen Entwicklung des Buches eine Grundschicht, die die Themen Dürrenot und Tag Jhwhs miteinander verbindet.

So werden nach der Einleitung Joel 1,1-3, in der die Unvergleichbarkeit der gegenwärtigen Ereignisse hervorgehoben wird, zunächst in 1,5.7-13 verschiedene Gruppen aufgefordert, angesichts der herrschenden Dürre und angesichts der Konsequenzen dieser Dürre für das Volk zu klagen. In 1,14-20 wird sodann zu einer Volksversammlung aufgerufen. Bei dem in diesem Zusammenhang zitierten Klagegebet wird die Dürrenot erstmals mit dem Tag Jhwhs in Verbindung gebracht.

Eben diese Verbindung der gegenwärtigen Not mit dem Tag Jhwhs wird in 2,1-11* weiter ausgeführt. Nach einem Alarmruf wird der kommende Tag in drastischen Bildern beschrieben, wobei in Analogie zu der in Joel 1* dargestellten Dürrenot vor allem die mit dem Tag Jhwhs einhergehende Feuersbrunst hervorgehoben wird. Die Dürrenot wird so zum Vorzeichen des von den Propheten erwarteten Gerichtstages. In 2,15-17 folgt schließlich erneut ein Sammlungsaufruf mit anschließendem Klagegebet, in dem Jhwh um Mitleid angefleht wird.

---

111 Siehe hierzu oben 422f.

Abgeschlossen wird die Grundschicht des Buches in 2,21-24.26a mit einem Freudenaufruf angesichts der bereits eingetretenen Heilswende. Nach diesem Wort grünen die Auen bereits wieder, die Bäume tragen bereits wieder ihre Frucht, und der erste Regen ist bereits wieder gefallen. Und so werden sich auch die Tennen und Keltern wieder füllen, und das Volk wird keinen Hunger mehr erleiden.

Die Grundschicht des Joelbuches zeichnet sich also durch einen schlüssigen inhaltlichen Zusammenhang aus: Es handelt sich um eine theologische Reflexion über eine Dürrenot, bei der diese Katastrophe auf den Tag Jhwhs hin gedeutet wird, bei der Klage und Buße als notwendige Reaktion des Volkes herausgestellt werden und bei der unter diesen Voraussetzungen die göttliche Bereitschaft zur Abwendung einer solchen Not mitgeteilt wird.

Doch nicht nur auf inhaltlicher Ebene, auch auf kompositioneller Ebene bietet die Joel-Grundschicht einen schlüssigen Zusammenhang:

I 1,1-20* Die Not	a 1,1-13*	Schilderung: Klageaufrufe an einzelne Gruppen	Imperativischer Einstieg (אזן; שמע)
	b 1,14-20	Sammlungsaufruf und Klage angesichts des Tages Jhwhs	Imperativischer Einstieg (אסף; קרא; קדש)
II 2,1-17* Der Tag Jhwhs	a 2,1-11*	Schilderung: Beschreibung des Tages Jhwhs	Imperativischer Einstieg (רוע; תקע)
	b 2,15-17	Sammlungsaufruf und Klage angesichts der drohenden Schmähung durch die Völker	Imperativischer Einstieg (קדש; 2x תקע; אסף; קבץ/קרא)
III 2,21-26* Abwendung der Not		Freudenaufruf	Imperativischer Einstieg (שמח; אל־תירא; גיל [vgl. 1,16])

Die Grundschicht ist zunächst in die drei Teile Einführung der Dürrenot – Steigerung der Not auf den Tag Jhwhs – Freude über die Abwendung der Not zu untergliedern. Die ersten beiden Teile sind nochmals zweigliedrig aufgebaut, wobei in der jeweils ersten Untereinheit die herrschende Notlage geschildert wird und in der jeweils zweiten Untereinheit nach einem Sammlungsaufruf eine Klage zitiert wird. Dabei sind alle Einheiten des Buches mit Imperativen eingeleitet. Und es wird in allen Einheiten auf die vorangehenden Einheiten zurückgegriffen:[112] So nimmt die in Ib) zitierte Klage die in Ia) beschriebene Dürrekatastrophe auf und bringt sie mit dem Tag Jhwhs in Verbindung.[113] Die folgende Tag-Jhwh-Schilderung IIa) führt nun die Dürrekatastrophe und den Tag Jhwhs aus Teil I so zusammen, daß der Tag Jhwhs im Bild eines verzehrenden Feuers beschrieben wird.[114] Der Sammlungsruf zu Beginn von IIb) nimmt sowohl den Warnruf aus IIa) als auch den Sammlungsruf aus Ib), inklusive der Forderung, ein Fasten auszurichten, auf.[115] Zuletzt kehrt schließlich Teil III die Klageaufrufe der beiden vorangegangenen Teile um in Freudenaufrufe angesichts der Abwendung der Dürrenot. Zudem wird hier ein Rahmen zum ersten Teil der Grundschicht gelegt: Hieß es in 1,16 noch, daß es keine Freude und kein Jauchzen (שִׂמְחָה וָגִיל; Joel 1,16) mehr gibt, so wird nun gerade zur Freude und zum Jauchzen aufgerufen (גִּילוּ וְשִׂמְחוּ; Joel 2,23).[116]

Die durchdachte Komposition der herausgearbeiteten Grundschicht spricht nun auch hier für die Zuverlässigkeit der vorgelegten redaktionsgeschichtlichen Analyse. Zudem weist diese Komposition darauf hin, daß das Joelbuch auf der Ebene des beschriebenen Grundbestands von Anfang an schriftlich überliefert wurde. Allerdings wurde vermutlich auf vorgegebenes Gut zurückgegriffen. Dabei dürften in Joel 1 erstaunlicherweise ein Aufruf zur Volksklage und ein Klagepsalm aufgenommen worden sein,[117] nicht aber Prophetenworte im klassischen Sinne.[118]

Für die Datierung der Grundschicht des Buches soll zunächst nur recht oberflächlich die nachexilische Entstehung dieser Schicht festgehalten werden. Dafür spricht zum einen, daß gleich mehrfach gerade die Gruppe der Ältesten angesprochen wird (1,2.14; 2,16). Den Ältesten scheint also zur Zeit der Joel-Grundschicht eine führende Rolle in der Gesellschaft zugekommen zu sein, was vor allem in persischer Zeit der Fall war.[119] Für eine

---

112 Daß sich die Komposition des Joelbuches dadurch auszeichnet, daß die einzelnen Einheiten jeweils die vorangehenden aufnehmen und weiterführen, hat für die Stufe des Endtextes bereits Prinsloo, Unity, 81, betont. Dabei finden sich die von Prinsloo zwischen den einzelnen Einheiten von Joel 1-2 aufgezeigten Stichwortbeziehungen gerade innerhalb der Textbereiche, die hier der Grundschicht des Buches zugewiesen werden konnten.

113 Vgl. dabei die Stichwortverbindungen zwischen Ia) und Ib) über זָקֵן; כָּל יֹשְׁבֵי הָאָרֶץ (1,2 // 1,14); כרת ni. (1,5 // 1,16); יבשׁ (1,10.12 // 1,17.20); דגן (1,10 // 1,17).

114 Dabei werden auf die Dürrenot bezogene Wendungen aus Ib) in IIa) wörtlich aufgenommen: אשׁ + אכל (1,19.20 // 2,3); להט + להבה (1,19 // 2,3).

115 Siehe hierzu oben 401.

116 Zu weiteren Stichwortverbindungen zwischen Teil III und Teil I siehe auch oben 405 Anm. 41.

117 S.o. 413.

118 Zur Aufnahme der traditionellen Tag-Jhwh-Motive in Joel 1,15; 2,1-11 s.u. 437f.

119 So auch Wolff, BK 14,2, 28f; Deissler, NEB.AT 4, 65; Dahmen, NSK.AT 23,2, 41, u.a. Vgl. zur Bedeutung der Ältesten für das nachexilische Gemeinwesen etwa Albertz, Religionsgeschichte 2, 473-475. Die von Wellhausen, Propheten, 215; Rudolph, KAT 13,2, 41;

nachexilische Datierung spricht aber zum anderen auch die Tatsache, daß sich zur Tag-Jhwh-Schilderung in Joel 2,1-11* Parallelen in den verschiedensten Prophetenbüchern des Alten Testaments finden,[120] was darauf hinweist, daß das Joelbuch eher am Ende der traditionsgeschichtlichen Ausformung der Tag-Jhwh-Vorstellungen anzusetzen ist. Alles weitere wird sich bei der Betrachtung der Joel-Grundschicht im Rahmen des Zwölfprophetenbuches ergeben.[121]

2.1.5.2 Die Fremdvölkerschicht I

Eine erste Überarbeitung der Joel-Grundschicht konnte in den Versen 1,4.6-7; 2,2*(ועצום ... כשחר).4-5.7-9.11a.18-20.25.26b.27; 4,1-3.9-17 erkannt werden. Durch diese Überarbeitung erhält das Joelbuch, bei dem die Völker zuvor nur im Rahmen des Klagegebets in 2,17 genannt waren, eine insgesamt völkerfeindliche Ausrichtung. Thema des Buches ist nun der Angriff eines Heers, die Abwendung dieser Bedrohung und das Gericht an den Völkern.

Vermutlich aufgrund der den Grundbestand des Buches kennzeichnenden Orientierung an einer Dürrenot wurden von dieser Redaktion die ersten beiden Kapitel um einen Heuschreckenangriff ergänzt. Doch anders als bei der Dürrenot im Grundbestand steht dieser Heuschreckenangriff für mehr als eine Naturkatastrophe.[122] Zahlreiche Brüche in der Darstellung dieser Notlage – etwa die Beschreibung des Einfalls der Heuschrecken in mehreren Wellen in 1,4, die Aussage, daß die Plage mehrere Jahre anhielt, in 2,25, die Bezeichnung der Heuschrecken als Volk, als Heer und als „Nördlicher" in 1,6; 2,2.11.20.25 oder die zahlreichen militärischen Vergleiche in 2,4-5.7-9.20 – lassen die beschriebene Heuschreckenplage transparent werden für einen militärischen Übergriff eines feindlichen Heeres. Durch die irreale Darstellung der Heuschreckenplage werden zunehmend Assoziationen an einen realen Feind geweckt.

Crenshaw, AncB 24C, 86, u.a. vorgetragene Annahme, daß in Joel 1,2.14; 2,16 mit זקנים nicht die Ältesten im Sinne der Angehörigen eines Ältestenkreises, sondern die Alten im allgemeinen Sinne angesprochen sind, überzeugt kaum. Denn diese These ist allenfalls bei Joel 2,16 stichhaltig, wo auch Kinder erwähnt werden. Die betonte Hervorhebung der זקנים neben den Bewohnern des Landes in 1,2.14, bei der sich kein Grund für eine getrennte Anrede an die alten Menschen erkennen läßt, spricht hingegen eher dafür, daß hier tatsächlich die Ältesten gemeint sind.

120 S.o. 393 Anm. 8.
121 S.u. 453-456.
122 Siehe hierzu im einzelnen oben 413-418.

So wird das Joelbuch durch diese Überarbeitung von einer Schrift über die Abwendung einer Dürrenot zu einer Schrift über die Abwendung eines feindlichen Angriffs. Wie Jhwh nach der Grundschicht auf die Buße des Volkes hin neue Fruchtbarkeit und neuen Regen gewährte, so wird nun ein Ende der Bedrohung des Volkes durch diesen Feind angesagt.

Dabei lassen sich gegenüber der Grundschicht des Buches noch zwei weitere beachtenswerte Verschiebungen erkennen: Zum einen steht die Überwindung der Not bei den dieser Überarbeitung zugewiesenen Textbereichen noch aus:[123] Nach den sekundären Passagen in Joel 2,18-27 wird Jhwh den „Nördlichen" erst noch vertreiben, er wird die Jahre, die die Heuschrecken gefressen haben, erst noch erstatten, und es wird erst noch erwartet, daß das Volk nicht mehr zuschanden wird. Zum anderen wird diese Ansage der Abwendung der Not auch noch ins Prinzipielle gesteigert. Schon in 2,18-27 wird nicht nur die Vernichtung des „Nördlichen" angesagt, sondern es wird zudem noch betont, daß Jhwh sein Volk nicht mehr der Schmähung unter den Völkern preisgibt und daß das Volk nicht mehr zuschanden wird. Und ganz entsprechend wird das Buch in 4,1-3.9-17 um die Ansage eines Gerichts an der gesamten Völkerwelt ergänzt, wobei unter Aufnahme der landwirtschaftlichen Bildwelt der ersten beiden Kapitel das Völkergericht in Joel 4* gerade als Ernte an den Völkern beschrieben wird (v.a. 4,13-14).

Die völkerfeindliche Überarbeitung des Joelbuches hält dabei an der Komposition der Grundschicht fest: Der Dreischritt Einführung der Not – Steigerung der Not auf den Tag Jhwhs – Abwendung der Not wird übernommen. Jedoch wird jeweils in die Notschilderung (Teil Ia; IIa) sowie in die Darstellung der Abwendung der Not (Teil III) das Bild des feindlichen Heuschreckenheers integriert. Zudem wird die Komposition um einen vierten Buchteil ergänzt, in dem das Gericht an den Völkern angesagt wird:

---

123 Zu den Unterschieden in der zeitlichen Gestaltung zwischen der Grundschicht und der Überarbeitung in Joel 2,18-27 s.o. 403.

I 1,1-20 Die Not

a 1,1-13* Schilderung der Dürre	←	1,4-7* Schilderung der Heuschrecken
b 1,14-20 Sammlungsaufruf und Klage		

II 2,1-17* Der Tag Jhwhs

a 2,1-11* Schilderung des Tages Jhwhs	←	2,2-11* Beschreibung des Heeres
b 2,15-17 Sammlungsaufruf und Klage		

III 2,18-27 Abwendung der Not

2,21-24.26a Neue Fruchtbarkeit	←	2,18-27* Vernichtung des Heeres

IV 4,1-17* Gericht an den Völkern

←	4,1-17* Gericht an den Völkern

Bei dieser Schicht, die im Vorgriff auf weitere Erkenntnisse bereits als Fremdvölkerschicht I bezeichnet werden soll, finden sich wiederum kaum konkrete Hinweise zur Datierung. So ist auch hier zunächst nur eine recht allgemeine Verortung in die fortgeschrittene persische Zeit möglich. Dafür spricht etwa die Erwähnung der Zerstreuung des Volkes in 4,2, deren Auswirkungen noch immer präsent zu sein scheinen. Genaueres wird sich erst im Rahmen der weiteren Bearbeitung des Zwölfprophetenbuches ergeben.

2.1.5.3 Die Fremdvölkerschicht II

In die Ankündigung des Völkergerichts in Joel 4 wurden in 4,4-8 und 4,18-21 zwei kleinere Nachträge eingefügt. Dabei werden in 4,4-8 Tyros, Sidon und die Philister für den Verkauf von Judäern und Jerusalemern angeklagt. In 4,18-21 wird zunächst Fruchtbarkeit in utopischen Dimensionen angesagt, und es wird Ägypten und Edom das Gericht angekündigt.
Die Zuweisung dieser Nachträge zu einer gemeinsamen Überarbeitung, die hier als Fremdvölkerschicht II bezeichnet werden soll, ist für den Moment nur im Vorgriff auf Erkenntnisse über die weitere Entstehung des

Zwölfprophetenbuches möglich. Und auch die Datierung dieser Einheiten muß zunächst, bis auf eine recht oberflächliche Einordnung in die späte persische oder – aufgrund der in 4,6 genannten Griechen – in die frühe hellenistische Zeit, noch offenbleiben.

2.1.5.4 Das Heil für die Völker

Von einer weiteren Redaktion wurde in Joel 3,1-4.5*(ohne קרא ... ובשׂרידים) das Wort über die Ausgießung des Geistes ergänzt. Dabei sagt dieses Wort entgegen der gängigen Meinung universales Heil an.[124] „Über alles Fleisch", also über die gesamte Menschheit wird Jhwh seinen Geist ausgießen und sie somit zurüsten für den kommenden Tag Jhwhs, bei dem wiederum für alle auf dem Zion Rettung sein wird, wenn sie den Namen Jhwhs anrufen. So wird also in Joel 3 über die Zeit des im folgenden Kapitel dargestellten Völkergerichts hinausgeblickt. Noch vor dem Aufruf zum Kampf gegen die Völker wird deren mögliche Rettung durch das Gericht hindurch festgehalten.[125]

Als Datierung bietet sich für diese Schicht aufgrund der völkerfreundlichen Tendenz, bei der aber die Bedeutung der Jhwh-Religion für das Heil der Völker festgehalten wird, die frühe hellenistische Zeit an. Es wäre dann als Beitrag zu der in hellenistischer Zeit aufkommenden Diskussion um die Bedingungen einer möglichen Anpassung an die Völkerwelt zu verstehen.[126]

2.1.5.5 Die Gnadenschicht

Im Rahmen einer weiteren Überarbeitung, die bereits vorläufig als Gnadenschicht bezeichnet werden soll, wurde der Umkehrruf in Joel 2,12-14 ergänzt.

2.1.5.6 Vereinzelte Nachträge

Ein vereinzelter Nachtrag, der weder für die Redaktionsgeschichte des Joelbuches noch für die Entstehung des Zwölfprophetenbuches von weiterer Bedeutung ist, war schließlich noch in 3,5*(ובשׂרידים ... קרא) erkennbar.

---

124 Siehe hierzu im einzelnen oben 425-427.
125 Zum zeitlichen Verhältnis von Joel 3 und 4 s.o. 426f.
126 Siehe hierzu auch oben 195f mit Anm. 191.

2.1.5.7 Überblick über die Redaktionsgeschichte des Joelbuches

Grundschicht	1,1-3.5.8-20 2,1.2*(ohne ועצום ... כשחר).3.6.10.11b.15-17.21-24.26a
Fremdvölkerschicht I	1,4.6-7 2,2*(ועצום ... כשחר).4-5.7-9.11a.18-20.25.26b.27 4,1-3.9-17
Fremdvölkerschicht II	4,4-8.18-21
Heil für die Völker	3,1-4.5*(ohne קרא ... ובשרידים)
Gnadenschicht	2,12-14
Vereinzelte Nachträge	3,5*(ובשרידים ... קרא)

3. Der buchübergreifende Zusammenhang der Joel-Grundschicht

3.1 Der literarische Zusammenhang der Joel-Grundschicht mit dem exilischen Vierprophetenbuch

In der bisherigen Forschung zur Entstehung des Zwölfprophetenbuches wird zumeist angenommen, daß das Joelbuch erst relativ spät in die Sammlung aufgenommen wurde.[1] Denn das Joelbuch ist, wie oben dargestellt,[2] über zahlreiche markante Parallelen, die teils ganze Sätze umfassen, mit den meisten der übrigen elf Bücher verbunden. Angesichts dieser über das gesamte Zwölfprophetenbuch verstreuten Verbindungen scheint dann der Schluß naheliegend, daß das Zwölfprophetenbuch zum Zeitpunkt der Einarbeitung des Joelbuches bereits relativ vollständig vorgelegen haben muß. Allerdings wird das Joelbuch in den bisherigen Ansätzen meist als im wesentlichen literarisch einheitlich betrachtet.[3]

Die hier vorgelegte redaktionsgeschichtliche Analyse, die allein auf buchinternen Beobachtungen basiert, hat jedoch ergeben, daß sich beim Joelbuch durchaus ein literarisches Wachstum in mehreren Stufen nachweisen läßt. Und auf dieser Grundlage läßt sich nun der literarische Zusammenhang des Joelbuches mit den übrigen Büchern des Zwölfprophetenbuches und damit auch der Zeitpunkt der Einarbeitung des Joelbuches in das werdende Zwölfprophetenbuch neu bestimmen. Denn zahlreiche der oben dargestellten Verbindungen zwischen dem Joelbuch und den übrigen Büchern des Zwölfprophetenbuches finden sich gerade in den Textbereichen, die sich mittlerweile als sekundär erwiesen haben. So sind die Parallelen zu Obd 15.17 in Joel 3,5; 4,4.7, zu Nah 3,15-17 in Joel 1,4; 2,25, zu Jona 3,9; 4,2 in Joel 2,13.14 oder zu Mal 3,23 in Joel 3,4 allesamt in den redaktionellen Passagen des Buches belegt. Es wäre also durchaus denkbar, daß das Joelbuch auf der Ebene des Grundbestands in Joel 1-2* schon vor

---

1   S.o. 389 mit Anm. 7.
2   S.o. 388.
3   Unter den neueren Ansätzen zur Entstehung des Zwölfprophetenbuches geht lediglich Bosshard-Nepustil, Rezeptionen, 277-283, von einem mehrstufigen Wachstum des Joelbuches aus. Allerdings wird sein Blockmodell, nach dem auf die Grundschicht 1,1-2,11 sukzessive die Textbereiche 2,12-27; 4,1-21; 3,1-5 ergänzt wurden, schon den buchinternen Differenzen nicht gerecht, s.o. 422f mit Anm. 96. Zudem gelingt es Bosshard-Nepustil mit diesem Modell nicht, die thematisch doch recht unterschiedlichen Verbindungen zwischen dem Joelbuch und den übrigen Büchern des Zwölfprophetenbuches den verschiedenen literarischen Ebenen zuzuweisen.

der Zufügung dieser Bücher in eine Vorstufe des Zwölfprophetenbuches integriert wurde.[4]

Nun zeigen sich auch bei Joel 1-2* noch einige Verbindungen zu anderen Büchern des Zwölfprophetenbuches. Erstaunlicherweise verbleiben in diesem Textbereich unter den oben genannten, sehr markanten Parallelen aber nur die Verbindungen zu Mi 7,10 in Joel 2,17 und zu Zef 1,7.15 in Joel 1,15; 2,2.[5] Dies paßt doch aber genau zu der bereits im Rahmen der Betrachtung der Überschriften aufgestellten Vermutung, daß das Joelbuch der Sammlung mit den Büchern Hosea, Amos, Micha und Zefanja – also dem exilischen Vierprophetenbuch – noch vor anderen Büchern zugefügt wurde.[6] Und eben diese Vermutung läßt sich durch die Betrachtung der inhaltlichen und terminologischen Verbindungen zwischen dem Joelbuch und den Büchern Amos, Micha und Zefanja weiter untermauern.[7]

Dabei fällt zunächst die enge Verwandtschaft der Darstellung des Tages Jhwhs in Joel 1-2* mit der Tag-Jhwh-Komposition in Zef 1 auf.[8] So ist schon die Aussage in Joel 1,15, daß der Tag Jhwhs nahe ist (כי קרוב יום יהוה) auch in Zef 1,7 belegt. Zudem erinnert in Joel 2,1 der Aufruf, in das Schofar zu stoßen und zu lärmen (תקעו שופר; הריעו), an die Darstellung des Tages Jhwhs als יום שופר ותרועה in Zef 1,16. Zur Beschreibung des Tages Jhwhs als Tag der Finsternis und der Wolken (יום חשך ואפלה יום ענן וערפל) in Joel 2,2 findet sich sogar eine wörtliche Parallele in Zef 1,15. Und schließlich ist die für den Joel-Zusammenhang so wichtige Beschrei-

---

4   Unter den genannten Büchern findet sich im Grundbestand des Joelbuches lediglich zum Nahumbuch noch eine markantere Parallele, und zwar zu Nah 2,11 über das auch in Joel 2,6 erwähnte Erröten der Gesichter. Doch läßt sich an dieser Stelle recht gut nachweisen, daß die Abhängigkeit auf Seiten des Nahumbuches liegt. Denn zum einen handelt es sich beim Erröten der Gesichter um eine auch sonst mit dem Tag Jhwhs verbundene Vorstellung, vgl. Jes 13,8, so daß dieses Motiv für die Tag-Jhwh-Schilderung in Joel 2,6 wohl eher aus diesem Traditionsbereich übernommen wurde und nicht aus Nah 2,11, wo der Tag Jhwhs ohne Bedeutung ist. Zum anderen ist das Erröten der Gesichter in Nah 2,11 im Zusammenhang einer militärischen Auseinandersetzung belegt. In Joel 2,6 steht das Erröten der Gesichter jedoch erst seit den Überarbeitungen durch die Fremdvölkerschicht I im Rahmen einer Feindschilderung. Der Bezug zwischen Joel 2,6 und Nah 2,11 wurde also wohl erst mit oder nach der Fremdvölkerschicht I geschaffen, und dann eben als einseitige Bezugnahme auf Seiten des Nahumbuches. Die Grundschicht des Joelbuches setzt also auch an dieser Stelle das Nahumbuch noch nicht voraus.

5   Zu Joel 2,6 // Nah 2,11 s.o. Anm. 4.

6   S.o. 38f.

7   Zum Hoseabuch s.u. 450-453.

8   Auf die im folgenden genannten Bezüge zwischen der Tag-Jhwh-Schilderung in Joel 1-2* und Zef 1 wurde schon häufiger hingewiesen, wenngleich nicht immer sämtliche der hier aufgeführten Parallelen erkannt wurden; vgl. nur Marti, KHC 13, 126; Wolff, BK 14,2, 39.51; Rudolph, KAT 13,2, 55; Crenshaw, AncB 24C, 119; Coggins, Quotations, 78; Barton, Joel, 72; Dahmen, NSK.AT 23,2, 58f; Beck, Tag, 172f.

bung des verzehrenden Feuers (אכל + אשׁ) in Joel 2,3 sonst nur noch in Zef 1,18 im Kontext des Tages Jhwhs belegt.

Die Parallelen zwischen der Darstellung des Tages Jhwhs in Joel 1-2* und Zef 1 sprechen dann dafür, daß Joel 1-2* von Zef 1 literarisch abhängig ist. Der umgekehrte Weg, wonach die Tag-Jhwh-Komposition in Zef 1 gerade Joel 1-2* voraussetzt, ist demgegenüber weit weniger wahrscheinlich. Denn die genannten Tag-Jhwh-Passagen sind fest in den Grundbestand des Zefanjabuches integriert, der nach den obigen Erkenntnissen sicherlich früher zu datieren sein wird als der Grundbestand des Joelbuches.[9]

Es wird allerdings zumeist angenommen, daß die Darstellung des Tages Jhwhs im Joelbuch vor allem von Jes 13 abhängig ist und die Motive aus Zef 1 demgegenüber weniger bedeutend sind.[10] Zu beachten ist aber, daß sich gerade zwischen Joel 2,2 und Zef 1,15 eine längere wörtliche Parallele findet. Die Verbindungen zu Jes 13 sind demgegenüber meist wesentlich freier formuliert.[11] Hinzu kommt, daß nur im Zefanjabuch verzehrendes Feuer als Begleiterscheinung des Tages Jhwhs genannt wird, was für die von einer Dürrekatastrophe ausgehende Darstellung des Joelbuches ja von besonderer Bedeutung ist. So kann entgegen der gängigen Meinung sogar vermutet werden, daß Zef 1 die eigentliche Vorlage für die Darstellung des Tages Jhwhs in Joel 1-2* war, während die Motive aus Jes 13 und den sonstigen Parallelen eher zur weiteren Ausgestaltung aufgenommen wurden, wenn es sich dabei angesichts der zumeist recht freien Übernahme nicht überhaupt nur um traditionsgeschichtliche Verbindungen handelt und somit von der Annahme einer literarischen Abhängigkeit abzusehen wäre.[12]

Das Joelbuch bezieht sich also bewußt auf die Beschreibung des Tages Jhwhs im Zefanjabuch. Die in Joel 1-2* beschriebene Dürre wird geradezu von der Schilderung des Tages Jhwhs in Zef 1 her reflektiert. Der dort angesagte Gerichtstag scheint angesichts der Dürrenot gekommen zu sein.

Die literarische Abhängigkeit zwischen Joel 1-2* und Zef 1 ist allerdings noch kein ausreichendes Argument, um die Annahme einer buchübergreifenden Komposition nachzuweisen, in die sowohl das Joel- als auch das Zefanjabuch integriert war. Es könnte ja auch sein, daß das Zefanjabuch nur

---

9   Siehe hierzu oben 223f und 430f.
10 Vgl. etwa Wolff, BK 14,2, 56; Bergler, Joel, 132-153; Bosshard-Nepustil, Rezeptionen, 292; Jeremias, Tag Jahwes, 130f; Beck, Tag, 171-173, die allesamt Jes 13 für den wichtigsten Bezugstext der Tag-Jhwh-Schilderung in Joel 1-2 halten.
11 S.o. 393 Anm. 8. Die Parallele zu Joel 1,15 in Jes 13,6 über die Wendung כי קרוב יום יהוה (ו)כשׁד משׁדי יבוא ist die einzige Verbindung zwischen Joel 1-2 und Jes 13, bei der mehrere Worte in Folge an beiden Stellen übereinstimmen. Dabei ist aber gerade כי קרוב יום יהוה auch in Zef 1,7 belegt.
12 Im Gegensatz zu den oben Anm. 10 genannten Ansätzen meint daher auch Barton, Joel, 72, zu Joel 2,1-2: „Zephaniah 1:14-16 is the closest parallel to this passage in the prophetic literature and may well have served Joel as a model." Vgl. auch Dahmen, NSK.AT 23,2, 58.

für die Gestaltung eines ansonsten getrennt überlieferten Joelbuches herangezogen wurde.

Dagegen spricht aber eine weitere Beobachtung: So hat die redaktionsgeschichtliche Analyse der Bücher Amos, Micha und Zefanja ergeben, daß
unmittelbar nach der dtr. Bearbeitung – also gerade unmittelbar nach der
Zusammenfassung dieser Bücher zum exilischen Vierprophetenbuch
– jeweils am Ende dieser Bücher ein kurzer Nachtrag ergänzt wurde:[13]

Amos	Micha	Zefanja
9,13aα.14-15	7,8-10a	3,14-17

Diese Einheiten, die bereits vorläufig als Joel-Schicht bezeichnet wurden,
scheinen nun ihrerseits von der Grundschicht des Joelbuches abhängig zu
sein. So zunächst Am 9,13aα.14-15:

Am 9,13 Siehe, Tage kommen, Spruch Jhwhs, ...
      14 da wende ich das Geschick meines Volkes Israel,
          und sie werden die verwüsteten Städte aufbauen und bewohnen,
          sie werden Weinberge pflanzen und ihren Wein trinken,
          sie werden Gärten anlegen und ihre Früchte essen.
      15 Und ich pflanze sie ein in ihren Boden,
          und sie werden nicht mehr ausgerissen aus ihrem Boden,
          den ich ihnen gegeben habe, spricht Jhwh, dein Gott.

Thema dieser kurzen Einheit ist zunächst in V.14 die Zusage, daß das
wirtschaftliche Handeln des Volkes wieder Erfolg haben wird. Dabei spielt
das Gelingen der agrarischen Arbeit neben dem Aufbau der verwüsteten
Städte eine besondere Rolle. Und genau darin ist ein enge Parallele zur Joel-
Grundschicht zu sehen: Die agrarische Not und deren Überwindung ist ja
das bestimmende Thema dieser Schicht.[14] Dabei ist Am 9,14 über die Stichworte כרם (Joel 1,11); יין (Joel 1,5); שתה (Joel 1,5) und אכל (Joel 1,16; 2,26)
auch terminologisch mit der Grundschicht des Joelbuches verbunden.

---

13 Siehe hierzu oben 135.193.226.
14 Natürlich handelt es sich bei Am 9,14 zunächst um die Umkehrung des Nichtigkeitsfluches
    in Am 5,11. Zu beachten ist aber, daß dort die Formulierung aus 9,14 „sie werden Gärten
    anlegen und ihre Früchte essen" keine Parallele hat. So wurde also in Am 9,14 gegenüber
    5,11 der agrarische Aspekt des erfolgreichen Handelns noch verstärkt, was gerade der
    thematischen Ausrichtung der Joel-Grundschicht entspricht.

Nun wurde bislang allerdings noch nie wirklich gefragt, wie die Verse
Am 9,14 und 9,15 thematisch zusammenhängen.[15] Die Ansage neuen wirtschaftlichen und agrarischen Erfolgs scheint doch zunächst nicht zur Zusage, daß das Volk nicht mehr aus dem eigenen Land entfernt wird, zu passen.
Das Nebeneinander von agrarischem Gelingen und sicherem Wohnen läßt
sich jedoch gerade aus der Grundschicht des Joelbuches heraus erklären.
Dabei ist insbesondere Joel 2,17 zu beachten:

> Joel 2,17   Zwischen der Vorhalle und dem Altar sollen die Priester,
> die Diener Jhwhs, weinen und sagen:
> Hab Mitleid, Jhwh, mit deinem Volk,
> und gib deinen Erbbesitz nicht der Schmähung preis,
> daß Völker über sie herrschen.
> Warum soll man unter den Völkern sagen: Wo ist ihr Gott?

Es wurde zu Joel 2,17 schon oft bemerkt, daß die Erwähnung drohender
Fremdherrschaft nicht zu dem an einer Naturkatastrophe orientierten
Kontext in Joel 1-2 paßt.[16] Will man nun aber den vorliegenden Text nicht
vorschnell umdeuten,[17] so kann der Zusammenhang zwischen Dürrenot und
Fremdherrschaft doch nur darin gesehen werden, daß die wirtschaftliche
Not, die eine Dürrekatastrophe mit sich bringt, zu Konsequenzen im Ge-
genüber zu den Völkern führt. Vorausgesetzt ist dann vermutlich eine
Situation, in der das Volk in einem Abhängigkeitsverhältnis gegenüber
bestimmten Völkern steht und eine Mißernte eben diese Abhängigkeit noch

---

15   Jeremias, ATD 24,2, 136, verweist lediglich auf den Zusammenhang über das sowohl in 9,14
     als auch in 9,15 belegte Stichwort „pflanzen" (נטע), wobei das in 9,15 genannte Einpflanzen
     des Volkes gegenüber dem zuvor erwähnten Pflanzen der Weinberge einen neuen Aspekt
     einbringt. Doch kann dieser Stichwortbezug den thematischen Zusammenhang der Verse
     9,14 und 9,15 noch nicht wirklich erklären.
16   Vgl. nur Marti, KHC 13, 130; Sellin, KAT 12, 127; Rudolph, KAT 13,2, 53; Crenshaw, AncB
     24C, 142f; Barton, Joel, 82f. Dabei gehen die genannten Ansätze davon aus, daß im vor-
     angehenden Joel-Kontext 1,1-2,16 eine Dürrenot und eine wirkliche Heuschreckenplage
     Anlaß der beschriebenen Notlage sind. Die Erwähnung der Fremdvölker in Joel 2,17 scheint
     dann eher unpassend. Weniger problematisch ist die Interpretation von Joel 2,17 dagegen im
     Zusammenhang der oben 415 Anm. 76 dargestellten Annahme, daß es sich bei dem in Joel
     2,1-11 dargestellten Heer um ein reales Heer handelt. So deuten etwa Wolff, BK 14,2, 61,
     oder Dahmen, NSK.AT 23,2, 70, das Herrschen der Völker in Joel 2,17 im Zusammenhang
     eben dieses Feindangriffs. Allerdings hat sich die Feindschilderung in 2,2*.4-5.7-9.11a im
     Gegensatz zum Bußgebet in 2,17 gerade als sekundär erwiesen. Die Erwähnung der Völker
     in 2,17 kann also nicht von 2,1-11 her erklärt werden. So ist die Frage, wie das hier erwähnte
     Herrschen der Völker zu der die Joel-Grundschicht sonst bestimmenden Dürrenot paßt,
     erneut von Bedeutung.
17   Zur verbreiteten Deutung der Wendung למשל־בם גוים, nach der an dieser Stelle משל von
     משל I „einen Spruch machen; ein Gleichnis reden" abzuleiten sei und somit nur der Spott
     und nicht das Herrschen der Völker im Blick sei, s.o. 398f Anm. 18.

verstärken würde. Denkbar wäre etwa, daß Tributzahlungen zu erfüllen sind, die sich in den Jahren von Mißernten nicht aufbringen lassen.

Eine zweite Beobachtung stützt diese Deutung. So findet sich in Joel 2,23 die bislang ebenfalls nur unzureichend erklärte Ankündigung:

Joel 2,23   ... denn er hat euch den Frühregen zur Gerechtigkeit gegeben ...

Die Ansage, daß der Frühregen zur Gerechtigkeit (המורה לצדקה) dient, ist zunächst eher unverständlich.[18] Wenn aber Joel 2,17 tatsächlich so zu deuten sein sollte, daß die Dürrenot aufgrund der damit verbundenen wirtschaftlichen Einbußen die Abhängigkeit des Volkes von bestimmten Fremdvölkern noch verstärken würde, so erhält auch die Aussage in 2,23 einen guten Sinn. Denn dann kann die in diesem Vers genannte Gerechtigkeit gerade als Gerechtigkeit im Blick auf das Verhältnis zu den Völkern verstanden werden. Der neuerliche Regen führt also deshalb zur Gerechtigkeit, weil die Integrität des Volkes, die angesichts der Dürre auf dem Spiel stand, aufgrund des Regens und der damit einhergehenden landwirtschaftlichen Erträge bewahrt bleibt.

---

18   Nicht umsonst wird die Wendung המורה לצדקה häufig im Anschluß an Vg (doctorem iustitiae) als „Lehrer der Gerechtigkeit" gedeutet, vgl. etwa Sellin, KAT 12, 132; Weiser, ATD 24, 118; Rudolph, KAT 13,2, 67, oder aber im Anschluß an LXX (τὰ βρώματα) zu einer Formulierung mit „Speise" geändert, vgl. etwa Marti, KHC 13, 134, der in Joel 2,23 zu המזון konjiziert, oder Wolff, BK 14,2, 65, der den vorliegenden Text zu המאכל ändert; siehe hierzu auch Deissler, NEB.AT 4, 78f; Crenshaw, AncB 24C, 155. Nun ist aber die Deutung auf den „Lehrer der Gerechtigkeit" gänzlich unwahrscheinlich. Denn dagegen spricht schon das erneute מורה in 2,23b, das nach dem allgemeinen Wort für Regen (גשם) und zusammen mit dem Begriff für Spätregen (מלקוש) doch nur als „Frühregen" verstanden werden kann. Dabei sollte מורה in 2,23b entgegen zahlreicher anderslautender Vorschläge weder gestrichen noch zu dem geläufigeren Wort für Frühregen יורה geändert werden, handelt es sich doch bei all diesen Versuchen um nicht zu rechtfertigende Vereinfachungen des Textes. Vor allem spricht aber gegen die Interpretation von המורה לצדקה auf den „Lehrer der Gerechtigkeit", daß gerade in Qumran, wo der „Lehrer der Gerechtigkeit" ja eine besondere Rolle spielt, an keiner Stelle auf Joel 2,23 Bezug genommen wird; vgl. Crenshaw, ebd.; Barton, Joel, 86; Dahmen, ebd. Die Vermutungen von Roth, Teacher, 91-95, die meint, daß die Bezeichnung „Lehrer der Gerechtigkeit" in Qumran doch von Joel 2,23 und Hos 10,12 her bestimmt ist, entbehren daher jeder Grundlage. Aber auch die textkritische Änderung zu „Speise" ist eher unwahrscheinlich, da sie zum einen graphisch nicht naheliegt, da zum anderen auch dabei das erneute מורה in 2,23b nicht erklärt werden kann und da schließlich die Erwähnung der Speise vor dem dann nur noch in 2,23b genannten Regen zu früh käme. Aufgrund der übrigen Begriffe für Regen in diesem Vers (מלקוש; גשם) liegt also insgesamt die Deutung auf „Frühregen" nahe; vgl. neuerdings Barton, a.a.O., 85f; Dahmen, ebd. Daß מורה gegenüber dem häufigeren יורה neben Joel 2,23 nur noch in dem textkritisch umstrittenen Vers Ps 84,7 belegt ist, spricht dabei nicht gegen eine solche Deutung, da die erneute Erwähnung in 2,23b neben dem Begriff für Spätregen (מלקוש) eindeutig darauf hinweist, daß מורה durchaus auch als Begriff für Frühregen verwandt werden konnte.

So zeigt sich in Joel 2,17.23 derselbe Zusammenhang wie in Am 9,14-15.
Beide Male werden die agrarischen und im weitesten Sinne außenpolitischen
Verhältnisse nebeneinander genannt. Wie im Bußgebet Joel 2,17 die drohende Herrschaft der Völker angesichts der gegenwärtigen Dürre beklagt wird,
so wird in Am 9,14-15 gerade angesagt, daß sowohl der Erfolg des agrarischen Handelns als auch das sichere Wohnen des Volkes in seinem Land
bewahrt bleibt. Das Nebeneinander von agrarischem Gelingen und außen-
politischer Sicherheit in Am 9,14-15 scheint also eine vergleichbare Situation
vorauszusetzen wie die Grundschicht des Joelbuches. So könnte Am 9,13aα.
14-15 gut in bewußter Bezugnahme auf die Grundschicht des Joelbuches
formuliert worden sein.

Die nächste Parallele zur Joel-Grundschicht findet sich in Mi 7,8-10a:

Mi 7,8   Freue dich nicht über mich, meine Feindin,
          bin ich auch gefallen, so stehe ich wieder auf.
          Sitze ich auch im Dunkeln, so ist Jhwh mein Licht.
      9   Den Zorn Jhwhs trage ich – denn ich habe an ihm gesündigt –
          bis er meinen Rechtsstreit führt und mein Recht bewirkt.
          Er wird mich hinausführen zum Licht,
          ich werde auf seine Gerechtigkeit sehen.
     10   Und meine Feindin wird es sehen und Schande wird sie bedecken,
          die zu mir spricht: Wo ist Jhwh, dein Gott? ...

Mit der „Feindin" dürfte mit Sicherheit eine außenpolitische Größe, also ein
Fremdvolk, gemeint sein.[19] Interessant ist nun, daß von diesem Gegenüber
der Satz „Wo ist Jhwh, dein Gott?" (אַיּוֹ יְהוָה אֱלֹהֶיךָ) zitiert wird. Neben
der vorliegenden Stelle und den vier Belegen in den Psalmen (Ps 42,4.11;
79,10; 115,2) findet sich diese Frage nur noch an einer weiteren Stelle im
Alten Testament, und zwar erstaunlicherweise in Joel 2,17 (אַיֵּה אֱלֹהֵיהֶם).
In Mi 7,8-10a wird also mit denselben Worten wie in Joel 2,17 auf die
Schmähungen äußerer Feinde verwiesen. Ein so direkter Bezug kann doch
angesichts des seltenen Vorkommens der genannten Frage kaum auf Zufall
beruhen.

Es finden sich aber sogar noch weitere Verbindungen zwischen Mi 7,8-
10a und der Grundschicht des Joelbuches. So könnte allein schon die Rede
von Licht und Finsternis in Mi 7,8-9 mit der dortigen Tag-Jhwh-Schilderung
in Verbindung gebracht werden, wird doch der Tag Jhwhs in Joel 2,2 gerade
als Tag der Finsternis beschrieben. Interessant sind zudem die rechtlichen
Formulierungen in Mi 7,9, nach denen Jhwh den Rechtsstreit führen, Recht

---

19   Siehe hierzu oben 182 mit Anm. 161.

bewirken und der Sprecher, wohl das Volk,[20] auf seine Gerechtigkeit (צדקה)
blicken wird. Dies erinnert erneut an den in Joel 2,23 genannten „Frühregen
zur Gerechtigkeit" (המורה לצדקה). In Mi 7,9 ist demnach wie in Joel 2,23
davon die Rede, daß Jhwh seinem Volk Gerechtigkeit im Gegenüber zu den
Völkern verschaffen wird.

Mi 7,8-10a ist somit auf vielfältige Weise mit der Grundschicht des
Joelbuches verbunden: Hier wie dort spielt die Situation des Volkes im
Gegenüber zu einem äußeren Feind eine Rolle. Hier wie dort werden die
Schmähungen dieses Feindes erwähnt, wobei beide Male gerade die Aussage
„Wo ist ihr Gott?" zitiert wird. Hier wie dort wird die Not des Volkes mit
der Metapher der Finsternis umschrieben. Und hier wie dort wird das
Verhältnis zu der genannten feindlichen Größe gerade in juristischen Termini beschrieben. Die vergleichbare inhaltliche und terminologische Gestaltung läßt dann aber auch an dieser Stelle vermuten, daß der Nachtrag Mi
7,8-10a in Anlehnung an die Grundschicht des Joelbuches formuliert worden ist.

Die letzte Parallele zur Joel-Grundschicht findet sich in Zef 3,14-17:

> Zef 3,14   Juble, Tochter Zion, lärme, Israel,
>   freue dich und frohlocke von ganzem Herzen, Tochter Jerusalem.
>   15 Jhwh hat deine Strafgerichte abgewendet, er hat deinen Feind entfernt.
>   Der König Israels, Jhwh, ist in deiner Mitte,
>   du mußt kein Unheil mehr fürchten.
>   16 An jenem Tag sagt man zu Jerusalem:
>   Fürchte dich nicht, Zion, laß deine Hand nicht sinken.
>   17 Jhwh, dein Gott, ist in deiner Mitte, ein starker Held,
>   er jubelt über dich in Freuden, er schweigt in seiner Liebe.[21]
>   Er jauchzt über dich in Jubel.

---

20   Es ist nicht ganz klar, wer als Sprecher der Einheit Mi 7,8-10a anzunehmen ist. Die aufgrund
     des in 7,10a (MT) belegten femininen Suffix gerne vorgenommene Deutung auf Zion läßt
     sich nicht halten; siehe hierzu oben 181f Anm. 160. Im Anschluß an die deutlich als Prophe-
     tenrede formulierte Einheit Mi 7,1-7 könnte dann auch für 7,8-10a der Prophet als Sprecher
     angenommen werden. Dagegen spricht allerdings die Rede von einer Feindin, die ja für eine
     außenpolitische Größe steht, so daß auch bei dem Sprecher eher an eine kollektive Größe zu
     denken sein wird. Und dagegen spricht zum anderen die Beschreibung der gegenwärtigen
     Situation des Sprechers, der in der Finsternis sitzt und der den Zorn Jhwhs trägt, da er an
     Jhwh gesündigt hat. Auch dies paßt kaum zu einer Einzelperson, schon gar nicht zu der
     zuvor in 7,1-7 dargestellten Person des Propheten. So ist also am ehesten das Volk als
     Sprecher von Mi 7,8-10a anzunehmen.
21   Die Wendung יחריש באהבתו ist nur schwer verständlich und wird daher häufig geändert;
     vgl. Irsigler, Zefanja, 418f. Wirklich überzeugende Konjekturen wurden jedoch noch nicht
     vorgebracht. Interessant ist aber die Lösung von Ben Zvi, Zephaniah, 249-252, der von
     textkritischen Eingriffen absieht und das Schweigen Jhwhs im Anschluß an 1 Sam 10,27; Jes
     42,14; Hab 1,13 u.ö. als Verzicht auf Strafe deutet. Letztlich ist aber auch nicht auszu-
     schließen, daß hier ein nicht rekonstruierbares Textverderbnis vorliegt.

Der Jubelruf in Zef 3,14-17 erinnert nun besonders an den Jubelruf in Joel 2,21-24. In beiden Einheiten sind die Freudentermini גיל (Joel 2,21.23; Zef 3,17) und שׂמח (Joel 2,21.23; Zef 3,14) belegt. In beiden Einheiten findet sich die Aufforderung „fürchte dich nicht" (Joel 2,21.22; Zef 3,16) und beide Male sind vor allem die Bewohner Zions angesprochen (Joel 2,23; Zef 3,14.16). Zudem ist in Zef 3,14-17 wie in Joel 2,21-24 die bereits eingetretene Überwindung der Not Anlaß des Jubels. Beide Stellen sind deutlich im Perfekt formuliert.

Beachtenswert ist aber auch, daß in Zef 3,15 der rechtliche Terminus משׁפטים, hier wohl im Sinne von Strafgerichte oder Urteile,[22] belegt ist, was an die rechtlichen Termini in Joel 2,23; Mi 7,9 erinnert. Und schließlich ist in Zef 3,15 von einem Feind die Rede, was gut an die Rede an die Feindin in Mi 7,8-10a und an die in Joel 2,17.23 erkennbare Problematik der drohenden Fremdherrschaft anschließt.[23] Zef 3,14-17 scheint also eine vergleichbare Situation vorauszusetzen wie Joel 1-2*; Am 9,13aα.14-15; Mi 7,8-10a und ist mit diesen Textbereichen sowohl thematisch als auch terminologisch verbunden.

So liegt nun für Am 9,13aα.14-15; Mi 7,8-10a; Zef 3,14-17 insgesamt die Annahme nahe, daß diese Verse in bewußtem Bezug auf die Joel-Grundschicht gestaltet worden sind. Denn an dieser Stelle ist es doch eher unwahrscheinlich, daß es sich bei den beschriebenen Gemeinsamkeiten um sekundäre Bezugnahmen von Seiten der Joel-Grundschicht handelt. Es wäre nämlich kaum erklärbar, warum sich Joel 1-2* besonders auf diese kurzen Einheiten bezieht. Zudem spricht schon die Tatsache, daß es sich bei Am 9,13aα.14-15; Mi 7,8-10a; Zef 3,14-17 stets um Nachträge zu den einzelnen Büchern handelt, eher dafür, daß diese Stellen auf die Joel-Grundschicht bezogen sind und nicht umgekehrt.

Nun könnten aber all die genannten Gemeinsamkeiten zwischen der Grundschicht des Joelbuches und den Nachträgen am Ende der Bücher Amos, Micha und Zefanja wiederum auch damit erklärt werden, daß diese Nachträge zwar Joel 1-2* voraussetzen und im Anschluß an diesen Textbereich gestaltet wurden, daß das Joelbuch aber dennoch getrennt von diesen Büchern überliefert wurde. Doch angesichts der zuvor dargestellten Verbindungen zwischen der Joel-Grundschicht und der Tag-Jhwh-Komposition in Zef 1, die nur als einseitige Bezugnahmen auf Seiten des Joelbuches verstanden werden können, ist dies höchst unwahrscheinlich. Es zeigt sich

---

22 Vgl. etwa Johnson, Art. משׁפט, 99; Roberts, Nahum, 219; Seybold, ZBK.AT 24,2, 115; Irsigler, Zefanja, 407; Sweeney, Zephaniah, 193; Perlitt, ATD 25,1, 143.
23 Daß in Zef 3,14-17 aufgrund der Rede von der Furcht, aufgrund der Erwähnung eines Feindes und aufgrund der Darstellung Jhwhs als Krieger eine außenpolitische Bedrohung vorausgesetzt ist, hat bereits Nogalski, Zephaniah 3, 214, betont.

ja gewissermaßen ein doppeltes Abhängigkeitsverhältnis: Die Joel-Grundschicht greift ebenso auf das Zefanjabuch zurück wie die Nachträge zu den
Büchern Amos, Micha und Zefanja nun ihrerseits auf die Joel-Grundschicht:

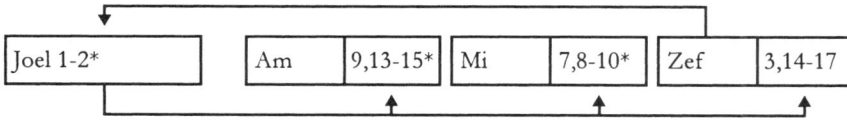

| Joel 1-2* | | Am | 9,13-15* | Mi | 7,8-10* | Zef | 3,14-17 |

Ein solches Beziehungsgeflecht spricht dann aber doch am ehesten dafür,
daß die beschriebenen Verbindungen Folge einer Redaktion sind, die die
Grundschicht des Joelbuches mit den folgenden Büchern Amos, Micha und
Zefanja zu einem gemeinsamen Mehrprophetenbuch zusammengebunden
hat. Dabei wird die Joel-Grundschicht angesichts der Verbindungen zur
Tag-Jhwh-Schilderung in Zef 1 überhaupt erst für den Kontext dieser
Sammlung geschaffen worden sein,[24] und die folgenden Nachträge am Ende
der Bücher Amos, Micha und Zefanja wurden dann von derselben Hand als
Rückbezüge auf Joel 1-2* eingebracht. Nur so kann der erstaunliche Befund
erklärt werden, daß einerseits die Joel-Grundschicht sekundär auf das Zefanjabuch und andererseits die Buchenden bei Amos, Micha und Zefanja auf
die Joel-Grundschicht bezogen sind.

Dabei spricht für eine gemeinsame Herkunft von Joel 1-2*; Am
9,13aα.14-15; Mi 7,8-10a und Zef 3,14-17 sogar noch eine weitere Überlegung. All diese Textbereiche lassen eine gewisse traditionsgeschichtliche
Nähe zu deuterojesajanischen Formulierungen und Motiven erkennen:[25] So
ist bei der Grundschicht des Joelbuches schon die Aufnahme von im weitesten Sinne kultischen Formen vergleichbar mit DtJes.[26] Auch die zahlreichen

---

24 Daß das Joelbuch von Anfang an auf seinen Kontext im Zwölfprophetenbuch hin verfaßt
    worden ist, meinten auch schon Schneider, Unity, 84; Nogalski, Processes, 276; Bosshard-
    Nepustil, Rezeptionen, 291.
    Allerdings hat sich neuerdings Beck, Tag, 174, gerade dezidiert für eine von den übrigen
    Büchern des Zwölfprophetenbuches unabhängige Entstehung des Joelbuches ausgesprochen.
    Die auch von Beck erkannten Verbindungen zwischen dem Joelbuch und Zef 1 weisen seiner
    Meinung nach angesichts der ebenso vorhandenen Bezüge zu Jes 13 und zu anderen prophe-
    tischen Texten allenfalls auf eine einseitige Abhängigkeit von Seiten des Joelbuches. Das
    beschriebene doppelte Abhängigkeitsverhältnis zwischen der Grundschicht des Joelbuches
    und den folgenden Büchern Amos, Micha und Zefanja spricht nun aber deutlich gegen die
    Darlegungen von Beck und dafür, daß das Joelbuch sehr wohl schon von Beginn an für einen
    buchübergreifenden Zusammenhang im werdenden Zwölfprophetenbuch verfaßt worden ist.
25 Die im folgenden dargestellten Parallelen zwischen Joel 1-2* und DtJes wurden insbesondere
    bei Joel 2,3 und 2,21-24 schon häufiger erkannt; vgl. nur Wolff, BK 14,2, 68; Prinsloo,
    Theology, 46; Crenshaw, AncB 24C, 120; Barton, Joel, 73; Dahmen, NSK.AT 23,2, 61.74f.
26 Zur Aufnahme eines vorgegebenen Aufrufs zur Klage sowie eines Klagegebets in Joel 1 s.o.
    413. Zur Verwendung kultischer Formen bei DtJes vgl. nur Westermann, ATD 19, 11.
    Überhaupt finden sich, wie schon häufiger im einzelnen ausgeführt wurde, in Joel 1-2* – und

Imperative in diesem Textbereich erinnern an Jes 40-55.[27] Auf der Wortebene ist sodann in Joel 2,3 die Beschreibung des Landes, das vor dem Tag
Jhwhs aussah wie der Garten Eden (עדן) und danach wie eine Wüste
(מדבר), mit Jes 51,3 vergleichbar, wo davon die Rede ist, daß die Wüste
(מדבר) Zion wie Eden (עדן) wird.[28] Zudem finden sich zu den Aufrufen zur
Freude und vor allem zu dem Aufruf, sich nicht zu fürchten, in Joel 2,21-22
zahlreiche Parallelen in DtJes.[29] Und schließlich ist auch der in Joel 2,23
verwandte Begriff צדקה, der nach der obigen Darstellung für das Verständnis der Joel-Grundschicht von großer Bedeutung ist, in Jes 40-55 sehr
häufig belegt.[30] Ein vergleichbarer Befund ergibt sich dann auch bei den
Nachträgen zu den Büchern Amos, Micha und Zefanja: So findet sich bei
Am 9,13aα.14-15 zur Wendung ערים נשמות in 9,14 überhaupt nur noch in
Jes 54,3 eine Parallele. Bei Mi 7,8-10a erinnert das Sitzen in der Finsternis in
Mi 7,8 an Jes 42,7; 47,5, die Gegenüberstellung von Licht und Finsternis in
diesem Vers an Jes 42,16 und die Rede von einem Rechtsstreit, den Jhwh
führt, in Mi 7,9 an Jes 41,21; 49,25; 51,22.[31] Schließlich sind bei Zef 3,14-17
wiederum die Aufrufe zur Freude sowie der Aufruf, sich nicht zu fürchten,
als Parallele zu DtJes zu nennen,[32] aber auch die Bezeichnung Jhwhs als
Held (גבור) in 3,17, was auch in Jes 42,13 vorkommt, sowie die Rede von
Jhwh als König Israels (מלך ישראל) in 3,15, was sonst nur noch in Jes 44,6
belegt ist.[33]

Es spricht also einiges dafür, daß Joel 1-2* und die unmittelbar nach der
Zusammenfassung des exilischen Vierprophetenbuches eingebrachten
Nachträge Am 9,13aα.14-15; Mi 7,8-10a und Zef 3,14-17 auf dieselben
Kreise zurückgehen und daß die Bücher Joel, Amos, Micha und Zefanja

---

sodann auch in Am 9,13aα.14-15; Mi 7,8-10a; Zef 3,14-17 – zahlreiche Parallelen zu den
Psalmen, was diese Textbereiche unter der prophetischen Literatur eben v.a. mit Jes 40-55
verbindet.

27 So sind in der 31 Verse umfassenden Joel-Grundschicht immerhin 23 Imperative belegt. In
Jes 40-55 finden sich 94 Imperative.

28 Die Begriffe עדן und מדבר sind im AT überhaupt nur in Joel 2,3 und Jes 51,3 nebeneinander
belegt. Zu vergleichen wäre hiermit allenfalls noch Ez 36,35.

29 Vgl. גיל (Joel 2,21.23 // Jes 49,13); אל + ירא (Joel 2,21.22 // Jes 40,9; 41,10.13.14; 43,1.5;
44,2; 51,7; 54,4); siehe zu den weiteren Aufrufen zur Freude in DtJes unten Anm. 32.

30 Vgl. Jes 45,8.23.24; 46,12.13; 48,1.18; 51,6.8; 54,14.17. Dabei ist bedeutend, daß an zahlreichen dieser Stellen wie in Joel 2,23 gerade davon die Rede ist, daß Jhwh Gerechtigkeit für
sein Volk schafft.

31 Daß Mi 7,8-10 an deuterojesajanische Formulierungen erinnert, hat bereits Wolff, BK 14,4,
197, bemerkt.

32 Zu אל + ירא (Zef 3,16) s.o. Anm. 29; vgl. ferner רנן (Zef 3,14 // Jes 44,23; 49,13; 52,9;
54,1); רוע (Zef 3,14 // Jes 44,23).

33 Auch bei Zef 3,14-17 wurden die Parallelen zu DtJes schon häufiger erkannt; vgl. etwa
Irsigler, Zefanja, 406; Perlitt, ATD 25,1, 143-145, sowie die Ausführungen bei Ben Zvi,
Zephaniah, 238-252.

einmal Teil eines gemeinsamen Mehrprophetenbuches waren. Dies könnte nun endgültig die schon mehrfach erwähnte Hypothese bestätigen, daß das Joelbuch noch vor anderen Büchern in das exilische Vierprophetenbuch eingearbeitet wurde. Es bleibt aber noch zu klären, ob diesem Mehrprophetenbuch, das im folgenden als Joel-Korpus bezeichnet werden soll, nicht auch noch weitere Bücher angehörten. Dies führt zur Frage nach der buchübergreifenden Komposition der Bücher Joel, Amos, Micha und Zefanja.

3.2 Die Komposition des Joel-Korpus

Zwischen der Grundschicht des Joelbuches und Am 9,13aα.14-15; Mi 7,8-10a; Zef 3,14-17 zeigen sich nach den soeben ausgeführten Beobachtungen bemerkenswerte inhaltliche und terminologische Parallelen. Der Zusammenhang dieser Textbereiche geht aber noch darüber hinaus. Denn die Nachträge am Ende der Bücher Amos, Micha und Zefanja sind auch kompositionell mit der Grundschicht des Joelbuches verbunden. Die einzelnen Nachträge entsprechen nämlich in ihrer vorliegenden Abfolge exakt dem Aufbau der Joel-Grundschicht.[34] Sie spiegeln gewissermaßen die in Joel 1-2* erkennbare Komposition:[35]

Joel 1,1-20*: Agrarische Not	Joel 2,1-17*: Der Tag Jhwhs als Tag der Finsternis	Joel 2,21-26*: Freudenaufruf
↓	↓	↓
Am 9,13-15*: Aufhebung agrarischer Not	Mi 7,8-10a: Jhwhs Beistand in der Finsternis	Zef 3,14-17: Freudenaufruf
אכל; שתה; יין; כרם	איה אלהיהם; חשך / איו יהוה אלהיך	ציון; אל־תירא; גיל; שמח

So handelt Teil I der Joel-Grundschicht von einer Dürrenot. Am 9,13aα. 14-15 sagt, teils unter Verwendung derselben Begriffe, die Überwindung agrarischer Not an. Teil II beschreibt den Tag Jhwhs als Tag der Finsternis, wobei hier im Bußgebet Joel 2,17 die Bedrohung der Völker und deren Schmähung mit den Worten „Wo ist ihr Gott" erwähnt wird. Ganz entsprechend ist in Mi 7,8-10a gerade die Metaphorik von Licht und Finsternis von Bedeutung

---

34 Siehe zur Komposition der Joel-Grundschicht oben 429f.
35 Siehe zu den thematischen und terminologischen Entsprechungen oben 439-444.

und gerade hier wird eine als Feindin bezeichnete Größe, worunter wie in
Joel 2,17 ein äußerer Feind zu verstehen ist,[36] mit der Frage „Wo ist Jhwh,
dein Gott?" zitiert. Und schließlich entspricht dem Freudenaufruf in Teil III
der Joel-Grundschicht, wiederum mit teils denselben Begriffen, der Freudenaufruf in Zef 3,14-17.

Aber auch in der zeitlichen Gestaltung spiegeln die Nachträge zu den
Büchern Amos, Micha und Zefanja den Aufbau der Joel-Grundschicht. So
wird in Am 9,13aα.14-15 und Mi 7,8-10a die Wende zum Heil erst noch für
die Zukunft erwartet. Wie in den ersten beiden Teilen der Joel-Grundschicht
Joel 1,1-20* und 2,1-17* scheint die gegenwärtige Situation also noch von
agrarischer Not und von Anfeindungen durch äußere Widersacher geprägt
zu sein. Der Freudenaufruf in Zef 3,14-17 ist aber wie der Freudenaufruf in
Joel 2,21-24.26a perfektisch formuliert. Das Volk wird an diesen Stellen zum
Jubel aufgerufen, als sei die Not bereits überwunden.

Es zeigen sich also erstaunliche Gemeinsamkeiten zwischen der Komposition der Grundschicht des Joelbuches und der Abfolge der Nachträge
in Am 9,13aα.14-15; Mi 7,8-10a; Zef 3,14-17. Daraus ergeben sich nun
mehrere Konsequenzen: Der kompositorische Zusammenhang dieser
Textbereiche bestätigt zunächst die Annahme, daß Joel 1-2* und die Nachträge zu den Büchern Amos, Micha und Zefanja allesamt von derselben
Hand eingebracht wurden.[37] Denn diese Textbereiche sind eben nicht nur
thematisch miteinander verbunden, sie sind nicht nur von derselben Terminologie geprägt und sie zeigen nicht nur traditionsgeschichtliche Gemeinsamkeiten über die Bezüge zu DtJes. Die Grundschicht des Joel-Buches und
die Nachträge der folgenden Bücher bilden darüber hinaus auch eine buchübergreifende Komposition, das Joel-Korpus. Eine solche Komposition
wird aber wohl kaum anders als über die bewußte Gestaltung ein und derselben Redaktion zu erklären sein.

Desweiteren klärt sich von hier aus die viel diskutierte Frage, welche der
Texttraditionen den ursprünglichen Ort des Joelbuches im Zwölfprophenten-
buch bewahrt hat. Die ersten sechs Bücher sind ja bei MT und LXX in
unterschiedlicher Reihenfolge belegt. Während nämlich MT die Abfolge
Hosea, Joel, Amos, Obadja, Jona, Micha aufweist, bietet LXX die Abfolge
Hosea, Amos, Micha, Joel, Obadja, Jona. Die Komposition des Joel-Korpus,
bei der die Nachträge am Ende der Bücher Amos, Micha und Zefanja in
ihrer Abfolge dem Aufbau des Joelbuches entsprechen, spricht nun viel eher

---

36   S.o. 182 mit Anm. 161.
37   Dabei sprechen die oben genannten Verbindungen von Joel 1-2* zur Tag-Jhwh-Schilderung
     in Zef 1 sogar dafür, daß die Joel-Grundschicht nicht nur von derselben Redaktion wie die
     Nachträge zu den Büchern Amos, Micha und Zefanja an der vorliegenden Stelle eingebracht
     wurde, sondern daß diese Grundschicht überhaupt erst für diesen Kontext verfaßt wurde;
     siehe hierzu oben 445.

dafür, daß das Joelbuch ursprünglich wie in MT am Beginn dieser Sammlung stand als daß es seinen ursprünglichen Ort wie in LXX zwischen den
Büchern Micha und Zefanja hatte. Die LXX-Reihenfolge geht dann wohl
auf eine spätere Umstellung des Zwölfprophetenbuches zurück, bei der die
thematisch verwandten und mit vergleichbaren Überschriften versehenen
Bücher Hosea, Amos und Micha am Beginn der Sammlung nebeneinandergestellt wurden.[38]

Der kompositorische Zusammenhang der Joel-Grundschicht mit Am
9,13aα.14-15; Mi 7,8-10a; Zef 3,14-17 bestätigt nun zudem die schon mehrfach aufgestellte Vermutung, daß das Joelbuch in seinem Grundbestand
dem exilischen Vierprophetenbuch zugefügt wurde, noch bevor weitere
Bücher in diese Sammlung aufgenommen wurden. Die Tatsache, daß die
Joel-Grundschicht analog zur Abfolge der Nachträge am Ende der Bücher
Amos, Micha und Zefanja aufgebaut ist, spricht deutlich gegen die Annahme, daß zu diesem Zeitpunkt schon andere Bücher aus dem jetzigen
Bestand des Zwölfprophetenbuches zu dieser Komposition gehörten. Da
sich bei diesen Buchenden zu jedem Teil der Joel-Grundschicht eine Parallele findet, ist in dieser Komposition für weitere Bücher kein Platz.

Daraus ergibt sich aber noch eine weitere Konsequenz: In der Komposition des Joel-Korpus, die ja auf Grundlage des exilischen Vierprophetenbuches gestaltet wurde, ist nicht nur kein Platz für weitere Bücher. Schon
für das Hoseabuch, das nach den obigen Ausführungen sicherlich Teil des
exilischen Vierprophetenbuches war, ist darin eigentlich kein Platz. Es
scheint geradezu, als sei das Hoseabuch im Rahmen der Einfügung des
Joelbuches von dieser Sammlung abgetrennt worden. Dieser Überlegung ist
im folgenden weiter nachzugehen.

---

38 Bislang wurde bei der Frage, welche Texttradition die ursprüngliche Reihenfolge des Zwölf-
    prophetenbuches bewahrt hat, vor allem darauf hingewiesen, daß die LXX-Reihenfolge gut
    als sekundäre Umstellung der MT-Reihenfolge verstanden werden kann, bei der die einzelnen
    Bücher nach der angenommenen historischen Abfolge oder nach deren Größe neu geordnet
    wurden, während eine sekundäre Umstellung der LXX-Reihenfolge zur MT-Reihenfolge
    kaum erklärt werden kann; vgl. etwa Eißfeldt, Einleitung, 517; Schneider, Unity, 224f; Zapff,
    Perspective, 295. Zudem wurde auf die Stichwortverbindungen hingewiesen, die zwischen
    den nach der MT-Reihenfolge aneinander angrenzenden Buchrändern erkennbar sind; vgl.
    Nogalski, Precursors, 20-57; Bosshard-Nepustil, Formation, 191-220, darauf hingewiesen, daß sich auch nach der LXX-Reihenfolge markante
    Stichwortverbindungen zwischen den aneinander angrenzenden Büchern finden lassen. Die
    hier vorgelegten Beobachtungen zur Komposition des Joel-Korpus bestätigen nun aber
    einmal mehr die Ursprünglichkeit der MT-Reihenfolge und sprechen deutlich gegen die von
    Jones, a.a.O., 221-242, wie auch von Sweeney, Sequence, 49-64; ders., Twelve Prophets 1,
    xxvii-xxxv; ders., Place, 135, vertretene These, daß LXX die gegenüber MT ursprünglichere
    Reihenfolge des Zwölfprophetenbuches bietet.

3.3 Zur Abtrennung des Hoseabuches

Es wurde bereits im Rahmen der Ausführungen zum exilischen Vierprophetenbuch darauf hingewiesen, daß nicht nur die Redaktionsgeschichte des Hoseabuches selbst, sondern auch der literarische Zusammenhang dieses Buches mit den übrigen Büchern des Zwölfprophetenbuches zu den schwierigsten Problemen der gegenwärtigen Forschung am Zwölfprophetenbuch gehört.[39] Zwar konnte die Zugehörigkeit des Hoseabuches zum exilischen Vierprophetenbuch noch mit guten Gründen nachgewiesen werden. Doch zeigt sich nun im Rahmen der Betrachtung des Joel-Korpus erstmals die Schwierigkeit, daß das Hoseabuch mit der weiteren redaktionsgeschichtlichen Entwicklung des Zwölfprophetenbuches eben nicht in Verbindung zu bringen ist.

Die in sich geschlossene Komposition des Joel-Korpus, die auf zahlreichen redaktions- und kompositionsgeschichtlichen Beobachtungen an den Einzelbüchern beruht, spricht sogar eigentlich dagegen, daß das Hoseabuch dieser Sammlung überhaupt noch angehörte. Deshalb, und angesichts der Tatsache, daß das Hoseabuch in der bisherigen Forschung noch nie wirklich in ein schlüssiges Modell zur Entstehung des Zwölfprophetenbuches integriert werden konnte,[40] liegt dann aber die Annahme nahe, daß das Hoseabuch bei der Einarbeitung des Joelbuches in das exilische Vierprophetenbuch von dieser Sammlung abgetrennt und erst zu einem späteren Zeitpunkt wieder in das werdende Zwölfprophetenbuch aufgenommen wurde.

Diese auf den ersten Blick zugegebenermaßen etwas schwierige These läßt sich durch einige Argumente untermauern: So konnte bislang nie erklärt werden, warum gerade im Joelbuch so viele Verbindungen zum überwiegenden Teil der folgenden Bücher des Zwölfprophetenbuches erkennbar sind.[41] Eine derartige Fülle an buchübergreifenden Bezügen findet sich in dieser Sammlung bei keinem anderen Buch. Nicht umsonst hat etwa Nogalski das Joelbuch als „literary anchor" des Zwölfprophetenbuches bezeichnet.[42] Das Problem ist dabei, daß dieser „anchor" in der vorliegenden Gestalt des Zwölfprophetenbuches erst an zweiter Stelle steht.

Und dieses Problem wird noch schwerwiegender, wenn man bedenkt, daß das Joelbuch entgegen der Annahme von Nogalski eben keine literarische Einheit ist. Denn das bedeutet doch, daß die Querverbindungen zu den übrigen Büchern des Zwölfprophetenbuches, die über sämtliche Schichten des Joelbuches verteilt sind, erst nach und nach in das Joelbuch eingebracht

---

wurden. Wenn dieses Buch aber schon immer erst an zweiter Stelle des Zwölfprophetenbuches stand, läßt sich nicht erklären, warum gerade hier immer wieder buchübergreifende Nachträge zugefügt wurden.

Dabei ist zudem zu beachten, daß sich derartige buchübergreifende Verbindungen im Hoseabuch gerade nicht erkennen lassen, obwohl sie hier – also am Beginn des Zwölfprophetenbuches – doch am ehesten zu erwarten wären. So ist etwa der in den folgenden Büchern so häufig erwähnte Tag Jhwhs im Hoseabuch an keiner Stelle belegt, und auch die sonst so bestimmende Auseinandersetzung um das rechte Verhältnis zu den Völkern hat im Hoseabuch keine größere Bedeutung. Insofern ist es nur folgerichtig, daß neuerdings Rudnig-Zelt vom Hoseabuch herkommend die bisherige Zwölfprophetenbuchforschung insgesamt in Frage gestellt hat.[43] Denn vom Hoseabuch führen – von den oben dargestellten Bezügen im exilischen Vierprophetenbuch einmal abgesehen – tatsächlich nur sehr wenige thematische Brücken in das sonstige Zwölfprophetenbuch. Will man nun aber die Annahme einer buchübergreifenden Redaktionsgeschichte des Zwölfprophetenbuches nicht aufgeben, wozu angesichts der so zahlreichen Verbindungen zwischen den übrigen Büchern kein Anlaß besteht, so drängt sich eben die Vermutung auf, daß das Hoseabuch nach der Stufe des exilischen Vierprophetenbuches zwischenzeitlich von dieser Sammlung abgetrennt wurde.

Zwei kleinere Beobachtungen können diese These noch unterstützen: In dem vermutlich sehr späten Nachtrag Mal 3,23 wird das Kommen des Elia in der Zeit, „bevor der große und furchtbare Tag Jhwhs kommt" (לפני בוא יום יהוה הגדול והנורא), angesetzt.[44] Bei diesem Verweis auf den Tag Jhwhs handelt es sich um ein wörtliches Zitat aus Joel 3,4.[45] Daß in Mal 3,23 unter den zahlreichen Tag-Jhwh-Schilderungen gerade auf den Joel-Text Bezug genommen wird, läßt sich recht einfach erklären, wenn das Joelbuch

---

43 Vgl. Rudnig-Zelt, Genese, 359 mit Anm. 25.
44 Zum sekundären Charakter von Mal 3,23 vgl. Marti, KHC 13, 479; Horst, HAT 14, 275; Elliger, ATD 25, 216; Rudolph, KAT 13,4, 291-293; Nogalski, Processes, 185; Reventlow, ATD 25,2, 161; Schart, Entstehung, 295.
45 So auch schon Marti, KHC 13, 479; Rudolph, KAT 13,4, 291; Petersen, Zechariah 9-14, 231; Schart, Entstehung, 301. Demgegenüber meinte jedoch Bergler, Joel, 171, daß Joel 3,4 gerade von Mal 3,23 abhängig sei. Dagegen spricht aber, daß Joel 3,4, wie oben dargestellt, zunächst vor allem von buchinternen Bezügen geprägt ist, werden doch hier die Tag-Jhwh-Passagen 2,10-11 und 4,15 aufgenommen und mit der Ausgießung des Geistes aus 3,1-3 verbunden; s.o. 423f. Die Beschreibung des Tages Jhwhs in Joel 3,4 als יום יהוה הגדול והנורא ist dabei wohl an 2,11 (כי־גדול יום־יהוה ונורא מאד) und nicht an Mal 3,23 angelehnt. Auch wenn erst eine redaktionsgeschichtliche Analyse des Maleachibuches eine abschließende Beurteilung der buchübergreifenden Verbindung zwischen Joel 3,4 und Mal 3,23 ermöglichen wird, spricht also schon jetzt einiges dafür, daß eher Mal 3,23 von Joel 3,4 abhängig ist als umgekehrt.

zum Zeitpunkt der Zufügung dieses Nachtrags am Beginn der Sammlung stand. Denn dann wurde mit der Aufnahme aus Joel 3,4 ein Rahmen um die zu diesem Zeitpunkt bestehende Vorstufe des Zwölfprophetenbuches gelegt. Wenn aber stets das Hoseabuch an erster Stelle des werdenden Zwölfprophetenbuches stand, läßt sich kaum begründen, warum in Mal 3,23 gerade auf Joel 3,4 zurückgegriffen wurde.

Zuletzt könnte schließlich noch, wenn auch nur sehr zurückhaltend, auf den Namen „Joel" (יואל) verwiesen werden. Denn dieser Name läßt sich neben der zumeist angenommenen Deutung „Jhwh ist Gott"[46] auch als Jussiv von יאל hi. „anfangen" verstehen.[47] Joel wäre demnach der, der anfangen soll. Bedenkt man, daß das Joelbuch nach den obigen Erkenntnissen von vornherein für den vorliegenden Kontext geschaffen wurde, so daß also kein Prophet im klassischen Sinne mit der Botschaft dieses Buches in Verbindung steht, so könnte doch gerade die Anfangsposition des Buches den Ausschlag für die Wahl dieses Namens gegeben haben.[48]

Es spricht also einiges dafür, daß das Hoseabuch im Rahmen der Einarbeitung des Joelbuches von der zuvor bestehenden Sammlung des exilischen Vierprophetenbuches abgetrennt wurde. Seinen Grund könnte diese Abtrennung darin gehabt haben, daß im Hoseabuch eine Theologie vertreten wird, die von den Redaktoren des Joel-Korpus nicht geteilt werden konnte. Das Hoseabuch betont nämlich immer wieder, daß das durch das kommende Gericht hindurch zu erwartende Heil allein auf Jhwh zurückgeht (Hos 11,8-11; 14,5-9). Geradezu gegen den Willen des Volkes schafft Jhwh einen Neuanfang (Hos 2,16-25). Dies widerspricht doch aber deutlich der Ausrichtung der Joel-Grundschicht, bei der, wie schon die zahlreichen Imperative in diesem Textbereich erkennen lassen, aktive Umkehr gefordert wird. Nach der Joel-Grundschicht ist es gerade die von Trauerriten begleite-

---

46 Vgl. nur Marti, KHC 13, 109; Weiser, ATD 24, 108; Wolff, BK 14,2, 28; Rudolph, KAT 13,2, 35; Barton, Joel, 39; Dahmen, NSK.AT 23,2, 13.

47 Siehe hierzu KBL³, 365. So deutete schon Hieronymus, Commentarii, 159, den Namen Joel als „ἀρχόμενος, id est incipiens"; vgl. auch Merx, Prophetie, 78f.

48 Die Ableitung des Namens Joel als „er soll anfangen" heißt dabei nicht, daß die übliche Deutung als „Jhwh ist Gott" falsch ist. Es geht lediglich darum, daß die Möglichkeit, den Namen Joel auch von יאל abzuleiten, die Wahl des Namens für diese Schrift beeinflußt haben könnte. Es wäre somit eine Art Wortspiel mit dem Namen Joel. Beachtenswert ist in diesem Zusammenhang, daß schon Rudolph, KAT 13,2, 36, meinte, daß die mögliche Herleitung des Namens Joel von יאל die Herausgeber des Zwölfprophetenbuches dabei beeinflußt haben könnte, dieses Buch in ihrer Sammlung so weit nach vorne zu setzen. In Fortführung der Überlegungen von Rudolph wäre es dann aber auch nicht ausgeschlossen, daß dieser Name überhaupt erst für die vorliegende Position im Zwölfprophetenbuch gewählt wurde.

te Bitte um Verschonung, die Jhwh schließlich zur erneuten Zuwendung zu seinem Volk bewegt (Joel 2,15-26*).[49]

Daß das Hoseabuch trotz dieser zwischenzeitlichen Abtrennung in der vorliegenden Gestalt des Zwölfprophetenbuches wieder am Beginn der Sammlung steht, also genau an der Stelle, an der es auch schon im exilischen Vierprophetenbuch seinen Platz hatte, ist dabei ohne weiteres erklärlich. Denn von den Redaktoren des exilischen Vierprophetenbuches war das Hoseabuch ja mit einer Überschrift versehen worden, die auch eine Datierung enthält. Und aufgrund dieser Datierung lag es bei der Wiederaufnahme des Buches in das werdende Zwölfprophetenbuch durchaus nahe, das Hoseabuch an den Beginn dieser Sammlung zu stellen.

Die Annahme einer zwischenzeitlichen Abtrennung des Hoseabuches mag gewagt sein. Doch andererseits ist der Erklärungswert dieser Hypothese so hoch, daß deren Plausibilität nicht von vornherein von der Hand gewiesen werden kann. Von hier aus erklärt sich nämlich nicht nur die in sich geschlossene Komposition des Joel-Korpus. Von hier aus könnte überhaupt die weitere Entstehung des Zwölfprophetenbuches einer neuen Lösung zugeführt werden. Denn zu den bisherigen Aporien der Zwölfprophetenbuchforschung gehörte ja gerade, daß das Hoseabuch in die ansonsten erkennbaren buchübergreifenden Verbindungen kaum einbezogen ist. So könnte an dieser Stelle geradezu der Schlüssel zum Verständnis der weiteren Entstehung des Zwölfprophetenbuches zu finden sein.

3.4 Der historische Ort des Joel-Korpus

Konkrete Anhaltspunkte für eine Datierung des Joel-Korpus finden sich weder in der Grundschicht des Joelbuches noch in den mittlerweile derselben Hand zugewiesenen Nachträgen am Ende der Bücher Amos, Micha und Zefanja. Dennoch bietet sich aus mehreren Gründen eine Ansetzung in die frühnachexilische Zeit an, also grob in das 5. Jahrhundert.

Dafür spricht zunächst die jeweilige buchinterne Chronologie: So setzen die Nachträge in Am 9,13aα.14-15; Mi 7,8-10a; Zef 3,14-17 wie auch die Grundschicht des Joelbuches bereits das exilische Vierprophetenbuch voraus. Da sich für diese Sammlung eine plausible Datierung zwischen 539 und 520 ergeben hat,[50] wird das Joel-Korpus selbst wohl kaum noch in die Exilszeit zu datieren sein. Dagegen spricht zudem, daß in der Grundschicht des Joelbuches mehrfach die Ältesten genannt werden, was bereits die nachexilische Organisationsform des judäischen Gemeinwesens vorauszu-

---

49 Siehe hierzu im einzelnen unten 457f.
50 S.o. 272-275 und 281f.

setzen scheint.[51] Außerdem ist die betonte Ansage in Am 9,15, daß das Volk nicht mehr aus seinem Land entfernt wird, eher nach Ende der Exilszeit verständlich.

Schwieriger ist aufgrund der buchinternen Chronologie der terminus ad quem des Joel-Korpus zu bestimmen. So folgt auf die Joel-Grundschicht wie auch auf die Nachträge am Ende der Bücher Micha und Zefanja eine bereits vorläufig als Fremdvölkerschicht I bezeichnete Redaktion. Allerdings finden sich in den dieser Bearbeitung zugewiesenen Textbereichen ebensowenig deutliche Hinweise für eine Datierung wie in der Davidsverheißung Am 9,11.12b, die dem Amosbuch im Anschluß an den Nachtrag 9,13aα.14-15 zugefügt wurde. Es konnte jeweils lediglich nur sehr vorsichtig vermutet werden, daß die der Fremdvölkerschicht I zugewiesenen Textbereiche mit ihrer Erwartung eines umfassenden Völkergerichts gut vor dem Hintergrund der Turbulenzen in der Völkerwelt zur fortgeschrittenen persischen Zeit erklärbar wären.[52]

Das 5. Jahrhundert bietet sich für das Joel-Korpus aber noch von einer anderen Seite her an: Der in diesem Korpus erkennbare Zusammenhang zwischen einer aktuellen agrarischen Notlage und drohender Fremdherrschaft läßt sich nämlich recht gut mit der Steuerpolitik im Perserreich in Verbindung bringen.[53] Das Neue an der von Darius I. eingeführten persischen Abgabenerhebung war ja gerade, daß die einzelnen abhängigen Völker – zumindest auch – mit einer festen Abgabenlast belegt wurden.[54] Der aufzubringende Tribut war somit unabhängig von der jeweiligen Ertragslage, was sich in Mangeljahren besonders verheerend auswirkte.[55]

Gerade im Nehemiabuch finden sich denn auch mehrere Hinweise darauf, wie sehr die Judäer unter der persischen Steuerlast zu leiden hatten. So wird in Neh 5,4 von einer der verschuldeten Gruppen, die sich an den Statthalter Nehemia wenden, darüber geklagt, daß sie Silber für die Königs-

51 S.o. 430.
52 S.o. 194f.227.433.
53 Vgl. zur Steuerpolitik der Perser etwa Dandamaev / Lukonin, Culture, 177-195; Wiesehöfer, Persien, 98-102; Briant, Cyrus, 388-421; Albertz, Wirtschaftspolitik, 351-356.
54 Daß neben Naturalabgaben auch eine feste Menge an Silber oder Gold als Steuern erhoben wird, gilt gemeinhin als der historische Kern bei Herodot, Historien III, 89, dargestellten Steuerreform des Darius; vgl. etwa Dandamaev / Lukonin, Culture, 177f; Briant, Cyrus, 406-408; Albertz, Wirtschaftspolitik, 351-356. Die seit Kippenberg, Religion, 49-52, im Anschluß an Herodot immer wieder vorgetragene Annahme, daß unter Darius auch schon im gesamten persischen Reich das Münzgeld eingeführt wurde, ist demgegenüber kaum haltbar. Vgl. hierzu auch Albertz, Religionsgeschichte 2, 539 Anm. 10: „Die entscheidende Neuerung der persischen Steuerpolitik war die Umwandlung der Naturaltribute in einen festgesetzten Geldwert."
55 Vgl. etwa Blenkinsopp, Ezra-Nehemiah, 258; Albertz, Wirtschaftspolitik, 354f.

steuer (מדת המלך) leihen mußten.[56] Dabei ist das hier erwähnte Silber (כסף) wieder ein Hinweis darauf, daß eine feste Summe entrichtet werden mußte.[57] Und eben diese Summe konnte angesichts der in Neh 5 vorausgesetzten agrarischen Mangellage nicht ohne Verschuldung aufgebracht werden.

Vergleichbar wird auch in Neh 9,36-37 über die Lasten geklagt, die die persischen Machthaber auf das Volk gelegt hatten. Nach diesem Text profitieren nur noch die Könige, die über das Volk gesetzt sind, von dem Ertrag des Landes. Dabei ist interessant, daß in Neh 9,37 wie in Joel 2,17 davon die Rede ist, daß diese Könige über die Menschen und deren Vieh herrschen (משׁל). Angesichts der Tributpflicht gegenüber den Persern scheint dem Volk jegliche Selbstbestimmung genommen zu sein.

Vor dem Hintergrund der persischen Steuerpolitik wird nun die Verbindung von agrarischer Not und drohender Fremdherrschaft im Joel-Korpus verständlich. Von hier aus erklärt sich, daß in Joel 2,17 angesichts einer herrschenden Dürrenot der Verlust der eigenen Souveränität befürchtet wird, wobei dahingestellt bleiben mag, ob an dieser Stelle wie in Neh 5 an individuelle Schuldknechtschaft gedacht ist oder – wohl eher – an umfassendere Enteignungen und Deportationen durch die Perser.[58] Auch der Zusammenhang von agrarischem Erfolg und sicherem Wohnen im Land in Am 9,14-15, der in Mi 7,8-10a genannte Beistand Jhwhs gegenüber der als Feindin bezeichneten außenpolitischen Größe und der Jubel über die Abwendung eines Feindes in Zef 3,14-17 werden so verständlich. Und schließlich wird vor diesem historischen Hintergrund erklärbar, daß sowohl die Joel-Grundschicht als auch die Nachträge zu den Büchern Amos, Micha und Zefanja eine Auseinandersetzung mit einem äußeren Feind voraussetzen, ohne daß von einer militärischen Bedrohung – etwa von Krieg oder Belagerung – die Rede wäre. Es geht hier eben um eine wirtschaftliche und zumindest noch nicht um eine militärische Auseinandersetzung.

Mit Blick auf den Trägerkreis des Joel-Korpus kommt wohl am ehesten das Milieu des zweiten Tempels in Frage. Dafür spricht zunächst die Aufnahme von im weitesten Sinne kultischen Gattungen – der Klageaufrufe und des Klagegebets – in Joel 1*.[59] Dafür spricht zudem die große Bedeutung,

56   Vgl. zu Neh 5 etwa Rudolph, HAT 20, 128-133; Blenkinsopp, Ezra-Nehemiah, 253-265; Albertz, Religionsgeschichte 2, 538-541.
57   Vgl. Briant, Cyrus, 406.
58   Für eine kollektive Bedrohung spricht etwa Am 9,15, da dort dem Volk insgesamt angesagt wird, daß es nicht mehr aus dem Land herausgerissen wird. Dies weist darauf hin, daß eine das gesamte Volk und nicht nur einzelne Schuldner betreffende Strafaktion für möglich gehalten wurde. Daß die Perser immer wieder und sogar noch häufiger als die Assyrer oder Babylonier ganze Völkerschaften deportierten, hat Briant, Cyrus, 505, hervorgehoben.
59   S.o. 413.

die den Priestern und dem Kult in Joel 1-2* beigemessen wird.[60] Und dafür spricht schließlich die traditionsgeschichtliche Nähe der Joel-Grundschicht und Am 9,13aα.14-15; Mi 7,8-10a; Zef 3,14-17 zu DtJes,[61] wird doch dieser Textbereich etwa von Westermann oder Albertz aufgrund seiner sprachlichen Gestalt gerade auf das deportierte nichtpriesterliche Jerusalemer Kultpersonal zurückgeführt.[62]

3.5 Die Intention des Joel-Korpus

Im 5. Jahrhundert wird das exilische Vierprophetenbuch im Umfeld des zweiten Tempels einer umfassenden Neubearbeitung unterzogen. So wird zunächst die Joel-Grundschicht – unter Ausgrenzung des Hoseabuches – den Büchern Amos, Micha und Zefanja als neue Einleitung vorangestellt, und es werden am Ende der folgenden Bücher kleinere Nachträge angebracht, die sich jeweils auf die Joel-Grundschicht zurückbeziehen.

Ausgangspunkt des Joel-Korpus ist dabei die in Joel 1-2* thematisierte Dürrenot und deren Überwindung durch Jhwh. Es werden die verheerenden Ausmaße dieser Dürre geschildert und deren Auswirkungen auf Mensch und Natur dargestellt (1,5-2,11*). Dabei werden das Volk und insbesondere die Priester zur Reaktion auf diese Notlage aufgerufen. Sie sollen klagen (1,5-20*) und Jhwh um Mitleid anflehen (2,15-17). Am Ende der Joel-Grundschicht wird schließlich die erneute Zuwendung Jhwhs mitgeteilt, der neuen Regen geschenkt und so die Not des Volkes abgewendet hat (2,21-24.26a).

Das Volk ist aber nach Joel 1-2* nicht nur aufgrund der Dürrenot an sich gefährdet. Wie in dem Bußgebet 2,17 erkennbar, besteht angesichts dieser Dürre die Gefahr, daß Völker über sie herrschen werden.[63] Das Joel-Korpus reagiert somit auf die wirtschaftliche Lage in persischer Zeit, als die ohnehin schon existenzielle Bedrohung, die von einer Dürrenot ausgeht, auch noch durch die von den Persern auferlegte Steuerlast eine zusätzliche Härte erhielt. In dieser Situation gefährdete eine Mißernte nicht nur die

---

60   So werden die Priester im Rahmen der Klageaufrufe in Joel 1,9.13 erwähnt. Sie sind es auch, die in 2,17 dazu aufgefordert werden, das dort zitierte Bußgebet zu sprechen. Dabei zeigt sich eine weitere Verbindung zum Umfeld des Tempels noch darin, daß dieses Bußgebet gerade im Heiligtum gesprochen werden soll. Und schließlich fällt die in Joel 1-2* erkennbare Bedeutung kultischer Handlungen auf; vgl. die Erwähnung der Opfer in 1,9.13, den Aufruf zum Fasten in 1,14; 2,15 oder die in 1,13 genannten Trauerriten der Priester.

61   S.o. 445f.

62   So denkt Westermann, ATD 19, 11, an Tempelsänger, Albertz, Deuterojesaja-Buch, 252, an die „Nachkommen des nichtpriesterlichen Jerusalemer Tempelpersonals, d.h. vor allem der Kultsänger, aber wohl auch der Kultpropheten".

63   Siehe hierzu oben 440f.

individuelle Existenz der Angehörigen des Volkes, sondern auch die Souveränität des Volkes insgesamt. Eben deshalb heißt es am Ende der Joel-Grundschicht auch, daß Jhwh den Regen zur Gerechtigkeit gegeben hat (2,23).[64] Der neuerliche Regen sicherte eben auch die Integrität des Volkes im Gegenüber zu den Völkern.

Doch beschränkt sich die Grundschicht des Joelbuches nicht auf die Darstellung der Notlage und deren Überwindung. Die Dürrenot wird hier auch theologisch gedeutet. Schon in der Klage in Joel 1,15, dann aber vor allem in Joel 2,1-11* wird die Dürre als Vorzeichen des Tages Jhwhs verstanden. Zu beachten ist dabei, daß die Joel-Grundschicht für den Kontext der folgenden Bücher Amos, Micha und Zefanja verfaßt wurde und daß die Tag-Jhwh-Schilderung in Joel 2,1-11* vor allem an die entsprechenden Passagen in Zef 1, angesichts der Beschreibung als Tag der Finsternis in Joel 2,2 aber auch an die Ankündigung des Tages Jhwhs in Am 5,18-20 angelehnt ist.[65] Die Dürre wird somit nach Joel 2,1-11* als Zeichen des in den folgenden Prophetenbüchern erwarteten Gerichts verstanden. Der dort angekündigte Tag Jhwhs scheint nun gekommen zu sein. So handelt es sich bei der Grundschicht des Joelbuches geradezu um eine geschichtstheologische Deutung einer Naturkatastrophe unter Auslegung bereits vorliegender Prophetenbücher.

Die Deutung der Dürrenot als Zeichen des in den folgenden Prophetenbüchern angesagten Tages Jhwhs heißt nun aber auch, daß die gegenwärtige Notlage als Folge der in diesen Büchern angeklagten Mißstände verstanden wird. Von hier aus klärt sich dann auch die Frage, warum im Joelbuch selbst keine Verfehlungen angegeben werden. Die Joel-Grundschicht setzt eben die folgenden Bücher Amos, Micha und Zefanja voraus. Das gegenwärtige Gericht basiert auf den in diesen Büchern ausgeführten Anklagen.[66]

Doch anders als diese Bücher in ihrem dem Joel-Korpus vorausgehenden Bestand bleibt die Grundschicht des Joelbuches nicht bei der Darstellung des Gerichts stehen. Es wird auch ein Ausweg aus dem Gericht aufgezeigt. Immer wieder werden das Volk und die Priester zur Zuwendung zu Jhwh aufgefordert. Sie sollen sich mit Klagen (1,5-20*), Trauerriten

---

64 S.o. 441.
65 Zur Abhängigkeit der Tag-Jhwh-Passagen in Joel 2,1-11* von Zef 1 s.o. 437f.
66 So betonen auch Nogalski, Processes, 17f, und Bosshard-Nepustil, Rezeptionen, 283f, daß die Tatsache, daß im Joelbuch keine Schuld genannt ist, die die dargestellte Not hervorgerufen hat, vom Kontext des Zwölfprophetenbuches her zu erklären ist. Allerdings wird die Begründung der im Joelbuch dargestellten Notlage gegen Nogalski und Bosshard-Nepustil nicht im Hoseabuch zu finden sein. Vielmehr dürften angesichts der oben 450-453 begründeten Abtrennung des Hoseabuches und nicht zuletzt auch angesichts der Bezugnahmen der Joel-Grundschicht auf die Tag-Jhwh-Schilderung in Zef 1 die auf das Joelbuch folgenden Bücher für die hier dargestellte Not als Schuldaufweis dienen.

(1,13.14; 2,15) und der Bitte um Mitleid (2,17) an Jhwh wenden. Es ist also Umkehr gefordert, die hier vor allem rituell verstanden wird, angesichts der im folgenden aufgenommenen Prophetenbücher aber wohl nicht von Umkehr im ethischen Sinne getrennt werden kann. Und auf Grundlage dieser Umkehr wird schließlich in einem Jubelruf an das Volk mitgeteilt, daß Jhwh erneuten Regen geschenkt und so die Dürrenot abgewendet hat (2,21-24.26a).

Dieser in der Joel-Grundschicht dargestellte Weg vom Gericht zur erneuten heilvollen Zuwendung Jhwhs wird in den folgenden Büchern des Joel-Korpus immer wieder aufs Neue durchlaufen. Dabei ist beachtenswert, daß die Redaktoren des Joel-Korpus in das jeweilige Buchkorpus der Bücher Amos, Micha und Zefanja nicht eingegriffen haben. Die dort niedergelegten Anklagen und Gerichtsankündigungen haben also nach wie vor und ungeschmälert Bestand. Aber in den von den Redaktoren am Ende dieser Bücher angebrachten Nachträgen wird nun auch dort jeweils über das Gericht hinausgeblickt.[67]

Dabei entspricht die Abfolge dieser Nachträge der Komposition der Joel-Grundschicht:[68] So wird in Am 9,13aα.14-15 zunächst in Anlehnung an die in Joel 1,1-20* dargestellte agrarische Not erneutes agrarisches Gelingen verkündet. In Mi 7,8-10a wird der Beistand Jhwhs gegenüber einer als Feindin bezeichneten außenpolitischen Größe angesagt, was an die Klage über die drohende Herrschaft durch die Völker in Joel 2,17 erinnert. Und schließlich wird in einem mit Joel 2,21-24.26a vergleichbaren Jubelruf in Zef 3,14-17 die bereits geschehene Abwendung eines Feindes mitgeteilt.

Die Grundstruktur von Joel 1-2* wird in den folgenden Büchern also gleich zweifach nachvollzogen, und zwar zum einen in jedem einzelnen dieser Bücher in der Bewegung vom Gericht zum Heil, und zum anderen in der Abfolge der Heilsankündigungen dieser drei Bücher, die von der Ansage der Abwendung agrarischer Not über die Ankündigung des Beistands gegen einen äußeren Feind bis zum Jubel über die bereits eingetretene Heilswende verläuft. Als Einleitung dieser Sammlung kommt der Grundschicht des Joelbuches dann gewissermaßen die Funktion einer Leseanweisung zu, mit der die folgenden Bücher auf die gegenwärtige Situation bezogen werden können. Angesichts der Verbindung der Dürrenot mit dem Tag Jhwhs in Joel 1-2* können die Anklagen in diesen Büchern als Grund für das gegen-

---

67 Es ist also nicht richtig, wenn etwa Wolff, BK 14,2, 408, mit Blick auf Am 9,14 meint: „Das Gericht ist somit hinsichtlich der Ansage von Zerstörungen und Dürre völlig aufgehoben." Die Anfügung eines Heilswortes an ein Werk, das von gerichtsprophetischen Worten geprägt ist, ist doch viel eher so zu verstehen, daß hier Heil durch das Gericht hindurch angesagt wird. Hätten die Redaktoren die bisherige Botschaft des Amos für aufgehoben gehalten, hätten sie sie wohl nicht mehr weiter tradiert.

68 Siehe im einzelnen oben 447-449.

wärtige Gericht verstanden werden, und mit der in Joel 1-2* vom Volk geforderten Umkehr wird gleichermaßen ein Ausweg aus diesem Gericht aufgezeigt, auf dessen Grundlage dann auch die Heilsworte am Ende der folgenden Bücher gelesen werden können.

Das Joel-Korpus verfolgt also letztlich die Intention, die gegenwärtige Situation des Volkes zur nachexilischen Zeit vor dem Hintergrund der überlieferten Gerichtsprophetie zu erklären. Angesichts der unerfüllten Hoffnungen auf die nach dem Ende des Exils eintretende Heilswende, wie sie noch einige Jahrzehnte zuvor in vergleichbaren Trägerkreisen – also etwa bei DtJes oder auch im Grundbestand der Bücher Haggai und Sacharja – erwartet wurde, wird nach den Gründen für das Ausbleiben erneuten Heils gefragt und dafür auf das exilische Vierprophetenbuch und die dort niedergelegten Gerichtsansagen zurückgegriffen.[69] In einer Neubearbeitung dieser Sammlung wird die gegenwärtige Notlage als das in den Büchern Amos, Micha und Zefanja angesagte Gericht verstanden, das aufgrund der in diesen Büchern angeprangerten Verfehlungen über das Volk gekommen ist. Aber es wird auch an der Hoffnung auf eine erneute Zuwendung Jhwhs festgehalten und damit an der Hoffnung auf die Besserung des landwirtschaftlichen Ertrags und die Abwendung der außenpolitischen Bedrohung, wenn das Volk nur bereit ist, zu Jhwh umzukehren.

3.6 Fazit

Auf Grundlage der redaktionsgeschichtlichen Bearbeitung des Joelbuches konnte gegenüber der bisherigen Forschung ein völlig neuer Ansatz für die Entstehung des Zwölfprophetenbuches nach der ersten buchübergreifenden Komposition des exilischen Vierprophetenbuches aufgezeigt werden. So wurde die eigens für diesen Zusammenhang geschaffene Grundschicht des Joelbuches in Joel 1-2*, die an einer Dürrenot und der Abwendung dieser Not durch Jhwh orientiert ist, dem exilischen Vierprophetenbuch noch vor anderen Büchern zugefügt. Dabei wurde das Hoseabuch von dieser Sammlung abgetrennt, und es wurden am Ende der auf das Joelbuch folgenden Bücher in Am 9,13aα.14-15; Mi 7,8-10a; Zef 3,14-17 kurze Nachträge angebracht, die in ihrer Abfolge dem Aufbau der Joel-Grundschicht entsprechen und in denen jeweils über die Zeit des Gerichts auf die erneute Zuwendung Jhwhs hinausgeblickt wird.

---

69   Vgl. zur Bedeutung der nicht eingetroffenen Hoffnungen der exilischen und frühnachexilischen Heilsprophetie für die weitere Literaturentstehung etwa Albertz, Religionsgeschichte 2, 466.483-487.

Entstanden ist dieses Joel-Korpus im 5. Jahrhundert. Es gehört somit in die Auseinandersetzung um die enttäuschenden Erfahrungen der nachexilischen Zeit, als vor allem die wirtschaftlichen Nöte des Volkes, bedingt durch die harte persische Steuerpolitik, an der Hoffnung auf eine Veränderung der Situation des Volkes durch Jhwh nach dem Ende des Exils zweifeln ließen.

Vor dem Hintergrund dieser Erfahrungen wird in der Grundschicht des Joelbuches eine Dürrenot als Vorzeichen des in den folgenden Büchern angesagten Tages Jhwhs gedeutet. Die gegenwärtige Lage wird somit als göttliches Gericht verstanden, das das Volk aufgrund der in diesen Büchern angeklagten Verfehlungen getroffen hat. Es wird aber auch ein Weg aus diesem Gericht aufgezeigt. Immer wieder wird das Volk in der Grundschicht des Joelbuches dazu aufgerufen, mit Klagen und Bitten zu Jhwh umzukehren. Auf Grundlage dieser Umkehr wird im abschließenden Jubelruf Joel 2,21-24.26a, aber auch in den Nachträgen zu den folgenden Büchern Amos, Micha und Zefanja an der Erwartung festgehalten, daß Jhwh sich doch noch seines Volkes erbarmt.

In seinem Anliegen, die desolate Situation des Volkes zur persischen Zeit verstehbar zu machen und die Bedingungen für die erneute Zuwendung Jhwhs zu erklären, ist das Joel-Korpus also mit dem Haggai-Sacharja-Korpus vergleichbar. Doch anders als dort wird hier nicht die frühnachexilische Heilsprophetie um einen ethischen Imperativ ergänzt, um so das Ausbleiben des neuerlichen Heils zu erklären.[70] Vielmehr wird im Joel-Korpus gerade die Gerichtsprophetie aufgenommen, um von hier aus das gegenwärtige Geschick des Volkes zu deuten und nach Auswegen aus dieser Situation zu fragen. Dennoch sind beide Werke Produkt derselben theologiegeschichtlichen Entwicklung. Es handelt sich letztlich bei beiden Prophetenbuchsammlungen um eine Synthese aus den ethischen Ermahnungen der Gerichtsprophetie und den Verheißungen der Heilsprophetie. Die beiden Sammlungen sind lediglich auf einem unterschiedlichen Fundament aufgebaut.

So gibt also auch das Joel-Korpus Einblick in den theologischen Diskurs der nachexilischen Zeit. Es zeigt, wie nach einer ersten Hochstimmung nach dem Ende des Exils die ernüchternden Erfahrungen im persischen Reich die Frage nach der erneuten Zuwendung Jhwhs wieder aufkommen ließen. Es zeigt, wie in dieser Situation die überlieferte Gerichtsprophetie wieder neue Bedeutung erlangte. Und es zeigt, wie gerade auf Grundlage der Gerichtsprophetie an der Hoffnung auf erneutes Heil durch das Gericht hindurch festgehalten werden konnte.

---

70   Siehe hierzu oben 375-380.

VI. Rückblick und Ausblick

1. Die Entstehung der frühen Sammlungen des Zwölfprophetenbuches

Das Zwölfprophetenbuch ist mehr als eine Sammlung von zwölf prophetischen Büchern. Das Zwölfprophetenbuch ist das Produkt einer bewußten redaktionellen Gestaltung, die in mehreren Phasen verlief. Es ist ein gewachsenes Ganzes, bei dem die Bücher nicht nur in ihrer Vereinzelung, sondern auch in ihrem buchübergreifenden Zusammenhang verstanden werden wollen.

Diese in der bisherigen Forschung schon häufiger vorgetragene Annahme hat sich in der vorliegenden Arbeit mit Blick auf die frühen Sammlungen des Zwölfprophetenbuches bestätigt. Dabei basieren die hier vorgelegten Ergebnisse erstmals auf einer redaktionsgeschichtlichen Betrachtung sämtlicher Einzelbücher dieser frühen Sammlungen, bei der lediglich das Hoseabuch nicht vollständig bearbeitet wurde. Gegenüber den bislang erschienenen Arbeiten konnte so der methodisch unzureichende Rückschluß von an einem begrenzten Textbereich erworbenen Erkenntnissen auf die Entstehung des gesamten Korpus vermieden werden. Es konnte so nachgewiesen werden, daß die betrachteten Bücher jeweils ab einem gewissen Stadium vergleichbaren Bearbeitungen unterzogen wurden. Zudem konnte über die Verbindung der redaktionsgeschichtlichen Erkenntnisse mit kompositionsgeschichtlichen Überlegungen gezeigt werden, daß diese Bearbeitungen nicht nur ganz allgemein eine vergleichbare inhaltliche Ausrichtung aufweisen, sondern daß über diese Bearbeitungen tatsächlich mehrere Bücher zu einer gemeinsamen buchübergreifenden Komposition verbunden wurden.

Auf dieser methodischen Grundlage konnte die bisherige Zwölfprophetenbuch-Forschung in zahlreichen Punkten weiter vorangetrieben werden. So wurde zunächst die schon häufiger dargestellte Vermutung bestätigt, daß die Bücher Hosea, Amos, Micha und Zefanja einst zu einem Vierprophetenbuch und die Bücher Haggai und Sacharja zu einem Zweiprophetenbuch zusammengebunden waren. Aufgrund der redaktionsgeschichtlichen Analyse sämtlicher Einzelbücher konnte dabei das auf die Redaktoren dieser Sammlungen zurückzuführende Gut genauer bestimmt und so auch die

Komposition und die Intention dieser beiden Mehrprophetenbücher erstmals umfassender beschrieben werden. Mit Blick auf die weitere Entstehung des Zwölfprophetenbuches konnten sodann gänzlich neue Wege beschritten werden. Es zeigte sich, daß das Joelbuch entgegen der bisherigen Forschung nicht erst spät, sondern im Gegenteil sogar noch vor anderen Büchern in das exilische Vierprophetenbuch integriert wurde.

Die erste Sammlung, das exilische Vierprophetenbuch mit den Büchern Hosea, Amos, Micha und Zefanja, wurde dabei zwischen 539 und 520 – also nach dem Sturz des neubabylonischen Reiches durch die Perser, aber noch vor der Rückkehr der ersten Exulanten – geschaffen. Die Redaktoren dieser Sammlung, die unter der im Lande verbliebenen Bevölkerung zu verorten sind, verliehen diesem Korpus zunächst einen geschichtlichen Aufriß. Sie ergänzten die vorgegebenen Bücher um Überschriften, bzw. erweiterten im Falle des Amosbuches eine bereits vorhandene Überschrift, und brachten in diesen Überschriften Datierungen über die Regierungszeit der Könige des Süd- und Nordreichs an. Das exilische Vierprophetenbuch liest sich somit als prophetischer Kommentar zu den in den Überschriften angegebenen Epochen, also von Jerobeam II. bis Josia. Es stellt dar, was von Gott her zu diesen Epochen zu sagen ist.

Die weiteren Bearbeitungen, die die Redaktoren des exilischen Vierprophetenbuches einbrachten, wurden in durchgängiger Anlehnung an das DtrG geschaffen, wobei die Nachträge zu den einzelnen Büchern genau auf die Passagen des DtrG bezogen sind, die den Datierungen der jeweiligen Buchüberschriften entsprechen. Dabei übernahmen die Redaktoren des exilischen Vierprophetenbuches aber nicht einfach die inhaltliche Ausrichtung des DtrG. Sie entwarfen vielmehr ein Gegenkonzept. Die vorexilische Geschichte wird hier unter der Vorgabe der aufgenommenen Prophetenbücher als Geschichte beschrieben, die selbst unter den im DtrG positiv dargestellten Königen Jerobeam II., Hiskia und Josia gleichermaßen von kultischen und sozialen Verfehlungen geprägt war. So werden schon die letzten Jahre des Nordreichs in den Büchern Hosea und Amos ausnahmslos negativ charakterisiert und führen direkt auf den Untergang zu (Am 9,7-10). Und die weitere Geschichte des Südreichs wird in den folgenden Büchern Micha und Zefanja ebenfalls ausnahmslos negativ beschrieben. Zwar wird auf die für das DtrG so bedeutenden Kultreformen Hiskias und Josias angespielt (Mi 5,9-13; Zef 1,4-5). Doch wird die an diesen Stellen beschriebene Kultreinigung nicht als Verdienst dieser Könige, sondern als göttliches Gericht dargestellt. Und dieses Gericht war nach den weiteren Ausführungen der Redaktoren noch nicht einmal ausreichend, da die unsozialen Machenschaften im Volk kein Ende nahmen und da insbesondere die Oberschicht nicht zur Umkehr bereit war (Mi 6,2-15*; Zef 1,6; 2,1-3*; 3,1-8*). So führte auch die Geschichte des Südreichs direkt auf den Untergang zu (3,11-13).

Wiederum im Unterschied zum DtrG hat nach der Darstellung des exilischen Vierprophetenbuches nur die arme Bevölkerung des Landes noch eine Zukunft nach dem Untergang des Südreichs. Nur sie ist der legitime Rest Israels, während die „Hochmütigen", also die Oberschicht, von Jhwh aus der Volksgemeinschaft entfernt wurden (Zef 3,11-13). Eine auch nur ansatzweise Restauration der vorexilischen Verhältnisse – die Rückkehr der Exulanten oder gar die Erneuerung der davidischen Herrschaft – ist nicht vorgesehen. Vielmehr wurde nach dem exilischen Vierprophetenbuch mit der Exilierung ein status quo erreicht, hinter den es kein Zurück mehr gibt.

Das exilische Vierprophetenbuch entstammt somit der spätexilischen Diskussion um die Zukunft des Volkes, als angesichts des Untergangs des babylonischen Reiches die Rückkehr der Exulanten möglich erschien. Es wird hier die Stimme der armen Landbevölkerung in dieser Diskussion erkennbar, die sich unter Aufnahme der überlieferten Prophetenbücher und in bewußt abgrenzender Auseinandersetzung mit dem DtrG gegen jegliche Wiederherstellung der vorexilischen Verhältnisse ausspricht.

Die Bücher Haggai und Sacharja wurden in der ersten Hälfte des 5. Jh. zu einem Zweiprophetenbuch, dem Haggai-Sacharja-Korpus, zusammengefaßt und im Sacharjabuch fortgeschrieben. Dabei wurde das Sacharjabuch im Anschluß an die im Haggaibuch bereits vorhandenen Datierungen zunächst mit einem chronologischen Rahmen versehen (Sach 1,1.7; 7,1). Nach diesem chronologischen Rahmen erging die ebenfalls von den Redaktoren des Haggai-Sacharja-Korpus eingebrachte Umkehrpredigt in 1,2-6 zeitlich noch vor der in Hag 2,10-19* erwähnten Tempelgründung und noch vor den Nachtgesichten des Sacharjabuches in Sach 1,7ff. Sowohl die Tempelgründung und die damit verbundene Präsenz Jhwhs unter seinem Volk als auch die ursprünglich unkonditionierten Verheißungen der Nachtgesichte wurden nach Sach 1,1-6 also erst unter der Voraussetzung der Umkehr des Volkes möglich.

Aber auch die weitere Zuwendung Jhwhs zu seinem Volk wird in diesem Korpus von der anhaltenden Umkehr des Volkes abhängig gemacht. So wurde die von den Redaktoren bereits vorgefundene Fastenfrage Sach 7,2-6; 8,18-19a in Sach 7,1 in die Zeit zwei Jahre nach dem Beginn der Arbeiten am Tempel angesetzt und in 7,7-8,19* um eine erneute Umkehrpredigt ergänzt, in der das Volk zu fairen Gerichtsverfahren, zur Hinwendung zu den sozial niedrig Gestellten und zur Absage an das Übervorteilen des Nächsten aufgefordert wird. Von dieser ethisch verstandenen Umkehr hängt ab, ob sich die noch nicht erfüllten Verheißungen, wie sie dem Volk in den Büchern Haggai und Sacharja zugesagt worden sind, realisieren werden.

Mit dieser Anlage des Haggai-Sacharja-Korpus reagieren die Redaktoren auf die enttäuschenden Erfahrungen der frühnachexilischen Zeit, als sich die Erwartungen, wie sie von der Heilsprophetie zur Zeit des Tempelbaus vorgebracht wurden, eben nicht bewahrheitet hatten. Deshalb stellen sie dar, daß schon der Tempelbau nur aufgrund der Umkehr des Volkes möglich wurde und daß auch die weitere Zuwendung Jhwhs von der Bereitschaft des Volkes zur anhaltenden Umkehr abhängt. Gegenüber den aufgenommenen Prophetenbüchern wird im Haggai-Sacharja-Korpus also das Verhältnis von göttlichem Heilshandeln und menschlicher Mitwirkung neu bestimmt, um so das Ausbleiben der Verheißungen erklären und an der Hoffnung auf eine doch noch eintretende Heilswende festhalten zu können.

Ebenfalls in der ersten Hälfte des 5. Jh. wurde das exilische Vierprophetenbuch zu dem als Joel-Korpus bezeichneten Mehrprophetenbuch umgearbeitet. In diesem Zusammenhang wurde das Hoseabuch von der bestehenden Sammlung abgetrennt, und die eigens für das Joel-Korpus geschaffene Grundschicht des Joelbuches wurde als neue Einleitung vor die Bücher Amos, Micha und Zefanja gestellt. Zudem wurden von den Redaktoren der Sammlung am Ende dieser Bücher jeweils kurze Heilsworte angebracht, die in ihrer Abfolge dem Aufbau der Joel-Grundschicht entsprechen (Am 9,13aα.14-15; Mi 7,8-10a; Zef 3,14-17).

Ausgangspunkt des Joel-Korpus ist die in Joel 1,1-2,26* geschilderte Dürrekatastrophe. Dabei ist das Volk aber nicht nur aufgrund dieser Dürre an sich bedroht. Nach Joel 2,17 besteht angesichts der herrschenden agrarischen Mangellage die Gefahr, daß Völker über das Volk herrschen werden. So ist das Joel-Korpus gut vor dem Hintergrund der persischen Steuerpolitik verständlich, als eine Mißernte aufgrund der von den Persern auferlegten Abgabenlast die Souveränität des Volkes insgesamt gefährdete.

Diese Notlage wird nun in Joel 1,15; 2,1-11* als Vorzeichen des kommenden Tages Jhwhs dargestellt. Sie wird von den Redaktoren des Joel-Korpus also als das in den folgenden Büchern angesagte göttliche Gericht verstanden (Am 5,18-20; Zef 1). Der dort erwartete Tag Jhwhs scheint angesichts der gegenwärtigen Dürre gekommen zu sein. Es wird aber auch ein Ausweg aus diesem Gericht präsentiert: Das Volk soll klagen und zu Jhwh umkehren (Joel 1,5-20*; 2,15-17). Und auf Grundlage dieser Umkehr wird schließlich in Joel 2,21-24.26a in einem Aufruf zum Jubel das Erbarmen Jhwhs mitgeteilt, der dem Volk neuen Regen geschenkt und die Dürre abgewendet hat.

Der Grundschicht des Joelbuches kommt damit am Beginn des Joel-Korpus die Funktion einer Leseanweisung für die folgenden Bücher zu. Die gegenwärtige Situation kann von der Joel-Grundschicht herkommend als das in den Büchern Amos, Micha und Zefanja angesagte Gericht und daher als Folge der dort angeklagten Verfehlungen des Volkes verstanden werden.

Und aufgrund der in der Joel-Grundschicht geforderten Umkehr und des daraufhin zugesagten Erbarmens Jhwhs wird ein Ausweg aus diesem Gericht aufgezeigt, vor dessen Hintergrund dann auch die von den Redaktoren am Ende der folgenden Bücher angebrachten Heilsworte gelesen werden können.

Auch das Joel-Korpus verfolgt also die Intention, die enttäuschenden Erfahrungen der frühnachexilischen Zeit vor dem Hintergrund der überlieferten Prophetenschriften zu deuten. Doch anders als im Haggai-Sacharja-Korpus wird hier gerade auf die Gerichtsprophetie zurückgegriffen, um die gegenwärtige Situation und die Bedingungen für die erneute heilvolle Zuwendung Jhwhs zu erklären.

Die frühen Sammlungen des Zwölfprophetenbuches geben also Einblick in die Rezeption der überlieferten Prophetenbücher in der spätexilischen und frühnachexilischen Zeit. Es wird erkennbar, wie angesichts der jeweiligen gesellschaftlichen Probleme und angesichts der damit verbundenen theologischen Fragestellungen auf die vorgegebene prophetische Botschaft zurückgegriffen wurde. Die Gründe des Exils, die Frage, wer nach der Exilierung noch zum Volk gehört, aber auch das Ausbleiben der nach dem Exil erhofften Heilswende oder die Ursachen der wirtschaftlichen Not des Volkes zur persischen Zeit wurden gerade unter Auslegung der überlieferten Prophetenbücher erklärt. So zeigt die redaktionsgeschichtliche Erforschung des Zwölfprophetenbuches nicht nur die literarischen Wachstumsprozesse in dieser Sammlung auf. Die redaktionsgeschichtliche Erforschung läßt darüber hinaus verstehen, wie die theologische Bewältigung drängender Nöte und Problemstellungen zu dem Werk führte, das heute als das Zwölfprophetenbuch vorliegt.

2. Ausblick auf die weitere Entstehung des Zwölfprophetenbuches

Neben den dargestellten Erkenntnissen zu den frühen Sammlungen des Zwölfprophetenbuches, auf die die vorliegende Arbeit eingeschränkt wurde, ergab die redaktionsgeschichtliche Bearbeitung des gesamten Textbestands der Bücher Joel, Amos, Micha, Zefanja, Haggai und Sacharja auch schon einige Hinweise auf die weitere Entstehung des Zwölfprophetenbuches.

So folgt in den Büchern Joel, Micha, Zefanja und Haggai auf die den Redaktoren des Joel-Korpus bzw. des Haggai-Sacharja-Korpus zugewiesenen Nachträge jeweils eine weitere Überarbeitung, die bereits vorläufig als Fremdvölkerschicht I bezeichnet wurde. Die dieser Schicht zugeordneten Textbereiche in Joel 1-2*; 4*; Mi 1,2; 4-7*; Zef 2-3*; Hag 2* fallen allesamt durch ihre universale Gerichtsvorstellung auf. Die gesamte Völkerwelt wird nach diesen Worten von Jhwh vernichtend geschlagen. Dabei dürfte die Tatsache, daß sowohl in den Büchern Joel, Amos und Micha als auch im Haggaibuch der Fremdvölkerschicht I zuzuweisende Bearbeitungen erkennbar sind, dafür sprechen, daß spätestens im Rahmen dieser buchübergreifenden Redaktion das Joel-Korpus und das Haggai-Sacharja-Korpus zu einem gemeinsamen Mehrprophetenbuch verbunden wurden.

In den Büchern Amos und Micha wurde sodann eine Davidsverheißung nachgetragen. Beide Worte, Am 9,11.12b und Mi 4,8; 5,1-4*, sind nicht nur an der erneuten Einsetzung eines davidischen Machthabers orientiert. Vielmehr wird erwartet, daß das Aufrichten der davidischen Herrschaft nach dem Vorbild der Anfangszeit geschieht.

Die Bücher Joel und Amos wurden in einem weiteren Schritt einer Bearbeitung unterzogen, die als Fremdvölkerschicht II bezeichnet wurde. Anders als bei der vorangehenden Fremdvölkerschicht I ist in Joel 4,4-8.18-21; Am 1,9-12; 9,12-13* nicht die gesamte Völkerwelt Gegenstand des künftigen Gerichts. Diese Nachträge sind nur an einigen bestimmten Völkern — vor allem Tyros, Sidon und Edom — orientiert. Und diesen Völkern werden auch ganz konkrete Vergehen vorgeworfen, wobei das Verkaufen von Angehörigen des Volkes im Sklavenhandel von besonderer Bedeutung ist.

Nach der Fremdvölkerschicht II wurden in den Büchern Joel, Micha, Zefanja und Sacharja gerade völkerfreundliche Nachträge angebracht. Dabei wurde die Erwartung einer heilvollen Zuwendung Jhwhs zu den Völkern in Joel 3,1-5*; Mi 4,1-4; 5,6; 7,17*; Zef 3,9-10*; Sach 2,15-16; 8,20-23 nicht einfach nur neben die völkerfeindlichen Passagen gestellt. Das Heil für die Völker wird an all diesen Stellen vielmehr für die Zeit nach dem Gericht und somit durch das Gericht hindurch erwartet.

In den Büchern Joel und Micha sind schließlich noch zwei kleinere Nachträge zu erkennen, die bereits vorläufig einer als Gnadenschicht bezeichneten Überarbeitung zugewiesen wurden. Sowohl Joel 2,12-14 als auch Mi 7,18-20 können als Reflexion über die göttliche Vergebungsbereitschaft verstanden werden, wobei beide Worte Anklänge an die sogenannte Gnadenformel Ex 34,6-7 aufweisen.

So zeigen sich in den einzelnen Büchern auch nach den Redaktionsschichten, die mit den frühen Sammlungen des Zwölfprophetenbuches in Verbindung gebracht werden konnten, vergleichbare Überarbeitungen, und zwar in jeweils identischer Abfolge. Das für die frühen Sammlungen ausgeführte redaktionsgeschichtliche Modell scheint sich also auch mit Blick auf die weitere Entstehung des Zwölfprophetenbuches zu bewähren. Dies gilt jedoch zunächst nur unter Vorbehalt. Die hier skizzierten Erkenntnisse müßten allererst noch an den verbleibenden Büchern Obadja, Jona, Nahum,

Habakuk und Maleachi sowie an dem Textbereich Sach 9-14 überprüft werden. Doch zumindest ist der Weg vorgezeichnet, auf dem erstmals ein Modell zur Entstehung des Zwölfprophetenbuches erreicht werden könnte, das den gesamten Textbestand umfaßt und diesen als Produkt der immer wieder neuen Auseinandersetzung mit der jeweils vorgegebenen prophetischen Botschaft zu erklären vermag.

Anhang

Abkürzungsverzeichnis

Die Abkürzungen folgen Schwertner, S.M., Internationales Abkürzungsverzeichnis für Theologie und Grenzgebiete, Berlin / New York ²1992. Darüber hinaus wurden die folgenden Abkürzungen verwandt:

BE	Biblische Enzyklopädie
chr.	chronistisch
DtJes	Deuterojesaja
dtn.	deuteronomisch
dtr.	deuteronomistisch
DtrG	deuteronomistisches Geschichtswerk
DtSach	Deuterosacharja
Ges-K	Gesenius / Kautzsch, Hebräische Grammatik
HBS	Herders Biblische Studien
HCOT	Historical Commentary on the Old Testament
HThKAT	Herders Theologischer Kommentar zum Alten Testament
JerD	deuteronomistische Redaktion des Jeremiabuches
J-M	Joüon / Muraoka, A Grammar of Biblical Hebrew
KBL³	Köhler / Baumgartner, Hebräisches und aramäisches Lexikon zum Alten Testament
NSK.AT	Neuer Stuttgarter Kommentar. Altes Testament
PN	Personenname

Literaturverzeichnis

Ackroyd, P.R., The Book of Haggai and Zechariah I-VIII. In: JJS 3 (1952), 151-156.

–, Some Interpretative Glosses in the Book of Haggai. In: JJS 7 (1956), 163-167.

–, A Judgment Narrative between Kings and Chronicles? An Approach to Amos 7:9-17. In: Coats, G.W. / Long, B.O. (Hg.), Canon and Authority. Essays in Old Testament Religion and Theology, Philadelphia 1977, 71-87.

–, Studies in the Book of Haggai. In: JJS 2 (1950-51), 163-176; JJS 3 (1952), 1-13.

Albertz, R., Das Deuterojesaja-Buch als Fortschreibung der Jesaja-Prophetie. In: ders., Geschichte und Theologie. Studien zur Exegese des Alten Testaments und zur Religionsgeschichte Israels, hg. von I. Kottsieper / J. Wöhrle, BZAW 326, Berlin / New York 2003, 239-255 (= Blum, E. u.a. (Hg.), Die Hebräische Bibel und ihre zweifache Nachgeschichte, FS R. Rendtorff, Neukirchen-Vluyn 1990, 241-256).

–, Wer waren die Deuteronomisten? Das historische Rätsel einer literarischen Hypothese. In: ders., Geschichte und Theologie. Studien zur Exegese des Alten Testaments und zur Religionsgeschichte Israels, hg. von I. Kottsieper / J. Wöhrle, BZAW 326, Berlin / New York 2003, 279-301 (= EvTh 57 (1997), 319-338).

–, Exile as Purification. Reconstructing the „Book of the Four". In: Redditt, P.L. / Schart, A. (Hg.), Thematic Threads in the Book of the Twelve, BZAW 325, Berlin / New York 2003, 232-251.

–, Die Exilszeit. 6. Jahrhundert v. Chr., BE 7, Stuttgart u.a. 2001.

–, „Aufrechten Ganges mit Gott wandern ...". Bibelarbeit über Micha 6,1-8. In: ders., Zorn über das Unrecht. Vom Glauben, der verändern will, Neukirchen-Vluyn 1996, 44-64.

–, Der Gott des Daniel. Untersuchungen zu Dan 4-6 in der Septuagintafassung sowie zu Komposition und Theologie des aramäischen Danielbuches, SBS 131, Stuttgart 1988.

–, Why a Reform like Josiah's Must Have Happened. In: Grabbe, L.L. (Hg.), Good Kings and Bad Kings, JSOT.S 393, London / New York 2005, 27-46.

–, Religionsgeschichte Israels in alttestamentlicher Zeit, 2 Bd., GAT 8/1-2, Göttingen ²1996-1997.

–, Die verhinderte Restauration. In: ders., Geschichte und Theologie. Studien zur Exegese des Alten Testaments und zur Religionsgeschichte Israels, hg. von I. Kottsieper / J. Wöhrle, BZAW 326, Berlin / New York 2003, 321-333 (= Blum, E. (Hg.), Mincha, FS R. Rendtorff, Neukirchen-Vluyn 2000, 1-12).

–, Zur Wirtschaftspolitik des Perserreiches. In: ders., Geschichte und Theologie. Studien zur Exegese des Alten Testaments und zur Religionsgeschichte Israels, hg. von I. Kottsieper / J. Wöhrle, BZAW 326, Berlin / New York 2003, 335-357.

Andersen, F.I. / Freedman, D.N., Hosea. A New Translation with Introduction and Commentary, AncB 24, New York u.a. 1980.

–, Amos. A New Translation with Introduction and Commentary, AncB 24A, New York u.a. 1989.

–, Micah. A New Translation with Introduction and Commentary, AncB 24E, New York u.a. 2000.

Andiñach, P.R., The Locusts in the Message of Joel. In: VT 42 (1992), 433-441.

Bach, R., Erwägungen zu Amos 7,14. In: Jeremias, J. / Perlitt, L. (Hg.), Die Botschaft und die Boten, FS H.W. Wolff, Neukirchen-Vluyn 1981, 203-216.

Baldwin, J.G., Haggai, Zechariah, Malachi. An Introduction and Commentary, TOTC, London 1972.

Barstad, H.M., Art. רצה, ThWAT 7 (1993), 640-652.

–, The Religious Polemics of Amos. Studies in the Preaching of Am 2, 7B-8; 4, 1-13; 5, 1-27; 6, 4-7; 8, 14, VT.S 34, Leiden 1984.

Bartlett, J.R., The Rise and Fall of the Kingdom of Edom. In: PEQ 104 (1972), 26-37.

Barton, J., Joel and Obadiah. A Commentary, OTL, Louisville 2001.

Batten, L.W., Hosea's Message and Marriage. In: JBL 48 (1929), 257-273.

Bauer, L., Die Heuschreckenplage in Palästina. In: ZDPV 49 (1926), 168-171.

Baumann, A., Art. ילל, ThWAT 3 (1982), 639-645.

Baumann, G., Die prophetische Ehemetaphorik und die Bewertung der Prophetie im Zwölfprophetenbuch. Eine synchrone und diachrone Rekonstruktion zweier thematischer Fäden. In: Redditt, P.L. / Schart, A. (Hg.), Thematic Threads in the Book of the Twelve, BZAW 325, Berlin / New York 2003, 214-231.

–, Gottes Gewalt im Wandel. Traditionsgeschichtliche und intertextuelle Studien zu Nahum 1,2-8, WMANT 108, Neukirchen-Vluyn 2005.

Baumgartner, W., Joel 1 und 2. In: Marti, K. (Hg.), Beiträge zur Alttestamentlichen Wissenschaft, FS K. Budde, BZAW 34, Gießen 1920, 10-19.

Beck, M., Der „Tag YHWHs" im Dodekapropheton. Studien im Spannungsfeld von Traditions- und Redaktionsgeschichte, BZAW 356, Berlin / New York 2005.

Becker, U., Der Prophet als Fürbitter: Zum literaturhistorischen Ort der Amos-Visionen. In: VT 51 (2001), 141-165.

Bedford, P.R., Discerning the Time: Haggai, Zechariah and the ‚Delay' in the Rebuilding of the Jerusalem Temple. In: Holloway, S.W. / Lowell, K.H. (Hg.), The Pitcher is Broken, FS G.W. Ahlström, JSOT.S 190, Sheffield 1995, 71-94.

Behrens, A., Prophetische Visionsschilderungen im Alten Testament. Sprachliche Eigenarten, Funktion und Geschichte einer Gattung, AOAT 292, Münster 2002.

Ben Zvi, E., Twelve Prophetic Books or ‚The Twelve': A Few Preliminary Considerations. In: Watts, J.W. / House, P.R. (Hg.), Forming Prophetic Literature, FS J.D.W. Watts, JSOT.S 235, Sheffield 1996, 125-156.

–, Micah, FOTL 21B, Grand Rapids 2000.

–, Micah 1.2-16. Observations and Possible Implications. In: JSOT 77 (1998), 103-120.

–, A Deuteronomistic Redaction in/among ‚The Twelve'? A Contribution from the Standpoint of the Books of Micah, Zephaniah and Obadiah. In: Schearing, L.S. / McKenzie, S.L. (Hg.), Those Elusive Deuteronomists. The Phenomenon of Pan-Deuteronomism, JSOT.S 268, Sheffield 1999, 232-261.

–, A Historical-Critical Study of the Book of Zephaniah, BZAW 198, Berlin / New York 1991.

Benoit, P. u.a., Les grottes de Murabba‘ât, DJD 2, Oxford 1961.

Berg, W., Die sogenannten Hymnenfragmente im Amosbuch, EHS.T 45, Frankfurt a.M. / Bern 1974.

Bergler, S., Joel als Schriftinterpret, BEAT 16, Frankfurt a.M. u.a. 1988.

–, „Auf der Mauer – Auf dem Altar". Noch einmal die Visionen des Amos. In: VT 50 (2000), 445-471.

Beuken, W.A.M., Haggai-Sacharja 1-8. Studien zur Überlieferungsgeschichte der frühnachexilischen Prophetie, SSN 10, Assen 1967.

Bewer, J.A., A Critical and Exegetical Commentary on Obadiah and Joel, ICC, Edinburgh 1911.

Beyerlin, W., Bleilot, Brecheisen oder was sonst? Revision einer Amos-Vision, OBO 81, Freiburg, Schweiz / Göttingen 1988.

Beyse, K.-M., Serubbabel und die Königserwartungen der Propheten Haggai und Sacharja. Eine historische und traditionsgeschichtliche Untersuchung, AzTh 1/48, Stuttgart 1972.

Bič, M., Das Buch Joel, Berlin 1960.

Biran, A., Biblical Dan, Jerusalem 1994.

– (Hg.), Dan I. A Chronicle of the Excavations, the Pottery Neolithic, the Early Bronze Age and the Middle Bronze Age Tombs, Jerusalem 1996.

Blenkinsopp, J., Ezra-Nehemiah. A Commentary, OTL, Philadelphia 1988.

–, Geschichte der Prophetie in Israel. Von den Anfängen bis zum hellenistischen Zeitalter, Stuttgart u.a. 1998 (= A History of Prophecy in Israel, Louisville ²1996).

Blum, E., „Amos" in Jerusalem. Beobachtungen zu Am 6,1-7. In: Henoch 16 (1994), 23-47.

Boda, M.J., From Fasts to Feasts: The Literary Function of Zechariah 7-8. In: CBQ 65 (2003), 390-407.

Bons, E., Das Buch Hosea, NSK.AT 23,1, Stuttgart 1996.

Bosshard, E., Beobachtungen zum Zwölfprophetenbuch. In: BN 40 (1987), 30-62.

– / Kratz, R.G., Maleachi im Zwölfprophetenbuch. In: BN 52 (1990), 27-46.

Bosshard-Nepustil, E., Rezeptionen von Jesaia 1-39 im Zwölfprophetenbuch. Untersuchungen zur literarischen Verbindung von Prophetenbüchern in babylonischer und persischer Zeit, OBO 154, Freiburg, Schweiz / Göttingen 1997.

Botterweck, G.J., Zur Authentizität des Buches Amos. In: BZ 2 (1958), 176-189.

Braaten, L.J., God Sows the Land: Hosea's Place in the Book of the Twelve. In: Society of Biblical Literature 2000 Seminar Papers, SBL.SP 39, Atlanta 2000, 218-242.

Bratsiotis, N.P., Art. בשׂר, ThWAT 1 (1973), 850-867.

Briant, P., From Cyrus to Alexander. A History of the Persian Empire, Winona Lake 2002.

Brin, G., Micah 2,12-13. A Textual and Ideological Study. In: ZAW 101 (1989), 118-124.

Brueggemann, W., Amos IV 4-13 and Israel's Covenant Worship. In: VT 15 (1965), 1-15.

Bruehler, B.B., Seeing through the עינים of Zechariah: Understanding Zechariah 4. In: CBQ 63 (2001), 430-443.

Budde, K., Zur Geschichte des Buches Amos. In: Marti, K. (Hg.), Studien zur semitischen Philologie und Religionsgeschichte, FS J. Wellhausen, BZAW 27, Gießen 1914, 63-77.

–, „Der von Norden" in Joel 2, 20. In: OLZ 22 (1919), 1-5.

–, Das Rätsel von Micha 1. In: ZAW 27 (1917/18), 77-108.

–, Eine folgenschwere Redaktion des Zwölfprophetenbuchs. In: ZAW 39 (1921), 218-229.

–, Zu Text und Auslegung des Buches Amos (Schluß). In: JBL 44 (1925), 63-122.

–, Der Umschwung in Joel 2. In: OLZ 22 (1919), 104-110.

Burkitt, F.C., Micah 6 and 7 a Northern Prophecy. In: JBL 45 (1926), 159-161.

Butterworth, M., Structure and the Book of Zechariah, JSOT.S 130, Sheffield 1992.

Cazelles, H., Zephaniah, Jeremiah, and the Scythians in Palestine. In: Perdue, L.G. / Kovacs, B.W. (Hg.), A Prophet to the Nations. Essays in Jeremiah Studies, Winona Lake 1984, 129-149 (= Sophonie, Jérémie, et les Scythes en Palestine. In: RB 74 (1967), 24-44).

Childs, B.S., Introduction to the Old Testament as Scripture, London 1979.

Christensen, D.L., Zephaniah 2:4-15: A Theological Basis for Josiah's Program of Political Expansion. In: CBQ 46 (1984), 669-682.

Clark, D.J., Problems in Haggai 2.15-19. In: BiTr 34 (1983), 432-439.

–, Vision and Oracle in Zechariah 1-6. In: Bergen, R.D. (Hg.), Biblical Hebrew and Discourse Linguistics, Winona Lake 1994, 529-560.

Clements, R.E., Art. שׁאר, ThWAT 7 (1993), 933-950.

Coggins, R.J., What Does ‚Deuteronomistic' Mean? In: Schearing, L.S. / McKenzie, S.L. (Hg.), Those Elusive Deuteronomists. The Phenomenon of Pan-Deuteronomism, JSOT.S 268, Sheffield 1999, 22-35.

–, Haggai, Zechariah, Malachi, OTGu, Sheffield 1987.

–, Interbiblical Quotations in Joel. In: Barton, J. / Reimer, D.J. (Hg.), After the Exile, FS R. Mason, Macon 1996, 75-84.

Conrad, J., Art. פריץ, ThWAT 6 (1989), 763-770.

Cooper, A., The Absurdity of Amos 6:12a. In: JBL 107 (1988), 725-727.

Coote, R.B., Amos among the Prophets. Composition and Theology, Philadelphia 1981.

Cornill, C.H., Einleitung in die kanonischen Bücher des Alten Testaments, Tübingen ⁵1905.

Coulot, C., Propositions pour une structuration du livre d'Amos au niveau rédactionnel. In: RevSR 51 (1977), 169-186.

Credner, K.A., Der Prophet Joel, Halle 1831.

Crenshaw, J.L., Joel. A New Translation with Introduction and Commentary, AncB 24C, New York u.a. 1995.

–, Prophetic Conflict. Its Effect Upon Israelite Religion, BZAW 124, Berlin / New York 1971.

–, Theodicy in the Book of the Twelve. In: Society of Biblical Literature 2001 Seminar Papers, SBL.SP 40, Atlanta 2001, 1-18.

Cross, F.M., The Themes of the Book of Kings and the Structure of the Deuteronomistic History. In: ders., Canaanite Myth and Hebrew Epic. Essays in the History of the Religion of Israel, Cambridge 1973, 274-289.

Crüsemann, F., Studien zur Formgeschichte von Hymnus und Danklied in Israel, WMANT 32, Neukirchen-Vluyn 1969.

Curtis, B.G., The Zion-Daughter Oracles: Evidence on the Identity and Ideology of the Late Redactors of the Book of the Twelve. In: Nogalski, J.D. / Sweeney, M.A. (Hg.), Reading and Hearing the Book of the Twelve, SBL Symposium Series 15, Atlanta 2000, 166-184.

Dahmen, U. / Fleischer, G., Das Buch Joel. Das Buch Amos, NSK.AT 23,2, Stuttgart 2001.

–, Zur Text- und Literarkritik von Am 6,6a. In: BN 31 (1986), 7-10.

Dalman, G., Arbeit und Sitte in Palästina, 7 Bd., Gütersloh 1928-1942.

Dandamaev, M.A. / Lukonin, V.G., The Culture and Social Institutions of Ancient Iran, Cambridge u.a. 1989.

Deissler, A., Micha 6,1-8: Der Rechtsstreit Jahwes mit Israel um das rechte Bundesverhältnis. In: TThZ 68 (1959), 229-234.

–, Zwölf Propheten. Hosea, Joël, Amos, NEB.AT 4, Würzburg 1981.

–, Zwölf Propheten III. Zefanja, Haggai, Sacharja, Maleachi, NEB.AT 21, Würzburg 1988.

Delkurt, H., Sacharjas Nachtgesichte. Zur Aufnahme und Abwandlung prophetischer Traditionen, BZAW 302, Berlin / New York 2000.

Dempsey, C.J., Micah 2-3: Literary Artistry, Ethical Message, and Some Considerations about the Image of Yahweh and Micah. In: JSOT 85 (1999), 117-128.

–, Micah 4 and 5: A Battle of Words and Perceptions. In: OTE 12 (1999), 623-641.

Dietrich, W., JHWH, Israel und die Völker beim Propheten Amos. In: ThZ 48 (1992), 315-328.

–, Die Kontexte des Zefanjabuches. In: ders. / Schwantes, M. (Hg.), Der Tag wird kommen. Ein interkontextuelles Gespräch über das Buch des Propheten Zefanja, SBS 170, Stuttgart 1996, 19-37.

–, Prophetie und Geschichte. Eine redaktionsgeschichtliche Untersuchung zum deuteronomistischen Geschichtswerk, FRLANT 108, Göttingen 1972.

Dohmen, C., Art. מסכה, ThWAT 4 (1984), 1009-1015.

–, Das Bilderverbot. Seine Entstehung und seine Entwicklung im Alten Testament, BBB 62, Bonn 1985.

Donner, H., Geschichte des Volkes Israel und seiner Nachbarn in Grundzügen, 2 Bd., GAT 4/1-2, Göttingen ²1995.

–, Israel unter den Völkern. Die Stellung der klassischen Propheten des 8. Jahrhunderts v. Chr. zur Außenpolitik der Könige von Israel und Juda, VT.S 11, Leiden 1964.

–, Die Schwellenhüpfer: Beobachtungen zu Zephanja 1,8f. In: JSSt 15 (1970), 42-55.

Dorsey, D., Literary Architecture and Aural Structuring Techniques in Amos. In: Bib. 73 (1992), 305-330.

Driver, S.R., Einleitung in die Litteratur des alten Testaments, Berlin 1896.

Duhm, B., Anmerkungen zu den Zwölf Propheten. In: ZAW 31 (1911), 1-43.81-110.161-204.

–, Die Theologie der Propheten als Grundlage für die innere Entwicklungsgeschichte der israelitischen Religion, Bonn 1875.

Edens, A., A Study of the Book of Zephaniah as to the Date, Extent and Significance of the Genuine Writings, Diss. Nashville 1953.

Edler, R., Das Kerygma des Propheten Zefanja, FThSt 126, Freiburg 1984.

Ehrman, A., A Note on יֵשׁ in Mic. 6:14. In: JNES 18 (1959), 156.

–, A Note on Micah VI 14. In: VT 23 (1973), 103-105.

Eichhorn, J.G., Die hebräischen Propheten, 3 Bd., Göttingen 1816-1819.

Eißfeldt, O., Einleitung in das Alte Testament. Unter Einschluß der Apokryphen und Pseudepigraphen sowie der apokryphen und pseudepigraphenartigen Qumrān-Schriften, Tübingen ³1964.

–, Ein Psalm aus Nord-Israel. Micha 7,7-20. In: ders., Kleine Schriften, Bd. 4, hg. von R. Sellheim / F. Maass, Tübingen 1968 (= ZDMG 112 (1962), 259-268).

Elliger, K., Das Buch der zwölf kleinen Propheten, Bd. 2: Die Propheten Nahum, Habakuk, Zephanja, Haggai, Sacharja, Maleachi, ATD 25, Göttingen ³1956.

–, Die Heimat des Propheten Micha. In: ZDPV 57 (1934), 81-152.

Erlandsson, S., Art. זנה, ThWAT 2 (1977), 612-619.

Ewald, H., Die Propheten des Alten Bundes, 3 Bd., Göttingen 1867-1868.

–, Versuche über schwierige Stellen des A. T. In: ThStKr 1 (1828), 338-360.

Fey, R., Amos und Jesaja. Abhängigkeit und Eigenständigkeit des Jesaja, WMANT 12, Neukirchen-Vluyn 1963.

Fleischer, G., Art. קינה, ThWAT 7 (1993), 20-26.

–, Von Menschenverkäufern, Baschankühen und Rechtsverkehrern. Die Sozialkritik des Amosbuches in historisch-kritischer, sozialgeschichtlicher und archäologischer Perspektive, BBB 74, Frankfurt a.M. 1989.

– / Dahmen, U., Das Buch Joel. Das Buch Amos, NSK.AT 23,2, Stuttgart 2001.

Floyd, M.H., The Nature of the Narrative and the Evidence of Redaction in Haggai. In: VT 45 (1995), 470-490.

Fohrer, G., Einleitung in das Alte Testament, Heidelberg 1965.

–, Die symbolischen Handlungen der Propheten, AThANT 54, Zürich ²1968.

–, Micha 1. In: ders., Studien zu alttestamentlichen Texten und Themen (1966-1972), BZAW 155, Berlin / New York 1981, 53-68 (= Maass, F. (Hg.), Das ferne und das nahe Wort, FS L. Rost, BZAW 105, Berlin 1967, 65-80).

–, Die Welt des Alten Testaments. Eine Einführung, Freiburg u.a. 1992.

Fournier-Bidoz, A., Des mains de Zorobabel aux yeux du Seigneur: pour une lecture unitaire de Zacharie iv 1-14. In: VT 47 (1997), 537-542.

Freedman, D.N., Headings in the Books of the Eighth-Century Prophets. In: AUSS 25 (1987), 9-26.

Fritz, V., Die Fremdvölkersprüche des Amos. In: VT 37 (1987), 26-38.

–, Das Wort gegen Samaria Mi 1 2-7. In: ZAW 86 (1974), 316-331.

–, Das zweite Buch der Könige, ZBK.AT 10,2, Zürich 1998.

Fuhs, H.F., Amos 1,1. Erwägungen zur Tradition und Redaktion des Amosbuches. In: Fabry, H.-J. (Hg.), Bausteine biblischer Theologie, FS G.J. Botterweck, BBB 50, Köln-Bonn 1977, 271-289.

–, Sehen und Schauen. Die Wurzel ḥzh im Alten Orient und im Alten Testament. Ein Beitrag zum prophetischen Offenbarungsempfang, fzb 32, Würzburg 1978.

Fuller, R.E., The Twelve. In: Ulrich, E. u.a., Qumran Cave 4, Bd. 10: The Prophets, DJD 15, Oxford 1997.

Galling, K., Die Exilswende in der Sicht des Propheten Sacharja. In: VT 2 (1952), 18-36.

Gerlemann, G., Art. בשׂר, THAT 1 (1971), 376-379.

–, Zephanja. Textkritisch und literarisch untersucht, Lund 1942.

Gerstenberger, E.S., Art. עשׂק, ThWAT 6 (1989), 441-446.

–, Israel in der Perserzeit. 5. und 4. Jahrhundert v. Chr., BE 8, Stuttgart 2005.

Gese, H., Amos 8,4-8: Der kosmische Frevel händlerischer Habgier. In: Fritz, V. u.a. (Hg.), Prophet und Prophetenbuch, FS O. Kaiser, Berlin / New York 1989, 59-72.

–, Anfang und Ende der Apokalyptik, dargestellt am Sacharjabuch. In: ZThK 70 (1973), 20-49.

–, Kleine Beiträge zum Verständnis des Amosbuches. In: VT 12 (1962), 417-438.

–, Komposition bei Amos. In: Emerton, J.A. (Hg.), Congress Volume. Vienna 1980, VT.S 32, Leiden 1981, 74-95.

–, Das Problem von Amos 9,7. In: Gunneweg, A.H.J. / Kaiser, O. (Hg.), Textgemäß. Aufsätze und Beiträge zur Hermeneutik des Alten Testaments, FS E. Würthwein, Göttingen 1979, 33-38.

Gesenius, W. / Kautzsch, E., Hebräische Grammatik, Hildesheim u.a. (²⁸1909) 1962.

Gevaryahu, H.M.I., Biblical Colophons: A Source for the „Biography" of Authors, Texts and Books. In: Congress Volume. Edinburgh 1974, VT.S 28, Leiden 1975, 42-59.

Gitay, Y., A Study of Amos's Art of Speech: A Rhetorical Analysis of Amos 3:1-15. In: CBQ 42 (1980), 293-309.

Glazier-McDonald, B., Malachi. The Divine Messenger, SBL.DS 98, Atlanta 1987.

Gnuse, R., Calf, Cult, and King: The Unity of Hosea 8:1-13. In: BZ 26 (1982), 83-92.

Görg, M., Eine formelhafte Metapher bei Joel und Nahum. In: BN 6 (1978), 12-14.

–, Zum Titel *BN HMLK* („Königssohn"). In: BN 29 (1985), 7-11.

Graupner, A., Art. עצב, ThWAT 6 (1989), 301-305.

Gunkel, H., Der Micha-Schluß. Zur Einführung in die literaturgeschichtliche Arbeit am Alten Testament. In: ZS 2 (1924), 145-178.

Gunneweg, A.H.J., Geschichte Israels. Von den Anfängen bis Bar Kochba und von Theodor Herzl bis zur Gegenwart, Stuttgart u.a. ⁶1989.

Haag, E., Die Ehe des Propheten Hosea. In: TThZ 108 (1999), 1-20.

Hagstrom, D.A., The Coherence of the Book of Micah. A Literary Analysis, SBL.DS 89, Atlanta 1988.

Hanhart, R., Dodekapropheton 7.1. Sacharja 1-8, BK 14,7.1, Neukirchen-Vluyn 1998.

Hanson, P.D., The Dawn of Apocalyptic. The Historical and Sociological Roots of Jewish Apocalyptic Eschatology, Philadelphia ²1979.

Hardmeier, C., Texttheorie und biblische Exegese. Zur rhetorischen Funktion der Trauermetaphorik in der Prophetie, BEvTh 79, München 1978.

Heller, J., Zephanjas Ahnenreihe. Eine redaktionsgeschichtliche Bemerkung zu Zeph. I ¹. In: VT 21 (1971), 102-104.

Hengstenberg, E.W., Christologie des Alten Testaments und Commentar über die Messianischen Weissagungen, 3 Bd., Berlin ²1854-1857.

Herodot, Historien, hg. von J. Feix, 2 Bd., Darmstadt ⁴1988.

Hieke, T., Der Anfang des Buches Nahum II: Wie begann die Prophetie Nahums ursprünglich? Ein Rekonstruktionsversuch... In: BN 69 (1993), 15-20.

Hieronymus, Commentarii in Prophetas Minores, CChr.SL 76, Turnhout 1969.

–, Praefatio S. Hieronymi in Duodecim Prophetas. In: ders., Opera Omnia, Bd. 9, PL 28, Paris 1865, 1071-1072.

Hilgenfeld, A., Das Judenthum in dem persischen Zeitalter. In: ZWTh 9 (1866), 398-448.

Hill, A.E., Malachi. A New Translation with Introduction and Commentary, AncB 25D, New York u.a. 1998.

Hillers, D.R., Micah, Hermeneia, Philadelphia 1984.

Holladay, W.L., Reading Zephaniah with a Concordance: Suggestions for a Redaction History. In: JBL 120 (2001), 671-684.

Hölscher, G., Die Profeten. Untersuchungen zur Religionsgeschichte Israels, Leipzig 1914.

Hoonacker, A. van, Les douze petits prophètes, EtB, Paris 1908.

Horst, F., Die Doxologien im Amosbuch. In: ZAW 47 (1929), 45-54.

– / Robinson, T., Die zwölf kleinen Propheten, HAT 14, Tübingen ³1964.

House, P.R., The Character of God in the Book of the Twelve. In: Nogalski, J.D. / Sweeney, M.A. (Hg.), Reading and Hearing the Book of the Twelve, SBL Symposium Series 15, Atlanta 2000, 125-145.

–, Endings as New Beginnings: Returning to the Lord, the Day of the Lord, and Renewal in the Book of the Twelve. In: Redditt, P.L. / Schart, A. (Hg.), Thematic Threads in the Book of the Twelve, BZAW 325, Berlin / New York 2003, 313-338.

–, The Unity of the Twelve, JSOT.S 97, Sheffield 1990.

Hulst, A.R., *kol basar* in der priesterlichen Fluterzählung. In: Gemser, B. u.a. (Hg.), Studies in the Book of Genesis, OTS 12, Leiden 1958, 28-68.

Hyatt, J.P., The Date and Background of Zephaniah. In: JNES 7 (1948), 25-29.

Ihromi, ʿamm ʿānî wādāl nach dem Propheten Zefanja, Diss. Mainz 1972.

Irsigler, H., Gottesgericht und Jahwetag. Die Komposition Zef 1,1-2,3, untersucht auf der Grundlage der Literarkritik des Zefanjabuches, ATSAT 3, St. Ottilien 1977.

–, Zefanja, HThKAT, Freiburg u.a. 2002.

Jacobs, P.F., „Cows of Bashan" – A Note on the Interpretation of Amos 4:1. In: JBL 104 (1985), 109-110.

Jenni, E., Art. אחר, THAT 1 (1971), 110-118.

–, Die hebräischen Präpositionen, Bd. 3: Die Präposition Lamed, Stuttgart u.a. 2000.

Jepsen, A., Art. חזה, ThWAT 2 (1977), 822-835.

–, Kleine Beiträge zum Zwölfprophetenbuch. In: ZAW 56 (1938), 85-100.

–, Kleine Beiträge zum Zwölfprophetenbuch III. In: ZAW 61 (1945/48), 95-114.

Jeremias, C., Die Nachtgesichte des Sacharja. Untersuchungen zu ihrer Stellung im Zusammenhang der Visionsberichte im Alten Testament und zu ihrem Bildmaterial, FRLANT 117, Göttingen 1977.

Jeremias, J., Am 8,4-7 – ein Kommentar zu 2,6f. In: ders., Hosea und Amos. Studien zu den Anfängen des Dodekapropheton, FAT 13, Tübingen 1996, 231-243 (= Gross, W. u.a. (Hg.), Text, Methode und Grammatik, FS W. Richter, St. Ottilien 1991, 205-220).

–, Amos 3-6. Beobachtungen zur Entstehungsgeschichte eines Prophetenbuches. In: ders., Hosea und Amos. Studien zu den Anfängen des Dodekapropheton, FAT 13, Tübingen 1996, 142-156 (= ZAW 100 Supplement (1988), 123-138).

–, Die Anfänge des Dodekapropheton: Hosea und Amos. In: ders., Hosea und Amos. Studien zu den Anfängen des Dodekapropheton, FAT 13, Tübingen 1996, 231-243 (= Emerton, J.A. (Hg.), Congress Volume. Paris 1992, VT.S 61, Leiden u.a. 1995, 87-106).

–, Art. Hosea / Hoseabuch, TRE 15 (1986), 586-598.

–, Art. Joel / Joelbuch, TRE 17 (1988), 91-97.

–, Der Prophet Hosea, ATD 24,1, Göttingen 1983.

–, Der Prophet Amos, ATD 24,2, Göttingen 1995.

–, „Denn auf dem Berg Zion und in Jerusalem wird Rettung sein" (Joel 3,5). Zur Heilserwartung des Joelbuches. In: Hahn, F. u.a. (Hg.), Zion – Ort der Begegnung, FS L. Klein, BBB 90, Bodenheim 1993, 35-45.

–, Die Deutung der Gerichtsworte Michas in der Exilszeit. In: ZAW 83 (1971), 330-354.

–, Gelehrte Prophetie. Beobachtungen zu Joel und Deuterosacharja. In: Bultmann, C. (Hg.), Vergegenwärtigung des Alten Testaments. Beiträge zur biblischen Hermeneutik, FS R. Smend, Göttingen 2002, 97-111.

–, Jakob im Amosbuch. In ders., Hosea und Amos. Studien zu den Anfängen des Dodekapropheton, FAT 13, Tübingen 1996, 257-271 (= Görg, M. (Hg.), Die Väter Israels. Beiträge zur Theologie der Patriarchenüberlieferungen im Alten Testament, FS J. Scharbert, Stuttgart 1989, 139-154).

–, Kultprophetie und Gerichtsverkündigung in der späten Königszeit Israels, WMANT 35, Neukirchen-Vluyn 1970.

–, Micha 4-5 und die nachexilische Prophetie. In: Köckert, M. / Nissinen, M. (Hg.), Propheten in Mari, Assyrien und Israel, FRLANT 201, Göttingen 2003, 90-115.

–, Die Mitte des Amosbuches (Am 4,4-13; 5,1-17). In: ders., Hosea und Amos. Studien zu den Anfängen des Dodekapropheton, FAT 13, Tübingen 1996, 198-213.

–, Die Rolle des Propheten nach dem Amosbuch. In: ders., Hosea und Amos. Studien zu den Anfängen des Dodekapropheton, FAT 13, Tübingen 1996, 272-284.

–, Der „Tag Jahwes" in Jes 13 und Joel 2. In: Kratz, R.G. u.a. (Hg.), Schriftauslegung in der Schrift, FS O.H. Steck, BZAW 300, Berlin / New York 2000, 129-138.

–, Tau und Löwe (Mi 5,6f). In: Crüsemann, F. (Hg.), Was ist der Mensch ...? Beiträge zur Anthropologie des Alten Testaments, FS H.W. Wolff, München 1992, 221-227.

–, Theophanie. Die Geschichte einer alttestamentlichen Gattung, WMANT 10, Neukirchen-Vluyn 1965.

–, Tod und Leben in Am 5,1-17. In: ders., Hosea und Amos. Studien zu den Anfängen des Dodekapropheton, FAT 13, Tübingen 1996, 214-230 (= Mosis, R. / Ruppert, L. (Hg.), Der Weg zum Menschen, FS A. Deissler, Freiburg u.a. 1989, 134-152).

–, Tradition und Redaktion in Micha 3. In: Graupner, A. u.a. (Hg.), Verbindungslinien, FS W.H. Schmidt, Neukirchen-Vluyn 2000, 137-151.

–, Völkersprüche und Visionsberichte im Amosbuch. In: ders., Hosea und Amos. Studien zu den Anfängen des Dodekapropheton, FAT 13, Tübingen 1996, 157-171 (= Fritz, V. u.a. (Hg.), Prophet und Prophetenbuch, FS O. Kaiser, BZAW 185, Berlin / New York 1989, 82-97).

Johnson, B., Art. משפט, ThWAT 5 (1986), 93-107.

Jones, B.A., The Book of the Twelve as a Witness to Ancient Biblical Interpretation. In: Nogalski, J.D. / Sweeney, M.A. (Hg.), Reading and Hearing the Book of the Twelve, SBL Symposium Series 15, Atlanta 2000, 65-74.

–, The Formation of the Book of the Twelve. A Study in Text and Canon, SBL.DS 149, Atlanta 1995.

Joüon, P. / Muraoka, T., A Grammar of Biblical Hebrew, 2 Bd., SubBi 14, Rom 1991.

Kaiser, O., Das Buch des Propheten Jesaja. Kapitel 1-12, ATD 17, Göttingen ⁵1981.

–, Einleitung in das Alte Testament. Eine Einführung in ihre Ergebnisse und Probleme, Gütersloh ⁵1984.

–, Grundriß der Einleitung in die kanonischen und deuterokanonischen Schriften des Alten Testaments. Mit einem Beitrag von Karl-Friedrich Pohlmann, 3 Bd., Gütersloh 1992-1994.

Kartveit, M., Art. רמה, ThWAT 7 (1993), 523-527.

Keil, C.F., Biblischer Commentar über die zwölf kleinen Propheten, BC 3,4, Leipzig ²1873.

Kellermann, U., Der Amosschluß als Stimme deuteronomistischer Heilshoffnung. In: EvTh 29 (1969), 169-183.

–, Messias und Gesetz. Grundlinien einer alttestamentlichen Heilserwartung. Eine traditionsgeschichtliche Einführung, BSt 61, Neukirchen-Vluyn 1971.

Kessler, J., The Book of Haggai. Prophecy and Society in Early Persian Yehud, VT.S 91, Leiden u.a. 2002.

–, The Second Year of Darius and the Prophet Haggai. In: Transeuphratène 5 (1992), 63-84.

Kessler, R., Die angeblichen Kornhändler von Amos VIII 4-7. In: VT 39 (1989), 13-22.

–, Micha, HThKAT, Freiburg u.a. 1999.

–, Nahum-Habakuk als Zweiprophetenschrift. Eine Skizze. In: Zenger, E. (Hg.), „Wort JHWHs, das geschah ..." (Hos 1,1). Studien zum Zwölfprophetenbuch, HBS 35, Freiburg u.a. 2002, 149-158.

–, Staat und Gesellschaft im vorexilischen Juda. Vom 8. Jahrhundert bis zum Exil, VT.S 47, Leiden u.a. 1992.

Kippenberg, H.G., Religion und Klassenbildung im antiken Judäa. Eine religionssoziologische Studie zum Verhältnis von Tradition und gesellschaftlicher Entwicklung, StUNT 14, Göttingen ²1982.

Kleven, T., The Cows of Bashan: A Single Metaphor at Amos 4:1-3. In: CBQ 58 (1996), 215-227.

Klostermann, A., Geschichte des Volkes Israel. Bis zur Restauration unter Esra und Nehemia, München 1896.

Koch, K., Amos. Untersucht mit den Methoden einer strukturalen Formgeschichte, 3 Bd., AOAT 30, Kevelaer / Neukirchen-Vluyn 1976.

–, Die Profeten, 2 Bd., Stuttgart u.a. Bd. 1: ³1995, Bd. 2: ²1988.

–, Profetenbuchüberschriften. Ihre Bedeutung für das hebräische Verständnis von Profetie. In: Graupner, A. u.a. (Hg.), Verbindungslinien, FS W.H. Schmidt, Neukirchen-Vluyn 2000, 165-186.

–, Das Profetenschweigen des deuteronomistischen Geschichtswerks. In: Jeremias, J. / Perlitt, L. (Hg.), Die Botschaft und die Boten, FS H.W. Wolff, Neukirchen-Vluyn 1981, 115-128.

–, Die Rolle der hymnischen Abschnitte in der Komposition des Amos-Buches. In: ZAW 86 (1974), 504-537.

–, Haggais unreines Volk. In: ZAW 79 (1967), 52-66.

Köckert, M., Das Gesetz und die Propheten in Am 1-2. In: Hausmann, J. / Zobel, H.-J. (Hg.), Alttestamentlicher Glaube und Biblische Theologie, FS H.D. Preuß, Stuttgart u.a. 1992, 145-154.

Koenen, K., Bethel. Geschichte, Kult und Theologie, OBO 192, Freiburg, Schweiz / Göttingen 2003.

Köhler, L. / Baumgartner, W., Hebräisches und aramäisches Lexikon zum Alten Testament, neu bearbeitet von W. Baumgartner und J.J. Stamm, Leiden / New York ³1991.

Köhlmoos, M., Amos 9,1-4, Jerusalem und Beth-El. Ein Beitrag zur Gerichtsverkündigung am Kultort in der Prophetie des 8. Jhs. In: Augustin, M. / Niemann, H.M. (Hg.), „Basel und Bibel". Collected Communications to the XVIIth Congress of the International Organization for the Study of the Old Testament, Basel 2001, BEAT 51, Frankfurt a.M. u.a. 2004, 169-178.

–, Der Tod als Zeichen. Die Inszenierung des Todes in Am 5. In: BN 107/108 (2001), 65-77.

König, E., Einleitung in das Alte Testament mit Einschluss der Apokryphen und Pseudepigraphen Alten Testaments, Bonn 1893.

Kratz, R.G., Das Judentum im Zeitalter des Zweiten Tempels, FAT 42, Tübingen 2004.

–, Die Komposition der erzählenden Bücher des Alten Testaments. Grundwissen der Bibelkritik, UTB 2157, Göttingen 2000.

–, Die Worte des Amos aus Tekoa. In: Köckert, M. / Nissinen, M. (Hg.), Propheten in Mari, Assyrien und Israel, FRLANT 201, Göttingen 2003, 54-89.

Krause, M., Das Verhältnis von sozialer Kritik und kommender Katastrophe in den Unheilsprophezeiungen des Amos, Diss. Hamburg 1972.

Krinetzki, G., Zefanjastudien. Motiv- und Traditionskritik + Kompositions- und Redaktionskritik, RSTh 7, Frankfurt a.M. / Bern 1977.

Kutsch, E., Heuschreckenplage und Tag Jahwes in Joel 1 und 2. In: ders., Kleine Schriften zum Alten Testament, hg. von L. Schmidt / K. Eberlein, BZAW 168, Berlin / New York 1986, 231-244 (= ThZ 18 (1962), 81-94).

Laato, A., Zachariah 4,6b-10a and the Akkadian royal building inscriptions. In: ZAW 106 (1994), 53-69.

Lang, M., Gott und Gewalt in der Amosschrift, fzb 102, Würzburg 2004.

Langohr, G., Le livre de Sophonie et la critique d'authenticité. In: EThL 52 (1976), 1-27.

–, Rédaction et composition du livre de Sophonie. In: Muséon 89 (1976), 51-73.

Lee, A.Y., The Canonical Unity of the Scroll of the Minor Prophets, Diss. Waco 1985.

Leeuwen, C. van, The 'Northern One' in the Composition of Joel 2,19-27. In: García Martínez, F. u.a. (Hg.), The Scriptures and the Scrolls, FS A.S. van der Woude, VT.S 49, Leiden u.a. 1992, 85-99.

Leeuwen, R.C. van, Scribal Wisdom and Theodicy in the Book of the Twelve. In: Perdue, L.G. u.a. (Hg.), In Search of Wisdom, FS J.G. Gammie, Louisville 1993, 31-49.

Lescow, T., Micha 6,6-8. Studien zu Sprache, Form und Auslegung, AzTh 25, Stuttgart 1966.

–, Redaktionsgeschichtliche Analyse von Micha 1-5. In: ZAW 84 (1972), 46-85.

–, Redaktionsgeschichtliche Analyse von Micha 6-7. In: ZAW 84 (1972), 182-212.

–, Sacharja 1-8: Verkündigung und Komposition. In: BN 68 (1993), 75-99.

Leuenberger, M., Herrschaftsverheißungen im Zwölfprophetenbuch. Ein Beitrag zu seiner thematischen Kohärenz und Anlage. In: Schmid, K. (Hg.), Prophetische Heils- und Herrschererwartungen, SBS 194, Stuttgart 2005, 75-111.

Levin, C., Amos und Jerobeam I. In: VT 45 (1995), 307-317.

–, Das Amosbuch der Anawim. In: ZThK 94 (1997), 407-436.

–, Noch einmal: Die Anfänge des Propheten Jeremia. In: VT 31 (1981), 428-440.

–, Die Verheißung des neuen Bundes in ihrem theologiegeschichtlichen Zusammenhang ausgelegt, FRLANT 137, Göttingen 1985.

Lohfink, N., Gab es eine deuteronomistische Bewegung? In: ders., Studien zum Deuteronomium und zur deuteronomistischen Literatur, Bd. 3, SBAB 20, Stuttgart 1995, 65-142 (= Groß, W. (Hg.), Jeremia und die „deuteronomistische Bewegung", BBB 98, Weinheim 1995, 313-382).

–, Die deuteronomistische Darstellung des Übergangs der Führung Israels von Moses auf Josue. Ein Beitrag zur alttestamentlichen Theologie des Amtes. In: Schol. 37 (1962), 32-44.

–, Zefanja und das Israel der Armen. In: BiKi 39 (1984), 100-108.

Loretz, O., Die Entstehung des Amos-Buches im Lichte der Prophetien aus Māri, Assur, Ishchali und der Ugarit-Texte. Paradigmenwechsel in der Prophetenbuchforschung. In: UF 24 (1992), 179-215.

–, Regenritual und Jahwetag im Joelbuch. Kanaanäischer Hintergrund, Kolometrie, Aufbau und Symbolik eines Prophetenbuches, UBL 4, Altenberge 1986.

–, Vergleich und Kommentar in Amos 3,12. In: BZ 20 (1976), 122-125.

Lux, R., Das Zweiprophetenbuch. Beobachtungen zu Aufbau und Struktur von Haggai und Sacharja 1-8. In: Zenger, E. (Hg.), „Wort JHWHs, das geschah ..." (Hos 1,1). Studien zum Zwölfprophetenbuch, HBS 35, Freiburg u.a. 2002, 191-217.

Maag, V., Text, Wortschatz und Begriffswelt des Buches Amos, Leiden 1951.

Macchi, J.-D., Les douze petits prophètes. In: Römer, T. u.a. (Hg.), Introduction à l'Ancien Testament, Le monde de la bible 49, Genève 2004, 379-382.

Macintosh, A.A., A Critical and Exegetical Commentary on Hosea, ICC, Edinburgh 1997.

Maiberger, P., Art. נפשׁ, ThWAT 6 (1986), 519-521.

Markert, L., Struktur und Bezeichnung des Scheltworts. Eine gattungskritische Studie anhand des Amosbuches, BZAW 140, Berlin / New York 1977.

Marti, K., Das Dodekapropheton, KHC 13, Tübingen 1904.

Mason, R., Some Echoes of the Preaching in the Second Temple? Tradition Elements in Zechariah 1-8. In: ZAW 96 (1984), 221-235.

–, The Books of Haggai, Zechariah and Malachi, CNEB, Cambridge 1977.

–, Preaching the Tradition. Homily and Hermeneutics after the Exile. Based on the ‚Addresses‘ in Chronicles, the ‚Speeches‘ in the Books of Ezra and Nehemiah and the Post-Exilic Prophetic Books, Cambridge u.a. 1990.

–, The Purpose of the „Editorial Framework" of the Book of Haggai. In: VT 27 (1977), 413-421.

Mays, J.L., Amos. A Commentary, OTL, London 1969.

–, Hosea. A Commentary, OTL, London 1969.

–, Micah. A Commentary, OTL, London 1976.

McKane, W., A Critical and Exegetical Commentary on Jeremiah, Bd. 1: Introduction and Commentary on Jeremiah I-XXV, ICC, Edinburgh 1986.

–, Relations between Poetry and Prose in the Book of Jeremiah with Special Reference to Jeremiah III 6-11 and XII 14-17. In: Emerton, J.A. (Hg.), Congress Volume. Vienna 1980, VT.S 32, Leiden 1981, 220-237.

Meinhold, A., Zur Rolle des Tag-JHWHs-Gedichts Joel 2,1-11 im XII-Propheten-Buch. In: Graupner, A. u.a. (Hg.), Verbindungslinien, FS W.H. Schmidt, Neukirchen-Vluyn 2000, 207-223.

Melugin, R.F., The Formation of Amos: An Analysis of Exegetical Method. In: Achtemeier, P.J. (Hg.), Society of Biblical Literature 1978 Seminar Papers, Bd. 1, SBL.SP 13, Missoula 1978, 369-391.

Mendecki, N., Deuteronomistische Redaktion von Zef 3,18-20? In: BN 60 (1991), 27-32.

Merx, A., Die Prophetie des Joel und ihre Ausleger. Von den ältesten Zeiten bis zu den Reformatoren. Eine exegetisch-kritische und hermeneutisch-dogmengeschichtliche Studie, Halle 1879.

Metzner, G., Kompositionsgeschichte des Michabuches, EHS.T 635, Frankfurt a.M. u.a. 1998.

Meyers, C.L. / Meyers, E.M., Haggai, Zechariah 1-8. A New Translation with Introduction and Commentary, AncB 25B, New York u.a. 1987.

Mittmann, S., Amos 3,12-15 und das Bett der Samarier. In: ZDPV 92 (1976), 149-167.

–, Die Einheit von Sacharja 8,1-8. In: Claasen, W. (Hg.), Text and Context. Old Testament and Semitic Studies, FS F.C. Fensham, JSOT.S 48, Sheffield 1988, 69-82.

–, Gestalt und Gehalt einer prophetischen Selbstrechtfertigung. In: ThQ 151 (1971), 134-145.

–, Eine prophetische Totenklage des Jahres 701 v. Chr. (Micha 1:3-5a.8-13a.14-16). In: JNWSL 25 (1999), 31-60.

Möller, K., „Hear this Word against You": A Fresh Look at the Arrangement and the Rhetorical Strategy of the Book of Amos. In: VT 50 (2000), 499-518.

Mommer, P., Art. קבץ, ThWAT 6 (1989), 1144-1149.

Moor, J.C. de, Micah 1. A Structural Approach. In: Mer, W. van der / ders. (Hg.), The Structural Analysis of Biblical and Canaanite Poetry, JSOT.S 74, Sheffield 1988, 172-185.

–, Micah 7:1-13. The Lament of a Disillusioned Prophet. In: Korpel, M.C.A. / Oesch, J.M. (Hg.), Delimitation Criticism. A New Tool in Biblical Scholarship, Pericope 1, Assen 2000, 149-196.

Mowinckel, S., He That Cometh, Oxford 1956.

Müller, H.-P., Art. מָשָׁא, ThWAT 5 (1986), 20-25.

–, Prophetie und Apokalyptik bei Joel. In: ThViat 10 (1965/66), 231-252.

Naumann, T., Hoseas Erben. Strukturen der Nachinterpretation im Buch Hosea, BWANT 131, Stuttgart u.a. 1991.

Neef, H.-D., Vom Gottesgericht zum universalen Heil. Komposition und Redaktion des Zephanjabuches. In: ZAW 111 (1999), 530-546.

–, JHWH und die Völker. Beobachtungen zur Theologie der Bücher Nahum, Habakuk, Zephanja. In: ThBeitr 31 (2000), 82-91.

Nelson, R.D., The Double Redaction of the Deuteronomistic History, JSOT.S 18, Sheffield 1981.

Niemann, H.M., Theologie in geographischem Gewand. Zum Wachstumsprozeß der Völkerspruchsammlung Amos 1-2*. In: ders. u.a. (Hg.), Nachdenken über Israel, Bibel und Theologie, FS K.-D. Schunck, BEAT 37, Frankfurt a.M. u.a. 1994, 177-196.

Nissinen, M., Prophetie, Redaktion und Fortschreibung im Hoseabuch. Studien zum Werdegang eines Prophetenbuches im Lichte von Hos 4 und 11, AOAT 231, Neukirchen-Vluyn 1991.

Noble, P.R., The Literary Structure of Amos: A Thematic Analysis. In: JBL 114 (1995), 209-226.

Nogalski, J., The Day(s) of YHWH in the Book of the Twelve. In: Redditt, P.L. / Schart, A. (Hg.), Thematic Threads in the Book of the Twelve, BZAW 325, Berlin / New York 2003, 192-213.

–, Joel as „Literary Anchor" for the Book of the Twelve. In: ders. / Sweeney, M.A. (Hg.), Reading and Hearing the Book of the Twelve, SBL Symposium Series 15, Atlanta 2000, 91-109.

–, Literary Precursors to the Book of the Twelve, BZAW 217, Berlin / New York 1993.

–, Redactional Processes in the Book of the Twelve, BZAW 218, Berlin / New York 1993.

–, Zephaniah 3: A Redactional Text for a Developing Corpus. In: Kratz, R.G. u.a. (Hg.), Schriftauslegung in der Schrift, FS O.H. Steck, BZAW 300, Berlin / New York 2000, 207-218.

North, F.S., Solution of Hosea's Marital Problems by Critical Analysis. In: JNES 16 (1957), 128-130.

Noth, M., Überlieferungsgeschichtliche Studien. Die sammelnden und bearbeitenden Geschichtswerke im Alten Testament, Tübingen ²1957.

Nowack, W., Die kleinen Propheten, HK 3,4, Göttingen ³1922.

Oberforcher, R., Entstehung, Charakter und Aussageprofil des Michabuches. In: BiKi 51 (1996), 150-154.

–, Das Buch Micha, NSK.AT 24,2, Stuttgart 1995.

Oeming, M., Gericht Gottes und Geschicke der Völker nach Zef 3, 1-13. Exegetische und systematische Erwägungen zur Frage: In welchem Sinne ist der kanonische Endtext normativ? In: ThQ 167 (1987), 289-300.

Ogden, G.S. / Deutsch, R.R., A Promise of Hope – A Call to Obedience, A Commentary on the Books of Joel and Malachi, ITC, Grand Rapids 1987.

O'Kennedy, D.F., Zechariah 3-4: Core of Proto-Zechariah. In: OTE 16 (2003), 370-388.

Olyan, S.M., The Oaths of Amos 8.14. In: Andersen, G.A. / ders. (Hg.), Priesthood and Cult in Ancient Israel, JSOT.S 125, Sheffield 1991, 121-149.

Otto, E., Art. Micha / Michabuch, TRE 22 (1992), 695-704.

–, Techniken der Rechtssatz-Redaktion israelitischer Rechtsbücher in der Redaktion des Prophetenbuches Micha. In: SJOT 2 (1991), 119-150.

Otzen, B., Art. שׁל, ThWAT 3 (1982), 344-352.

Paas, S., Seeing and Singing: Visions and Hymns in the Book of Amos. In: VT 52 (2002), 253-274.

Paul, S.M., Amos, Hermeneia, Minneapolis 1991.

–, Amos 1:3-2:3: A Concatenous Literary Pattern. In: JBL 90 (1971), 397-403.

Perlitt, L., Die Propheten Nahum, Habakuk, Zephanja, ATD 25,1, Göttingen 2004.

Person, R.F., The Deuteronomic School. History, Social Setting, and Literature, Studies in Biblical Literature 2, Leiden u.a. 2002.

Peter, F., Zu Haggai 1,9. In: ThZ 7 (1951), 150-151.

Petersen, D.L., A Book of the Twelve? In: Nogalski, J.D. / Sweeney, M.A. (Hg.), Reading and Hearing the Book of the Twelve, SBL Symposium Series 15, Atlanta 2000, 3-10.

–, Haggai and Zechariah 1-8. A Commentary, OTL, London 1985.

–, Zechariah 9-14 and Malachi. A Commentary, OTL, Louisville 1995.

Petitjean, A., La mission de Zorobabel et la reconstruction du temple. Zach. III, 8-10. In: EThL 42 (1966), 40-71.

Pfeiffer, H., Das Heiligtum von Bethel im Spiegel des Hoseabuches, FRLANT 183, Göttingen 1999.

Plöger, O., Theokratie und Eschatologie, Neukirchen ²1962.

Podella, T., Notzeit-Mythologem und Nichtigkeitsfluch. In: Janowski, B. u.a. (Hg.), Religionsgeschichtliche Beziehungen zwischen Kleinasien, Nordsyrien und dem Alten Testament. Internationales Symposion Hamburg 17.-21. März 1990, OBO 129, Freiburg, Schweiz / Göttingen 1993, 427-454.

Pohlmann, K.-F., Das Buch des Propheten Hesekiel (Ezechiel). Kapitel 1-19, ATD 22,1, Göttingen 1996.

Pola, T., Das Priestertum bei Sacharja. Historische und traditionsgeschichtliche Untersuchungen zur frühnachexilischen Herrschererwartung, FAT 35, Tübingen 2003.

Preuss, J., Biblisch-talmudische Medizin. Beiträge zur Geschichte der Heilkunde und der Kultur überhaupt, Berlin 1911.

Prinsloo, W.S., The Cohesion of Haggai 1:4-11. In: Augustin, M. / Schunck, K.-D. (Hg.), „Wünschet Jerusalem Frieden". Jerusalem 1986, BEAT 13, Frankfurt a.M. u.a. 1988, 337-343.

–, The Theology of the Book of Joel, BZAW 163, Berlin / New York 1985.

–, The Unity of the Book of Joel. In: ZAW 104 (1992), 66-81.

Rad, G. von, Die deuteronomistische Geschichtstheologie in den Königsbüchern. In: ders., Gesammelte Studien zum Alten Testament, TB 8, München ²1961, 189-204 (= ders., Deuteronomium-Studien, FRLANT 40, Göttingen 1947, 52-64).

–, Theologie des Alten Testaments, 2 Bd., München ⁹1987.

Ramsey, G.W., Amos 4 12 – A New Perspective. In: JBL 89 (1970), 187-191.

Redditt, P.L., The Formation of the Book of the Twelve: A Review of Research. In: ders. / Schart, A. (Hg.), Thematic Threads in the Book of the Twelve, BZAW 325, Berlin / New York 2003, 1-26.

–, Haggai, Zechariah and Malachi, NCBC, Grand Rapids 1995.

–, The Book of Joel and Peripheral Prophecy. In: CBQ 48 (1986), 225-240.

–, The Production and Reading of the Book of the Twelve. In: Nogalski, J.D. / Sweeney, M.A. (Hg.), Reading and Hearing the Book of the Twelve, SBL Symposium Series 15, Atlanta 2000, 11-33.

–, Recent Research on the Book of the Twelve as One Book. In: Currents in Research: Biblical Studies 9 (2001), 47-80.

–, Zechariah 9-14: The Capstone of the Book of the Twelve. In: Boda, M.J. / Floyd, M.H. (Hg.), Bringing out the Treasure. Inner Biblical Allusion in Zechariah 9-14, JSOT.S 370, Sheffield 2003, 305-332.

Regt, L. de, A Genre Feature in Biblical Prophecy and the Translator. Person Shift in Hosea. In: Moor, J.C. de / Rooy, H.F. van (Hg.), Past, Present, Future. The Deuteronomistic History and the Prophets, OTS 44, Leiden u.a. 2000, 230-250.

Reicke, B., Joel und seine Zeit. In: Stoebe, H.J. (Hg.), Wort – Gebot – Glaube. Beiträge zur Theologie des Alten Testaments, FS W. Eichrodt, Zürich 1970, 133-141.

–, Liturgical Traditions in Mic 7. In: HThR 60 (1967), 349-367.

Reimer, H., Richtet auf das Recht! Studien zur Botschaft des Amos, SBS 149, Stuttgart 1992.

–, Sozialkritik und Zukunftsperspektiven in Zef 1-2. In: Dietrich, W. / Schwantes, M. (Hg.), Der Tag wird kommen. Ein interkontextuelles Gespräch über das Buch des Propheten Zefanja, SBS 170, Stuttgart 1996, 38-48.

Renaud, B., La formation du livre de Michée. Tradition et actualisation, EtB, Paris 1977.

–, Genèse et théologie d'Amos 3,3-8. In: Caquot, A. / Delcor, M. (Hg.), Mélanges bibliques et orientaux, FS H. Cazelles, AOAT 212, Kevelaer / Neukirchen-Vluyn 1981, 353-372.

–, Genèse et unité rédactionnelle de Os 2. In: RevSR 54 (1980), 1-20.

–, Le livret d'Osée 1-3. Un travail complexe d'édition. In: RevSR 56 (1982), 159-178.

Rendtorff, R., How to Read the Book of the Twelve as a Theological Unity. In: Society of Biblical Literature 1997 Seminar Papers, SBL.SP 36, Atlanta 1997, 420-432.

–, Der „Tag Jhwhs" im Zwölfprophetenbuch. In: Zenger, E. (Hg.), „Wort JHWHs, das geschah ..." (Hos 1,1). Studien zum Zwölfprophetenbuch, HBS 35, Freiburg u.a. 2002, 1-11.

–, Theologie des Alten Testaments. Ein kanonischer Entwurf, Bd. 1: Kanonische Grundlegung, Neukirchen-Vluyn 1999.

Reventlow, H. Graf, Das Amt des Propheten bei Amos, FRLANT 80, Göttingen 1962.

–, Die Propheten Haggai, Sacharja und Maleachi, ATD 25,2, Göttingen 1993.

Rice, G., The African Roots of the Prophet Zephaniah. In: JRT 36 (1979), 21-31.

Ro, J.U.-S., Die sogenannte „Armenfrömmigkeit" im nachexilischen Israel, BZAW 322, Berlin / New York 2002.

Roberts, J.J.M., Amos 6.1-7. In: Butler, J.T. u.a. (Hg.), Understanding the Word, FS B.W. Anderson, JSOT.S 37, Sheffield 1985, 155-166.

–, Nahum, Habakkuk, Zephaniah. A Commentary, OTL, Louisville 1991.

Robinson, T. / Horst, F., Die zwölf kleinen Propheten, HAT 14, Tübingen ³1964.

Römer, T.C., Transformations in Deuteronomistic and Biblical Historiography. On „Book-Finding" and other Literary Strategies. In: ZAW 109 (1997), 1-11.

Rose, W.H., Zemah and Zerubbabel. Messianic Expectations in the Early Postexilic Period, JSOT.S 304, Sheffield 2000.

Rösel, H.N., Kleine Studien zur Entwicklung des Amosbuches. In: VT 43 (1993), 88-101.

Roth, C., The Teacher of Righteousness and the Prophecy of Joel. In: VT 13 (1963), 91-95.

Roth, M., Israel und die Völker im Zwölfprophetenbuch. Eine Untersuchung zu den Büchern Joel, Jona, Micha und Nahum, FRLANT 210, Göttingen 2005.

Rothstein, J.W., Juden und Samaritaner. Die grundlegende Scheidung von Judentum und Heidentum. Eine kritische Studie zum Buche Haggai und zur jüdischen Geschichte im ersten nachexilischen Jahrhundert, BWAT 3, Leipzig 1908.

–, Die Nachtgesichte des Sacharja. Studien zur Sacharjaprophetie und zur jüdischen Geschichte im ersten nachexilischen Jahrhundert, BWAT 8, Leipzig 1910.

Rottzoll, D.U., Studien zur Redaktion und Komposition des Amosbuchs, BZAW 243, Berlin / New York 1996.

Rudmam, D., A Note on Zechariah 1:5. In: JNWSL 29 (2003), 33-39.

Rudnig-Zelt, S., Die Genese des Hoseabuches. Ein Forschungsbericht. In: Kiesow, K. / Meurer, T. (Hg.), Textarbeit. Studien zu Texten und ihrer Rezeption aus dem Alten Testament und der Umwelt Israels, FS P. Weimar, AOAT 294, Münster 2003, 351-386.

–, Hoseastudien. Redaktionskritische Untersuchungen zur Genese des Hoseabuches, Diss. Münster 2004.

Rudolph, W., Esra und Nehemia. Samt 3. Esra, HAT 20, Tübingen 1949.

–, Hosea, KAT 13,1, Gütersloh 1969.

–, Joel – Amos – Obadja – Jona, KAT 13,2, Gütersloh 1971.

–, Micha – Nahum – Habakuk – Zephanja, KAT 13,3, Gütersloh 1975.

–, Haggai – Sacharja 1-8 – Sacharja 9-14 – Maleachi, KAT 13,4, Gütersloh 1976.

Ruppert, L., Art. שׁחר, ThWAT 7 (1993), 1226-1233.

–, Beobachtungen zur Literar- und Kompositionskritik von Hosea 1-3. In: ders. u.a. (Hg.), Künder des Wortes. Beiträge zur Theologie der Propheten, FS J. Schreiner, Würzburg 1982, 163-182.

–, Erwägungen zur Kompositions- und Redaktionsgeschichte von Hosea 1-3. In: BZ 26 (1982), 208-223.

Rüterswörden, U., Dominium terrae. Studien zur Genese einer alttestamentlichen Vorstellung, BZAW 215, Berlin / New York 1993.

Ryou, D.H., Zephaniah's Oracles against the Nations. A Synchronic and Diachronic Study of Zephaniah 2:1-3:8, Biblical Interpretation Series 13, Leiden u.a. 1995.

486 Anhang

Sabottka, L., Zephanja. Versuch einer Neuübersetzung mit philologischem Kommentar, BibOr 25, Rom 1972.

Sahm, E., ʿāšaq = „unterdrücken“? Überlegungen zur Bedeutung der Wurzel ʿšq anhand der vorexilischen Prophetentexte Am 3,9; 4,1; Hos 5,11; 12,8; Mi 2,2. In: Diedrich, F. / Willmes, B. (Hg.), Ich bewirke das Heil und erschaffe das Unheil (Jesaja 45,7). Studien zur Botschaft der Propheten, FS L. Ruppert, fzb 88, Würzburg 1998, 335-353.

Sauer, G., Serubbabel in der Sicht Haggais und Sacharjas. In: Maass, F. (Hg.), Das ferne und das nahe Wort, FS L. Rost, BZAW 105, Berlin 1967, 199-207.

Sawyer, J.F.A., Art. קבץ, THAT 2 (1976), 583-586.

Scharbert, J., Art. ספר, ThWAT 5 (1986), 901-906.

–, Zefanja und die Reform des Joschija. In: Ruppert, L. u.a. (Hg.), Künder des Wortes. Beiträge zur Theologie der Propheten, FS J. Schreiner, Würzburg 1982, 237-253.

Schart, A., Die Entstehung des Zwölfprophetenbuches. Neubearbeitungen von Amos im Rahmen schriftenübergreifender Redaktionsprozesse, BZAW 260, Berlin / New York 1998.

–, Zur Redaktionsgeschichte des Zwölfprophetenbuchs. In: VF 43 (1998), 13-33.

Schenker, A., Steht der Prophet unter dem Zwang zu weissagen, oder steht Israel vor der Evidenz der Weisung Gottes in der Weissagung des Propheten? Zur Interpretation von Amos 3,3-8. In: ders., Studien zu Propheten und Religionsgeschichte, SBAB 36, Stuttgart 2003, 83-90 (= BZ 30 (1986), 250-256).

Schmidt, H., Der Prophet Amos, Tübingen 1917.

Schmidt, L., Bemerkungen zu Hosea 1,2-9 und 3,1-5. In: Hausmann, J. / Zobel, H.-J. (Hg.), Alttestamentlicher Glaube und Biblische Theologie, FS H.D. Preuß, Stuttgart u.a. 1992, 155-165.

–, Micha 5,1-5. Ein Beispiel für die historische Auslegung alttestamentlicher Texte. In: Wischmeyer, O. / Becker, E.-M. (Hg.), Was ist ein Text?, Neutestamentliche Entwürfe zur Theologie 1, Tübingen / Basel 2001, 15-27.

Schmidt, W.H., Die deuteronomistische Redaktion des Amosbuches. Zu den theologischen Unterschieden zwischen dem Prophetenwort und seinem Sammler. In: ZAW 77 (1965), 168-193.

Schmidtgen, B., Die Bücher Haggai und Sacharja. Neuer Tempel – neues Leben für alle. In: Schottroff, L. / Wacker, M.-T. (Hg.), Kompendium Feministische Bibelauslegung, Gütersloh 1998, 366-375.

Schmitt, H.-C., Arbeitsbuch zum Alten Testament. Grundzüge der Geschichte Israels und der alttestamentlichen Schriften, UTB 2146, Göttingen 2005.

Schneider, D.A., The Unity of the Book of the Twelve, Diss. Yale 1979.

Schorch, S., Die Propheten und der Karneval: Marzeach – Maioumas – Maimuna. In: VT 53 (2003), 397-415.

Schöttler, H.-G., Gott inmitten seines Volkes. Die Neuordnung des Gottesvolkes nach Sacharja 1-6, TThSt 43, Trier 1987.

Schottroff, W., Der Prophet Amos. Versuch der Würdigung seines Auftretens unter sozialgeschichtlichem Aspekt. In: ders. / Stegemann, W. (Hg.), Der Gott der kleinen Leute. Sozialgeschichtliche Bibelauslegungen, Bd. 1: Altes Testament, München u.a. 1979, 39-66.

Schreiner, J., Art. עול, ThWAT 5 (1986), 1135-1144.

–, Hoseas Ehe, ein Zeichen des Gerichts (zu Hos 1,2-2,3; 3,1-5). In: BZ 21 (1977), 163-183.

Schwally, F., Das Buch Ssefanjâ, eine historisch-kritische Untersuchung. In: ZAW 10 (1890), 165-240.

Schwiderski, D., Die alt- und reichsaramäischen Inschriften, Bd. 2: Texte und Bibliographie, Fontes et Subsidia ad Bibliam pertinentes 2, Berlin / New York 2004.

Schwienhorst-Schönberger, L., Zion – Ort der Tora. Überlegungen zu Mi 4,1-3. In: Hahn, F. u.a. (Hg.), Zion. Ort der Begegnung, FS L. Klein, BBB 90, Bodenheim 1993, 107-125.

Scoralick, R., „Auch jetzt noch" (Joel 2,12a). Zur Eigenart der Joelschrift und ihrer Funktion im Kontext des Zwölfprophetenbuches. In: Zenger, E. (Hg.), „Wort JHWHs, das geschah ..." (Hos 1,1). Studien zum Zwölfprophetenbuch, HBS 35, Freiburg u.a. 2002, 47-69.

–, Gottes Güte und Gottes Zorn. Die Gottesprädikationen in Exodus 34,6f und ihre intertextuellen Beziehungen zum Zwölfprophetenbuch, HBS 33, Freiburg u.a. 2002.

Seebaß, H., Art. אחרית, ThWAT 1 (1973), 224-228.

–, Herrscherverheißungen im Alten Testament, BThSt 19, Neukirchen-Vluyn 1992.

Sellers, O.R., Stages of Locust in Joel. In: AJSL 52 (1935/36), 81-85.

Sellin, E., Das Zwölfprophetenbuch, KAT 12, Leipzig / Erlangen 1922.

–, Das Zwölfprophetenbuch, 2 Bd., KAT 12,1-2, Leipzig 2-31929-1930.

Seybold, K., Art. Joel / Joelbuch, RGG4 4 (2001), 511-512.

–, Bilder zum Tempelbau. Die Visionen des Propheten Sacharja, SBS 70, Stuttgart 1974.

–, Die Königserwartung bei den Propheten Haggai und Sacharja. In: Struppe, U. (Hg.), Studien zum Messiasbild im Alten Testament, SBAB 6, Stuttgart 1989, 243-252 (= Judaica 28 (1972), 69-78).

–, Profane Prophetie. Studien zum Buch Nahum, SBS 135, Stuttgart 1989.

–, Satirische Prophetie. Studien zum Buch Zefanja, SBS 120, Stuttgart 1985.

–, Nahum, Habakuk, Zephanja, ZBK.AT 24,2, Zürich 1991.

Smend, R., Die Entstehung des Alten Testaments, Stuttgart u.a. 41989.

–, Das Nein des Amos. In: ders., Gesammelte Studien, Bd. 1: Die Mitte des Alten Testaments, BEvTh 99, München 1986, 85-103 (= EvTh 23 (1963), 404-423).

Smith, G.A., The Book of the Twelve Prophets Commonly Called the Minor, Bd.1: Amos, Hosea and Micah. With an Introduction and a Sketch of Prophecy in Early Israel, London 31898.

Smith, L.P. / Lacheman, E.R., The Authorship of the Book of Zephaniah. In: JNES 9 (1950), 137-142.

Spronk, K., Nahum, HCOT, Kampen 1997.

Stade, B., Bemerkungen über das Buch Micha. In: ZAW 1 (1881), 161-172.

–, Deuterozacharja. Eine kritische Studie, Teil I-III. In: ZAW 1 (1881), 1-96; ZAW 2 (1882), 151-172.275-309.

–, Streiflichter auf die Entstehung der jetzigen Gestalt der alttestamentlichen Prophetenschriften. In: ZAW 23 (1903), 153-171.

Steck, O.H., Zur Abfolge Maleachi – Jona in 4Q76 (4QXIIa). In: ZAW 108 (1996), 249-253.

–, Der Abschluß der Prophetie im Alten Testament. Ein Versuch zur Frage der Vorgeschichte des Kanons, BThSt 17, Neukirchen-Vluyn 1991.

–, Zu Haggai 1 2-11. In: ZAW 83 (1971), 355-379.

–, Zu Zef 3,9-10. In: BZ 34 (1990), 90-95.

Steinmann, A.E., The Order of Amos's Oracles Against the Nations. In: JBL 111 (1992), 683-689.

Steins, G., Amos 7-9 – das Geburtsprotokoll der alttestamentlichen Gerichtsprophetie? In: Hossfeld, F.-L. / Schwienhorst-Schönberger, L. (Hg.), Das Manna fällt auch heute noch. Beiträge zur Geschichte und Theologie des Alten, Ersten Testaments, FS E. Zenger, HBS 44, Freiburg u.a. 2004, 585-608.

Stendebach, F.J., Art. שלום, ThWAT 8 (1995), 12-46.

Steuernagel, C., Lehrbuch der Einleitung in das Alte Testament. Mit einem Anhang über die Apokryphen und Pseudepigraphen, Tübingen 1912.

Stipp, H.-J., Deuterojeremianische Konkordanz, ATSAT 63, St. Ottilien 1998.

Stoebe, H.J., Noch einmal zu Amos VII 10-17. In: VT 39 (1989), 341-354.

Striek, M., Das vordeuteronomistische Zephanjabuch, BET 29, Frankfurt a.M. u.a. 1999.

Strydom, J.G., Micah of Samaria: Amos's and Hosea's forgotten partner. In: OTE 6 (1993), 19-32.

Stuart, D., Hosea–Jonah, WBC 31, Nashville 1987.

Sweeney, M.A., The Place and Function of Joel in the Book of the Twelve. In: Redditt, P.L. / Schart, A. (Hg.), Thematic Threads in the Book of the Twelve, BZAW 325, Berlin / New York 2003, 133-154.

–, Sequence and Interpretation in the Book of the Twelve. In: Nogalski, J.D. / ders. (Hg.), Reading and Hearing the Book of the Twelve, SBL Symposium Series 15, Atlanta 2000, 49-64.

–, The Twelve Prophets, 2 Bd., Berit Olam, Collegeville 2000.

–, Zephaniah. A Commentary, Hermeneia, Minneapolis 2003.

Tadmor, H., „„The Appointed Time Has Not Yet Arrived": The Historical Background of Haggai 1:2. In: Chazan, R. u.a. (Hg.), Ki Baruch Hu, FS B.A. Levine, Winona Lake 1999, 401-408.

Thiel, W., Amos 2,6-8 und der Einfluß Hoseas auf die Amos-Traditionen. In: Graupner, A. u.a. (Hg.), Verbindungslinien, FS W.H. Schmidt, Neukirchen-Vluyn 2000, 385-397.

–, Die deuteronomistische Redaktion von Jeremia 1-25, WMANT 41, Neukirchen-Vluyn 1973.

–, Die deuteronomistische Redaktion von Jeremia 26-45. Mit einer Gesamtbeurteilung der deuteronomistischen Redaktion des Buches Jeremia, WMANT 52, Neukirchen-Vluyn 1981.

Thompson, J.A., Joel's Locusts in the Light of Near Eastern Parallels. In: JNES 14 (1955), 52-55.

Tigchelaar, E.J.C., Prophets of Old and the Day of the End. Zechariah, the Book of Watchers and Apocalyptic, OTS 35, Leiden u.a. 1996.

Tollington, J.E., Readings in Haggai: From the Prophet to the Completed Book, a Changing Message in Changing Times. In: Becking, B. / Korpel, M.C.A. (Hg.), The Crisis of Israelite Religion. Transformation of Religious Tradition in Exilic and Post Exilic Times, OTS 42, Leiden u.a. 1999, 194-208.

–, Tradition and Innovation in Haggai and Zechariah 1-8, JSOT.S 150, Sheffield 1993.

Tov, E., The Greek Minor Prophets Scroll from Naḥal Ḥever (8ḤevXIIgr), DJD 8, Oxford 1990.

Tromp, N.J., Amos V 1-17. Towards a Stylistic and Rhetorical Analysis. In: Barton, J. u.a. (Hg.), Prophets, Worship and Theodicy. Studies in Prophetism, Biblical Theology and Structural and Rhetorical Analysis and on the Place of Music in Worship, OTS 23, Leiden 1984, 56-84.

Trotter, J.M., Was the Second Temple a Primarily Persian Project? In: SJOT 15 (2001), 276-293.

Tucker, G.M., Prophetic Superscriptions and the Growth of a Canon. In: Coats, G.W. / Long, B.O. (Hg.), Canon and Authority. Essays in Old Testament Religion and Theology, Philadelphia 1977, 56-70.

Uehlinger, C., Astralkultpriester und Fremdgekleidete, Kanaanvolk und Silberwäger. Zur Verknüpfung von Kult- und Sozialkritik in Zef 1. In: Dietrich, W. / Schwantes, M. (Hg.), Der Tag wird kommen. Ein interkontextuelles Gespräch über das Buch des Propheten Zefanja, SBS 170, Stuttgart 1996, 49-83.

–, Die Frau im Efa. (Sach 5,5-11). Eine Programmvision von der Abschiebung der Göttin. In: BiKi 49 (1994), 93-103.

Unger, T., Noch einmal: Haggais unreines Volk. In: ZAW 103 (1991), 210-225.

Utzschneider, H., Die Amazjaerzählung (Am 7,10-17) zwischen Literatur und Historie. In: BN 41 (1988), 76-101.

VanderKam, J.C., Joshua the High Priest and the Interpretation of Zechariah 3. In: ders., From Revelation to Canon. Studies in the Hebrew Bible and Second Temple Literature, Supplements to the Journal for the Study of Judaism 62, Leiden u.a. 2000, 157-176.

Veenhof, K.R., Geschichte des Alten Orients bis zur Zeit Alexanders des Großen, GAT 11, Göttingen 2001.

Veijola, T., Zefanja und Joschija. In: Dietrich, W. / Schwantes, M. (Hg.), Der Tag wird kommen. Ein interkontextuelles Gespräch über das Buch des Propheten Zefanja, SBS 170, Stuttgart 1996, 9-18.

Verhoef, P.A., The Books of Haggai and Malachi, NIC, Grand Rapids 1987.

Vermeylen, J., Du prophète Isaïe à l'apocalyptique. Isaïe, I-XXXV, miroir d'un demi-millénaire d'expérience religieuse en Israël, 2 Bd., Paris 1977-1978.

Vernes, M., Le peuple d'Israel et ses espérances relatives à son avenir. Depuis les origines jusqu'à l'époque persane (Vᵉ siècle avant J. C.), Paris 1872.

Vielhauer, R., Das Werden des Buches Hosea. Eine redaktionsgeschichtliche Studie, Diss. Göttingen 2003.

Vieweger, D., Zur Herkunft der Völkerworte im Amosbuch unter besonderer Berücksichtigung des Aramäerspruchs (Am 1,3-5). In: Mommer, P. / Thiel, W. (Hg.), Altes Testament. Forschung und Wirkung, FS H. Graf Reventlow, Frankfurt a.M. u.a. 1994, 103-119.

Vincent, J.M., Michas Gerichtswort gegen Zion (3,12) in seinem Kontext. In: ZThK 83 (1986), 167-187.

Vlaardingerbroek, J., Zephaniah, HCOT, Leuven 1999.

Waard, J. de, The Chiastic Structure of Amos V 1-17. In: VT 27 (1977), 170-177.

Wacker, M.-T., Figurationen des Weiblichen im Hosea-Buch, HBS 8, Freiburg u.a. 1996.

–, Gendering Hosea 13. In: Becking, B. / Dijkstra, M. (Hg.), On Reading Prophetic Texts. Gender-Specific and Related Studies in Memory of Fokkelien van Dijk Hemmes, Biblical Interpretation Series 18, Leiden u.a. 1996, 265-282.

Wagenaar, J.A., Judgement and Salvation. The Composition and Redaction of Micah 2-5, VT.S 85, Leiden u.a. 2001.

Wagner, S., Überlegungen zur Frage nach den Beziehungen des Propheten Amos zum Südreich. In: ThLZ 96 (1971), 653-670.

Wahl, H.-M., Die Überschriften der Prophetenbücher. Anmerkungen zu Form, Redaktion und Bedeutung für die Datierung der Bücher. In: EThL 70 (1994), 91-104.

Wallis, G., Erwägungen zu Sacharja 6,9-15. In: ders., Mein Freund hatte einen Weinberg. Aufsätze und Vorträge zum Alten Testament, BEAT 23, Frankfurt a.M. u.a. 1994, 121-125 (= Congress Volume. Uppsala 1971, VT.S 22, Leiden 1972, 232-237).

Wanke, G., Die Zionstheologie der Korachiten. In ihrem traditionsgeschichtlichen Zusammenhang, BZAW 97, Berlin 1966.

Waschke, E.-J., Die fünfte Vision des Amosbuches (9,1-4) – Eine Nachinterpretation. In: ZAW 106 (1994), 434-445.

Watts, J.D.W., Superscriptions and Incipits in the Book of the Twelve. In: Nogalski, J.D. / Sweeney, M.A. (Hg.), Reading and Hearing the Book of the Twelve, SBL Symposium Series 15, Atlanta 2000, 110-124.

Weigl, M., Zefanja und das „Israel der Armen". Eine Untersuchung zur Theologie des Buches Zefanja, ÖBS 13, Klosterneuburg 1994.

Weimar, P., Der Schluß des Amos-Buches. Ein Beitrag zur Redaktionsgeschichte des Amos-Buches. In: BN 16 (1981), 60-100.

–, Zef 1 und das Problem der Komposition der Zefanjaprophetie. In: Dietrich, M. / Kottsieper, I. (Hg.), „Und Mose schrieb dieses Lied auf". Studien zum Alten Testament und zum Alten Orient, FS O. Loretz, AOAT 250, Münster 1998, 809-832.

–, Zefanja – Aufbau und Struktur einer Prophetenschrift. In: UF 29 (1997), 723-774.

Weinfeld, M., Deuteronomy and the Deuteronomic School, Oxford 1972.

Weiser, A., Das Buch der zwölf kleinen Propheten, Bd. 1: Die Propheten Hosea, Joel, Amos, Obadja, Jona, Micha, ATD 24, Göttingen ²1956.

–, Die Profetie des Amos, Gießen 1929.

Wellhausen, J., Die Composition des Hexateuchs und der historischen Bücher des Alten Testaments, Berlin ³1899.

–, Die kleinen Propheten, Berlin ⁴1963.

Werlitz, J., Amos und sein Biograph. Zur Entstehung und Intention der Prophetenerzählung Am 7,10-17. In: BZ 44 (2000), 233-251.

–, Was hat der Gottesmann aus Juda mit dem Propheten Amos zu tun? Überlegungen zu 1 Kön 13 und den Beziehungen des Textes zu Am 7,10-17. In: Frühwald-König, J. u.a. (Hg.), Steht nicht geschrieben? Studien zur Bibel und ihrer Wirkungsgeschichte, FS G. Schmuttermayr, Regensburg 2001, 109-123.

–, Redaktion und Komposition. Zur Rückfrage hinter die Endgestalt von Jesaja 40-55, BBB 122, Berlin / Bodenheim 1999.

Werner, W., Micha 6,8 – eine alttestamentliche Kurzformel des Glaubens? Zum theologischen Verständnis von Mi 6,8. In: BZ 32 (1988), 232-248.

Westermann, C., Amos 5,4-6.14.15: Ihr werdet leben! In: ders., Gesammelte Studien, Bd. 3: Erträge der Forschung am Alten Testament, hg. von R. Albertz, TB 73, München 1984, 107-118.

–, Das Buch Jesaja. Kapitel 40-66, ATD 19, Göttingen 1966.

–, Prophetische Heilsworte im Alten Testament, FRLANT 145, Göttingen 1987.

Whedbee, J.W., A Question-Answer Schema in Haggai 1: The Form and Function of Haggai 1:9-11. In: Tuttle, G.A. (Hg.), Biblical and Near Eastern Studies, FS W.S. LaSor, Grand Rapids 1978, 184-194.

Wiesehöfer, J., Das Antike Persien. Von 550 v. Chr. bis 650 n. Chr., Zürich / München 1993.

Wildberger, H., Jesaja, Bd. 1: Jesaja 1-12, BK 10,1, Neukirchen-Vluyn 1972.

–, Die Völkerwallfahrt zum Zion Jes. II 1-5. In: VT 7 (1957), 62-81.

Willi-Plein, I., Art. Sacharja / Sacharjabuch, TRE 29 (1998), 539-547.

–, Vorformen der Schriftexegese innerhalb des Alten Testaments. Untersuchungen zum literarischen Werden der auf Amos, Hosea und Micha zurückgehenden Bücher im hebräischen Zwölfprophetenbuch, BZAW 123, Berlin / New York 1971.

Williams, D., The Date of Zephaniah. In: JBL 82 (1963), 77-88.

Williamson, H.G.M., The Prophet and the Plumb-Line. A Redaction-Critical Study of Amos vii. In: Woude, A.S. van der (Hg.), In Quest of the Past. Studies on Israelite Religion, Literature and Prophetism. Papers Read at the Joint British-Dutch Old Testament Conference, Held at Elspeet, 1988, OTS 26, Leiden u.a. 1990, 101-121.

Willis, J.T., The Authenticity and Meaning of Micah 5 9-14. In: ZAW 81 (1969), 353-368.

–, A Reapplied Prophetic Hope Oracle. In: VT 24 (1974), 64-76.

–, A Note on ויאמר in Micah 3 1. In: ZAW 80 (1968), 50-54.

–, The Structure of the Book of Micah. In: SEÅ 34 (1969), 5-42.

–, Some Suggestions on the Interpretation of Micah I 2. In: VT 18 (1968), 372-379.

Wilson, R.R., Who Was the Deuteronomist? (Who Was Not the Deuteronomist?): Reflections on Pan-Deuteronomism. In: Schearing, L.S. / McKenzie, S.L. (Hg.), Those Elusive Deuteronomists. The Phenomenon of Pan-Deuteronomism, JSOT.S 268, Sheffield 1999, 67-82.

Wolfe, The Editing of the Book of the Twelve. A Study of Secondary Material in the Minor Prophets, Diss. Harvard 1933.

–, The Editing of the Book of the Twelve. In: ZAW 53 (1935), 90-129.

Wolff, H.W., Dodekapropheton 1. Hosea, BK 14,1, Neukirchen-Vluyn ²1965.

–, Dodekapropheton 2. Joel und Amos, BK 14,2, Neukirchen-Vluyn ²1975.

–, Dodekapropheton 4. Micha, BK 14,4, Neukirchen-Vluyn 1982.

–, Dodekapropheton 6. Haggai, BK 14,6, Neukirchen-Vluyn 1986.

–, Haggai literarhistorisch untersucht. In: ders., Studien zur Prophetie. Probleme und Erträge, TB 76, München 1987, 129-142.

–, Das Kerygma des deuteronomistischen Geschichtswerks. In: ders., Gesammelte Studien zum Alten Testament, TB 22, München 1964, 308-324 (= ZAW 73 (1961), 171-186).

Woude, A.S. van der, Art. עם, THAT 2 (1976), 935-963.

–, Deutero-Micha: Ein Prophet aus Nord-Israel? In: NedThT 25 (1971), 365-378.

–, Micah in Dispute with the Pseudo-Prophets. In: VT 19 (1969), 244-260.

–, Micah IV 1-5: An Instance of the Pseudo-Prophets Quoting Isaiah. In: Beek, M.A. u.a. (Hg.), Symbolae Biblicae et Mesopotamicae, FS F.M.T. de Liagre Böhl, Leiden 1973, 396-402.

–, Micha, De Prediking van het Oude Testament, Nijkerk 1976.

–, Serubbabel und die messianischen Erwartungen des Propheten Sacharja. In: ZAW 100 Supplement (1988), 138-156.

–, Die beiden Söhne des Öls (Sach. 4:14): Messianische Gestalten? In: Heerma van Voss, M.S.H.G. u.a. (Hg.), Travels in the World of the Old Testament, FS M.A. Beek, SSN 16, Assen 1974, 262-268.

–, Seid nicht wie eure Väter! Bemerkungen zu Sacharja 1 5 und seinem Kontext. In: Emerton, J.A. (Hg.), Prophecy, FS G. Fohrer, BZAW 150, Berlin / New York 1980, 163-173.

Würthwein, E., Amos-Studien. In: ders., Wort und Existenz. Studien zum Alten Testament, Göttingen 1970, 68-110 (= ZAW 62 (1950), 10-52).

–, Die Bücher der Könige, Bd. 2: 1. Kön. 17 - 2. Kön. 25, ATD 11,2, Göttingen 1984.

–, Erwägungen zum sog. deuteronomistischen Geschichtswerk. Eine Skizze. In: ders., Studien zum deuteronomistischen Geschichtswerk, BZAW 227, Berlin / New York 1994, 1-11.

Yee, G.A., Composition and Tradition in the Book of Hosea. A Redaction Critical Investigation, SBL.DS 102, Atlanta 1987.

Youngblood, R., לקראת in Amos 4:12. In: JBL 90 (1971), 98.

Yu, K.-S., Die Entstehungsgeschichte des ‚Dodekapropheton' und sein Kanonisierungsprozeß, Diss. München 2000.

Zapff, B.M., The Perspective on the Nations in the Book of Micah as a „Systematization" of the Nations' Role in Joel, Jonah, Nahum? Reflections on a Context-Oriented Exegesis in the Book of the Twelve. In: Redditt, P.L. / Schart, A. (Hg.), Thematic Threads in the Book of the Twelve, BZAW 325, Berlin / New York 2003, 292-312.

–, Redaktionsgeschichtliche Studien zum Michabuch im Kontext des Dodekapropheton, BZAW 256, Berlin / New York 1997.

Zenger, E., Die eigentliche Botschaft des Amos. Von der Relevanz der Politischen Theologie in einer exegetischen Kontroverse. In: Schillebeeckx, E. (Hg.), Mystik und Politik. Theologie im Ringen um Geschichte und Gesellschaft, FS J.B. Metz, Mainz 1988, 394-406.

– u.a., Einleitung in das Alte Testament, Stuttgart u.a. [5]2004.

–, Die deuteronomistische Interpretation der Rehabilitierung Jojachins. In: BZ 12 (1968), 16-30.

Zobel, H.-J., Art. הוי, ThWAT 2 (1977), 382-388.

Register der Bibelstellen (in Auswahl)